CONTREPOINT

ŒUVRES DE ALDOUS HUXLEY
DANS PRESSES-POCKET

- Le Meilleur des mondes.
- Le Génie et la déesse.
- Marina di vezza.
- Retour au meilleur des mondes.
- Les diables de Loudun.
- Ile.
- Jouvence.

ALDOUS HUXLEY

CONTREPOINT

Traduit par Jules CASTIER

Préface de André MAUROIS

★

« Triste condition de notre humanité :
Naissant sous une loi, sous une autre asservie;
Vanité née en vain, aussitôt abolie;
On la créa malade : il lui faut la santé.
Que veut donc la nature, en ces lois ennemies
Passion et raison, qui tiraillent nos vies? »

D'après FULKE GREVILLE.

PLON

Titre original :

POINT COUNTER POINT

PRÉFACE

«Intelligent jusqu'à en devenir presque humain.» C'est ainsi qu'Aldous Huxley décrit un de ses héros, le romancier Philip Quarles. La créature ici ressemble singulièrement au créateur et Huxley, il y a quelques années, aurait pu être défini comme Philip Quarles. Mais son talent, de livre en livre, suit une marche ascendante de l'intelligence pure vers l'humanité vraie, laquelle n'exclut pas l'intelligence, mais ne saurait être satisfaite par l'intelligence toute seule.

Les premiers romans de Huxley (on trouvera l'un d'eux traduit sous le titre de Jaune de Chrome*) rendaient un son très familier aux oreilles d'un Français. Dans* Crome Yellow *des personnages savants et sensuels, dominés de très haut par l'auteur, échangeaient, dans un décor de campagne anglaise, des propos dignes d'un Jérôme Coignard, d'un Bergeret, mais d'un Bergeret physicien plutôt que philosophe et qui eût étudié à la Faculté des Sciences plutôt qu'enseigné dans celle des Lettres. Par la fantaisie, le métier, la grâce, c'était un début étonnant, sous le signe du charme et non de la force.*

Les deux romans suivants: Antic Hay, Those Barren Leaves, *et deux volumes de nouvelles, dont quelques-unes excellentes* (Two or three Graces, the Gioconda Smile) *prouvèrent à la fois un enrichissement et un approfondissement. Avec* Point Counter Point *(qui paraît aujourd'hui en français sous le titre de* Contrepoint*) il semble qu'Aldous Huxley pénètre dans la zone des romanciers les plus grands. Tel sera du moins l'avis de ceux qui pensent que* les Faux Monnayeurs *sont un des grands romans français. Je suis de ceux-là.*

***

Point Counter Point *n'est pas, comme les romans classiques (je veux dire comme ceux de Balzac ou de Stendhal), le récit continu d'un événement central, de la vie d'une ou de plusieurs êtres. Ce n'est pas un « roman-fleuve », c'est plutôt un roman-somme. Une coupe est faite dans un milieu intellectuel (écrivains, savants, peintres, gens du monde), tous les éléments ainsi isolés sont décrits, et à travers eux apparaissent les croyances, les réactions sentimentales, les ridicules d'une certaine* intelligentsia *britannique aux environs de 1926. Non point roman à thèse, car un tel contrepoint intellectuel ne considère les doctrines que comme des thèmes et l'auteur les entrelace, les développe sans les juger — mais roman d'idées. « Le défaut d'un roman d'idées, dit Philip Quarles, c'est qu'il y faut peindre des personnages qui ont des idées à exprimer, ce qui exclut neuf cent quatre-vingt-dix-neuf millièmes de la race humaine. » Peut-être, mais le millième qui reste est bien intéressant, et son importance humaine est plus grande que son importance numérique.*

Donc plusieurs sujets courent ici, tantôt sur des chemins convergents. I. *Walter Bidlake, qui vit avec Marjorie Carling, est fatigué de cette femme intelligente et sentimentale. Il aime Lucy Tantamount, mangeuse d'hommes cynique qui le fait souffrir.* 2. *John Bidlake, père de Walter, qui a été un grand peintre et un amant très charnel, va (comme dit Giraudoux) vers « le cancer et la mort » et regrette la vie qu'il a tant aimée.* 3. *Philip Quarles, romancier et gendre de Bidlake, assiste aux événements en spectateur (comme l'Édouard des* Faux Monnayeurs*). « Mettre un romancier dans le roman... Et pourquoi un seul ? Pourquoi pas un second dans le roman du premier ? Et un troisième dans le roman du second ? »* 4. *Un Julien Sorel de laboratoire, Illidge, et un mystique de l'acte gratuit, Spandrelle, assassinent Everard Webley, étrange personnage qui a essayé de créer en Grande-Bretagne une organisation fasciste.*

De ces thèmes (et de quelques autres) est tissée cette tapisserie musicale. Contrepoint en plusieurs parties, contrepoint de la vie et de la mort, de la richesse et de la pauvreté, de l'amour et de la haine, du désir et de la pitié. « Que veut dire la nature par ces lois opposées — Passion et raison, causes de division contre nous-mêmes ? » Le roman pose la question et n'y répond pas. Un roman n'a pas à répondre. « Quand je décris des voleurs de chevaux, dit Tchékhov, je n'ajoute pas qu'il est mal de voler des chevaux. C'est l'affaire du jury et non la mienne. »

***

A la vérité, Huxley est moins objectif que Tchékhov. Il a une doctrine. Il vient de l'exposer en un volume d'essais, Do what you will, *et il ne peut s'empêcher (malgré son très juste sentiment esthétique du danger de tels partis pris) de marquer une évidente préférence pour quelques-uns de ses personnages. Si Philip Quarles nous semble proche de Huxley romancier, c'est Mark Rampion qui exprime, je crois, les idées de Huxley philosophe.*

Pour Mark Rampion, Blake a été le dernier civilisé, c'est-à-dire le dernier homme qui ait développé harmonieusement à la fois son corps et son esprit. Est barbare qui sacrifie l'un ou l'autre. « Être un homme complet, équilibré, c'est une entreprise difficile, mais c'est la seule qui nous soit proposée. Personne ne vous demande d'être autre chose qu'un homme. Un homme, vous entendez. Pas un ange ni un démon. Un homme est une créature qui marche délicatement sur une corde raide, avec l'intelligence, la conscience et tout ce qui est spirituel à bout de son balancier, et le corps et l'instinct, et tout ce qui est inconscient, terrestre et mystérieux à l'autre bout. En équilibre. Ce qui est diablement difficile. Et le seul absolu qu'il puisse jamais connaître est l'absolu du parfait équilibre. L'absolu de la parfaite relativité. »

Si l'on compare ce texte de Contrepoint *avec celui de l'*Essai *sur Pascal, on voit qu'ici Mark Rampion se montre bon disciple d'Aldous Huxley. Au «* Memento mori *», Huxley oppose un «* Memento vivere *». Frère, il faut vivre, vivre totalement, vivre par l'esprit aussi bien que par l'instinct. On trouvera dans ce livre les invectives les plus dures contre ceux qui, religieux comme saint François ou athées comme Shelley, ont voulu sacrifier le corps. Mais le vieux John Bidlake, le païen pur, qui, lui, n'a aimé que les corps, mourra dans la pourriture du sien.*

Dans un bel essai sur Molière, Mauriac répond, avec force et bon sens, à ceux qui défendent une morale de l'instinct : « Il y a bien des manières opposées de déplaire à la nature et les mystiques violenter moins leurs corps que ne font les voluptueux. » À quoi Mark Rampion répondrait que, pour avancer sur cette corde raide ou même pour s'y maintenir, il ne faut être ni un mystique, ni un voluptueux. Et Mauriac dirait encore à Mark Rampion que l'équilibre est un mythe « pour la nature qui porte en elle une exigence forcenée ». Dialogue sans fin.

***

Que vaut ce roman lui-même, considéré comme œuvre d'art ? Au lecteur anglais, il apportait quelque chose de très nouveau. Huxley est le premier écrivain (le second peut-être, car il y avait eu le Forster de Passage to India*) qui ait fait entendre dans la littérature anglaise le « son » de* Swann *et de* Faux Monnayeurs.

Pour le lecteur français, il n'est pas moins riche. Il lui révèle une Angleterre qu'il ignorait, cynique, anarchiste, brillante. Ce n'est qu'un petit groupe (et qui déjà, depuis 1926, a changé) mais les esthètes de 1880 n'étaient pas plus nombreux et leur influence a été grande. Lucy Tantamount et Illidge sont des éléments dont il faut tenir compte si l'on veut comprendre la société anglaise de ce temps-ci.

Mais la plus grande originalité peut-être de Huxley, c'est qu'il est le seul romancier moderne qui ait une culture scientifique solide, et si bien assimilée que sa vision du monde en soit toute transformée. J'entends le seul vivant, car Proust possédait cette culture et ses métaphores de physicien ou de biologiste sont parmi ses plus belles. Gide est naturaliste, mais je ne le crois pas physicien. Huxley a une vision très exacte de ce qu'est l'image de l'univers pour un grand savant de notre temps, et il tire de cette vision une poésie qui est sienne. Il y a dans Contrepoint *l'esquisse d'un nouveau* De natura rerum.

En certains passages l'érudition scientifique submerge le roman, comme l'érudition archéologique le submergeait chez Anatole France. C'est, pour Huxley romancier, le plus grand danger. Mais je crois qu'il le sait, car de plus en plus, dans son œuvre, l'humanité simple reconquiert du terrain sur le paradoxe éclatant. « Il est trop facile, dit Philip Quarles, de substituer des schémas intellectuels aux complexités de la vie. Il est plus facile d'avoir des idées profondes sur la métaphysique et la sociologie que de comprendre intuitivement ses amis, une femme, une maîtresse, des enfants. » De telles intuitions, dans Contrpoint, *Huxley se montre capable. Ses dons de satiriste restent brillants. Mrs Betterton, Mr. Sita Ram, et surtout l'admirable Burlap sont des créations d'une force toute dickensienne. Mais les scènes du début, entre Walter et Marjorie, tragiques et vraies, seraient dignes des grands Russes.*

Ce qui est un éloge tout nouveau à faire d'un grand Anglais.

André MAUROIS.

CHAPITRE PREMIER

— Tu ne rentreras pas tard ? — La voix de Marjorie Carling était chargée d'inquiétude, et de quelque chose, même qui ressemblait à une prière.

— Non, je ne rentrerai pas tard, dit Walter, avec la certitude malheureuse et coupable qu'il n'en serait rien. — Elle l'ennuyait avec sa façon de parler, un peu traînante, un peu trop raffinée, fût-ce dans la douleur.

— Pas plus tard que minuit. — Elle eût pu lui rappeler le temps où il ne sortait jamais, le soir, sans elle. Elle eût pu le faire, mais elle ne voulait pas ; c'eût été contraire à ses principes ; elle ne voulait pas forcer son amour, de quelque façon que ce fût.

— Mettons... une heure. Tu sais ce que c'est, des soirées comme celle-là... — En réalité, elle n'en savait rien, pour la bonne raison que, n'étant point sa femme, elle n'y était pas invitée. Elle avait quitté son mari pour vivre avec Walter Bidlake, et Carling, qui avait des scrupules religieux avec des goûts légèrement sadiques, goûtait sa vengeance et refusait de divorcer. Il y avait maintenant deux ans qu'ils vivaient ensemble. Deux ans seulement ; et déjà il avait cessé de l'aimer, il avait commencé d'en aimer une autre. La faute perdait sa seule excuse, les désagréments d'ordre social, leur seule contrepartie. Et elle était enceinte.

— Minuit et demi, dis ! implora-t-elle, tout en sachant bien qu'en l'importunant ainsi elle ne ferait que l'agacer davantage, que l'obliger à l'aimer moins. — Mais elle ne pouvait pas s'empêcher de parler ; elle l'aimait trop, elle était trop douloureusement jalouse. Les mots lui échappèrent, malgré ses principes. Il aurait mieux valu pour elle, et peut-être aussi pour Walter, qu'elle eût moins de principes, et qu'elle laissât éclater violemment ses sentiments, comme ils l'auraient voulu. Mais elle avait été élevée dans la pratique de l'absolue maîtrise de soi-même. Il n'y a que les gens sans éducation, elle le savait, qui fassent des «scènes». Et son «minuit et demi, dis, Walter!» d'un ton implorant, fut tout ce qui réussit à rompre le barrage de ses principes. Un si pauvre éclat, trop faible pour l'émouvoir, ne pouvait que l'ennuyer davantage. Elle le savait, et pourtant elle ne put se taire.

— Oui, si je peux m'arranger décemment. (Là, ça était: il y avait de l'exaspération dans le son de sa voix.) — Mais je ne peux pas m'y engager; ne m'attends pas de façon trop certaine... — Car il songeait, bien entendu (tandis que l'image de Lucy Tantamount le pourchassait sans répit), qu'il serait certainement pas rentré à minuit et demi.

Il acheva avec soin de nouer sa cravate blanche. Le miroir lui montrait le visage de Marjorie le regardant, tout près du sien. C'était un visage pâle, et si amaigri que la lumière tombant de la lampe électrique suspendue au-dessus d'eux faisait une ombre au creux des pommettes. Elle avait les yeux cernés de noir. Son nez droit, qu'elle avait un peu long, même aux meilleurs moments de sa beauté, se détachait durement de sa figure décharnée. Elle avait l'air laid, fatigué et malade. Elle attendait son bébé dans six mois. Quelque chose qui avait été une cellule unique, puis un groupe de cellules, — un petit sac de tissu, une espèce de ver, un poisson en puissance, avec des ouïes, remuait dans son sein, et deviendrait quelque jour un homme, — un homme adulte, souffrant et jouissant, aimant et haïssant, pensant, se souvenant, imaginant. Et ce qui avait été un simple paquet gélatineux dans son corps, inventerait plus tard un dieu, et l'adorerait; ce qui avait été une espèce de poisson créerait, et, ayant créé, deviendrait le champ de bataille du bien et du mal en conflit; ce qui avait vécu obscurément en elle comme un ver parasite regarderait les étoiles, écouterait de la musique, lirait des vers. Une chose deviendrait une personne, une minuscule masse de matière deviendrait un corps humain, un esprit humain. Tout le processus merveilleux de la création se déroulait en elle; mais Marjorie n'avait conscience que de la maladie et de la lassitude; le mystère, pour elle, ne comportait que la fatigue et la laideur, et une inquiètude chronique au sujet de l'avenir, la torture de l'esprit avec la souffrance du corps. Elle avait été heureuse, — ou du moins elle s'était efforcée de l'être, malgré les craintes, qui la hantaient, des conséquences physiques et sociales, — lorsqu'elle reconnut les premiers symptômes de sa grossesse. L'enfant, croyait-elle, lui ramènerait Walter (il avait déjà commencé à se détacher d'elle). Il ferait naître en lui des sentiments nouveaux qui compenseraient ce qui paraissait faire défaut dans son amour pour elle. Elle craignait la douleur, elle craignait les difficultés et les inconvénients inévitables. Mais les peines, les difficultés, n'eussent pas été payées trop cher si elles lui avaient valu un renouveau, un surcroît d'amour chez Walter. En dépit de tout, elle était contente. Et, au début, ses prévisions semblèrent se justifier. À la nouvelle qu'elle allait avoir un enfant, il avait senti se réveiller sa tendresse. Pendant deux ou trois semaines elle fut heureuse, elle fit bon accueil aux peines et aux dérangements. Puis, d'un jour à l'autre, tout fut changé; Walter avait fait la connaissance de l'Autre. Il s'efforçait encore, entre les moments où il ne courait pas après Lucy, de conserver un semblant de sollicitude. Mais elle sentait que cette sollicitude était lourde d'arrière-pensées, qu'il n'était tendre et plein d'attentions que par devoir, qu'il détestait l'enfant qui l'obligeait à tant de ménagements envers sa mère. Et parce qu'il le détestait, elle se mit à le détester, elle aussi. Ses craintes, cessant d'être recouvertes de bonheur, revinrent à la surface, et s'emparèrent de son esprit. La douleur et les ennuis, — voilà tout ce que réservait l'avenir. Et, en attendant, la laideur, la maladie, la fatigue. Comment pouvait-elle lutter, dans un tel état?

— M'aimes-tu, Walter? demanda-t-elle soudain.

Walter détourna un instant ses yeux bruns de l'image de sa cravate, vers le reflet des siens, tristes, gris, pleins d'un regard intense. Il sourit... «Si seulement, songeait-il, elle me laissait en paix!» Il serra les lèvres et les rouvrit, dans un simulacre de baiser. Mais Marjorie ne lui rendit pas son sourire. Son visage demeura figé dans la tristesse, dans une angoisse intense. Ses yeux se mirent à briller en tremblotant, et des pleurs apparurent soudain sur ses cils.

— Tu ne pourrais pas rester ici avec moi, ce soir? supplia-t-elle, — en dépit de toutes ses héroïques résolutions de n'appliquer aucune contrainte exaspérante à son amour, de le laisser libre d'agir à sa guise.

A la vue de ces larmes, au son de cette voix chevrotante et lourde de reproche, Walter fut saisi d'une émotion qui était tout à la fois le remords et le ressentiment, la colère, la pitié, et la honte.

«Mais tu ne comprends donc pas, — voilà ce qu'il aurait voulu dire,ce qu'il aurait dit s'il en avait eu le courage — tu ne comprends donc pas que les choses ne sont plus comme elles étaient, qu'elles ne peuvent plus l'être jamais? Et peut-être même, pour dire toute la vérité, n'ont-elle jamais été ce que tu les a crues, les choses, — je veux dire notre amour, — elles n'ont jamais été telles que j'ai essayé de les feindre... Soyons des amis, soyons des compagnons. Je t'aime bien, j'ai beaucoup d'affection pour toi. Mais pour l'amour de Dieu, ne m'enveloppe pas d'amour, comme tu le fais en ce moment; ne me colle pas de force ton amour sur le corps! Si tu savais comme c'est affreux, l'amour, pour quelqu'un qui n'aime pas, — quelle profanation, quel outrage!...»

Mais elle pleurait. À travers ses paupières baissées, les larmes sourdaient, goutte sur goutte. Son visage tremblait devenait grimaçant de douleur. Et c'était lui le bourreau. Il se sentit odieux à lui-même. «Mais pourquoi me laisserais-je prendre au chantage de ses larmes?» s'interrogea-t-il; et à cette interrogation, elle lui fut odieuse, elle aussi. Une larme coula le long de son grand nez. «Elle n'a aucun droit à agir ainsi, aucun droit à être aussi peu raisonnable... Pourquoi ne peut-elle pas être raisonnable? — Parce qu'elle m'aime. — Mais je n'en veux pas, de son amour, — Je n'en veux pas!» Il sentait la colère monter en lui. Elle était ridicule, de l'aimer de cette façon — maintenant, du moins. «C'est du chantage, répétait-il en lui-même, du chantage; Pourquoi me fait-elle chanter avec son amour, et le fait que je l'ai aimée aussi, — et l'ai-je vraiment jamais aimée?»

Marjorie prit un mouchoir et se mit à s'essuyer les yeux. Il eut honte de ses pensées odieuses. Pourtant, la cause de sa honte, c'était elle; tout cela était sa faute. Elle aurait dû rester auprès de son mari. Ils auraient eu une liaison; des rendez-vous, l'après-midi, dans un atelier... C'eût été romanesque.

«Mais, en somme, c'est moi qui ai insisté pour qu'elle s'en aille avec moi... — Mais elle aurait dû être assez intelligente pour refuser. Elle aurait dû savoir que ça ne pouvait durer éternellement.»

Mais elle avait fait ce qu'il lui avait demandé; elle avait tout abandonné, elle avait accepté l'ostracisme social, — tout cela pour lui. Encore du chantage, cela. Elle le faisait chanter, avec ses sacrifices. Il lui en voulut de le tenir captif, par ses sacrifices, de son sentiment de l'équité et de l'honneur.

«Si elle en avait, elle, la moindre notion, songeait-il, elle n'exploiterait pas ce sentiment-là chez moi.»

Mais il y avait l'enfant.

«Et pourquoi diable a-t-elle jamais permis qu'il vînt au monde?» Il le détestait. L'enfant augmentait sa responsabilité envers la mère, le rendait plus coupable de la faire souffrir. Il la regarda tandis qu'elle s'essuyait le visage mouillé de larmes. Sa grossesse la rendait si laide, si vieille. Comment une femme pouvait-elle bien demander?... Mais non, non, non! Walter ferma les yeux, secoua la tête d'un frisson à peine perceptible... Cette pensée vile devait être rejetée, définitivement chassée.

« Comment puis-je penser de telles choses ? » se demanda-t-il. Il l'entendit répéter : « N'y va pas. » Comme ce timbre aigu, raffiné et traînard, lui tapait sur les nerfs ! « Je t'en prie, Walter, n'y va pas ! »

Il y eut un sanglot dans sa voix. Encore du chantage. Ah ! comment pouvait-elle abuser aussi bassement ? Et pourtant, malgré la honte qui l'accablait et, dans un certain sens, à cause de cette honte même il continuait à éprouver cette émotion ignominieuse avec une intensité qui semblait plutôt croître que diminuer. Sa froideur à son égard s'accentuait parce qu'il en avait honte ; les sentiments douloureux d'ignominie et de haine de soi-même, qu'elle lui faisait éprouver, constituaient un motif supplémentaire pour la lui rendre odieuse. Le ressentiment enfantait la honte, et la honte à son tour enfantait de nouveaux ressentiments.

« Oh ! pourquoi ne peut-elle pas me laisser tranquille ? » Ce désir, chez lui, était furieux, intense, exaspéré d'une sauvagerie d'autant plus forte qu'il était contenu. (Car il n'avait pas le courage brutal de l'exprimer ; il la plaignait, il l'aimait bien, malgré tout ; il était incapable d'être ouvertement et franchement cruel ; il n'était cruel que par faiblesse, malgré lui.)

« Pourquoi ne peut-elle pas me laisser tranquille ?... » Comme il l'aimerait mieux si seulement elle le laissait en paix ! Et comme elle serait plus heureuse, elle aussi !... Oui, bien plus heureuse... Ce serait dans son intérêt... Mais soudain il perça sa propre hypocrisie. « Enfin, tout de même, pourquoi diable ne peut-elle me laisser faire ce que je veux ? »

Ce qu'il voulait ?... Ah ! ce qu'il voulait, c'était Lucy Tantamount. Et il la voulait, en dépit de sa raison, en dépit de son idéal et de ses principes, follement, en dépit de ses désirs mêmes, voire en dépit de ses sentiments, — car il n'avait aucune affection profonde pour Lucy ; en réalité, il la détestait. Un but noble peut justifier des moyens honteux. Mais lorsque la fin elle-même est honteuse !... C'était à cause de Lucy qu'il faisait souffrir Marjorie, — Marjorie, qui l'aimait, qui avait fait des sacrifices pour lui, qui était malheureuse. Mais la souffrance de Marjorie était un moyen de chantage.

— Reste auprès de moi ce soir, implora-t-elle une fois encore.

Chez lui, une partie de son être spirituel se joignait à ses prières, et voulait qu'il renoncât à cette soirée et restât à la maison. Mais l'autre partie eut le dessus. Il lui répondit par des mensonges, — des demi-mensonges qui étaient pires, à cause de l'élément de justification hypocrite qu'ils contenaient, que de bons mensonges bien francs.

Il lui passa un bras autour du corps. Le geste en soi était un mensonge.

— Mais, ma chérie, protesta-t-il du ton de cajolerie qu'on emploie pour conjurer un enfant de se conduire raisonnablement, il faut absolument que j'y aille. Tu sais bien qu'il y aura mon père. — C'était vrai. Le vieux Bidlake allait toujours aux soirées des Tantamount. — Et il faut que je lui parle... d'affaires, ajouta-t-il de façon vague et importante, lâchant, par ce mot magique, entre Marjorie et lui, une sorte d'écran de fumée constituée par les intérêts masculins et matériels. — «Et pourtant, songea-t-il, le mensonge devait se voir par transparence à travers la fumée.»

— Tu ne pourrais pas le voir à un autre moment?

— C'est important, répondit-il en hochant la tête. Et puis, ajouta-t-il, — oubliant que plusieurs excuses sont moins convaincantes qu'une seule, — lady Edward a invité, exprès pour moi, le rédacteur en chef d'un journal américain. Il pourrait m'être utile: tu sais que ces gens-là savent payer. — Lady Edward lui avait dit qu'elle l'inviterait s'il ne s'était déjà embarqué pour l'Amérique, ce qu'elle craignait fort. — Ils payent même d'une façon invraisemblable, continua-t-il, renforçant son écran d'à-côtés impersonnels, c'est le seul endroit au monde où un écrivain puisse être surpayé. — Il essaya de rire. — Et j'ai bien besoin d'un peu de ce régime-là pour compenser celui d'ici, — à deux cent cinquante francs les mille mots, — Il la serra plus fort, il se courba pour lui donner un baiser. Mais Marjorie détourna son visage. — Marjorie, implora-t-il, ne pleure pas! Je t'en supplie! — Il se sentait coupable et malheureux; mais pourquoi donc ne pouvait-elle pas le laisser tranquille?

— Je ne pleure pas, répondit-elle. — Mais sa joue était humide et froide sous son baiser.

— Je n'irai pas, Marjorie, si tu ne veux pas que j'y aille.

— Mais si, je désire que tu y ailles, répondit-elle, détournant toujours son visage du sien.

— Non, non... C'est bien je resterai.

— Non, il ne faut pas que tu restes. — Marjorie le regarda et fit un effort pour sourire. — Je suis bête, vois-tu. Ce serait stupide de manquer ton père et cet Américain.

Ses excuses, rebondissant ainsi jusqu'à lui, lui semblaient particulièrement vaines et peu probantes. Il eut une légère grimace de dégoût.

— Qu'ils attendent, répondit-il, avec une note de colère dans la voix.

Il était en colère contre lui-même, d'avoir donné des excuses aussi mensongères (pourquoi ne lui avoir pas dit carrément la vérité brutale et crue ? Elle la connaissait, après tout) ; et il était en colère contre elle de les lui avoir rappelées. Il eût voulu qu'elles fussent ensevelies immédiatement dans l'abîme de l'oubli, afin qu'il en fût comme si elles n'avaient jamais été prononcées.

— Non, non ; j'insiste, à présent. J'étais bête, pardonne-moi.

Il résista d'abord, refusa d'assister à cette soirée, demanda à rester. Maintenant qu'il n'y avait pas de danger qu'il fût obligé de rester, il pouvait se permettre d'insister. Car Marjorie était manifestement sincère dans la détermination qu'elle avait prise de le laisser partir. C'était une occasion pour lui d'être noble et plein d'abnégation à bon compte, voire même gratis. Quelle odieuse comédie ! Il la joua, pourtant. À la fin il consentit à partir, comme s'il lui faisait une faveur spéciale en ne restant pas. Marjorie lui noua son foulard, lui apporta son chapeau haut de forme et ses gants, lui donna légèrement un baiser d'adieu, en jouant bravement la comédie de la gaieté. Elle avait son amour-propre et son code d'honneur en amour : et, malgré sa douleur, malgré sa jalousie, elle ne faillit pas à ses principes : il devait être libre ; elle n'avait nul droit de se mêler de ses affaires. C'était, d'ailleurs, la meilleure méthode de ne pas s'en mêler. Elle l'espérait, du moins.

Walter referma la porte derrière lui et sortit dans la fraîcheur de la nuit. Nul criminel s'enfuyant du lieu de son crime, fuyant la compassion et le remords, n'aurait pu se sentir plus profondément soulagé. Arrivé dans la rue, il respira à l'aise. Il était libre, libéré du souvenir et de toute prévision, — libre pour une heure ou deux, de refuser d'admettre l'existence du passé ou de l'avenir ; libre de ne vivre que dans le temps et le lieu présents à l'endroit où son corps venait à se trouver à chaque instant... Libre ! Mais il se vantait en vain : il continuait à se souvenir. Ce n'était point chose si facile que de s'enfuir. La voix de Marjorie le poursuivait : « J'insiste pour que tu y ailles. » Son crime avait été non seulement un meurtre, mais une tromperie. « J'insiste. » Comme il avait noblement protesté ! Et, à la fin, avec quelle magnanimité il avait cédé ! C'était entasser la tricherie sur la cruauté.

« Oh ! s'écria-t-il presque à haute voix. Comment ai-je pu agir ainsi ? » Sa propre conduite l'étonnait autant qu'elle lui inspirait de dégoût. « Mais si seulement elle me laissait la paix ! continua-t-il. Pourquoi ne peut-elle être raisonnable ? » La faible et futile colère se déchaîna de nouveau en lui.

Il songea à l'époque à laquelle ses désirs avaient été bien différents. Sa seule ambition avait été qu'elle ne le laissât pas en paix. Il avait encouragé son assiduité. Il se souvint de la maisonnette qu'ils avaient habitée, seuls tous les deux, pendant tant de mois, parmi les dunes désolées. Quelle vue magnifique on y avait, sur tout le Berkshire ! Mais il y avait deux kilomètres et demi jusqu'au village le plus proche. Ah ! qu'il était lourd, le sac aux provisions ! Et la boue, quand il pleuvait ! Et le seau qu'il fallait monter du puits avec la manivelle ! Le puits avait plus de trente mètres de profondeur... Mais alors même qu'il ne faisait rien de pénible comme de remonter le seau du puits, ce séjour avait-il été réellement et pleinement satisfaisant ? Avait-il jamais été vraiment heureux avec Majorie, — aussi heureux, du moins, qu'il s'était imaginé qu'il le serait, qu'il aurait dû l'être en de telles circonstances ? Ç'aurait dû être comme dans *Épipsychidion ;* mais il n'en était rien, — peut-être parce qu'il avait trop consciemment voulu qu'il en fût ainsi, parce qu'il avait délibérément essayé de modeler ses sentiments et leur vie commune d'après la poésie de Shelley. « L'art ne doit pas être pris trop littéralement. » Il se souvint de ce qu'avait dit son beau-frère, Philip Quarles, un soir qu'ils parlaient de poésie :

— Et surtout en ce qui concerne l'amour.

— Pas même si c'est la vérité ? avait demandé Walter.

— Il lui arrive d'être trop vraie, — sans aucune impureté, l'eau distillée. Quand la vérité n'est absolument que la vérité, elle est quelque chose d'antinaturel, c'est une abstraction qui ne ressemble à rien du monde réel. Dans la nature, il y a toujours tant de choses étrangères mêlées à la vérité essentielle ! Voilà pourquoi l'art nous émeut, — précisément parce qu'il n'est pollué par aucune des impuretés de la vie réelle. Les orgies véritables ne sont jamais aussi passionnantes que les livres pornographiques. Dans un volume de Pierre Louÿs, toutes les femmes sont jeunes et admirablement faites ; il n'y a pas de hoquets, de mauvaise haleine, de fatigue ou d'ennui, pas de ressouvenir soudain d'une facture impayée ou d'une lettre d'affaires à laquelle on n'a pas encore répondu, — rien de tout cela pour troubler les délices. L'art donne la sensation, l'idée, le sentiment, absolument purs, — chimiquement purs, je l'entends bien — avait-il ajouté en riant, — non pas moralement.

— Mais *Épipsychidion,* ce n'est pas de la pornographie, avait objecté Walter.

— Non ; mais c'est également pur du point de vue du chimiste... Quel est donc ce sonnet de Shakespeare ?...

My mistress'eyes are nothing like the sun;
Coral is far more red than her lips'red:
If snow be white, why then her breasts are dun;
If hairs be wires, black wires grow on her head.
Ihave see roses damask'd red and white,
But no such roses see I in her cheeks;
And in some perfumes is there more delight
Than in the breath that from my mistress reeks[1]

...Et ainsi de suite... Il avait pris les poètes trop littéralement et s'était mis à réagir... Qu'il vous serve d'avertissement !

Philip avait eu raison, c'est évident. Tous ces mois passés dans cette petite maison n'avaient ressemblé en rien à *Épipsychidion* ou à *la Maison du berger*... Il y avait le puits, et la course pour aller au village... Mais même sans le puits ni la course, même s'il avait eu Marjorie absolument pure — chimiquement — cela eût-il été mieux ? C'eût été pis, peut-être. Marjorie chimiquement pure aurait peut-être été pire que Marjorie tempérée par diverses impuretés.

Cette distinction dont elle faisait montre par exemple — cette qualité de vertu un peu froide, exsangue et spirituelle, — il l'admirait, à distance, et théoriquement. Mais en pratique, et de près ?... C'est de cette vertu, de cette spiratualité raffinée, cultivée, sans ardeur, qu'il s'était amouraché — de cette vertu et de ses malheurs ; car Carling était une sombre brute. La pitié avait fait de Walter un chevalier-errant. L'amour, croyait-il (car il n'avait alors que vingt-deux ans, il était ardemment pur, de cette pureté adolescente des désirs sexuels qui viennent de s'éveiller vers l'extérieur ; il venait de quitter Oxford et se trouvait bourré de poésie et du fruit des veilles des philosophes et des mystiques), l'amour, c'était la conversation, l'amour, c'était la communion spirituelle, la camaraderie. C'était là l'amour véritable. Toute la partie sexuelle n'était qu'un hors-d'œuvre, inévitable puisque malheureusement les êtres humains ont des corps, mais qui doit être laissée aussi loin que possible à l'arrière-plan. Ardemment pur, de la pureté des jeunes désirs artificiellement dressés à se consumer du côté des anges, il avait admiré cette pureté sublimée

1. Près du soleil, bien gris sont les yeux de ma mie ;
Plus rouge que sa lèvre est le corail ardent ;
Son sein, si neige est blanche, est de teinte brunie,

et paisible qui, chez Marjorie, était le produit d'une froideur naturelle, d'une vitalité congénitalement basse.

«Vous êtes si bonne, lui avait-il dit. On dirait que cela vous vient tout naturellement. Je voudrais pouvoir être bon, moi aussi, comme vous!»

C'était — mais il ne s'en rendait pas compte — identiquement la même chose que de se souhaiter à demi mort. Lui, sous son écorce timide, pleine de défiance de soi, sensible, il était ardemment vivant. Il lui était effectivement difficile de se montrer bon, dans le sens où Marjorie était bonne. Il l'essaya pourtant. Et, en attendant, il admirait sa bonté et sa pureté. Et il fut touché — du moins, jusqu'au moment où il n'en ressentit plus qu'ennui et qu'exaspération — du dévouement qu'elle lui témoignait, il se sentit flatté de son admiration.

Et ses cheveux ne sont que noir et dur chiendent.
Alors que maintes fleurs mêlent leur blanc au rose,
Sa joue oncques n'a pris le teint de telles fleurs.
Et je sais des parfums qui sont plus douce chose
Que le souffle où ma mie exhale ses odeurs.

Tandis qu'il marchait ainsi vers la station de Chalk Farm, il se remémora soudain une histoire que contait son père, d'un chauffeur italien avec lequel il avait un jour échangé des propos sur l'amour. (Le vieux avait un véritable génie pour faire parler les gens, — toutes sortes de gens, même les domestiques, même les ouvriers. Walter lui enviait ce talent.) «Il y a des femmes, disait le chauffeur, qui ressemblent à des armoires. *Sono come cassettoni.*» Avec quelle saveur le vieux Bidlake savait conter l'anecdote! «Elles sont jolies, tant que vous voudrez, — mais vous êtes bien avancé de tenir dans vos bras une belle armoire? Oui, vraiment, vous êtes bien avancé?» (Et Marjorie, songeait Walter, n'est même pas vraiment belle.) «Pour moi, disait le chauffeur, j'aime mieux les autres, quand bien même elles seraient laides. J'ai une amie, avait-il confié à Bidlake, qui est justement de l'autre espèce. *E'un frullino, proprio un frullino,* — un véritable fouet à battre les œufs.» Et le vieux clignait de l'œil derrière son monocle comme un vieux satyre jovial et viveur. La rigidité d'une armoire ou la vivacité d'un fouet à battre les œufs? Walter dut s'avouer que ses préférences étaient les mêmes que celles du chauffeur. Du moins savait-il, par expérience (chaque fois que l'amour «véritable» est tempéré d'impuretés sexuelles), qu'il n'aimait pas beaucoup les femmes du type armoire. De loin, et théoriquement, la pureté, la bonté, la spiritualité raffinée sont choses admirables. Mais en pratique, et de près, elle sont moins attrayantes. Et chez quelqu'un qui n'exerce point d'attrait, même le dévouement, même la flatterie de l'admiration, sont insupportables. Confusément et simultanément, il détestait Marjorie pour sa froideur de martyre patiente ; il s'accusait de sensualité bestiale. Son amour pour Lucy était une chose folle, honteuse ; mais Marjorie n'avait pas de sang dans les veines, elle était à demi morte. Il était à la fois excusable et sans excuse... Mais davantage sans excuse. Ils étaient vils, ces sentiments sensuels ; ils étaient ignobles... Fouet à battre les œufs, ou commode, — pouvait-on concevoir quelque chose de plus bas et de plus ignoble qu'une telle classification ? En imagination, il entendait le rire plein et sensuel de son père. Quelle horreur ! Toute la vie consciente de Walter avait été orientée à l'opposé de son père, à l'opposé de la sensualité joviale et sans souci du vieux Bidlake. Consciemment, il avait toujours été du côté de sa mère, du côté de la pureté, de la sublimité, de l'esprit. Mais la moitié de son sang, au moins, venait de son père. Et maintenant, deux années d'existence auprès de Marjorie lui avaient fait prendre horreur, de sa pleine conscience, la froide vertu. Il avait conscience de cette horreur, bien que, tout en même temps, il en eût honte, honte de ce qu'il considérait comme ses sales désirs sensuels, honte de son amour pour Lucy. Mais si seulement Marjorie voulait lui laisser la paix ! Si seulement elle s'abstenait de réclamer le retour à cet amour qu'il ne goûtait plus et qu'elle persistait à lui servir de force ! Si seulement elle cessait de lui être si terriblement dévouée ! Il pourrait lui donner son amitié, — car il avait de l'affection sincère pour elle ; elle avait si bon cœur, elle était si bonne, si loyale et si dévouée ! Il serait heureux d'avoir son amitié en retour. Mais l'amour, — non, c'était étouffant ! Et lorsque, s'imaginant qu'elle luttait contre l'Autre avec ses propres armes, elle faisait violence à sa vertueuse froideur et tâchait de le reconquérir par l'ardeur de ses caresses — oh ! alors, c'était terrible, littéralement terrible !

Et puis (ainsi poursuivit-il ses réflexions) elle était plutôt ennuyeuse, au fond, avec son sérieux pesant et manquant de sensibilité. Et plutôt bête, au fond, en dépit de sa culture, — à cause de sa culture, peut-être. Sa culture était réelle, sans doute ; elle avait lu les livres, elle s'en souvenait. Mais les comprenait-elle ? Pouvait-elle les comprendre ? Les reflexions dont elle coupait ses longs, longs silences, ces réflexions cultivées et sérieuses, — comme elles étaient lourdes, sans sel, sans compréhension véritable ! Elle agissait sagement en étant si silencieuse ; le silence est aussi plein de sagesse et d'esprit en puissance que le marbre non taillé est riche de sculpture. Les silencieux ne portent pas témoignage contre eux-mêmes. Marjorie savait écouter fort bien et en pleine sympathie. Et, lorsque parfois elle rompait le silence, la moitié de ce qu'elle disait était citation. Car Marjorie avait la mémoire très sûre, et avait pris l'habitude d'apprendre par cœur les grandes pensées et les passages marquants. Il avait fallu un certain temps à Walter pour découvrir la pesante bêtise, le tragique manque de compréhension, qui couvaient sous le silence et les citations. Et lorsqu'il eut fait cette découverte, il était trop tard.

Il pensa à Carling, — cet ivrogne doublé d'un religieux. Il avait constamment à la bouche des chasubles et des saints, et l'Immaculée Conception, — et c'était en même temps un passionné de boisson. Si cet homme-là n'avait pas été si totalement et détestablement répugnant, s'il n'avait pas rendu Marjorie aussi abjectement malheureuse — eh bien ? Walter se voyait libre en imagination. Il n'aurait pas éprouvé de pitié, puis l'amour. Il se souvint des yeux rouges et gonflés de Marjorie après une de ces scènes abominables avec Carling. Quel salaud, celui-là !

« Et moi ? » pensa-t-il soudain.

Il savait que Marjorie s'était mise à pleurer dès que la porte s'était refermée sur lui. Carling, du moins, avait l'excuse du whisky... Pardonnez-leur, car ils ne savent ce qu'ils font... Il n'était jamais gris, lui, — et il savait qu'en ce moment même elle était en larmes.

« Je devrais retourner auprès d'elle », se dit-il. Mais au lieu de cela, il pressa le pas, si bien qu'il dévala presque la rue en courant. Il fuyait ainsi devant sa conscience, et en même temps se hâtait vers l'objet de son désir.

« Je devrais retourner auprès d'elle, — il n'y a pas à dire. »

Il continua sa course, la prenant en horreur parce qu'il la rendait si malheureuse.

Un homme qui regardait la vitrine d'un marchand de tabac recula soudain comme il passait. Walter le tamponna violemment.

— Pardon, fit-il automatiquement, et pressa le pas sans se retourner.

— Non, mais, où qu'tu vas comme ça ? cria l'homme derrière lui rouge de colère. Pour quoi qu'tu t'prends ? Pour le gagnant du Grand Prix ?

Deux gamins en vadrouille firent éclater leur joie féroce par des hurlements de dérision.

— Va donc, eh, avec ton tuyau d'poêle ! poursuivit l'homme d'un ton méprisant, se sentant pris de haine pour le gentleman en uniforme.

L'attitude correcte eût été de se retourner, et de répondre du tac au tac. Son père, lui, aurait écrasé le mécontent d'un mot sans réplique. Mais pour Walter, la fuite seule était possible. Il avait la phobie de semblables rencontres, il avait peur des classes inférieures. Le bruit des vitupérations s'effaça dans ses oreilles. Ç'avait été odieux ! Il en frissonna. Puis, ses pensées retournèrent vers Marjorie. « Pourquoi ne peut-elle pas être raisonnable ? se dit-il... Raisonnable, — rien de plus... Si seulement elle avait du moins quelque chose à faire, quelque chose qui la tienne occupée... »

Elle avait trop de temps pour réfléchir, — voilà où le bât la blessait. Trop de temps pour penser à lui. Pourtant, au fond, c'était sa faute, à lui : c'est lui qui lui avait ôté son occupation, et l'avait obligée à concentrer son esprit exclusivement sur lui. Elle était associée dans une maison d'art décoratif quand il avait fait sa connaissance, — une de ces boîtes artistiques d'amateurs, très « femme du monde », comme il y en a à Kensington. Les abat-jour, et la société des jeunes femmes qui les peignaient, et surtout le dévouement sans borne envers Mrs. Cole, l'associée principale, telles étaient les compensations de Marjorie pour son mariage abject. Elle s'était crée un petit monde à elle, bien distinct de Carling, — un monde féminin, ayant quelque chose d'une école de jeunes filles, dans lequel elle pouvait parler vêtement et magasins, entendre les potins, et s'abandonner à ce que les lycéennes appellent une « passion » pour une femme beaucoup plus âgée, tout en s'imaginant, dans les intervalles, qu'elle faisait sa part du travail universel et favorisait la cause de l'art.

Walter lui avait persuadé de renoncer à tout cela, — non sans difficulté, toutefois. Car le bonheur que lui apportait son dévouement envers Mrs. Cole, sa « passion » sentimentale pour elle, constituaient presque une compensation à ses misères avec Carling. Mais Carling se révéla tellement abominable que Mrs. Cole même devint insuffisante en guise de compensation. Walter offrit ce qu'elle ne pouvait point donner : un refuge, une protection, un appui financier. En outre, Walter était un homme, et un homme doit, c'est la tradition, être aimé, — même lorsque (telle avait été la conclusion finale de Walter au sujet de Marjorie) l'on n'aime pas vraiment les hommes, et qu'on n'est naturellement en harmonie qu'avec la société des femmes. (Encore un effet de la littérature ! Il se rappela les commentaires de Philip Quarles sur l'influence désastreuse que l'art peut exercer sur la vie.) Certes, il était un homme : mais « pas comme les autres », comme elle n'avait cessé de le lui dire. Il avait accepté cette différence comme une distinction flatteuse, à cette époque-là. Mais en était-ce une ? Il se le demandait. Quoi qu'il en fût, elle l'avait trouvé « pas comme les autres », de sorte qu'elle avait pu profiter à plein de deux mondes, ayant à elle un homme qui, pourtant, n'en était pas un.

Charmée par les paroles persuasives de Walter, poussée par les brutalités de Carling, elle avait consenti à abandonner le magasin, et avec lui Mrs. Cole, que Walter détestait comme l'incarnation tyrannique, autoritaire, avide, de la volonté féminine.

« Vous valez mieux que d'être un tapissier d'occasion. » C'est ainsi qu'il l'avait flattée pour la tirer des profondeurs d'une confiance sincère en ses propres capacités intellectuelles.

Elle pourrait l'aider, d'une façon encore indéterminée, dans ses travaux littéraires ; elle écrirait, elle aussi. Sous son influence, elle s'était mise à écrire des essais, des nouvelles. Mais ils ne valaient manifestement rien. Après l'avoir encouragée, il se fit réticent ; il ne parla plus de ses efforts. Au bout de peu de temps Marjorie abandonna cette occupation antinaturelle et futile. Après cela, elle n'eut plus que Walter. Il devint la raison d'être de son existence, la fondation sur quoi toute sa vie était établie. Et maintenant, la fondation cédait sous elle.

« Si seulement, songeait Walter, elle me laissait tranquille ! »

Il entra dans la station du métropolitain. À l'entrée, un homme vendait les journaux du soir. LES SOCIALISTES ET LEUR PROJET DE VOL. ADOPTION EN PREMIÈRE LECTURE. Ces mots, en grosses lettres sur un placard, forcèrent son attention. Le projet de loi du gouvernement libéral-travailliste sur la nationalisation des mines avait été adopté en première lecture, avec la majorité habituelle. Walter lut la nouvelle avec plaisir. Il avait des idées politiques avancées, — ce qui n'était point le cas du rédacteur de son journal du soir. Le ton de l'article de tête était d'une violence féroce.

« Quels sauvages ! » songea Walter en le lisant. L'article éveilla chez lui un enthousiasme vivifiant pour tout ce qu'il attaquait, une haine délicieuse pour les capitalistes et les réactionnaires. Les barrières de son individualité se trouvèrent momentanément abattues, les complications personnelles abolies. Possédé de la joie de la lutte politique, il dépassa ses limites, il devint, en quelque sorte plus grand que soi, — plus grand et plus simple.

« Quels sauvages ! » répéta-t-il, songeant aux oppresseurs, aux détenteurs des monopoles.

À la station de Camden Town, un petit vieux ratatiné, avec un mouchoir rouge en guise de foulard autour du cou, s'assit à côté de lui. La puanteur de la pipe du vieux était tellement suffocante, que Walter regarda vers le bout de la voiture pour tâcher de découvrir une autre place libre. Il s'en trouvait une ; mais, à la réflexion, il décida de ne pas bouger. Fuir l'odeur pestilentielle, — ce serait agir de façon trop visiblement offensante, et cela pourrait occasionner des commentaires de la part du gêneur. L'âcre fumée lui râpait le gosier ; il toussa.

« Il faut être loyal envers ses goûts et ses instincts, disait Philip Quarles. À quoi bon une philosophie dont la prémisse majeure ne serait pas l'expression rationnelle de vos sentiments ? Si vous n'avez jamais eu un accès de ferveur religieuse, c'est folie de croire en Dieu. Autant croire à l'excellence des huîtres, alors que vous ne pouvez pas en manger sans avoir mal au cœur. »

Il vint aux narines de Walter, avec les vapeurs de nicotine, un bouffée de sueur puante. Il lut son journal : « Les socialistes appellent cela la nationalisation ; mais nous autres, nous avons un nom plus court et mieux connu pour ce qu'ils se proposent de faure. Nous appelons cela un vol. » Mais c'était du moins un vol infligé à des voleurs, et au profit de leurs victimes. Le petit vieux se pencha en avant et cracha, soigneusement et verticalement entre ses pieds. Du talon il écrasa son crachat sur le parquet. Walter détourna son regard ; il aurait voulu pouvoir aimer personnellement les opprimés, et personnellement haïr les riches oppresseurs. Il faut être loyal envers ses goûts et ses instincts. Mais nos goûts et nos instincts ne sont que des accidents : il y a des principes éternels. Mais si ces principes axiomatiques ne se trouvent pas être votre prémisse majeure personnelle ?...

Soudain, il se revit, à l'âge de neuf ans, se promenant avec sa mère dans les champs, près de Gattenden. Ils portaient tous deux un bouquet de coucous. Ils avaient dû aller à Batt's Corner : c'était le seul endroit du voisinage où il y eût des coucous.

« Entrons un instant pour voir ce pauvre Wetherington, avait dit sa mère. Il est très malade. » Et elle frappa à la porte d'une chaumière.

Wetherington avait été second jardinier au manoir ; mais depuis un mois il n'avait pas travaillé. Walter avait le souvenir d'un homme pâle et mince, toussotant, et point du tout communicatif. Wetherington ne l'intéressait guère. Une femme vint ouvrir. « Bonjour, Mrs. Wetherington. » Elle les fit entrer.

Wetherington était étendu dans son lit, et calé par des oreillers. Il avait une figure affreuse. Des yeux énormes, aux pupilles dilatées, s'écarquillaient au fond des orbites caverneuses. Tendue sur les os proéminents, la peau était blanche et gluante de sueur. Mais son cou était peut-être plus affreux encore que son visage, son cou incroyablement maigre. Et des manches de sa chemise de nuit sortaient deux bâtons noueux, ses bras, portant à leur extrémité une paire d'immenses mains squelettiques, comme des râteaux au bout de leurs frêles hampes. Et quelle odeur, dans cette chambre de malade! Les fenêtre étaient hermétiquement closes, il y avait du feu dans la petite cheminée. L'air était chaud et chargé d'une odeur horrible de vieille haleine empuantie et des exhalaisons d'un corps malade, — d'une vieille odeur persistante qui semblait être devenue douceâtre et nauséabonde à force de mûrir si longtemps dans la chaleur renfermée. Une odeur nouvelle, fraîche, quelque forte et écœurante qu'elle eût pu être, aurait été moins pénible. C'était la persistance, l'excès de maturité douceâtre et blette, de cette odeur de chambre de malade, qui la rendait si particulièrement insupportable. Walter frémit encore en y songeant. Il alluma une cigarette pour se désinfecter la mémoire. Il avait été élevé dans l'habitude des bains et des fenêtres ouvertes. La première fois, tout enfant, qu'on l'avait mené à l'église, le renfermé, l'odeur d'humanité, l'avait écœuré; on avait dû le faire sortir en hâte. Sa mère ne l'avait plus jamais conduit à l'église. Il songea que nous sommes peut-être élevés d'une façon trop hygiénique, trop aseptique. Une éducation dont le résultat est de nous donner la nausée dans la compagnie de nos semblables, de nos frères, — est-ce donc une bonne chose? Il aurait voulu les aimer. Mais l'amour ne fleurit pas dans une atmosphère qui donne à l'amant la nausée et un dégoût incoercible.

Dans la chambre où Wetherington gisait malade, il était difficile à la pitié même de fleurir. Il resta assis, pendant que sa mère parlait au mourant et à sa femme, contemplant malgré lui, mais contraint par la fascination de l'horreur, l'effarant squelette couché dans le lit, et respirant à travers son bouquet de coucous l'air chaud et nauséabond. Même sous le parfum frais et délicieux des fleurs il sentait les miasmes persistants de la chambre de malade. Il n'éprouvait presque pas de pitié, mais seulement de l'horreur, de la crainte et du dégoût. Et même quand Mrs. Wetherington se mit à pleurer, détournant son visage afin que le malade ne vît point ses larmes, il ressentit moins de compassion que de malaise et d'embarras. Le spectacle de sa douleur lui fit seulement désirer plus ardemment de s'échapper, de sortir de cette affreuse chambre et de revenir à l'air énorme et pur et au soleil.

Il eut honte de ces émotions en s'en ressouvenant. Pourtant, c'est bien ce qu'il avait ressenti, — ce qu'il ressentait encore. «Il faut être loyal envers ses instincts.» Non; pas envers tous; pas envers les mauvais: ceux-là, il faut leur résister. Mais ils ne se laissent pas terrasser si facilement.

Le petit vieux assis à côté de lui ralluma sa pipe. Il se souvint qu'il avait retenu son haleine le plus longtemps possible pour n'avoir pas à inspirer et à sentir trop souvent cet air pestilentiel. Il avait respiré bien à fond à travers les coucous ; puis il comptait jusqu'à quarante avant d'expirer et d'absorber une nouvelle bouffée. Le petit vieux se pencha de nouveau pour cracher... « L'idée suivant laquelle la nationalisation accroîtra la prospérité des travailleurs est entièrement fallacieuse. Depuis nombre d'années le contribuable a appris à ses dépens la signification de la domination bureaucratique. Si les travailleurs s'imaginent... » Il ferma les yeux, et revit la chambre du malade. Puis, le moment des adieux venu, il avait serré dans la sienne la main squelettique. Elle gisait, inerte, sur le drap : il avait glissé ses doigts sous ces doigts morts et décharnés, il avait soulevé la main un instant, et l'avait laissé retomber.

Elle était froide et humide au toucher. Il se détourna aussitôt après, et s'essuya subrepticement la paume contre son pardessus. Il laissa échapper, dans un soupir explosif, sa respiration longtemps contenue, et, d'une inspiration, emplit de nouveau ses poumons de cet air écœurant. Ce fut la dernière qu'il eut à absorber ; sa mère se dirigeait déjà vers la porte. Son petit pékinois sautillait autour d'elle, en aboyant.

« Allons, T'ang ! » dit-elle de sa belle voix claire. Elle était sans doute la seule personne en Angleterre, musa-t-il en ce moment, qui prononçât correctement l'apostrophe de T'ang.

Ils rentrèrent par les champs, le long d'un sentier de piétons. Fantastique et invraisemblable comme un petit dragon chinois, T'ang courait devant eux, bondissant légèrement pour franchir ce qui était, pour lui des obstacles énormes. Sa queue en panache flottait au vent. Parfois, quand l'herbe était très haute, il s'asseyait sur son petit derrière plat, comme s'il mendiait du sucre, et, regardant de ses yeux ronds et bombés par-dessus les touffes, tâchait de s'orienter.

Se retrouvant sous le ciel clair et pommelé, Walter avait eu la sensation d'être un prisonnier gracié. Il courait, il criait. Sa mère marchait lentement, sans rien dire. À chaque instant elle s'arrêtait un moment et fermait les yeux. C'est une habitude qu'elle avait, lorsqu'elle était pensive ou perplexe. Elle était souvent perplexe, songea Walter, en souriant tendrement à lui-même. Le pauvre Wetherington avait dû la faire réfléchir beaucoup. Il se rappela comme ils s'étaient arrêtés souvent sur le chemin du retour.

« Mais dépêche-toi, maman, avait-il crié impatiemment. Nous serons en retard pour le thé. »

La cuisinière avait préparé des scones pour le thé, et il y avait encore du plum-cake d'hier, et un pot frais ouvert de confiture de cerises de chez Tiptree.

«Il faut être loyal envers ses goût et ses instincts». Mais un accident de naissance les avait déterminés chez lui. La justice est éternelle; la charité et l'amour fraternel sont de belles choses, malgré la pipe du petit vieux et la chambre où Wetherington gisait malade; elles sont belles précisément à cause des choses comme celles-là. Le train ralentissait. Leicester Square. Il descendit sur le quai et marcha vers les ascenseurs. Mais il songeait qu'il est difficile de nier la prémisse majeure personnelle; et qu'il est bien difficile de croire à la prémisse majeure qui n'est pas personnelle, quelque excellente qu'elle soit. L'honneur, la fidélité, — ce sont là de bonnes choses. Mais la prémisse majeure personnelle de sa philosophie présente, c'est que Lucy Tantamount était la plus belle, la plus désirable...

— Vos billets, s'i'vous plaît!

Le débat menaçait de recommencer. Délibérément, il l'étouffa; le préposé à l'ascenseur fit claquer les portes, et la cabine s'éleva. Dans la rue il héla un taxi.

Tantamount House, Pall Mall.

CHAPITRE II

TROIS fantômes d'Italie hantent discrètement l'extrémité orientale de Pall Mall. La richesse de l'Angleterre fraîchement industrialisée, et l'enthousiasme, le génie architectural de Charles Barry, les ont fait jaillir du passé et de leur soleil natal. Sous la saleté dont s'incruste la façade du Reform Club, l'œil de la foi reconnaît quelque chose qui rappelle agréablement le palais Farnèse. Quelques mètres plus loin dans la rue, les souvenirs gardés par Sir Charles de la maison que Raphaël conçut pour les Pandolfini, percent à travers l'air brumeux de Londres: c'est le Travellers'Club. Et, entre ces deux constructions, austèrement classique, sévère comme une prison, et noire de suie, s'élève une version réduite (mais encore énorme) de la Cancelleria. C'est Tantamount House.

Barry en fit les plans en 1839. Cent ouvriers y travaillèrent pendant un an ou deux. Et le troisième marquis régla les mémoires. Ils étaient considérables. Mais les faubourgs de Leeds et de Sheffield avaient commencé à s'étendre sur les terres que ses ancêtres avaient dérobées aux monastères, trois cents ans au préalable. « L'Église catholique, instruite par le Saint-Esprit, a enseigné, d'après les écritures sacrées et les anciennes traditions des Pères, qu'il y a un Purgatoire, et que les âmes qui y sont détenues sont secourues par les suffrages des fidèles, mais principalement par l'acceptable sacrifice de l'autel. » Des hommes riches à la conscience inquiète avaient laissé leurs terres aux moines, afin que leur âme pût être secourue dans son passage au Purgatoire par l'accomplissement perpétuel de l'acceptable sacrifice de l'autel. Mais Henry VIII avait désiré une jeune femme et voulu un fils ; et parce que le pape Clément VII était au pouvoir du cousin de la fille de la première femme de Henry, il ne voulut point lui accorder son divorce. En conséquence de quoi, les monastères furent supprimés. Toute une armée de mendiants, de pauvres diables, d'infirmes, périt misérablement de faim. Mais les Tantamount acquirent quelques dizaines de milles carrés de terres arables, de forêts et de pâturages. Quelques années plus tard, sous Édouard VI, ils volèrent les propriétés de deux collèges qui n'étaient plus biens d'Église ; des enfants demeurèrent sans instruction afin que les Tantamount pussent être riches. Ils exploitèrent leurs terres scientifiquement pour en tirer le meilleur profit. Leurs contemporains les considéraient comme « des hommes qui vivent comme s'il n'y avoit point de Dieu, des hommes qui vouldroient tout tenir ès mains propres, des hommes qui ne vouldroient rien laisser aux aultres, des hommes qui oncques ne sont satisfaits ». Du haut de la chaire, Lever les accusa d'avoir « offensé Dieu, et tourné une richesse commune en ruine commune ». Les Tantamount ne s'en troublèrent point. La terre était à eux, l'argent rentrait régulièrement.

Le blé était semé, le grain récolté, bien régulièrement. Le bétail naissait, on l'engraissait, on l'envoyait à l'abattoir. Les laboureurs, les bergers, les vachers travaillaient dès avant l'aurore jusqu'au coucher du soleil, année sur année, jusqu'à ce qu'ils mourussent. Leurs enfants les remplaçaient. Un Tantamount succédait à l'autre.

La reine Élisabeth les créa barons ; ils devinrent vicomtes sous Charles II. Ils épousèrent héritière sur héritière, — dix milles carrés du Nottinghamshire, cinquante mille livres, deux rues de Bloomsbury, la moitié d'une brasserie, une banque, une plantation et six cents esclaves à la Jamaïque... Cependant, des hommes obscurs concevaient des machines qui fabriquaient des choses plus rapidement qu'on ne pouvait les faire à la main. Des villages se transformaient en villes, des villes en grands centres. Sur ce qui avait été les prés et les champs des Tantamount, on bâtit des maisons et des usines. Sous l'herbe de leurs prairies des hommes à demi nus piochèrent le front noir et brillant du charbon. Les wagonnets chargés furent traînés par des petits garçons et des femmes. Du Pérou, on amena en bateau, pour enrichir leurs champs, les excréments de dix mille générations de mouettes. Le blé poussa plus dru; les bouches nouvelles trouvèrent à se nourrir. Et, d'une année à l'autre, les Tantamount devinrent de plus en plus riches, et les âmes des pieux contemporains du Prince Noir continuèrent, sans doute, à se tordre dans les flammes inextinguibles du Purgatoire, n'étant point secourues par d'acceptables sacrifices de l'autel. L'argent qui eût pu, s'il avait été convenablement employé, raccourcir leur séjour parmi les flammes, servit, entre autres choses, à faire surgir dans Pall Mall un modèle réduit de la Chancellerie Papale.

L'intérieur de Tantamount House est aussi noblement romain que sa façade. Autour d'un quadrilatère central courent deux étages d'arcades ouvertes avec, au-dessus, un attique éclairé de petites fenêtres carrées. Mais au lieu d'être ouvert en plein ciel, le quadrilatère est couvert d'une marquise vitrée, qui en fait un immense hall s'élevant à toute la hauteur de l'édifice. Avec ses arcades et sa galerie, il constitue une fort noble pièce, — mais trop vaste, trop publique, ressemblant trop à une piscine ou à une piste de patinage à roulettes pour qu'on puisse y habiter en somme. Ce soir, pourtant, il justifiait son existence. Lady Edward Tantamount y donnait une de ses soirées musicales. Le plancher était encombré d'invités assis, et dans l'espace architectural vide, au-dessus d'eux, la musique flottait en pulsations compliquées.

— C'est une revue à grand spectacle! dit le vieux John Bidlake à son hôtesse; ma chère Hilda, regardez donc!

— Chut! protesta lady Hilda derrière son éventail de plumes. Il ne faut pas interrompre la musique. Et d'ailleurs, je regarde.

Son chuchotement était colonial, et les *r* de «interrompre» étaient roulés bien au fond de sa gorge; car Lady Edward était de Montréal, et sa mère avait été Française. En 1897 la British Association avait tenu un congrès au Canada. Lord Edward Tantamount y avait fait un rapport fort admiré à la Section de Biologie; et les professeurs avaient dit de lui: «C'est l'un de nos hommes d'avenir.» Mais pour ceux qui n'étaient point professeurs, un Tantamount et un millionnaire pouvait être considéré comme étant déjà arrivé. Hilda Sutton était très nettement de cet avis. Lord Edward fut, pendant son séjour à Montréal, l'hôte du père d'Hilda. Elle saisit l'occasion. La British Association rentra en Angleterre; mais lord Edward resta au Canada.

— Vous pouvez m'en croire, confia un jour Hilda à une amie,

je n'ai jamais pris tant d'intérêt à l'osmose, ni avant ni depuis.

L'intérêt qu'elle avait pris à l'osmose éveilla l'attention de Lord Edward. Il s'aperçut alors d'une chose qui lui avait échappé jusque alors, — à savoir, qu'Hilda était fort jolie. De plus, Hilda connaissait son métier de femme. Sa tâche n'était pas difficile. À quarante ans, lord Edward était, pour tout ce qui ne concerne pas l'intelligence, une espèce d'enfant. Au laboratoire, à son bureau, il était aussi vieux que la science même. Mais ses sentiments, ses intuitions, ses instincts, étaient ceux d'un petit garçon. Faute d'exercice, la majeure partie de son être spirituel ne s'était point développée. Il était une espèce d'enfant, mais avec des habitudes enfantines invétérées par quarante années d'existence. Hilda lui facilita la victoire sur sa timidité paralysante de l'âge ingrat, et chaque fois qu'il reculait, terrorisé devant l'accomplissement des avances nécessaires, elle vint au-devant de lui, effectuant au besoin la totalité du chemin à parcourir. Ses ardeurs étaient juvéniles, — à la fois violentes et timides, désespérées et muettes. Hilda sut parler pour deux et se montrer prudemment hardie... Prudemment, — car lord Edward avait, sur la conduite correcte des jeunes filles, des notions qui découlaient principalement des « Pickwick Papers ». La hardiesse non déguisée l'eût alarmé, l'eût fait battre en retraite. Hilda sut conserver l'apparence des allures « jeune fille » à la Dickens, mais réussit en même temps à faire toutes les avances, à faire naître toutes les occasions, et à piloter la conversation dans toutes les directions dictées par la stratégie amoureuse. Elle eut sa récompense. Au printemps de 1898, elle devint Lady Edward Tantamount.

— Mais je vous assure, avait-elle dit un jour à John Bidlake, — avec colère, car il avait tourné en ridicule le pauvre Edward, — je vous assure que je l'aime sincèrement, — sincèrement !

— À votre manière, sans doute, railla Bidlake, à votre manière. Mais vous admettrez bien que ce n'est pas la manière de tout le monde, heureusement. Regardez-vous donc dans cette glace !

Elle regarda, et vit l'image de son corps nu, étendu sur un divan, à demi enfoncé dans des coussins mœlleux.

— Rossard ! fit-elle. Mais cela ne change rien à mon affection pour lui.

— Oui, — à votre manière spéciale d'avoir de l'affection, bien sûr ! — Il se mit à rire. — Mais, je le répète, il est peut-être heureux que...

Elle le fit taire en lui mettant la main sur la bouche. Il y avait de cela un quart de siècle. Il y avait alors cinq ans que Hilda était mariée, et elle en avait trente. Lucy était une enfant de quatre ans. John Bidlake avait quarante-cinq ans, et était dans la plénitude de son talent et de sa réputation de peintre ; il était beau, grand, exubérant, insouciant ; grand rieur, gros travailleur, gros mangeur, buveur et déniaiseur de vierges.

« La peinture est une branche de la sensualité, répliquait-il à ceux qui l'admonestaient sur son genre de vie. Nul ne peut peindre un nu s'il n'a pas appris par cœur le corps humain avec ses mains et ses lèvres et son propre corps. Je prends mon art au sérieux, moi. Je suis inlassable dans mes études préliminaires. » Et sa peau se tendait en plis de rire autour de son monocle, ses yeux étincelaient comme ceux d'un satyre jovial.

A Hilda, Bidlake apporta la révélation de son propre corps, toutes ses possibilités physiques. Lord Edward n'était qu'une espèce d'enfant, un gamin fossile conservé dans le corps d'un homme de haute taille et d'âge mûr. Intellectuellement, au laboratoire, il comprenait les phénomènes sexuels. Mais pratiquement et émotivement, il était un enfant, un enfant fossile du milieu de l'ère victorienne, conservé intact avec toutes les timidités enfantines naturelles et tous les tabous acquis auprès des deux tantes vieilles filles, bien aimées et fort vertueuses, qui avaient remplacé sa mère morte, avec tous les principes et les préjugés étonnants qu'il avait absorbés en même temps que les bizarreries de M. Pickwick et de Micawber. Il aimait sa jeune femme, mais l'aimait comme pouvait aimer un enfant fossile des années 60, — timidement, en s'excusant — s'excusant de ses ardeurs, s'excusant de son propre corps et de celui d'Hilda. Non point en paroles exprimées, cela va de soi ; car l'enfant fossile était muet à force d'être timide ; mais par une détermination silencieuse de n'en point tenir compte, une façon silencieuse de se duper en prétendant que les corps n'ont en réalité rien à voir avec les ardeurs, lesquelles, au surplus, n'existent pas réellement. Son amour fut, d'un bout à l'autre, une longue excuse tacite pour son existence même ; et comme il n'était rien de plus qu'une excuse il se trouva évidemment tout à fait inexcusable. L'amour doit se justifier par ses résultats dans l'intimité de l'esprit et du corps, dans la douce chaleur, dans le tendre contact, dans le plaisir. S'il en est réduit à se chercher une raison d'être extérieure, il se révèle par là être une chose sans justification. John Bidlake, lui, n'offrait pas d'excuses pour la variété d'amour qu'il avait à donner. Dans la mesure de ses moyens, il se justifiait amplement de soi-même. Sensualiste vigoureux, il poussait son amour franchement, naturellement, avec le bon brio animal d'un enfant de la nature. « N'attendez pas de moi que je parle des étoiles et les lis virginaux et du cosmos, disait-il. Ce n'est pas mon genre. Je n'y crois pas. Moi, je suis pour les....» Et ses paroles devenaient alors ce qu'une convention mystérieuse a décrété impossible d'imprimer.

C'était un amour sans prétention, mais chaud et naturel, et, partant, bon, dans la mesure de ses limitations, — une sensualité convenable, bon-enfant, heureuse. Pour Hilda, qui n'avait encore connu, en guise d'amour, que les essais timides d'un enfant fossile, ce fut une révélation. Des choses mortes en elle revinrent à la vie. Elle se découvrit elle-même, avec ravissement. Mais point trop de ravissement, cependant. Elle ne perdait jamais la tête. Si elle avait perdu la tête, elle aurait pu perdre par surcroît Tantamount House, et les millions des Tantamount, et le titre des Tantamount. Elle n'avait nullement l'intention de perdre tout cela. De sorte qu'elle ne se laissa point chavirer le cerveau ; froidement, délibérément, elle le maintint bien haut, en sécurité, au-dessus des ravissements tumultueux, comme un rocher au-dessus des vagues. Elle s'amusa, mais jamais au détriment de sa position sociale. Elle fut capable de contempler son propre amusement ; sa tête solide, sa volonté de conserver sa position sociale, demeurèrent à part et au-dessus de la mêlée. Et John Bidlake approuvait la manière dont elle savait profiter au mieux des deux mondes.

— Je rends grâces au ciel, Hilda, disait-il bien souvent, que vous soyez une femme sensée.

Car les femmes qui croient que l'amour vaut la perte du monde peuvent devenir de terribles boulets aux pieds, — il ne le savait que trop bien par expérience personnelle. Il aimait les femmes ; l'amour était un plaisir indispensable. Mais nul être ne valait qu'on s'emberlificotât pour lui en des complications ennuyeuses, — nulle chose ne valait qu'on gâchât sa vie à cause d'elle. Avec les femmes qui ne s'étaient pas montrées sensées, et avaient pris l'amour trop au sérieux, John Bidlake avait été impitoyablement cruel. C'était la lutte du « tout pour l'amour » contre le « n'importe quoi pour une existence tranquille »,. Dans sa lutte pour une existence tranquille, il ne reculait devant aucune horreur.

Hilda Tantamount tenait à l'existence tranquille autant que John lui-même. Leur liaison avait duré, fort agréablement, l'espace de quelques années, et s'était ensuite tout doucement éteinte. Ils avaient été bons amants ; ils restèrent bons amis, — au point qu'on les traitait de conspirateurs, de conspirateurs malicieux ligués pour s'amuser aux dépens du monde. — Ils riaient en ce moment. Ou plus exactement, le vieux

John, qui détestait la musique, était seul à rire. Lady Edward, elle, tâchait de maintenir le décorum.

— Mais tenez-vous donc tranquille, — il le faut ! chuchota-t-elle.

— Mais vous ne vous rendez pas compte du degré de haut comique de la chose, — c'est incroyable ! insista Bidlake.

— Ch... chut !

— Mais je ne fais que chuchoter ! — Ces « chut » continuels l'agaçaient.

— Comme un lion.

— Je n'y peux rien, répondit-il avec colère. — Quand il prenait la peine de chuchoter, il admettait comme établi que sa voix ne pouvait être entendue que de la personne à qui il adressait la parole. Il n'aimait pas qu'on lui dît que ce qu'il admettait comme vrai ne l'était pas. « Comme un lion, vraiment ! » marmotta-t-il avec indignation. Mais son visage se rasséréna soudain. — Tenez ! dit-il, en voilà encore une qui arrive en retard. Qu'est-ce que vous pariez qu'elle fera la même chose que les autres ?

— Chut ! répéta Lady Edward.

Mais John Bidlake ne faisait plus attention à elle. Il regardait du côté de la porte, où se tenait encore la dernière des derniers arrivés, tiraillée entre le désir de disparaître discrètement parmi la foule silencieuse et le devoir social de faire connaître son arrivée à son hôtesse. Elle jeta les yeux autour d'elle, embarrassée. Lady Edward lui fit signe par-dessus les têtes de la foule interposée, d'un battement de ses longues plumes, et d'un sourire. La retardataire sourit en retour, envoya un baiser du bout des doigts, se posa un doigt sur la bouche, désigna une chaise vide à l'autre extrémité de la pièce, allongea les deux mains dans une petit geste qui devait exprimer des excuses pour son arrivée tardive et des regrets désespérés de ne pouvoir, vu les circonstances, aller parler à Lady Edward ; puis, soulevant les épaules et se pelotonnant de façon à occuper le minimum d'espace, elle se dirigea, sur la pointe des pieds, et avec d'infinies précautions, le long de l'allée, vers le siège inoccupé.

Bidlake délirait de joie. Il avait singé chacun des gestes de la pauvre femme à mesure. Il lui avait retourné avec usure le baiser qu'elle avait envoyé, et lorsqu'elle s'était posé un doigt sur la bouche, il avait recouvert la sienne de sa main entière. Il avait répété son geste de regret, en l'exagérant grotesquement pour lui faire exprimer un désespoir ridicule. Et lorsqu'elle s'était éloignée sur la pointe des pieds, il s'était mis à compter sur ses doigts, à faire les gestes dont, à Naples, on conjure le mauvais œil, à se taper le front. Il se tourna en triomphe vers Lady Edward.

— Je vous l'avais bien dit, chuchota-t-il, tout son visage crevassé de rides pour retenir son rire. On se croirait dans une maison de sourds-muets, — ou causant à des pygmées de l'Afrique Centrale. — Il ouvrit la bouche et y dirigea l'index tendu ; il fit le simulacre de boire dans un verre. — Moi faim, fit-il, moi beaucoup soif.

Lady Edward lui donna une tape de son éventail d'autruche.

Cependant la musique continuait, — la *Suite* en si bémol mineur, pour flûte et cordes, de Bach. C'était le jeune Tolley qui dirigeait, avec sa grâce inimitable et habituelle, fléchissant les reins en ondulations de cygne, et traçant dans l'air, de ses bras brandis, des arabesques brillantes comme s'il dansait au son de la musique. Une douzaine de joueurs de violon et de violoncelle raclaient leurs instruments à son commandement. Et le grand Pongileoni baisait sa flûte gluante. Il soufflait en travers de l'embouchure, et une colonne d'air cylindrique se mettait à vibrer ; les méditations de Bach emplissaient le quadrilatère romain. Dans le *largo* d'ouverture Jean-Sébastien avait, avec l'aide du museau de Pongileoni et de la colonne d'air, énoncé quelque chose : Il y a dans le monde de grandes choses, de nobles choses ; il y a des hommes nés pour être rois ; il y a de vrais conquérants, des maîtres authentiques de la terre, — mais d'une terre combien complexe et multiple (ainsi avait-il musé par la suite dans *l'allegro* fugué). Vous croyez avoir trouvé la vérité : claire, précise, à ne pouvoir s'y méprendre, elle est annoncée par les violons ; vous l'avez, vous la tenez, triomphalement. Mais la voilà qui vous échappe, pour se présenter à nouveau sous un tout autre aspect parmi les violoncelles, et puis encore sous la forme de la colonne d'air vibrante de Pongileoni. Les diverses parties vivent d'une vie séparée ; elles se frôlent, leurs chemins se croisent, elles se combinent un instant pour créer une harmonie finale et parfaite (semble-t-il), — mais c'est pour s'arracher encore l'une à l'autre. Chacune est toujours seule, séparée, individuelle. « Je suis moi, affirme le violon ; le monde tourne autour de moi. » — « Autour de moi », réclame le violoncelle. — « Autour de moi », insiste la flûte. Et tous et toutes ont également raison et également tort ; et aucun d'eux ne veut écouter les autres.

Dans la fugue humaine il y a dix-huit cent millions de parties. Le bruit résultant a peut-être une signification pour le statisticien, mais aucune pour l'artiste. Ce n'est qu'en considérant une ou deux parties à la fois que l'artiste peut y comprendre quelque chose. Voici, par exemple, une partie isolée ; et Jean-Sébastien expose la chose. Le *Rondeau* commence, exquisement et simplement mélodieux, presque une chanson populaire. C'est une jeune fille chantant pour elle-même, d'amour, dans sa solitude, tendrement mélancolique. Une jeune fille chantant par les monts, tandis que les nuées passent au-dessus de sa tête. Mais, solitaire comme l'une des nuées flottantes, un poète a écouté sa chanson. Les pensées qu'elle a suscitées en lui sont dans la *Sarabande* qui suit le *Rondeau.* C'est une méditation lente et merveilleuse sur la beauté du monde (en dépit de la saleté et de la stupidité), sur sa bonté profonde (en dépit de tout le mal), sur son unité (en dépit de tant de diversité étourdissante). C'est une beauté, une bonté, une unité, que nulle recherche intellectuelle ne peut découvrir, que l'analyse détruit, mais dont la réalité s'impose à l'esprit, de temps en temps, brusquement et invinciblement. Une jeune fille chantant pour elle-même sous les nuées suffit à créer cette certitude. Une belle matinée même y suffit. Est-ce illusion, ou révélation de la vérité la plus profonde ? Qui le saura ?... Pongileoni soufflait, les musiciens frottaient leurs crins de cheval enduits de résine sur des intestins d'agneau tendus ; tout au long de la longue *Sarabande,* le poète méditait lentement sur sa certitude merveilleuse et consolante.

— Cette musique commence à devenir bien ennuyeuse, murmura John Bidlake à son hôtesse. Est-ce qu'il y en a encore pour longtemps ?

Le vieux Bidlake n'avait ni goût ni talent pour la musique, et il avait la franchise de le dire. Il pouvait d'ailleurs se permettre d'être franc. Lorsqu'on sait peindre comme John Bidlake, pourquoi ferait-on semblant d'aimer la musique, alors qu'on ne l'aime pas ? Il promena son regard au-dessus des auditeurs assis, et sourit.

— Ils ont l'air d'être à l'église, dit-il.

Lady Edward leva son éventail en protestation.

— Qu'est-ce que c'est que cette petite femme en noir, continua-t-il, qui roule les yeux et balance son corps comme sainte Thérèse en extase ?

— C'est Fanny Longan, lui répondit lady Edward à voix basse. Mais taisez-vous, je vous en prie !

— On parle du tribut que le vice paye à la vertu ! reprit John Bidlake, incorrigible. Mais, à notre époque, tout est permis ; il n'est plus besoin d'hypocrisie morale. Il n'y a plus maintenant que de l'hypocrisie intellectuelle, le tribut que le philistinisme paye à l'art, quoi !... Regardez, comme ils sont tous en train de le payer, — en pieuses grimaces et en silence religieux !

— Estimez-vous heureux qu'ils vous payent, vous en espèces sonnantes ! dit Lady Edward. Et maintenant, faites-moi le plaisir de vous taire, — j'y insiste absolument.

Bidlake eut un geste de terreur feinte et se couvrit le bouche de sa main. Tolley agitait les bras voluptueusement. Pongileoni soufflait, les violonistes raclaient. Et Bach, le poète, méditait sur la vérité et la beauté. Fanny Longan sentit les larmes lui monter aux yeux. Elle avait l'émotion facile, surtout en musique; et quand elle ressentait de l'émotion, elle ne s'efforçait pas de la réprimer, mais s'y abandonnait à plein cœur. Comme cette musique était belle, — triste, sans doute, mais combien réconfortante! Elle la sentait en elle, comme un courant de sentiment exquis, coulant sans heurt mais irrésistiblement par tout le labyrinthe complexe de son être. Son corps même frémissait et se balançait avec la pulsation et l'ondulation de la mélodie. Elle songea à son mari: son souvenir lui vint, porté sur le courant de la musique, — son Éric bien-aimé, mort depuis près de deux ans; mort, — si jeune encore. Les larmes redoublèrent. Elle les essuya. La musique était infiniment triste; et pourtant, elle était consolante. Elle admettait tout, pour ainsi dire: que le pauvre Éric fût mort prématurément, qu'il eût souffert de sa maladie, qu'il tînt à la vie, — elle admettait tout. Elle exprimait toute la tristesse du monde, et, des profondeurs de cette tristesse elle avait le pouvoir d'affirmer, délibérément, tranquillement, sans protester trop haut, que tout était bien, en somme, que tout devait être accepté. Elle englobait la tristesse dans quelque bonheur plus vaste, plus large. Les larmes continuèrent à sourdre dans les yeux de Mrs. Longan; mais c'étaient — qui saura comment? — des larmes heureuses, en dépit de sa tristesse. Elle aurait voulu exprimer à Polly, sa fille, ce qu'elle ressentait. Mais Polly était dans une autre rangée de l'auditoire. Mrs. Longan voyait sa tête, de dos, à deux rangées en avant, et son petit cou gracile avec les perles que son cher Éric lui avait données pour son dix-huitième anniversaire, quelques mois seulement avant de mourir. Et soudain, comme si elle avait senti que sa mère la regardait, comme si elle avait compris ce qu'elle éprouvait, Polly se retourna et lui fit un sourire rapide. Le bonheur triste et musical de Mrs. Logan fut au complet.

Les yeux de sa mère n'étaient pas les seuls qui regardassent dans la direction de Polly. Avantageusement placé derrière elle et sur le côté, Hugo Brockle étudiait admirativement son profil. Comme elle était belle! Il se demandait s'il aurait le courage de lui dire qu'ils avaient joué ensemble, étant enfants, aux Kensington Gardens. Il irait à elle, la musique terminée, et dirait hardiment: « Mais ...on nous a présentés l'un à l'autre dans nos voitures d'enfant. » Ou, pour se montrer spirituel d'une façon moins rebattue : « C'est vous qui m'avez frappé à la tête avec une raquette d'enfant. »

Bidlake, rongeant son frein, laissait errer son regard, et avait tout à coup aperçu Mary Betterton... Mary Betterton elle-même, — ce monstre ! Il passa la main sous sa chaise, il toucha du bois. Chaque fois que John Bidlake voyait quelque chose de désagréable, il se sentait toujours en plus grande sûreté s'il pouvait toucher du bois. Il ne croyait pas en Dieu, bien entendu ; il aimait à conter des histoires désobligeantes sur les ecclésiastiques. Mais le bois, — le bois... le bois avait quelque chose, ma foi... Et dire qu'il avait été amoureux d'elle, follement, — voici vingt, vingt-deux ans passés, — il n'osait plus en chiffrer le nombre. Comme elle était obèse, vieille, hideuse ! Sa main redescendit jusqu'au pied de sa chaise. Il détourna les yeux, et s'efforça de penser à quelque chose qui ne fût pas Mary Betterton. Mais les souvenirs de l'époque où Mary avait été jeune s'imposaient à lui... Il montait encore à cheval dans ce temps-là. Il se revit sur son cheval noir, et Mary sur un bai. Ils avaient souvent monté ensemble à cette époque. C'était le temps où il peignait le troisième, et le meilleur, de ses groupes de *Baigneuses*. Ça, c'était un tableau, bon Dieu ! Mary était déjà un peu trop boulotte au goût de certains, — déjà... Mais non point au sien : il n'avait jamais trouvé à redire à l'embonpoint raisonnable... Ces femmes d'aujourd'hui, dont l'ambition est de ressembler à des tuyaux de descente !... Il la regarda encore un instant, et frémit. Il la détestait d'être si repoussante, après avoir été jadis si charmante. Et il était son aîné de près de vingt ans.

CHAPITRE III

DEUX étages au-dessus, entre le *piano nobile* et les locaux des domestiques, dans les combles, Lord Edward Tantamount était occupé dans son laboratoire.

Les cadets des Tantamount embrassaient généralement la carrière militaire. Mais l'héritier étant infirme, le père de Lord Edward l'avait destiné à la politique, carrière que les fils aînés avaient toujours commencée traditionnellement aux Communes et majestueusement continuée à la Chambre des Lords. À peine Lord Edward eut-il atteint sa majorité qu'on lui donna une circonscription à cultiver. Il la cultiva en fils obéissant. Mais comme il détestait parler en public ! Et lorsqu'on rencontrait un électeur possible, que diable devait-on dire? Et, bien loin de s'en enthousiasmer, il ne se souvenait même pas des points essentiels du programme du parti conservateur... Non, la politique n'était décidément pas son genre.

«Mais enfin, qu'est-ce donc qui t'intéresse?» avait demandé son père. Et Lord Edward n'en savait rien, voilà le hic. La seule chose qui lui fît véritablement plaisir, c'était d'entendre des concerts. Mais on ne pouvait manifestement pas passer sa vie à entendre des concerts. Le quatrième marquis ne put dissimuler sa colère et sa déception. «Ce garçon-là est un imbécile», disait-il; et Lord Edward lui-même était enclin à lui donner raison. Il n'était bon à rien; c'était un raté; le monde n'avait point de place pour lui. Il en arrivait parfois à songer au suicide.

«Si encore il jetait sa gourme!» s'était lamenté son père. Mais le jeune homme s'intéressait encore moins, s'il est possible, à la débauche qu'à la politique. «Et il n'est même pas sportif!» continuait le réquisitoire. C'était vrai. Massacrer des oiseaux, fût-ce en compagnie du prince de Galles, laissait Lord Edward complètement froid, — si ce n'est que la chose lui inspirait un léger dégoût. Il préférait rester chez lui à lire, au petit bonheur, à bâtons rompus, un peu de tout. Mais la lecture même était impuissante à le satisfaire. Le mieux qu'on pût en dire, c'est qu'elle empêchait son esprit de s'attrister, et tuait le temps. Mais à quoi bon cela? Tuer le temps au moyen d'un livre, ne valait guère mieux, intrinsèquement, que de tuer des faisans, et le temps par surcroît, avec un fusil. Il pourrait bien continuer à lire ainsi pour le restant de ses jours, — mais cela ne l'amènerait jamais à accomplir quoi que ce soit.

L'après-midi du 18 avril 1887, il était assis dans la bibliothèque de Tantamount House, se demandant si la vie valait d'être vécue, et s'il était préférable, pour en finir avec elle, de se noyer ou de se tirer une balle dans le corps. C'était le jour où le *Times* avait publié la lettre d'un faussaire, attribuée à Parnell, défendant les meurtres de Phœnix Park. Le quatrième marquis, lui, avait été dans un état d'agitation apoplectique dès le déjeuner du matin. Au club, on ne parlait pas d'autre chose! «Ce doit être très important, ne cessait de se répéter Lord Edward.» Mais il lui fut impossible de s'intéresser sérieusement ni au Parnellisme, ni au crime en général. Après avoir écouté quelque temps ce que disaient les gens au club, il rentra chez lui au désespoir. La porte de la bibliothèque se trouvait ouverte: il y entra et s'affala sur une chaise, se sentant à bout de forces comme s'il rentrait d'une promenade de quarante kilomètres. «Il faut que je sois complètement idiot», s'affirmait-il à lui-même, lorsqu'il songeait aux enthousiasmes politiques des autres, et à sa propre indifférence. Il était trop modeste pour attribuer aux autres la qualité d'idiots. «Il n'y a rien à faire, — absolument rien...» Il gémit à haute voix, et dans le silence savant de la vaste bibliothèque ce bruit était désolant. La mort... la fin de tout... la rivière... le revolver... Le temps passa. Il s'aperçut qu'il était incapable de penser à quoi que ce fût de façon suivie et attentive, — fût-ce même à la mort. La mort même était assommante... Le numéro courant de la *Quarterly Review* était sur la table, à côté de lui. Il se révélerait peut-être moins assommant que ses méditations sur la mort. Il prit la revue, l'ouvrit au hasard, et se trouva lire un paragraphe en plein milieu d'un article sur un nommé Claude Bernard. Il n'avait jamais entendu parler de Claude Bernard. Ce devait être un Français, supposa-t-il. Et qu'était-ce donc, se demanda-t-il, que la fonction glycogénique du foie ? Quelque chose de scientifique, évidemment. Ses yeux parcoururent rapidement la page. Il y avait un passage entre guillemets ; c'était une citation tirée des œuvres mêmes de Claude Bernard :

«L'être vivant ne constitue pas une exception à la grande harmonie naturelle qui fait que les choses s'adaptent les unes aux autres ; il ne rompt nulle concorde ; il n'est en contradiction ni en lutte avec les forces cosmiques générales. Loin de là, il est un élément du concert universel des choses, et la vie de l'animal, par exemple, n'est qu'un fragment de la vie totale de l'univers.»

Il lut ces quelques phrases, en oisif d'abord, puis plus soigneusement, puis il les relut plusieurs fois avec son attention tendue. «La vie de l'animal n'est qu'un fragment de la vie totale de l'univers.» ...Et le suicide, alors ? Un fragment de l'univers se détruirait donc ? Non... se détruire n'était pas le mot exact ; il ne saurait se détruire, même au prix de tous ses efforts... Il changerait son mode d'existence... Il changerait... Des morceaux d'animaux et de plantes devenaient donc des êtres humains. Ce qui était un jour la cuisse d'un mouton ou des feuilles d'épinard, devenait, un autre jour, partie intégrante de la main qui écrivit, du cerveau qui conçut le mouvement lent de la *Symphonie Jupiter*. Et un autre jour était venu, où trente-six années de plaisir, de souffrances, d'appétits, d'amours, de pensées, de musique, avec d'infinies virtualités, non réalisées de mélodie et d'harmonie, avaient fumé un coin inconnu d'un cimetière de Vienne, pour qu'elles se transformassent en herbe et en pissenlit, qui, à leur tour, avaient été transformés en moutons, dont les cuisses avaient à leur tour été transformées en d'autres musiciens, dont le corps, à son tour... Tout cela était évident, mais pour Lord Edward ce fut une révélation. Soudain et pour la première fois il eut conscience de sa solidarité avec le monde. Cet éveil à la conscience était une chose extraordinairement passionnante; il se leva de sa chaise, et se mit à marcher de long en large à travers la pièce, dans un état de grande agitation. Ses pensées étaient confuses, mais elles formaient un amas brillant et vif, — non plus terne et languissamment brumeux comme d'habitude. « Peut-être, lors de mon séjour à Vienne l'an dernier, ai-je consommé un morceau de la substance même de Mozart. Peut-être était-ce dans Wiener Schnitzel, ou dans une saucisse ou même dans un verre de bière. Voilà la communion, la communion physique... Et cette représentation merveilleuse de *la Flûte enchantée,* — voilà un autre genre de communion, — ou peut-être le même, au fond. La transsubstantiation, — le cannibalisme, — la chimie... Tout se ramène, en fin de compte, à la chimie, bien sûr... Le gigot et les épinards... Tout n'est que chimie... L'hydrogène, l'oxygène... Et qu'y a-t-il encore? Oh! comme c'était rageant, oui, rageant, de ne pas savoir!... Et toutes ces années passées à Eton, — avec leurs vers latins, — à quoi diable cela pouvait-il servir, tout cela? *Eu! distenta ferunt perpingues ubera vaccae.* Pourquoi ne m'a-t-on pas appris des choses sensées?... « Un membre du concert universel des choses... » On dirait de la musique; des harmonies, du contrepoint, des modulations. Mais il faut l'avoir étudiée pour l'entendre. La musique chinoise... on n'y comprend absolument rien... Le concert universel, — c'est de la musique chinoise pour moi, grâce à Eton... La fonction glycogénique du foie, — cela pourrait être du Bantou, pour ce que j'y entends... Quelle humiliation! Mais je puis apprendre, j'apprendrai, — oui, j'apprendrai... »

Lord Edward fut rempli d'une allégresse extraordinaire; jamais, au grand jamais, il ne s'était encore senti si heureux.

Ce soir-là il annonça à son père qu'il ne se présenterait pas au Parlement. Encore tout agité par les révélations du matin sur le Parnellisme, le vieillard entra dans une violente colère. Lord Edward ne s'en émut nullement: il avait pris une décision. Le lendemain, il fit paraître une annonce pour trouver un précepteur. Au printemps de l'année suivante il était à Berlin, travaillant avec Du Bois-Reymond.

Quarante ans avaient passé depuis lors. Ses études sur l'osmose, qui lui avaient valu indirectement de trouver une femme, lui avaient également valu une réputation. Ses travaux sur l'assimilation et la croissance étaient célèbres. Mais ce qu'il considérait comme l'œuvre véritable de sa vie — *le Grand Traité théorique sur la biologie physique* — était encore inachevé. « La vie de l'animal n'est qu'un fragment de la vie totale de l'univers. »

Les paroles de Claude Bernard avaient été le thème de toute son existence aussi bien que son inspiration d'origine. Le livre auquel il travaillait depuis tant d'années n'en était qu'un développement, une illustration quantitative et mathématique.

En haut, dans le laboratoire, la journée de travail venait de commencer. Lord Edward préférait travailler de nuit. Les heures du jour lui étaient désagréablement bruyantes. Il déjeunait à une heure et demie, faisait une marche d'une heure ou deux l'aprés-midi, et rentrait pour lire ou écrire jusqu'à l'heure du lunch, à huit heures. À neuf heures, neuf heures et demie, il faisait des travaux pratiques avec son assistant, et cela fait, ils se mettaient à l'œuvre au grand livre, ou à la discussion de ses problèmes. À une heure du matin, Lord Edward soupait, et il se couchait vers quatre ou cinq heures.

Amortie et par fragments, la *Suite* en si bémol mineur s'élevait du grand hall jusqu'aux oreilles des deux hommes dans le laboratoire. Ils étaient trop occupés pour avoir conscience de l'entendre.

— Le forceps, dit Lord Edward à son assistant.

Il avait la voix profonde, indistincte, et en quelque sorte sans contour bien défini. « Une voix comme une fourrure », avait dit sa fille Lucy, alors qu'elle était enfant.

Illidge lui tendit le bel instrument brillant. Lord Edward fit un bruit profond qui signifiait merci, et se retourna avec le forceps vers le lézard anesthésié qui était étendu sur la table d'opération en miniature. Illidge l'observa d'un regard critique et approbateur. Le Vieux opérait remarquablement bien. On n'eût jamais cru qu'un grand bonhomme lourdaud comme le Vieux pût être si délicatement précis. Ses grosses mains étaient capables du travail le plus fin ; c'était un véritable plaisir de les observer.

— Voilà ! fit enfin Lord Edward, — et il se redressa dans la mesure où le lui permettait son dos courbé de rhumatismes. — Ça me paraît bien, — et vous ?

Illidge approuva de la tête.

— C'est parfait, dit-il, d'un accent qui n'était certes le produit d'aucun des temples antiques et coûteux du savoir.

Il révélait le Lancashire comme lieu d'origine. C'était un petit homme, à la figure enfantine et semée de taches de rousseur, avec des cheveux roux.

Le lézard commençait à se réveiller. Illidge le mit en lieu sûr. L'animal n'avait pas de queue ; il l'avait perdue voilà huit jours, et ce soir le petit bourgeon de tissu régénéré qui serait normalement devenu une queue nouvelle, avait été enlevé et greffé sur le moignon de sa patte antérieure droite, dont il avait été amputé.

Transplanté ainsi dans sa nouvelle position, le bourgeon deviendrait-il une patte, ou continuerait-il à se développer incongrûment pour constituer une queue ? Ils avaient fait une première expérience avec un bourgeon de queue à peine formé : il s'était dûment changé en patte. Puis, dans la suivante, ils avaient donné au bourgeon le temps de se développer considérablement, avant de le transplanter ; il s'était révélé trop avancé en formation caudale pour pouvoir s'adapter aux conditions nouvelles ; ils avaient ainsi fabriqué un monstre ayant une queue là où il aurait dû y avoir un membre. Ce soir ils expérimentaient sur un bourgeon d'âge intermédiaire.

Lord Edward tira une pipe de sa poche et se mit à la bourrer, tout en regardant le lézard d'un air méditatif :

— Ce sera intéressant de voir ce qui se produira cette fois, dit-il, de sa voix profonde et indistincte. À mon avis, nous sommes juste à la limite, entre... — Il laissa le phrase en suspens : il lui était toujours malaisé de trouver les mots précis pour exprimer sa pensée. — Le bourgeon aura le choix difficile.

— *To be or not to be,* dit facétieusement Illidge, et il se mit à rire.

Mais voyant que Lord Edward ne manifestait aucun signe d'amusement, il s'arrêta... Voilà qu'il avait presque gaffé encore une fois... Il en éprouva du dépit contre lui-même, et aussi, bien que sans raison, contre le Vieux.

Lord Edward bourrait sa pipe.

— La queue devient patte, dit-il, d'un ton méditatif. Par quel mécanisme ? Y a-t-il des particularités chimiques dans le voisinage des... ? Ce ne peut pas être le sang, — c'est évident. Ou bien pensez-vous que ça a quelque chose à voir avec la tension électrique ? Car elle varie, naturellement, suivant les partie du corps... À part cela, pourquoi ne nous contentons-nous pas tous de proliférer au hasard, comme des cancers... Le fait de se développer suivant une forme définie est fort improbable, quand on y réfléchit. C'est très mystérieux et... — Sa voix dégénéra en un murmure profond et rauque.

Illidge écoutait, avec désapprobation. Quand le Vieux se lançait ainsi sur les problèmes majeurs et fondamentaux de la biologie, on ne savait jamais où il allait en venir. Il était bel et bien capable de se mettre à parler de Dieu... Il y avait de quoi rougir ! Il était décidé à empêcher une chose aussi déshonorante d'arriver ce soir...

— La prochaine expérience à faire avec ces lézards, dit-il de sa voix la plus animée et professionnelle, ce sera de s'attaquer au système nerveux, et de voir s'il a une influence sur la greffe. Supposez, par exemple, que nous excisions un fragment de la moelle...

Mais Lord Edward n'écoutait pas son assistant. Il avait retiré sa pipe de sa bouche, il avait levé la tête, qu'il avait en même temps inclinée légèrement de côté. Il fronçait les sourcils, comme s'il faisait un effort pour saisir et se rappeler quelque chose. Il leva la main d'un geste qui réclamait le silence ; Illidge s'interrompit au milieu de sa phrase et écouta, lui aussi. Un dessin mélodique s'inscrivit faiblement sur le silence.

— Bach ? fit Lord Edward dans un murmure. — Le souffle de Pongileoni et le raclage des violonistes anonymes avaient ébranlé l'air du grand hall, avaient mis en vibration les vitres des fenêtres qui y prenaient jour ; et celles-ci, à leur tour, avaient ébranlé l'air des appartements de Lord Edward, du côté le plus écarté. L'air en vibration avait ébranlé la *membrana tympani* de Lord Edward ; la chaîne des osselets, marteau, enclume, étrier, avait été mise en mouvement de façon à agiter la membrane de la fenêtre ovale, et à créer une tempête infinitésimale dans le fluide du labyrinthe. Les filaments terminaux du nerf auditif frissonnèrent comme des algues dans une mer en courroux ; un grand nombre de miracles obscurs s'effectuèrent dans le cerveau, et Lord Edward en extase murmura : « Bach ! » — Il sourit de plaisir, ses yeux pétillèrent. La jeune fille chantait pour elle-même sous les nuées flottantes. Et alors le philosophe solitaire comme la nuée se mit à méditer poétiquement... — Il faut absolument descendre écouter ça, dit Lord Edward. — Il se leva. — Venez, fit-il. Le travail attendra. On n'a pas tous les soirs l'occasion d'entendre des choses comme celle-là.

— Mais... la tenue ? dit Illidge, d'un ton de doute. Je ne peux pas descendre comme je suis là... — Il s'examina. Son costume, en tout état de cause, n'avait pas coûté cher ; et l'âge ne l'avait pas amélioré.

— Oh, ça n'a pas d'importance. — Un chien flairant des lapins n'eût guère pu faire plus indécemment étalage de sa passion, que Lord Edward au son de la flûte de Pongileoni. Il prit son assistant par le bras et l'emmena en hâte vers la porte, puis le long du corridor, vers l'escalier.

— Ce n'est qu'une petite soirée, continua-t-il. Il me semble me souvenir que ma femme m'a dit... Quelque chose de très simple... Et puis, ajouta-t-il, inventant des excuses nouvelles pour justifier la violence de sa fringale musicale, nous n'avons qu'à nous y glisser sans... Personne ne remarquera rien.

Illidge n'était pas tranquille...

— Je crois bien que ce n'est pas une toute petite soirée..., commença-t-il. — Il avait vu arriver les autos.

— Ça ne fait rien, ça ne fait rien, interrompit Lord Edward, dans son désir éperdu de Bach.

Illidge se laissa faire. Il aurait l'air parfaitement ridicule, songeait-il, avec son complet luisant de serge bleue. Peut-être, cependant, pensa-t-il en revenant sur sa première impression, valait-il encore mieux paraître en serge bleue et luisante — sortant directement du laboratoire, après tout, et sous la protection du maître céans (qui portait lui-même un veston de cheviote) — qu'avec sa vieille tenue de soirée, laquelle, comme il s'en était rendu compte au cours de précédentes excursions dans le monde brillant de Lady Edward, était déplorablement «toc» et mal coupée. Mieux valait être totalement différent des richards et des gens du monde, — être un visiteur tombant d'une autre planète intellectuelle, — qu'un imitateur snobinet de quinzième ordre. Vêtu de bleu, on serait sans doute exposé aux regards comme une curiosité; mais en noir de mauvaise coupe (comme un serveur), on était tenu à l'écart avec dédain, on était méprisé pour s'être fait passer sans succès pour ce qu'on n'était manifestement pas.

Illidge se ressaisit pour jouer avec fermeté, voire avec autorité, le rôle du visiteur martien.

Leur entrée fut encore plus péniblement marquante que ne l'avait imaginé Illidge. Le grand escalier de Tantamount House descend du premier étage en deux branches qui se rejoignent, comme un couple de rivières égales, pour se précipiter dans le hall, en une seule cataracte architecturale de marbre de Vérone. Il débouche sous les arcades, au milieu de l'un des côtés du quadrilatère couvert, en face du vestibule et de la porte d'entrée. Lorsqu'on entre, de la rue, on domine le hall, et l'on aperçoit, à travers l'arche centrale de l'arcade d'en face, les larges marches et les balustrades brillantes montant à un palier sur lequel une *Vénus* de Canova, — orgueil de la collection du troisième marquis — se dresse sur un piédestal, dans une niche, et cache — ou plutôt, ne réussit point à cacher — d'un geste pudique quoique plein de coquetterie de ses deux mains, ses charmes marmoréens. C'est au pied de cette triomphale rampe de marbre que Lady Edward avait installé l'orchestre; ses invités étaient assis, en rangs serrés, lui faisant face. Lorsque Illidge et Lord Edward obliquèrent, dans l'angle, en face de la *Vénus* de Canova, marchant sur la pointe des pieds, avec l'allure de conspirateurs, et d'autant plus doucement et laborieusement qu'ils s'approchaient de la musique et de la foule des auditeurs, ils se trouvèrent tout à coup être le point de mire de cent paires d'yeux. Une bouffée de curiosité anima les invités rassemblés. L'apparition de ce grand vieillard courbé sortant d'un monde si différent du leur, fumant sa pipe et vêtu d'un veston de cheviote, sembla riche de présages. Il avait vaguement l'air d'un fantôme familier, soudain lâché par la maison; ou d'un de ces monstres qui ne hantent le palais que des familles les meilleures et les plus aristocratiques: La Bête de Glamis, le Minotaure lui-même n'auraient guère suscité plus d'intérêt que ne le fit Lord Edward. Des face-à-main s'élevèrent, des cous se tendirent un peu partout vers la droite ou la gauche, tandis que les gens s'efforçaient de contourner les obstacles bien en chair qui se trouvaient devant eux. Lord Edward, prenant soudain conscience de tous ces regards curieux, prit peur. Il eut conscience d'avoir péché contre l'étiquette mondaine; il retira sa pipe de sa bouche, et la fourra, toute fumante encore, dans la poche de son veston. Il s'arrêta irrésolu. Allait-il s'enfuir, ou avancer? Il se tourna d'un côté, puis de l'autre, faisant pivoter tout son corps courbé des hanches, d'un bizarre mouvement pendulaire, comme le balancement lent et lourd d'un cou de chameau. Un moment il eut envie de battre en retraite. Mais son amour de Bach fut plus fort que sa frayeur. Il était pareil à l'ours que l'odeur de mélasse contraint, malgré toutes ses craintes, à aller voir le campement des chasseurs, — à l'amant qui est prêt à faire face au mari armé et exaspéré, ainsi qu'au tribunal des divorces, pour passer une heure dans les bras de sa maîtresse. Il avança, descendant les marches sur la pointe des pieds, avec, de plus en plus, l'allure d'un conspirateur, — tel Guy Fawkes découvert, — et espérant cependant, contre toute raison, qu'il pourrait échapper aux regards en se conduisant comme si la Conspiration des Poudres se déroulait encore conformément au plan établi. Illidge marchait derrière lui. Son visage était devenu tout rouge dans l'embarras du premier moment; mais en dépit de cet embarras, ou plutôt à cause de lui, il marchait derrière Lord Edward avec une sorte de crânerie, une main dans sa poche, le sourire aux lèvres. Il tournait les yeux avec calme d'un côté et de l'autre, dominant la foule. Son visage avait une expression d'amusement dédaigneux. Trop occupé à jouer au Martien pour regarder où il allait, Illidge manqua tout à coup son appui sur cet escalier monumental avec lequel il n'était point familier, cet escalier aux marches démesurément profondes et faiblement élevées. Son pied glissa, il se débattit violemment au bord d'une chute, gesticulant des bras, et parvint à se rétablir, encore miraculeusement sur ses pieds, quelque deux ou trois marches plus bas. Il reprit la descente avec toute la dignité qu'il put rassembler. Il se sentait fort en colère, il détestait les invités de Lady Edward, tous, en bloc, sans exception.

CHAPITRE IV

PONGILEONI se surpassa dans la *Badinerie* finale. Les axiomes euclidiens furent en liesse avec les formules de la statique élémentaire. L'arithmétique tint une kermesse à allure de saturnale ; l'algèbre dansa follement ; la musique s'arrêta dans une orgie de réjouissance mathématique. On applaudit. Tolly salua, avec toute sa grâce habituelle. Pongileoni salua ; même les musiciens anonymes saluèrent. Les auditeurs repoussèrent leurs sièges derrière eux et se levèrent. Des torrents de papotages contenus déferlèrent.

— Vous ne trouvez pas que le Vieux était à *mourir* de rire ? Polly Logan avait trouvé une amie.

— Bien sûr. Et le petit à poil de carotte, donc !

— C'est Doublepatte et Patachon !

— Oui, vraiment, j'ai bien cru que j'en claquerais ! dit Norah.

— Quel vieux sorcier ! — Polly parlait maintenant dans un murmure frémissant, se penchant en avant et ouvrant les yeux tout grands comme pour exprimer en pantomime dramatique aussi bien qu'en paroles le mystère du vieux magicien. — Un vrai nécromant !

— Mais qu'est-ce qu'il fabrique, là-haut ?

— Il s'amuse à couper en morceaux des crapauds et des salamandres et tout le tremblement, répondit Polly.

Œil de lézard et palme de grenouille,
Poil de chauve-souris et langue de chat...

Elle récita cela avec brio, grisée par les mots.

— Et il prend des cobayes qu'il croise avec des serpents... Vous imaginez-vous cela, — des croisements de cobra et de cobaye ?

— Oh, quelle horreur ! s'écria son amie avec un frisson. Mais pourquoi diable l'a-t-il jamais épousée, elle, s'il ne s'intéresse qu'à des choses comme celles-là ? C'est ce que je me demande constamment.

— Pourquoi l'a-t-*elle* jamais épousé, *lui ?* — La voix de Polly retomba de nouveau à l'intensité d'un murmure de théâtre. Elle aimait à donner aux moindres choses un intérêt dramatique, à les rendre aussi passionnantes qu'elles lui paraissaient encore. Elle n'avait que vingt ans. — Il y avait à cela de fort bonnes raisons.

— Oui, je le pense bien.

— Et elle était Canadienne, ne l'oubliez pas, ce qui rendait les raisons encore bien plus fortes.

— Mais c'est à se demander comment Lucy a bien pu...

— Ch... chut !

L'autre se retourna.

— N'est-ce pas que Pongileoni a été épatant ? s'écria-t-elle à très haute voix, et avec une présence d'esprit vraiment excessive.

— Absolument merveilleux ! répondit Polly à pleine voix, comme si elle avait été sur les planches à l'Ambigu. Ah ! Voilà Lady Edward. — Elles se montrèrent toutes deux formidablement surprises et ravies. — Nous disions justement combien le jeu de Pongileoni était merveilleux.

— Vraiment ? fit Lady Edward, souriante et regardant de l'une à l'autre.

Elle avait la voix pleine et profonde, et parlait lentement, comme si tout ce qu'elle disait était très sérieux et important. — C'est vraiment fort aimable à vous. — Elle roula vigoureusement les *r*. — C'est un Italien, ajouta-t-elle, et son visage était maintenant devenu tout à fait grave, sans le moindre sourire, — ce qui fait que c'est encore plus extraordinaire.

Et elle passa majestueusement, laissant les deux jeunes filles à se regarder, effarées et rougissantes.

Lady Edward était une femme petite et mince, avec une élégance de ligne qui, en toilette décolletée, commençait visiblement à tourner à l'anguleux et à l'osseux, de même que les beaux traits aquilins de son visage allongé et mince. Une mère française et peut-être, à cette époque récente, l'art du coiffeur, expliquaient la noirceur de jais de sa chevelure. Elle avait la peau blanche et opaque. Ses yeux, sous des sourcils noirs et arqués, avaient cette hardiesse, cette insistance dans le regard, qui est la caractéristique de tous les yeux très sombres dans un visage pâle. À cette hardiesse générique Lady Edward ajoutait certaine franche impertinence d'un regard qui ne vous quittait pas, certaine expression vive et ingénue, qui était bien à elle. C'étaient des yeux d'enfant, — « mais d'enfant terrible, » — comme John Bidlake en avait averti un collègue français qu'il avait mené auprès d'elle. Le collègue français eut l'occasion d'en faire la découverte pour son propre compte. Au déjeuner il s'était trouvé placé à côté du critique qui avait écrit, en parlant de ses tableaux, qu'ils étaient l'œuvre, soit d'un imbécile, soit d'un fumiste. Lady Edward, l'air innocent et les yeux grands ouverts, avait lancé la discussion sur l'art... John Bidlake en fut furieux. Il la prit à part, le repas terminé, et lui dit sans ménagements ce qu'il en pensait.

— C'est emm..., fit-il, c'est un de mes amis! Je vous l'amène, et c'est comme ça que vous le traitez? C'est un peu excessif!

Jamais les yeux vifs et noirs de Lady Edward n'avaient brillé d'un éclat plus franc; ni sa voix d'un timbre franco-canadien plus désarmant (car elle savait modifier son accent à volonté, le rendant plus ou moins colonial suivant qu'il lui convenait d'être l'enfant ingénue de la steppe nord-américaine, ou l'aristocrate anglaise).

— Quoi? Qu'est-ce qui est excessif? demanda-t-elle; qu'ai-je fait encore?

— Ne jouez donc pas la comédie avec moi! dit Bidlake.

— Mais il n'y a pas de comédie... Je ne sais vraiment pas ce qui est excessif, — non vraiment.

Bidlake lui expliqua l'affaire du critique.

— Vous le saviez aussi bien que moi, dit-il. Maintenant que j'y pense, nous avons parlé de son article il n'y a pas huit jours!

Lady Edward plissa son front, comme si elle essayait d'attraper au vol un souvenir effacé.

— C'est vrai! s'écria-t-elle enfin, et elle le regarda avec une expression d'horreur et de repentir. Mais c'est affreux!... Voilà ce que c'est: vous savez bien qu'avec ma mémoire, il n'y a rien à faire...

— De toutes les personnes que je connais, dit Bidlake, c'est vous qui avez la meilleure mémoire.

— Mais j'oublie toujours tout! protesta-t-elle.

— Vous oubliez seulement ce que vous savez pertinemment qu'il faudrait vous rappeler. Ça se produit d'une façon bigrement trop régulière pour que ce soit accidentel. Vous faites exprès d'oublier.

— Quelle bêtise! s'écria Lady Edward.

— Si votre mémoire était mauvaise, poursuivit Bidlake, vous pourriez, à l'occasion, oublier qu'on ne doit pas inviter un mari pour lui faire rencontrer l'amant notoire de sa femme; vous pourriez oublier parfois que les anarchistes et les auteurs d'articles de tête dans la *Morning Post* n'ont que de faibles chances d'être bons amis, et que les catholiques pratiquants n'ont pas grand plaisir à écouter des blasphèmes d'athées professionnels. Il pourrait vous arriver d'oublier, si votre mémoire était mauvaise. Mais, je vous assure, il faut une mémoire de premier ordre pour oublier chaque fois, — une mémoire de premier ordre et un désir de premier ordre de faire des blagues.

Pour la première fois depuis le début de la conversation, Lady Edward abandonna son air sérieux et ingénu. Elle se mit à rire :

— Vraiment, vous êtes ridicule, mon cher John, dit-elle.

Bidlake, en causant, avait recouvré sa bonne humeur ; il se mit à rire à son tour.

— Notez bien, dit-il, que je ne vois aucun inconvénient à ce que vous fassiez des blagues aux autres. J'adore ça. Mais que vous me les fassiez, à moi, — je ne marche pas !

— Je tâcherai de m'en souvenir la prochaine fois, dit-elle d'une voix soumise, et elle le regarda avec une ingénuité si impertinente, qu'il ne put s'empêcher de rire.

Il y avait bien des années de cela ; elle avait tenu parole, et ne lui avait plus fait de farces. Mais avec les autres, elle se montrait toujours aussi innocemment embarrassante et oublieuse. Parmi le monde où elle fréquentait, ses exploits étaient légendaires. On en riait. Mais il y avait trop de victimes ; on la craignait, on ne l'aimait pas. Pourtant, on se pressait en foule à chacune de ses soirées ; son cuisinier, son fournisseur de vins et son pâtissier étaient de tout premier ordre. On lui pardonnait beaucoup à cause de la fortune de son mari. D'ailleurs, les invités de Tantamount House étaient toujours diversement et souvent excentriquement distingués. On acceptait ses invitations, quitte à se venger d'elle en disant du mal derrière son dos. On la traitait, entre autres choses, de snob et on l'accusait de rechercher la compagnie des « lions » du moment... Mais, une snob, ils étaient forcés de le concéder à ses défenseurs, qui se moquait de la pompe et de la grandeur dans quoi elle vivait, — une chasseresse de lions qui collectionnait les fauves pour pouvoir les faire enrager. Là où une Anglaise de la classe moyenne eût été sérieuse et plate, Lady Edward se montrait moqueuse et irrévérencieuse. Elle venait du Nouveau Monde ; pour elle, les hiérarchies traditionnelles n'étaient qu'une plaisanterie, — une plaisanterie pittoresque, toutefois, et qui valait qu'on la vécût.

« Elle aurait très bien pu être l'héroïne de cette anecdote, avait dit un jour le vieux Bidlake à son sujet, de cette anecdote relative à l'Américain et aux deux nobles Anglais, — vous la connaissez, n'est-ce pas ? Il lia conversation avec deux Anglais dans un train, les trouva charmants, désira rester en rapport avec eux et s'enquit de leur nom. Moi, dit l'un d'eux, je suis le duc de Hampshire, et voilà le maître de Ballantrae. — Enchanté de faire votre connaissance, dit l'Américain. Permettez-moi de vous présenter mon fils, Jésus-Christ. » Ça, c'est du Hilda tout pur. Et pourtant elle passe sa vie précisément à inviter et à se faire inviter par les gens dont les titres lui paraissent si comiques. C'est bizarre. Il hocha la tête, et ajouta: «Très bizarre, hein?»

Abandonnant les deux jeunes filles déconfites, Lady Edward manqua se faire tamponner par un homme très grand et corpulent, qui traversait à une allure dangereuse la vaste pièce encombrée de monde.

— Pardon, fit-il, sans même baisser le regard pour voir qui il venait presque de renverser.

Il suivait des yeux les mouvements de quelqu'un à l'autre bout de la salle; il eut seulement conscience d'un petit obstacle, vraisemblablement humain, puisque tous les obstacles d'alentour étaient humains. Il s'arrêta dans son élan et fit un pas de côté de façon à contourner l'obstacle. Mais l'obstacle n'était pas d'une espèce si facile à éviter.

Lady Edward allongea le bras et l'attrapa par la manche.

— Webley! s'écria-t-elle.

Everard Webley, faisant semblant de n'avoir pas senti sa main sur sa manche, continua sa marche; il n'avait ni le désir ni le loisir de causer avec Lady Edward. Mais Lady Edward ne voulut rien savoir pour se laisser ignorer; elle se laissa emmener à son côté, toujours agrippée à lui.

— Webley! répéta-t-elle. Arri! Ho!

Et son imitation d'un voiturier de campagne était si bruyante et d'une rusticité si véridique, que Webley fut obligé de l'écouter, de peur d'attirer l'attention — et les rires — des autres invités.

Il abaissa son regard sur elle.

— Ah, c'est vous, dit-il d'un ton rude; excusez-moi, je n'avais pas fait attention.

Les regrets, qu'il exprimait par le froncement de ses sourcils et par ses paroles peu courtoises, étaient mi-partie sincères, mi-partie affectés. Il avait trouvé que beaucoup de gens ont peur de la colère d'autrui; aussi cultivait-il sa férocité naturelle. Elle maintenait les gens à distance, elle l'empêchait d'être gêné par eux.

— Mon Dieu! s'écria Lady Edward avec une expression de terreur qui était une franche caricature.

— Vous désirez quelque chose? demanda-t-il, du ton dont il aurait pu s'adresser à un mendiant importun dans la rue.

— Comme vous avez l'air en colère!

— Si c'est là tout ce que vous vouliez me dire, je crois que je pourrais aussi bien...

Cependant Lady Edward l'avait examiné du regard critique de ses yeux ingénument impertinents.

— Savez-vous bien, dit-elle, l'interrompant au milieu de sa phrase, comme si elle n'avait pu retarder un moment de plus l'annonce de sa grande et soudaine découverte, que vous devriez jouer le rôle du capitaine Hook dans *Peter Pan?* C'est vrai, je vous assure... Vous avez la figure rêvée pour un roi pirate. N'est-ce pas, Mr. Babbage?

Elle s'adressa par hasard à Illidge, qui passait, mélancolique paria, parmi la foule des étrangers.

— Bonsoir, madame, dit-il.

La cordialité du sourire de Lady Edward ne compensait pas entièrement l'insulte de son nom oublié.

— Webley, voici Mr. Babbage, qui collabore avec mon mari, dans ses travaux. — Webley, d'un balancement de tête, reconnut avec condescendance l'existence d'Illidge. — Mais vous ne trouvez pas, Mr. Babbage, qu'il ressemble à un roi pirate? continua Lady Edward. Regardez-le — tenez...

Illidge, mal à son aise, se mit à rire.

— C'est que... Je n'ai pas vu beaucoup de rois pirates, dit-il.

— Au fait, s'écria Lady Edward, j'oubliais; *c'est* bel et bien un roi pirate. Un vrai... N'est-ce pas, Webley?

Everard Webley se mit à rire à son tour.

— Oh, mais comment donc, mais comment donc.

— Oui, car — expliqua lady Edward, se tournant confidentiellement vers Illidge, — c'est Mr. *Everard* Webley. Le chef des Anglais Libres... Vous savez bien, les gens à l'uniforme vert, — comme le chœur d'hommes dans une opérette moderne?

Illidge sourit malicieusement, et fit un petit signe de tête. Voici donc, songeait-il, Everard Webley, — fondateur et chef de la Confraternité des Anglais Libres, — des C. A. L. — des c...s absolument loufoques, comme les appelaient leurs ennemis. Une telle appelation était inévitable; car, comme l'avait un jour fait remarquer le correspondant fort bien informé du *Figaro,* dans un article consacré aux Anglais Libres, « les initiales de l'association ont, pour le public anglais, une signification plutôt péjorative[1]. » Webley n'avait pas pensé à cela lorsqu'il avait trouvé un nom pour ses Anglais Libres. Illidge eut plaisir à songer qu'il devait être amené à y penser souvent maintenant.

— Si vous avez terminé vos plaisanteries, dit Everard, permettez-moi de prendre congé de vous.

« Quel Mussolini en carton-pâte! » songeait Illidge. Et il est

1. *Note du traducteur.* — Nous avons modifié, pour les besoins de la traduction, le titre et les initiales du groupe de Webley. Il va de soi que le commentaire du journaliste, s'appliquant à l'appellation anglaise, n'a pas de sens en français.

bâti pour jouer son rôle! (Il avait une haine spéciale et personnelle pour quiconque était grand et beau, ou paraissait distingué, de quelque manière que ce fût. Lui-même était petit, et ressemblait à un gamin des rues, très intelligent, et venu à l'âge adulte.) « Quel gros lourdaud ! »

— J'espère bien que vous n'êtes pas froissé de ce que j'ai pu dire, au moins? demanda Lady Edward avec une grande démonstration d'inquiétude et de contrition.

Illidge se souvint d'une caricature politique du *Daily Herald*. « Les Anglais Libres, avait eu l'insolence de dire Webley, sont là pour veiller à ce que le monde soit un lieu de sûreté pour l'Intelligence. » La caricature représentait Webley et une demi-douzaine de ses bandits en uniforme assommant un ouvrier à coups de pied et de matraque. Derrière eux, un administrateur de sociétés, en chapeau haut de forme, les regardait en approuvant. Et sur son ventre énorme on lisait le mot : « Intelligence. »

— Pas froissé, Webley ? répéta Lady Edward.

— Mais pas le moins du monde. Seulement, je suis un peu pressé... Vous comprenez, expliqua-t-il de sa voix la plus soyeuse, j'ai à faire ; je travaille, moi, — si vous comprenez ce que cela veut dire.

Illidge eût désiré que le point eût été marqué par quelque autre. Quel salaud ! Il était communiste, lui.

Webley les quitta. Lady Edward le regarda s'ouvrir un chemin à travers la foule.

— Comme une machine a vapeur, dit-elle. Quelle énergie ! Mais quel amour-propre ! Tous ces politiciens, — ils sont pires que des actrices ! Et ce cher Webley n'a pas beaucoup le sens de l'humour. Il veut qu'on le traite comme s'il était sa propre statue colossale, élevée par une nation admiratrice et reconnaissante. — D'une façon posthume, si vous saisissiez ce que je veux dire ; en grand personnage historique. Mais je ne me souviens jamais, quand je le vois, qu'il est en réalité Alexandre le Grand : je commets toujours l'erreur de croire que c'est tout bonnement Webley.

Illidge se mit à rire. Il se trouva éprouver une sympathie réelle pour Lady Edward. Elle sentait les choses comme elles doivent être senties. Elle semblait même être, politiquement, du côté qu'il fallait.

— Ce n'est pas que ses Anglais Libres ne soient une fort bonne chose, continua Lady Edward. — La sympathie d'Illidge se fana aussi soudainement qu'elle avait fleuri. — N'est-ce pas, Mr. Babbage ?

Il fit une petite grimace.

— C'est-à-dire..., commença-t-il.

— À propos, dit Lady Edward, coupant court ce qui aurait été une appréciation admirablement sarcastique sur les Anglais Libres de Webley, vous devriez être prudent quand vous descendez l'escalier, là-bas. Il est vraiment très glissant.

Illidge rougit.

— Du tout..., marmotta-t-il, rougissant davantage, — devenant une véritable betterave jusqu'à la racine de ses cheveux couleur carotte, en se rendant compte de la stupidité de ce qu'il avait dit. Sa sympathie décrut encore davantage.

— Si, un peu glissant, malgré tout, insista poliment Lady Edward, roulant son *r* avec autorité dans sa gorge. Et quels travaux faisiez-vous, ce soir, avec Edward? continua-t-elle. Ça m'intéresse tellement!

Illidge sourit.

— Si réellement cela vous intéresse de le savoir, fit-il, nous travaillions à la régénération de parties disparues, chez le lézard.

Parmi les lézards il se sentait mieux à son aise; il sentit revenir un peu de sa sympathie pour Lady Edward.

— Chez le lézard? Ces petites bêtes qui nagent? Illidge fit signe de la tête. — Mais comment perdent-ils les parties en question?

— Au laboratoire, expliqua-t-il, ils les perdent parce que nous les leur enlevons; mais...

— Et elles repoussent?

— Oui, elles repoussent.

— Mon Dieu, fit Lady Edward, dire que je n'en savais rien! Comme ces choses-là sont passionnantes! Il faut absolument que vous m'en parliez encore!

Décidément, c'était une femme fort convenable. Il se lança dans des explications. S'échauffant pour son sujet, il s'échauffait aussi pour Lady Edward. Il venait d'arriver au point crucial, au point vraiment important et significatif des expériences, – la transformation en patte du bourgeon de queue transplanté – lorsque Lady Edward, dont les yeux avaient erré de droite et de gauche, posa une main sur sa manche.

— Venez par ici, dit-elle, que je vous présente au général Knoyle. C'est un homme si amusant, — quand bien même, parfois, il ne le fait pas exprès!

L'exposé d'Illidge se figea soudain dans sa gorge. Il comprit qu'elle n'avait pas pris le moindre intérêt à ce qu'il lui avait expliqué, — qu'elle ne s'était même pas donné la peine d y être le moins du monde attentive. Elle lui fut odieuse, et il la suivit en gardant un silence plein de ressentiment.

Le général Knoyle causait avec un autre monsieur d'allure militaire. Il avait la voix martiale et asthmatique. — Mon cher, lui dis-je, — ils l'entendaient, à mesure qu'ils s'en approchaient, — mon cher, ne faites pas courir ce cheval-là maintenant. Ce serait un crime, lui dis-je! Ce serait de la folie pure. Déclarez-le forfait, lui dis-je, déclarez-le forfait. Et il l'a déclaré forfait.

Lady Edward fit connaître sa présence. Les deux militaires se montrèrent exagérément polis; ils avaient passé une soirée véritablement *délicieuse.*

— C'est pour vous spécialement que j'ai choisi le Bach, général, dit Lady Edward, avec quelque chose de la confusion charmante d'une jeune fille avouant un penchant amoureux.

— Euh..., ma foi... c'est fort aimable à vous... La confusion du général Knoyle était authentique; il ne savait que faire du cadeau musical dont elle l'avait gratifié.

— J'hésitais, reprit Lady Edward du même ton délibérément intime, entre la *Barcarolle* de Haendel et la *Suite* en si bémol mineur, avec Pongileoni. Alors j'ai songé à vous et je me suis décidée pour Bach. — Ses yeux remarquèrent l'air embarrassé que trahissait le visage vermeil du général.

— C'est vraiment fort aimable à vous, protesta-t-il. Ce n'est pas que j'aie la prétention de m'y connaître beaucoup en musique. Mais je connais mes préférences, je connais mes préférences. — Cette tournure sembla lui rendre son assurance. Il toussota et reprit. — Moi, ce que je dis toujours...

— Et maintenant, dit Lady Edward, en guise de conclusion triomphante, permettez-moi de vous présenter Mr. Babbage, qui collabore aux travaux de mon mari, et qui est fort expert sur les lézards... Mr. Babbage, — le général Knoyle, — le colonel Pilchard.

Elle leur fit un dernier sourire, et s'éclipsa.

— Eh bien, — alors! s'écria le général; et le colonel exprima l'avis qu'elle était une sacrée peste.

— Oui, l'une des plus sacrées qui soient, approuva Illidge d'un ton bien senti.

Les deux militaires le dévisagèrent un moment, et décidèrent que, venue de quelqu'un de si manifestement en dehors de leur monde, cette appréciation était une impertinence. Les bons catholiques peuvent bien se permettre leurs petites plaisanteries sur les saints et les habitudes des ecclésiastiques; mais ils prennent fort mal les mêmes petites plaisanteries sur les lèvres des infidèles. Le général ne fit pas de commentaire verbal, et le colonel se contenta de marquer sa désapprobation par sa manière d'être. Mais la façon dont ils se retournèrent l'un vers l'autre et reprirent leur entretien interrompu sur les chevaux de course, comme s'ils avaient été seuls, fut si intentionnellement blessante qu'Illidge eut envie de leur botter le derrière.

— Lucy, ma petite !

— Oncle John ! — Lucy Tantamount se retourna et sourit à son oncle adoptif. Elle était de taille moyenne, et mince comme sa mère, avec les cheveux sombres coupés court, huilés pour les rendre complètement noirs, et tirés en arrière sur le front. Naturellement pâle, elle ne se mettait pas de fard. Seules, ses lèvres minces avaient du rouge, et il y avait un peu de bleu autour de ses yeux. Une robe noire accentuait la blancheur de ses bras et de ses épaules. Il y avait maintenant plus de deux ans que Henry Tantamount était mort, — car Lucy avait épousé son cousin issu de germain. Mais elle portait encore le deuil, — du moins le soir, à la lumière artificielle. Le noir lui allait si bien ! — Comment allez-vous ? ajouta-t-elle, et elle songea, en prononçant ces paroles, qu'il commençait à avoir l'air bien vieux.

— Je meurs de faim, dit John Bidlake. — Il lui prit le bras familièrement, le saisissant juste au-dessus du coude de sa large main veiné de bleu. Servez-moi d'excuse pour aller au buffet. — J'ai une faim de loup.

— Mais moi pas.

— Ça ne fait rien, dit le vieux Bidlake. Mon besoin est plus pressant que le tien, — comme le fit remarquer si justement sir Philip Sidney.

— Mais je n'ai pas envie de manger. — Elle n'admettait pas qu'on la dominât, qu'elle dût suivre au lieu de conduire. Mais l'oncle John ne se laissa pas faire.

— Ça ne fait rien, — c'est moi qui serai seul à manger, déclara-t-il, — et pour deux, encore.

Et, riant jovialement, il continua à la pousser vers la salle à manger.

Lucy abandonna la lutte. Ils jouèrent des coudes à travers la foule. D'un jaune verdâtre, et tachetée, l'orchidée que John Bidlake avait à la boutonnière ressemblait à la tête d'un serpent en train de bâiller. Son monocle étincelait sur son œil.

— Qu'est-ce que c'est que ce vieux avec Lucy ? demanda Polly Logan comme ils passaient.

— Ça, c'est le vieux Bidlake.

— Bidlake ?... Celui qui... qui a fait les tableaux ? — Polly parlait en hésitant, du ton de quelqu'un qui se rend compte d'une lacune de son savoir, et craint de commettre une bévue ridicule. — C'est ce Bidlake-là ? — Sa compagne fit signe que oui. Elle se sentit considérablement soulagée. — Eh bien ! reprit-elle, arquant les sourcils et ouvrant de grands yeux, et moi qui croyais que c'était un Maître Ancien ! Mais il doit bien avoir cent ans bien tassés, hein ?

— Pas loin, sûrement. — Norah, elle aussi, avait moins de vingt ans.

— Il faut avouer, reconnut généreusement Polly, qu'il ne les paraît pas. Il a toujours l'allure d'un lion, ou d'un Dandy, ou d'un Beau Brummel, — ou enfin, de ce qu'on était à l'époque de sa jeunesse.

— Il a été marié au moins quinze fois, dit Norah.

C'est à ce moment qu'Hugo Brockle prit son courage à deux mains et se présenta.

— Vous ne vous souvenez pas de moi ? fit-il ; on nous a présentés, dans nos voitures d'enfant. — Comme cela paraissait idiot ! Il se sentit rougir par tout le corps.

La troisième et la meilleure des *Baigneuses* de John Bidlake était accrochée au-dessus de la cheminée de la salle à manger de Tantamount House. C'était un tableau gai et joyeux, de tons très clairs, de coloration très pure et brillante. Huit baigneuses à la chair pleine et nacrée s'y groupaient dans l'eau et sur les berges d'un ruisseau, de façon à former, de leurs corps et de leurs membres en mouvement, une sorte de guirlande (complétée au-dessus d'elles par le feuillage d'un arbre) autour du centre de la toile. À travers cette couronne de chair nacrée (car les visages même n'étaient que chair souriante sans une trace de spiritualité qui pût distraire de la contemplation des belles formes et de leurs rapports), l'œil percevait un paysage pâle et brillant de dunes aux molles ondulations et de nuages.

Une assiette à la main, et mâchonnant des sandwiches au caviar, le vieux Bidlake, à côté de sa compagne, contemplait son œuvre. Il fut pris d'une émotion où se mêlaient la joie et la tristesse.

— C'est bien, dit-il, c'est bigrement bien. Voyez la façon dont c'est composé. Ça s'équilibre parfaitement, et pourtant il n'y a pas trace de répétition ou d'arrangement artificiel. — Il laissa inexprimées les autres pensées et sensations que le tableau avait évoquées dans son esprit. Elles étaient trop nombreuses et trop confuses pour pouvoir être facilement mises en paroles. Et surtout, trop mélancoliques ; il n'aimait point y insister. Il étendit un doigt et toucha le buffet : il était d'acajou, de bois massif. — Regardez le corps de droite, là, avec les bras levés. — Il poursuivit son exposé technique afin de pouvoir réprimer, de pouvoir chasser les pensées indésirables. — Voyez comme il fait équilibre au grand nu de gauche, penché. On dirait un long levier soulevant une lourde charge. — Mais le corps aux bras levés, c'était Jenny Smith, le plus beau modèle qu'il eût jamais eu, — incarnation de la beauté, incarnation de la bêtise et de la vulgarité. Déesse tant qu'elle était nue, et fermait la bouche, ou qu'on la lui fermait avec des baisers; mais hélàs, dès qu'elle l'ouvrait, dès qu'elle s'habillait, et mettait ses chapeaux effarants...! — Il se remémora l'époque où il l'avait emmenée à Paris. Il avait dû la renvoyer au bout de huit jours. — Il te faudrait une muselière, Jenny, lui avait-il dit; et Jenny avait pleuré. — Ç'a été une erreur d'aller à Paris, poursuivit-il. À Paris, il y a trop de soleil, et trop de lumières artificielles. La prochaine fois, nous irons au Spitzberg — en hiver. Les nuits durent six mois là-haut. — Ce qui l'avait fait pleurer encore plus bruyamment. Cette fille-là avait des trésors de sensualité aussi bien que de beauté. Plus tard, elle s'était mise à boire, et elle ne fut plus qu'une loque; elle venait mendier à l'atelier, et buvait les aumônes qu'il lui faisait. Enfin ce qui restait d'elle était mort. Mais la véritable Jenny demeurait là, sur la toile, les bras levés et les muscles pectoraux soulevant ses petits seins. Ce qui restait de John Bidlake, du John Bidlake d'il y a vingt-cinq ans, était là sur la toile aussi. Il existait toujours un autre John Bidlake pour contempler son propre fantôme. Bientôt il aurait disparu, lui aussi. Et, au surplus, était-il, lui, le vrai Bidlake, — alors que la femme avinée et bouffie qui était morte n'était pas la vraie Jenny ? La vraie Jenny vivait parmi les baigneuses nacrées. Et le vrai Bidlake, leur créateur, existait implicitement dans ses créatures.

— Oui, c'est une bonne toile, dit-il de nouveau, lorsqu'il eut fini son exposé; et le ton de sa voix était douloureux; son visage, regardant son tableau, était triste. — Mais après tout, ajouta-t-il après une petite pause, et avec une explosion soudaine d'un rire voulu, après tout, tout ce qui est de moi est bon, — bougrement bon! — C'était un défi aux critiques stupides qui avaient vu un fléchissement dans ses toiles récentes; c'était un défi à son propre passé, au temps et à la vieillesse, au vrai John Bidlake, qui avait peint la vraie Jenny et l'avait fait taire sous ses baisers.

— Bien sûr que c'est bon, dit Lucy, qui se demandait comment il se faisait que la peinture du vieillard avait tant baissé dernièrement. Cette dernière exposition, — elle était lamentable... Lui-même, par contre, était resté si jeune, relativement, s'entend!... N'empêche, songeait-elle en le regardant, qu'il avait certainement beaucoup vieilli depuis quelques mois.

— Bien sûr, répéta-t-il. Voilà l'esprit qu'il faut y mettre!

— Il faut avouer, pourtant, ajouta Lucy, pour changer de conversation, qu'à mon avis, vos baigneuses sont une insulte, en quelque sorte.

— Une insulte?

— Je parle en tant que femme, n'est-ce pas... Est-ce que vous nous trouvez réellement aussi profondément bêtes que vous nous représentez?

— Oui, oui, demanda une autre voix, nous trouvez-vous *vraiment* aussi bêtes?

C'était une voix intense, insistante, et les mots sortaient en bouffées, en explosions, comme s'ils étaient forcés à travers une ouverture étroite sous la pression d'une émotion.

Lucy et John Bidlake se retournèrent, et virent Mrs. Betterton, massive dans sa robe gris colombe, avec des bras (songea le vieux Bidlake) comme des cuisses, et des cheveux qui étaient, en proportion des joues et des multiples mentons charnus, ridiculement courts, bouclés et châtains. Son nez, qui s'était retroussé de façon si charmante aux jours où il avait monté le cheval noir et elle, le bai, était maintenant extravagant — c'était une chose ridiculement hors de sa place dans le visage de femme mûre. Le vrai Bidlake était monté à cheval avec elle un peu avant qu'il ne peignît ces baigneuses. Elle avait parlé art avec un sérieux naïf d'écolière qu'il avait trouvé risible et charmant. Il l'avait guérie, il s'en souvenait, d'une passion pour Burne-Jones, mais non point, hélas! de son préjugé en faveur de la vertu. C'était avec tout le sérieux d'antan, auquel s'ajoutait une certaine sentimentalité significative, comme peut en éprouver quelqu'un qui se souvient du passé et voudrait échanger des souvenirs aussi bien que des idées générales, qu'elle lui parlait en ce moment... Bidlake dut faire semblant d'être content de la revoir après tant d'années. C'est extraordinaire, songea-t-il, en lui prenant la main, comme il avait réussi à l'éviter totalement, il ne se rappelait pas lui avoir parlé plus de trois ou quatre fois au cours du quart de siècle qui avait transformé Mary Betterton en *memento mori*.

— Chère madame, s'écria-t-il. Comme cette rencontre est charmante! Mais il déguisa très mal sa répulsion.

Et lorsqu'elle l'appela par son prénom:

— Allons, John, dit-elle, il faut absolument que vous répondiez à notre question, et elle posa sa main sur le bras de Lucy, de façon à l'associer à sa demande.

Le vieux Bidlake fut littéralement indigné. De la familiarité de la part d'un *memento mori,* — c'était intolérable! C'est bien: il lui donnerait une leçon. Il se trouva que la question était bien choisie pour son dessein ; elle appelait positivement une réplique discourtoise. Mary Betterton avait des prétentions intellectuelles, elle tenait beaucoup à l'âme. S'en souvenant, le vieux Bidlake affirma qu'il n'avait jamais connu de femme possédant chose de valeur en dehors d'une paire de jambes et d'une ligne. Et quelques-unes, ajouta-t-il avec force, manquaient même de ces attributs indispensables. Sans doute, beaucoup d'entre elles avaient-elles un visage intéressant ; mais cela ne signifiait rien. Les chiens policiers, exposa-t-il, ont un air de juge plein de savoir, les bœufs, lorsqu'ils ruminent, semblent méditer les problèmes de la métaphysique, la mante a l'air d'être en prière, mais ces apparences sont totalement trompeuses. Il en était de même des femmes. Il avait préféré peindre ses baigneuses sans masques aussi bien que nues, leur donner des visages qui ne fussent que l'extension de leur corps charmant et non pas des symboles trompeurs d'une spiritualité non existante. Cela lui paraissait plus vrai, plus conforme aux faits fondamentaux. Il sentit sa bonne humeur lui revenir tandis qu'il parlait, et cependant qu'elle revenait, son antipathie à l'égard de Mary Betterton sembla se dissiper. Quand on est spirituellement en pleine forme, les *memento mori* cessent de rappeler quoi que ce soit.

— John, vous êtes incorrigible, dit Mrs. Betterton avec indulgence. — Elle se tourna vers Lucy en souriant : — Mais il ne pense pas un mot de ce qu'il dit.

— J'aurais cru, au contraire, qu'il en était absolument persuadé, objecta Lucy. J'ai remarqué que les hommes qui aiment beaucoup les femmes sont précisément ceux qui expriment le plus grand mépris pour elles.

Le vieux Bidlake se mit à rire.

— Parce que ce sont eux qui connaissent les femmes le plus intimement, répliqua-t-il.

— Ou peut-être parce qu'ils nous en veulent de notre pouvoir sur eux.

— Mais je vous assure, insista Mrs. Betterton, qu'il n'en pense pas un mot. Je l'ai connu, moi, alors que vous vous n'étiez pas encore née, ma chérie.

La gaieté disparut du visage de John Bidlake. Le *memento mori* ricanait de nouveau à sa face derrière le masque bouffi de Mrs. Betterton.

— Il était peut-être différent en ce temps-là, dit Lucy. Il a dû être gangrené par le cynisme de la jeune génération. Nous sommes dangereux à fréquenter, oncle John. Vous devriez être prudent !

Elle avait lâché l'un des lièvres favoris de Mrs. Betterton, laquelle partit en poursuite acharnée.

— C'est l'éducation, expliqua-t-elle. On élève les enfants si bêtement de nos jours. Il ne faut pas s'étonner qu'ils soient cyniques. — Elle continua éloquemment. On donnait trop de choses aux enfants, et trop tôt. On les saturait de distractions, on les rompait à tous les plaisirs dès le berceau. — Moi, je ne suis jamais entrée dans un théâtre jusqu'à l'âge de dix-huit ans, déclara-t-elle avec orgueil.

— Ma pauvre chère dame!

— Moi, j'ai commencé à six ans, dit Lucy.

— Et les bals, donc! continua Mrs. Betterton... Le bal de la chasse à courre, — c'était un événement!... Parce que cela n'arrivait qu'une fois par an.

Elle cita Shakespeare:

C'est pourquoi les fêtes sont si solennelles et si rares;
Puisque, se présentant peu souvent, de loin en loin dans la longue année,
Elles s'espacent comme des pierres précieuses...

— De nos jours, les fêtes sont des rangs de perles!

— Et fausses, encore! dit Lucy.

Mrs. Betterton triomphait.

— Fausses, — vous voyez bien! Mais pour nous, c'était des vraies, parce qu'elles étaient rares. Nous, nous ne savions pas «émousser la fine pointe du plaisir peu fréquent» par l'usage journalier. De nos jours, les jeunes gens sont excédés et fatigués du monde avant leur majorité. Un plaisir trop souvent répété produit l'insensibilité; on ne le ressent plus en tant que plaisir.

— Et quel est votre remède? questionna John Bidlake; — si toutefois une simple ouaille peut se permettre de poser des questions, ajouta-t-il ironiquement.

— Oh, le vilain! s'écria Mrs. Betterton, d'un ton péniblement badin. — Puis, redevenant sérieuse: Le remède, reprit-elle, c'est moins de distractions.

— Mais il ne me plaît pas qu'il y en ait moins, objecta John Bidlake.

— Dans ce cas, dit Lucy, il faut qu'elles soient plus fortes — progressivement.

— Progressivement? répéta Mrs. Betterton. Mais où s'arrêterait un tel progrès?

— En viendrait-on aux courses de taureaux? proposa John Bidlake. Ou aux combats de gladiateurs? ou aux exécutions publiques, peut-être ? Ou aux divertissements du marquis de Sade ? Ou quoi ?

Lucy haussa les épaules.

— Qui sait ? fit-elle.

Hugo Brockle et Polly se disputaient déjà.

— Moi, je trouve que c'est odieux, disait Polly, — et son visage était rouge de colère — de faire la guerre aux pauvres.

— Mais les Anglais Libres ne font pas la guerre aux pauvres.

— Mais si.

— Mais non, dit Hugo. Lisez donc les discours de Webley.

— Je ne lis que les comptes rendus de ses actes.

— Eh bien, mais ils sont conformes à ses paroles.

— Pas du tout.

— Je vous demande pardon. La seule chose à laquelle il soit opposé, c'est la dictature d'une classe.

— Oui, — de la classe pauvre.

— De n'importe quelle classe, insista Hugo, qui prenait la discussion à cœur. C'est là le fond de sa doctrine. Il faut que les classes soient également fortes. Une classe ouvrière forte, réclamant de hauts salaires, maintient active la classe moyenne des professions libérales.

— Oui, — comme des puces sur un chien, hasarda Polly, et elle se mit à rire, avec un retour vers la bonne humeur. Quand une idée risible se présentait à elle, elle ne pouvait jamais s'empêcher de l'exprimer, même quand elle était censée être tout à fait sérieuse, voire, comme dans le cas présent, en colère.

— Les professions libérales ?... Il faut à tout prix qu'elles soient inventives et éprises de progrès, reprit Hugo, aux prises avec les difficultés d'un exposé clair. Sans quoi, elles ne pourraient pas payer aux travailleurs ce qu'ils réclament, et réaliser des bénéfices pour elles-mêmes. Et en même temps, une classe moyenne forte et intelligente est une bonne chose pour les travailleurs, parce qu'ils ont ainsi une bonne direction et une bonne organisation. Ce qui entraîne des salaires plus élevés, et la paix et le bonheur.

— Amen, dit Polly.

— De sorte que la dictature d'une classe est une absurdité, continua Hugo. Webley veut conserver toutes les classes, et les rendre fortes. Il veut qu'elles vivent dans un état de tension, de telle sorte que l'État soit équilibré du fait que chacune tire de toutes ses forces de son côté. Les savants disent qu'il en est de même des différents organes du corps. Ils vivent en état... il hésita, il rougit, — de symbiose hostile.

— Mazette !

— Je vous demande pardon, fit Hugo avec humilité.

— Néanmoins, dit Polly, il ne veut pas accorder le droit de grève.

— Parce que les grèves sont ridicules.

— Il est contre la démocratie.

— Parce qu'elle permet à des gens abominables de parvenir au pouvoir. Il veut que ce soient les meilleurs qui gouvernent.

— Lui-même, par exemple, dit Polly, sarcastique.

— Eh bien, mais pourquoi pas ? C'est un type épatant, si vous saviez ! — Hugo devint enthousiaste. Depuis trois mois, il était l'un des lieutenants de Webley. — Je n'ai jamais rencontré personne comme lui, dit-il.

Polly écouta avec un sourire le débordement de son enthousiasme. Elle se sentait vieille et supérieure. Au lycée, elle avait elle-même ressenti cela et parlé, sur ce ton, au sujet de la maîtresse d'économie domestique... Malgré tout, elle l'estima de se montrer si loyal.

CHAPITRE V

UNE jungle d'arbres et de plantes grimpantes et pendantes en nombre infini, — c'est sous cette forme que Walter Bidlake se représentait toujours une soirée. Une jungle de bruit ; et il était perdu dans la jungle, il tâchait de se frayer un sentier à travers son enchevêtrement luxuriant. Les gens étaient les racines des arbres, et leurs voix étaient les troncs, les branches flexibles et les lianes en festons, — voire les perroquets et les singes bavards.

Les arbres s'élevaient jusqu'au plafond, d'où ils étaient renvoyés, comme des palétuviers, vers le sol. Mais dans cette salle même, songeait Walter, dans cette bizarre combinaison d'un atrium romain et du Palmarium de Kew, les poussées de son bondissant ininterrompues, sur la hauteur de trois étages, auraient gagné une force vive suffisante pour crever le faible toit de verre qui les séparait de la nuit extérieure. Il se les représenta montant, comme la tige de haricots enchantée du Tueur de Géants, s'élevant en plein ciel, — montant toujours, chargées d'orchidées et de perruches chatoyantes, s'élevant à travers la brume persistante de Londres, jusqu'au clair de lune transparent au-delà de la fumée. Il se les imagina se balançant là-haut sous la lune, — derniers rameaux de bruit ténus et aériens. Ce rire bruyant, par exemple, cette explosion de grosse hilarité chez ce gros homme sur la gauche, — il monterait tout là-haut, décroissant à mesure, jusqu'à n'être plus qu'un tintement délicat sous la lune. Et toutes ces voix (que disaient-elles ?... « ...a fait un discours excellent... » « vous imaginez pas comme on est bien avec une de ces ceintures en caoutchouc : il faut les essayer... » : « ... quelle barbe, mon cher... » ; « ... a f...u le camp avec le chauffeur... »), toutes ces voix, comme elles seraient exquises et frêles, tout là-haut !... Mais, en attendant, là-dedans, dans la jungle... Oh, comme elles étaient bruyantes, bêtes, communes, pleines de fatuité !

Promenant son regard par-dessus la tête des gens qui l'entouraient, il vit Frank Illidge, seul, adossé à un pilier. Son attitude, son sourire étaient byroniens, à la fois las du monde, et méprisants ; il jetait alentour un regard languissant et amusé, comme s'il avait observé les ébats comiques d'une bande de singes. Malheureusement, songeait Walter, se frayant un passage vers lui à travers la foule, ce pauvre Illidge n'avait pas le physique voulu pour poser à l'homme byroniquement supérieur. Les romantiques satiriques se doivent d'être de haute taille, de mouvements lents, gracieux et beaux. Illidge était petit, alerte et sautillant. Et quel visage comique ! Un vrai visage de gavroche, avec son nez retroussé et sa bouche largement fendue ; un visage de gavroche très intelligent, très malin, — mais n'ayant guère ce qu'il faut pour être languissamment méprisant. D'ailleurs, qui saurait poser à l'homme supérieur, avec une figure pleine de taches de rousseur ? Le teint d'Illidge en était sableux. Avec cette coloration protectrice, ses yeux de sable brun, ses sourcils et ses cils de sable orangé, se fondaient, à quelque distance, dans la peau, comme un lion se dissout dans le désert. Vu de l'autre bout d'une pièce, son visage paraissait dénué de traits et de regard, comme celui d'une statue sculptée dans un bloc de grès. Pauvre Illidge ! Son attitude byronienne lui donnait un air plutôt ridicule.

— Hé bien ! dit Walter, lorsqu'il fut suffisamment rapproché pour pouvoir parler. Les deux jeunes hommes se serrèrent la main. — Comment va la science ? — Quelle question stupide ! songea Walter au moment où il la posait.

Illidge haussa les épaules.

— Elle n'est pas à la mode, comme les arts, à en juger par cette soirée. — Il promena son regard alentour. — J'ai bien vu ici, ce soir, la moitié des rubriques « Lettres » et « Peinture » du Bottin mondain. Ça pue l'art, ici.

— Est-ce que ce n'est pas plutôt rassurant pour la science,

ça ? dit Walter. L'art, — ça ne lui plaît guère, d'être à la mode.

— Ah, vous croyez ça ? Pourquoi donc êtes-vous ici, alors ?

— Pourquoi, en effet ? — Walter para la question d'un rire. Il regarda autour de lui, se demandant où pouvait être passée Lucy. Il ne l'avait pas aperçue depuis que la musique s'était tue.

— Vous êtes venu pour faire le beau et vous faire caresser, fit Illidge, tâchant de prendre un brin de revanche. — Le souvenir de sa glissade dans l'escalier, du peu d'intérêt que prenait Lady Edward aux lézards, de l'insolence des militaires, était encore douloureusement vif. — Regardez donc cette jeune fille aux cheveux sombres et crépus, en lamé d'argent, — celle qui ressemble à une négresse blanche. Qu'est-ce que vous en pensez, dites ? Ce serait chic de se faire caresser par une poule comme ça, hein ?

— Ah, vous croyez ?

Illidge se mit à rire.

— Oh, je vois que vous prenez le grand genre philosophique ! Mais, mon cher, admettez donc que c'est de la frime. Je la prends, moi aussi, et je suis bien placé pour le savoir... Pour parler franc, je vous envie vos succès, à vous autres, marchands d'art. Ça me met vraiment en rage de voir un petit écrivailleur stupide, à moitié crétin...

— Comme moi, par exemple.

— Non, vous, vous êtes incontestablement au-dessus de ça, concéda Illidge. Mais quand je vois un méchant petit écrivaillon qui n'a pas le dixième de mon intelligence, gagner de l'argent à la pelle, et devenir la coqueluche des femmes, alors que moi, je suis méprisé, ça me f... en rogne quelquefois !

— Vous devriez en être flatté. Si elles nous font des mamours, c'est parce qu'elles sont en état de comprendre, plus ou moins bien, ce que nous faisons. Mais vous, elles ne vous comprennent pas : vous êtes au-dessus d'elles. Le fait qu'elles vous négligent est un compliment à votre esprit.

— Peut-être ; mais c'est une sacrée insulte à mon corps. — Illidge se rendait douloureusement compte de son aspect physique. Il savait qu'il était laid et d'apparence peu distinguée. Et, le sachant, il aimait à se rappeler à soi-même cette vérité désagréable, de même qu'un homme qui a mal à une dent se passe constamment le doigt sur la région douloureuse, rien que pour s'assurer que la douleur y est toujours. — Si je ressemblais à ce gros lourdaud de Webley, elle ne me négligeraient pas, même si j'avais un cerveau comme Newton. La vérité, dit-il, tirant cette fois bien fort sur la dent malade, c'est que j'ai l'air d'un anarchiste. Vous, vous avez bien de la chance ! Vous avez l'air d'un gentleman, ou au moins d'un artiste. Vous ne vous imaginez pas comme c'est embêtant d'avoir l'air d'un intellectuel de basse catégorie. – La dent répondait en le mettant à la torture; il tira d'autant plus fort. – Ce n'est pas seulement que les femmes vous négligent, – les femmes de ce monde-ci, du moins. Ça, c'est déjà embêtant. Mais la police se refuse à vous négliger, elle; elle s'intéresse à vous d'une façon désagréablement indiscrète. Le croiriez-vous, j'ai été arrêté deux fois, simplement parce que je ressemble à ces types qui fabriquent des machines infernales.

— Elle est bien bonne! dit Walter, sceptique.

— Mais vraie, je vous le jure. La première fois, ç'a été dans ce pays même. Près de Chesterfield. Il y avait une grève de mineurs. Je me trouvais à titre de spectateur, en présence d'un combat entre des grévistes et des «jaunes». La police, à qui mon visage ne revenait pas, m'a fourré le grappin dessus. Il m'a fallu des heures pour sortir de leurs pattes!... L'autre fois, c'était en Italie. Quelqu'un venait d'essayer de faire sauter Mussolini, je crois. Quoi qu'il en soit, une bande de «bravi» à chemises noires m'a fait descendre du train à Gênes, et m'a fouillé de la tête aux pieds! C'est intolérable!... Et cela, tout simplement à cause de ma figure subversive!

— Laquelle correspond, en somme, à vos idées.

— Oui, — mais une figure n'est pas une pièce à conviction, une figure n'est pas un crime... Oui, sans doute, ajouta-t-il par manière de parenthèse, certains visages *sont* des crimes, en effet. Vous connaissez le général Knoyle? — Walter fit un oui de la tête. — Le sien est un forfait capital. Un homme comme ça ne mérite rien moins que l'échafaud. Bon Dieu! Quel plaisir j'aurais à les tuer tous! — N'avait-il pas glissé dans l'escalier et subi le dédain d'un massacreur d'hommes imbécile? — Comme je déteste les riches! Oui, je les déteste! Vous ne trouvez pas qu'ils sont affreux?

— Plus affreux que les pauvres? — Le souvenir de la chambre où il avait vu Wetherington couché, malade, le fit presque aussitôt rougir de sa question.

— Mais oui. Les riches ont quelque chose de particulièrement vil, d'ignoble, de gangrené. L'argent produit une espèce de manque de sensibilité morbide. C'est inévitable. Jésus comprenait, lui. Ce passage où il est question du chameau et du chas de l'aiguille est le simple exposé d'un fait véritable. Et rappelez-vous cet autre passage sur l'amour du prochain. Si je continue comme ça, vous allez me prendre pour un chrétien, ajouta-t-il en manière d'excuse; mais il faut rendre à César...! Jésus avait du bon sens, il savait comprendre les choses... Les rapports de bon voisinage, voilà la pierre de touche à laquelle on reconnaît les riches : les riches n'ont pas de voisins.

— Mais enfin, ce ne sont pas des anachorètes, bon Dieu !

— N'empêche qu'ils n'ont pas de voisins, dans le sens où les pauvres en ont. Quand ma mère était obligée de sortir, c'était Mrs. Cradock, la voisine de droite, qui nous surveillait, nous autres gosses. Et ma mère en faisait autant pour Mrs. Cradock quand c'était son tour de sortir. Et quand quelqu'un s'était cassé la jambe, ou avait perdu sa place, on l'aidait, on lui donnait de l'argent et des aliments. Et comme je me souviens bien du jour où, tout petit garçon, on m'envoya à toute vitesse par le village, à la recherche de l'infirmière, parce que la jeune Mrs. Foster, notre voisine de gauche, avait tout à coup été prise des douleurs de l'enfantement, plus tôt qu'elle ne s'y attendait ! Quand on vit avec moins de cinq cents francs par semaine, il faut bigrement bien qu'on se conduise en chrétien, et qu'on aime son voisin. D'abord, on ne peut pas s'isoler de lui : on l'a pour ainsi dire sur le dos. Il ne peut être question de tenir son existence pour nulle et non avenue, à la façon raffinée et philosophique. Il faut haïr ou aimer, il n'y a pas de moyen terme ; et, tout compte fait, il vaut mieux essayer d'aimer son voisin, parce qu'il peut arriver, dans des cas graves, que vous ayez besoin de son aide, et lui, de la vôtre, — et cela de façon si urgente et si fréquente, qu'il ne peut être question de la refuser. Alors puisqu'il vous *faut* la donner, puisque, étant un être humain, vous *ne pouvez pas* ne pas la donner, il vaut mieux faire un effort pour aimer la personne à laquelle, de toutes façons, il faudra que vous la donniez.

Walter approuva de la tête.

— Évidemment, fit-il.

— Mais vous autres, les riches, continua Illidge, vous n'avez pas de véritables voisins. Vous n'accomplissez jamais un acte de bon voisinage, et ne demandez jamais à vos voisins de vous faire une gentillesse en retour. Vous n'en avez nul besoin. Vous payez des gens pour s'occuper de vous. Vous pouvez louer des domestiques à qui vous faites faire le simulacre de la gentillesse moyennant trois cents francs par mois et la nourriture. Vous n'avez pas besoin que Mrs. Cradock, la voisine, surveille vos bébés pendant que vous sortez. Vous avez des bonnes d'enfant et des institutrices qui le font moyennant finances. Non, en général, vous n'avez même pas conscience de l'existence de vos voisins. Vous vivez loin d'eux. Chacun de vous est isolé dans sa maison bien secrète. Il peut se passer des tragédies derrière les volets ; mais les gens d'à côté n'en connaissent rien.

— Dieu soit loué ! s'écria Walter.

— Vous pouvez l'en louer, certes ! L'isolement est un luxe énorme... Fort agréable, je vous l'accorde. Mais le luxe se paye. On n'est pas ému par des malheurs dont on ne sait rien. L'ignorance est du bonheur qui ne ressent rien... Dans une rue pauvre, on ne peut pas cacher le malheur. La vie y est trop publique. Les sentiments de bon voisinage y sont constamment exercés. Mais les riches n'ont jamais l'occasion de se conduire en bons voisins envers leurs égaux. Le maximum de ce qu'ils peuvent faire, c'est d'avoir une sympathie de fade sensiblerie pour les souffrances de leurs inférieurs, auxquelles ils ne peuvent pas comprendre le premier mot, et de compatir avec condescendance. C'est affreux ! Et encore, ça, c'est ce qu'ils peuvent faire de mieux. Quand ils font ce qu'ils peuvent faire de pis, ils sont... comme ça. — Et il indiquait la salle pleine de monde. — Ils sont... Lady Edward, le dernier cercle de l'enfer ! Ils sont... sa fille... — Il fit une grimace, il haussa les épaules.

Walter l'écoutait, l'attention tendue et torturée.

— Celle-là, damnée, détruite, irrévocablement corrompue, continua Illidge pareil à un prophète accusateur. Il n'avait parlé qu'une seule fois à Lucy Tantamount, — par hasard, un moment. Elle avait paru se douter à peine qu'il fût à côté d'elle.

C'était vrai, songeait Walter. Elle méritait effectivement tous les noms dont on la traitait, en l'enviant ou la désapprouvant, et elle était pourtant le plus exquis et le plus merveilleux des êtres. Sachant tout, il pouvait écouter tout ce qu'on pourrait dire sur son compte. Et plus les paroles étaient atroces, plus il l'aimait désespérément. *Credo quia absurdum. Amo quia turpe, quia indignum...*

— Quelle pourriture ! continua Illidge avec grandiloquence. La fleur achevée de notre charmante civilisation, — voilà ce qu'elle est ! Une imitation raffinée et parfumée de sauvage ou d'animal... C'est à quoi aboutissent logiquement la plupart des gens qui disposent d'argent et de de loisirs.

Walter l'écoutait, les yeux fermés, songeant à Lucy... « Une imitation parfumée de sauvage ou d'animal... » Ces paroles étaient vraies, et le mettaient à la torture ; mais il l'aima davantage à cause de sa douleur et à cause de l'odieuse vérité.

— Allons, dit Illidge d'un ton tout autre, il faut que j'aille voir si le Vieux désire continuer ses travaux ce soir. En général, nous ne dételons pas avant une heure et demie, deux heures... C'est assez agréable de vivre à l'envers comme nous faisons. On dort jusqu'à l'heure du déjeuner de midi, on se met au travail après le thé. Oui, c'est très agréable, en somme. — Il lui tendit la main. — A bientôt.

— Il faudra que nous allions dîner ensemble, un de ces soirs, dit Walter, sans grande conviction.

Illidge approuva d'un signe de tête.

— Oui, il faudra arranger ça un de ces jours, dit-il ; et il s'en fut.

Walter joua des coudes à travers la foule, l'œil scrutateur.

Everard Webley avait acculé Lord Edward dans un coin, et tâchait de lui persuader d'accorder son appui aux Anglais Libres.

— Mais je ne m'intéresse pas à la politique, protestait le vieillard de sa voix rauque. Je ne m'intéresse pas à la politique... — Obstiné, têtu comme une mule qui reproduit indéfiniment la même défense, il répétait la même phrase, quoi que pût dire Webley.

Webley fut éloquent. Les hommes de bonne volonté, les hommes ayant des intérêts dans le pays, avaient le devoir de s'unir pour résister aux forces de destruction. Ce n'était pas la propriété seule qui était menacée, ce n'était pas seulement les intérêts matériels d'une classe, c'était la tradition anglaise, l'initiative personnelle, l'intelligence, toute distinction naturelle, quelle qu'en fût l'espèce. Les Anglais Libres étaient groupés pour résister à la dictature des imbéciles ; ils étaient armés pour protéger l'individualité contre l'homme de la masse, contre la populace ; ils luttaient pour la reconnaissance de la supériorité naturelle dans tous les domaines. Leurs ennemis étaient nombreux et actifs.

Mais un homme averti en vaut deux ; quand on voit approcher les bandits, on se forme en ordre de bataille et l'on tire l'épée. (Webley avait une faiblesse pour l'épée ; il en portait une quand les Anglais Libres se rassemblaient ; ses discours en étaient farcis, sa maison était hérissée de panoplies.) Il fallait une organisation, une discipline, de la force. La lutte ne pouvait plus se dérouler constitutionnellement. Les méthodes parlementaires étaient fort convenables lorsque les deux partis opposés étaient d'accord sur les principes fondamentaux et ne différaient que sur des détails insignifiants. Mais là où il s'agissait précisément d'établir des principes fondamentaux, on ne pouvait permettre que la politique continuât à être traitée comme un jeu parlementaire. Il fallait absolument recourir à l'action directe, ou à sa menace.

— J'ai été aux Communes cinq ans, dit Webley ; et c'est assez longtemps pour me convaincre qu'il n'y a rien à faire, à notre époque, avec le parlementarisme. L'Angleterre ne peut être sauvée que par l'action directe. Quand elle sera sauvée, on pourra se remettre à songer au Parlement. (Et il faudra que ce soit quelque chose de fort différent de la ridicule collection actuelle d'hommes riches élus par la populace.) En attendant, il n'y a qu'à se préparer à la lutte. Et, en nous préparant à la lutte, il se peut que nous obtenions une victoire pacifique. C'est le seul espoir. Croyez-moi, Lord Edward, c'est le seul espoir.

Harcelé, comme un ours dans une fosse attaqué par des chiens, Lord Edward oscilla lourdement d'un côté et de l'autre, faisant pivoter son corps penché à partir des reins.

— Mais je ne m'intéresse pas à la pol... — Il était trop agité pour pouvoir achever le mot.

— Mais quand bien même vous ne vous intéresseriez pas à la politique, poursuivit Webley d'un ton persuasif, il faut bien que vous vous intéressiez à votre fortune, à votre situation, à l'avenir de votre famille. Ne l'oubliez pas, toutes ces choses s'écrouleront dans la destruction générale.

— Oui, mais... Non... — Lord Edward devenait désespéré. — Je... je ne m'intéresse pas à l'argent.

Un jour, il y avait des années de cela, le notaire à qui il confiait la gestion complète de ses affaires était venu le voir malgré les ordres exprès de Lord Edward qui défendait absolument qu'on vînt l'ennuyer avec des questions d'affaires, pour consulter son client sur une question de placement de fonds. Il s'agissait de quelque quatre-vingt mille livres, devenues disponibles. Lord Edward fut arraché aux équations fondamentales de la statique des êtres vivants. Lorsqu'il apprit la cause frivole d'une telle interruption, le vieillard ordinairement doux entra dans une fureur telle qu'il était méconnaissable. Mr. Figgis, dont la voix était forte et la manière pleine de confiance en soi, avait eu l'habitude, au cours d'entrevues précédentes, de n'en faire qu'à sa tête. La fureur de Lord Edward l'étonna et l'atterra. C'était comme si, dans sa rage, le vieillard avait soudain été reporté par atavisme au fond du passé féodal et s'était souvenu qu'il était un Tantamount, parlant à un serviteur mercenaire. Il avait donné des ordres ; on les avait enfreints, on avait violé sans motif valable son intimité. C'était inadmissible. Si jamais semblable chose se reproduisait, il confierait ses affaires à un autre notaire. Sur quoi il souhaita bien le bonjour à Mr. Figgis.

— Je ne m'intéresse pas à l'argent, répéta-t-il à présent.

Illidge, qui s'était approché et se tenait à proximité, attendant une occasion de parler au vieillard, entendit cette remarque, et éclata d'un rire intérieur. « Ah, ces riches ! pensa-t-il ; ces salauds de riches ! » Ils étaient bien tous les mêmes.

— Mais si ce n'est pour vous, insista Webley, attaquant d'un autre secteur, que ce soit du moins pour la civilisation, pour le progrès !

Lord Edward sursauta à ce mot. Il avait touché une détente, déclenché un flot d'énergie.

— Le progrès ! fit-il, en écho, et son accent, minable et embarrassé, fut remplacé par un ton de certitude. — Le progrès ! Vous autres politiciens, vous en parlez toujours... Comme s'il devait durer... indéfiniment... Toujours plus d'autos, plus d'enfants, plus de nourriture, plus de publicité, plus d'argent, plus de tout, — pour toujours... Vous devriez prendre quelques leçons dans mon domaine, — la biologie physique. Le progrès, vraiment !... Qu'est-ce que vous comptez faire au sujet du phosphore, par exemple ?

La question avait l'allure d'une accusation personnelle.

— Mais tout cela est absolument à côté de la question, dit Webley, impatienté.

— Au contraire, répliqua Lord Edward, toute la question est là. — Sa voix était devenue forte et sévère. Il parlait avec une cohérence bien plus grande qu'à l'ordinaire. Le phosphore avait fait de lui un autre homme ; il avait une opinion fortement motivée sur le phosphore, et partant, il se montra fort. L'ours harcelé était devenu harceleur. — Avec votre agriculture intensive, reprit-il, vous enlevez tout simplement à la terre son phosphore. Plus d'un demi pour cent par an. Il disparaît complètement de la circulation. Et puis, cette façon de gaspiller des centaines de milliers de tonnes d'anhydride phosphorique par vos égouts ! Vous le versez tranquillement dans la mer ! Et c'est cela que vous appelez le progrès !... Vos systèmes modernes de tout-à-l'égout ! — Le ton de sa voix était plein de mépris flétrissant. — Vous devriez vous occuper de le remettre là d'où il vient. De le rendre à la terre. — Lord Edward secoua un doigt tendu en signe d'admonestation et fronça les sourcils.

— A la terre, vous dis-je.

— Mais tout cela n'a aucun rapport avec moi, protesta Webley.

— Eh bien, il faudrait que cela en eût, répondit sévèrement Lord Edward. Voilà précisément où le bât vous blesse, vous autres politiciens. Vous parlez de progrès et de suffrage et de bolchévisme, et chaque année vous laissez perdre dans la mer un million de tonnes d'anhydride phosphorique. C'est idiot, c'est criminel, c'est... c'est jouer du violon pendant que Rome est en flammes. — Il vit Webley qui ouvrait la bouche pour parler, et se hâta de prévenir ce qu'il s'imagina devoir être son objection. — Vous croyez sans doute, dit-il, que vous pouvez compenser cette perte au moyen des roches phosphatées ? Mais que ferez-vous quand les dépôts en seront épuisés ? — Il piqua du doigt le plastron d'Everard. — Alors, quoi ? Deux cents ans à peine, et ce sera fini. Vous vous imaginez que nous sommes en progrès, parce que nous mangeons notre capital. Les phosphates, le charbon, le pétrole, l'azote, — allez, gaspillez tout ! Voilà votre politique !... Et, en attendant, vous êtes là à tournailler et à chercher à nous donner la chair de poule en parlant de révolutions !

— Mais, bon Dieu ! dit Webley, partagé entre la colère et l'amusement, votre phosphore peut attendre. L'autre danger est imminent. Vous *désirez* donc une révolution politique et sociale ?

— Est-ce qu'elle réduira la population, et arrêtera la production ? demanda Lord Edward.

— Bien sûr.

— Alors, certainement, je désire une révolution. — Le Vieux avait des idées à l'échelle géologique, et n'avait pas peur des conclusions logiques. — Oui, certainement. — Illidge pouvait à peine se retenir de rire.

— Mon Dieu, si c'est là votre opinion..., commença Webley. Mais Lord Edward l'interrompit.

— Le seul résultat de votre progrès, dit-il, c'est que dans quelques générations il y aura une vraie révolution, — une révolution naturelle, cosmique. Vous êtes en train de détruire l'équilibre. Et, en fin de compte, la nature le rétablira. Et le progrès vous fera sentir fort mal à votre aise. Votre chute sera aussi rapide que votre ascension... Plus rapide, car vous serez en faillite, vous aurez gaspillé votre capital. Il faut un certain temps à un homme riche pour réaliser toutes ses ressources. Mais une fois qu'elles ont toutes été réalisées, il ne lui faut guère longtemps pour crever de faim.

Webley haussa les épaules. « Il est timbré, ce vieux fou ! » se dit-il à lui-même, et, à haute voix :

— Des droites parallèles ne se rencontrent jamais, Lord Edward. Aussi, je vous souhaite le bonsoir.

Et il prit congé de lui.

Une minute plus tard, le vieillard et son assistant reprenaient leur chemin, par l'escalier triomphal, vers leur monde à part.

— Quel soulagement ! fit Lord Edward, en ouvrant la porte de son laboratoire. Il renifla voluptueusement la légère odeur de l'alcool absolu dans lequel étaient conservées les pièces anatomiques. — Ah ! ces soirées ! On est heureux de revenir à la science... Pourtant, la musique était vraiment... — Son admiration ne pouvait s'exprimer.

Illidge haussa les épaules. « Les soirées, la musique, la science, — des distractions alternantes pour ceux qui ont des loisirs, — rien de plus. Tu payes ta galette et tu choisis. L'essentiel, c'est d'avoir la galette pour payer. » Il eut un rire désagréable.

Illidge en voulait beaucoup plus aux riches de leurs vertus que de leurs vices. La gloutonnerie, la paresse, la sensualité, et tous les produits plutôt hideux d'une vie de loisir et de revenu assuré, on pouvait les excuser, précisément parce qu'ils ne sont pas honorables. Mais le désintéressement, la spiritualité, l'incorruptibilité, le raffinement dans les sentiments et la qualité exquise du goût, — ces choses-là étaient généralement considérées comme des qualités qu'il sied d'admirer ; et c'est pourquoi il les détestait si particulièrement. Car ces vertus, suivant Illidge, étaient aussi fatalement le produit de la richesse que la soûlerie chronique et le petit déjeuner pris à onze heures.

« Ces bourgeois, critiquait-il — ils vont se présentant mutuellement des bouquets pour leur désintéressement — c'est-à-dire parce qu'ils ont de quoi vivre sans être forcés de travailler et sans être préoccupés par l'argent. Puis il y a un autre bouquet parce qu'ils peuvent se permettre de refuser un pourboire. Et un autre encore parce qu'ils ont assez d'argent pour acheter l'attirail de la culture raffinée. Et encore un parce qu'ils ont du temps à consacrer à l'art et à la lecture et à l'amour compliqué et s'étirant à loisir. Que n'ont-ils la franchise de dire carrément ce qu'ils donnent à entendre implicitement, — à savoir que la racine de toute leur vertu est un bon placement bien sûr à cinq pour cent ? »

L'affection amusée qu'il éprouvait pour Lord Edward était tempérée d'une contrariété chronique à la pensée que toutes les vertus intellectuelles et morales du vieillard, toutes ses excentricités et absurdités charmantes, n'étaient rendues possibles que par l'état véritablement scandaleux de son compte en banque. Et cette désapprobation latente devenait aiguë chaque fois qu'il entendait des tiers louer, admirer ou même railler Lord Édward. Le rire, l'affection et l'admiration lui étaient permis, à lui, parce qu'il comprenait et, partant, pouvait pardonner. Mais les tiers ne pouvaient même pas concevoir qu'il y eût quelque chose à pardonner. Illidge se hâtait de les en informer. « Si le Vieux n'était pas le descendant de spoliateurs de monastères, disait-il à ceux qui louaient ou admiraient, il serait sur la paille, ou à l'asile d'aliénés. »

Et pourtant il l'aimait sincèrement, le Vieux, il admirait sincèrement ses talents et son caractère. Mais le monde était excusable de ne pas s'en rendre compte. « Desagréable », — telle était l'épithète généralement employée pour qualifier l'assistant de Lord Édward.

Mais le fait d'être désagréable aux riches et à leur propos constituait aux yeux d'Illidge, non seulement un plaisir, mais encore un devoir sacré. Il devait cela à sa classe, à la société en général, à l'avenir, à la cause de la justice. Le Vieux lui-même n'était pas épargné. Il lui suffisait de souffler un mot en faveur de l'âme (car Lord Édward avait ce que son assistant ne pouvait considérer que comme une passion honteuse et trompeuse pour la métaphysique idéaliste) pour qu'Illidge s'empressât de bondir sur lui avec un sarcasme sur la philosophie capitaliste et la religion bourgeoise. La moindre expression de son peu de goût pour les hommes d'affaires à la tête solide, de son indifférence aux intérêts matériels, de sa sympathie pour les pauvres, amenait une allusion immédiate, plus ou moins voilée, mais toujours sarcastique aux millions des Tantamount. Il y avait certains jours (et, grâce à sa glissade sur l'escalier et à l'humiliation qu'il avait subie de la part du général, ce jour-là en était un) où une simple allusion à la science pure faisait jaillir un commentaire sarcastique. Illidge était un biologiste enthousiaste ; mais en tant que citoyen conscient des classes sociales, il lui fallait admettre que la science pure, tout comme le bon goût et l'ennui, la perversité et l'amour platonique, est un produit de la richesse et des loisirs. Il ne craignait pas d'être logique et de railler même sa propre idole.

« La galette pour payer, répéta-t-il. C'est là l'essentiel. »

Le vieillard regarda son assistant de l'air de quelqu'un qui se sent un peu coupable. Ces reproches à mots couverts le mettaient mal à son aise. Il essaya de changer de sujet.

— Et nos têtards ? demanda-t-il, — les asymétriques ?

Ils avaient une génération de têtards issus d'œufs qui avaient été conservés à une température anormalement chaude d'un côté et anormalement froide de l'autre. Il se dirigea vers la cuve de verre où ils étaient enfermés. Illidge le suivit.

« Des têtards asymétriques ! répéta-t-il ; des têtards asymétriques ! Quel raffinement ! C'est presque aussi bien que de jouer du Bach sur la flûte, ou d'être connaisseur en vins ! » Il songea à son frère Tom, faible de la poitrine, et attelé à sa fraiseuse dans une fabrique d'automobiles, à Manchester. Il se souvint des jours de lessive et de la peau rosée et crépelée des mains de sa mère, ramollies à force d'avoir séjourné dans l'eau. « Des têtards asymétriques ! » dit-il une fois encore, et il se mit à rire.

— Bizarre, dit Mrs. Betterton, bizarre, qu'un grand artiste

soit un tel cynique. — Dans la compagnie de Burlap, elle préférait croire que John Bidlake pensait effectivement ce qu'il avait dit. Burlap, discourant sur le cynisme, vous donnait des pensées élevées, et Mrs. Betterton aimait qu'on lui donnât de telles pensées. Il en donnait de semblables, également, à propos de grandeur, non moins qu'à propos d'art. — Car il faut bien admettre, ajouta-t-elle, que c'est un grand artiste.

Burlap approuva lentement de la tête. Il ne regardait pas tout droit vers Mrs. Betterton, mais gardait les yeux détournés et baissés, comme s'il s'adressait à quelque petit personnage invisible pour tous sauf lui, et situé à côté d'elle, — son *daemon* personnel, peut-être, une émanation de lui-même ; un petit *doppelgänger*. Burlap était un homme de taille moyenne, courbé, à la démarche plutôt gauche. Il avait les cheveux foncés, épais et bouclés, avec une tonsure naturelle grande comme une médaille, se détachant en rose sur le sommet du crâne. Il avait des yeux gris enfoncés profondément dans leurs orbites, le nez et le menton proéminents mais bien formés, la bouche assez large avec des lèvres charnues... Un mélange, suivant le vieux Bidlake, qui était caricaturiste en paroles aussi bien qu'avec un crayon, d'un traître de cinéma et d'un saint Antoine de Padoue pour un peintre de style baroque, d'un Lothario tricheur et d'un dévot prompt à l'extase.

— Oui, c'est un grand artiste, dit-il, donnant son assentiment, — mais non pas un des plus grands. — Il parlait lentement, en ruminant, — comme à soi-même. Toute sa conversation était un dialogue avec son moi ou avec ce petit *doppelgänger* qui se tenait, invisible, à côté des gens avec lesquels il était supposé causer ; Burlap était exclusivement et sans relâche plein de lui-même. — Non pas un des plus grands, répéta-t-il lentement. — Il se trouvait qu'il venait précisément de faire un article sur tout ce dont traite l'art pour le numéro de la semaine suivante du *Monde littéraire*. — Justement à cause de son cynisme. — Il se demanda s'il devait se citer soi-même.

— Comme c'est vrai, cela ! — L'approbation de Mrs. Betterton éclata peut-être un peu prématurément ; son enthousiasme était toujours en ébullition. Elle joignit les mains : Comme c'est vrai ! fit-elle encore, d'une voix extasiée. — Elle contempla le visage détourné de Burlap, et le trouva si empreint de spiritualité, si beau dans son genre...

— Comment un cynique peut-il être un grand artiste ? poursuivit Burlap, qui avait pris la décision de lui servir son article, au risque qu'elle le reconnût lorsqu'il paraîtrait le jeudi suivant. Et si même elle le reconnaissait, cela n'effacerait pas l'impression personnelle qu'il aurait produite en le lui servant. — « Maintenat, pourquoi tu veux produire une impression, avait ricané un diable railleur, si ce n'est parce qu'elle est riche et peut-être utile, Dieu seul le sait ! » Le diable fut renvoyé d'un coup de fourche là d'où il venait. « On a ses responsabilités, expliqua bien vite un ange. Il ne faut pas cacher la lumière sous le boisseau il faut la faire briller, surtout sur les gens de bonne volonté. » — Mrs. Betterton était du côté des anges ; il fallait la confirmer dans sa loyauté... — Un grand artiste, reprit-il à voix haute, est un homme qui synthétise toute l'expérience. Le cynique commence par nier la moitié des faits, — le fait de l'âme, le fait de l'idéal, le fait de Dieu. Et pourtant nous avons conscience des faits spirituels de façon aussi directe et indubitable que nous avons conscience des faits physiques.

— Bien entendu, bien entendu ! s'écria Mrs. Betterton.

— Il est absurde de nier l'une ou l'autre classe de faits. — « Il est absurde de me nier », dit le démon, poussant la tête jusque dans la réalité consciente de Burlap.

— Oui, c'est absurde !

— Le cynique se limite à une seule moitié de l'expérience possible... A moins d'une moitié. Car il y a plus d'expériences spirituelles que de corporelles.

— Infiniment plus !

— Il se peut qu'il traite fort bien sa matière limitée. C'est ce que fait Bidlake, je vous l'accorde... Extraordinairement bien, même. Il a tout le talent pur des artistes les plus habiles... Ou du moins il l'a eu.

— Oui, il l'avait, soupira Mrs. Betterton — quand j'ai fait sa connaissance. — Elle sous-entendait que c'est son influence qui l'avait fait peindre si bien.

— Mais il a toujours appliqué son pouvoir à quelque chose de petit. Ce qu'il synthétise dans son art a toujours été limité, relativement peu important.

— C'est ce que je lui ai toujours dit, fit Mrs. Betterton, réinterprétant les arguments de sa jeunesse au sujet du préraphaélisme, sous un jour nouveau et favorable à sa réputation. — Considérez donc Burne-Jones, lui disais-je... — Le souvenir du rire énorme, rabelaisien, de John Bidlake, retentit à son oreille... — Non point que Burne-Jones soit un peintre particulièrement remarquable..., se hâta-t-elle d'ajouter. (« Il peignait, avait dit John Bidlake, — et comme elle en avait été indignée, profondément froissée ! — comme s'il n'avait, de sa vie, vu une paire de fesses ! ») — Mais ses sujets étaient nobles... Si vous aviez ses rêves, à lui, disais-je à John Bidlake, si vous aviez son idéal, vous seriez véritablement un grand artiste !

Burlap inclina la tête, souriant pour exprimer son assentiment. « Oui, elle est du bord des anges, songeait-il ; il faut l'encourager. On a sa responsabilité. » Le démon cligna de l'œil. « Il y avait quelque chose dans son sourire, pensait Mrs. Betterton qui vous rappelait un Léonard ou un Sodoma, — quelque chose de mystérieux, de subtil, d'antérieur. »

— Encore que, notez-le bien, dit-il, régurgitant lentement son article, phrase à phrase, ce ne soit pas le sujet qui fait l'œuvre d'art. Whittier et Longfellow étaient pas mal farcis de grandes pensées. Mais ce qu'ils ont écrit n'est que de bien petite poésie.

— Comme c'est vrai !

— La seule généralisation qu'on puisse oser, c'est que les plus grandes œuvres d'art ont eu de grands sujets ; et que les œuvres ayant de petits sujets, quelque achevées qu'elles puissent être, ne valent jamais...

— Tiens, voilà Walter, dit Mrs. Betterton, l'interrompant. Il erre comme une âme en peine. Walter !

A l'appel de son nom, Walter se retourna... « La Betterton, — zut ! Et Burlap ! ... » Il se força à sourire. Mais Mrs. Betterton et son collègue du *Monde littéraire* étaient les derniers qu'il désirât rencontrer à ce moment.

— Nous étions en train de disserter sur la grandeur en art, expliqua Mrs. Betterton. Mr. Burlap disait des choses si profondes !

Elle se mit à les reproduire au profit de Walter.

Cependant il se demandait pourquoi la manière de Burlap à son égard avait été si froide, si distante, si fermée, hostile même. C'était là l'ennuyeux avec Burlap. On ne savait jamais sur quel pied danser, avec lui. Ou bien il vous aimait, ou bien il vous détestait. La vie avec lui était une série de scènes, — de scènes d'hostilité, ou, plus pénibles encore à l'avis de Walter, de scènes d'affection. D'un côté ou de l'autre, l'émotion y était toujours courante. Il n'y avait guère d'intervalles d'eau agréablement calme. La marée était toujours en mouvement. Pourquoi allait-elle maintenant vers l'hostilité ?

Mrs. Betterton continua son exposé des profondeurs. Elles semblèrent à Walter curieusement analogues à certains paragraphes de cet article de Burlap dont il avait, ce matin même, corrigé une épreuve pour l'impression. Reproduit — sous la forme d'une explosion succédant à une autre — d'après la reproduction verbale de Burlap, l'article paraissait plutôt ridicule. Il eut une lueur de clarté. Était-ce donc là la raison ? Il regarda

Burlap. Son visage avait l'impassibilité de la pierre.

— Je crois bien qu'il faut que je vous quitte, dit Burlap à brûle-pourpoint, quand Mrs. Betterton se fut arrêtée.

— Mais non, protesta-t-elle. Pourquoi donc ?

Il fit un effort, et sourit de son sourire à la Sodoma.

— Le monde nous tient trop, fit-il, en citation mystérieuse. Il aimait à dire des choses mystérieuses, à les laisser tomber, pour qu'elles fissent un effet de surprise, au milieu d'une conversation.

— Mais nous ne vous tenons pas assez, flatta Mrs. Betterton.

— C'est cette foule, expliqua-t-il. Au bout de quelque temps, je suis pris de panique. J'ai la sensation qu'on écrase mon âme, à la tuer... Je me mettrais à crier si je restais plus longtemps.

Et il prit congé.

— Quel homme merveilleux ! s'écria Mrs. Betterton avant qu'il fût bien hors de portée de sa voix. Ce doit être bien agréable pour vous de travailler avec lui.

— C'est un très bon rédacteur en chef, dit Walter.

— Mais je pensais à sa *personnalité*... Comment dirais-je ?... A sa *qualité* spirituelle...

Walter fit un signe de la tête, et dit : « Oui », assez vaguement. La qualité spirituelle de Burlap était précisément la chose dont il n'était pas très enthousiaste.

— Dans un âge comme le nôtre, poursuivit Mrs. Betterton, il est une oasis dans le désert de la frivolité et du cynisme stupides.

— Quelques-unes de ses idées sont de premier ordre, consentit Walter avec précaution.

Il se demandait au bout de quel temps minimum il pourrait décemment s'échapper.

— Voilà Walter, dit Lady Edward.

— Walter comment ? demanda Bidlake. Portés par les courants mondains, ils s'étaient trouvés à nouveau réunis.

— Votre Walter.

— Oh, le mien... La chose ne l'intéressait pas beaucoup, mais il suivit la direction de son regard. — Quelle engeance ! dit-il. — Il en voulait à ses enfants de grandir ; grandissant, ils le repoussaient dans le passé, année sur année, dans le passé, vers le gouffre et les ténèbres. Voilà Walter, il était né pas plus tard qu'hier. Et il devait bien avoir maintenant vingt-cinq ans, le bougre !

— Pauvre Walter ! Il n'a pas du tout bonne mine.

— Il doit avoir des vers, dit Bidlake, féroce.

— Comment va cette lamentable liaison qu'il a ? demanda-t-elle.

Bidlake haussa les épaules.

— Comme d'habitude, je suppose.

— Je ne l'ai jamais vue, elle.

— Moi, je l'ai vue. Elle est affreuse.

— Comment cela, — commune ?

— Non, non. J'aimerais mieux ça, protesta Bidlake. Elle est distinguée, — terriblement distinguée. Et elle parle comme ça. — Il prit une voix de tête languissante qui était censée être une imitation de la voix de Marjorie. — Comme une gentille petite fille innocente. Et si sérieuse, si supérieure. — Il interrompit le simulacre avec la basse profonde de son rire. — Savez-vous ce qu'elle m'a dit un jour ? J'ajouterai qu'elle me parle toujours d'Art, — d'Art avec un A majuscule. Elle m'a dit : (sa voix remonta pour reprendre le timbre de tête enfantin) « A mon avis, il y a place pour Fra Angelico *et* pour Rubens. » — Il éclata de nouveau d'un rire homérique. — Quelle imbécile ! Et elle a un nez trop long de dix centimètres, au moins !

Marjorie avait ouvert la boîte dans laquelle elle conservait ses papiers personnels. Toutes les lettres de Walter. Elle dénoua le ruban et les parcourut une à une. « Chère Mrs. Carling, je vous envoie sous pli séparé le volume des *Lettres* de Keats dont je vous ai parlé aujourd'hui. Ne vous donnez pas la peine de me le retourner. J'en ai un autre exemplaire, que je vais relire pour le plaisir de vous accompagner, fût-ce à distance, dans la même aventure spirituelle. »

C'était là la première. Elle la relut d'un bout à l'autre, et retrouva rétrospectivement quelque chose de la douce surprise qu'avait éveillée en elle dès l'origine ce passage sur l'aventure spirituelle. En conversation, il avait toujours paru se dérober aux avances directes et personnelles, il était douloureusement timide. Elle ne s'était pas attendu à ce qu'il écrivît ainsi. Plus tard, lorsqu'il lui eut écrit souvent, elle s'habitua à ses façons personnelles. Elle considérait comme allant de soi qu'il fût plus hardi avec la plume que face à face. Tout son amour — du moins tout ce qui en était exprimé, et tout ce qui, au temps de sa cour, en était tant soit peu ardent, — était dans ses lettres. Cette disposition convenait parfaitement à Marjorie. Elle aurait aimé continuer indéfiniment à faire par correspondance de l'amour raffiné et brûlant par son expression. Elle aimait l'idée de l'amour ; ce qu'elle n'aimait pas, c'étaient les amants, sinon à distance et en imagination. Un cours de passion par correspondance était pour elle la forme parfaite et idéale des relations avec un homme. Bien préférables étaient les relations personnelles avec les femmes ; car les femmes avaient toutes les bonnes qualités des hommes à distance, avec l'avantage surajouté d'être effectivement présentes. Elles pouvaient se trouver dans la chambre avec vous, et ne rien demander de plus, cependant, qu'un homme à l'autre extrémité d'un réseau de bureaux de poste. Walter, avec sa timidité dans le tête-à-tête et sa liberté, son ardeur postales, avait paru à Marjorie combiner les meilleurs avantages des deux sexes. Et puis il s'intéressait d'une façon si profonde, si flatteuse, à tout ce qu'elle faisait, à tout ce qu'elle pensait, ou ressentait ! La pauvre Marjorie n'avait guère l'habitude d'avoir quelqu'un qui s'intéressât à elle.

« Sphinx », lut-elle dans la troisième de ses lettres. (Il l'avait appelée ainsi à cause de ses silences énigmatiques. Carling, pour la même raison, l'avait traitée de « Navet » ou de de « Portici ».) « Sphinx, pourquoi vous cachez-vous ainsi dans une coquille de silence ? On dirait que vous avez honte de votre bonté, de votre douceur, de votre intelligence. Mais elles laissent néanmoins pointer leur tête en dehors de la coquille, malgré vous. »

Les larmes lui en vinrent aux yeux. Il avait été si bon pour elle, si tendre, si doux. Et maintenant...

« L'amour, lut-elle d'un regard brouillé par les larmes, dans la lettre suivante, l'amour peut transformer le désir physique en désir spirituel ; il a le pouvoir magique de changer le corps en âme pure... »

Oui, il avait donc ces désirs-là, lui aussi. Même lui. Tous les hommes devaient les avoir, apparemment. C'était affreux. Elle frémit, songeant à Carling, songeant même à Walter avec quelque chose de la même horreur. Oui, Walter lui-même, bien qu'il se fût montré si doux et si prévenant. Walter avait compris ce qu'elle ressentait. C'est ce qui rendait encore plus extraordinaire qu'il se conduisît maintenant comme il le faisait. C'est comme si, subitement, il était devenu quelqu'un d'autre, une espèce d'animal sauvage, avec la cruauté d'un animal aussi bien que ses appétits.

« Comment peut-il être si cruel ? se demanda-t-elle. Comment le peut-il, — de propos délibéré ? Lui, Walter ? » Son Walter, le vrai, était si doux, il la comprenait si bien et la comblait d'égards, il était si merveilleusement dénué d'égoïsme, et si bon ! C'est pour sa bonté, sa gentillesse, qu'elle l'avait aimé, bien qu'il fût un homme et qu'il eût « ces désirs-là » ; son dévouement allait à ce Walter-là, tendre, prévenant, sans égoïsme, qu'elle avait appris à connaître et à apprécier après qu'ils eurent commencé de vivre ensemble. Elle avait aimé jusqu'aux manifestations faibles et peu admirables de ses égards ; elle l'avait aimé même lorsqu'il s'était fait rouler par des cochers de fiacre et des porteurs de bagages, lorsqu'il avait donné des poignées de monnaie à des vagabonds dégoisant des histoires manifestement fausses de travail à l'autre bout du pays mais auquel ils ne pouvaient se rendre, faute d'argent pour le voyage. Sa sensibilité était mue trop vite pour voir le point de vue de l'autre. Dans ses efforts pour être injuste envers soi-même. Il était toujours prêt à sacrifier les droits qu'il pouvait avoir, plutôt que de courir le risque d'enfreindre les droits d'autrui. Cette richesse d'égards, Marjorie s'en rendit compte, était devenue une faiblesse, elle était sur le point de devenir un vice ; de plus elle était due à sa timidité, à sa volonté dédaigneuse et difficile de se dérober à tout conflit, voire à tout contact désagréable. Et, malgré tout, elle l'aimait pour cette faiblesse même, elle l'aimait même lorsqu'il en était amené à la traiter d'une façon un peu moins que juste. Car, ayant pris l'habitude de la considérer comme un être en deçà de la limite qui le séparait du reste du monde, il lui était arrivé parfois, dans son respect excessif des droits d'autrui, de sacrifier non seulement ses droits à lui, mais aussi ceux de Marjorie. Combien de fois, par exemple, lui avait-elle dit qu'il ne se faisait pas suffisamment payer son travail au *Monde littéraire*. Elle se rappela leur dernière conversation sur ce qui lui était, à lui, le plus odieux des

— Burlap t'exploite, Walter, avait-elle dit.

— Son journal est très pauvre ; — Il trouvait toujours des excuses aux défaillances des autres envers lui.

— Mais pourquoi te laisses-tu exploiter ?

— Je ne me laisse pas exploiter. — Il y avait un accent d'exaspération dans sa voix, de l'exaspération de l'homme qui sait qu'il a tort. — Et puis, quand cela serait, j'aime mieux me laisser exploiter que de marchander ma livre de chair. Après tout, ça ne regarde que moi !

— Et moi aussi !... — Elle souleva le livre de comptes dans lequel elle avait été plongée au début de la conversation. — Si tu savais ce que coûtent les légumes !

Il avait rougi subitement, et quitté la pièce sans répondre. Cette conversation, cet incident étaient semblables à beaucoup d'autres. Walter n'avait jamais été délibérément cruel à son égard, mais seulement par erreur, par suite d'égards excessifs pour les autres, et en se montrant cruel envers soi-même. Elle ne lui en avait jamais voulu de ces injustices-là. Elles étaient une preuve qu'il l'associait étroitement à soi... Mais maintenant, — maintenant, il n'y avait rien d'accidentel dans sa cruauté. Le Walter doux et plein d'égards avait disparu, et un autre être — un être implacable et plein de haine — la faisait souffrir de propos délibéré.

Lady Edward se mit à rire.

— On se demande ce qu'il a pu trouver chez elle, si elle est si lamentable que vous voulez bien le dire.

— Qu'est-ce qu'on trouve jamais chez n'importe qui ?

John Bidlake dit cela d'un ton mélancolique. Brusquement, il se sentait pris de malaise... Une lourdeur à l'estomac, une sensation de nausée, une tendance au hoquet. Cela lui arrivait souvent, maintenant, — immédiatement après qu'il avait mangé. Le bicarbonate ne semblait guère efficace.

— Dans ces choses-là, ajouta-t-il, nous sommes tous également fous.

— Merci ! dit Lady Edward, riant.

Faisant effort pour être galant :

— Les personnes présentes étant exceptées, dit-il avec un sourire et une petite révérence. Il étouffa encore un hoquet. Comme il se sentait mal à son aise !... — Cela ne vous fait rien, que je m'asseye ? demanda-t-il... Depuis tout ce temps que je suis debout, n'est-ce pas... — Il s'affala lourdement dans un fauteuil.

Lady Edward le regarda avec une certaine sollicitude mais ne dit rien. Elle savait combien il détestait toute allusion à son âge, ou à la maladie, ou à la faiblesse physique.

« Ça doit être ce caviar, songeait-il, — ce sacré caviar ! » Il détesta violemment le caviar. Chacun des esturgeons de la mer Noire devint son ennemi personnel.

— Pauvre Walter ! dit Lady Edward, reprenant la conversation à l'endroit où elle était tombée. — Et il a beaucoup de talent.

John Bidlake fit entendre un grognement de dédain.

Lady Edward s'aperçut qu'elle avait dit ce qu'il ne fallait pas, — par erreur, par erreur véritable, cette fois. Elle changea de sujet.

— Et Elinor ? demanda-t-elle. Quand rentre-t-elle, votre Élinor ? Elinor et Quarles ?

— Quittent Bombay demain, répondit John Bidlake en style télégraphique.

Il était trop occupé à penser au caviar et à ses sensations viscérales, pour pouvoir mieux se consacrer à répondre.

CHAPITRE VI

— LES Indiens ont bu leu' libéalisme à vos fontaines, dit M. Sita Ram, faisant une citation d'un de ses propres discours à l'Assemblée Législative. Il montrait du doigt Philip Quarles, d'un geste accusateur. Les gouttes de sueur coulaient l'une après l'autre le long de ses joues brunes et flasques; on eût dit qu'il pleurait sur l'Inde Antique. Une goutte était restée suspendue, joyau irisé sous la lumière des lampes, au bout de son nez. Elle étincelait et tremblait tandis qu'il parlait, comme si elle vibrait à ses sentiments patriotiques. Il vint un moment où les sentiments patriotiques se montrèrent trop forts pour elle. Au mot «fontaines», elle eut une dernière convulsion violente, et tomba parmi les parcelles de poisson sur l'assiette de M. Sita Ram. — Bu'ke et Bacon, poursuivit M. Sita Ram d'une voix sonore, Milton et Macaulay...

— Oh regardez donc!

La voix d'Elinor Quarles avait jeté ce cri d'alarme perçant. Elle se leva si brusquement que sa chaise se renversa en arrière. M. Sita Ram se tourna de son côté.

— Qu'est-ce qu'il y a? demanda-t-il d'un ton agacé. Il est désagréable d'être interrompu au beau milieu d'une péroraison.

Elinor allongea le bras, tendit l'index. Un très gros crapaud gris sautillait laborieusement par la véranda. Dans le silence, on entendait ses mouvements, — des coups sourds, comme si on laissait tomber et retomber une éponge humide.

— Le c'apaud ne fait de mal à pe'sonne, dit M. Sita Ram, qui était habitué à la faune tropicale.

Elinor jeta un regard suppliant à son mari. Le regard qu'il lui rendit était nettement désapprobateur.

— Voyons, ma chérie..., protesta-t-il.

Il éprouvait lui-même un dégoût profond pour les animaux visqueux. Mais il savait dissimuler son dégoût, stoïquement. Il en était de même pour la nourriture. Le poisson avait une certaine qualité... (le mot juste, le mot pleinement expressif lui venait maintenant) crapaudesque. Il avait réussi néanmoins à le manger. Elinor, après la première bouchée, avait laissé le sien intact sur son assiette.

— Ça ne te ferait rien de le chasser? murmura-t-elle. Son visage exprimait son agonie intérieure. — Tu sais comme je déteste ces bêtes-là!

Son mari se mit à rire, et, s'excusant auprès de M. Sita Ram, se leva, très grand et mince, et traversa à clochepied la véranda. De la pointe de sa lourde bottine orthopédique il manœuvra l'animal jusqu'au bord de la plateforme, d'où il sauta lourdement avec un «floc» dans le jardin en contrebas. Regardant audehors, il aperçut la mer brillante entre les stipes des palmiers. La lune était levée, et le feuillage en touffes se détachait en noir sur le ciel. Nulle feuille ne remuait. Il faisait formidablement chaud, et l'on eût dit qu'il faisait de plus en plus chaud à mesure que la nuit s'avançait. La chaleur, au soleil, ce n'était pas si mal ; on s'y attendait. Mais cette obscurité étouffante... Philip s'essuya la figure, et reprit sa place à table.

— Vous disiez, monsieur Sita Ram ?

Mais le bel enthousiasme primitif et primesautier de M. Sita Ram s'était évaporé.

— Je 'elisais aujou'd'hui quelques-unes des œuv'es de Mo'ley, annonça-t-il.

— Mince ! dit Philip Quarles, qui aimait à l'occasion, de propos entièrement délibéré, à sortir une expression d'argot d'école. Cela produisait toujours son effet au milieu d'une conversation sérieuse.

Mais on ne pouvait guère s'attendre à ce que M. Sita Ram comprît la pleine signification de ce « mince »...

— Quel penseu' ! poursuivit-il, quel g'and penseu' ! Et son style est si pu'.

— Sans doute...

— Il y a de bonnes ph'ases, reprit M. Sita Ram ; je les ai insc'ites. — Il fouilla dans ses poches, mais ne réussit pas à découvrir son calepin. — Ça ne fait 'ien, dit-il. C'étaient de bonnes ph'ases. Il a'ive qu'on lise un liv'e entier sans y t'ouver une seule ph'ase qu'on puisse se 'appeler ou citer... A quoi bon les liv'es comme ça, je vous le demande ?

— A quoi bon, en effet ?

Quatre ou cinq domestiques à la tenue négligée sortirent de la maison et changèrent les assiettes. Un plat de rissoles douteuses fit son apparition. Élinor lança à son mari un regard désespéré, après quoi elle se tourna vers M. Sita Ram pour l'assurer qu'elle ne mangeait jamais de viande. Philip, mangeant stoïquement, approuva la sagesse de sa femme. Ils buvaient du champagne doux qui était presque aussi chaud que du thé. Les rissoles furent suivies d'un plat sucré, — des boulettes grandes et pâles (longuement tripotées, on en était sûr, et amoureusement roulées entre les paumes des deux mains), de quelque substance équivoque, à la fois visqueuse et granuleuse, et dont le goût de suint persistait à travers le sucre.

Sous l'influence du champagne, M. Sita Ram recouvra son éloquence. Son dernier discours se re-prononça de lui-même.

— Il y a une loi pou' les Anglais, dit-il, et une aut'e pou' les Indiens, une pou' les opp'esseu's et une aut'e pou' les opp'imés. Le mot Justice a, soit dispa'u de vot'e vocabulai'e, soit changé de signification.

— J'ai lieu de croire qu'il a changé de signification, dit Philip.

M. Sita Ram n'y fit point attention. Il était plein d'une indignation sacrée, d'autant plus violente qu'elle était impuissante et sans espoir.

— Considé'ez donc le cas, reprit-il (et sa voix, qu'il ne maîtrisait plus, était devenue tremblante), du malheu'eux chef de ga'e de Bhowanipo'e.

Mais Philip se refusait à le considérer. Il songeait à la façon dont le mot Justice change de signification. La justice pour les Indes, — cela avait eu un sens, pour lui, avant qu'il n'eût visité le pays. Cela voulait dire quelque chose de fort différent, maintenant qu'il était sur le point de le quitter.

Le chef de gare de Bhowanipore, paraît-il, avait un curriculum sans tache, et neuf enfants.

— Mais pourquoi ne leur apprenez-vous pas à limiter les naissances, monsieur Sita Ram ? demanda Élinor. — Toutes ces descriptions de familles prodigieuses lui donnaient le frisson. Elle se souvint de ses souffrances, lors de la naissance du petit Phil. Et, encore, elle avait eu du chloroforme, et deux infirmières, et sir Claude Aglet. Tandis que la femme du chef de gare de Bhowanipore... on lui avait parlé des méthodes des sages-femmes indoues. Elle frémit... — N'est-ce pas là le seul espoir pour les Indes ?

M. Sita Ram, par contre, était d'avis que le seul espoir était dans le suffrage universel et l'automonie. Il poursuivit l'histoire du chef de gare. Il avait passé tous ses examens avec succès, ses titres étaient les meilleurs qu'on pût avoir. Et cependant voilà quatre fois, pas une de moins, qu'on le faisait sauter dans les listes d'avancement. Quatre fois, — et toujours en faveur d'Européens ou de métis. M. Sita Ram sentait son sang en ébullition lorsqu'il songeait aux cinq mille ans de civilisation indoue, de spiritualité indoue, de supériorité morale indoue, cyniquement foulés aux pieds, en la personne du chef de gare de Bhowanipore, par les Anglais...

— Est-ce là la justice, je vous le demande ?... — Et il frappa la table de son poing.

« Qui sait ? se demanda Philip. Peut-être cela est-il juste. »

Élinor songeait toujours aux neuf enfants. Pour obtenir une délivrance rapide, les sages-femmes, lui avait-on dit, piétinent leur patiente. Et, au lieu d'ergotine, elles emploient une pâte faite de bouse de vache et de verre pilé.

— Est-ce là ce que vous appelez la justice ? répéta M. Sita Ram.

Philip, s'apercevant qu'il était convenable qu'il fît une réponse, secoua la tête et dit :

— Non.

— Vous dev'iez éc'i'e quelque chose là-dessus, dit Sita Ram ; vous dev'iez étaler le scandale aux yeux du public.

Philip s'excusa, il n'était que romancier, — non pas politicien, ni journaliste.

— Connaissez-vous le vieux Daulat Singh ? ajouta-t-il, avec l'apparence du décousu... Celui qui habite Ajmere ?

— Je l'ai 'encont'é, dit M. Sita Ram, d'un ton qui exprimait fort clairement qu'il n'aimait pas Daulat Singh, ou peut-être (et plus probablement, pensa Philip) qu'il n'avait pas été apprécié ni approuvé de lui.

— C'est un homme épatant, à mon avis, dit Philip.

— Pour les hommes comme Daulat Singh, il faudrait que la justice signifiât quelque chose de fort différent de ce qu'elle signifiait pour M. Sita Ram ou le chef de gare de Bhowanipore. Il songeait au noble visage du vieillard, à ses yeux brillants, à la passion contenue de ses paroles. Si seulement il avait pu s'abstenir de chiquer le bétel...

L'heure du départ arriva. Enfin. Ils firent leurs adieux avec une cordialité un peu exagérée, grimpèrent dans l'auto qui les attendait, et s'en furent. Sous les palmiers de Joohoo, le sol était couvert de pièces d'argent brillantes, semé de flaques de mercure. Ils roulèrent à travers un scintillement continuel de lumière et d'ombre — le cinéma d'il y a vingt ans — jusqu'à ce que, émergeant de sous les palmiers, ils se trouvassent sous la pleine lueur d'une lune énorme.

« O Hécate à la triple forme ! » songea-t-il, clignotant devant la ronde clarté. « ... Et Sita Ram, alors ? et Daulat Singh, et le chef de gare, et la vieille Inde lamentable, et la justice et la liberté, et le progrès de l'avenir... ? La vérité, c'est que je m'en fiche. Je m'en contrefiche. C'est honteux, mais c'est comme ça. Et Hécate n'a pas trois formes. Elle en a mille, elle en a des millions... Les marées... La déesse Némoréenne, la Tifatinienne... En raison directe du produit des masses, et en raison inverse du carré des distances... C'est petit comme un florin à bout de bras, mais c'est grand comme l'empire russe. Plus grande que l'Inde... Comme ce sera agréable de retrouver l'Europe ! Et dire qu'il fut un temps où je lisais des livres sur le yoga, et faisais des exercices respiratoires, et tâchais de me persuader que je n'existais pas ! Comme j'étais bête ! C'est ce que j'ai gagné à causer avec cet idiot de Burlap. Heureusement que les gens ne laissent guère de trace sur moi. Ils produisent facilement une impression, comme un bateau dans l'eau. Mais l'eau se referme... Je me demande ce que sera ce bateau italien que nous allons prendre demain ? Tous les bateaux du Lloyd Triestino ont la réputation d'être bons... J'ai dit : « Heureusement », — mais est-ce qu'il ne faudrait pas avoir honte de son indifférence ?... Et la parabole du semeur, alors ? — la semence tombée sur la pierre... Et pourtant, ce n'est évidemment pas la peine de se faire passer pour ce qu'on n'est pas... On en voit les résultats chez Burlap. Quel comédien !... Mais il en impose à un tas de gens, — y compris lui-même, sans doute. Je ne pense pas qu'il puisse exister des hypocrites conscients, sauf pour des cas spéciaux. On ne peut pas constamment jouer un rôle. Néanmoins, il serait bon de savoir ce que c'est que de croire à quelque chose au point d'être prêt à tuer quelqu'un ou à se faire tuer. Ce serait une sensation... »

Élinor avait levé son visage vers le même disque brillant. Lune, pleine lune... Et instantanément elle avait changé sa position dans l'espace et le temps. Elle laissa tomber son regard et se tourna vers son mari ; elle lui prit la main et s'appuya tendrement contre lui.

— Tu te rappelles ces soirées ? demanda-t-elle, — dans le jardin, à Gattenden... Tu te rappelles, Phil ?

Les paroles d'Élinor arrivèrent à son oreille de très loin, et d'un monde auquel à ce moment il ne s'intéressait pas. Il sortit à regret de sa rêverie.

— Quelles soirées ? demanda-t-il, parlant au-dessus de vastes abîmes, et de la voix un peu terne et incolore d'un homme qui répond à un appel téléphonique importun.

Au son de cette voie téléphonique, Élinor s'écarta de lui vivement. Se pelotonner contre quelqu'un qui se trouve tout bonnement être absent est chose non seulement décevante, mais encore un brin humiliante. Quelles soirées, en vérité !

— Pourquoi ne m'aimes-tu plus ? demanda-t-elle avec désespoir. Comme si elle avait pu parler d'autres soirées que de celles de cet été merveilleux qu'ils avaient passé, juste après leur mariage, chez sa mère. — Tu ne t'intéresses même plus à moi, maintenant, — tu t'y intéresses moins que tu ne le ferais à un meuble, bien moins qu'à un livre !

— Voyons, Élinor, de quoi donc parles-tu ? — Philip chargea sa voix de plus d'étonnement qu'il n'en ressentait en réalité. Après le premier instant, lorsqu'il eut eu le temps de revenir à la surface, en quelque sorte, des profondeurs de sa rêverie, il avait compris ce qu'elle voulait dire, il avait rattaché cette lune indienne à celle qui avait brillé, voilà huit ans, sur le jardin du Hertfordshire. Il aurait pu le dire, bien sûr. Cela eût arrangé les choses. Mais il était agacé de cette interruption, il n'aimait pas qu'on lui fît des reproches, et la tentation était forte, de s'attribuer la victoire dans une joute oratoire avec sa femme. — Je te pose une question toute simple, poursuivit-il, car je désire tout simplement savoir ce que tu veux dire. Et tu me réponds en te plaignant de ce que je ne t'aime plus. Je ne vois vraiment pas de rapport logique...

— Mais tu sais très bien de quoi je parlais, dit Élinor. Et d'ailleurs, c'est vrai, tu ne m'aimes plus.

— Il se trouve que si, dit Philip, qui, poursuivant (quoique vainement, il le savait) son escarmouche dans le domaine de la dialectique, continua son questionnaire comme un petit Socrate. — Mais ce que je voudrais vraiment savoir, c'est comment nous avons pu en arriver à ce point, à partir de l'endroit où nous avons commencé. Nous avions débuté par des soirées, et maintenant...

Mais Élinor s'intéressait à l'amour plutôt qu'à la logique.

— Oh ! je sais bien que tu ne diras pas que tu ne m'aimes pas, l'interrompit-elle. Pas en paroles, bien sûr. Tu ne voudrais pas me blesser. Mais tu me blesserais moins en me le disant carrément, au lieu d'éluder toute la question, comme tu le fais en ce moment. Car, à l'éluder ainsi, on en fait l'aveu tout aussi bien qu'en l'énonçant froidement. Et ça fait plus de mal parce que ça dure plus longtemps, parce qu'il y a l'attente, et l'incertitude, et la répétition de la douleur. Tant que les mots n'ont pas été dits clairement, il y a toujours une chance qu'ils n'aient pas été tacitement sous-entendus. Il y a encore de la place pour l'espoir. Et là où il y a espoir, il y a déception. En réalité, ce n'est pas plus gentil d'éluder la question, Phil ; c'est plus cruel.

— Mais je n'élude pas la question, répliqua-t-il. Pourquoi l'éviterais-je, puisque je t'aime ?

— Oui, — mais comment m'aimes-tu, — comment ? Pas comme autrefois, au début. Ou peut-être tu as oublié... Tu ne t'es même pas rappelé le temps où nous venions de nous marier !

— Mais, ma chère petite, protesta Philip, sois donc un peu précise. Tu t'es bornée à dire « ces soirées », et tu voulais me faire deviner lesquelles !

— Bien sûr que je le voulais, dit Élinor. Tu aurais dû savoir. Et tu aurais su, si ça t'intéressait encore. Voilà ce dont je me plains. Tu m'aimes si peu, à présent, que l'époque où tu m'aimais véritablement ne te dit plus rien. Crois-tu que je puisse les oublier, moi, ces soirées ?

Elle revoyait le jardin avec ses fleurs invisibles et parfumées, l'énorme wellingtonia sombre au milieu de la pelouse, la lune montant au ciel, et les deux griffons de pierre à chaque extrémité du mur bas de la terrasse, où ils s'étaient assis ensemble. Elle gardait le souvenir de ce qu'il avait dit, de ses baisers, du frôlement de ses mains. Elle se souvenait de tout, elle s'en souvenait avec la précision minutieuse de quelqu'un qui aime à explorer et à reconstruire le passé, de quelqu'un qui tourne et retourne sans cesse, et vérifie amoureusement tous les détails précieux d'un bonheur qu'il revit.

— Tout cela s'est tout bonnement évanoui de ton esprit, ajouta-t-elle d'une voix triste de reproche. — Ces soirées lui étaient plus réelles, à elle, plus vivantes, que bien des heures de sa vie actuelle.

— Mais bien sûr que je m'en souviens, dit Philip, impatienté. Seulement, on ne peut pas instantanément accomoder son esprit.... Au moment précis où tu m'as parlé, il s'est trouvé que je pensais à autre chose, — voilà tout.

Élinor soupira.

— Je voudrais bien avoir autre chose à quoi je pourrais penser, moi, dit-elle. Voilà ce qui m'ennuie : je n'ai rien. Pourquoi faut-il que je t'aime tant ? Pourquoi ? Ce n'est pas juste. Toi, tu es protégé par ton instinct et par ton talent. Tu as ton travail pour t'y retirer, tes idées pour te servir de bouclier. Mais moi, je n'ai rien, — aucune défense contre mes sentiments, rien, en dehors de toi. Et c'est moi qui aurais besoin de défense et de répit. Car c'est moi qui aime véritablement. Toi, tu n'as rien dont il te faille être protégé, — tu n'aimes pas, toi. Non, ce n'est pas juste, ce n'est pas juste !

D'ailleurs, songeait-elle, il en avait toujours été ainsi. Il ne l'avait jamais aimée véritablement, même au début. Jamais profondément et complètement, avec un abandon total. Car même au début il avait échappé à ses exigences, il avait refusé de se donner entièrement à elle. De son côté, elle avait offert tout, absolument tout. Et il avait pris, mais sans rien rendre. Son âme, les intimités de son être, il les lui avait toujours refusées. Toujours, même dès le début, même quand il l'avait le plus aimée. Elle avait été assez naïve pour être heureuse, parce qu'elle ne s'était pas rendu compte, dans son inexpérience, que l'amour pouvait être différent et meilleur... Elle prenait maintenant un plaisir pervers à démolir rétrospectivement sa félicité, à dévaster ses souvenirs. La lune, le jardin sombre et parfumé, le gigantesque arbre noir et son ombre veloutée sur la pelouse... Elle les reniait, elle rejetait le bonheur dont ils étaient le symbole dans sa mémoire.

Philip Quarles, cependant, ne disait rien. Il n'y avait vraiment rien à dire. Il l'entoura de son bras et l'attira à lui : il lui baisa le front et les paupières clignotantes : elles étaient baignées de larmes.

Les faubourgs sordides de Bombay passèrent en glissant à côté d'eux, — des usines et de petites cabanes et d'énormes habitations fantomales et d'une blancheur sépulcrale sous la clarté lunaire. Des piétons sombres, aux jambes frêles, apparaissaient un instant dans la lumière aveuglante des phares, comme des vérités qu'on saisit intuitivement et avec une certitude immédiate, pour redisparaître presque aussitôt dans le vide des ténèbres extérieures. Çà et là, sur le bord de la route, la lueur d'un feu indiquait mystérieusement l'existence de membres et de visages sombres. Les habitants d'un monde de pensées aussi éloigné du leur que les étoiles jetaient leurs regards sur eux, de l'intérieur de charrettes à bœufs geignantes, au passage lumineux et rapide de l'auto.

— Ma chérie, répétait-il constamment, ma chérie...

Élinor se laissa consoler.

— Alors, tu m'aimes un peu ?

— Mais oui, je t'aime !

Elle rit pour de bon, à travers un reste de sanglots, il est vrai ; mais enfin, ce fut un rire.

— Tu fais de ton mieux pour être gentil avec moi. — Et après tout, songea-t-elle, ces journées passées à Gattenden avaient vraiment été heureuses. Elles étaient son bien, elle les avait eues ; on ne pouvait pas les renier. — Oui, tu fais vraiment des efforts... C'est gentil de ta part.

— C'est bête de parler comme ça, protesta-t-il. Tu sais bien que je t'aime.

— Oui, je le sais. — Elle sourit, et lui caressa la joue... Quand tu as le temps, et alors, par T. S. F., d'un bord à l'autre de l'Atlantique.

— Non, ce n'est pas vrai, ça. — Mais en lui-même il savait qu'elle avait raison. Toute sa vie, il avait marché dans une solitude, dans un vide personnel, où personne — pas même sa mère, ni ses amis, ni ses maîtresses — n'avait jamais obtenu la permission d'entrer. Même lorsqu'il la tenait ainsi serrée contre lui, c'était bien par T. S. F. comme elle l'avait dit, et d'un bord à l'autre d'un Atlantique, qu'il était en communication avec elle.

— Ce n'est pas vrai ? fit-elle en écho, tendrement moqueuse. Mais, mon pauvre Phil, tu ne serais même pas capable de tromper un enfant ! Tu ne sais pas mentir de façon convaincante. Tu es trop honnête. C'est l'une des raisons pour lesquelles je t'aime. Si tu savais comme tu es transparent !

Philip se tut. Ces discussions sur les rapports personnels le mettaient toujours mal à son aise. Elles menaçaient sa solitude — cette solitude que, avec une partie de son esprit, il déplorait (car il se sentait étranger à bien des choses qu'il eût aimé connaître), mais dans laquelle seule, néanmoins, son esprit pouvait vivre à l'aise, dans laquelle, seule, il se sentait libre. D'ordinaire, il considérait cette solitude intérieure comme une chose allant de soi, comme on accepte l'atmosphère où l'on vit. Mais lorsqu'elle était menacée, il prenait douloureusement conscience de l'importance qu'elle avait pour lui ; il se débattait pour la conserver, comme un asphyxié se débat pour avoir de l'air. Toutefois, c'était une lutte sans violence, une lutte négative, faite de retraite et de défense. C'est ainsi qu'il se retrancha maintenant dans le silence, dans ce silence calme, lointain et froid, hors duquel il était sûr qu'Élinor ne tenterait pas de le forcer, sachant bien l'inutilité d'une telle tentative. Il avait raison ; Élinor lui jeta encore un regard d'un instant, puis, détournant la tête, contempla le paysage au clair de lune du dehors. Leurs silences parallèles poursuivirent leur cours à travers le temps, sans se rencontrer.

L'auto filait à travers l'obscurité indienne. Fouetté contre leurs visages, auxquels il donnait presque une sensation de fraîcheur, l'air en mouvement sentait tantôt les fleurs tropicales, tantôt l'égout, ou bien le carry, ou la bouse de vache enflammée.

— Et pourtant, dit soudain Élinor, incapable de retenir plus longtemps ses pensées offensées, tu ne pourrais pas te passer de moi. Qu'est-ce tu deviendrais, si je te quittais, si j'allais à quelqu'un qui serait prêt à me donner quelque chose en échange de ce que je lui donne ? Qu'est-ce que tu deviendrais ?

La question tomba dans le silence. Philip ne fit point de réponse. Mais que deviendrait-il, en effet ? Il se le demanda, lui aussi. Car, dans le monde ordinaire et journalier des contacts humains, il ressemblait bizarrement à un étranger, mal à son aise et dépaysé parmi ses semblables, trouvant difficile ou impossible d'entrer en communication avec quiconque ne parlait pas sa langue d'idées natale. Émotivement, il était un étranger. Élinor était son interprète, son drogman. Comme son père, Élinor Bidlake avait, de naissance, le don de compréhension intuitive et d'aisance mondaine. Elle savait s'établir rapidement sur un pied d'intimité avec les gens. Elle savait d'instinct, aussi bien que le vieux John lui-même, exactement ce qu'il fallait dire à chaque catégorie de gens, — à chaque catégorie, sauf peut-être celle à laquelle appartenait son mari. Il est difficile de savoir que dire à quelqu'un qui ne dit rien en retour, qui répond aux paroles personnelles par des mots impersonnels, aux paroles particulières et sensibles par une généralisation intellectuelle. Cependant, comme elle l'aimait, elle persistait dans ses efforts pour l'attirer en contact direct; et bien que le procédé fût plutôt décourageant, — comme de chanter devant des sourds-muets, ou de de déclamer des vers dans une salle vide, — elle continuait à lui livrer l'intimité de sa pensée et de ses sentiments. Il y avait des occasions où, au prix d'un gros effort, il faisait de son mieux, en échange, pour l'admettre dans ses intimités les plus personnelles. Mais, soit que l'habitude du secret lui eût rendu impossible l'expression de ses sentiments intimes, soit que la capacité même de ressentir eût été effectivement atrophiée par la répression et le silence constants, Élinor était toujours déçue par ces rares moments d'intimité. Le saint des saints dans quoi il l'introduisait si péniblement était presque aussi vide et nu que celui qui fit l'étonnement des envahisseurs romains lorsqu'ils violèrent le Temple de Jérusalem. Malgré tout, elle était reconnaissante à Philip des bonnes intentions qu'il manifestait en voulant du moins l'admettre dans le sanctuaire de ses émotions, même s'il n'y avait pas grand'chose en fait de vie émotive avec quoi elle pût être intime. Une sorte d'indifférence pyrrhonienne, tempérée par une gentillesse, une douceur constantes, aussi bien que les intermittences plus violentes de la passion physique, tel était l'état général que la nature et la seconde nature avaient rendu normal chez lui. La raison d'Élinor lui disait qu'il en était ainsi, mais ses sentiments refusaient d'accepter en pratique ce dont elle était sûre en théorie. Ce qui en elle était vivant, sensible, irrationnel, souffrait de son indifférence, comme si ç'avait été froideur personnelle dirigée contre elle seule. Et cependant, quoi qu'elle pût ressentir, Élinor savait pertinemment que son indifférence n'avait rien de personnel, qu'il était comme cela avec tout le monde, qu'il l'aimait autant qu'il lui était possible d'aimer, que son amour pour elle n'avait pas diminué, parce qu'il n'avait jamais, en vérité, été plus grand, — plus passionné, jadis, peut-être, mais jamais émotivement plus riche d'intimité, plus prodigue de soi-même, même aux sommets de la passion, qu'il n'était maintenant. Mais malgré tout, elle était blessée dans ses sentiments; il n'aurait pas dû être comme cela. Il n'aurait pas dû, — mais voilà, il l'était. Après un éclat, elle se calmait et tâchait de l'aimer aussi raisonnablement qu'il était en son pouvoir, se contentant de sa gentillesse, de sa passion quelque peu détachée de ses tentatives sporadiques pour livrer l'intimité de ses émotions, et enfin de son intelligence, — de cette intelligence rapide, complète, omniprésente, qui était capable de comprendre tout, y compris les émotions qu'elle ne pouvait ressentir, et les instincts dont elle prenait soin de ne pas être émue.

Un jour qu'il lui avait parlé du livre de Kœhler sur les singes: «Tu ressembles à un singe qui serait du côté surhomme de l'humanité, avait-elle dit. Tu es presque humain, comme les pauvres chimpanzés. La seule différence, c'est qu'ils essayent, eux, de s'élever à la pensée, avec leurs sensations et leurs instincts, tandis que toi, tu essayes de t'abaisser jusqu'à la sensation avec ton intelligence... Tu es presque humain, — tu es là en équilibre instable, juste à la limite, mon pauvre Phil.»

Il comprenait tout de façon si parfaite! C'est pourquoi il était si amusant de lui servir de drogman et de lui interpréter les autres gens. (C'était moins amusant quand il fallait s'interpréter soi-même.) Tout ce que l'intelligence pouvait saisir, il le saisissait. Elle lui rapportait ses entretiens avec des indigènes du pays de l'émotion, et il comprenait tout de suite, il généralisait pour elle ce qu'elle éprouvait, il le rattachait à d'autres expériences, il le classait, y trouvait des analogies et des parallèles. De simple et individuel, cela devenait, entre ses mains, une partie d'un système. Elle s'étonnait de voir qu'elle-même et ses amies avaient, sans en avoir eu conscience, confirmé une théorie, ou servi d'exemple à quelque généralisation intéressante. Ses fonctions, en tant que drogman, ne se limitaient pas simplement aux reconnaissances et aux rapports. Elle agissait aussi directement et en personne comme interprète entre Philip et les tiers avec lesquels il pouvait désirer entrer en contact, créant l'atmosphère unique propice à l'échange des personnalités, préservant la conversation contre la dessiccation intellectuelle. Livré à lui-même, Philip n'eût pas été capable d'établir le contact personnel, ou de le conserver une fois établi. Mais quand Élinor était là pour lui établir et conserver ce contact, il comprenait, il sympathisait par son intelligence, d'une façon qu'Elinor lui affirmait être à peine humaine. Dans les généralisations auxquelles il se livrait à la suite des expériences qu'elle lui avait rendu possibles, il redevenait indiscutablement le surhomme.

Oui, c'était amusant de servir de drogman à un touriste aussi exceptionnellement intelligent du domaine des sentiments. Mais c'était quelque chose de plus qu'un amusement: c'était aussi, aux yeux d'Elinor, un devoir. Il y avait à considérer son métier d'écrivain.

«Ah! si tu étais un peu moins surhomme, Phil, disait-elle, quels bons romans tu écrirais!»

Il l'approuvait avec un brin de désespoir. Il était assez intelligent pour connaître ses défauts. Elinor faisait de son mieux pour y suppléer — elle lui donnait des renseigements cueillis de première main sur les habitudes des indigènes, elle agissait comme intermédiaire quand il désirait entrer en contact personnel avec l'un d'eux. Non seulement pour elle, mais encore pour le romancier qu'il eût pu être, elle aurait voulu qu'il pût perdre son habitude de l'impersonnalité, et apprendre à vivre avec des intuitions, des sensations, des instincts, aussi bien qu'avec l'intelligence. Héroïquement, elle l'avait même encouragé dans ses velléités de passion pour d'autres femmes. Cela pourrait lui faire du bien, d'avoir quelques aventures sentimentales. Elle était tellement désireuse de lui faire du bien en sa qualité de romancier, que, plus d'une fois, le voyant regarder quelque jeune femme avec admiration, elle avait fait effort afin d'établir pour lui le contact personnel qu'il n'aurait jamais été capable d'établir pour soi-même. C'était risqué, bien sûr. Il pourrait s'éprendre véritablement, il pourrait oublier d'être intellectuel et se corriger, mais au profit de quelque autre femme. Elinor accepta le risque, d'abord parce qu'elle estimait que son métier d'écrivain devait passer avant toute autre chose, même avant son propre bonheur et aussi parce qu'elle était persuadée, dans son for intérieur, qu'il n'y avait en réalité pas de risque du tout, qu'il ne perdrait jamais la tête assez complètement pour vouloir s'enfuir avec une autre femme. La cure par les aventures sentimentales, si tant est qu'elle fût efficace, opérerait doucement ; et dans ce cas, Elinor se sentait certaine de savoir profiter des heureux effets qu'elle aurait eus sur lui. En tout cas, elle n'avait pas opéré jusqu'à présent. Les infidélités de Philip se montaient à fort peu de chose, et n'avaient eu aucun effet appréciable sur lui. Il demeurait le même — à en être déprimée, à en devenir folle même, — intelligent au point d'en être presque humain, gentil mais lointain, passionné et sensuel d'une façon toute séparée, impersonnellement doux. Il y avait de quoi devenir folle. Pourquoi continuait-elle à l'aimer ? Elle se le demandait. Autant valait, presque, continuer à aimer une bibliothèque. Un jour, elle le quitterait réellement. Il était possible, après tout, de pousser trop loin l'abnégation de soi et le dévouement ; il faut parfois songer à son propre bonheur. Être aimée, en guise de changement, au lieu de se borner à aimer soi-même ; recevoir, au lieu d'être perpétuellement en train de donner... Oui, un jour, elle le quitterait réellement. Elle se devait aussi de penser à elle-même. Et puis, ce serait une punition pour Phil. Une punition, oui, — car elle était sûre que si elle le quittait, il serait sincèrement malheureux, à sa manière, autant qu'il avait la possibilité d'être malheureux. Et peut-être le malheur pourrait-il effectuer le miracle qu'elle avait ardemment désiré et auquel elle avait travaillé depuis tant d'années : peut-être le malheur le rendrait-il sensible, personnel ; il en ferait peut-être un véritable écrivain. Peut-être était-ce même son devoir, à elle, de le rendre malheureux, — le plus sacré de ses devoirs...

La vue d'un chien, traversant en courant la route juste devant l'auto, l'éveilla de sa rêverie. Comme il s'était précipité soudainement, brusquement, dans l'étroit univers des phares ! Il exista pendant une fraction de seconde, courant désespérément, — puis disparut de nouveau dans l'obscurité, de l'autre côté du monde lumineux. Un autre chien fut tout à coup à sa place, poursuivant le premier.

— Oh ! s'écria Elinor. Il va se faire... — Les phares firent un écart, puis se rétablirent, il y eut une secousse amortie, comme si l'une des roues était passée sur une pierre ; mais la pierre poussa des hurlements — ...écraser, termina-t-elle.

— C'est fait.

Le chauffeur hindou tourna la tête pour les regarder, en ricanant. Ils virent l'éclat de ses dents.

— Chien ! dit-il. — Il était fier de sa connaissance de la langue occidentale.

— Pauvre bête ! Elinor frémit.

— C'était sa faute, dit Philip. Il ne regardait pas. Voilà ce qui arrive, quand on court après une femelle de son espèce.

Il y eut un silence. Ce fut Philip qui le rompit.

— La morale serait bien curieuse, dit-il, réfléchissant tout haut, si nous aimions d'une façon saisonnière, et non d'un bout de l'année à l'autre. Ce qui est moral ou immoral varierait d'un mois à l'autre. Les sociétés primitives ont une tendance à être plus saisonnières que les cultivées. Même en Sicile, il y a deux fois plus de naissances en janvier qu'en août — ce qui prouve sans conteste qu'au printemps, les jeunes gens... Mais nulle part ce n'est *uniquement* au printemps. Chez l'homme il n'y a rien d'absolument analogue à la chaleur chez les juments ou les chiennes. Sauf peut-être, ajouta-t-il, dans le domaine moral. Une mauvaise réputation chez une femme exerce le même attrait que les signes de chaleur chez une chienne. Son mauvais renom annonce qu'elle est accessible. L'absence de chaleur est l'équivalent, chez l'animal, des habitudes et des principes chez la femme chaste...

Elinor écoutait avec intérêt et en même temps avec une sorte d'horreur. Ainsi donc, l'écrasement banal d'une malheureuse bête suffisait à mettre en mouvement cette intelligence rapide et infatigable. Un pauvre chien paria, crevant de faim, se faisait rompre l'échine sous une roue, et cet incident évoquait chez Philip un extrait des statistiques de natalité en Sicile, une spéculation sur la relativité de la morale, une généralisation psychologique brillante. C'était amusant, c'était inattendu, c'était merveilleusement amusant ; mais, Dieu ! comme elle aurait eu envie de crier !

CHAPITRE VII

WALTER s'était débarrassé de Mrs. Betterton, il avait fait signe de loin, pour les éviter, à son père et à Lady Edward ; il était libre de poursuivre sa recherche. Et il trouva enfin ce qu'il cherchait. Lucy Tantamount venait de sortir de la salle à manger, et se tenait sous les arcades, regardant, indécise, d'un côté et de l'autre. Sur le deuil de sa robe, sa peau était lumineusement blanche. Elle avait épinglé un bouquet de gardénias à son corsage. Elle leva la main pour la porter à ses cheveux noirs et lisses, et l'émeraude de sa bague lui envoya un signal vert à travers toute la pièce. D'un œil critique, avec une espèce de haine froide et intellectuelle, Walter la regarda et se demanda pourquoi il l'aimait. Pourquoi ? Il n'y avait pas de raison, pas de justification. Toutes les raisons allaient contre cet amour.

Tout à coup elle se mit en mouvement, elle disparut de sa vue. Walter la suivit. Passant devant l'entrée de la salle à manger, il remarqua Burlap non plus dans son rôle d'anachorète, mais buvant du champagne et accueillant la conversation de la comtesse d'Exergillod. « Bigre ! se dit Walter en songeant à ses propres aventures avec Molly d'Exergillod. Mais Burlap doit l'adorer. C'est tout à fait son genre !... Celui-là... » Mais voilà qu'il l'aperçut de nouveau, causant — malédiction ! — avec le général Knoyle. Walter demeura en attente, sans s'éloigner d'eux, cherchant impatiemment une occasion pour lui adresser la parole.

— Enfin, elle est prise ! dit le général, lui tapotant la main. — Vous ai cherchée toute la soirée !

A moitié satyre, à moitié avunculaire, il avait pour Lucy une faiblesse de vieillard. « Charmante, cette petite ! affirmait-il à tous ceux qui voulaient bien l'entendre. Beau petit brin de fille ! Et quels yeux ! » En général, il les préférait plus jeunes. « Rien de tel que la jeunesse ! aimait-il à répéter. Le préjugé qu'il avait nourri toute sa vie contre l'Amérique et les Américains s'était transformé en admiration enthousiaste depuis le jour où, à l'âge de soixante-cinq ans, il avait visité la Californie et vu les jeunes beautés de Hollywood et les belles au bain sur les plages du Pacifique. Lucy avait près de trente ans, mais le général la connaissait depuis des années; et il continuait à la considérer comme n'étant guère plus âgée que la jeune fille de ses premiers souvenirs. Pour lui, elle avait toujours environ dix-sept ans. Il lui tapota de nouveau la main:

— Nous allons pouvoir nous offrir une bonne causerie, dit-il.

— Ça, ce sera amusant, dit Lucy avec une politesse sarcastique.

De son poste d'observation, Walter suivit la scène. Le général avait été un bel homme, jadis. Sa haute taille, prise dans un corset, conservait toujours son allure militaire. En vieux galant, en vieil officier de la garde, il souriait; il tortillait sa moustache blanche. L'instant d'après, il était le vieil oncle toujours prêt à jouer, à protéger, à recevoir des confidences. Souriant discrètement, Lucy le regardait de ses pâles yeux gris, avec un air d'amusement détaché et implacable. Walter l'étudiait. Elle n'était même pas particulièrement jolie. Aussi, pourquoi, pourquoi? Il lui fallait des raisons, il avait besoin de se justifier. Pourquoi? La question se posait et se reposait avec persistance. Il n'y avait pas de réponse. Il s'était tout bonnement amouraché d'elle, c'est tout; follement, dès la première fois que ses yeux s'étaient posés sur elle.

Tournant la tête, Lucy l'aperçut. Elle lui fit signe, et l'appela par son nom. Il joua la surprise et l'étonnement joyeux.

— J'espère que vous n'avez pas oublié notre rendez-vous, dit-il.

— Est-ce que j'oublie jamais? Sauf, parfois, quand je le fais exprès? précisa-t-elle avec un petit rire. Elle se tourna vers le général: — Walter et moi allons voir votre beau-fils ce soir, annonça-t-elle, du ton et avec le sourire qu'on emploie quand on parle aux gens de ceux qui leur sont chers. Mais entre Spandrell et son beau-père, il y avait une querelle qu'elle savait fort bien être mortelle. Lucy avait hérité tout l'amour de sa mère pour la gaffe mondaine voulue, et avec cela un brin de la curiosité scientifique détachée de son père. Elle se plaisait à faire des expériences, non pas sur des grenouilles ou des cobayes, mais sur des êtres humains. On fait subir aux gens des traitements inattendus, on les met dans des situations insolites, et l'on attend pour observer ce qui arrive. C'était la méthode de Darwin et de Pasteur.

Ce qui arriva en l'espèce fut que le visage du général Knoyle devint extrêmement rouge.

— Il y a quelque temps que ne je l'ai vu, dit-il avec raideur.

« Ça va, se dit-elle ; il réagit. »

— Mais c'est un si agréable compagnon ! dit-elle à haute voix.

Le général rougit davantage et fronça les sourcils. Que n'avait-il pas fait pour ce garçon-là ! Et comme il s'était montré ingrat, l'animal, comme il s'était toujours conduit abominablement ! Il s'était fait mettre à la porte de tous les emplois où le général avait réussi à le faire entrer. C'était un gâcheur, un paresseux, buveur et coureur, rendant sa mère malheureuse, vivant de ce qu'il pouvait lui extorquer, déshonorant le nom de sa famille. Et insolent avec cela, l'animal ! Que n'avait-il pas eu le toupet de lui dire lors de leur dernière rencontre, suivie de la scène habituelle ! Il y avait peu de chances que le général oubliât jamais qu'il avait été traité de « vieux maladroit impuissant ».

— Et il est *si* intelligent, continuait Lucy. — Avec un sourire intérieur, elle se remémora le résumé, présenté par Spandrell, de la carrière de son beau-père. « Atteint par la limite d'âge et mis à la retraite à Harrow (tel en était le début), sorti de Sandhurst en queue de liste, il eut une carrière des plus distinguées dans l'armée, et fut appelé pendant la guerre à un poste élevé dans le Military Intelligence Department. » La façon dont il déroulait cette notice nécrologique par anticipation était vraiment magnifique. Il était le *Times* même, se faisant entendre. Et ses remarques sur l'Intelligence Militaire en général !... « Si vous cherchez Intelligence dans la nouvelle édition de l'*Encyclopædia Britannica,* avait-il dit, vous verrez que la chose est classée en trois rubriques, à savoir : Intelligence-Humaine ; Intelligence-Animale ; Intelligence-Militaire. Mon beau-père est un spécimen accompli d'Intelligence-Militaire ! »

— Si intelligent, répéta Lucy.

— Oui, certaines personnes sont de cet avis, je le sais, dit le général Knoyle avec beaucoup de raideur. Mais, personnellement... — Il toussota violemment. Telle était son opinion personnelle, à lui.

Le moment d'après, toujours raide, toujours rageusement digne, il prit congé. Il sentait que Lucy l'avait froissé. Ni sa jeunesse, ni même ses épaules nues ne pouvaient compenser pour lui de telles allusions louangeuses à Maurice Spandrell, cet insolent freluquet abâtardi ! Son existence constituait un grief constant pour le général contre sa femme. Une femme n'avait vraiment pas le droit d'avoir un fils comme ça, — pas le droit. La pauvre Mrs. Knoyle avait souvent expié auprès de son second mari les incartades de son fils. Elle était là, on pouvait la punir, elle était trop faible pour résister. Le général exaspéré faisait retomber sur la mère les péchés de l'enfant.

Lucy jeta un regard sur la silhouette en retraite et se tourna ensuite vers Walter.

— Je ne peux pas courir le risque qu'une chose de ce genre-là se reproduise, dit-elle. Ce serait déjà bien assez embêtant, même s'il ne sentait pas si mauvais... Partons-nous ?

Walter ne désirait rien de mieux.

— Mais... et votre mère, et les devoirs mondains ? demanda-t-il

Elle haussa les épaules.

— Après tout, maman peut bien s'occuper toute seule de sa fosse aux ours.

— La fosse aux ours, c'est bien le mot qui convient, dit Walter, se sentant tout à coup plein d'espoir. Filons sans bruit pour gagner un endroit où l'on soit tranquille.

— Mon pauvre Walter ! — Ses yeux eurent un regard de dérision. — Je n'ai jamais connu personne qui ait comme vous la manie de la tranquillité ! Mais je ne désire nullement être tranquille, moi.

Son espoir s'évapora, laissant une petite amertume chétive, une colère impuissante.

— Il n'y a rien que je déteste plus que le bruit que font des gens cultivés, respectables, éminents, comme tous ces cocos-là. Elle étendit la main d'un geste qui englobait toute la salle.

Ces paroles évoquèrent dans la mémoire de Walter le souvenir des soirées hideuses passées avec Lucy en compagnie de gens de mauvaise réputation et peu cultivés, et gris par surcroît. Les invités de Lady Édward étaient peut-être pénibles à supporter. Mais les autres l'étaient certainement davantage. Comment pouvait-elle donc les tolérer ?

Lucy parut deviner ses pensées. Souriante, elle lui mit la main sur l'épaule, d'un geste rassurant.

— Soyez heureux ! dit-elle. Cette fois, je ne vous mènerai pas en basse compagnie. Il y aura Spandrell...

— Spandrell, répéta-t-il, et il fit la grimace.

— Et si Spandrell n'est pas assez chic pour vous, nous trouverons probablement Mark Rampion et sa femme, si nous n'arrivons pas trop tard.

Au nom du peintre écrivain, Walter eut un signe de tête approbateur.

— Non, je n'ai pas d'objection à écouter le bruit que fait Rampion, dit-il. Puis, faisant un effort pour vaincre la timidité qui le réduisait toujours au silence quand le moment était venu d'exprimer ses sentiments en paroles :

— Mais je préférerais de beaucoup, ajouta-til gaiement, de façon à tempérer la hardiesse de son dire, je préférerais de beaucoup écouter le bruit que vous faites, vous, en tête à tête.

Lucy sourit, mais ne dit rien. Il se déroba à ses yeux avec une sorte de terreur. Ils le dévisageaient calmement, froidement, comme s'ils avaient déjà tout vu et n'y prenaient plus guère d'intérêt, — mais faiblement amusés, très faiblement et froidement amusés

— C'est bien, fit-il, partons. — Le ton de sa voix était résigné, misérable

— Il faut filer en douce, dit-elle. Il s'agit d'être furtif. Inutile de se faire pincer et ramener.

Pourtant ils ne parvinrent pas à s'échapper totalement inaperçus. Ils approchaient de la porte lorsqu'il se produisit derrière eux un bruissement et un son de pas précipités. Une voix appela le nom de Lucy. Ils se retournèrent et virent Mrs. Knoyle, la femme du général. Elle posa une main sur le bras de Lucy.

— Je viens d'apprendre que vous comptez voir Maurice ce soir, dit-elle. Mais elle n'expliqua pas que le général ne lui avait fait part de la chose que parce qu'il voulait soulager ses sentiments outragés en disant quelque chose de désagréable à quelqu'un qui ne pourrait payer de retour sa grossièreté. — Soyez donc assez gentille pour lui donner un message de ma part ? — Elle se pencha en avant, implorante : Vous voulez bien, n'est-ce pas ? — Il y avait quelque chose de pathétiquement jeune et sans défense dans sa manière, quelque chose même de très jeune et de doux dans ses traits de femme mûre. Elle implorait Lucy, qui aurait pu être sa fille, comme quelqu'un de plus âgé et de plus fort qu'elle. — Je vous en prie.

— Mais certainement, dit Lucy.

Mrs. Knoyle eut un sourire reconnaissant.

— Dites-lui que j'irai le voir demain après-midi, dit-elle.

— Demain après-midi.

— Entre quatre heures et quatre heures et demie. Et n'en parlez à personne d'autre, ajouta-t-elle après un moment d'hésitation embarrassée.

— Bien entendu.

— Je vous suis bien reconnaissante, allez ! dit Mrs. Knoyle ; et d'un mouvement soudain impulsif et timide, elle se pencha en avant et l'embrassa. — Bonsoir, ma chérie. — Et elle redisparut dans la foule.

— On aurait cru, dit Lucy, comme ils traversaient le vestibule, qu'elle donnait un rendez-vous à son amant, et non pas à son fils.

Deux laquais leur ouvrirent la porte, automates, obséquieux. La refermant, l'un d'eux envoya à l'autre un clignement significatif. Pour un instant, les machines se révélaient de façon alarmante comme êtres humains. Walter donna l'adresse du restaurant Sbisa au conducteur d'un taxi et monta dans les ténèbres encloses de la voiture. Lucy s'y était déjà installée dans son coin.

Cependant, dans la salle à manger, Molly d'Exergillod parlait toujours. Elle s'enorgueillissait de sa conversation. La conversation était un don de famille. Sa mère avait été l'une des célèbres demoiselles Geoghegan de Dublin. Son père était ce M. le président Brabant, si connu pour sa conversation à table et ses mots d'esprit au tribunal. De plus, elle avait fait un mariage de conversation, en quelque sorte. D'Exergillod avait été disciple de Robert de Montesquiou, et avait mérité la distinction d'être cité dans *Sodome et Gomorrhe* de Marcel Proust. Molly aurait été contrainte à la carrière de discoureur par son mariage, si elle n'y avait déjà été vouée de naissance. La nature et le milieu avaient conspiré pour faire d'elle un athlète professionnel de la langue. Comme tous les professionnels consciencieux, elle ne se contentait pas d'avoir simplement du talent. Elle était industrieuse, elle travaillait dur pour développer le don qu'elle tenait de naissance. Des amis malicieux disaient qu'on l'entendait étudier ses paradoxes au lit, le matin, avant de se lever. Elle reconnaissait elle-même qu'elle tenait des journaux dans lesquels elle notait, avec l'histoire complexe de ses propres sentiments et sensations, toutes les figures de rhétorique, toutes les anecdotes, tous les mots d'esprit qui se trouvaient lui avoir plu. Rafraîchissait-elle sa mémoire en jetant les yeux sur ces chroniques, chaque fois qu'elle s'habillait pour dîner en ville ? Les mêmes amis qui l'avaient entendue étudier au lit l'avaient également trouvée, comme un candidat à la veille de son examen, piochant laborieusement les épigrammes de Jean Cocteau sur l'art, et les histoires d'après-dîner de Mr. Birrell, et les anecdotes de W. B. Yeats sur George Moore, et ce que Charlie Chaplin lui avait dit et avait dit d'elle lors de son dernier séjour à Hollywood. Comme tous les parleurs professionnels, Molly était très économe de son esprit et de sa sagesse. Il n'existe pas assez de bons mots par le monde pour en pourvoir le premier causeur venu d'un stock nouveau pour chaque occasion mondaine. Quoi qu'il fût étendu, le répertoire de Molly, comme celui d'autres discoureurs plus célèbres, était limité. Bonne ménagère, elle savait utiliser en hachis les restes de la conversation du dîner de la veille, pour suffire au déjeuner du jour. Les rôtis de l'enterrement du lundi servaient pour le mariage du mercredi.

Elle présentait en ce moment à Denis Burlap la conversation qui avait déjà été écoutée et tant appréciée, au grand lunch de lady Benger, des invités au week-end à Gobley, de Tommy Fitton, qui était un de ses cavaliers attitrés, de Vladimir Pavloff, qui en était un autre, de l'ambassadeur américain, et du Baron Benito Cohen. La conversation tomba sur le sujet favori de Molly.

— Savez-vous ce que Jean a dit de moi ? disait-elle (Jean était son mari). Le savez-vous ? répéta-t-elle avec insistance, car elle avait la bizarre habitude de demander une réponse à des interrogations de pure rhétorique. Elle se pencha vers Burlap, offrant ses yeux noirs, ses dents, son décolleté.

Burlap répondit, comme il seyait, qu'il n'en savait rien.

— Il a dit que je n'étais pas tout à fait humaine. Que je ressemblais plutôt à un élément de la nature qu'à une femme. Une espèce de fée, quoi. Croyez-vous que ce soit un compliment, ou une insulte ?

— Cela dépend des goûts qu'on a, dit Burlap, donnant à son visage un air malin et subtil, comme s'il avait dit une chose un peu osée, spirituelle et tout à la fois profonde.

— Mais je ne trouve même pas que ce soit vrai, poursuivit Molly. Je ne me fais pas du tout l'impression d'être un élément de la nature, ou une fée. Je me suis toujours considérée comme étant une enfant de la nature, parfaitement simple et sans apprêt. Une espèce de paysanne, en vérité. — A ce point de la représentation de Molly, tous ses autres auditeurs avaient éclaté d'un rire de protestation. Le baron Benito Cohen avait déclaré véhémentement qu'elle était « une déj impératriches romaines de la nature ».

La réaction de Burlap différa d'une manière fort inattendue de celle des autres. Il balança la tête, il sourit avec une expression lointaine, un peu fantasque :

— Oui, dit-il, cela me semble vrai. Une enfant de la nature, malgré tout. Vous portez divers déguisements, mais votre fond de simplicité sincère perce à travers...

Molly fut enchantée de ce qu'elle sentait être le meilleur compliment que Burlap pût lui faire. Elle avait été également enchantée des dénégations que les autres avaient opposées à sa paysannerie. Chez eux, les dénégations étaient aussi le meilleur compliment. C'est l'intention flatteuse, c'est l'intérêt pris à sa personnalité, qui comptaient, au fond. Peu lui importaient les opinions mêmes de ses admirateurs.

Cependant Burlap développait l'antithèse de Rousseau sur l'Homme et le Citoyen. Elle lui coupa la parole et ramena l'entretien au thème primitif.

— Les êtres humains, et les fées, à mon avis c'est là une très bonne classification, vous ne trouvez pas ? — Elle se pencha en avant, offrant son visage et sa gorge comme en confidence intime. — Vous ne trouvez pas ?... fit-elle, répétant l'interrogation de pure rhétorique.

— Peut-être. — Burlap était ennuyé d'avoir été interrompu.

— D'un côté, l'être humain, — admettons-le, beaucoup trop humain. Et, de l'autre, l'élément de la nature. L'un tellement entravé, mêlé à tant de choses, et si sentimental, — moi je suis terriblement sentimentale, je le dis en passant. (« A peu prèj auchi chentimentale que les Chirènes dans l'*Odychée*, tel avait été là-dessus le commentaire empreint de classicisme du baron Benito.) — L'autre, l'élément de la nature, absolument libre et séparé des choses, comme un chat ; allant et venant, — et s'en allant aussi légèrement qu'il est venu ; charmant, mais jamais charmé ; faisant ressentir des choses aux gens, mais ne ressentant jamais rien soi-même... Ah ! je leur envie leur liberté aérienne.

— Autant vaudrait envier un ballon, dit Burlap, gravement. — Il prenait toujours parti pour le cœur.

— Mais ils s'amusent tellement !

— Ils n'ont pas assez de sentiment pour pouvoir s'amuser. Du moins, c'est ce que je croirais.

— Si, assez pour pouvoir s'amuser, précisa-t-elle, mais peut-être pas assez pour être heureux. Certainement pas assez pour être malheureux. C'est en cela qu'ils sont particulièrement enviables. Surtout s'ils sont intelligents... Tenez, Philip Quarles, par exemple. Voilà un être féerique, si jamais il en a existé. — Elle se lança dans sa description classique de Philip : « Zoologiste du roman », « elfe savant » « Puck scientifique », — telles furent quelques-unes de ses expressions. Mais la meilleure de toutes avait échappé à sa mémoire. Elle la pourchassa désespérément, mais le mot se jouait d'elle. Son portrait à la Théophraste dut s'envoler par le monde, dépouillé, pour cette fois, de son passage à effet le plus brillant et un tant soit peu manqué, dans son ensemble, par la conscience qu'avait Molly de son oubli, et par ses efforts désespérés pour le réparer, tandis qu'elle servait son discours. — Sa femme, par contre, dit-elle en manière de conclusion, ayant assez douloureusement conscience de ce que Burlap n'avait pas souri aussi fréquemment qu'il aurait dû le faire, sa femme est tout le contraire d'une fée. Elle n'a rien d'un elfe, et n'est ni savante, ni particulièrement intelligente. — Molly sourit d'un air plutôt supérieur. — Un homme tel que Philip doit la trouver un peu insuffisante parfois, — c'est le moins qu'on en puisse dire. — Son sourire persista, devenu maintenant sourire de contentement de soi-même. Philip avait eu — avait même encore — un faible pour elle. Il écrivait des lettres si amusantes, presque aussi amusantes que les siennes... («Quand je veux briller dans le monde, — Molly aimait à citer textuellement les compliments de son mari, — je cite des phrases de tes lettres.») Pauvre Elinor! — Elle est un peu rasoir, quelquefois, poursuivit Molly. A part ça, notez bien qu'elle est absolument charmante. Je la connais depuis l'époque où nous étions toutes les deux des enfants... Charmante, mais pas absolument une Hypatie. — Trop bête pour pouvoir seulement concevoir qu'il était fatal que Philip fût attiré par une femme ayant la même stature mentale que lui, une femme à qui il pouvait parler sur un pied d'égalité. Trop bête pour avoir remarqué, lorsqu'elle les avait mis en présence, combien il avait été impressionné. Trop bête pour être jalouse. Molly avait ressenti l'absence de jalousie comme un espèce d'injure. Non pas qu'elle donnât jamais de motifs sérieux de jalousie. Elle ne couchait pas avec les maris; elle se contentait de leur parler. Pourtant, ils parlaient vraiment beaucoup, il n'y avait pas de doute à ce sujet. Et certaines femmes s'étaient montrées effectivement jalouses. Les manières pleines de confiance ingénue d'Elinor l'avaient piquée au point de se montrer plus gracieuse qu'à l'ordinaire envers Philip. Mais il s'était mis en route pour faire le tour du monde avant que leur conversation eût pu prendre quelque ampleur; leur bavardage, elle le prévoyait, serait agréablement renouvelé à son retour... Pauvre Elinor, songeait-elle avec commisération. Ses sentiments auraient peut-être été moins chrétiens, si elle avait pu s'imaginer que la pauvre Elinor avait remarqué le regard d'admiration dans les yeux de Philip avant que Molly l'eût aperçu elle-même, et, l'ayant remarqué, s'était consciencieusement mise à jouer le rôle de drogman et d'intermédiaire. Ce n'est pas qu'elle eût eu beaucoup d'espoir ni de crainte que Molly sût accomplir le miracle de métamorphose. On ne tombe pas éperdument amoureux d'un haut-parleur, quelque joli qu'il puisse être, quelque ferme et potelé (car Philip avait des goûts un peu vieux jeu), quelque callipyge et attirant. Son seul espoir était que les passions éveillées par les qualités de léger embonpoint et de fermeté fussent si insuffisamment satisfaites par la conversation (car la conversation, disait la rumeur, était tout ce que Molly accordât jamais), que le pauvre Philip en serait réduit à un état de rage et de misère fort propice au travail littéraire. — Mais, bien entendu, poursuivit Molly, l'intelligence ne devrait jamais épouser l'intelligence. Voilà pourquoi Jean me menace toujours de divorcer. Il me dit que je le stimule trop. « Tu ne m'ennuies pas assez », me dit-il, et que ce qu'il lui faut, c'est une femme sédative. Et je crois bien qu'il a raison, au fond. Philip Quarles a été sage. Représentez-vous un homme-fée, de l'intelligence de Philip, marié à une femme-fée également intelligente, — Lucy Tantamount, par exemple. Ce serait un désastre, vous ne trouvez pas ?

— C'est Lucy qui serait un désastre pour n'importe quel homme, vous ne trouvez pas, — fée ou non ?

— Non, non, je dois avouer que Lucy me plaît. — Molly retourna à son magasin intérieur de pensées à la Théophraste. — J'aime la façon qu'elle a de voleter de fleur en fleur — ce qui est peut-être une description trop botanique et poétique de Bentley, et de Jim Conklin, et de ce pauvre Reggie Tantamount, et de Maurice Spandrell, et de Tom Trivet, et de Poniatowsky, et de ce jeune Français qui fait des pièces de théatre, — comment s'appelle-t-il donc ? — et des divers autres qu'on oublie ou dont on n'a jamais entendu parler. — Burlap sourit ; ils sourirent tous à ce passage. — Enfin, quoi qu'il en soit, elle vole de l'un à l'autre. Et elle endommage considérablement les fleurs, il faut le reconnaître. — Burlap sourit de nouveau. — Mais elle n'y récolte, pour elle, que de l'amusement. J'avoue que je l'envie un peu ! J'aimerais à être fée, et à pouvoir flotter...

— C'est elle, au contraire, qui a tout lieu de vous envier, dit Burlap, reprenant son air profond, subtil et chrétien, et balançant la tête.

— De m'envier d'être malheureuse ?

— Qui donc est malheureux ? demanda Lady Edward, faisant irruption sur eux à ce moment. — Bonsoir, Mr. Burlap, continua-t-elle sans attendre la réponse. Burlap lui dit combien il avait goûté la musique.

— Nous parlions justement de Lucy, dit Molly d'Exergillod, l'interrompant. Nous étions d'accord pour dire qu'elle ressemble à une fée... Elle est si légère, si libre d'entraves...

— Une fée ! répéta lady Edward, d'une voix sonore qui venait du fond de sa gorge. Elle ressemble à un de ces lutins d'Irlande, qui portent toujours une pièce d'argent dans leur bourse, à un *leprechaun*. Vous ne vous imaginez pas, Mr. Burlap, comme c'est difficile d'élever un *leprechaun*. — Lady Edward secoua la tête. — Elle m'a vraiment fait peur, par moments.

— Vraiment ? dit Molly. Mais je croirais bien que vous avez quelque chose d'une fée, vous aussi, Lady Edward.

— Quelque chose, avoua lady Edward. Mais pas au point d'en être un *leprechaun.*

— Alors ? dit Lucy, comme Walter s'asseyait à côté d'elle dans la voiture. Elle semblait lancer une sorte de défi. — Alors ?

La voiture démarra. Il lui prit la main et la porta à ses lèvres. Ce fut sa réponse au défi.

— Je vous aime. C'est tout.

— Vous m'aimez, Walter ? — Elle se tourna vers lui, et, prenant sa tête entre ses deux mains, le regarda intensément dans la demi-obscurité. — Tu m'aimes ? reprit-elle ; et, tout en parlant, elle hocha lentement la tête et sourit. Puis, se penchant en avant, elle lui mit un baiser sur la bouche. Walter l'entoura de ses bras ; mais elle se dégagea de son étreinte. — Non, non, protesta-t-elle, et se rencoigna. — Non.

Il obéit, et s'écarta d'elle. Il y eut un silence. Elle était parfumée au gardénia ; le symbole parfumé de son être l'enveloppait, doux et chaud. « J'aurais dû insister, songeait-il brutalement, j'aurai dû l'embrasser encore, encore, et l'obliger à m'aimer. Pourquoi ne l'ai-je pas fait ? Pourquoi ? — Il n'en savait rien. Ni pourquoi elle lui avait donné ce baiser, si ce n'est pour le provoquer, sans plus, pour se faire désirer de lui plus violemment, pour en faire son esclave plus soumis. Ni pourquoi, sachant cela, il l'aimait encore. « Pourquoi ? Pourquoi ? » continuait-il à se répéter à lui-même. Et, comme en écho sonore à ses pensées, elle parla soudain.

— Pourquoi m'aimes-tu ? demanda-t-elle de son coin.

Il ouvrit les yeux. Ils passaient à côté d'un réverbère. Par la glace du taxi en marche, la lumière tomba sur le visage de Lucy. Elle se détacha un moment, pâle sur le fond obscur, puis retomba dans l'invisibilité ténébreuse, — masque pâle qui avait déjà tout vu, et qui portait une expression de détachement amusé, une langueur dure, un peu lasse.

— Je me le demandais, justement, répondit Walter. Et je me disais qu'il vaudrait bien mieux ne pas vous aimer.

— Je pourrais en dire autant, moi. Vous n'êtes pas follement amusant quand vous êtes comme ça.

Comme ils sont ennuyeux, songeait-elle, les hommes qui s'imaginent que personne n'a encore jamais connu l'amour ! Malgré tout, elle l'aimait. Il avait quelque chose d'attirant. Non, — « attirant » n'était pas le mot propre. Attirant, comme amant potentiel, — c'est précisément ce qu'il n'était pas... « Conforme à ses goûts», convenait mieux. Un amant conforme? Ce n'était pas précisément son genre, à elle. Pourtant, il lui plaisait. Il y avait en lui quelque chose de très gentil. Puis, il était intelligent, il savait être un compagnon agréable. Et quelque ennuyeuse qu'elle fût, sa maladie d'amour le rendait du moins très fidèle. Cela, pour Lucy, était important. Elle avait peur de sa solitude, et avait besoin d'avoir ses cavaliers servants constamment prêts à la servir. Walter la servait avec la fidélité d'un chien. Mais pourquoi avait-il parfois cet air de chien qu'on fouette? C'était bien humiliant. Quel imbécile! Elle se sentit soudain fâchée de son humilité.

— Eh bien! Walter? dit-elle, railleuse, posant sa main sur la sienne, pourquoi ne me parlez-vous pas?

Il ne répondit pas.

— Ah! on se tait, alors? Les doigts de Lucy frottèrent avec une caresse électrique de dos de sa main, et se serrèrent autour de son poignet. — Où donc est votre pouls? demanda-t-elle après un moment. Je ne le sens nulle part. — Elle tâta la peau douce pour trouver les pulsations de l'artère. Il sentait la caresse du bout de ses doigts, légers, palpitants, un peu froids, contre son poignet. — Je crois bien que vous n'en avez pas, de pouls, dit-elle. Je crois que vous avez le sang stagnant. — Le ton de sa voix était dédaigneux. Quel imbécile! songeait-elle. Quel imbécile abject! — Tout bonnement stagnant, répéta-t-elle; et, tout à coup, avec une malignité soudaine, elle lui enfonça dans la chair ses ongles acérés et pointus à la lime. Walter poussa un cri de surprise et de douleur. — Vous l'avez mérité, dit-elle, et lui rit au nez.

Il la saisit par les épaules et se mit à l'embrasser, avec sauvagerie. La colère avait exacerbé son désir, ses baisers étaient une vengeance. Lucy ferma les yeux et s'abandonna mollement, sans résistance. Elle ressentait un avant-goût de plaisir par de peits picotements qui lui passaient à travers la peau, avec une sorte de battement d'aile panique, comme en donnent les papillons de nuit. Et soudain des doigts pointus semblèrent pincer, *pizzicato*, les cordes de ses nerfs. Walter sentit tout son corps tressaillir involontairement dans ses bras, tressaillir comme s'il avait tout à coup eu mal. Tandis qu'il l'embrassait, il en arriva à se demander si elle s'était attendue à ce qu'il réagît de cette façon à sa provocation, si elle l'avait espéré. Il prit son cou fragile dans ses deux mains. Ses pouces étaient sur la trachée. Il appuya doucement.

— Un jour, dit-il entre ses dents serrées, je t'étranglerai!

Lucy se contenta de rire. Il se pencha en avant et baisa sa bouche rieuse. Le contact de ses lèvres sur celles de Lucy lui fit courir par tout le corps une sensation intolérablement ténue et vive, qui était presque de la douleur. Les ailes de papillon de nuit en panique furent de nouveau en battement sur tout son corps. Elle n'avait pas espéré chez Walter des ardeurs aussi brutales et sauvages. Elle fut agréablement surprise.

Le taxi arriva t à Soho Square; il ralentit, s'arrêta. Ils étaient arrivés. Walter laissa tomber les mains et s'écarta d'elle.

Elle ouvrit les yeux et le regarda.

— Alors? demanda-t-elle, en défi, pour la deuxième fois de la soirée. Il y eut un moment de silence.

— Lucy, dit-il, allons ailleurs. Pas ici, pas dans cette horrible boîte. Quelque part où nous puissions être seuls. — Il avait la voix tremblante, les yeux implorants. Son désir s'était défait de toute férocité; il était redevenu humble, à la manière d'un chien. — Laissez-moi dire au chauffeur d'aller ailleurs, mendia-t-il.

Elle sourit et secoua la tête. Pourquoi implorait-il, et de cette façon? Pourquoi était-il si plat? Quel imbécile, quel chien battu!

— Je vous en prie, je vous en prie! supplia-t-il. Mais il aurait dû commander. Il aurait dû tout simplement donner des ordres au chauffeur, et la reprendre dans ses bras.

— Pas moyen, dit Lucy; et elle descendit de voiture. — S'il se conduisait en chien qu'on fouette, on le traiterait comme tel. Walter la suivit, humble et misérable.

Sbisa en personne les reçut sur le seuil. Il s'inclina, il brandit ses grosses mains blanches et son sourire s'élargissant fit s'élever un train d'ondes dans la chair de ses joues énormes. Quand Lucy arrivait, la consommation du champagne avait tendance à monter. Elle était une cliente de marque.

— Mr. Spandell est là? demanda-t-elle. Et Mr. et Mrs. Rampion?

— Si, si, répéta le vieux Sbisa, avec une insistance napolitaine, quasi orientale. Il sous-entendait, sans doute, que non seulement ils étaient là, mais encore que, s'il avait été en son pouvoir, il eût fourni deux exemplaires de chacun d'eux pour le bénéfice de sa cliente. — Et vous-même? Vous allez bene, tout à fait bene, j'espéro... Nous avons oun' homard cé soir, oun' homard...

Et, tout en parlant, il les fit entrer dans le restaurant.

CHAPITRE VIII

— CE qui m'assomme, moi, dit Mark Rampion, c'est l'horrible et malsaine platitude du monde à notre époque.

Mary Rampion partit d'un franc éclat de rire issu des profondeurs de ses poumons. C'est un rire qu'on ne pouvait entendre sans avoir envie de rire soi-même.

— Tu ne dirais pas ça, dit-elle, si tu tu étais ta femme, au lieu d'être toi-même. Le monde est plat ? Je pourrais t'en conter, moi, sur la platitude !

Il n'y avait certes rien de particulièrement plat dans l'aspect de Mark Rampion. Il avait le profil droit, avec un nez crochu et féroce comme un instrument tranchant, et un menton pointu. Ses yeux étaient bleus et perçants, et ses cheveux, très fins, dont l'or tirait un peu sur le roux, flottaient au moindre mouvement, au moindre souffle extérieur, comme des langues de flamme soufflées au vent.

— Oh, toi non plus, tu n'es pas précisément un agneau, dit Rampion. Mais deux personnes ne font pas un monde. Je parlais du monde, et non pas de nous. Je maintiens qu'il est plat. Comme un de ces gros chats affreux qu'on a châtrés.

— Vous avez trouvé la Guerre si plate que ça ? demanda Spandrell, parlant du fond de la demi-obscurité extérieure au petit monde teinté de rose dans lequel se trouvait leur table. Il s'était penché en arrière, sur sa chaise en équilibre sur ses pieds de derrière et adossée au mur.

— Oui, même la Guerre, dit Rampion. Elle a été une calamité domestiquée. On n'allait pas se battre parce qu'on avait le sang en ébullition. On y allait parce qu'on avait l'ordre de le faire ; on y allait parce qu'on était bon citoyen. L'homme est un animal de combat ; comme votre beau-père aime à le répéter dans ses discours. Mais ce que je lui reproche, c'est d'être un animal domestique.

— Et qui devient journellement de plus en plus domestique, dit Mary Rampion, qui partageait les opinions de son mari, — ou, pour parler plus exactement peut-être, partageait la plupart de ses sentiments, et, consciemment ou inconsciemment, lui empruntait une opinion quand elle voulait les exprimer. — C'est les usines, c'est le christianisme, c'est la science, c'est la respectabilité, c'est notre éducation, expliqua-t-elle. Tout cela pèse sur l'âme moderne ; ça lui enlève toute vie ; ça...

— Oh, pour l'amour de Dieu, ferme ça ! dit Rampion.

— Mais ce n'est pas ça que tu disais ?

— Ce que je disais, c'est ce que je disais, *moi*. Ça change du tout au tout quand c'est toi qui le dis.

L'expression irritée qui était apparue sur le visage de Mary Rampion se dissipa. Elle se mit à rire.

— Ah, bon, dit-elle d'un ton bon enfant, la ratiocination n'a jamais été mon fort. Mais tu pourrais te montrer un peu plus poli en public.

— Je n'aime pas subir les imbéciles.

— Tu vas en subir une, il t'en cuira, si tu n'y prends pas garde, dit-elle, menaçante pour rire.

— Si vous avez envie de lui lancer une assiette à la figure, dit Spandrell, tout en lui en avançant une, ne vous gênez pas pour moi.

Mary le remercia.

— Ça lui ferait du bien, dit-elle. Il devient tellement outrecuidant.

— Et toi, ça ne te ferait pas de mal, répliqua Rampion, si je te faisais un œil au beurre noir en échange.

— Essaye donc, pour voir! J'accepte le combat, avec une main attachee dans le dos!

Ils éclatèrent tous de rire.

— Moi, je mise sur Mary, dit Spandrell, penchant sa chaise en arrière. Souriant d'un plaisir qu'il aurait éprouvé du mal à expliquer, son regard se portait de l'un à l'autre, — du petit homme mince, farouche, indomptable, à la belle femme d'un blond dore. Chacun d'eux, isolément, était quelque chose de bien; mais à eux deux, réunis en couple, ils valaient encore mieux. Sans s'en rendre compte, il s'était mis tout à coup à se sentir heureux.

— Un de ces jours, nous aurons une bonne explication, dit Rampion, et il posa sa main un moment sur celle de sa femme. C'était une main fine, sensible et expressive. Une main d'aristocrate s'il en fut jamais, songea Spandrell. Et celle de Mary, si ronde, si forte, si honnête, était une main de paysanne. Et cependant, par la naissance, c'est Rampion qui était le paysan et elle, l'aristocrate.Ce qui prouvait simplement que les généalogistes peuvent dire bien des bêtises. — En dix rounds, poursuivit Rampion. Et pas de gants. — Il se tourna vers Spandrell. — Vous devriez bien vous marier, vous, dit-il.

Le bonheur de Spandrell s'effondra soudain. C'était comme s'il etait revenu à lui d'une secousse brusque. Il éprouva presque de la colère contre lui-même. Était-ce son affaire, aussi, d'aller se perdre à faire du sentiment sur un couple heureux?

— Moi, je ne sais pas boxer, répondit-il ; et Rampion perçut de l'amertume dans sa gaieté, un durcissement intérieur.

— Non, mais sérieusement, dit-il, essayant de déchiffrer l'expression du visage de l'autre. Mais la tête de Spandrell était dans l'ombre, et la lueur de la lampe interposée entre eux sur la table l'éblouissait.

— Oui, sérieusement, fit Mary en écho. Vous le devriez. Ça ferait de vous un autre homme.

Spandrell émit un rire bref et méprisant, et, faisant retomber sa chaise sur ses quatre pieds, se pencha en avant sur la table. Repoussant sa tasse à café et son verre de liqueur à moitié vide, il planta les coudes sur la table, et son menton dans ses mains. Son visage tomba sous la lumière de la lampe rose... « Comme une gargouille », songea Mary, comme une gargouille dans un boudoir rose. Il y en avait une à Notre-Dame avec exactement cette attitude, penchée en avant, avec sa face de démon entre ses griffes. Mais la gargouille était un démon comique, d'un diabolique si extravagant qu'on ne pouvait prendre très au sérieux sa diablerie. Spandrell était un être réel, et non une caricature ; voilà pourquoi son visage était tellement plus sinistre et tragique. C'était un visage émacié. Les pommettes et les maxillaires étaient apparents sous la peau tirée. Les yeux gris étaient profondément enfoncés dans les orbites. Dans ce masque cadavéreux, la bouche seule était charnue, — une bouche large aux lèvres fortement en relief sur la peau, comme deux cicatrices épaisses. « Quand il sourit, avait dit de lui un jour Lucy Tantamount, on dirait une opération d'appendicite, avec des commissures ironiques. » La cicatrice rouge était sensuelle, mais ferme en même temps, et exprimait de la détermination, de même que le menton rond au bas de la figure. Il y avait des rides autour des yeux et aux commissures des lèvres. Ses cheveux épais et bruns avaient commencé à se retirer du front.

« On lui donnerait cinquante ans, à le voir, songeait Mary Rampion. Et pourtant, quel âge a-t-il ? » Elle se livra à des calculs, et conclut qu'il ne pouvait avoir plus de trente-deux ou trente-trois ans. Juste l'âge convenable pour s'établir.

— Oui, un autre homme, répéta-t-elle.

— Mais je ne désire pas particulièrement devenir un autre homme.

Mark Rampion hocha la tête.

— Oui, voilà précisément où le bât vous blesse, Spandrell. Vous vous plaisez à mijoter dans votre jus dégoûtant et suppurant. Vous ne voulez pas qu'on vous rende la santé. Vous vous délectez de votre état malsain. Vous en êtes même plutôt fier.

— Le mariage serait la guérison, persista Mary, infatigablement enthousiaste pour la cause du sacrement auquel elle devait toute sa vie et son bonheur.

— A moins, naturellement, qu'il n'amenât simplement la destruction de la femme, dit Rampion. Il pourrait la contaminer de sa propre gangrène.

Spandrell rejeta la tête en arrière et partit d'un rire profond, mais, comme à son ordinaire, à peine perceptible, — d'une explosion étouffée.

— Admirable! dit-il, admirable! Voilà le premier argument véritablement bon que j'aie entendu en faveur du mariage! Un peu plus vous me persuaderiez, Rampion. Je n'ai encore jamais effectivement poussé la chose jusqu'au mariage.

— Poussé quelle chose? demanda Rampion, fronçant légèrement les sourcils. — Il n'aimait pas la façon de parler de l'autre, la jugeant d'un cynisme un peu mélodramatique. Et comme il paraissait ravi de ses vices! Comme un enfant inintelligent, en somme.

— Le processus de contamination. Je m'étais toujours arrêté de ce côté-ci de la mairie. Mais j'en franchirai le seuil, la prochaine fois.. — Il but un peu de cognac. — Je suis comme Socrate, poursuivit-il. J'ai reçu des dieux la mission de corrompre la jeunesse, — plus spécialement la jeunesse féminine. J'ai pour mission de l'éduquer dans le chemin qu'elle ne devrait pas prendre. — Il rejeta la tête en arrière pour émettre son rire aphone. Rampion le regarda avec répugnance... Qu'il était théâtral! On eût dit qu'il exagérait son rôle pour se convaincre de sa propre présence.

— Mais si seulement vous saviez tout ce que peut représenter le mariage, intervint Mary avec sérieux. — Si seulement vous saviez...

— Mais, ma pauvre femme, bien sûr qu'il le sait, interrompit Rampion avec impatience.

— Voilà plus de quinze ans que nous sommes mariés, nous, reprit-elle, tellement était fort en elle l'esprit de prosélytisme. Et je vous assure...

— A ta place, je ne gaspillerais pas ma salive.

Mary jeta un regard interrogateur à son mari. Pour tout ce qui touchait aux relations humaines, elle avait une confiance absolue dans le jugement de son mari. Il retrouvait son chemin à travers ces labyrinthes avec un tact sûr qu'elle ne pouvait qu'envier, mais non pas imiter. Il flaire l'âme des gens, disait-elle de lui. Elle n'avait, elle, qu'un flair fort ordinaire pour les âmes. C'est pourquoi, sagement, elle se laissait guider par lui... Elle lui jeta un regard. Rampion fixait l'intérieur de sa tasse à café. Son front était plissé en rides de mécontentement. Il avait manifestement parlé sérieusement.

— Ah, bien, fit-elle, et elle alluma une autre cigarette.

Spandrell portait son regard de l'un à l'autre d'un air presque de triomphe.

— J'ai une véritable technique avec les tendrons, reprit-il, du même ton trop cynique.

Mary ferma les yeux, et songea à l'époque où elle et Rampion avaient été jeunes.

CHAPITRE IX

— QUELLE verrue! dit la jeune Mary, comme ils arrivaient au sommet de la colline et contemplèrent de haut la vallée. — Stanton-en-Teesdale s'étendait à leurs pieds, noir de ses toits d'ardoise, de ses cheminées pleines de suie, et de sa fumée. Les landes s'élevaient et se déroulaient au-delà de la ville, dénudées à perte de vue. Le soleil brillait, les nuages traînaient des ombres énormes derrière eux. — Notre pauvre paysage! Ça devrait être interdit. Vraiment, ça devrait être interdit.

— Toute vue est plaisante, et l'homme seul est vil, dit son frère George, citant un alexandrin.

L'autre jouvenceau avait l'esprit plus pratique:

— Si l'on pouvait établir une batterie ici, proposa-t-il, et envoyer quelques centaines d'obus sur le patelin...

— Ce serait une bonne chose, dit Mary, d'un ton tout à fait convaincu. Oui, une très bonne chose.

Son approbation combla de joie le jeune militaire. Il était éperdument amoureux.

— Des obusiers lourds, ajouta-t-il, tâchant de perfectionner sa proposition.

Mais George l'interrompit.

— Qui diable est-ce là? demanda-t-il.

Les autres se retournèrent dans la direction qu'il indiquait. Un étranger montait la colline et se dirigeait vers eux.

— Je n'en ai pas la moindre idée, dit Mary, le regardant.

L'étranger se rapprochait. C'était un jeune homme ayant dépassé de peu la vingtaine, au nez crochu, aux yeux bleus, à la chevelure soyeuse et pâle flottant au vent, — car il n'avait pas de chapeau. Il était vêtu d'une vareuse de touriste de mauvaise coupe et de drap bon marché, et d'un large pantalon de flanelle grise. Sa cravate était rouge; il marchait sans canne.

— On dirait qu'il veut nous parler, dit George.

Effectivement, le jeune homme se dirigeait droit sur eux. Il marchait vite et d'un air déterminé, comme s'il avait quelque mission très importante à remplir.

« Quelle figure extraordinaire! songea Mary, tandis qu'il s'approchait. Mais comme il a mauvaise mine! Qu'il est maigre, qu'il est pâle! » Mais ses yeux lui enlevaient tout droit à la commisération: ils étaient brillants de puissance.

Il s'arrêta devant eux, haussant son corps grêle qu'il raidit comme s'il était au garde-à-vous. Il y avait un air de défi dans son attitude, et un défi ardent dans l'expression de son visage. Il les regarda fixement de ses yeux brillants, passant de l'un à l'autre.

— Bonjour, dit-il — Cela lui coûtait un effort prodigieux de parler. Mais il y était absolument contraint, ne fût-ce qu'à cause de la manière insolente dont ils l'ignoraient, de leurs visages béats de riches.

Mary répondit pour les autres:

— Bonjour.

— Je suis ici en contravention, dit l'étranger. Est-ce que ça vous dérange? L'ardeur de son défi s'accentua. Il les regardait d'un air sombre. Les jeunes gens l'examinaient de l'autre côté des barreaux, de loin, du haut de leur supériorité de caste. Ils avaient remarqué ses vêtements. Il y avait également une espèce de crainte. — Je suis en contravention, reprit-il — Sa voix était un peu aiguë, mais musicale. Son accent était campagnard.

— C'est l'un des voyous de l'endroit, avait pensé George.

« En contravention. » Il eût été beaucoup plus facile, beaucoup plus agréable, de s'en aller à la dérobée, inaperçu. C'est pourquoi il s'était vu obligé de les affronter.

Il y eut un silence. Le militaire se détourna. Il se désolidarisait de toute cette histoire désagréable. Elle n'avait rien à voir avec lui, après tout. Le parc appartenait au père de Mary. Il n'était qu'un invité, lui. Il se chantonna à lui-même un air à la mode et contempla la vallée par-dessus la ville noircie.

Ce fut George qui rompit le silence. — Est-ce que ça nous dérange? dit-il, répétant les paroles de l'étranger. Il était devenu tout rouge.

« Comme il a l'air ridicule! songeait Mary en lui jetant un regard. Il ressemble à un bouvillon, — à un bouvillon qui rougirait! »

« Est-ce que ça nous dérange ?... » Sacré petit voyou insolent ! George faisait monter sa vertueuse indignation.

— Je le pense bien, que ça nous dérange ! Et vous, je vous prie de...

Mary éclata de rire :

— Ça ne nous dérange pas du tout, dit-elle. Absolument pas.

Son frère rougit encore plus fort.

— Qu'est-ce que ça veut dire, Mary ? demanda-t-il, furieux. (Le jeune militaire continuait à chantonner la scie du jour, plus lointainement détaché que jamais de ces contingences.) — C'est une propriété privée, ici.

— Mais ça ne nous dérange pas le moins du monde, dit-elle, ne regardant pas son frère, mais bien l'étranger. Pas le moins du monde — quand les gens ont la franchise de venir le dire, comme vous. — Elle lui fit un sourire. Mais le visage du jeune homme n'abandonna rien de son orgueil ni de son sérieux. Plongeant son regard dans ces yeux brillants et ardents, elle devint tout à coup sérieuse, elle aussi. Elle comprit soudain qu'il ne s'agissait pas d'une plaisanterie, certes, non. Des principes importants étaient en jeu, des principes de la plus haute gravité. En quoi ils pouvaient bien être graves et importants, — cela, elle n'en savait rien. Elle eut seulement conscience, obscurément, et profondément, du fait qu'il n'y avait pas de quoi rire. — Au revoir, dit-elle, d'une voix toute différente ; et elle tendit sa main.

L'étranger hésita une seconde, puis il la prit dans la sienne.

— Au revoir, dit-il. Je m'en vais sortir du parc au plus vite.

Et, faisant demi-tour, il s'éloigna d'un pas rapide.

— Et toi, pourquoi diable !... fulmina George, tournant sa colère contre sa sœur.

— Oh ! tais-toi ! répondit-elle, impatientée.

— Une poignée de main à ce type-là ! continua-t-il à protester.

— Un peu racaille, hein ? dit le jeune militaire, y mettant son grain de sel.

Elle porta son regard de l'un à l'autre sans un mot, et s'éloigna. Quels butors ! Les deux jeunes gens la suivirent.

— Bon Dieu ! Quand donc Mary apprendra-t-elle à se conduire convenablement ! dit George, fulminant toujours.

Le jeune militaire émit des sons calmants. Il était amoureux d'elle ; mais il était bien obligé de reconnaître qu'elle se conduisait effectivement, parfois, d'une façon embarrassante et peu conforme aux usages. C'était là son seul défaut.

— Serrer la main à ce voyou ! bougonna encore George.

Telle fut leur première rencontre. Mary avait alors vingt-deux ans et Mark Rampion, un an de moins. Il avait terminé sa deuxième année à l'université de Sheffield, et était revenu à Stanton pour les grandes vacances. Sa mère habitait une maisonnette dans une rangée de maisons semblables près de la gare. Elle avait une petite pension, — son mari avait été facteur, — et se faisait quelques shillings de plus par des travaux de couture. Mark était boursier. Ses frères, plus jeunes et moins doués, travaillaient déjà.

— C'est un jeune homme très remarquable, dit le recteur avec insistance, et à plusieurs reprises, au cours de son rapide exposé de la carrière de Mark Rampion, quelques jours plus tard.

C'était à l'occasion d'une vente de charité avec garden-party au presbytère. Quelques-uns des enfants des cours du dimanche avaient joué une petite pièce en plein air. Le dramaturge était Mark Rampion.

— Sans aucun secours extérieur, assura le recteur au beau monde assemblé. Et, en outre, ce garçon-là sait dessiner. Ce qu'il fait est un peu excentrique, peut-être, un peu... euh... — Il hésitait.

— Sinistre, proposa sa fille, souriant du haut de sa bourgeoisie, toute fière de son manque de compréhension.

— Mais plein de talent, continua le recteur. Ce garçon est un vrai petit Cygne de la Tees[1], ajouta-t-il avec un petit rire de vanité personnelle, un petit rire presque coupable.

Il avait un faible pour les allusions littéraires. Le beau monde sourit d'un sourire obligé.

On introduisit le jeune prodige. Mary reconnut le touriste en contravention.

— Ah! mais je vous ai déjà vu, dit-elle.

— Oui, braconnant votre paysage.

— Vous y êtes le bienvenu. — Ces paroles le firent sourire, un tantinet ironiquement, lui sembla-t-il. Elle rougit, redoutant d'avoir dit quelque chose qui eût pu sembler de ton protecteur. — Mais j'ai idée que vous continueriez à braconner, que vous soyez le bienvenu ou non, ajouta-t-elle avec un petit rire nerveux.

Il ne dit rien, mais fit «oui» de la tête, souriant toujours.

Le père de Mary arriva avec ses félicitations. Ses louanges ravagèrent cette fine petite comédie, comme l'eût fait le piétinement d'un troupeau d'éléphants. Mary en fut à l'agonie. Tout ce

1. *Note du traducteur.* — Le recteur paraphrase ici le surnom habituel de Shakespeare, le Cygne de l'Avon.

qu'il disait ne convenait pas, — mais pas du tout. Elle le sentait fort bien. Mais l'ennui, c'était, qu'à la réflexion, elle eût été incapable de dire quelque chose de mieux. Mark avait toujours le même sourire ironique aux lèvres. « Comme il doit nous prendre pour une bande d'imbéciles ! » se disait-elle.

Puis ce fut le tour de sa mère. « Épatant » fut remplacé par « ravissant ». Et ce fut tout aussi mal, tout aussi désespérément à côté de la question. Lorsque Mrs. Felphams l'invita à venir prendre le thé, Rampion eut envie de refuser, — mais de refuser sans agir en ours et sans la froisser. Après tout, ses intentions étaient excellentes, à cette femme. Seulement, elle était un peu ridicule. Elle jouait le mécène de village, en jupe, et pour protéger les Arts, allait jusqu'à donner deux tasses de thé et une tranche de plum-cake. Le rôle était comique. Pendant qu'il hésitait, Mary se joignit à l'invitation.

— Venez donc, je vous en prie, insista-t-elle. — Et ses yeux, son sourire exprimaient une espèce de repentir amusé, et des excuses aussi. Elle comprenait tout ce que la situation avait d'absurde. — Mais, je n'y peux rien, moi, semblait-elle dire, — absolument rien, — sinon vous faire toutes mes excuses.

— Cela me fera très grand plaisir, dit-il, se tournant de nouveau vers Mrs. Felphams.

Le jour fixé arriva. Arborant une cravate d'un rouge toujours aussi flamboyant, Rampion se présenta. Les hommes de la maison étaient partis à la pêche ; il fut reçu par Mary et sa mère. Mrs. Felpham s'efforça de se montrer à la hauteur. Le Shakespeare du village devait manifestement s'intéresser au théâtre.

— Vous aimez les pièces de Barrie, n'est-ce pas ? demanda-t-elle. Moi, j'en raffole.

Elle continua sur ce ton. Rampion ne fit aucune observation. Ce ne fut que plus tard, quand Mrs. Felphams l'eut laissé tombé, persuadée qu'il n'y avait rien à en tirer, et qu'elle eut chargé Mary de lui montrer le jardin, qu'il desserra les dents.

— Votre mère a dû me trouver très mal élevé, dit-il, tandis qu'ils suivaient les allées unies et dallées parmi les rosiers.

— Mais non, voyons ! protesta Mary avec une force excessive.

Rampion se mit à rire :

— Vous êtes très bonne, et je vous remercie, dit-il. Mais si, elle me trouve mal élevé, — et je l'ai été. Je l'ai été, afin de ne pas l'être davantage. Il valait mieux ne rien dire que de dire ce que je pensais sur Barrie.

— Vous n'aimez pas ses pièces ?

— Les aimer ? Moi ? — Il s'arrêta, et la dévisagea. Le sang lui monta aux joues ; qu'avait-elle donc dit ? — C'est une question que vous pouvez poser ici... — Il fit un geste du bras, vers les fleurs, le petit bassin avec son jet d'eau, la haute terrasse, avec ses joubarbes et ses aubriéties sortant d'entre les joints des pierres, la maison grise, austère, de style géorgien, au fond. — Mais venez donc avec moi dans l'intérieur de Stanton, et posez-moi alors la même question. Là, nous tombons en plein sur la dure réalité, — et sans un bon coussin pneumatique entre nous et les choses. Il faut avoir un revenu assuré de cinq cents francs par semaine, au moins, avant de pouvoir commencer à apprécier Barrie. Si vous n'avez, en fait de siège, que les faits brutaux, il fait l'effet d'une véritable insulte.

Il y eut un silence. Ils marchèrent de long en large parmi les roses, — ces roses dont Mary commençait à sentir qu'elle devrait bien les désavouer, s'en excuser. Mais un désaveu, des excuses — cela serait une injure. Un gros jeune épagneul arrivait vers eux en gambadant gauchement le long de l'allée. Elle l'appela par son nom ; l'animal se dressa sur ses pattes de derrière et posa ses pattes de devant sur elle.

— Il me semble que j'aime mieux les animaux que les gens, dit-elle, se protégeant de l'enjouement encombrant du chien.

— Oui, au moins, ils sont sincères, eux, ils ne vivent pas sur un coussin pneumatique, comme les gens du milieu avec lequel vous avez affaire, dit Rampion, faisant ressortir le rapport obscur de son observation avec ce qui avait été dit au préalable.

Mary fut étonnée et charmée de la façon qu'il avait de comprendre.

— J'aimerais bien apprendre à connaître un peu les gens de votre milieu, dit-elle ; les gens authentiques, — sans coussin pneumatique.

— Eh bien, ne comptez pas que je vous servirai de guide, comme un homme de chez Cook, répondit-il ironiquement. Nous ne sommes pas un jardin zoologique, hein ? Nous ne sommes pas des indigènes en costume bizarre, ni rien de tout ça. Si vous voulez aller voir des pauvres, adressez-vous au recteur.

Elle rougit intensément.

— Vous savez bien que ce n'est pas cela que je voulais dire, protesta-t-elle.

— En êtes-vous bien sûre ? lui demanda-t-il. Quand on est riche, il est difficile de ne pas vouloir dire cela. Une personne comme vous ne peut absolument pas se représenter ce que c'est que de ne pas être riche. C'est comme les poissons. Comment voulez-vous qu'un poisson se représente ce qu'est la vie hors de l'eau ?

— Mais ne peut-on pas découvrir cet autre monde, si on fait sérieusement l'effort voulu ?

— Il y a un gouffre énorme, répondit-il.

— On peut le franchir.

— Oui, sans doute, on peut le franchir. — Mais le ton de sa voix impliquait le doute.

Ils continuèrent encore quelques minutes leur promenade et leur conversation parmi les roses ; puis Rampion regarda sa montre et dit qu'il était temps de partir.

— Mais vous reviendrez ?

— Y a-t-il une utilité quelconque à ce que je revienne ? demanda-t-il. Cela ressemble un peu à des visites interplanétaires, vous ne trouvez pas ?

— Moi, je n'avais pas cette impression, répondit-elle : et elle ajouta, après une courte pause : — Vous devez nous trouver bien bêtes, les uns et les autres, n'est-ce pas ? — Elle le regarda. Il avait arqué les sourcils, il était sur le point de protester. Elle ne voulut pas lui permettre de se montrer simplement poli. — Car, au fond, nous le sommes, bêtes. Formidablement !

Elle se mit à rire, avec une pointe de tristesse. Avec les gens de son milieu, à elle, la bêtise était plutôt une vertu qu'un défaut. A être trop intelligent, on risquait de n'être pas un gentleman. L'intelligence n'était pas une chose absolument sûre. Rampion l'avait portée à se demander s'il n'y avait pas de choses meilleures que la sécurité sociale qui confère l'état de gentleman. En sa présence, elle n'éprouvait aucune fierté d'être bête.

Rampion la gratifia d'un sourire. La franchise de la jeune fille lui plaisait. Elle avait quelque chose de sincère, de bon aloi. Elle n'était pas gâtée, — pas encore, du moins.

— Je crois que vous êtes un agent provocateur, plaisanta-t-il, qui essaye de me faire dire des choses impolies et subversives à l'égard de mes supérieurs sociaux. Mais, à la vérité, mes opinions n'ont absolument rien d'impoli. Les gens de votre milieu ne sont pas plus bêtes que les autres. Ils ne sont pas plus bêtes, de nature. Mais vous êtes victimes de votre genre de vie. Il vous a entourés d'une coquille, et vous a mis des œillères aux yeux. Par contre, il se peut qu'une tortue ne soit pas plus bête qu'un oiseau ! Mais vous admettrez bien que son genre de vie n'encourage pas précisément l'intelligence.

Ils se revirent plusieurs fois au cours de l'été. Le plus souvent, ils se promenèrent ensemble par les landes. « Elle ressemble à une force de la nature,» songeait-il, en la regardant se creuser un passage, tête baissée, à travers le vent humide. Une énorme force physique. Quelle énergie, quelle force, quelle santé! C'était magnifique. Rampion, lui, avait été un enfant délicat, constamment souffrant. Il admirait les qualités physiques qu'il ne possédait pas lui-même. Mary était une espèce de Diane guerrière des landes. Il se permit de le lui dire un jour. Elle fut ravie du compliment.

— *Was für ein Atavismus!* C'est ce que disait toujours de moi ma vieille institutrice allemande. Je crois bien qu'elle avait raison. C'est vrai, je suis un spécimen d'*atavismus*.

Rampion se mit à rire.

— En allemand, cela semble risible. Mais ce n'est pas du tout absurde en soi. Un atavisme, — c'est ce que nous devrions tous être. Des atavismes, avec tout le confort moderne. Des primitifs intelligents. De grands fauves avec une âme.

Ce fut un été pluvieux et froid. Le matin du jour fixé pour leur promenade suivante, Mary reçut une lettre de lui: «Chère miss Felphams (elle lut, et son écriture, qu'elle voyait ainsi pour la première fois, lui donna un plaisir étrange), voilà que je me suis bêtement enrhumé. Voulez-vous vous montrer plus pleine de mansuétude que moi, — car je ne puis vous dire combien je suis désolé et en colère contre moi-même — et m'excuser si je vous remets à d'aujourd'hui en huit?»

Il avait l'air pâle et amaigri lorsqu'elle le revit, et il souffrait encore d'un reste de bronchite. Quand elle lui demanda des nouvelles de sa santé, il l'arrêta court presque avec colère:

— Je vais très bien, dit-il vivement, — et passa à autre chose. — Je viens de relire Blake. — Et il se mit à parler du *Mariage du Ciel et de l'Enfer*. — Blake était civilisé, insista-t-il, *civilisé*. La civilisation, c'est l'harmonie et la multiplicité complète. La raison, le sentiment, l'instinct, la vie du corps, — Blake réussit à englober et à harmoniser tout. La barbarie, c'est d'être penché d'un côté. On peut être un barbare de l'intellect aussi bien que du corps, — un barbare de l'âme et des sentiments aussi bien que de la sensualité. Le christianisme a fait de nous des barbares de l'âme, et maintenant la science est en train d'en faire des barbares de l'intellect. Blake fut le dernier homme civilisé.

Il parla des Grecs et des Étrusques nus et brulés du soleil qu'on voit aux peintures murales de leurs sépultures.

— Vous avez vu les originaux? dit-il. Ah! Je vous envie!

Mary en fut toute honteuse. Elle avait vu les tombes peintes à Tarquinies; mais elle se souvenait de si peu de chose! Pour elle, ce n'avaient été que de vieilles et curieuses œuvres d'art, comme toutes les autres vieilles œuvres d'art innombrables qu'elle avait vues réglementairement, en compagnie de sa mère, lors de leur voyage en Italie, l'année précédente. En somme, c'était comme si elle ne les avait pas vues. Tandis que lui, s'il avait eu les moyens d'aller en Italie...

— Ceux-là, c'étaient des gens civilisés, disait-il, ils savaient vivre harmonieusement et complètement, de tout leur être. — Il parlait avec une sorte de passion, comme s'il était en colère, — contre le monde, contre lui-même, peut-être. — Nous sommes tous des barbares, commença-t-il ; mais il fut interrompu par un violent accès de toux.

Mary attendit que la quinte fût passée. Elle était inquiète, et éprouvait en même temps de l'embarras et de la honte, comme on en peut éprouver quand on a surpris un homme qui ne se tient plus sur ses gardes et révèle une faiblesse que, d'ordinaire, il se donne du mal pour dissimuler. Elle se demandait si elle devait dire quelques mots de sympathie au sujet de la toux, ou faire semblant de ne pas l'avoir remarquée. Il résolut le problème pour elle en faisant de lui-même allusion à la chose.

— A propos de barbarie, dit-il, quand la quinte fut terminée. — Il parlait d'un ton dégoûté, son sourire était amer et trahissait la colère. — Avez-vous jamais rien entendu de plus barbare que cette toux-là ? On ne permettrait pas une toux comme celle-là dans une société civilisée.

Mary offrit le réconfort de sa sollicitude, et de bons conseils. Il se mit à rire, impatienté.

— Ce sont les paroles mêmes de ma mère, dit-il. Mot pour mot. Vous autres femmes, vous êtes toutes les mêmes ! Vous êtes là à glousser comme une mère poule après ses poussins !

— Mais songez comme vous seriez désolés, si nous ne gloussions pas !

Quelques jours plus tard, — avec un peu d'appréhension, — il la mena voir sa mère. Son appréhension se trouva être sans fondement. Mary et Mrs. Rampion parurent n'éprouver aucune difficulté à entrer en contact spirituel. Mrs. Rampion était une femme voisine de la cinquantaine, encore belle, au visage chargé d'une expression de dignité calme et de résignation. Une seule fois Mary vit un changement de manière d'être chez elle, ce fut lorsque, Mark étant sorti de la pièce pour aller préparer le thé, elle se mit à parler de son fils.

— Qu'est-ce que vous pensez de lui ? demanda-t-elle, se penchant en avant vers son invitée, les yeux tout à coup plus brillants.

— Ce que je pense ? — Mary se mit à rire : — Je ne suis pas

assez impertinente pour m'ériger en juge de mes supérieurs! Mais c'est manifestement quelqu'un — quelqu'un qui compte.

Mrs. Rampion approuva de la tête, souriant de plaisir.

— C'est quelqu'un, répéta-t-elle. C'est ce que j'ai toujours dit. — Son visage se fit grave. — Si seulement il était plus robuste! Si seulement j'avais eu les moyens de l'élever mieux! Il a toujours été délicat. Il aurait dû être élevé avec plus de soins que je n'ai pu le faire... Non, pas avec plus de soins : je lui ai donné tous les soins possibles. Mais dans plus de confort, dans des conditions plus hygiéniques. Mais voilà : mes moyens ne l'ont pas permis. — Elle hocha la tête. — Voilà. — Elle eut un petit soupir, et, se penchant en arrière sur sa chaise, resta assise en silence, les bras croisés, regardant à terre.

Mary ne fit pas de réflexions ; elle ne savait que dire. Une fois de plus, elle se sentait honteuse, misérable et honteuse.

— Que pensez-vous de ma mère? lui demanda Rampion, plus tard, quand il l'escorta pour rentrer chez elle.

— Elle m'a plu, répondit Mary, — plu énormément. Bien qu'elle m'ait fait éprouver le sentiment de ma petitesse, de ma mesquinerie, de ma méchanceté. Ce qui est une autre manière de dire que je l'ai admirée, et que je l'ai aimée à cause de mon admiration.

Rampion approuva de la tête.

— Oui, elle est admirable, dit-il. Elle est courageuse, forte, persévérante. Mais elle est trop résignée.

— Quoi! Il m'a semblé, justement, que c'était là une de ses qualités remarquables!

— Elle n'a pas de raison d'être résignée! répondit-il, plissant le front. Pas de raison. Quand on a eu une existence comme la sienne, il n'y a pas à être résigné. Il faudrait se révolter... C'est sa sacrée religion! Vous ai-je dit qu'elle était religieuse?

— Non, mais je l'ai deviné en la voyant, répondit Mary.

— Elle est une barbare de l'âme, reprit-il. Elle ne pense qu'à l'âme et à l'avenir. Pour elle, il n'y a pas de présent, pas de passé, pas de corps, pas d'intellect. Rien que l'âme et l'avenir, et, en attendant, la résignation. Peut-il y avoir quelque chose de plus barbare? Elle devrait se révolter.

— Laissez-la donc comme elle est, dit Mary. Elle en sera plus heureuse. Et vous pouvez vous révolter pour deux, vous.

Rampion se mit à rire.

— Je me révolterai pour des millions de gens! dit-il.

A la fin de l'été, Rampion retourna à Sheffield, et un peu plus tard les Felphams regagnèrent le sud et leur maison de Londres. Ce fut Mary qui écrivit la première lettre. Elle avait attendu des nouvelles de lui, mais il n'avait pas écrit. Ce n'est pas qu'il y eût quelque raison sérieuse pour qu'il écrivît. Mais, sans raison, elle avait espéré qu'il le ferait; et elle fut déçue de son silence. Les semaines passèrent. Enfin, elle lui écrivit pour lui demander le titre d'un livre dont il avait parlé au cours d'une de leurs conversations. Le prétexte était mince; mais il servit. Il répondit; elle le remercia; la correspondance devint un fait établi.

A Noël, Rampion vint à Londres. Quelques-uns de ses articles avaient été acceptés par les journaux, et il était riche comme il ne l'avait jamais été : il avait deux cents francs à dépenser comme il l'entendait. Il ne fit connaître sa présence à Mary que la veille de son départ.

— Mais pourquoi ne m'en avez-vous rien dit plus tôt? demanda-t-elle d'un ton de reproche, lorsqu'elle apprit combien de jours il avait déjà passés à Londres.

— Je ne voulais pas vous infliger ma présence, répondit-il.

— Mais vous saviez bien que j'aurais été ravie.

— Vous avez vos amis, n'est-ce pas... — Vos amis *riches*, sous-entendait son sourire ironique.

— Vous n'en êtes donc pas, vous, de mes amis? demanda-t-elle, sans s'arrêter à son sous-entendu.

— Je vous remercie de l'avoir dit.

— Je vous remercie, vous, de la chose, répondit-elle, sans affectation ni coquetterie.

Il fut ému de la franchise de son aveu, de la sincérité et de la simplicité de son sentiment. Il savait naturellement qu'il lui plaisait et qu'elle l'admirait; mais le savoir et se l'entendre dire, sont choses bien différentes.

— Dans ce cas, je regrette de ne pas vous avoir écrit plus tôt, dit-il; et il regretta aussitôt ses paroles. Car elles étaient hypocrites. La véritable raison pour laquelle il s'était tenu à l'écart n'était pas la peur d'être mal reçu; c'était son orgueil. Il n'avait pas les moyens de sortir avec elle; et il ne voulait rien accepter d'elle.

Ils passèrent l'après-midi ensemble, et furent heureux au-delà de toute raison et de toute proportion.

— Si seulement vous m'aviez avertie plus tôt, répéta-t-elle, quand l'heure vint pour elle de rentrer, j'aurais gardé ma soirée libre, au lieu d'accepter cette invitation parfaitement ennuyeuse.

— Vous vous y amuserez beaucoup, lui affirma-t-il, avec un retour à ce ton ironique dont il faisait toutes ses allusions à sa vie de membre de la classe possédante. L'expression de bonheur disparut du visage de Rampion. Il lui en voulut un peu soudain, d'avoir été heureux en sa compagnie. C'était idiot d'avoir de tels sentiments. Quel intérêt y avait-il à être heureux de part et d'autre d'un gouffre?... — Vous vous y amuserez beaucoup, répéta-t-il, plus amèrement. Un bon dîner, de bons vins, des gens distingués, une conversation spirituelle, — le théâtre par là-dessus. N'est-ce pas la soirée idéale? — Le ton de sa voix était férocement dédaigneux.

Elle le regarda, les yeux pleins de tristesse et de douleur, se demandant pourquoi il s'était mis ainsi à gâcher rétrospectivement leur après-midi.

— Je ne sais pas pourquoi vous parlez comme cela, dit-elle. Le savez-vous seulement vous-même?

La question résonna dans l'esprit de Rampion bien longtemps après qu'ils se furent quittés. «Le savez-vous seulement vous-même?...» Bien sûr qu'il le savait. Mais il savait aussi qu'il y avait un gouffre entre eux.

Ils se revirent à Stanton, la semaine de Pâques. Entre-temps, ils avaient échangé beaucoup de lettres, et Mary avait reçu une demande en mariage de la part du jeune militaire qui avait voulu effacer Stanton de la face du monde au moyen d'obusiers. A la surprise, et un peu à l'effarement de ses amis, elle le refusa.

— Mais c'est un garçon si gentil, avait insisté sa mère.

— Je le sais. Mais on ne peut pas le prendre au sérieux, tu le sais bien?

— Et puis, continua Mary, il n'existe pas. Il n'est pas au complet. C'est un bloc mal dégrossi, rien de plus. On ne peut pas épouser un homme qui n'existe pas. — Elle songeait au visage violemment vivant de Rampion: il semblait brûler, lui, il paraissait vif, ardent. — On ne peut pas épouser un fantôme, — même s'il est tangible et consistant, — surtout s'il est consistant. — Elle éclata de rire.

— Je ne sais pas ce que tu veux dire, dit Mrs. Felphams avec dignité.

— Mais moi, je le sais, répondit Mary. Je me comprends. Et après tout, c'est là l'essentiel, en l'espèce.

Au cours d'une promenade avec Rampion par les landes, elle lui conta comment elle avait chassé ce fantôme vraiment trop solide et militaire. Il ne fit pas de réflexion. Il y eut un long silence. Mary éprouva de la déception même. «Je crois bien, se dit-elle, je crois bien que je voulais l'amener à me demander de l'épouser.»

Les jours passèrent; Rampion était silencieux et sombre. Lorsqu'elle lui en demandait la raison, il parlait avec tristesse de ses projets d'avenir. A la fin de l'été, il aurait terminé le cours de ses études à l'université; il faudrait alors songer à une carrière.

La seule qui parût immédiatement ouverte — car il n'avait pas les moyens d'attendre — était l'enseignement.

— L'enseignement! répéta-t-il avec une horreur intensifiée, — l'enseignement! Cela vous étonne-t-il que je sois déprimé? — Mais sa mélancolie avait d'autres causes que la perspective de devoir se consacrer à l'enseignement. «Est-ce qu'elle me rirait au nez, si je lui demandais?...» se demandait-il. Il lui paraissait que non. Mais si elle n'avait pas l'intention de refuser, était-ce équitable à lui de le lui demander? Était-ce juste, de s'embarquer dans une existence du genre de celle qu'elle aurait à mener avec lui?... Ou bien elle avait de l'argent en propre; et dans ce cas, son honneur, à lui, était un jeu. — Non, mais, me voyez-vous, moi, en pédagogue? demanda-t-il à haute voix. — Le pédagogue était son bouc émissaire.

— Mais pourquoi seriez-vous pédagogue, vous qui savez écrire et dessiner? Vous pouvez bien vivre de vos talents.

— Ah, le puis-je? La pédagogie, au moins, c'est sûr.

— Pourquoi voulez-vous la sécurité? demanda-t-elle, presque avec mépris.

Rampion se mit à rire:

— Vous ne poseriez pas cette question-là, s'il vous avait fallu vivre d'un salaire à la semaine, sous le coup d'un préavis de huit jours. Il n'y a rien de tel que l'argent pour créer le courage et la confiance en soi!

— Eh bien, alors, dans cette mesure-là, l'argent est une bonne chose. Le courage et la confiance en soi sont des vertus.

Ils continuèrent à marcher quelque temps en silence.

— Eh bien, ma foi, dit enfin Rampion, levant son regard sur elle, c'est vous qui l'aurez voulu. — Il tenta de rire — Le courage et la confiance en soi sont des vertus: vous l'avez dit vous-même. Je m'efforce de pratiquer les règles morales que vous prônez. Le courage et la confiance en soi!... Je m'en vais vous dire... que je vous aime. — Il y eut un autre long silence. Il attendait; son cœur battait comme s'il eût eu peur. — Et bien? questionna-t-il enfin.

Mary se tourna vers lui, et, lui prenant la main, la porta à ses lèvres.

Avant comme après leur mariage, Rampion eut souvent l'occasion d'admirer ces vertus qu'entretient la richesse. C'est elle qui lui fit abandonner toute idée d'entrer dans l'enseignement, et se fier à son talent pour se faire une carrière. Elle avait de la confiance pour tous deux.

— Je n'épouserai pas un maître d'école, insista-t-elle.

Et elle n'en fit rien; elle épousa un auteur dramatique qui

n'avait jamais eu de pièce jouée sinon à la kermesse de Stanton-en-Teesdale, un peintre qui n'avait jamais vendu de tableau.

— Nous allons crever de faim, prophétisait-il. Le spectre de la faim le hantait; il l'avait vu trop souvent pour pouvoir passer outre à son existence.

— Quelle bêtise! disait Mary, forte de sa connaissance suivant laquelle nul ne meurt de faim. Il n'était personne, des gens qu'elle connaissait, qui eût jamais eu faim à proprement parler. — Quelle bêtise! — Et elle l'emporta en fin de compte. Ce qui faisait surtout hésiter Rampion à embrasser une carrière aléatoire, c'était le fait qu'elle ne pouvait être embrassée qu'aux dépens de Mary.

— Je ne peux pas vivre à vos crochets, dit-il. Je ne peux pas accepter votre argent.

— Mais vous ne prendrez pas mon argent, insista-t-elle, vous êtes en placement, voilà tout. Je place un capital, dans l'espoir d'un bon bénéfice. Vous vivrez à mes crochets pendant une année ou deux, de façon que moi, je puisse vivre aux vôtres tout le reste de ma vie. C'est une affaire; c'est même véritablement de l'usure.

Il fut obligé de rire.

— Et en tous cas, continua-t-elle, vous ne vivrez pas à mes crochets bien longtemps. Vingt mille francs, ça ne dure pas indéfiniment.

Il convint en fin de compte de lui emprunter ses vingt mille francs au taux d'intérêt courant. Il le fit à regret, avec la sensation qu'il trahissait en quelque sorte les siens. Commencer sa vie avec vingt mille francs, — c'était trop facile, c'était se jouer des difficultés, c'était prendre un avantage injuste. N'eût-ce été un certain sentiment de responsabilité qu'il avait pour ses propres talents, il aurait refusé cet argent et se serait alors risqué, tête baissée et sans un sou, dans la carrière littéraire, ou bien aurait pris la voie sûre et pédagogique. Lorsque enfin il consentit à prendre son argent, il lui imposa comme condition de ne jamais rien accepter de sa famille. Mary consentit.

— Ce n'est pas qu'ils aient chance d'insister jamais beaucoup pour me donner quelque chose, ajouta-t-elle en se mettant à rire.

Elle avait raison. L'horreur de son père pour cette mésalliance fut aussi profonde qu'elle l'avait prévu. Mary ne courait aucun risque de devenir riche, de ce côté-là.

Ils se marièrent en août, et partirent immédiatement pour l'étranger. Ils prirent le train jusqu'à Dijon, et de là se mirent en route à pied vers le Sud-est, vers l'Italie. Rampion n'avait encore jamais quitté l'Angleterre. L'étrangeté de la France lui fut un symbole de la vie nouvelle qu'il venait de commencer, de la liberté nouvelle qu'il avait acquise. Et Mary, elle, était non moins symboliquement neuve que le pays qu'ils traversaient. Elle n'avait pas seulement cette confiance en soi, mais une audace qui était, aux yeux de Rampion, absolument étrange et extraordinaire. Des incidents minimes l'impressionnèrent. Il y eut celui, par exemple, de la paire de souliers de rechange qu'elle laissa dans la ferme où ils avaient passé la nuit. Ce ne fut que tard dans l'après-midi qu'elle se rendit compte de cet oubli. Rampion proposa qu'ils fissent demi-tour pour aller les réclamer. Elle ne voulut rien entendre.

— Ils sont perdus, dit-elle. Ce n'est pas la peine de se faire du mauvais sang. Que les souliers enterrent les souliers, ajouta-t-elle, parodiant Longfellow.

Il se mit en colère :

— Souviens-toi que tu n'es plus riche, insista-t-il. Tu ne peux pas te permettre de jeter une bonne paire de souliers. Nous ne pourrons pas en acheter une nouvelle paire avant de rentrer. — Ils avaient emporté une petite somme pour le voyage, et ils avaient juré qu'en aucun cas ils ne dépenseraient davantage. — Non, pas avant de rentrer, répéta-t-il.

— Je le sais, je le sais, répondit-elle, impatientée. J'apprendrai à marcher nu-pieds, voilà tout.

Ce qu'elle fit.

— J'étais née pour faire le chemineau, déclara-t-elle un soir qu'ils couchaient sur du foin, dans une grange. Je ne peux pas te dire le bonheur que j'éprouve à n'être pas comme il faut. C'est l'*Atavismus* qui ressort... Toi, Mark, tu te fais trop de bile. Occupe-toi donc des lis dans les champs.

— Et pourtant, méditait Rampion, Jésus était un pauvre. Dans sa famille, le pain du lendemain et les chaussures devaient avoir beaucoup d'importance. Comment se fait-il qu'il ait pu parler de l'avenir comme un millionnaire ?

— Parce qu'il était l'un des ducs créés par la nature, répondit-elle. Voilà pourquoi. Il naquit avec le titre ; il se sentait de droit divin, comme un roi. Les millionnaires qui font leur propre fortune pensent constamment à l'argent ; ils sont affreusement préoccupés du lendemain. Jésus avait le sentiment véritablement ducal qu'il ne pourrait jamais perdre son état. Il n'avait rien du financier ou du fabricant de savon anobli. C'était un aristocrate authentique. De plus, c'était un artiste, c'était un génie. Il avait des préoccupations plus importantes que le pain, les chaussures, et le lendemain. — Elle resta silencieuse un petit moment, puis ajouta, en guise de réflexion après coup : — Et ce qui plus est, il n'était pas comme il faut. Il se moquait bien de la toilette. Elle peut avoir son prix, sans doute. Mais moi, ça m'est égal, que nous ressemblions à des épouvantails.

— Tu t'es fait un joli petit lot de compliments, dit Rampion. Mais il médita sur ses paroles et sur sa manière de vivre spontanée, naturelle, insouciante. Il lui envia son *Atavismus*.

La vie de chemineau ne fut pas la seule chose que Mary apprécia. Elle sut extraire presque autant d'amusement de la vie plus prosaïque et assise qu'ils menèrent lorsqu'ils furent de retour en Angleterre. « Marie-Antoinette à Trianon », — ainsi l'appela Rampion lorsqu'il la vit faire la cuisine ; elle la faisait avec un tel enthousiasme puéril !

— Réfléchissez bien, l'avait-il avertie avant leur mariage, vous allez être pauvre. Véritablement *pauvre* ; non pas pauvre avec vingt-cinq mille francs par an, comme vos amis dans la dèche. Il n'y aura pas de domestiques. Il faudra que vous fassiez la cuisine, et le raccommodage, et le ménage. Vous ne trouverez pas ça agréable.

Mary s'était contentée de rire :

— C'est vous qui ne trouverez pas ça agréable, répondit-elle, — du moins, tant que je n'aurai pas appris à faire la cuisine.

Elle n'avait seulement jamais préparé un œuf sur le plat lorsqu'elle l'épousa. Chose étrange, cet enthousiasme puéril, à la Marie-Antoinette, à faire les choses, — à faire la cuisine sur un vrai fourneau, à se servir d'un vrai balai à tapis, d'une vraie machine à coudre, — survécut aux premiers mois tout neufs et palpitants. Elle continua à y trouver du plaisir.

— Je ne pourrais jamais redevenir une belle dame, disait-elle. Ça m'assommerait, à en mourir... Dieu sait si les travaux du ménage, et le soin et l'éducation des enfants, peuvent être choses assommantes et exaspérantes. Mais être tout à fait à l'écart des faits ordinaires de l'existence, vivre dans une planète différente du monde de la réalité journalière et physique, — ça, c'est bien pis !

Rampion était du même avis. Il refusait de faire de l'art et de la pensée des excuses pour vivre d'une vie d'abstraction. Dans les intervalles de son activité artistique et littéraire, il aidait Mary dans la besogne du ménage.

— On ne s'attend pas à voir pousser des fleurs dans un beau petit vide bien propre. — Tel était son argument. — Il leur faut de l'humus, de l'argile et du fumier. Il en est de même de l'art.

Pour Rampion, il y avait aussi une sorte d'obligation morale à vivre de la vie des pauvres. Même lorsqu'il se fut assuré un revenu fort convenable, ils ne prirent qu'une bonne, et continuèrent à faire eux-mêmes une large part de la besogne du ménage. C'était pour lui un cas de « noblesse oblige », — ou plutôt de « roture oblige ». Vivre comme les riches, confortablement à l'abri des soucis matériels, ce serait, il le sentait, en quelque sorte une trahison de sa classe sociale, et des siens. S'il se reposait sur sa chaise pendant que des domestiques à sa solde lui faisaient son travail, il infligerait une sorte d'injure à la mémoire de sa mère, il lui dirait de façon posthume qu'il avait trop de valeur pour mener l'existence qu'elle avait menée, elle.

Il lui arrivait de détester cette obligation morale, parce qu'il sentait qu'elle le forçait à faire des choses stupides et ridicules ; et, la détestant, il essayait de se révolter contre elle. Comme il avait été bêtement scandalisé, par exemple, de l'habitude qu'avait eue Mary de rester au lit, le matin. Quand elle se sentait paresseuse, elle ne se levait pas ; et voilà tout. La première fois que cela se produisit, Rampion fut réellement ennuyé.

— Mais tu ne peux pas rester au lit toute la matinée, voyons, protesta-il.

— Pourquoi pas ?

— Pourquoi pas ? Mais parce que tu ne peux pas, quoi !

— Mais si, je peux, dit Mary avec calme. Et je le fais bel et bien !

Cela le scandalisait. Irrationnellement, comme il s'en rendit compte lorsqu'il essaya d'analyser ses sentiments. Mais, malgré tout, il était scandalisé. Il était scandalisé parce qu'il s'était toujours levé de bonne heure, lui, parce que tous les siens avaient toujours été obligés de se lever de bonne heure. Cela le scandalisait qu'on restât au lit alors que d'autres gens sont levés et au travail. Se lever tard, c'était en quelque sorte ajouter l'insulte à l'offense. Et pourtant, le fait de se lever tôt, sans nécessité, n'apportait aucun secours à ceux qui étaient obligés de se lever tôt. Se lever, quand on n'était pas obligé de le faire, c'était simplement un tribut de respect, comme se découvrir dans une église. Et en même temps, c'était un acte propitiatoire de sacrifice pour apaiser sa conscience.

« On ne devrait pas éprouver de sentiments comme cela, songeait-il. Est-ce qu'on se représente un Grec éprouvant cela ? »

C'était inimaginable. Mais il n'en était pas moins vrai, quelque fort qu'il désapprouvât cette sensation, qu'il l'éprouvait nonobstant. « Mary est plus saine que moi », songea-t-il. Et il se rappela ces vers de Walt Whitman sur les animaux : « Ils ne suent ni ne pleurent sur leur état. Ils ne restent pas éveillés, la nuit, à pleurer sur leurs péchés ! » Mary était comme cela, et c'était une bonne chose. Être un animal parfait et un humain parfait, c'était là l'idéal... Malgré tout, il était scandalisé quand elle ne se levait pas le matin. Il s'efforçait de ne pas l'être, mais il l'était néanmoins. Pour marquer sa révolte, il restait parfois couché lui-même jusqu'à midi, par principe. Il était de son devoir de n'être pas un barbare de la conscience. Mais il fallut longtemps pour qu'il pût parvenir à jouir véritablement de sa paresse.

Les habitudes de paresse au lit n'étaient pas les seules choses qui le tourmentassent chez Mary. Au cours des premiers mois de leur mariage, il fut souvent scandalisé par elle, en secret, et contrairement à ses principes. Mary apprit bientôt à reconnaître les signes de sa désapprobation inexprimée, et prit pour règle, chaque fois qu'elle avait vu qu'elle l'avait scandalisé, de le scandaliser encore plus profondément. Cette opération, pensait-elle, ne lui ferait que du bien.

— Tu es un vieux puritain ridicule ! lui dit-elle.

Cette raillerie le piqua, car il savait qu'elle était fondée. De naissance, jusqu'à un certain point, et davantage encore par éducation, il était à moitié puritain. Son père était mort alors qu'il était tout enfant, et il avait été élevé exclusivement par une mère vertueuse et religieuse qui avait fait de son mieux pour abolir toutes les composantes instinctives et physiques de son être, pour lui en faire nier l'existence. En grandissant, il s'était révolté contre son enseignement, mais avec l'esprit seulement, et non en pratique. La conception de la vie contre laquelle il s'était révolté était une partie intégrante de lui-même ; il était en lutte contre lui-même. Théoriquement il approuvait la tolérance large et aristocratique de la conduite de Mary, laquelle, suivant l'enseignement de sa mère, était un horrible péché ; il admirait sa franche jouissance des mets, des vins et des baisers, de la danse et du chant, des foires et des théâtres, et des plaisirs de toute espèce. Et cependant, s'il arrivait à Mary, en ces jours du début de leur mariage, de parler, de sa manière calme et terre à terre, de ce qu'il n'avait entendu désigner de loin en loin, et d'une façon dépréciatoire, que sous le nom de fornication et d'adultère, il en ressentait une secousse, — non pas dans sa raison (car sa raison, après un instant de réflexion, approuvait Mary), mais dans quelque couche plus profonde de son être. Et cette même partie de son être souffrait obscurément de son appétit considérable et manifesté de si bon cœur pour le plaisir et l'amusement, de son rire facile, de son excellent appétit, de sa franche sensualité. Il lui fallut longtemps pour désapprendre le puritanisme de son enfance. Il y eut des moments où son amour pour sa mère se changea presque en haine.

« Elle n'avait pas le droit de m'élever comme cela, disait-il... Comme un jardinier japonais qui arrête délibérément un arbre dans sa croissance... Elle n'avait pas le droit ! »

Et cependant, il était heureux de n'être pas né à l'état de sauvage noble, comme Mary. Il était heureux que les circonstances l'eussent obligé à apprendre laborieusement sa noble sauvagerie. Plus tard, après plusieurs années de mariage, quand ils eurent atteint un degré d'intimité impossible au bout de ces quelques premiers mois de nouveautés, de heurts et de surprises, il put lui parler de ces questions.

— L'existence te vient, à toi, trop facilement, essaya-t-il d'expliquer. Tu vis d'instinct. Tu sais tout naturellement ce qu'il faut faire, comme un insecte au sortir de son cocon. C'est trop simple, c'est par trop simple. — Il hocha la tête. — Tu n'as pas gagné ton savoir ; tu ne t'es jamais rendu compte des autres manières de

— En d'autres termes, dit Mary, je suis une imbécile.

— Non, une femme.

— Ce qui est ta façon polie de dire la même chose. Mais je voudrais bien savoir, continua-t-elle, avec un manque de liaison qui n'était qu'apparent, où tu en serais sans moi. Je voudrais bien savoir ce que tu ferais en ce moment si tu ne m'avais jamais rencontrée. — Elle poursuivait d'étape en étape une argumentation cohérente au point de vue émotif.

— J'en serais où j'en suis, et je ferais exactement ce que je suis en train de faire.

Il ne parlait pas sérieusement, bien entendu, car il savait mieux que quiconque tout ce qu'il lui devait, tout ce qu'il avait appris par son exemple et ses préceptes. Mais il s'amusa à la dépiter.

— Tu sais très bien que ce n'est pas vrai ! — Mary était indignée.

— Mais si, c'est vrai.

— C'est faux. Et pour te le prouver, ajouta-t-elle, j'ai bien envie de m'en aller avec les enfants et de te laisser quelques mois à mijoter dans ton jus. Je serais curieuse de savoir ce que tu deviendrais sans moi.

— Je m'arrangerais parfaitement, affirma-t-il avec un calme exaspérant.

Mary rougit de dépit ; elle commençait à être sérieusement agacée.

— C'est très bien, répondit-elle, je vais m'en aller, alors. Cette fois, c'est sérieux.

Elle avait déjà fait cette menace ; ils se disputaient assez souvent, car tous deux étaient vifs de caractère.

— Parfait, dit Rampion. Mais souviens-toi qu'on peut jouer à ce jeu-là à deux. Si tu me quittes, c'est moi qui te lâche.

— Nous verrons bien comment tu te débrouilleras sans moi, continua-t-elle, menaçante.

— Et toi ? demanda-t-il.

— Eh bien, quoi, et moi ?

— Est-ce que tu t'imagines que tu te débrouilleras mieux sans moi que moi sans toi ?

Ils se regardèrent l'un l'autre quelque temps en silence, puis, simultanément, éclatèrent de rire.

CHAPITRE X

— UNE véritable technique, répéta Spandrell. Choisissez-les malheureuses, ou mécontentes, ou désireuses de faire du théâtre, ou essayant d'écrire pour les revues littéraires qui refusent leurs productions, — ce qui fait qu'elles se prennent pour des âmes incomprises. — Il généralisait avec vantardise, d'après le cas de la pauvre petite Harriet Watkins. S'il s'était borné à conter sans fioritures sa liaison avec Harriet, cela n'aurait guère eu l'air d'un bien grand exploit. Harriet était un petit être si sentimental, si faible : le premier venu en serait venu à bout ! Mais ainsi généralisée, comme si le cas n'en était qu'un parmi des centaines d'autres, rapportée dans un style de livre de cuisine (« choisissez-les malheureuses », — c'était une recette de Tante Louise), l'histoire paraissait, croyait-il, la plus cyniquement impressionnante du monde. — Et commencez par être très, très bon, et d'une sagesse si savante, et parfaitement pur, un frère aîné, en somme. Et elles s'imaginent que vous êtes vraiment un type extraordinaire, parce que, naturellement, elles n'ont jamais vu quelqu'un qui ne fût pas tout simplement dans les affaires, avec des idées et des ambitions d'affaires. Elles vous trouvent extraordinaire, parce que vous vous y connaissez en art, et que vous vous êtes trouvé avec tous les gens célèbres, et que vous ne pensez pas exclusivement à l'argent et dans les termes mêmes qu'emploie le journal du matin. Et elles éprouvent pour vous, par surcroît, un peu de terreur, ajouta-t-il, se souvenant de l'expression d'admiration effarée de la petite Harriet : vous êtes si peu comme il faut et pourtant si « classe supérieure », si à l'aise et chez vous parmi les grandes œuvres et les grands hommes, si pervers mais si extraordinairement bon, si savant, vous avez tant voyagé, vous êtes si brillamment cosmopolite et « West-End » (avez-vous jamais entendu un banlieusard parler du West-End ?) comme le Monsieur décoré de la Toison d'Or dans les annonces des cigarettes De Reszké... Oui, elles éprouvent un peu de terreur à votre égard ; mais en même temps elles vous adorent. Vous les comprenez si bien, vous êtes tellement au courant de la vie en général et de leur âme en particulier, et vous n'êtes pas le moins du monde flirteur ou entreprenant, comme les autres hommes, pas le moins du monde. Elles sentent qu'elles pourraient avoir en vous une confiance absolue ; et c'est vrai, pendant les premières semaines. Il faut que vous les habituiez au piège, que vous en ayez fait des êtres tout à fait apprivoisés et confiants, et dressés à ne pas s'effaroucher d'une petite tape fraternelle que vous leur donnez dans le dos une fois en passant, ou d'un chaste baiser d'oncle que vous déposez par hasard sur leur front. Et pendant ce temps vous leur extirpez par des cajoleries leurs petites confidences, vous les faites parler d'amour, vous en parlez vous-même, comme entre camarades, n'est-ce pas, comme si elles étaient aussi âgées que vous et aussi tristement désillusionnées et amèrement averties que vous, — ce qui les scandalise terriblement (bien qu'elles n'en disent rien, naturellement), mais ce qu'elles trouvent aussi combien palpitant, combien formidablement flatteur ! Alors, c'est bel et bien de l'amour qu'elles ont pour vous ! Alors, en fin de compte, quand l'instant vous paraît mûr, qu'elles sont complètement domestiquées et n'ont plus peur, alors, vous mettez en scène le dénouement... Le thé chez vous, — vous les avez tellement habituées à venir chez vous en toute impunité, n'est-ce pas, — et puis, elles doivent aller dîner avec vous après, de sorte qu'il n'y a rien qui presse. Le crépuscule s'accentue, vous parlez d'un ton désillusionné et pourtant sentimental des mystères amoureux, — vous amenez des cocktails bien forts — et vous continuez à parler, de façon qu'elles les ingurgitent, l'esprit ailleurs, sans y songer. Puis, assis par terre à leurs pieds, vous vous mettez à leur caresser tout doucement les chevilles d'une façon toute platonique, toujours discourant de philosophie amoureuse, comme si vous n'aviez nullement conscience de ce que fait votre main. Si elles ne vous en veulent pas de cela, et si les cocktails ont fait leur œuvre, le reste ne doit pas être difficile. Du moins, c'est ce que j'ai toujours trouvé, moi. — Spandrell se versa encore du cognac, et but... — Mais c'est alors, une fois qu'elles sont devenues votre maîtresse, que commence vraiment la rigolade. C'est alors que vous déployez tous vos talents socratiques.

Vous leur développez leur petit tempérament, vous les initiez — toujours si savamment, si doucement, si patiemment — à tous les excès de la sensualité. Ça peut se faire, je vous assure, et d'autant plus facilement qu'elles sont plus innocentes. Vous pouvez les amener, en toute ingénuité, au degré le plus étonnant de la dépravation.

— Je n'en doute pas, dit Mary, indignée. Mais à quoi cela rime-t-il, en fin de compte ?

— C'est un divertissement, dit Spandrell avec un cynisme théâtral. Ça fait passer le temps, et ça donne une pointe de relief à l'ennui.

— Et surtout, reprit Mark Rampion, sans lever les yeux de sa tasse à café, surtout, c'est une vengeance. C'est une manière de se rattraper sur les femmes, c'est un moyen de les punir d'être femmes et d'être si attirantes, c'est une manière d'exprimer sa haine pour elles et pour ce qu'elles représentent, c'est une manière d'exprimer sa haine contre soi-même. Ce qu'il y a de navrant dans votre cas, Spandrell, continua-t-il, levant soudain en accusateur ses yeux pâles et brillants sur le visage de l'autre, c'est qu'au fond vous vous haïssez vous-même. Vous haïssez la source même de votre vie, sa base dernière, — car il n'y a pas à le nier, le sexe est une chose fondamentale. Et vous le haïssez, vous le haïssez !

— Moi ?

L'accusation était neuve. Spandrell était habitué à s'entendre blâmer de son amour excessif des femmes et des plaisirs sensuels

— Vous n'êtes pas le seul, d'ailleurs. Tous ces gens-là aussi. — D'un geste brusque de la tête il indiqua les autres dîneurs. — Et aussi tous les gens comme il faut. A peu près tout le monde. C'est la maladie de l'homme moderne. J'appellerai cela la maladie de Jésus par analogie avec la maladie de Bright. Ou plutôt, la maladie de Jésus et de Newton ; car les gens de science sont aussi responsables que les chrétiens. De même les grands hommes d'affaires, quand on y réfléchit. C'est la maladie de Jésus et de Newton et de Henry Ford. A eux trois, c'est tout juste s'ils ne nous ont pas complètement tués. Ils ont arraché la vie de notre corps, et nous ont bourrés de haine.

Rampion était pénétré de son sujet. Il avait travaillé toute la journée à un dessin qui l'illustrait symboliquement. Jésus, ceint du pagne qu'il portait le matin du supplice, et un chirurgien en blouse, étaient représentés, scalpel en main, de chaque côté d'une table d'opération sur laquelle, en raccourci, les plantes des pieds vers le spectateur, gisait un homme à demi disséqué. D'une blessure terrible à son ventre s'échappaient des entrailles enroulées qui, tombant à terre, se mêlaient à celles de la femme largement entaillée et saignante qui gisait au premier plan, et se transformaient ensuite par métamorphose allégorique en tout un peuple de serpents vivants. Au fond s'estompait un paysage de collines, taché de noirs chevalements de mines et de cheminées. D'un côté du dessin, derrière le corps de Jésus, deux anges, — produit spirituel des mutilations des vivisecteurs, — s'efforçaient de s'élever sur leurs ailes étendues... En vain, car leurs pieds étaient pris dans les replis des serpents. Malgré tous leurs efforts, ils ne parvenaient pas à quitter la terre.

— Jésus et les gens de science pratiquent la vivisection sur nous, poursuit-il, songeant à son dessin ; ils sont en train de hacher notre corps en petits morceaux.

— Mais après tout, pourquoi pas ? objecta Spandrell. Il a peut-être été créé pour subir la vivisection. Le fait de notre honte est significatif. Nous avons spontanément honte de notre corps et de ses activités. Ça, c'est une marque de l'infériorité absolue et naturelle du corps.

— Une blague absolue et naturelle ! dit Rampion avec indignation. La honte n'a rien de spontané, d'abord. C'est une chose artificielle, acquise. On peut rendre les gens honteux de n'importe quoi, — leur faire une honte agonisante de porter des chaussures jaunes avec un veston noir, ou de parler avec un accent mal venu, ou d'avoir une goutte pendante au bout du nez — de tout, absolument tout, y compris le corps et ses fonctions. Mais cette honte particulière-là est tout aussi artificielle que n'importe quelle autre. Ce sont les chrétiens qui l'ont inventée, de même que les tailleurs de Savile Row ont inventé la honte de porter des chaussures jaunes avec un veston noir. Elle était bigrement peu répandue avant l'ère chrétienne. Voyez donc les Grecs, les Étrusques.

Ces noms antiques ramenèrent Mary sur les landes au-dessus de Stanton. Il était toujours le même, — sauf qu'il était devenu maintenant plus fort. Comme il avait eu mauvaise mine, ce jour-là ! Elle avait eu honte d'être bien portante et riche. L'avait-elle aimé autant en ce temps-là qu'à présent ?

Spandrell avait levé une main longue et osseuse.

— Je sais, je sais... Nobles, nus, antiques !... Mais je crois qu'ils sont d'invention toute moderne, vos païens à la gymnastique suédoise. Nous les sortons chaque fois que nous désirons agacer les chrétiens. Mais ont-ils jamais existé ? J'ai des doutes, moi.

— Mais voyez donc leur art, dit Mary à son tour, songeant

aux peintures de Tarquinies. — Elle les avait revues avec Mark, — les avait vraiment vues cette fois.

— Oui, et voyez donc le nôtre, répliqua Spandrell. Quand, au cours des fouilles qu'on effectuera dans trois mille ans, on mettra au jour la salle de sculptures du Salon, on dira que les Londoniens du vingtième siècle portaient des feuilles de vigne, donnaient à têter à leurs bébés en public, et s'embrassaient tout nus dans les jardins.

— Que ne le font-ils, hélas! dit Rampion.

— Mais ils n'en font rien. D'ailleurs, laissant de côté pour un moment cette question de honte, que dites-vous de l'ascétisme comme condition préliminaire de l'expérience mystique?

Rampion ramena ses mains l'une contre l'autre avec un claquement vif et, se calant bien au fond de sa chaise, leva les yeux au plafond.

— Bigre de bigre! dit-il. C'est là que vous en êtes arrivé? A l'expérience mystique et à l'ascétisme! Une nouvelle forme de haine de la vie chez le fornicateur...

— Non, mais sérieusement..., commença l'autre.

— Non, sérieusement, avez-vous lu *Thaïs,* d'Anatole France?

Spandrell secoua la tête.

— Lisez-le, dit Rampion. Lisez-le. C'est élémentaire, bien entendu. — Un livre pour gamins. Mais il ne faut pas grandir sans avoir lu tous les livres pour gamins. Lisez-le, et revenez ensuite me parler d'ascétisme et d'expérience mystique.

— Je le lirai, dit Spandrell. En attendant, ce que je voulais dire, c'est qu'il y a certains états de conscience que connaissent les ascètes, et que ne peuvent connaître les gens qui ne sont pas des ascètes.

— Sans doute. Et si vous traitez votre corps de la façon dont la nature a eu l'intention de vous le faire traiter, — en égal, — vous atteindrez à des états de conscience inconnus des ascètes ivres de vivisection.

— Mais les états des adeptes de la vivisection sont supérieurs aux états des jouisseurs.

— En d'autres termes, les fous sont supérieurs aux hommes sensés. C'est ce que je nie. Le Grec sensé, harmonieux, tire tout ce qu'il peut, en plein rendement, de ces deux groupes d'états. Il n'est pas assez idiot pour vouloir tuer une partie de soi. Il garde un équilibre. Ce n'est pas facile, bien sûr; c'est même diantrement difficile. Les forces à réconcilier sont intrinsèquement hostiles. L'âme consciente en veut aux activités de la partie inconsciente, physique, instinctive, de l'être total. La vie de l'une est la mort de l'autre, et vice versa. Mais l'homme sensé essaye, du moins, de réaliser un équilibre. Les chrétiens, qui n'étaient pas sensés, ont dit aux gens qu'ils devaient jeter une moitié d'eux-mêmes dans la corbeille à papiers. Et maintenant les hommes de science et les gens d'affaires s'en viennent nous dire qu'il faut encore jeter la moitié de ce que les chrétiens nous ont laissé. Mais moi, je ne désire pas être aux trois quarts mort. J'aime mieux être vivant, complètement vivant. Il est temps qu'il y ait une révolte en faveur de la vie et de la plénitude.

— Mais, de votre point de vue, dit Spandrell, il me semble que cette époque n'a besoin d'aucune réforme. C'est l'âge d'or pour la beuverie, le sport, et l'amour en public.

— Ah! Si vous saviez comme Mark est puritain, au fond! dit Mary Rampion dans un éclat de rire. Oui, un vieux puritain classique!

— Non, pas puritain, dit son mari, — sensé, tout simplement. — Vous êtes comme tous les autres, reprit-il, s'adressant à Spandrell. Vous avez l'air de vous imaginer que la froide lascivité moderne, civilisée, est la même chose que le bon — comment l'appellerai-je? — le bon phallisme (oui, ce mot-là rend bien la qualité religieuse de l'ancien mode d'existence; vous avez lu *les Acharniens,* n'est-ce pas?), le phallisme, donc, des anciens!

Spandrell geignit et branla la tête.

— Épargnez-nous les appareils de gymnastique suédoise!

— Mais *ce n'est pas* la même chose, continua l'autre. C'est précisément le christianisme retourné. C'est le dédain de l'ascète pour le corps, exprimé de façon différente, — le dédain et la haine. C'est ce que je disais à l'instant. Vous vous haïssez vous-mêmes, vous autres, vous haïssez la vie. Vos deux seules alternatives sont la promiscuité et l'ascétisme, — deux formes de mort. Quoi, les chrétiens eux-mêmes comprenaient beaucoup mieux le phallisme que cette génération sans dieux! Que dit donc cette phrase du service du mariage? « Avec mon corps je t'adore. »... Adorer le corps, voilà le phallisme authentique. Et si vous vous imaginez qu'il y a là quoi que ce soit de commun avec la promiscuité civilisée et sans passion de nos jeunes gens les plus avancés, vous vous trompez joliment.

— Oh! je suis tout prêt à admettre le caractère mortel de nos divertissements civilisés, répondit Spandrell. Il y a une certaine odeur, continua-t-il d'une voix hachée, entre les bouffées qu'il tirait du cigare à demi consumé qu'il essayait de rallumer, — de parfum bon marché — et de vieille crasse. — Il me semble souvent — que l'atmosphère de l'enfer — doit en être composée.

— Il jeta son allumette. — Mais l'autre alternative, — elle n'a certainement rien de mortel, celle-là. Il n'y a rien de mortel dans Jésus ou saint François, par exemple.

— Si, par endroits, dit Rampion. Ils ont été morts par endroits... Joliment vivants par d'autres, j'en suis absolument d'accord. Mais ils ont tout bonnement négligé la moitié de l'existence. Non, non, eux, ça ne colle pas. Il est temps qu'on cesse de parler d'eux. J'en ai assez, de Jésus et de saint François, j'en ai plein le dos.

— Eh bien, alors, les poètes, dit Spandrell. Vous ne direz pas que Shelley, c'est un cadavre.

— Shelley ? s'écria Rampion. Ne me parlez pas de Shelley ! — Il secoua la tête avec conviction. — Non, non. Shelley a quelque chose de véritablement affreux. Il n'est pas humain, ce n'est pas un homme. C'est un mélange de fée et de limace blanche.

— Allons, allons, protesta Spandrell.

— Oh ! exquis, sans doute, et tout ce que vous voudrez... Mais rempli d'une sorte de bave exsangue ! Pas de sang, pas d'os véritables, pas d'entrailles ! Rien que de la pulpe et un jus blanc. Et puis, ce mensonge affreux de l'âme ! Cette façon qu'il avait de faire toujours semblant, pour son propre profit et pour celui des autres, que le monde n'était pas vraiment le monde, mais bien le ciel ou l'enfer. Et que coucher avec des femmes, ce n'était pas réellement coucher avec elles, mais simplement deux anges se donnant la main. Oh ! Rappelez-vous comme il traitait les femmes, — c'est scandaleux, vraiment scandaleux. Les femmes adoraient ça, naturellement — pendant quelque temps. Ça leur donnait un tel sentiment de spiritualité, — du moins, jusqu'à que ça leur donnât l'envie de se suicider... Oui, oui, de spiritualité, je crois bien !... Et pendant tout ce temps-là, il n'était, lui, qu'un jeune collégien avec des désirs sensuels pareils à ceux de tous les autres, mais se persuadant à soi-même et aux autres qu'il était Dante et Béatrice confondus, et bien plus encore ! C'est affreux, affreux ! Sa seule excuse, je le suppose, c'est qu'il n'y pouvait rien. Il ne naquit pas homme : il n'était qu'une espèce de limace-fée avec des appétits sexuels d'un collégien... Et puis, songez à cette incapacité formidable d'appeler un chat un chat ! Il lui fallait toujours prétendre que c'était la harpe d'un ange ou une imagination platonicienne !... Vous rappelez-vous l'*Ode à l'Alouette ?*... « Salut à toi, esprit enjoué ! Oiseau, tu ne le fus jamais ! » — Rampion récita en faisant une parodie ridicule de l'expression d'un diseur professionnel.. — Il fait semblant, il se ment à soi-même, comme d'habitude. Il ne pouvait pas permettre que l'alouette fût un simple oiseau, avec du sang, et des plumes, et un nid et du goût pour les chenilles. Oh ! non. Ça, ce n'était pas assez poétique, n'est-ce pas, c'était bien trop grossier. Il fallait que ce fût un esprit désincarné... Privé de sang et de squelette. Une espèce de limace éthérée et volante. On devrait s'y attendre, bien sûr. Shelley était lui-même une espèce de limace volante ; et, en fin de compte, personne ne peut vraiment écrire sur rien, si ce n'est sur soi-même. Si vous êtes limace, il vous faut écrire sur les limaces, quand bien même votre sujet serait censé être l'alouette. Mais, bon Dieu, comme j'aurais voulu, ajouta Rampion, avec un brusque éclat de fureur comiquement extravagante, comme j'aurais voulu que cet oiseau eût eu autant d'esprit que les moineaux de livre de Tobie, et lui fît tomber dans l'œil une bonne grosse fiente. C'eût été joliment bien fait pour lui, pour avoir dit que ce n'était pas un oiseau. Esprit enjoué, — je vous demande un peu ! Esprit enjoué !

CHAPITRE XI

AU voisinage de Lucy, la vie avait toujours tendance à devenir excessivement publique. « Plus on est de fous, plus on rit », tel était son principe ; ou si « on rit » était une expression trop forte, du moins plus on est bruyant, plus on se distrait tumultueusement. Elle n'était pas arrivée depuis cinq minutes, que le coin occupé depuis le début de la soirée par Spandrell et les Rampion dans l'intimité de leur conversation tranquille, fut envahi et en un clin d'œil ravagé par une bande bruyante et avinée issue du salon particulier. Cuthbert Arkwright était le plus bruyant et le plus soûl, — par principe, et par amour de l'art autant que par amour de l'alcool. Il était pénétré de cette idée qu'en gueulant et se conduisant de façon inconvenante, il défendait l'art contre les Philistins. Gris, il se sentait aligné du côté des immortels, à côté de Baudelaire, d'Edgar Allan Poe, de De Quincey, contre la masse amorphe sans spiritualité. Et s'il se vantait de ses fornications, c'est parce que les gens « comme il faut » avaient traité Blake de fou, parce que Bowdler avait édité Shakespeare en l'expurgeant, et que l'auteur de *Madame Bovary* avait été poursuivi, parce que, si l'on demandait la *Sodome* du comte de Rochester à la Bibliothèque Bodléienne, les bibliothécaires refusaient de la donner si l'on n'était pas muni d'une attestation disant qu'on s'occupait effectivement de travaux d'érudition littéraire. Il gagnait sa vie, et ce faisant il se persuadait qu'il servait la cause des arts, en éditant des tirages limités et coûteux des spécimens plutôt scabreux des littératures autochtone et étrangère. Blond, d'un rouge de bœuf saignant, avec des yeux verts en boules de loto, sa large face luisante, il s'approcha, vociférant des salutations. Willie Weaver le suivait, pimpant, petit homme perpétuellement souriant, au long nez chaussé de lunettes, pétillant de bonne humeur et de verbiage intarissable. Derrière lui, jumeau par la taille, et également muni de lunettes, mais grisonnant, terne, recroquevillé et silencieux, venait Peter Slipe.

— On dirait la réclame d'une spécialité pharmaceutique, dit Spandrell comme ils s'approchaient. Slipe, c'est le malade *avant*, Weaver, c'est le même après un flacon, et Cuthbert Arkwright montre les résultats effarants obtenus par le traitement complet.

Lucy riait encore de cette plaisanterie lorsque Cuthbert lui prit la main.

— Lucy! cria-t-il. Mon ange! Mais pourquoi donc, pour l'amour de Dieu, écrivez-vous toujours au crayon? Je ne puis arriver à vous lire. C'est un pur hasard que je sois ici ce soir.

« Elle lui avait donc écrit pour lui dire de la retrouver là, pensa Walter. Ce gros lourdaud vulgaire et bête! »

Willie Weaver serrait la main de Mary Rampion et de Mark:

— Je ne m'imaginais pas du tout que je verrais ici les grands, dit-il, — non plus que les belles. — Il fit une révérence à Mary, qui partit d'un éclat de rire bruyant et masculin. Willie Weaver fut plutôt satisfait que froissé. — C'est véritablement la Taverne de la Sirène! poursuivit-il.

— Toujours occupé avec votre bric-à-brac? demanda Spandrell, se penchant pour parler à Peter Slipe, qui avait pris un siège à côté de Walter. Peter était assyriologue, et travaillait au British Museum.

— Mais pourquoi au crayon, pourquoi diable au crayon? hurlait Cuthbert.

— Je me noircis toujours les doigts quand je me sers d'une plume.

— Je suis prêt à vous les nettoyer sous mes baissers, protesta Cuthbert; et, se penchant sur la main qu'il tenait toujours, il commença à baiser les doigts fins.

Lucy se mit à rire.

— Je crois qu'il vaudrait mieux acheter un stylo, dit-elle.

Walter observait la scène, attristé. Était-ce possible? Un gros plaisantin odieux de son espèce?

— Ingrate! dit Cuthbert. Mais il faut absolument que je parle à Rampion.

Et, s'éloignant d'elle, il donna à Rampion une tape sur l'épaule, et simultanément fit signe de l'autre main à Mary.

— Quel agape ! — Willie Weaver continuait son effervescence, comme une bouilloire. Le bec en était maintenant tourné vers Lucy. — Quel festin ! Quel... Il hésita un moment, cherchant l'expression juste, l'expression véritablement frappante... — Quels progrès sur Athènes ! Quelle orgie plus que platonicienne !

— Qu'est-ce que des progrès sur Athènes ? demanda Lucy.

Willie s'assit et se mit en devoir d'expliquer :

— Des progrès, n'est-ce pas, par contraste avec nos manières captivantes et bourgeoises à la Pecksniff...

— Pourquoi ne me donnez-vous rien à imprimer de vous ? demandait persuasivement Cuthbert.

Rampion le dévisagea avec animosité :

— Croyez-vous que je sois fort désireux de voir mes livres en vente dans les magasins d'articles en caoutchouc ?

— Ils seraient en bonne compagnie, dit Spandrell... — *Les Œuvres d'Aristote...*

Cuthbert se mit à rugir en guise de protestation.

— Comparez un homme éminent de l'époque de Victoria avec un homme éminent de l'époque de Périclès, dit Willie Weaver. — Il sourit ; il était heureux et éloquent.

Sur Peter Slipe, le bourgogne avait eu un effet déprimant et non point stimulant. Le vin n'avait fait que rehausser son manque d'éclat et sa mélancolie.

— Et que devient Béatrice, dit-il à Walter, Béatrice Gilray ? — Il eut un hoquet et essaya de faire semblant d'avoir toussé. — Vous la voyez souvent, je suppose, maintenant qu'elle travaille au *Monde littéraire ?*

Walter la voyait trois fois par semaine, et la trouvait toujours en bonne santé.

— Faites-lui mes plus tendres amitiés quand vous la reverrez, dit Slipe.

— ...Les borborygmes stertoreux de Carlyle le dyspeptique ! déclama Willie Weaver, et ses yeux brillèrent de joie à travers ses lunettes. — Le mot, il s'en flattait, n'eût guère pu être plus exquisement juste. Il eut le petit toussottement dont il ponctuait invariablement les meilleurs de ses saillies. — Je voudrais bien rire, je voudrais bien applaudir, ainsi pouvait-on interpréter ce petit toussottement, mais la modestie me le défend.

— Les... quoi, stertoreux ? demanda Lucy. Je vous demande en grâce de ne pas oublier que je n'ai reçu aucune instruction !

— Vous roucoulez à l'état de nature vos chansons champêtres natives! dit Willie. Puis-je me verser un peu de ce noble cognac?... L'Hippocrène rosée!...

— Elle m'a traitée bien mal, extrêmement mal. — Peter Slipe devenait plaintif. — Mais je ne veux pas qu'elle s'imagine que je lui en veux.

Willie Weaver fit claquer sa langue sur le cognac.

— Les joies solides et les plaisirs liquides sont connus des seuls enfants de Sion, cita-t-il à faux, et il répéta son petit toussottement de satisfaction.

— Ce qu'il y a de gênant avec Cuthbert, disait Spandrell, c'est qu'il n'a jamais bien appris à distinguer l'art avec la pornographie.

— Bien entendu, continuait Peter Slipe, elle avait parfaitement le droit de faire ce que bon lui semblait chez elle. Mais... me mettre à la porte comme cela, d'un jour à l'autre!...

A tout autre moment, Walter eût été enchanté d'entendre de la bouche de ce pauvre petit Slipe sa version de cette histoire curieuse. Mais, avec Lucy comme autre voisine, il éprouva quelque difficulté à s'y intéresser vraiment.

— Mais je me demande parfois si les Victoriens ne s'amusaient pas mieux que nous, disait-elle. Plus il y a de restrictions, plus il y a de plaisir. Si vous voulez voir des gens boire avec une allégresse véritable, il faut aller en Amérique. L'Angleterre victorienne a connu le régime sec dans tous les compartiments. Ainsi, par exemple, il y avait un dix-neuvième amendement au sujet de l'amour: aussi devait on le faire avec le même enthousiasme que mettent les Américains à boire du whisky. Je ne sais pas, au fond, si je suis partisan des progrès sur Athènes, — du moins, si nous en sommes, nous.

— Vous préférez Pecksniff à Alcibiade, dit Willie Weaver en manière de conclusion.

Lucy haussa les épaules.

— Je n'ai aucune expérience de Pecksniff, dit-elle.

— Je ne sais pas, disait Peter Slipe, si vous avez jamais été becqueté par une oie.

— Comment? demanda Walter faisant effort pour ramener son attention.

— Si vous avez jamais été becqueté par une oie?

— Jamais, autant qu'il m'en souvienne.

— C'est une sensation dure, sèche. — Slipe crocha dans l'air, de son index jauni de tabac. — Béatrice est comme ça. Elle becquète, elle aime becqueter. Mais elle sait aussi se montrer très bonne. Elle veut absolument se montrer bonne à sa manière, et elle se met à becqueter si l'on n'aime pas ça. Le becquetage fait partie de sa bonté ; du moins, c'est ce que j'ai toujours éprouvé. Je n'ai jamais protesté. Mais pourquoi m'avoir chassé de sa maison comme si j'étais un criminel ?... Et il est si difficile de trouver un logement à l'heure actuelle. J'ai été obligé de rester trois semaines dans une pension de famille. Quelle nourriture !... — Il frémit.

Walter ne put s'empêcher de sourire.

— Il faut qu'elle ait été bien pressée d'installer Burlap à votre place.

— Mais pourquoi si pressée que cela ?

— Quand il s'agit de se défaire du vieil amour et d'accueillir le neuf...

— Mais que vient faire là-dedans l'amour ? demanda Slipe. Du moins, dans le cas de Béatrice ?

— Beaucoup de choses, interrompit Willie Weaver, — tout, même. Ces vierges atteintes par la limite d'âge — ce sont toujours les plus passionnées.

— Mais elle n'a jamais de sa vie connu l'amour.

— D'où la violence, fit triomphalement Willie en guise de conclusion. Béatrice garde un nègre sur la soupape de sûreté. Et ma femme m'assure que ses dessous sont véritablement Phrynéens. Ça, c'est tout ce qu'il y a de sinistre.

— Peut-être se plaît-elle à être bien habillée, hasarda Lucy.

Willie Weaver secoua la tête. L'hypothèse était trop simple.

— Cette femme-là a l'inconscience d'un trou noir. — Willie hésita une seconde. Elle est pleine d'étreintes de batraciens dans les ténèbres, dit-il en conclusion, et toussotta modestement pour commémorer sa prouesse.

Béatrice Gilray était en train de réparer une camisole de soie rose. Elle avait trente-cinq ans, mais en paraissait moins, ou plutôt elle paraissait n'avoir pas d'âge. Elle avait la peau nette et fraîche. Ses yeux brillants dardaient hors de leurs orbites peu profondes et sans rides. Son visage avait quelque chose de vif et de volontaire, et n'était pas sans beauté, mais avec quelque chose d'intrinsèquement un peu comique dans la forme et l'inclinaison du nez, quelque chose de légèrement absurde dans l'éclat perlé des yeux, la bouche en moue, et le menton rond plein de défi. Mais on riait avec elle aussi bien que d'elle ; car la pose de ses lèvres avait de l'humour, et l'expression de ses yeux ronds et étonnés était moqueuse et malicieusement curieuse.

Elle cousait. La pendule faisait son tic-tac. L'instant mouvant qui, selon Newton, sépare le passé infini de l'infini avenir, avançait inexorablement à travers la dimension temps. Ou bien, si

Aristote dit vrai, un peu plus du possible était à chaque instant rendu réel; le présent s'arrêtait et s'incorporait au futur, ainsi qu'un homme suce-ait sans cesse une tige de macaroni qui n'aurait pas de fin. De temps en temps, Béatrice rendait réel un bâillement potentiel. Dans une corbeille, près de la cheminée, une chatte noire était couchée sur le flanc et donnait à téter à quatre petits chats aveugles et tachetés. Les murs de la pièce étaient jaune-primevère. Sur le rayon supérieur de la bibliothèque la poussière s'épaississait sur les manuels d'assyriologie qu'elle avait achetés lorsque Peter Slipe avait été le locataire de son étage du dessus. Un volume des *Pensées* de Pascal, avec des annotations au crayon de la main de Burlap, était ouvert sur la table. La pendule continuait son tic-tac.

Soudain la porte d'entrée claqua. Béatrice posa sa camisole de soie rose et fut debout d'un bond.

— N'oubliez pas que vous avez à boire votre lait chaud, Denis, dit-elle, regardant dans l'antichambre. — Elle avait la voix nette, aiguë et impérative.

Burlap accrocha son pardessus et arriva à la porte:

— Vous n'auriez pas dû m'attendre, dit-il, d'une voix de tendre reproche, en lui glissant un de ses sourires graves et subtils à la Sodoma.

— J'avais là un travail que je voulais absolument terminer, dit Béatrice en mentant.

— Eh bien, c'est vraiment très gentil à vous...

Ces petites gentillesses de conversation familière, dont Burlap aimait à relever ses propos, avaient, pour des oreilles sensibles, une résonance des plus curieuses. «Il parle argot, avait dit un jour Mark Rampion, comme s'il était un étranger avec une maîtrise parfaite de l'anglais, — mais la maîtrise d'un étranger. Je ne sais si vous avez jamais entendu un Indou traiter quelqu'un de «b'ave type, mon 'ieux...» L'argot de Burlap me rappelle ce genre-là.»

Béatrice, cependant trouva ce «très gentil à vous» absolument naturel et sans rien d'étranger. Elle rougit d'un plaisir timide et «jeune fille». Mais elle dit:

— Entrez et fermez donc la porte, d'un ton sec de commandement. — Cette jeune et molle timidité était entourée d'une coquille externe écailleuse; il y avait une partie de son être qui becquetait et était pleine de sens pratique. — Asseyez-vous là, ordonna-t-elle, et cependant qu'elle s'occupait avec vivacité du pot à lait, de la casserole, du réchaud à gaz, elle lui demanda s'il avait passé une bonne soirée.

Burlap hocha la tête:

— *Fascinatio nugacitatis,* dit-il. *Fascinatio nugacitatis.*

Il avait ruminé la fascination de la futilité tout le long de la route, depuis Piccadilly Circus.

Béatrice n'entendait pas le latin ; mais elle vit à son visage que ses paroles exprimaient la désapprobation :

— Les soirées, au fond, sont bien une perte de temps, n'est-ce pas ? dit-elle.

Burlap fit « oui » de la tête :

— Une perte de temps, dit-il en écho, de sa lente voix de ruminant, fixant de ses yeux vides et préoccupés l'invisible daemon qui se tenait légèrement à gauche de Béatrice. — On a quarante ans, on a vécu plus de la moitié de sa vie, le monde est merveilleux et mystérieux. Et pourtant, on passe quatre heures à bavarder sur rien du tout à Tantamount House. Comment se fait-il que le futile soit si attrayant ? Ou bien y a-t-il autre chose, en dehors du futile, qui vous attire ? Est-ce le vague espoir fantastique qu'on pourra rencontrer un jour l'être messianique qu'on cherche depuis toujours, ou qu'on entendra la parole révélatrice ?

Burlap balançait la tête en parlant d'un mouvement bizarre et dégingandé, comme si les muscles de son cou se détendaient. Béatrice était tellement habituée à ce mouvement qu'elle n'y voyait plus rien d'étrange. Attendant que le lait fût bouillant, elle l'écoutait avec admiration, elle le contemplait de son visage sérieux de fidèle à l'église. Un homme dont les excursions dans les salons des riches étaient comme de simples épisodes dans une vie toute dédiée à la recherche spirituelle, pouvait raisonnablement être considéré comme l'équivalent d'un service divin du dimanche matin.

— Malgré tout, ajouta Burlap, levant soudain les yeux sur elle avec un ricanement malicieux de gamin des rues, étonnamment différent du sourire à la Sodoma qu'il avait eu, l'instant d'avant, le champagne et le caviar étaient véritablement épatants. — C'était le démon qui venait d'interrompre tout à coup les ruminations philosophiques de l'ange. Et pourquoi pas ? Il trouvait amusant d'être déconcertant. Il regarda Béatrice.

Béatrice était déconcertée, ainsi qu'il seyait :

— Je n'en doute pas, dit-elle, modifiant l'expression de son visage de fidèle à l'église pour l'harmoniser avec le ricanement. — Elle rit un peu nerveusement et s'éloigna pour verser le lait dans une tasse. — Voici votre lait, dit-elle d'un ton sec, fuyant ce qui la déconcertait pour se réfugier dans le commandement plein de sollicitude. — Et surtout, buvez-le pendant qu'il est bien chaud.

Il y eut un long silence. Burlap but à petites gorgées le lait fumant, et Béatrice, assise sur un pouf devant la cheminée sans feu, attendit, haletante un peu, elle ne savait trop quoi.

— Vous ressemblez à la petite miss Muffett, assise sur son petit banc [1], dit enfin Burlap, par allusion à la vieille poésie enfantine.

Béatrice sourit :

— Heureusement qu'il n'y a pas de grosse araignée.

— Merci du compliment, si c'en est un.

— Oui, c'en est un, dit Béatrice.

Voilà bien, songeait-elle, ce qu'il y a de vraiment charmant avec Denis : on pouvait avoir une telle confiance en lui ! Aux autres hommes il pouvait prendre la fantaisie de vous sauter dessus, et d'essayer de vous tripoter ou de vous embrasser, — et c'était affreux, cela, absolument affreux. Béatrice n'était jamais véritablement revenue de la secousse qu'elle avait reçue étant toute jeune fille, lorsque le beau-frère de sa tante Maggie, qu'elle avait toujours considéré comme un oncle, s'était mis à la tripoter dans un fiacre. L'incident l'avait tellement effarouchée et dégoûtée, que lorsque Tom Field, pour qui elle avait vraiment de l'affection, lui avait demandé de l'épouser, elle avait refusé, rien que parce qu'il était un homme, comme cet affreux oncle Ben, et parce qu'elle était épouvantée à la seule pensée des manifestations d'amour, qu'elle avait une terreur panique qu'on la touchât. Elle avait maintenant plus de trente ans, et n'avait jamais permis à personne de la toucher. La douce petite fille frémissante qui était, en elle, sous la coquille sérieuse, s'était amourachée bien des fois. Mais la terreur d'être tripotée, d'être touchée, même, avait toujours été plus forte que l'amour. A la première indication de danger, elle s'était mise à becqueter désespérément, elle avait durci sa coquille, elle avait fui. Arrivée en lieu sûr, la petite fille épouvantée avait poussé un soupir profond. Le ciel soit loué ! Mais un petit soupir de déception était toujours compris dans le grand soupir de satisfaction. Elle eût voulu ne pas avoir eu peur, elle eût voulu que la camaraderie heureuse qui avait existé avant le pelotage eût pu continuer toujours, indéfiniment. Quelquefois, elle s'en voulait à elle-même ; plus fréquemment elle pensait qu'il y a dans l'amour quelque chose de fondamentalement mauvais, et quelque chose de fondamentalement affreux chez les hommes... Oui, c'est là ce qu'il y avait d'épatant avec Denis Burlap ; il avait une façon si manifestement rassurante de

1. *Note du traducteur.* — La petite miss Muffett est l'héroïne d'une petite poésie enfantine familière à tous les enfants en Angleterre : elle a peur d'une grosse araignée.

n'être pas homme à vous sauter dessus et à vous tripoter. Béatrice pouvait l'adorer sans l'ombre d'une crainte.

— Susan aussi s'asseyait sur un pouf, comme la petite miss Muffett, reprit Burlap, après un silence. — Sa voix était mélancolique. Il venait de passer quelques minutes à ruminer le thème de sa femme défunte. Il y avait près de deux ans, maintenant, que Susan avait été enlevée par l'épidémie d'influenza. Près de deux ans; mais sa douleur, il se l'assurait à lui-même, n'avait pas décrû, le sentiment de sa perte était demeuré aussi accablant que jamais. Susan, Susan, Susan, — il s'était répété son nom mainte et mainte fois. Il ne la reverrait plus jamais, même s'il vivait un million d'années. Un million d'années, un million d'années. Des gouffres s'ouvraient tout autour de ces mots... — Ou par terre, poursuivit-il, reconstruisant son image d'une façon aussi vivante que possible. Je crois qu'elle préférait s'asseoir par terre. Comme une enfant. — Une enfant, une enfant, se répéta-t-il à lui-même. Et si jeune!

Béatrice continuait à rester assise en silence, contemplant la cheminée sans feu. C'eût été indiscret, elle le sentait, presque indécent, de regarder Burlap. Le pauvre homme! Lorsque enfin elle se tourna vers lui, elle vit qu'il avait des larmes sur les joues. A cette vue, elle sentit tout à coup son cœur déborder de pitié maternelle. «Comme une enfant,» avait-il dit. Mais il était lui-même comme un enfant. Comme un pauvre enfant malheureux. Se penchant en avant, elle passa ses doigts en caresse le long du dos de la main qu'il laissait pendre mollement.

— D'étreintes de batraciens!... — Lucy répéta le mot et se mit à rire. — Ça, c'est un trait de génie, Willie.

— Tous mes traits sont des traits de génie, dit modestement Willie. Il était en représentation; il était Willie Weaver dans le rôle célèbre de Willie Weaver. Il exploitait artistiquement cet amour de l'éloquence, cette passion de la phrase bien tournée et ronflante, qu'il avait de naissance, — plus de trois siècles trop tard. A l'époque de la jeunesse de Shakespeare, il aurait été une célébrité de la littérature. Parmi ses contemporains, les euphémismes de Willie soulevaient simplement les rires. Mais il prisait les applaudissements, fussent-ils donnés en dérision. En outre, les rires n'étaient jamais méchants; car Willie Weaver était si bon garçon, si obligeant, que tout le monde l'aimait. C'est devant un auditoire plein d'une hilarité approbatrice qu'il jouait son rôle; et sentant l'approbation sous l'hilarité, il le jouait en plein. «Tous mes traits sont des traits de génie.» Cette remarque était admirablement en harmonie. Et vraie, qui sait? Willie plaisantait, mais avec une conviction secrète. — Et notez bien ce que je dis, ajouta-t-il, un de ces jours, les batraciens entreront en éruption, ils ficheront le camp.

— Mais pourquoi des batraciens ? demanda Slipe. S'il y a quelque chose qui ressemble moins à un batracien que Béatrice...

— Et pourquoi ficheront-ils le camp ? fit Spandrell.

— Les grenouilles ne becquètent pas.

Mais la voix mince de Slipe fut couverte par celle de Mary Rampion.

— Parce que les choses finissent toujours par ficher le camp, s'écria-t-elle. C'est un fait.

— Moralité, dit Cuthbert en conclusion : n'enfermez jamais rien. C'est ce que je fais, moi.

— Mais peut-être tout le plaisir tient-il précisément à ce qu'elles fichent le camp, philosopha Lucy.

— Quelle prohibitionniste perverse et paradoxale !

— Mais il est évident, disait Rampion, qu'il se produit des révolutions au-dedans comme au-dehors.. Dans l'État, ce sont les pauvres contre les riches. Chez l'individu, c'est le corps et les instincts opprimés contre l'intellect. L'intellect a été exalté, comme les classes supérieures dans le domaine de l'esprit ; les classes inférieures dans le même domaine se révoltent.

— Très bien, très bien ! criait Cuthbert ; et il frappait du poing sur la table.

Rampion fronça les sourcils. L'approbation de Cuthbert lui était une insulte personnelle.

— Moi, je suis contre-révolutionnaire, dit Spandrell. Remettez donc à leur place les classes inférieures dans le domaine de l'esprit.

— Sauf dans votre cas particulier, hein ? dit Cuthbert, ricanant.

— Quoi, on ne peut pas exposer une théorie, alors ?

— On les a mises à leur place, de force, depuis des siècles, dit Rampion, — et voyez le résultat. *Vous,* entre autres choses. — Il dévisagea Spandrell, qui rejeta la tête en arrière et partit de son rire silencieux. — Voyez le résultat, répéta-t-il. La révolution intérieure personnelle, et, par conséquence, la révolution extérieure et sociale.

— Allons, allons ! dit Willie Weaver. Vous parlez comme si les charrettes de Thermidor faisaient déjà entendre leur roulement. L'Angleterre est toujours sensiblement à la même place !

— Que connaissez-vous de l'Angleterre et des Anglais ? répliqua Rampion. Vous n'êtes jamais sorti de Londres, ni de votre classe sociale. Allez donc voir un peu dans le Nord.

— Dieu m'en préserve! s'écria pieusement Willie.

— Allez voir le pays du charbon et du fer! Parlez un peu aux ouvriers métallurgistes. Ce n'est pas la révolution pour une cause. C'est la révolution comme fin en soi, — la démolition pour le plaisir de démolir.

— Ça paraît plutôt sympathique, ça, dit Lucy.

— C'est épouvantable! Ce n'est pas humain, tout simplement! On leur a extrait toute leur humanité sous la pression de la vie civilisée, sous le poids du charbon et du fer. Ce ne sera pas une révolte d'hommes. Ce sera une révolution d'êtres élémentaires, de monstres, de monstres préhumains... Et vous, vous vous contentez de fermer les yeux et de faire semblant que tout est absolument parfait!

— Songez à la disproportion, dit Lord Edward, tandis qu'il fumait sa pipe. — C'est positivement... — La voix lui manqua. — Prenez le charbon, par exemple. L'homme en consomme cent dix fois plus qu'il n'en consommait en 1800. Mais la population n'est que deux fois et demie celle d'alors. Chez les autres animaux... Certainement tout différent. La consommation est proportionnelle au nombre d'individus.

Illidge présenta quelques objections:

— Mais quand les animaux disposent de plus qu'il ne leur en faut simplement pour subsister, ils le prennent, n'est-ce pas? Quand il y a eu une bataille ou une peste, les hyènes et les vautours profitent de l'abondance pour manger plus qu'à leur faim. N'en serait-il pas de même avec nous? Des forêts sont mortes en quantités énormes, il y a quelques millions d'années. L'homme a déterré leurs cadavres, il trouve qu'il peut les utiliser, et il s'offre le luxe d'un bon gueuleton tant que dure la charogne. Quand l'approvisionnement sera épuisé, il reviendra à la portion congrue, comme font les hyènes dans les intervalles qui séparent les guerres et les épidémies. — Illidge parlait avec brio; parler d'êtres humains comme si on ne pouvait les distinguer des singes, cela le remplissait d'une satisfaction toute particulière. — On découvre un gisement carbonifère; une nappe de pétrole. Des villes s'élèvent, des chemins de fer se construisent, des bateaux vont et viennent. Pour un observateur habitant la lune et doué d'une longue-vue, le fourmillement, les allées et venues doivent ressembler au pullulement de fourmis et de mouches autour d'un chien crevé. Les nitrates du Chili, le pétrole du Mexique, les phosphates de Tunisie, — à chaque découverte, un nouveau fourmillement d'insectes. On peut s'imaginer les commentaires des astronomes lunaires! Ces êtres présentent un tropisme remarquable et peut-être unique vers les charognes fossilisées.

— Comme des autruches, dit Mary Rampion. Vous vivez comme des autruches.

— Et non pas seulement en ce qui concerne les révolutions, dit Spandrell, tandis qu'on entendait Willie Weaver dire quelque chose sur « les philosophies struthio-caméliennes. » — Mais en ce qui concerne toutes les choses importantes qui se trouvent être désagréables. Il fut un temps où l'on ne se promenait pas en faisant semblant de nier l'existence de la mort et du péché... « Au détour d'un sentier une charogne infâme... » cita-t-il. Baudelaire fut le dernier poète du moyen âge, en même temps que le premier poète moderne. Et pourtant..., continua-t-il, regardant Lucy avec un sourire, et levant son verre :

Et pourtant vous serez semblable à cette ordure,
A cette horrible infection,
Étoile de mes yeux, soleil de ma nature,
Vous, mon ange et ma passion !
Alors, ô ma beauté, dites à la vermine
Qui vous mangera de baisers...

— Mon cher Spandrell !... — Lucy leva la main en protestation.

— Vraiment trop nécrophile ! dit Willie Weaver.

— Toujours cette haine de la vie, songeait Rampion. Divers genres de mort, — les seules alternatives. — Il regarda le visage de Spandrell, l'œil scrutateur.

— Et lorsqu'on y réfléchit, disait Illidge, le temps qu'il a fallu pour constituer les couches de charbon, divisé par la longueur d'une vie humaine, ne diffère pas si énormément de la vie d'un sequoia divisée par une génération de bactéries de fermentation putride.

Cuthbert regarda sa montre :

— Bon Dieu ! cria-t-il, il est une heure moins vingt-cinq ! — Il se leva d'un bond. — Et j'ai promis que nous irions à la soirée des Widdicombe... Peter, Willie ! En avant, — et au trot !

— Mais vous ne pouvez pas partir comme ça, protesta Lucy. Il est ridiculement tôt !

— L'appel du devoir, expliqua Willie Weaver... La fille sévère du Verbe Divin. — Il émit son petit toussottement d'auto-appréciation.

— Mais c'est ridicule, — on n'a pas idée de ça ! — Elle porta ses regards de l'un à l'autre avec une sorte d'inquiétude furieuse. L'effroi de la solitude était chose chronique chez elle. Et il était toujours possible, si l'on restait debout cinq minutes de plus, qu'il arrivât quelque chose de vraiment amusant. D'ailleurs, il était insupportable que les gens fissent des choses qu'elle ne voulait pas qu'ils fissent.

— Nous aussi, je crois bien..., dit Mary Rampion, se levant de sa chaise. « Dieu soit loué ! » songea Walter. Il espérait que Spandrell suivrait l'exemple général.

— Mais c'est impossible ! s'écria Lucy. — Rampion, je ne peux pas tolérer ça !

Mark Rampion se contenta de rire. Ah ! ces sirènes professionnelles ! pensa-t-il. Elle le laissait absolument froid, elle lui faisait horreur. En désespoir de cause, Lucy alla jusqu'à en faire appel à la femme de la bande.

— Mrs. Rampion, il faut absolument que vous restiez ! Encore cinq minutes, — rien que cinq minutes, fit-elle d'une voix câline.

En vain. Le garçon ouvrit la porte dérobée. Furtivement, ils se glissèrent dans l'ombre extérieure.

— Mais pourquoi sont-ils si acharnés à partir ? demanda Lucy d'une voix plaintive.

— Pourquoi sommes-nous acharnés à rester, nous ? fit Spandrell en écho. — Walter sentit son cœur défaillir ; cela signifiait que ce type-là n'avait pas l'intention de s'en aller. — Ça, c'est beaucoup plus incompréhensible, voyons !

Absolument incompréhensible ! Sur Walter, la chaleur et l'alcool produisaient leur effet habituel. Il se sentait malade en même temps que malheureux. A quoi bon rester là, sans aucun espoir, dans cet air empuanti ? Pourquoi ne pas rentrer tout de suite ? Cela ferait plaisir à Marjorie.

— Vous, du moins, vous êtes fidèle, Walter. — Lucy lui fit un sourire.

Il décida de retarder son départ. Il y eut un silence.

Cuthbert et ses compagnons avaient pris un taxi. Refusant toutes invitations, les Rampion avaient préféré rentrer à pied.

— Dieu soit loué ! dit Mary, tandis que le taxi s'éloignait. Cet affreux Arkwright !

— Oui, — mais cette femme est plus atroce, dit Rampion. Elle me fait froid dans le dos. Et ce pauvre petit Bidlake, ce gamin ! Il est là comme un lapin en face d'une belette.

— Ça, c'est du trade-unionisme de mâles. Moi, j'éprouve une

certaine admiration pour elle, parce qu'elle vous fait un peu marcher, vous autres hommes. C'est bien fait pour vous.

— Autant admirer des cobras. La zoologie de Rampion était entièrement symbolique.

— Et Spandrell, alors, s'il s'agit d'avoir froid dans le dos ? Il ressemble à une gargouille, lui, à un démon.

— Il ressemble à un nigaud de collégien, dit Rampion avec conviction. Il n'est jamais venu à l'âge d'homme, — tu ne vois pas ça ? C'est un adolescent perpétuel. Il se torture la cervelle au sujet de toutes les questions qui préoccupent les adolescents. Il est dans l'incapacité de vivre, parce qu'il est trop occupé à penser à la mort, et à Dieu, et à la vérité, et au mysticisme, et à toute la boutique ; trop occupé à penser aux péchés et à tâcher de les commettre, et à être déçu parce qu'il n'y réussit pas. C'est lamentable. C'est une sorte de Peter Pan, — bien pire même que le sale petit avorton de Barrie, parce qu'il se trouve coincé dans un âge plus ingrat. Il est Peter Pan, à la Dostoïevsky, plus Musset, plus les années 90, plus Bunyan, plus Byron et le marquis de Sade. C'est vraiment lamentable. D'autant plus lamentable qu'il a en lui, en puissance, un être humain fort convenable.

Mary se mit à rire :

— Bon, fit-elle, mais il faudra que je te croie sur parole là-dessus.

— A propos, dit Lucy, se tournant vers Spandrell, j'ai un message pour vous, de la part de votre mère. — Elle s'acquitta de sa commission. Spandrell hocha la tête, mais ne fit pas d'observation.

— Et le Général ? demanda-t-il dès qu'elle eut fini de parler. Il ne voulait plus qu'on parlât davantage de sa mère.

— Oh ! le Général ! Lucy fit la grimace. J'ai subi au moins une demi-heure d'Intelligence-Militaire ce soir. Vraiment, on ne devrait pas le tolérer ! Que diriez-vous d'une société pour l'abolition des Généraux ?

— Je m'inscris comme membre fondateur et honoraire.

— Ou pourquoi pas pour l'abolition des Vieux, pendant qu'on y serait ? continua Lucy. Les Vieux ne sont vraiment pas possibles. Exception faite de votre père, Walter. Il est parfait, lui, véritablement parfait. Le seul vieillard qui soit possible.

— C'est justement l'un des rares qui soient complètement impossibles, au contraire, — si seulement vous saviez ! — Parmi les Bidlake de la génération de Walter, l'impossibilité du vieux John était devenue presque un axiome. — Vous ne le trouveriez pas tout à fait si parfait si vous étiez sa femme ou sa fille...

— Tandis qu'il prononçait ces paroles, Walter se souvint tout à coup de Marjorie. Le sang lui monta aux joues.

— Oh! bien sûr, si vous avez la sottise de vous le choisir comme mari ou comme père, dit Lucy, que pouvez-vous en attendre? En tant que vieillard, il est possible précisément parce qu'il a été tellement impossible comme mari et comme père. La plupart des vieilles gens n'ont plus rien de vivant, ayant été écrasées sous le poids de leurs responsabilités. Votre père, lui, ne s'est jamais laissé écraser. Il a eu des femmes et des enfants et tout le tremblement. Mais il a toujours vécu comme un gamin en bombe... Pas très agréable pour les femmes et les enfants, je vous l'accorde. Mais ô combien charmant pour nous tous!

— Sans doute, dit Walter. — Il s'était toujours, quant à lui, cru complètement différent de son père. Mais voilà qu'il agissait exactement comme il avait agi, lui.

— Pensez à lui en faisant abstraction de tout sentiment filial.

— Je tâcherai. — Quelle opinion aurait-il de soi, alors?

— Mais oui, et vous verrez que j'ai raison. C'est l'un des rares vieillards qui soient possibles. Comparez-le aux autres. — Elle hocha la tête en signe de dénégation. — Il n'y a pas moyen: on ne peut avoir aucun rapport avec eux.

Spandrell se mit à rire:

— Vous parlez des vieux comme si c'étaient des Cafres ou des Esquimaux.

— Eh bien, n'est-ce pas à peu près ce qu'ils sont?... Oui, des cœurs d'or, et tout ce qui s'ensuit. Et merveilleusement intelligents, à leur manière, et tout bien considéré. Mais ils ne se trouvent pas appartenir à notre civilisation. Ce sont des étrangers. Je me souviendrai toujours de cette fois où je suis allée prendre le thé chez des dames arabes, à Tunis. Qu'elles étaient bonnes, et hospitalières!... Mais comme elles ont insisté pour me faire manger des gâteaux immangeables, et elles parlaient si mal français et je n'avais absolument rien à leur dire, et elles étaient *tellement* épouvantées de mes jupes courtes et de mon manque d'enfants!... Les vieux me rappellent toujours ce thé arabe... Croyez-vous que nous serons un thé arabe, nous, quand nous serons vieux?

— Bien sûr, et sans doute une tête de mort par-dessus le marché, dit Spandrell. C'est une question d'artères qui s'épaississent.

— Mais ce qui rend les vieux tellement «thé arabe», ce sont leurs idées. Je me refuse à croire que les artères épaissies me feront jamais croire en Dieu, à la morale, et à toute la boutique. Moi, je suis sortie de ma chrysalide pendant la guerre, alors que tout avait été chambardé de fond en comble. Je ne vois pas comment nos petits-enfants pourraient bien faire un chambardement plus complet que celui qui avait été fait à cette époque. Alors, pourquoi ne nous comprendrions-nous pas ?

— Peut-être bien qu'ils auraient tout remis en place, hasarda Spandrell.

Elle resta silencieuse un instant :

— Tiens, je n'avais jamais songé à ça ! dit-elle.

— Ou bien c'est vous qui auriez tout remis en place. Remettre toutes les choses en place, c'est une des occupations traditionnelles des vieux.

La pendule sonna une heure, et, semblable au coucou libéré par la sonnerie, Simmons apparut dans la bibliothèque, portant un plateau. Simmons était un homme d'âge mûr, et avait cette dignité de maintien ministérielle que la nécessité de se taire et de ne pas se fâcher, de ne jamais dire ce qu'on pense vraiment, et de garder les apparences, tend toujours à produire chez les diplomates, les personnages royaux, les hauts fonctionnaires et les maîtres d'hôtel. Sans nul bruit, il mit deux couverts, et, annonçant que le souper de milord était servi, se retira. Ce jour-là avait été un mercredi : deux côtelettes de mouton grillées furent révélées à la lumière lorsque Lord Edward souleva le couvercle d'argent qui recouvrait le plat. Le lundi, le mercredi, et le vendredi étaient les jours à côtelettes. Le mardi et le jeudi, il y avait de l'entrecôte avec des frites. Le samedi, par manière de festin, Simmons préparait un « mixed grill ». Le dimanche, il sortait : Lord Edward devait se contenter de jambon et de langue froide, avec de la salade.

— Bizarre, dit Lord Edward, servant une côtelette à Illidge, bizarre que le nombre des moutons n'augmente pas. Pas avec la même vitesse que la population humaine. Il aurait semblé... étant donné que la symbiose est si étroite... — Il mâcha en silence.

— C'est que le mouton, sans doute, passe de mode, dit Illidge. Comme Dieu, ajouta-t-il d'un ton provocateur, et l'âme immortelle. — Lord Edward ne se laissait pas prendre à l'appât. — Sans parler des romanciers de l'époque victorienne, continua Illidge. — Il avait glissé dans l'escalier ; et la seule littérature que lût jamais Lord Edward était Dickens et Thackeray. Mais le Vieux mastiquait avec calme. — Et les jeunes filles innocentes... — Lord Edward prenait un intérêt scientifique aux activités sexuelles des axolotls et des poulets, des cobayes et des grenouilles ; mais toute allusion aux activités correspondantes chez les humains le mettait douloureusement mal à son aise. — Et la pureté, continua Illidge, dévisageant brutalement le vieillard, et la virginité, et... — Il fut interrompu, et Lord Edward échappa à la suite de sa persécution, par la sonnerie du téléphone.

— J'y vais, dit Illidge, se levant de sa place d'un bond. Il mit le récepteur à son oreille.

— Allô !

— C'est toi, Edward ? dit une voix profonde, non sans analogie avec celle même de Lord Edward. C'est moi... Edward, je viens à l'instant même de découvrir une preuve mathématique des plus extraordinaires de l'existence de Dieu, ou plutôt de...

— Mais je ne suis pas Lord Edward, cria Illidge. Veuillez attendre un instant. Je vais le prier de venir. — Il revint auprès du Vieux. — C'est Lord Gattenden, dit-il. Il vient de découvrir une nouvelle preuve de l'existence de Dieu. — Il ne souriait pas, le ton de sa voix était grave. La gravité, dans de telles circonstances, c'était la dérision la plus complète. L'annonce était sa propre moquerie, tout commentaire accompagné de rire était de nature à en diminuer le ridicule, non pas à l'accroître. Quel vieil imbécile extraordinaire! Illidge se sentit vengé de toutes les humiliations de la soirée. — Une preuve mathématique, ajouta-t-il, plus sérieusement que jamais.

— Oh, mon Dieu ! s'écria Lord Edward, comme s'il était arrivé quelque chose de malencontreux. Il éprouvait toujours quelque appréhension lorsqu'il lui fallait téléphoner. Il courut à l'appareil. — Charles, est-ce... ?

— Ah ! Edward, s'écria la voix désincarnée du chef de la famille, provenant de quelque soixante kilomètres de là, à Gattenden... Une découverte vraiment remarquable. Je voudrais avoir ton opinion là-dessus... Au sujet de Dieu. Tu connais la formule : « *m* sur zéro égale l'infini, » — *m* étant un nombre positif quelconque. Eh bien, pourquoi ne pas réduire l'identité à une forme plus simple en multipliant les deux membres par zéro ? Cela donne : *m* égale l'infini multiplié par zéro. C'est-à-dire que tout nombre positif est le produit de zéro par l'infini. Est-ce que ça ne démontre pas la création de l'univers par une puissance infinie, à partir du néant ? Qu'en dis-tu ?... — Le diaphragme du récepteur téléphonique était contaminé par la surexcitation de Lord Gattenden, à soixante kilomètres de là. Il parlait à une allure essoufflante ; ses questions étaient ardentes et insistantes. — Qu'en dis-tu, Edward ? — Toute sa vie, le cinquième marquis avait recherché l'absolu. C'était la seule chasse qui fût permise à un infirme. Depuis cinquante ans, il avait roulé, dans son fauteuil à roulettes, sur les traces de la proie insaisissable. Se pouvait-il qu'il l'eût dénichée maintenant, si facilement et dans un endroit aussi improbable qu'un manuel de classe élémentaire sur la théorie des limites ? C'est une chose qui légitimait la surexcitation. — Ton opinion, Edward ?

— Eh bien..., commença Lord Edward ; et à l'autre bout du fil électrique, à soixante kilomètres de là, son frère sut, par le ton avec lequel cette simple interjection avait été prononcée, que sa preuve ne valait rien. La queue de l'Absolu était encore vierge de sel.

— A propos de nos aînés, dit Lucy, vous ai-je jamais conté, à l'un ou à l'autre, cette histoire vraiment merveilleuse sur mon père ?

— Quelle histoire ?

— Celle du jardin d'hiver. — Rien qu'en y songeant, elle se prit à sourire.

— Non, je ne me souviens pas d'avoir rien entendu au sujet du jardin d'hiver, dit Spandrell, et Walter fit non de la tête.

— C'était pendant la guerre, commença Lucy. Je devais aller sur mes dix-huit ans... Je venais d'être lancée dans le monde. Et, — soit dit en passant, — c'est tout juste si on ne m'a pas littéralement cassé une bouteille de champagne sur le dos... On s'amusait un peu fiévreusement à cette époque-là, si vous vous rappelez... — Spandrell fit « oui » de la tête, et bien qu'en fait il eût été au collège pendant la guerre, Walter fit également un signe affirmatif et plein d'expérience. — Un jour, reprit Lucy, on me donna un message : on me priait d'aller voir là-haut milord. C'était sans précédent. J'étais un peu inquiète. Vous savez comment les vieux s'imaginent qu'on vit. Et comme ils sont bouleversés quand ils s'aperçoivent qu'ils se sont trompés. Le thé arabe, quoi... — Elle se mit à rire, et, pour Walter, ce rire dévasta toutes les années qu'elle avait vécues avant qu'il l'eût connue. Il avait eu comme constante consolation l'habitude de tisser dans son esprit l'histoire de leurs jeunes et innocents amours. Elle avait ri : dorénavant, l'imagination même ne pourrait plus prendre plaisir à ce romanesque consolateur.

Spandrell hocha la tête :

— Et alors, vous êtes montée chez lui, avec la sensation de monter à l'échafaud...

— Et j'ai trouvé mon père dans sa bibliothèque, faisant semblant de lire. Mon arrivée le terrifia, en réalité. Pauvre vieux ! Je n'ai jamais vu quelqu'un de si embarrassé, de si affolé. Vous vous imaginez si sa terreur grossissait la mienne ! Des sentiments aussi puissants devaient avoir une cause aussi forte. De quoi pouvait-il bien s'agir ? Cependant, il était à la torture. Si le sentiment du devoir n'avait pas été si fort chez lui, je crois bien qu'il m'aurait dit de repartir tout de suite. Si vous aviez vu sa tête!... — Ces souvenirs comiques eurent raison de son calme : elle éclata de rire.

Le coude sur la table, la tête dans sa main, Walter fixait son regard sur sa coupe. Les petites bulles brillantes montaient en se précipitant vers la surface, une à une, en vue d'un dessein, comme si elles étaient déterminées à être libres et heureuses à tout prix. Il n'osait pas lever les yeux. Il craignait que la vue du visage de Lucy, distordu par le rire, ne lui fît faire quelque chose de ridicule, — crier à pleine voix, ou fondre en larmes.

— Pauvre vieux ! répéta Lucy, et les mots sortirent sur une bouffée de gaieté explosive. — C'est tout juste si la terreur ne lui coupait pas la parole ! — Changeant tout à coup de ton, elle imita la voix profonde et sourde de Lord Edward, la priant de s'asseoir, lui disant (en bredouillant, et avec des hésitations pénibles) qu'il avait à lui parler. La mimique était admirable. Le fantôme embarrassé de Lord Edward était là, assis à leur table.

— Épatant ! Spandrell applaudit.

Et Walter même fut forcé de rire ; mais les profondeurs de sa tristesse demeurèrent intactes.

— Il lui a fallu au moins cinq bonnes minutes, continua Lucy, pour se remonter pour être en état de parler véritablement. Et moi, j'étais au martyre, comme vous pouvez le penser. Mais vous ne devinerez pas ce qu'il voulait me dire !

— Quoi donc ?

— Devinez. — Et tout à coup Lucy fut reprise d'un rire, d'un fou rire, cette fois. Elle se couvrit le visage de ses mains, tout son corps fut secoué, comme si elle avait sangloté éperdument. — C'est vraiment trop drôle ! fit-elle, haletante, laissant retomber ses mains et s'adossant en arrière sur sa chaise. Son visage grimaçait encore ; elle avait des larmes sur les joues. — Trop drôle ! Elle ouvrit le petit sac en perles qui était sur la table, devant elle, et, en tirant un mouchoir, elle se mit à s'essuyer les yeux. Une bouffée de parfum sortit avec le mouchoir, renforçant le souvenir atténué de gardénia qui l'enveloppait, qui se déplaçait avec elle partout où elle allait, comme une seconde personnalité spectrale. Walter leva les yeux ; il avait les narines pleines de parfum violent de gardénias ; il respirait ce qui était pour lui l'essence même de l'être de Lucy, le symbole de son pouvoir et de ses désirs insensés, à lui, pauvre fou. Il la contempla avec une sorte de terreur. — Il me dit, reprit Lucy, riant toujours par saccades, et portant de temps en temps le mouchoir à ses yeux, il me dit qu'il était arrivé à sa connaissance que je permettais quelquefois à des jeunes gens de m'embrasser, au bal, dans le jardin d'hiver... Dans le jardin d'hiver! répéta-t-elle. Quel trait merveilleux! Si parfaitement de son époque! Les années 80. Le vieux Prince de Galles. Les romans de Zola... Dans le jardin d'hiver... Le pauvre cher homme! Il me dit qu'il espérait bien que je ne permettrais pas que pareille chose se renouvelât! Ma mère aurait tellement de chagrin si elle le savait!... Mon Dieu, mon Dieu!... — Elle respira profondément. Le rire finit par s'apaiser.

Walter la regardait et respirait son parfum, respirait ses propres désirs et le terrible pouvoir de son attraction. Et il lui sembla qu'il la voyait pour la première fois. Oui, pour la première fois, à présent, — avec sa coupe à moitié vidée devant elle, la bouteille, le cendrier sali; à présent, adossée bien en arrière sur sa chaise, épuisée d'avoir ri, et essuyant de ses yeux les larmes de rire.

— Le jardin d'hiver, répétait Spandrell. Le jardin d'hiver... Oui, c'est pur, ça. C'est bigrement pur, en effet!

— Épatant, dit Lucy. Les vieux sont épatants en réalité. Mais à peine possibles, vous l'admettrez. Exception faite, bien entendu, pour le père de Walter.

John Bidlake monta péniblement et lentement l'escalier. Il était très fatigué. «Ah! ces sales soirées», songeait-il. Il tourna le commutateur et alluma dans sa chambre. Au-dessus de la cheminée, une des femmes au réalisme peu séduisant de Degas était assise dans son tub de fer-blanc, essayant de se frotter le dos. Au mur d'en face, une petite fille, de Renoir, jouait du piano, entre un de ses propres paysages et une vision de Dieppe par Walter Sickert. Au-dessus du lit étaient accrochées deux caricatures qu'avait exécutées de lui Max Beerbohm, et une autre de Rouveyre. Il y avait une carafe d'eau-de-vie sur la table, avec un siphon et un verre. Deux lettres étaient adossées bien visiblement au rebord du plateau. Il les ouvrit. La première contenait des coupures de journaux au sujet de sa dernière exposition. Le *Daily Mail* le traitait de «vétéran de l'art anglais» et assurait ses lecteurs que «sa main n'avait rien perdu de son adresse». Il chiffonna la coupure et la jeta dans la cheminée avec colère. La suivante provenait de l'un des hebdomadaires «supérieurs». Le ton en était presque dédaigneux. On le jugeait,— et le condamnait — sur ses prouesses passées. «Il est malaisé de croire que des œuvres aussi faciles et voyantes — et voyantes sans produire d'effet, qui plus est — que celles qui ont été réunies dans cette exposition, soient issues de la palette du peintre des *Faneuses* de la Tate Gallery, et des *Baigneuses* plus magnifiques encore qui se trouvent actuellement à Tantamount House. Dans les tableaux vides et triviaux d'aujourd'hui, nous cherchons en vain ces qualités d'équilibre harmonieux, de calligraphie rythmique, de plastique à trois dimensions, qui... » Quel laïus ! Il jeta tout le paquet de coupures à la suite de la première. Mais son mépris à l'égard des auteurs fut impuissant à neutraliser les effets de leurs critiques. « Vétéran de l'art anglais, » — c'était l'équivalent de « ce pauvre vieux Bidlake ». Et lorsqu'ils le complimentaient sur ce que sa main n'avait rien perdu de son adresse, ils lui donnaient, d'un ton protecteur, l'assurance qu'il peignait encore remarquablement bien pour un vieux birbe retombé en enfance. La seule différence entre le chroniqueur hostile et le favorable consistait en ce que l'un exprimait brutalement ce que l'autre sous-entendait dans son compliment protecteur. Il en arriva presque à regretter d'avoir jamais peint ces *Baigneuses*.

Il ouvrit l'autre enveloppe. Elle contenait une lettre de sa fille Elinor. Elle était datée de Lahore :

« Les bazars sont bien l'article authentique, — ils sont simiesques. Avec toutes leurs pullulations et leurs odeurs, on dirait qu'on s'y creuse un passage dans un fromage. Du point de vue de l'artiste, ce qu'il y a de triste dans toute cette atmosphère orientale, c'est qu'elle ressemble absolument aux peintures des scènes d'Orient qu'on faisait en France au milieu du siècle dernier. Tu connais le genre, uni et brillant, comme ces images qu'on imprimait sur les boîtes à thé. Quand on est sur place, on se rend compte de la nécessité de ce style-là. La peau brune rend les visages uniformes, et la sueur donne du vernis à la peau. Il faudrait peindre avec une surface au moins aussi lisse qu'un Ingres. »

Il continua à lire avec plaisir. Sa fille avait toujours quelque chose d'amusant à dire dans ses lettres. Elle voyait les choses avec les yeux qu'il fallait. Mais soudain il se renfrogna.

« Figure-toi que nous avons eu hier la visite de John Bidlake jeune. Nous croyions qu'il était au Waziristan ; mais il était par ici en congé. Je ne l'avais pas vu depuis mon enfance. Tu peux t'imaginer ma surprise lorsqu'un grand monsieur à l'allure militaire et à la moustache grise est arrivé et m'a appelée par mon petit nom. Il n'avait jamais vu Phil, naturellement. Nous avons immolé les veaux gras dont dispose l'hôtel en l'honneur du frère prodigue. »

John Bidlake se renversa en arrière sur sa chaise et ferma les yeux. Le grand monsieur à l'allure militaire et à la moustache grise était son fils. Le jeune John avait cinquante ans, — cinquante ans. Il avait été un temps où cinquante ans lui paraissait un âge à la Mathusalem... « Si Manet n'était pas mort prématurément... » Il se rappela les paroles de son vieux maître, à l'atelier où il étudiait, à Paris. « Mais Manet est-il donc mort si jeune ? » Le vieux maître avait hoché la tête.(Vieux ? John Bidlake songea... Il lui avait paru très vieux à cette époque. Mais il n'avait sans doute pas dépassé la soixantaine). « Manet n'avait que cinquante et un ans, avait répondu le professeur... » Il avait eu du mal à se retenir de rire. Et voilà que maintenant son propre fils avait l'âge de Manet quand Manet mourut. Un grand monsieur à l'allure militaire et à la moustache grise. Et son frère était mort et enterré à l'autre bout du monde, en Californie... Un cancer de l'intestin... Élinor avait vu son fils à Santa Barbara, — un jeune homme, époux d'une jeune femme riche, se moquant des lois de prohibition, sur la base d'une bouteille de genièvre consommée quotidiennement à eux deux.

John Bidlake pensa à sa première femme, la mère du monsieur à l'allure militaire et du Californien mort d'un cancer à l'intestin. Il n'avait que vingt-deux ans lorsqu'il s'était marié pour la première fois. Rose n'en avait pas encore vingt. Ils s'aimaient frénétiquement, avec une passion de tigres. Ils se querellaient aussi, — d'une façon assez amusante au début, alors que les querelles pouvaient s'arranger par des effusions de sensualité aussi violentes que les fureurs qu'elles apaisaient. Mais le charme commença à s'effacer quand arrivèrent les enfants, — deux enfants dans les vingt-cinq premiers mois. Il n'y avait pas assez d'argent pour tenir la marmaille à l'écart, pour payer des professionnelles pour faire les besognes pénibles et malpropres. La paternité de John Bidlake n'eut rien d'une sinécure. Son atelier devint une pouponnière. Bien vite, les résultats de la passion, — les braillements et les couches mouillées, les sommeils interrompus, les odeurs, — le dégoûtèrent de la passion. De plus, l'objet de sa passion n'était plus le même. Après la naissance de ses bébés, Rose commença à grossir. Son visage devint bouffi ; son corps épaissit et s'affaissa. Les querelles ne s'arrangeaient plus si facilement, à présent. En même temps, elles devenaient plus fréquentes ; la paternité agaçait considérablement John Bidlake. Son art lui fournit un prétexte pour aller à Paris. Il partit pour quinze jours et resta absent quatre mois. Les querelles recommencèrent à son retour. Rose le dégoûtait maintenant ; ses modèles lui offraient des consolations faciles ; il eut une liaison plus sérieuse avec une femme mariée qui était venue chez lui pour faire faire son portrait. La vie à la maison était une chose morne tempérée de scènes. Après une scène particulièrement violente, Rose fit ses malles et s'en alla vivre chez ses parents. Elle emmena les enfants. John Bidlake ne fut que trop enchanté d'en être débarrassé... L'aîné de ces braillards mouilleurs de linges était à présent un grand monsieur à l'allure militaire et à la moustache grise. Et l'autre était mort d'un cancer à l'intestin. Il n'avait revu ni l'un ni l'autre depuis les jours où ils étaient des gamins de vingt-cinq ans. Les fils étaient restés fidèles à leur mère. Elle aussi était morte, voilà quinze ans qu'elle était dans la tombe.

Chat échaudé craint l'eau froide. Après son divorce, John Bidlake s'était promis de ne jamais se remarier. Mais quand on tombe éperdument amoureux d'une jeune personne vertueuse de bonne famille, que faire?... Il s'était marié, et ces deux brèves années avec Isabel avaient été les plus extraordinaires, les plus belles, les plus heureuses de toute sa vie. Puis elle était morte en couches, bêtement. Il fit de son mieux pour ne jamais penser à elle: son souvenir était trop douloureux. Entre son image qu'il revoyait et le moment où il s'en souvenait, les abîmes du temps et de la séparation étaient plus vastes que tout autre gouffre entre le présent et le passé. Et, en comparaison du passé qu'il avait partagé avec Isabel, tout le présent, quel qu'il fût, paraissait terne; et cette mort ramenait avec horreur ses pensées sur l'avenir. Il ne parla jamais d'elle, et tout ce qui pouvait la lui rappeler, — ses lettres, ses livres, les meubles de sa chambre, — tout fut détruit ou vendu. Il désirait ignorer tout ce qui n'était pas le lieu et le moment présents, être comme s'il venait d'arriver au monde et était destiné à être éternel. Mais sa mémoire survécut, bien qu'il n'y eût jamais recours de propos délibéré; et bien que les objets qui avaient appartenu à Isabel fussent détruits, il ne pouvait se garantir contre les souvenirs fortuits... Le hasard avait découvert bien des brèches dans ses défenses, ce soir. La plus béante fut ouverte par cette lettre d'Elinor. Affalé dans son fauteuil, John Bidlake veilla longtemps, sans un mouvement.

Polly Logan était assise devant son miroir. Tandis qu'elle se passait le peigne par les cheveux il y eut de petits craquements fins d'étincelles électriques. «Petites étincelles, petite bataille, tout petits, petits fantômes tournants... Petite bataille, petit fantôme battant, tournant...»

Polly prononça ces paroles avec une monotonie sonore, comme si elle les récitait devant un auditoire. Elle s'y étendit amoureusement, martelant les *t,* bourdonnant comme une abeille sur les *f* et les *m,* frappant les *p,* étirant les voyelles longues et les rendant rondes et pures. «Fracas fantôme des fusils fantômes, canonnade fantôme in-fi-ni-té-si-male.» Quels jolis mots! Elle éprouvait une satisfaction spéciale à les rouler ainsi, à écouter d'une oreille qui l'appréciait au point d'être gloutonne, le ronron des syllabes résorbées dans le silence. Polly s'était toujours complu à se parler à elle-même. C'était une habitude enfantine dont elle ne voulait point se départir. Mais si ça m'amuse, protestait-elle, quand on l'en raillait, pourquoi ne le ferais-je pas ? Ça ne fait de mal à personne.

Elle refusait aux moqueries le pouvoir de lui faire perdre cette habitude.

« Électrique, électrique », continua-t-elle, baissant la voix, parlant dans un chuchotement dramatique. « Mousqueterie électrique, biscuiterie symétrique... Aïe ! » Le peigne s'était pris dans une touffe noueuse. Elle se pencha en avant, pour voir plus distinctement dans le miroir ce qu'elle faisait. Le visage réfléchi se rapprocha. « Ma chère, s'écria Polly, d'un tout autre ton, et en français, tu as l'air fatigué. Tu es vieille !... Tu devrais avoir honte, reprit-elle en anglais, à ton âge ! Tz, tz ! » Elle fit claquer sa langue contre ses dents pour marquer sa désapprobation, et branla la tête. « Oh ! mais ça ne va pas, ça ne va pas du tout. Enfin tu n'étais pas mal, ce soir !... Ma chérie, comme tu es délicieuse en blanc ! » Elle imita le ton convaincu de Mrs. Betterton... « Et toi de même, et je t'en souhaite beaucoup de semblables !... Et moi, est-ce que je ressemblerai à un éléphant, quand j'aurai soixante ans ? Enfin, il faut être reconnaissante, n'est-ce pas, même pour les compliments d'un éléphant... Comptez vos dons, n'oubliez rien », chantonna-t-elle doucement. « Et vous verrez que Dieu fit bien... — Oh ! mon Dieu, mon Dieu ! ». Elle posa son peigne, elle frémit violemment et se couvrit le visage de ses mains. « Oh ! mon Dieu ! » Elle sentit le sang lui monter aux joues. « Quelle gaffe ! Quelle énorme et inepte gaffe ! »... Elle venait de penser à Lady Edward... Bien sûr qu'elle avait tout entendu. « Comment ai-je pu me risquer à dire ça, — qu'elle est Canadienne ? » Polly se lamenta, submergée de honte et d'embarras rétrospectifs.« Voilà ce qui arrive, quand on veut à tout prix dire quelque chose de malin ! Et quand je pense que c'est pour Norah que j'ai gaspillé ma tentative de malice ! Pour Norah ! Oh ! Seigneur !... Elle se leva d'un bond et, s'enveloppant de son peignoir tout en marchant, elle se précipita dans le couloir jusqu'à la chambre de sa mère. Mrs. Logan était déjà couchée et avait éteint sa lumière. Polly ouvrit la porte et entra dans l'obscurité.

— Maman ! cria-t-elle, Maman ! — Le ton de sa voix exprimait l'urgence et l'angoisse.

— Qu'est-ce qu'il y a ? répondit Mrs Logan, inquiète, du fond de l'ombre. — Elle s'assit dans son lit et chercha à tâtons le commutateur à la tête du lit. — Qu'est-ce qu'il y a ? — La lumière s'alluma avec un déclic. — Qu'est-ce qu'il y a, ma chérie ?

Polly se jeta sur le lit et cacha sa tête contre les genoux de sa mère :

— Oh ! maman ! Si tu savais la gaffe terrible que j'ai faite avec Lady Edward ! Si tu savais ! J'ai oublié de te le dire...

Mrs. Logan fut presque fâchée que son inquiétude eût été dépensée en pure perte. Lorsqu'on a mis en œuvre toute sa force pour soulever ce qui semble être un poids énorme, il est désagréable de s'apercevoir que l'haltère n'est que de carton-pâte, et aurait pu être soulevée entre deux doigts de la main.

— Était-ce bien nécessaire de venir me réveiller de mon premier sommeil pour me parler de ça ? demanda-t-elle avec irritation.

Polly leva les yeux vers sa mère :

— Je te demande pardon, maman, dit-elle, repentante. Mais si tu savais quelle gaffe *épouvantable !...*

Mrs. Logan ne put s'empêcher de rire.

— Je n'aurais pas pu m'endormir sans te l'avoir dit, continua Polly.

— Et moi, je ne pourrai pas m'endormir tant que tu ne me l'auras pas dit.

Mrs. Logan essaya d'être sévère et sarcastique. Mais ses yeux, son sourire la trahirent.

Polly prit la main de sa mère et la baisa.

— Je savais bien que ça ne te ferait rien, dit-elle.

— Mais si, ça me fait quelque chose. Ça me dérange énormément.

— Ce n'est pas la peine d'essayer de me bluffer, moi ! dit Polly. Mais maintenant il faut absolument que je te parle de ma gaffe.

Mrs. Logan poussa un simulacre de soupir résigné et, faisant semblant d'être pleine de sommeil, ferma les yeux. Polly parla. Il était plus de deux heures et demie, qu'elle n'avait pas encore regagné sa chambre. Elles avaient discuté non seulement la gaffe et Lady Edward, mais toute la soirée, et tous ceux qui y étaient. Ou, plutôt, Polly avait discuté, et Mrs. Logan avait écouté, elle avait ri et protesté en riant quand les commentaires de sa fille devenaient trop riches d'exubérance mordante.

— Voyons, Polly, Polly, avait-elle dit, il ne faut tout de même pas dire que les gens ressemblent à des éléphants !

— Mais Mrs. Betterton y ressemble, à un éléphant, avait répondu Polly. C'est la vérité. — Et dans son chuchotement de théâtre, elle avait ajouté, s'élevant de fantaisie en fantaisie encore plus ébouriffante :— Et même, tiens, son nez ressemble à une trompe.

— Mais elle a le nez court !

Le chuchotement de Polly s'était fait plus mélodramatique.

— C'est une trompe amputée. On lui a mordu le bout quand elle était toute petite. Comme la queue aux petits chiens.

CHAPITRE XII

POUR les clients de marque, Sbisa ne fermait jamais son restaurant. Ils pouvaient y demeurer en dépit de la loi, et consommer des alcools violents jusqu'à une heure aussi avancée de la matinée qu'il leur plaisait. Un garçon supplémentaire arrivait à minuit pour servir les clients de marque désireux d'enfeindre la loi. Le vieux Sbisa veillait à ce qu'ils fussent — pour lui — d'un fort bon rapport. Les alcools étaient meilleur marché au Ritz que chez Sbisa.

Il était à peu près une heure et demie, — « seulement une heure et demie », geignit Lucy,— lorsque, avec Walter et Spandrell, elle quitta le restaurant.

— Jeune encore, — ainsi Spandrell commenta-t-il la nuit. Jeune et un peu insipide. Les nuits ressemblent aux êtres humains, — elles ne sont jamais intéressantes tant qu'elles ne sont pas adultes. Vers minuit, elles atteignent la puberté. Un peu après une heure, elles arrivent à leur majorité. Elles sont en pleine forme entre deux heures et deux heures et demie. Une heure plus tard, elles sont en voie de devenir désespérées, comme ces femmes dévoreuses d'hommes et ces hommes sur le retour, qui tournent en sautillant deux fois plus violemment qu'ils ne l'ont jamais fait, dans l'espoir de se persuader à eux-mêmes qu'ils ne sont pas vieux. Passé quatre heures, elles sont en pleine décomposition. Et leur mort est horrible. Vraiment horrible au lever du soleil, quand les bouteilles sont vides et que les gens ont l'air de cadavres, et que le désir assouvi n'est plus que du dégoût... J'ai plutôt un faible pour les spectacles mortuaires, je l'avoue, ajouta Spandrelle.

— J'en suis persuadée, dit Lucy.

— Et ce n'est qu'à la lumière d'une fin qu'on peut juger un commencement et un milieu... La nuit vient d'atteindre sa majorité. Il reste à voir comment elle mourra. Jusque-là, nous ne pouvons pas la juger.

Walter savait comment elle mourrait pour lui, — parmi les larmes de Marjorie, et sa propre misère navrante compliquée d'exaspération, dans une explosion de haine de soi et de haine pour la femme envers qui il s'était montré cruel. Il le savait, mais refusait de l'admettre ; comme il refusait d'admettre qu'il fût une heure et demie, et que Marjorie serait éveillée, se demandant pourquoi il n'était pas rentré.

A une heure moins cinq, Walter avait regardé sa montre et déclaré qu'il était temps pour lui de rentrer. A quoi bon rester ? Spandrell était indéracinable. Il n'y avait aucune chance qu'il eût un moment de tête-à-tête avec Lucy. Il n'avait même pas ce motif-là pour faire souffrir Marjorie. Il la torturait, non pas pour qu'il pût être heureux, mais pour qu'il pût éprouver de l'ennui, du malaise, de l'exaspération, une lamentable impatience.

— Il faut vraiment que je m'en aille, avait-il dit, se levant de sa place.

Mais Lucy avait protesté, cajolé, ordonné. En fin de compte, il s'était rassis. Il y avait plus d'une demi-heure de cela, et maintenant ils étaient dehors, dans Soho Square, et la soirée, selon Lucy et Spandrell, était à peine commencée.

— Je crois qu'il est temps, avait dit Spandrell à Lucy, que vous voyiez ce qu'est un communiste révolutionnaire.

Lucy ne demandait pas mieux.

— Je fais partie d'une espèce de club, expliqua Spandrell. — Il leur proposa de les y emmener. — Quelques-uns des ennemis de la société y seront encore en montre, je suppose, reprit-il, comme ils sortaient pour se plonger dans l'obscurité rafraîchissante. Ce sont de braves types, pour la plupart. Mais ridiculement puérils. Il y en a parmi eux qui croient sincèrement qu'une révolution rendrait les gens plus heureux. C'est charmant, c'est véritablement touchant. — Il rit de son rire silencieux. — Mais moi, je suis un esthète en ces matières. La dynamite pour la dynamite, — voilà mon genre.

— Mais à quoi bon la dynamite, si vous ne croyez pas à une Utopie ? demanda Lucy.

— A quoi bon ? Vous n'avez donc pas d'yeux ?

Lucy regarda autour d'elle :

— Je ne vois rien de particulièrement affreux.

— Ils ont des yeux et ne voient point... — Il s'arrêta, lui prit le bras dans une main, et étendit l'autre vers la place.— La fabrique de cornichons, abandonnée, et transformée en dancing ; l'hôpital pour femmes en couches, la boîte à Sbisa ; la maison où se publie le *Bottin mondain*. Et jadis, ajouta-t-il, le palais du duc de Monmouth. Vous pouvez vous représenter les fantômes :

Soit que, se sentant pris d'un désir plus divin,
Son père l'eût conçu d'un geste souverain...

« Et ainsi de suite... Vous connaissez ce portrait de lui, après l'execution, — couché sur un lit, le drap ramené jusqu'au menton, de façon qu'on ne puisse voir l'endroit où le cou a été tranché ?... De Kneller. Ou peut-être bien de Lely ?... Monmouth et les cornichons, les femmes en couches et le *Bottin mondain,* la danse et le champagne de Sbisa, — pensez donc un peu à tout ça, — pensez-y un peu.

— J'y pense, dit Lucy, — intensément.

— Et vous demandez encore à quoi servirait la dynamite ?

Ils continuèrent leur chemin. Devant la porte d'une petite maison de Saint-Giles, Spandrell leur fit faire halte.

— Attendez un moment, dit-il, faisant signe aux autres de rentrer dans l'ombre. Il sonna. La porte s'ouvrit tout de suite. Il y eut un bref colloque dans l'ombre ; puis Spandrell se retourna et appela ses compagnons. Ils le suivirent dans un vestibule sombre, montèrent derrière lui un escalier, et entrèrent après lui dans une pièce brillamment éclairée du premier étage. Deux hommes étaient debout près de la cheminée, un Indou à turban et un petit homme aux cheveux roux. Au bruit des pas, ils se retournèrent. L'homme aux cheveux roux était Illidge.

— Spandrell ? Bidlake ?

Il arqua ses sourcils fauves et à peines visibles en signe d'étonnement. « Et que vient faire ici cette femme ? » se demandait-il.

Lucy avança, la main tendue :

— Nous sommes de vieilles connaissances, dit-elle, avec un sourire indiquant qu'elle le reconnaissait effectivement.

Illidge, qui se préparait à donner à son visage une expression de froideur hostile, fut tout surpris de lui sourire en retour.

Un taxi déboucha dans la rue, rompant brusquement et en sursaut le silence nocturne. Marjorie s'assit dans son lit, écoutant. Le ronflement du moteur devint de plus en plus fort. C'était le taxi de Walter ; cette fois elle en était sûre, elle le savait. Il se rapprocha — encore. Au pied de la petite côte, à droite de la maison, le chauffeur changea de vitesse ; le moteur vrombit sur un ton plus aigu, comme une guêpe en colère. De plus en plus près... Elle fut prise d'une inquiétude qui était du corps aussi bien que de l'esprit. Elle était haletante, son cœur battait violemment et irrégulièrement, il battait, il battait, il battait, puis il semblait défaillir : le battement attendu ne se faisait pas sentir ; c'était comme si l'on eût ouvert sous elle une trappe sur le vide ; elle connut la terreur du vide, de la descente, de la chute, — et le battement suivant, retardé, serait le choc de son corps sur la terre solide... Plus près, plus près... Elle en vint à redouter presque son retour, bien qu'elle l'eût désiré si ardemment dans sa tristesse. Elle redouta les émotions qu'elle éprouverait en le voyant; les larmes qu'elle verserait, les reproches qu'elle ne manquerait pas de lui faire, malgré qu'elle en eût. Et lui, que dirait-il, que ferait-il, — quelles seraient ses pensées? Elle eut peur de se l'imaginer... Plus près encore; le bruit était juste sous ses fenêtres; il battit en retraite, il décrût... Et elle avait été tellement sûre que c'était bien le taxi de Walter! Elle se recoucha. Si seulement elle avait pu dormir! Mais cette inquiétude physique de son corps ne le lui permettait pas. Le sang lui battait aux oreilles. Elle avait la peau chaude et sèche. Elle avait mal aux yeux. Elle resta étendue immobile, sur le dos, les bras croisés sur la poitrine, comme une morte qu'on a disposée pour l'inhumation. «Dors, dors», se murmura-t-elle à soi-même; elle s'imagina détendue, décrispée, endormie. Mais soudain une main pleine de malignité sembla tirer sur ses nerfs tendus. Un tic violent lui contracta les muscles des membres; elle trassaillit comme sous le choc de la terreur. Et la réaction physique de la peur évoqua dans son esprit une émotion de terreur, avivant et intensifiant l'inquiétude douloureuse qui n'avait cessé d'accompagner ses efforts conscients pour atteindre à la tranquillité. «Dors, dors, détens-toi», — il était inutile de continuer ses efforts pour être calme, pour oublier, pour s'endormir. Elle permit à sa misère de remonter à la surface de son esprit. «Mais pourquoi donc désire-t-il me rendre si malheureuse?» Elle tourna la tête. Les aiguilles lumineuses de la pendule placée sur la petite table de chevet marquaient trois heures moins le quart... Trois heures moins le quart, — et il savait bien qu'elle ne pouvait jamais s'endormir avant qu'il ne fût rentré. «Il sait que je suis malade, dit-elle à haute voix... Cela lui est donc égal?»

Il lui vint tout à coup une pensée nouvelle. «Peut-être désire-t-il que je meure...» Mourir, n'être pas, ne plus voir son visage, le laisser avec cette autre femme. Les larmes lui vinrent aux yeux. Peut-être essayait-il de la tuer, de propos délibéré. Ce n'était pas en dépit de son état de maladie qu'il la traitait ainsi; c'était parce qu'elle souffrait tellement, c'était précisément parce qu'elle était malade. C'est intentionnellement qu'il se montrait cruel. Il espérait, il voulait, qu'elle mourût; qu'elle mourût et le laissât en paix avec cette autre femme. Elle se cacha la tête contre l'oreiller et sanglota... Ne plus le revoir, — jamais plus... Les ténèbres, la solitude, la mort, à jamais... A tout jamais... Et, par-dessus toutes choses, c'était si injuste, tout cela ! Était-ce sa faute, à elle, si elle n'avait pas les moyens de s'habiller ?

« Si je pouvais me payer les toilettes qu'elle s'offre, *elle... !* » Chanel, Lanvin, — les pages de *Vogue* lui flottaient devant les yeux, — Molyneux, Groult... Dans l'un de ces magasins à chic bon marché où s'habillent les cocottes, dans une rue débouchant sur Shaftesbury Avenue, il y avait un modèle à deux mille francs. « Elle lui plaît, parce qu'elle a du chic. Mais si j'avais l'argent qu'il faut... » Ce n'était pas juste. Il n'était pas riche, — et c'est à elle qu'il en faisait payer les conséquences. C'est elle qui pâtissait du fait qu'il ne gagnât pas de quoi lui acheter de toilettes.

Et puis il y avait l'enfant. Il l'en faisait pâtir également... *Son* enfant. Elle l'ennuyait, parce qu'elle était constamment fatiguée et malade ; il ne l'aimait plus. C'était là la plus grande injustice.

Une cellule s'était multipliée et était devenue ver, le ver était devenu poisson, le poisson devenait fœtus de mammifère. Marjorie ressentait des nausées et de la fatigue. Dans quinze ans, un jeune garçon recevrait la confirmation. Énorme dans sa robe, comme un navire gréé à plein, l'évêque dirait : « Renouvelles-tu ici, en présence de Dieu et de ces fidèles, la promesse et le vœu solennels qui furent faits en ton nom à ton baptême ? » Et l'ex-poisson répondrait, avec une conviction passionnée : « Oui. »

Pour la millième fois elle regretta d'être enceinte. Peut-être Walter ne réussirait-il pas à la tuer maintenant. Mais cela pourrait bien se produire, de toute manière, à la naissance de l'enfant. Le médecin avait dit qu'elle aurait du mal à accoucher : le pelvis était étroit. La mort reparut devant elle comme un énorme gouffre à ses pieds.

Un bruit la fit tressaillir violemment. On ouvrait la porte d'entrée de l'appartement. Les gonds gémirent. Il y eut un bruit de pas assourdi. Puis de nouveaux gémissements ; le cliquetis à peine perceptible du verrou à ressort qu'on remettait soigneusement en place ; puis un nouveau bruit de pas. De nouveau un petit bruit sec, et simultanément la lumière apparut, raie jaune sous la porte qui séparait sa chambre de celle de Walter. Avait-il donc l'intention d'aller se coucher sans entrer lui dire bonsoir ? Elle demeura immobile, éveillée et palpitante, les yeux grands ouverts, écoutant les bruits qui venaient de l'autre chambre et le battement rapide et apeuré de son cœur.

Walter s'assit sur son lit pour délacer ses chaussures. Il se demandait pourquoi il n'était pas rentré trois heures plus tôt, — pourquoi même il était jamais sorti. Il détestait les foules ; il ne pouvait supporter l'alcool, et l'air deux fois respiré, l'odeur, la fumée des restaurants, agissaient sur lui comme un poison déprimant. Il avait souffert pour rien; à part ces quelques moments douloureux et exaspérants dans le taxi, il ne s'était, de toute la soirée, trouvé seul à seul avec Lucy. Les heures qu'il avait passées avec elle avaient été des heures d'ennui et d'impatience, — longues, longues sans fin, minute sur minute de torture. Et la torture du désir et de la jalousie avait été renforcée par la torture de la conscience de sa culpabilité. Chaque minute de plus chez Sbisa, chaque minute parmi les révolutionnaires, était une minute qui retardait la consommation de son désir, et qui, augmentant la détresse de Marjorie, augmentait en même temps son propre remords et sa honte. Il était plus de trois heures lorsque, enfin ils quittèrent le club. Allait-elle renvoyer Spandrell, et lui permettre, à lui, de l'accompagner jusque chez elle? Il la regarda; ses yeux furent éloquents. Il voulut, il commanda.

— Il y aura des sandwiches et à boire, chez moi, dit Lucy, lorsqu'ils se retrouvèrent dans la rue.

— Voilà une heureuse nouvelle, dit Spandrell.

— Venez, mon petit Walter. — Elle lui prit la main, elle la pressa affectueusement dans la sienne.

Walter branla la tête:

— Il faut que je rentre. — Si la détresse pouvait tuer, il serait mort là, en pleine rue.

— Mais vous ne pouvez pas nous lâcher à présent, protesta-t-elle. Maintenant que vous êtes venu jusqu'ici, il faut absolument que vous alliez jusqu'au bout. Allons, venez. — Elle le tira par la main.

— Non, non. — Mais elle disait vrai. Il ne pouvait guère rendre Marjorie plus malheureuse qu'il ne l'avait certainement déjà fait. Si elle n'était pas là, songeait-il, s'il arrivait qu'elle mourût, — une fausse couche, — un empoisonnement du sang...

Spandrell consulta sa montre:

— Trois heures et demie. L'agonie a presque commencé.

Walter écoutait avec horreur: il lisait donc dans ses pensées, celui-là?... «Munie des sacrements de l'Église... Votre place est auprès de son lit, Walter. Vous ne pouvez vous en aller comme ça et laisser mourir la nuit, comme un chien dans un ruisseau!»

Comme un chien dans le ruisseau! Les paroles étaient terribles; elles le condamnaient.

— Il faut que je rentre.

Il fut inflexible, — trois heures trop tard. Il s'éloigna à pied. Dans Oxford Street il trouva un taxi. Espérant, — vainement, il le savait — rentrer sans être entendu, il fit arrêter la voiture à la station de Chalk Farm, et fit à pied les quelques dernières centaines de mètres avant d'arriver à la porte de la maison dont il occupait avec Marjorie les deux étages supérieurs. Il avait monté l'escalier à pas de loup, il avait ouvert la porte avec les précautions d'un assassin. De la chambre de Marjorie, nul bruit. Il se déshabilla, il fit sa toilette, comme s'il effectuait une opération dangereuse. Il éteignit la lumière et se mit au lit. La nuit était absolument silencieuse. Il était sauvé.

— Walter !

Ce fut avec les sensations d'un condamné à mort que les geôliers viennent réveiller le matin de son éxécution, qu'il répondit, mettant dans sa voix une imitation de surprise :

— Tu ne dors pas, Marjorie ?

Il se leva et se dirigea, ainsi que de la cellule à l'échafaud, vers sa chambre.

— Tu veux donc me faire mourir, Walter ?

Comme un chien dans le ruisseau, — toute seule... Il fit un geste pour la prendre dans ses bras. Marjorie le repoussa. Sa détresse s'était momentanément changée en colère, son amour, en une sorte de haine et de ressentiment :

— Ne sois pas hypocrite par-dessus tout le reste, dit-elle. Pourquoi ne me dis-tu pas franchement que tu me détestes, que tu voudrais te débarrasser de moi, que tu serais content si je mourais ? Pourquoi n'as-tu pas l'honnêteté de me le dire ?

— Mais pourquoi te dirai-je ce qui n'est pas vrai ? protesta-t-il.

— Tu vas me dire que tu m'aimes, alors ? demanda-t-elle sarcastiquement.

Il en arriva presque à le croire en le disant ; d'ailleurs, c'était vrai, d'une certaine manière.

— Mais oui, je t'aime, oui. Le reste, c'est... c'est une espèce de folie. Je voudrais m'en empêcher, — mais je ne peux pas. Si tu savais comme je me suis senti misérable, quelle indicible brute ! — Tout ce qu'il avait souffert de désir contrarié, de remords, de honte, de dégoût de soi-même, semblait se cristalliser par ses paroles en une seule agonie. Il souffrait, et il prenait en pitié sa propre souffrance. — Si tu savais, Marjorie !... — Et soudain, en lui, quelque chose sembla se briser. Une main invisible le prit à la gorge, ses yeux furent aveuglés de larmes, et une puissance intérieure, qui n'était pas lui-même, le secoua des pieds à la tête, et lui arracha, malgré lui, un cri étouffé et à peine humain.

Au bruit de ces sanglots affreux dans la nuit, à côté d'elle, la colère de Marjorie tomba tout à coup. Elle se souvint seulement qu'il était malheureux, qu'elle l'aimait. Elle éprouva même du remords de sa colère, des paroles pleines d'amertume qu'elle avait prononcées.

— Walter. Mon chéri !... — Elle tendit les mains, elle l'attira à elle. Il resta là comme un enfant, dans la consolation de son étreinte.

— Est-ce que vous prenez plaisir à le tourmenter ? demanda Spandrell, tandis qu'ils se dirigeaient à pied vers Charing Cross Road.

— Le tourmenter ? Qui ça ? dit Lucy. Walter ?... Mais je ne le tourmente pas.

— Mais enfin, vous ne couchez pas avec lui ? dit Spandrell. Lucy fit « non » de la tête. — Et vous dites que vous ne le tourmentez pas ! Le pauvre bougre !

— Mais pourquoi le prendrais-je, si je n'en ai pas envie ?

— Oui, pourquoi, en effet ?... En attendant, ne vous en déplaise, c'est une simple torture que de le laisser comme ça en suspens.

— Mais il me plaît, dit Lucy. C'est un compagnon très divertissant... Trop jeune, bien sûr ; mais vraiment épatant, au fond. Et je vous assure que je ne le tourmente pas. Il se tourmente soi-même.

Spandrell se retint de rire assez longtemps pour appeler, d'un sifflement, le taxi qu'il avait vu au bout de la rue. La voiture vira, et s'arrêta en face d'eux. Il riait encore, de son rire silencieux, lorsqu'ils y montèrent :

— Bien sûr, il ne fait que recevoir son dû, reprit Spandrell, de son coin sombre. C'est le type idéal de l'assassiné.

— De l'assassiné ?

— Il faut être deux pour faire un assassinat. Il y a des victimes-nées, nées pour se faire couper la gorge, de même que les coupe-jarrets sont nés pour l'échafaud. Ça se voit à leur figure. Il y a un type de victime, de même qu'il y a un type de criminel. Walter est la victime-type ; il appelle véritablement sur soi les mauvais traitements.

— Pauvre Walter !

— Et on a le devoir, poursuit Spandrell, de s'assurer qu'il les reçoit.

— Pourquoi ne pas s'assurer qu'il ne les reçoit pas, le pauvre chou ?

— Il faut toujours être du côté de la destinée. Walter est manifestement né pour « prendre quelque chose. » On a le devoir de prêter la main à son sort. Ce que vous êtes déjà en train de faire, je le constate avec satisfaction.

— Mais je vous dis que non !... Avez-vous du feu ? — Spandrell frotta une allumette. La cigarette entre les lèvres minces, elle se pencha en avant pour boire la flamme. Il l'avait déjà vue se pencher ainsi, du même mouvement vif, gracieux et avide, — se pencher vers lui pour boire ses baisers. Et le visage qui s'approchait maintenant du sien était concentré et figé sur la flamme, comme il l'avait vu concentré et figé sur l'illumination intérieure du proche plaisir. Les pensées et les sentiments sont nombreux et divers, mais il n'y a qu'un petit nombre de gestes, et le masque n'a qu'une demi-douzaine de grimaces pour exprimer mille choses. Elle se redressa ; Spandrell jeta l'allumette par le carreau. Le bout rouge de la cigarette devint vif, puis se ternit dans l'obscurité.

— Vous souvenez-vous de ce séjour un peu bizarre que nous avons fait à Paris ? demanda-t-il songeant toujours à son visage concentré et figé. — Jadis, — il y avait trois ans de cela — il avait été son amant d'un mois.

Lucy fit oui de la tête :

— Je me souviens que ç'a été très bien, vraiment, le temps que ça a duré. Mais vous étiez tellement volage !

— En d'autres termes, je n'ai pas fait tant d'histoires que vous l'espériez, quand vous êtes partie avec Tom Trivet.

— Ce n'est pas vrai ! — Lucy était indignée. — Vous aviez commencé à vous éloigner de moi bien avant que je n'eusse songé à Tom.

— Bien, bien, — comme vous voudrez. Au fond, vous n'étiez pas suffisamment du genre victime pour mon goût. — Il n'y avait rien de la victime chez Lucy ; peu de chose même, s'était-il dit bien souvent, de la femme ordinaire. Elle savait rechercher son plaisir comme un homme recherche le sien, sans remords, de toute la force de son esprit, sans en laisser affecter en quoi que ce fût ses pensées et ses sentiments. Spandrell n'aimait pas qu'on se servît de lui, qu'on l'exploitât, pour le plaisir d'autrui. Il voulait, lui, être celui qui se sert. Mais, avec Lucy, il n'y avait absolument pas moyen de tenir un esclave. — Je suis comme vous ajouta-t-il ; j'ai besoin de victimes.

— D'où il résulte que j'appartiens au genre criminel ?

— Il me semble que nous étions d'accord là-dessus depuis longtemps, ma chère Lucy.

— Je n'ai jamais été d'accord avec personne sur rien, protesta-t-elle, et je ne le serai jamais. Du moins, jamais plus d'une demi-heure à la fois.

— C'était à Paris, vous rappelez-vous ? A la *Chaumière*... Il y avait, à la table voisine, un jeune homme qui se mettait du rouge sur les lèvres.

— Oui, — il avait un bracelet de platine avec des diamants.

— Elle hocha la tête, en souraint. — Et vous m'avez traitée d'ange, je crois bien...

— De mauvais ange, précisa-t-il, — de mauvais ange-né.

— Pour un homme intelligent, Maurice, vous dites beaucoup de bêtises. Vous croyez donc sincèrement que certaines choses sont bonnes et d'autres mauvaises ?

Spandrell lui prit la main et la baisa :

— Ma chère Lucy, dit-il, vous êtes épatante ! Et il ne faudra surtout jamais cacher vos talents. C'est bien, cela, ô bon et fidèle succube ! — Il porta de nouveau sa main à sa lèvre. — Continuez à faire votre devoir comme vous l'avez fait jusqu'à présent. C'est là tout ce que le ciel vous demande.

— Je tâche simplement de m'amuser. — La voiture s'arrêta devant sa petite maison dans Bruton Street. — Dieu sait, ajouta-t-elle, descendant du taxi, si j'y réussis peu !... Attendez, j'ai de l'argent. — Elle tendit au chauffeur un billet de dix shillings. Lucy insistait, lorsqu'elle se trouvait avec des hommes, pour payer elle-même le plus possible. Payant, elle était indépendante, elle pouvait agir à sa guise. — Et on ne m'aide guère, poursuivit-elle, tâtonnant avec sa clé pour trouver la serrure. Les uns et les autres, vous êtes tous si ternes !

Dans la salle à manger, une belle nature morte de bouteilles, de fruits, et de sandwiches, les attendait. Sur les courbes des flancs polis de la bouteille thermos, leurs images réfléchies se promenaient d'une façon fantastique dans un univers non-Euclidien. Le professeur Dewar avait liquéfié l'hydrogène afin que le consommé de Lucy pût lui être tenu chaud jusqu'aux pâles heures de la matinée. Au-dessus du buffet était accrochée l'une des scènes de théâtre de John Bidlake. Une courbe du balcon, une enfilade de visages, un coin d'avant-scène brillant.

— Comme c'est bien, ça ! dit Spandrell, se protégeant de la main les yeux pour le voir plus clairement.

Lucy ne fit pas d'observation. Elle se regardait dans un vieux miroir à glace ternie.

— Qu'est-ce que je ferai quand je serai vieille ? demanda-t-elle soudain.

— Pourquoi ne pas mourir ? proposa Spandrell, la bouche pleine de pain et de foie gras de Strasbourg.

— Je crois bien que je me mettrai à faire des sciences, comme le Vieux. Il n'existe pas une zoologie humaine ? Moi, je me fatiguerais assez vite des grenouilles... A propos de grenouilles, poursuivit-elle, ce petit homme à poil de carotte m'a assez plu, — comment l'appelez-vous !

— Ne me mettez donc pas dans le même sac que les riches. Si

vous saviez !... — Spandrell hocha la tête. — « Espérons qu'elle apportera des fonds quand elle viendra demain », songeait-il, se souvenant du message que Lucy lui avait apporté de la part de sa mère. Il lui avait écrit qu'il était dans un embarras urgent.

— Moi, j'aime les gens qui savent haïr, reprit Lucy.

— Ça, Illidge le sait. Il est tout farci de théories, et de fiel, et d'envie. Il meurt d'envie de vous faire sauter tous.

— Alors, que ne le fait-il ? Et vous, donc ? Ce n'est donc pas pour ça que votre club a été créé ?

Spandrell haussa les épaules.

— Il y a une légère différence entre la théorie et la pratique, n'est-ce pas. Et, quand on est communiste militant, et matérialiste scientifique, et admirateur de la révolution russe, la théorie est bigrement drôle. Il faut entendre votre jeune ami parler du meurtre ! Le meurtre politique est ce qui l'intéresse particulièrement, bien entendu ; mais il ne fait pas beaucoup de différence entre les diverses branches de cette profession. Suivant lui, elles sont toutes également inoffensives et moralement indifférentes. C'est notre vanité qui nous fait exagérer l'importance de la vie humaine ; l'individu n'est rien. La nature ne s'intéresse qu'à l'espèce. Et ainsi de suite... Bizarre, observa Spandrell par manière de parenthèse, comme les dernières manifestations d'art et de politique sont généralement démodées et même primitives ! Le jeune Illidge parle comme un mélange de Tennyson dans *In Memoriam* et d'un Indien du Mexique, ou comme un Malais essayant de se décider à faire « amok [1] »... Il justifie l'indifférence la plus primitive, la plus sauvage, la plus animale envers la vie au moyen d'arguments scientifiques n'ayant absolument plus cours... C'est vraiment très bizarre.

— Mais pourquoi la science n'aurait-elle plus cours ? demanda Lucy. Car enfin, c'est un homme de science, lui, et...

— Mais c'est aussi un communiste. Ce qui signifie qu'il est entiché de matérialisme du dix-neuvième siècle. On ne peut pas être un véritable communiste sans être aussi mécaniste. Il faut absolument croire que les seules réalités fondamentales sont l'espace, le temps, et la masse, et que tout le reste est de la fichaise, — illusion pure et simple, et illusion bourgeoise, qui plus est... Pauvre Illidge ! Einstein et Edington l'ennuient beaucoup. Et comme il déteste Henri Poincaré ! Et comme il en veut au vieux Mach ! Tous ces gens-là sont en train de saper sa foi si simple. Ils lui disent que les lois de la nature sont des conventions utiles, de fabrication entièrement humaine, et que l'espace, et le temps, et

1. *Note du traducteur.* — L'*amok* est une espèce de folie meurtrière spéciale aux Malais.

la masse, eux-mêmes, tout l'univers de Newton et de ses successeurs, sont simplement notre invention, à nous. Cette idée lui est tout aussi indiciblement choquante et pénible que serait, à un chrétien, l'idée de la non-existence de Jésus... C'est un homme de science, mais il a des principes qui lui font combattre toute théorie scientifique datant de moins de cinquante ans. C'est délicieusement comique.

— J'en suis persuadée, dit Lucy, bâillant, — c'est-à-dire s'il se trouve qu'on s'intéresse à la science, — ce qui n'est pas mon cas.

— Mais c'est le mien, répliqua Spandrell, de sorte que je ne vous fais pas d'excuses. Mais si vous le préférez, je puis vous donner quelques exemples de ses inconséquences pratiques. J'ai découvert il y a quelque temps, d'une façon toute fortuite, qu'Illidge a le sentiment le plus touchant de la loyauté familiale. Il subvient aux besoins de sa mere, il paye l'instruction de son frère, il a donné six mille francs à sa sœur quand elle s'est mariée.

— Quel mal y a-t-il à ça ?

— Quel mal ? Mais c'est dégoûtamment bourgeois ! Théoriquement, il ne voit aucune distinction entre sa mère et n'importe quelle autre vieille femme. Il sait que, dans une société rationnellement organisée, on la ferait passer à la chambre d'asphyxie, à cause de son arthrite. Et malgré cela, il lui envoie je ne sais combien par semaine pour lui permettre de poursuivre péniblement une existence inutile. Je l'en ai raillé l'autre jour. Il a rougi, il en a été terriblement affecté, comme si on l'avait pincé à tricher aux cartes. Aussi, pour rétablir son prestige, il a été obligé de changer de sujet, et s'est mis à parler de l'assassinat politique et de ses avantages, avec la férocité la plus merveilleusement calme, détachée, scientifique. Moi, je me suis contenté de rire. Un de ces jours, lui ai-je dit en le menaçant, je vous prendrai au mot, et je vous inviterai à une expédition de chasse à l'homme. Et, ce qui plus est, je le ferai !

— A moins que vous ne continuiez tout bonnement à bavarder, comme tous les autres.

— A moins, consentit Spandrell, que je ne continue tout bonnement à bavarder.

— Faites-le-moi savoir, si jamais vous cessez de bavarder et si vous vous mettez à agir. Ça mettrait un peu de vie dans le tableau.

— Un peu de mort, plutôt.

— Mais c'est la vivacité mortelle qui est la plus vivante, en réalité. — Lucy fronça les sourcils. — J'en ai plein le dos, des formes ordinaires et conventionnelles de la vivacité... La jeunesse en proue et le plaisir à la poupe. Vous connaissez ça, hein ? C'est bête, c'est monotone. Il semble que, de nos jours, l'énergie ait si peu de manières de sa manifester. C'était différent, dans les temps passés, je crois.

— Il y avait de la violence, outre l'amour. C'est cela que vous voulez dire ?

— C'est ça. — Elle approuva de la tête. — La vivacité n'était pas si exclusivement... si exclusivement de la chiennerie, pour parler crûment.

— Ils savaient aussi enfreindre le sixième commandement, quoi. De nos jours, il y a trop d'agents de police.

— Beaucoup trop. Ils ne vous permettent pas seulement de sourciller. Il faudrait avoir passé partout, avoir tout fait.

— Mais, si rien n'est bien ni mal, — comme vous paraissez le croire, — à quoi bon ?

— A quoi bon ? Il pourrait y avoir des choses amusantes, il pourrait y en avoir de palpitantes.

— Aucune ne serait bien palpitante si vous ne sentiez pas qu'elle était le mal. — Le temps et l'habitude avaient enlevé l'idée de faute à presque toutes les actions qu'il avait jadis tenues pour péchés. Il les effectuait avec aussi peu d'enthousiasme qu'il aurait effectué l'action de prendre le métro. — Il y a des gens, reprit-il méditativement, s'efforçant de formuler les parties obscures et vagues de ses propres sensations, il y a des gens qui ne peuvent concevoir le bien qu'en péchant contre lui. — Mais quand les vieux péchés cessent d'être ressentis comme tels, qu'arrive-t-il ? L'argument se poursuivait en lui. La seule solution paraissait être de commettre des fautes nouvelles et de plus en plus sérieuses, de passer par tout, comme Lucy eût dit en son jargon. — L'une des manières de connaître Dieu, dit-il lentement pour conclure, c'est de le nier.

— Mon cher Maurice ! protesta Lucy.

— Ça y est, je m'arrête, dit-il en riant. Mais vraiment, si vous en êtes à dire « Mon cher Maurice » (il imita le ton de sa voix), si vous êtes également inconsciente du bien et du péché contre le bien, à quoi bon, que diable, passer à des actes du genre de ceux contre lesquels la police intervient ?

Lucy haussa les épaules :

— Par curiosité. On s'ennuie, n'est-ce pas...

— Hélas, oui, on s'ennuie. — Il se remit à rire. — Malgré tout, je suis d'avis que le savetier en reste à son dernier essai.

— Et quel est mon dernier essai, à moi ?

Spandrell ricana :

— La modestie, commença-t-il, m'empêche...

CHAPITRE XII

WALTER se rendit à Fleet Street aux bureaux du *Monde littéraire,* se sentant sinon précisément heureux, mais calme tout au moins, — calme de la certitude que tout était maintenant arrangé ; tout, car au cours de l'éruption d'émotion de la nuit dernière, tout était venu à la surface. D'abord, il ne reverrait plus Lucy, plus jamais ; cela, c'était définitivement réglé et promis, pour son bien, autant que pour celui de Marjorie. Ensuite, il passerait dorénavant toutes ses soirées avec Marjorie. Et enfin, il demanderait une augmentation à Burlap. Tout était arrangé. Le temps lui-même semblait le savoir. C'était un jour de brume blanche tenace, si intrinsèquement calme que tous les bruits de Londres juraient avec cette tranquillité. La circulation rugissait et se précipitait, mais sans parvenir à toucher au calme, au silence essentiel de la journée. Tout était arrangé, le monde recommençait *ab ovo,* — non pas d'une façon particulièrement enthousiasmante, sans doute, non pas du tout brillamment, mais avec résignation, avec un calme bien déterminé que rien ne pouvait troubler.

Se souvenant de l'incident de la soirée, Walter s'était attendu à être reçu fraîchement au bureau. Mais, au contraire, Burlap était dans un de ses jours de plus grande cordialité. Il se souvenait, lui aussi, de la soirée, et était fort désireux que Walter l'oubliât. Il donna du « mon vieux » à Walter, lui pressa le bras affectueusement, levant sur lui, de sa chaise, ces yeux qui n'exprimaient rien, mais étaient de simples trous pénétrant dans l'obscurité de son crâne. Cependant, sa bouche souriait de façon charmante et subtile. Walter lui rendit un « mon vieux » et un sourire, mais en ayant douloureusement conscience de leur manque de sincérité. Burlap produisait toujours cet effet-là sur lui ; en sa présence, Walter ne se sentait jamais parfaitement honnête ni sincère. C'était une sensation fort désagréable. Avec Burlap il était toujours, par quelque manigance obscure, menteur et comédien. Et en même temps, tout ce qu'il disait, même lorsqu'il exprimait ses convictions les plus intimes, devenait une sorte de mensonge.

— Votre article sur Rimbaud m'a plu, déclara Burlap, pressant toujours le bras de Walter, souriant toujours vers lui du fond de sa chaise de bureau tournante et renversée en arrière.

— Ça me fait plaisir, dit Walter, sentant avec un certain malaise que cette remarque ne lui était pas destinée, à lui, mais bien à quelque portion de l'esprit même de Burlap qui lui avait murmuré : « Dis-lui donc quelque chose de gentil sur son article », et dont les exigences se trouvaient satisfaites comme il sied par une autre portion de l'esprit de Buralp.

— Voilà un homme ! s'écria Burlap. Voilà un type qui avait foi en la Vie, au moins !

Depuis que Burlap y exerçait les fonctions de rédacteur en chef, les articles de tête du *Monde littéraire* avaient presque chaque semaine proclamé la nécessité d'avoir foi en la Vie. La foi en la Vie de Burlap constituait l'une des choses qui inquiétaient le plus Walter. Que pouvaient bien signifier ces mots-là ? Il n'en avait toujours pas la première notion. Burlap ne s'était jamais expliqué. Il fallait comprendre intuitivement ; sinon, autant être marqué pour l'enfer. Il y avait peu de chances pour qu'il oubliât sa première entrevue avec son futur chef. « J'ai appris que vous avez besoin d'un rédacteur adjoint », avait-il commencé timidement. Burlap fit « oui » de la tête. « En effet. » Puis, après un silence formidablement long et affreux, il avait tout à coup levé ses yeux vides, pour demander : « Avez-vous foi en la Vie ? » Walter rougit jusqu'au bout des oreilles, et dit : « Oui. » C'était la seule réponse possible. Il y eut un nouveau désert de silence, puis Burlap leva de nouveau les yeux. « Êtes-vous vierge ? » demanda-t-il. Walter rougit encore plus violemment, hésita, et finit par hocher négativement la tête. Ce n'est que plus tard qu'il découvrit, d'après l'un des articles mêmes de Burlap, que son rédacteur en chef avait modelé son attitude sur celle de Tolstoï — « Allant tout droit aux grandes choses simples et fondamentales », suivant la description que donnait Burlap lui-même des impertinences psychiques du vieil apôtre du Salut.

— Oui, Rimbaud a certainement eu foi en la Vie, acquiesça mollement Walter, éprouvant, tandis qu'il prononçait ces paroles, ce qu'il ressentait lorsqu'il avait à écrire une banale lettre de condoléances. Parler de la foi en la Vie, c'était du même ordre de manque de sincérité que de parler de sa « profonde sympathie à l'occasion de votre perte si cruelle ».

— Il avait une telle foi en elle, reprit Burlap, — baissant les yeux (au profond soulagement de Walter) et hochant la tête tandis qu'il prononçait, comme en ruminant, ses paroles, — une foi si profonde, qu'il était disposé à en faire le sacrifice. C'est ainsi que j'interprète son abandon de la littérature, — comme un sacrifice longuement consenti. — (Il emploie trop aisément les grands mots, songea Walter.) — Celui qui voudrait sauver sa vie doit la perdre. — (Ah ! Ah !) — Être le meilleur poète de sa génération, et, le sachant, renoncer à la poésie, — cela, c'est perdre sa vie pour la sauver. Cela, c'est réellement avoir foi en la Vie ! Sa foi était si forte, qu'il était prêt à perdre sa vie, dans la certitude d'en gagner une nouvelle, une meilleure ! — (Oui, bien trop aisément !... Walter était fort embarrassé.) — Une vie de contemplation mystique et d'intuition. Ah ! Si seulement nous savions ce qu'il a fait et pensé en Afrique, — si seulement nous le savions !

— Il a fait de la contrebande d'armes à feu pour l'empereur Ménélik, eut le courage de répondre Walter. Et, à en juger d'après ses lettres, il semble avoir pensé surtout à gagner assez d'argent pour s'établir. Il portait quarante mille francs dans sa ceinture. Douze kilos d'or autour des reins... — « A propos d'or, songeait-il, il faut absolument que je lui parle de mon traitement. »

Mais, au rappel des fusils de Ménélik et des quarante mille francs, Burlap eut un sourire empreint de charité chrétienne :

— Alors, vous vous imaginez vraiment, demanda-t-il, que c'est la contrebande d'armes et l'argent qui ont occupé son esprit, dans le désert ? Lui ? L'auteur des *Illuminations ?*

Walter rougit, comme s'il s'était rendu coupable de quelque affreux solécisme.

— Ce sont là les seuls faits que nous connaissions, dit-il en atténuation.

— Mais il y a une intuition qui voit plus profond que les simples faits... — « Intuition profonde » était le nom que Burlap donnait volontiers à son opinion personnelle.

— Il s'est rendu compte de la vie nouvelle, il a conquis le Royaume des Cieux.

— C'est une hypothèse, dit Walter, qui se sentait mal à son aise, et aurait voulu que Burlap n'eût jamais lu *le Nouveau Testament.*

— Pour moi, répliqua Burlap, c'est une certitude. Une certitude absolue. — Il parlait avec conviction, il hochait la tête avec violence. — Une certitude complète et absolue, répéta-t-il, s'hypnotisant par la réitération de cette expression au point d'entrer dans une fureur passionnée de conviction. — Complète et absolue. — Puis il se tut, mais intérieurement il continua à entretenir sa fureur mystique. Il pensa à Rimbaud au point d'en devenir lui-même Rimbaud. Et puis soudain son diablotin sortit sa face grimaçante et lui chuchota : « Douze kilos d'or autour des reins. » Burlap exorcisa le démon en passant à un autre sujet. — Avez-vous vu les livres nouveaux pour les comptes rendus ? dit-il, désignant du doigt une double pile de volumes sur le coin de la table. — Des mètres et des mètres de littérature contemporaine... — Il fut pris d'une exaspération rieuse. — Pourquoi donc les auteurs ne peuvent-ils pas s'arrêter ? C'est une maladie. C'est un flux de sang, — fût-ce de sang de navets — comme celui dont souffrait la bonne dame dans la Bible, — vous vous rappelez, hein ?

Ce dont Walter se souvenait surtout, c'est le fait que cette plaisanterie était de Philip Quarles.

Burlap se leva et se mit à parcourir les livres :

— Prenez en pitié le pauvre critique ! dit-il, avec un soupir.

Le pauvre critique, — n'était-ce pas là la réplique attendue pour servir le petit discours au sujet de son traitement ? Walter banda ses nerfs, concentra sa volonté.

— Justement, je me disais... commença-t-il.

Mais Burlap avait commencé presque simultanément pour son compte :

— Je vais appeler Béatrice, dit-il, et il sonna trois coups. — Je vous demande pardon : vous disiez ?...

— Rien... Il n'avait plus qu'à remettre à plus tard sa demande d'augmentation. Il ne pouvait pas la faire en public, — surtout quand le public, c'était Béatrice. — « Que le diable l'emporte, Béatrice ! songea-t-il, avec injustice. Pourquoi venait-elle là faire pour rien le travail de révision des épreuves et de rédaction des Comptes Rendus Rapides ? Simplement parce qu'elle avait de la fortune personnelle et qu'elle adorait Burlap ! »

Walter s'était un jour plaint à elle, en riant, de ses malheureux sept cent cinquante francs par semaine.

— Mais le *Monde* vaut qu'on fasse des sacrifices pour lui, dit-elle tout de go. Après tout, on a des responsabilités envers les gens ; on *doit* faire quelque chose pour eux. — Répétés ainsi de sa voix claire et martelée, les sentiments chrétiens de Burlap parurent à Walter particulièrement hors de propos. — Le *Monde*, précisément, fait quelque chose ; aussi il faut l'y aider.

Il eût été tout naturel de répliquer que son revenu personnel, à lui, était fort mince, et qu'il n'était pas amoureux de Burlap. Il ne répliqua rien, toutefois, et se laissa becqueter... Le diable l'emporte, malgré tout !

Béatrice entra, petite femme soignée, au contour rondelet et bien fait, se tenant toute droite et pleine de dignité affairée :

— Bonjour, Walter, dit-elle, et chacune de ses paroles ressemblait à un petit coup frappé sur les doigts avec un marteau d'ivoire. — Vous avez l'air fatigué, continua-t-elle — vanné, comme si vous aviez fait la bringue cette nuit. — Encore des coups de becs... — Est-ce cela ?

Walter rougit :

— J'ai mal dormi, marmotta-t-il ; et il s'absorba dans l'exa men d'un livre.

Ils firent le triage des volumes pour les divers chroniqueurs. Un petit tas pour l'expert scientifique, un autre pour le métaphysicien accrédité, un amas énorme pour le spécialiste des romans. La pile la plus volumineuse fut les Inepties. Les Inepties n'étaient pas honorées d'une chronique, sinon dans les Comptes Rendus Rapides.

— Voici un livre sur la Polynésie pour vous Walter, dit généreusement Burlap. — Et une nouvelle anthologie de poésie française... Non, à la réflexion, je m'en chargerai, moi. — A la réflexion, il gardait généralement pour lui les livres les plus intéressants.

— *La Vie de Saint François racontée aux enfants,* par Bella Jukes... — Théologie ou Ineptie ? demanda Béatrice.

— Ineptie, dit Walter regardant par-dessus son épaule.

— Mais je serais assez content d'un prétexte pour faire un bout d'article sur Saint François, dit Burlap. — Dans les loisirs que lui laissaient ses fonctions de rédacteur, il avait entrepris une étude d'une certaine ampleur sur le saint. Cela devait s'intituler : *Saint François et la Psyché moderne.* Il prit le petit livre des mains de Béatrice, et en fit défiler les pages sous son pouce. — C'est plutôt inepte, reconnut-il. Mais quel homme extraordinaire ! Extraordinaire ! — Il se remit à s'hypnotiser, à se surexciter pour atteindre l'état d'esprit franciscain.

— Extraordinaire ! martela Béatrice, les yeux fixés sur Burlap.

Walter la regarda avec curiosité. Ses idées et sa manière à coups de bec, comme celle d'une oie, semblaient appartenir à deux personnes différentes, entre lesquelles le seul lien perceptible était Burlap. Y avait-il aussi quelque liaison interne, organique ?

— Quel accord entre l'homme et ses actes ! reprit Burlap, grisé de ses propres paroles. — Il hocha la tête, puis, en soupirant, se calma suffisamment pour pouvoir continuer le travail de la matinée.

Lorsque Walter retrouva une occasion pour parler (avec quelle timidité, et combien péniblement à contrecœur !) de son traitement, Burlap se montra plein d'une sympathie étonnante.

— Je sais, mon vieux, dit-il, posant une main sur l'épaule de l'autre, d'un geste qui rappela désagréablement à Walter l'époque où, comme écolier, il avait joué le rôle d'Antonio dans *le Marchand de Venise,* et où l'affreux Porter (l'aîné), déguisé en Bassanio, s'exerçait à lui témoigner de l'amitié. — Je sais ce que c'est que d'être dans la mouise. — Son petit rire donnait à entendre qu'il était un véritable franciscain spécialiste en pauvreté, mais qu'il était bien trop modeste pour insister là-dessus. — Je sais ce que c'est, mon vieux. — Et il en vint à être quasi convaincu qu'il n'était pas copropriétaire (à part égale) et rédacteur en chef appointé du *Monde*, qu'il n'avait pas un sou de placé et qu'il vivait depuis des années avec deux cent cinquante francs par semaine. — Je voudrais bien avoir les moyens de vous donner trois fois ce que nous vous payons. Vous le valez, mon vieux. — Il donna une petite tape à l'épaule de Walter.

Walter marmotta quelques mots vagues de modestie. Cette petite tape, songeait-il, était le signal pour qu'il commençât :

Je suis une ouaille entachée de péché dans le troupeau,
Digne, au plus, d'être abattue...

— Je voudrais bien, pour vous, continua Burlap, — et pour moi aussi, ajouta-t-il, se mettant avec un petit rire de regret dans le même sac financier que Walter, que le journal rapportât davantage. Si vous écriviez moins bien, il y aurait plus de chances pour ça.

Le compliment était charmant. Burlap l'accentua d'une nouvelle petite tape et d'un sourire. Mais ses yeux n'exprimèrent rien. Walter, les croisant un instant de son regard, eut l'impression étrange qu'ils ne le regardaient pas du tout, qu'ils ne regardaient rien. — Le journal est de trop bonne qualité. C'est en grande partie par votre faute. On ne peut pas servir à la fois Dieu et Mammon.

— Évidemment, acquiesça Walter ; mais il eut de nouveau l'impression que les grands mots étaient sortis trop facilement.

— Je voudrais que ce fût possible. — Burlap parlait comme un Saint François badin, faisant semblant de rire de ses propres principes.

Walter se joignit à lui pour rire, — mais sans gaieté. Il se disait qu'il regrettait bien d'avoir jamais prononcé le mot de « traitement ».

— Je m'en vais parler à Mr. Chivers, dit Burlap. — Mr. Chivers était le directeur commercial. Burlap se servait de lui, comme les hommes d'État romains se servaient des oracles et des augures, pour pousser sa politique personnelle. Toute décision qui déplaisait pouvait toujours être attribuée à Mr. Chivers ; et lorsqu'il en prenait une qui était bien reçue, elle avait invariablement été prise à l'encontre de la tyrannie sans âme du directeur commercial. Mr. Chivers était une fiction fort commode. — Je le verrai ce matin même.

— Oh! ne vous donnez pas la peine, dit Walter.

— S'il est humainement possible de vous décrocher encore quelque chose...

— Non, je vous en prie... — Walter le suppliait véritablement de ne pas l'augmenter. — Je sais bien les difficultés... N'allez pas croire que je veux...

— Mais nous nous engraissons de votre sueur, Walter, — nous nous en engraissons véritablement. Plus Walter protestait, plus Burlap devenait généreux. — Ne croyez pas que je ne m'en rende pas compte. Ça me tracasse depuis quelque temps...

Sa magnanimité était contagieuse. Walter était résolu à ne pas accepter de supplément d'appointements, — fermement résolu, bien qu'il fût convaincu que le journal pouvait fort bien supporter la chose:

— Non, vraiment, Burlap, supplia-t-il presque, je préfère de beaucoup que vous laissiez les choses en l'état. — Alors, tout à coup, il pensa à Marjorie. Comme il la traitait injustement! Il sacrifiait sa tranquillité à celle de Marjorie. Parce qu'il trouvait déplaisant de marchander, parce qu'il lui répugnait de se battre d'une main et d'accepter des faveurs de l'autre, la pauvre Marjorie serait obligée de se passer d'une robe neuve et d'une seconde domestique.

Mais Burlap balaya ses objections. Il insista pour être généreux:

— Je vais aller en parler à Chivers tout de suite. Je crois bien que je pourrai l'amener à vous donner trois mille francs de plus par an.

Trois mille. Cela faisait soixante francs par semaine. Rien quoi. Marjorie avait dit qu'à son avis il devrait exiger au moins mille francs de plus.

— Je vous remercie, dit-il, et il éprouva du mépris contre lui-même pour l'avoir dit.

— C'est bien peu évidemment, — ridiculement peu. C'est ce que j'aurais dû dire, moi, songea Walter. — On a honte d'offrir ça, n'est-ce pas?... Mais que voulez-vous qu'on fasse?

«On» ne pouvait manifestement rien faire du tout, pour la bonne raison qu'«on» était impersonnel et n'existait point.

Walter marmotta quelques paroles où il était question de reconnaissance. Il se sentait humilié, et accusait Marjorie de son humiliation.

Lorsque Walter travaillait aux bureaux du journal, ce qui

n'arrivait que trois jours par semaine, il partageait une pièce avec Béatrice. Burlap avait un bureau pour lui seul, où il s'isolait pour ses travaux éditoriaux. C'était le jour des Comptes Rendus Rapides. Entre eux, sur la table, s'élevaient les piles d'Inepties. Ils se servaient, en tout-venant. C'était un festin littéraire, — un festin de rebut. Les mauvais romans et les vers sans valeur, les systèmes imbéciles de philosophie et les moralisations plates, les biographies insignifiantes et les livres de voyage ennuyeux, la dévotion si écœurante et les livres d'enfants si vulgaires et si bêtes qu'on avait honte, en les lisant, de toute la race humaine, — la pile était haute, et elle s'élevait de semaine en semaine. La persévérance de fourmi de Béatrice, le discernement rapide et la facilité de Walter étaient complètement insuffisants à endiguer de flot montant... Ils se mirent à l'ouvrage, — « comme des vautours, disait Walter, dans les Tours du Silence. » Ce qu'il écrivit ce matin fut particulièrement dur.

Sur le papier, Walter avait toutes les qualités qui lui manquaient dans la vie réelle. Ses chroniques étaient riches d'épigrammes et sans nul ménagement. De pauvres vieilles filles confites en ardeur sérieuse, lorsqu'elles lisaient ce qu'il avait écrit au sujet de leurs poèmes sortis du cœur sur Dieu et la Passion, et les Beautés de la Nature, se sentaient piquées au vif par son dédain brutal. Les chasseurs de fauves, qui avaient tant goûté leur voyage en Afrique, se demandaient comment le compte rendu d'une chose aussi intéressante pouvait bien être qualifié d'ennuyeux. Les jeunes romanciers qui avaient modelé leur style et leurs conceptions épiques sur ceux des meilleurs auteurs, qui avaient hardiment dévoilé les secrets de leur vie intime et sexuelle, étaient froissés, abasourdis, indignés d'apprendre que leur style était pompeux, leur construction inexistante, leur psychologie fausse, leur drame, théâtral et mélodramatique. Il faut autant de travail pour écrire un mauvais livre qu'un bon ; il sort avec la même sincérité de l'âme de l'auteur. Mais l'âme du mauvais auteur étant, artistiquement, du moins, de qualité inférieure, les effusions sincères en seront sinon toujours intrinsèquement inintéressantes, du moins exprimées de façon inintéressante, et le travail dépensé dans cette expression sera gaspillé. L'industrie et toutes les vertus n'y servent de rien... Enfoui dans son Ineptie, Walter commentait férocement le manque de talent. Conscients de leur industrie, de leur sincérité et de leurs bonnes intentions artistiques, les auteurs d'Inepties se sentaient abominablement et injustement traités.

Les méthodes de critique de Béatrice étaient simples : elle essayait, quel que fût le cas, de dire ce qu'elle s'imaginait devoir être dit par Burlap. Ce qui arrivait en pratique, c'est qu'elle louait tous les livres dans lesquels la Vie et ses problèmes étaient, croyait elle, pris au sérieux, et qu'elle condamnait tous les autres. Elle aurait classé le *Festus* de Bailey plus haut que *Candide,* à moins, bien entendu, que Burlap ou quelque personne autorisée ne lui eût dit au préalable qu'il était de son devoir de préférer *Candide.* Comme on ne lui permettait jamais de critiquer autre chose que de l'Ineptie, son manque absolu de sens critique était, au surplus, de fort peu d'importance.

Ils travaillèrent, ils allèrent déjeuner, ils revinrent se mettre au travail. Onze livres nouveaux étaient arrivés dans l'intervalle.

— J'éprouve, dit Walter, ce que doivent éprouver les vautours de Bombay quand il y a eu une épidémie parmi les Parsis.

Pensant à Bombay et aux Parsis, son esprit se porta vers sa sœur Élinor. Elle et Philip devaient s'embarquer aujourd'hui, justement. Il était content de ce retour. Ils étaient à peu près les seules personnes avec qui il pût parler intimement de ses affaires. Il allait donc pouvoir discuter ses problèmes personnels avec eux. Ce serait un réconfort, un allégement de sa responsabilité. Alors il se souvint tout à coup que tout était arrangé, qu'il n'y avait plus de problèmes. Il n'y en avait plus... Puis la sonnerie du téléphone retentit. Il prit le récepteur, il fit « allô » dans le cornet.

— C'est vous, Walter, mon chéri ? — C'était la voix de Lucy.

Il eut un instant de désespoir ; il savait ce qui allait arriver.

— Je viens de me réveiller, expliqua-t-elle. Je suis toute seule.

Elle voulait qu'il allât prendre le thé avec elle. Il refusa... Après le thé, alors.

— Je ne peux pas, persista-t-il.

— Quelle bêtise ! Bien sûr, que vous pouvez !

— Impossible.

— Mais pourquoi ?

— J'ai à travailler.

— Mais pas après six heures. Allons j'insiste.

Après tout, songea-t-il, il vaudrait peut-être mieux aller la voir, et lui expliquer la décision qu'il avait prise.

— Je ne vous le pardonnerai jamais, si vous ne venez pas !

— Bon, dit-il. Je ferai un effort. J'irai si j'en entrevois la possibilité.

— Oh ! en voilà un flirteur ! railla Béatrice, comme il raccrochait le récepteur. — Vous dites non pour le plaisir de vous faire prier !

Et quand, à cinq heures et quelques minutes, il quitta le bureau sous le prétexte qu'il avait à passer à la London Library avant l'heure de fermeture, elle lui envoya des souhaits ironiques :

— Amusez-vous bien ! dit-elle en guise d'adieu.

Dans le bureau du rédacteur en chef, Burlap était en train de dicter des lettres à sa secrétaire. « Veuillez agréer, et caetera, » dit-il pour terminer, et il prit une autre liasse de papiers. « Chère miss Saville », commença-t-il, après avoir jeté un coup d'œil... « Non. » Il rectifia : « Chère miss Romola Saville. Je vous remercie de votre lettre et des manuscrits annexes. » Il s'arrêta, et se renversant en arrière sur sa chaise, ferma les yeux pour un instant de brève réflexion. « Il n'est pas dans mes habitudes », reprit-il enfin d'une voix douce et lointaine, « il n'est pas dans mes habitudes d'écrire des lettres personnelles à des collaborateurs inconnus. » Il rouvrit les yeux, — pour croiser le regard vif et sombre de sa secrétaire, de l'autre côté de la table. L'expression des yeux de miss Cobbett était sarcastique ; l'ombre d'un petit sourire lui soulevait presque imperceptiblement les commissures des lèvres. Burlap en fut agacé ; mais il garda pour lui ses sensations et continua à regarder droit devant lui, comme si miss Cobbett n'était pas là du tout et comme s'il regardait distraitement quelque meuble. Miss Cobbett laissa retomber son regard sur son bloc-notes.

« Comme il est méprisable ! » songea-t-elle à part soi. « Comme il est indiciblement vulgaire ! »

Miss Cobbett était une petite femme, aux cheveux noirs, avec un brin de duvet sombre aux commissures de la lèvre supérieure, aux énormes yeux bruns absolument hors de proportion avec son visage mince et un tantinet maladif... Des yeux sombres et passionnés, dans lesquels il y avait, presque en permanence, une expression de reproche, qui s'illuminait en colère soudaine, ou, comme c'était actuellement le cas, en dérision. Elle avait le droit de jeter sur le monde un regard de reproche. Le destin l'avait durement traitée. Très durement. Née et élevée au milieu d'une prospérité raisonnable, la mort de son père l'avait, d'un jour à l'autre, laissée dans le dénuement le plus absolu. Elle fut fiancée à Harry Markham. La vie promettait un renouveau. Puis arriva la guerre. Harry s'engagea, et fut tué. Sa mort la condamna à la sténo-dactylographie pour le restant de son existence naturelle, Harry était le seul homme qui l'eût jamais aimée, qui eût été prêt à courir le risque de l'aimer. Les autres hommes étaient inquiets de sa violence, de sa passion, de son sérieux. Elle prenait les choses effroyablement au sérieux. Les jeunes gens se sentaient mal à l'aise et ridicules en sa compagnie. Ils s'en vengeaient en riant d'elle parce qu'elle ne comprenait pas la plaisanterie, parce qu'elle était bas bleu, et, le temps passant, parce qu'elle était une vieille fille désirant ardemment un homme. Ils disaient qu'elle ressemblait à une sorcière. Elle avait souvent été éprise, passionnément, avec une violence sans espoir. Les hommes ne s'étaient aperçus de rien ; ou bien, s'ils s'en apercevaient, avaient fui précipitamment, ou l'avaient raillée, ou — ce qui était plutôt pire, — lui avaient témoigné une bonté condescendante comme on en a pour un de ces pauvres êtres dévoyés que, tout gênants qu'ils soient, l'on doit néanmoins traiter avec charité. Ethel Cobbett avait pleinement le droit d'avoir les yeus pleins de reproches.

Elle avait fait la connaissance de Burlap parce que, toute jeune fille, aux jours de prospérité, elle avait fréquenté la même école que Susan Paley, qui était devenue par la suite la femme de Burlap. Quand Susan mourut, et que Burlap exploita la douleur qu'il ressentit ou du moins se vanta bien haut de ressentir, dans une série plus qu'habituellement douloureuse de ces articles toujours douloureusement personnels qui étaient le secret de son succès comme journaliste (car le grand public a un appétit chronique et cannibale pour les indiscrétions personnelles), Ethel lui écrivit une lettre de condoléances, qu'elle accompagna d'un long mémoire sur Susan jeune fille. Elle reçut par retour du courrier une réponse émue et émouvante. « Je vous remercie, oui, je vous remercie de vos souvenirs qui me représentent la vraie Susan telle que je l'avais toujours pressentie,— de la petite fille qui avait survécu si magnifiquement et si purement dans la femme, — jusqu'au tout dernier moment ; de la charmante enfant que, malgré la chronologie, elle n'avait pas cessé d'être sous l'enveloppe de la Susan physique vivante dans le temps, et parallèlement à elle. Au tréfonds de son cœur, j'en suis persuadé, elle n'a jamais réussi à croire à son moi adulte et chronologique, elle n'a jamais pu se défaire de cette idée qu'elle était une petite fille jouant à la dame. » ...Et cela continuait ainsi pendant des pages et des pages de lyrisme un peu hystérique sur la femme-enfant défunte. Il incorpora une bonne partie de la substance de cette lettre dans son article de la semaine suivante. « Ainsi en sera-t-il du Royaume des Cieux », — tel en était le titre. Un jour ou deux plus tard il se rendit à Birmingham pour avoir une entrevue personnelle avec cette femme qui avait connu la vraie Susan à l'époque où elle avait été, chronologiquement aussi bien qu'en esprit, une enfant. L'impression que chacun d'eux fit à l'autre fut favorable. Pour Éthel, dont la vie n'était qu'une amère récrimination contre son sort, et se partageait entre son triste meublé et l'odieux bureau de la compagnie d'assurances où elle était employée, l'arrivée de sa lettre, d'abord, puis celle de Burlap lui-même, avaient été des événements énormes et prodigieux. Un véritable écrivain, un homme ayant une tête et une âme. Dans l'état mental dans lequel il avait réussi à se mettre, Burlap se serait plu auprès de toute femme qui eût pu lui parler de l'enfance de Susan, et lui offrir la chaleur de sa compassion maternelle, dans quoi, enfant lui même, il pourrait s'enfoncer avec délices comme dans un lit de plume. Éthel Cobbett ne se contentait pas de lui témoigner de la sympathie, et d'avoir été une amie de Susan ; elle avait de l'intelligence, une culture sérieuse, et de l'admiration. Les premières impressions furent bonnes.

Burlap pleura, sans aucune retenue. Il se tortura lui-même avec la pensée qu'il ne pourrait jamais, au grand jamais, demander pardon à Susan de toutes les méchancetés qu'il lui avait faites, de toutes les paroles cruelles qu'il avait prononcées. Il avoua, dans l'agonie de la contrition, qu'il lui avait été une fois infidèle. Il conta tout au long leurs querelles. Et maintenant, elle était morte ; il ne pourrait plus jamais lui demander pardon. Jamais, jamais. Éthel en fut émue. Personne, songea-t-elle, ne témoignerait son amour de cette façon, lorsqu'elle mourrait, elle. Mais les témoignages d'amour, après que l'on est morte, sont chose moins satisfaisante que les témoignages d'amour lorsqu'on est en vie. Ces paroxysmes de douleur que Burlap, par un processus de concentration intense sur l'idée de sa perte et de son chagrin, avait réussi à faire bouillonner en lui, n'étaient nullement proportionnés aux sentiments qu'il avait éprouvés pour Susan de son vivant ; ils n'avaient même aucune relation avec eux. Loyola a prescrit, pour chaque novice de l'ordre des Jésuites, une retraite de méditation solitaire sur la passion du Christ ; quelques jours d'un tel exercice, accompagné de jeûne, suffisent généralement à produire dans l'esprit du novice la réalité vivante, mystique et personnelle, de l'existence et des souffrances sensibles du Sauveur. Burlap employa le même procédé ; mais au lieu de penser à Jésus, ou même à Susan, il pensa à lui-même, à ses agonies de douleur, à sa propre solitude, à ses propres remords. Et en effet, après quelques journées de masturbation spirituelle incessante, il avait eu en récompense la réalité mystique de sa détresse personnelle, unique et incomparable. Il se vit, dans une vision apocalyptique, comme l'homme des douleurs. (La langue du Nouveau Testament venait constamment aux lèvres de Burlap et courait sous sa plume. « A chacun de nous, écrivait-il, est donné un calvaire proportionné à son pouvoir d'endurance et à ses possibilités de perfectionnement de soi. » Il parlait familièrement d'agonies au jardin, et de calices.) Cette vision lui déchira le cœur ; il fut submergé de pitié de soi-même. Mais la pauvre Susan avait, en vérité, fort peu de chose à voir avec les souffrances de ce Burlap jouant les Christs. Son amour pour la Susan vivante avait été tout autant créé de toutes pièces et intensifié par lui-même que son chagrin lorsqu'elle était morte. Il avait aimé — non pas Susan, mais l'image mentale de Susan et l'idée de l'amour, sur lesquelles il avait fixement concentré son esprit, à la meilleure manière jésuitique, si bien qu'elles étaient devenues réelles jusqu'à l'hallucination. Ses ardeurs pour ce fantôme, jointes à l'amour de l'amour, à la passion pour la passion, qu'il était parvenu à extraire du tréfonds de sa conscience, avaient conquis Susan, qui s'imaginait que ces sentiments avaient quelque rapport avec elle. Ce qui plaisait le plus à Susan, dans ces sentiments, c'était leur qualité de pureté qui n'avait rien de masculin. Les ardeurs de Burlap étaient celles d'un enfant pour sa mère (d'un enfant un peu incestueux, il est vrai ; mais comme il jouait avec tact et délicatesse au petit Œdipe !) ; son amour était à la fois puéril et maternel ; sa passion était une sorte de cajolerie passive. Frêle, difficile, n'ayant pas atteint la plénitude de la vie, et restant par suite moins qu'adulte, toujours plus jeune que son âge, elle l'adorait comme un amant supérieur et quasi sacré. Burlap, en retour, adorait son fantôme personnel, il adorait sa conception si magnifiquement chrétienne de l'état de mariage, — il adorait sa façon adorable d'être époux. Ses articles périodiques à la louange du mariage étaient lyriques. Cela ne l'empêchait pas de commettre de fréquentes infidélités ; mais il avait une manière si pure, si enfantine, si platonique, de se mettre au lit avec les femmes, que ni elles, ni lui ne pouvaient jamais estimer que la chose comptât comme couchage. Son existence avec Susan fut une succession de scènes, sur tous les tons du clavier des émotions. Il mâchait et remâchait quelque grief jusqu'à ce qu'il se fût bien empoisonné dans un paroxysme de colère ou de jalousie. Ou bien il insistait sur ses propres faiblesses et devenait abjectement repentant, ou il se roulait à ses pieds dans l'extase de son adoration incestueuse pour l'imaginaire maman-enfant qu'était sa femme, et avec laquelle il lui avait plu d'identifier la Susan en chair et en os. Et parfois, à la grande inquiétude de Susan, il interrompait soudain ses émotions d'un bizarre petit rire cynique, et devenait pour un moment quelqu'un de tout à fait différent, quelqu'un comme le Joyeux Meunier de la chanson : « Moi, je me moque bien de tout le monde, pardi — et tout le monde se moque bien de moi ! »... Son propre diable ; — c'est ainsi qu'il décrivait impersonnellement de tels états d'esprit après avoir reconquis celui de la spiritualité émotive ; et il citait les mots du Vieux Marin, de Coleridge, à propos du murmure du démon qui lui avait desséché le cœur comme poussière... « Son propre diable », — ou n'était-ce pas, peut-être, le vrai Burlap foncièrement lui-même, enfin fatigué de l'effort de se faire passer pour un autre et de faire bouillonner des émotions qu'il ne ressentait pas spontanément, le vrai Burlap s'offrant un petit congé ?

Susan mourut ; mais la douleur prolongée et passionnée qu'il éprouva à cette occasion, il aurait pu s'exciter à la ressentir s'il avait plu à Burlap de l'imaginer morte et de se représenter sa propre solitude et sa tristesse, presque aussi bien de son vivant... Éthel fut touchée de l'intensité de ses sentiments, ou plutôt, de la violence et de l'insistance qu'il mettait à les exprimer. Burlap paraissait absolument effondré, physiquement et mentalement, par sa douleur. Elle sentit son cœur saigner pour lui. Encouragé par sa sympathie, il se plongea dans une orgie de regrets dont la vanité les rendait poignants au point d'en être exaspérants, de repentirs d'autant plus torturants qu'ils étaient tardifs, de confessions et d'humiliations nullement nécessaires. Les sensations ne sont pas des entités à part, susceptibles d'être stimulées indépendamment du reste de l'esprit. Quand un homme se trouve émotionnellement exalté dans une certaine direction, il a des chances de l'être aussi dans d'autres. La douleur de Burlap le rendit noble et généreux ; sa compassion de soi-même lui rendit facile d'avoir des sentiments chrétiens envers autrui. « Vous aussi, vous êtes malheureuse, dit-il à Éthel. Je le vois bien. » Elle le reconnut ; elle lui dit combien elle détestait son travail, son emploi, et les gens avec qui elle était en contact ; elle lui conta sa lamentable histoire. Burlap fit mousser sa sympathie. « Mais qu'importent mes petites misères, en comparaison de la vôtre ! » protesta-t-elle, songeant à la violence de ses cris de douleur. Burlap parla de la franc-maçonnerie de la souffrance, puis, ébloui par la vision de sa généreuse personne, se mit en devoir d'offrir à miss Cobbett un poste de secrétaire sténographe au *Monde littéraire.* Quelque infiniment préférables à sa compagnie d'assurances et à Birmingham que lui parussent être Londres et *Monde littéraire,* Éthel hésita. Son poste à la compagnie d'assurances était bien terne, mais il était du moins sûr, permanent, et donnait droit à une retraite. Dans un nouvel éclat, plus explosif encore, de sentiment généreux, Burlap lui garantit toute la permanence qu'elle désirait. Il se sentait le cœur tout chaud de bonté.

Miss Cobbett se laissa persuader. Elle alla à Londres. Si Burlap avait espéré se glisser graduellement et presque imperceptiblement jusque dans le lit d'Éthel, il fut déçu. Enfant désespéré ayant grand besoin de consolation, il aurait aimé attirer sa consolatrice, — oh ! combien spirituellement et platoniquement ! — dans un doux et délicieux inceste. Mais une telle idée ne pouvait pas venir à Éthel Cobbett ; elle n'y pensa même pas. Elle était une femme à principes, aussi passionnée, aussi violente, dans ses loyalismes moraux que dans son amour. Elle avait pris au sérieux, et littéralement, la douleur de Burlap. Lorsqu'ils avaient convenu, non sans larmes, de fonder une sorte de culte personnel pour la pauvre Susan, d'élever et de garder perpétuellement illuminé et décoré un autel intérieur à sa mémoire, Éthel s'était imaginé que leurs paroles devaient être prises à la lettre. Les siennes étaient sincères, — il n'y avait pas le moindre doute là-dessus. Elle n'eut jamais l'idée qu'il n'en était pas de même de celles de Burlap. Sa conduite ultérieure l'avait étonnée et choquée. Était-ce donc là l'homme, se demandait-elle en le voyant vivre sa vie de promiscuités déguisées, platoniques, et visqueusement spiritualistes, était-ce donc là l'homme qui avait fait le vœu de laisser constamment des cierges allumés devant l'autel de la pauvre petite Susan ?... Elle exprima sa désapprobation par ses regards et ses paroles. Burlap s'en voulait de la bêtise qu'il avait faite en l'attirant hors de sa compagnie d'assurances, de l'imbécillité garantie bon teint avec laquelle il lui avait promis la permanence de son emploi. Si seulement elle s'en allait de sa propre volonté ! Il essaya de lui rendre l'existence intolérable, en la traitant avec une impersonnalité glacée, supérieure, comme si elle était une simple machine à prendre des lettres dictées et à copier des articles. Mais Éthel Cobbett se cramponnait farouchement à son emploi ; voilà dix-huit mois qu'elle s'y cramponnait, et elle ne faisait pas mine de vouloir donner congé. C'était intolérable ; cela ne pouvait pas durer. Mais comment arriverait-il à y mettre bon ordre ? Bien entendu, il n'était pas *légalement* obligé de la conserver indéfiniment. Il n'avait rien écrit à ce sujet, noir sur blanc... Au pis aller...

Plein de dédain impavide pour le regard d'Éthel Cobbett, pour son sourire ironique presque imperceptible, Burlap continua à dicter sa lettre. On ne daigne pas remarquer les machines ; on s'en sert. Néanmoins, ça ne pouvait pas continuer comme ça...

« Il n'est pas dans mes habitudes d'écrire des lettres personnelles à des collaborateurs inconnus », répéta-t-il d'une voix ferme et assurée. « Mais je ne puis m'empêcher de vous dire, — non, non — de vous remercier du grand plaisir que m'ont procuré vos vers. La fraîcheur lyrique de votre œuvre, sa sincérité passionnée, son éclat libre et quasi sauvage, m'ont été une surprise et une brise rafraîchissante. Un rédacteur en chef est obligé d'absorber tant de mauvaise littérature, qu'il en vient presque à éprouver une reconnaissance pathétique envers ceux qui, — non ; mettez : — envers les esprits rares et précieux qui lui présentent de l'or au lieu du rebut habituel. Je vous remercie de l'envoi de... » — il jeta de nouveau un coup d'œil sur ses papiers, — *« de l'Amour dans la Forêt* et de *Passiflores*. Je vous remercie de leur allure qui éveille l'image d'une eau chatoyante et bouillonnante. Je vous remercie également de la sensibilité... » — non, — « de la vibrante sensibilité, de l'expérience de la souffrance, de la spiritualité ardente, qu'une vue plus pénétrante discerne sous cet aspect. Je fais procéder immédiatement à la mise en page de ces deux pièces, et j'espère pouvoir les faire paraître le mois prochain. En attendant, s'il vous arrivait de passer dans le voisinage de Fleet Street, je m'estimerais très honoré de recevoir de vous, personnellement, quelques indications sur vos projets poétiques. L'aspirant littéraire, même lorsqu'il a du talent, est souvent tenu en échec par des difficultés matérielles que l'homme de lettres professionnel sait surmonter. J'ai toujours considéré comme un de mes principaux privilèges, un de mes devoirs, en ma qualité de critique et de rédacteur en chef, d'aplanir la route au talent littéraire. Ce sera là mon excuse, pour vous avoir écrit si longuement. Veuillez agréer, mademoiselle, l'hommage de mes sentiments les plus dévoués. »

Il regarda de nouveau les poèmes dactylographiés et en lut un vers ou deux. « Il y a là vraiment du talent, répéta-t-il plusieurs fois à lui-même, vraiment du talent... » Mais son démon secret songeait que cette fille-là avait une remarquable franchise d'expression, qu'elle devait avoir du tempérament, qu'elle devait avoir une certaine expérience... Il reposa ses papiers dans la corbeille, à sa droite, et prit une autre lettre de la corbeille à gauche.

« Le Révérend James Hitchcock », dicta-t-il. « Le Presbytère, Tuttleford, Wiltshire... Monsieur, je regrette vivement de ne pouvoir insérer votre article important et fort intéressant sur les rapports entre les langues agglutinantes et les formes agglutinantes de chimères dans l'art symbolique. La place nous est mesurée... »

Rose dans son peignoir comme les tulipes dans leurs vases, Lucy était étendue, lisant, la tête accoudée dans sa main. Le divan était gris, les murs étaient tendus de soie grise, le tapis était couleur de rose. Dans sa cage dorée, le perroquet lui-même était rose et gris. La porte s'ouvrit.

— Walter, mon chéri ! Enfin ! — Elle jeta son livre.

— Déjà. Si vous saviez toutes les choses que je devrais être en train de faire, au lieu d'être ici !... (« Tu me le promets ? » avait demandé Marjorie. Et il avait répondu : « Oui, je le promets... » Mais cette dernière visite d'explication ne comptait pas.)

Le divan était large. Lucy ramena ses pieds vers le mur, lui faisant une place à côté d'elle. Une de ses mules rouges tomba à terre.

— Elle est ennuyeuse, cette pédicure, dit-elle, soulevant son pied nu de quelques centimètres de façon à l'amener dans son champ de vision. Elle veut absolument me coller son sale produit rouge sur les ongles des pieds. On dirait des plaies...

Walter ne parla pas. Son cœur battait violemment. Comme la chaleur d'un corps transposée dans une autre gamme sensuelle, le parfum de ses gardénias l'enveloppait. Il y a des parfums brûlants et des parfums froids, il en est d'étouffants et de frais. Les gardénias de Lucy lui parurent emplir sa gorge et ses poumons d'une douceur tropicale et lourde. Sur la soie grise du divan, son pied pâle ressemblait à une fleur, comme les boutons pâles et charnus des fleurs de lotus. Les pieds des femmes indiennes marchant parmi leurs lotus sont eux-mêmes des fleurs. Le temps s'écoulait en silence, mais non pas en pure perte, comme aux moments ordinaires. On eût dit qu'il s'écoulait, pompé à chacune des pulsations du cœur inquiet de Walter, dans quelque réservoir fermé de sensations éprouvées, montant, montant derrière la digue, jusqu'à ce que, soudain... Walter étendit soudain le bras, et prit son pied nu dans sa main. Sous la pression de toutes ces secondes accumulées en silence, la digue s'était rompue... C'était un pied allongé, allongé et étroit. Ses doigts se refermèrent par-dessus. Il se pencha et déposa un baiser sur le cou-de-pied.

— Voyons, mon cher Walter ! — Elle se mit à rire. — Voilà que vous devenez tout à fait oriental !

Walter ne dit rien, mais, s'agenouillant par terre à côté du divan, il se courba sur elle. Le visage qui se penchait pour baiser le sien était fixé dans une sorte de folie à bout d'espoir. Les mains qui la frôlaient étaient tremblantes. Elle hocha la tête pour refuser, elle se protégea la figure de ses mains.

— Non, non.

— Mais pourquoi ?

— Ça ne va pas, dit-elle.

— Pourquoi ?

— D'abord, ça compliquerait bien trop toutes vos affaires.

— Mais pas du tout, dit Walter. — Il n'y avait pas de complications. Marjorie avait cessé d'exister.

— Et puis, continua Lucy, vous avez l'air de m'oublier. Je n'en ai nulle envie, moi.

Mais il avait des lèvres douces, des mains qui frôlaient légèrement. Les battements d'ailes de papillons, avant-coureurs du plaisir, vinrent palpiter à la vie sous ses baisers et ses caresses. Elle ferma les yeux. Ses caresses lui faisaient l'effet d'une drogue, à la fois excitant et opiat. Elle n'avait qu'à laisser tomber sa volonté; la drogue la posséderait complètement. Elle cesserait d'être elle-même. Elle ne serait plus rien, qu'une enveloppe de plaisir palpitant, entourant du vide, les ténèbres chaudes d'un abîme.

— Lucy! — Ses paupières palpitèrent et frémirent sous ses lèvres. Il avait la main sur sa poitrine. — Ma chérie! — Elle resta étendue immobile, les yeux toujours fermés.

Un cri soudain et perçant les fit tressaillir tous deux, les fit sortir, tout grand éveillés, de l'oubli du temps dans quoi ils étaient plongés. Ce fut comme si un assassinat avait été commis à quelques pas d'eux, mais sur quelqu'un qui aurait subi l'opération comme un amusement, encore qu'un peu douloureux.

Lucy éclata de rire:

— C'est Polly, dit-elle.

Ils se tournèrent tous deux vers la cage. La tête penchée un peu de côté, l'oiseau les examinait, d'un seul œil noir et circulaire. Et pendant qu'ils le regardaient, un volet de peau parcheminée passa, comme une cataracte momentanée, devant l'œil brillant et vide d'expression, pour être retiré immédiatement. Le hurlement d'agonie du martyr jovial fut de nouveau répété.

— Il faudra que vous recouvriez sa cage, dit Lucy.

Walter se retourna vers elle et se mit à l'embrasser avec colère. Le perroquet hurla de nouveau. Le rire de Lucy redoubla.

— Il n'y a rien à faire, fit-elle en haletant. Il ne s'arrêtera que quand vous l'aurez recouvert de son rideau.

L'oiseau confirma son dire d'un nouveau cri d'agonie joyeuse. Walter, furieux, exaspéré, et ayant conscience de son rôle ridicule, abandonna sa position agenouillée et traversa la pièce. A son approche, l'oiseau se mit à danser, plein d'entrain, sur son perchoir; sa crête se souleva, les plumes de sa tête et de son cou se dressèrent en s'écartant les unes des autres, comme les écailles d'une pomme de pin bien mûre.

— Bonjour, dit-il d'une voix gutturale de ventriloque, bonjour, ma tante, bonjour, ma tante, bonjour, ma tante... — Walter déplia le brocart rose qui se trouvait sur la table, près de la cage, et éteignit l'animal. Un dernier «Bonjour, ma tante», sortit encore de sous l'étoffe. Puis le silence se fit.

— Il tient à sa petite plaisanterie, dit Lucy, comme le perroquet disparaissait.

Elle avait allumé une cigarette.

Walter retraversa la pièce à larges enjambées, et, sans rien dire, lui enleva la cigarette d'entre les lèvres et la jeta dans la cheminée. Lucy arqua les sourcils, mais il ne lui laissa pas le temps de parler. S'agenouillant à côté d'elle, il se mit à l'embrasser furieusement.

— Walter! protesta-t-elle. Non! qu'est-ce qui vous prend? Elle tenta de se dégager, mais il se montra incroyablement fort. — Vous ressemblez à une bête féroce! — Son désir était muet et sauvage. — Walter! J'insiste! — Prise d'une idée absurde, elle éclata soudain de rire. — Si seulement vous saviez comme vous ressemblez à un personnage de cinéma! Un «gros plan» grimaçant pour finir un épisode!

Mais le ridicule fut tout aussi futile que les protestations. Et désirait-elle vraiment qu'il fût autre chose que futile? Pourquoi ne s'abandonnait-elle pas? C'était simplement un peu humiliant d'être emportée ainsi, d'être forcée, au lieu de choisir. Son orgueil, sa volonté lui résistaient, — résistaient à son propre désir... Mais, après tout, pourquoi pas? La drogue était active et délicieuse. Pourquoi pas?... Elle ferma les yeux. Mais tandis qu'elle hésitait, ce furent les circonstances qui prirent tout à coup une décision pour elle. On frappa à la porte. Lucy rouvrit les yeux:

— Je vais dire: «Entrez», chuchota-t-elle.

Il se remit debout comme il put, cependant qu'il entendait frapper de nouveau.

— Entrez!

La porte s'ouvrit.

— Mr. Illidge désire voir Madame, dit la femme de chambre.

— Faites-le monter, dit Lucy.

Il se retourna comme la porte se refermait sur la femme de chambre. Il était très pâle, il avait les lèvres frémissantes.

— J'avais complètement oublié, expliqua-t-elle. Je lui ai demandé de venir, hier soir — ce matin, plutôt.

Il détourna son visage, et, sans dire un mot, traversa la pièce, ouvrit la porte, et sortit.

— Walter! cria-t-elle derrière lui. — Walter! Mais il ne revint pas.

Dans l'escalier il croisa Illidge qui montait derrière la domestique.

Walter répondit à ses paroles d'accueil par un vague salut, et s'en fut en hâte. Il n'était pas assez calme pour se risquer à parler.

— Notre ami Bidlake paraissait bien pressé, dit Illidge, après les salutations préliminaires. Il avait la certitude — et il en exultait — d'avoir chassé un rival.

Elle nota l'air de triomphe que portait son visage. Il ressemble à un petit coq de combat, pensait-elle.

— Il avait oublié quelque chose, dit-elle, en guise d'explication vague.

— Ce n'était pas lui-même, par hasard ? demanda-t-il, faisant le faraud.

Et lorsqu'elle se mit à rire, plutôt de la fatuité masculine de son expression que de sa plaisanterie, il se sentit tout gonflé de confiance en soi et de satisfaction.

Quoi ! Ce n'était que cela, les succès mondains ? Mais ce n'était pas plus malin que de jouer aux quilles ! Se sentant complètement à son aise, il étendit les jambes, il porta ses regards autour de la pièce. Son élégance riche et sobre l'impressionna tout de suite comme devant être de bon ton. Il renifla avec satisfaction l'air parfumé.

— Qu'est-ce qu'il y a là-bas sous cette mystérieuse étoffe rouge ? demanda-t-il, désignant du doigt la cage capuchonnée.

— Ça, c'est un cacatois, répondit Lucy, — un cac-cac-cac-cacatois, précisa-t-elle, éclatant tout à coup d'un rire inquiétant et inexplicable.

Il y a des douleurs cuisantes qu'on peut avouer, il est des souffrances dont on peut réellement être fier. La perte d'un être, les départs, le sentiment du péché, la peur de la mort — les poètes en ont éloquemment parlé. Ces douleurs-là obtiennent la sympathie du monde entier. Mais il y a aussi des angoisses peu honorables, qui ne sont pas moins torturantes que les autres, mais desquelles le patient ne peut, n'ose parler... L'angoisse du désir contrarié, par exemple. C'est cette angoisse que Walter emportait avec lui dans la rue. C'était la douleur, la colère, la déception, la honte, la misère combinées. Il eût dit que son âme était à la torture, et mourante. Et pourtant, la cause en était inavouable, basse, risible même. Qu'un ami vînt à le rencontrer à ce moment et à lui demander pourquoi il avait l'air si malheureux :

« J'étais en entreprise amoureuse auprès d'une femme, lorsque je fus interrompu, d'abord par les cris d'un cacatois, et ensuite par l'arrivée d'une visite. »

Un tel aveu appellerait un rire énorme et moqueur. Cela ferait une bonne histoire à conter, entre hommes, au fumoir... Et cependant, il n'eût pas pu souffrir davantage s'il avait perdu sa mère.

Il erra une heure par les rues et dans Regent's Park. La lumière s'évanouit peu à peu de l'après-midi brumeux et blanc ; il se calma. C'était une leçon, songea-t-il, une punition; il avait manqué à sa promesse. Pour son bien comme pour celui de Marjorie, — plus jamais... Il regarda sa montre, et, voyant qu'il était plus de sept heures, se dirigea vers la maison. Il arriva chez lui fatigué et en pleine décision de repentir. Marjorie cousait; la lumière de la lampe tombait, vive, sur son visage maigre et fatigué. Elle portait un peignoir, elle aussi. Il était mauve, et hideux; il avait toujours trouvé qu'elle avait mauvais goût. L'appartement était envahi d'une odeur de cuisine. Il détestait les odeurs de cuisine, — mais c'était là encore une raison pour qu'il fût fidèle. C'était une question d'honneur et de devoir. Ce n'était pas une raison, parce qu'il préférait les gardénias aux choux, pour qu'il eût le droit de faire souffrir Marjorie.

— Tu es bien en retard, dit-elle.

— J'ai eu beaucoup à faire, expliqua Walter. Et je suis rentré à pied. — Cela, du moins, était vrai. — Comment te sens-tu?... — Il lui posa la main sur l'épaule, et se pencha vers elle. Lâchant sa couture, Marjorie lui jeta les bras autour du cou. «Quel bonheur, songeait-elle, de l'avoir de nouveau à moi!» Il était de nouveau à elle! Quel réconfort!... Mais au moment même où elle se pressait contre lui, elle se rendit compte de sa nouvelle trahison. Elle s'écarta brusquement de lui.

— Oh! Walter, comment as-tu pu?...

Le sang se précipita à la figure de Walter; mais il tenta de continuer la comédie:

— Comment ai-je pu quoi? demanda-t-il.

— Tu es retourné la voir, *elle!*

— Mais de quoi diable veux-tu parler? — Il savait bien que c'était inutile; mais il n'en continua pas moins à jouer l'innocent.

— Ce n'est pas la peine de mentir. — Elle se leva si brusquement que son panier à ouvrage se renversa et que le contenu s'en éparpilla par terre. Sans s'en soucier, elle alla à l'autre bout de la pièce. — Va-t-en! s'écria-t-elle, comme il faisait mine de la suivre. — Walter haussa les épaules et obéit. — Oh! comment as-tu pu?... reprit-elle. Et tu reviens ici, empestant son parfum! — Ainsi donc, c'étaient les gardénias. Qu'il avait été bête, aussi, de ne pas prévoir. — Après tout ce que tu as dit, hier soir! Comment as-tu pu...?

— Si tu voulais bien me permettre d'expliquer..., protesta-t-il, d'un ton de victime, — de victime exaspérée.

— D'expliquer pourquoi tu as menti, dit-elle amèrement, — d'expliquer pourquoi tu as manqué à ta promesse!

Sa colère méprisante éveilla une colère semblable chez Walter:

— D'expliquer, tout simplement, dit-il, avec une politesse dure et dangereuse. — Qu'elle était embêtante, avec ses scènes et ses jalousies ! Comme elle était intolérablement *embêtante,* — à vous rendre fou furieux !

— De continuer à mentir, tout simplement, fit-elle, moqueuse.

Il haussa de nouveau les épaules :

— Si c'est comme ça que tu veux présenter la chose, dit-il poliment.

— Tu n'es qu'un sale menteur, tiens, — voilà ce que tu es ! — Et, se détournant de lui, elle se couvrit les visage de ses mains et se mit à pleurer.

Walter ne fut pas touché. La vue de ses épaules qui se soulevaient et retombaient ne fit que le crisper et l'ennuyer. Il la regarda avec une colère froide et lasse.

— Va-t'en ! lui cria-t-elle entre ses larmes, — va-t'en ! — Elle ne voulait pas qu'il fût là, triomphant d'elle, tandis qu'elle criait : « Va-t'en. »

— Tu veux vraiment que je m'en aille ? demanda-t-il, avec la même politesse froide et exaspérante.

— Oui, oui, — va-t'en !

— C'est bien, dit-il : et, ouvrant la porte, il partit.

A la station de Camden Town il prit un taxi, et arriva à Bruton Street juste à temps pour trouver Lucy sur le point de sortir pour aller dîner en ville.

— Vous allez sortir avec moi, lui annonça-t-il avec le plus grand calme.

— Hélas !

— Si, si.

Elle le regarda curieusement, et il lui rendit son regard, les yeux calmes, avec un air étrange de triomphe amusé et de puissance obstinée et invincible, qu'elle ne lui avait encore jamais vu.

— C'est bien, dit-elle enfin, et, sonnant la femme de chambre : — Voulez-vous téléphoner à Lady Sturlett, ordonna-t-elle, et lui dire que je regrette beaucoup, mais que j'ai la migraine et ne peux absolument pas aller chez elle ce soir. — La femme de chambre se retira. — Eh bien, vous allez être reconnaissant, maintenant ?

— Je commence à l'être, répondit-il.

— Vous commencez ? — Elle feignit l'indignation. — Eh bien, vous avez un sacré toupet, vous !

— Je le sais bien, dit Walter, riant, — et vous aimez ça !

Et c'était vrai. — Ce soir-là, Lucy devint sa maîtresse.

Il était entre trois et quatre heures de l'après-midi. Spandrell venait de se lever. Il n'était pas encore rasé ; par-dessus son pyjama il avait passé une robe de chambre de drap brun et grossier, comme un froc de moine. (La note monastique était étudiée ; il aimait à se souvenir des ascètes. Il aimait, un peu puérilement, à jouer le rôle de l'anachorète diabolique.) Il avait empli la bouilloire, et attendait que l'eau bouillît sur le réchaud à gaz. Elle semblait y mettre un temps exagérément long. Il avait la bouche sèche, et hantée d'un goût rappelant l'odeur du cuivre chauffé. Le cognac produisait ses effets habituels.

« Comme le cerf languit après les ruisseaux clairs..., dit-il à lui-même, de même l'âme aspire... Oui, — avec la gueule de bois. Si seulement on pouvait mettre la grâce en bouteilles, comme l'eau Perrier ! »

Il alla à la fenêtre. Au-delà d'un rayon de cinquante mètres, toutes choses avaient été abolies par la brume blanche. Mais avec quelle insistance ce bec de gaz se détachait sur la maison de droite, — avec quelle signification ! Le monde avait été détruit, et ce bec de gaz seul, comme Noé, avait été préservé du cataclysme universel. Et il n'avait seulement jamais remarqué qu'il y eût là un bec de gaz ; jusqu'alors, il n'avait tout simplement pas existé. Spandrell le regarda avec une attention fixée et haletante. Ce bec de gaz isolé dans le brouillard, — n'avait-il pas déjà vu quelque chose de semblable ? Cette sensation bizarre de se trouver avec le seul survivant du Déluge avait quelque chose de familier. Fixant des yeux le bec de gaz, il s'efforça de se souvenir. Ou plutôt, il fit des efforts désespérés pour ne rien tenter de semblable ; il retint sa volonté et ses pensées conscientes, comme un agent de police pourrait retenir la foule autour d'une femme qui se serait trouvée mal dans la rue ; il retint sa conscience, afin de donner à sa mémoire étourdie l'espace nécessaire pour s'étirer, pour respirer, pour revenir à la vie. Fixant le bec de gaz, Spandrell attendit, dans l'agonie et la patience, comme un homme qui sent qu'il est sur le point d'éternuer, et attend en tremblant le paroxysme prévu ; il attendit que le souvenir, mort depuis si longtemps, pût revenir à la vie. Et soudain il bondit, réveillé en plein, sortant de sa catalepsie ; et, avec une sensation de profond soulagement, Spandrell se revit montant la route couverte de neige durcie et piétinée qui va de Cortina vers le col de Falzarego. Un nuage froid et blanc était tombé sur la vallée. Il n'y avait plus de montagnes. Les sommets de corail fantastiques des Dolomites avaient été supprimés. Il n'y avait plus de hauteurs, plus de creux. Le monde n'avait plus que cinquante pas de large, — il n'était plus que cette neige blanche sur le sol, cette nuée blanche alentour et là-haut. Et, de moment en moment, se détachant sur la blancheur, apparaissait quelque forme sombre de maison ou de poteau télégraphique, d'arbre, d'homme, ou de traîneau, présage étrange dans son isolement et son caractère unique, — comme si chacune d'elles était un survivant solitaire de l'anéantissement général. La sensation était un peu inquiétante, mais comme elle était, avec cela, passionnément nouvelle, et belle d'une étrange beauté ! Cette promenade devenait une aventure ; il se sentait ragaillardi, et son bonheur s'intensifiait d'une sorte d'inquiétude, au point qu'il pouvait à peine la supporter. « Oh ! regarde donc le petit chalet, là, à gauche, cria-t-il à sa mère ; il n'y était pas, la dernière fois que je suis monté. Je suis sûr qu'il n'y était pas ! » Il connaissait parfaitement bien la route, il l'avait parcourue cent fois à la montée et à la descente, et il n'avait jamais vu ce petit chalet. Et voilà qu'il se dressait presque menaçant, — unique objet sombre et défini dans un vague monde de blancheur.

« Oui, tiens, je ne l'ai jamais remarqué non plus, dit sa mère. Ce qui ne fait que prouver, ajouta-t-elle, avec cet accent de tendresse que prenait toujours sa voix lorsqu'elle parlait de son mari défunt, combien ton père avait raison. Il faut se méfier de tous les témoignages, disait-il toujours, même des siens. »

Il lui prit la main, et ils continuèrent leur route en silence, traînant leurs luges derrière eux...

Spandrell s'éloigna de la fenêtre. L'eau bouillait. Il en emplit la théière, se versa une tasse de thé, et but. Bien symboliquement, sa soif demeura inapaisée. Il continua à boire à petites gorgées, méditativement, se rappelant et analysant ces félicités incroyables de sa jeunesse... L'hiver dans les Dolomites... Le printemps en Toscane, ou en Provence, ou en Bavière, l'été sur la Méditerranée ou en Savoie... Après la mort de son père, et avant qu'il n'allât au collège, ils vécurent presque continuellement à l'étranger, — c'était moins onéreux. Et presque toutes ses vacances scolaires avaient été passées ailleurs qu'en Angleterre. De sept ans à quinze ans, il avait sauté d'un point pittoresque de l'Europe à un autre, en appréciant la beauté, qui plus est, — et sincèrement, en précoce Childe Harold. Après cela, l'Angleterre lui parut un peu plate... Il se souvint d'une autre journée d'hiver. Non pas brumeuse, cette fois, mais claire ; le soleil en feu dans le ciel sans nuages ; les précipices de corail des Dolomites, brillant avec des reflets roses, orangés et blancs, par-dessus les forêts et les pentes de neige. Ils descendaient à ski à travers les bois de mélèzes dénudés. Rayée par les ombres des arbres, la neige ressemblait, sous leurs pas, à une immense peau de tigre blanche et bleue. Le soleil tombait, orangé parmi les branches sans feuilles, vert comme la mer parmi les barbes pendantes de mousse. La neige pulvérulente crissait sous leurs skis, l'air à la fois chaud et vif. Et quand il sortit des bois, les larges pentes se déroulaient devant lui, pareilles aux contours d'un corps merveilleux, et la neige vierge était une peau lisse, au grain délicat, sous le soleil bas de l'après-midi, et scintillante de diamants et de paillettes. Il était parti en avant. A la lisière de la forêt, il s'arrêta pour attendre sa mère. Se retournant, il la regarda s'approcher au travers des arbres, — silhouette haute et vigoureuse, encore jeune et agile, le visage jeune tout plissé pour sourire. Elle descendit vers lui, — et elle était, de tous les êtres, le plus beau, et en même temps le plus simple, le plus réconfortant et le plus familier.

« Eh bien ! » dit-elle, en riant, lorsqu'elle s'arrêta à sa hauteur.

« Eh bien ! » Il laissa courir son regard sur elle, puis sur la neige et les ombres des arbres, et sur les gros rochers dénudés, et sur le ciel bleu, puis de nouveau sur sa mère. Et tout à coup il fut rempli de bonheur intense, inexplicable.

« Je ne serai plus jamais aussi heureux que ça, se dit-il à lui-même, quand ils se remirent en route. — Non, plus jamais, dussé-je vivre jusqu'à cent ans... » Il n'avait que quinze ans à cette époque, mais c'était là ce qu'il ressentait, ce qu'il pensait.

Et ses paroles avaient été prophétiques. Ce fut là le dernier de ses bonheurs. Plus tard... Non, non. Il préférait ne pas penser à plus tard. Pas maintenant. Il se versa une nouvelle tasse de thé.

Il y eut un coup de sonnette qui le fit tressaillir. Il alla à la porte de l'appartement, et l'ouvrit. C'était sa mère.

— C'est toi ? Et il se souvint tout à coup que Lucy avait dit quelque chose à ce sujet.

— On ne t'a donc pas fait ma commission ? demanda Mrs. Knoyle, inquiète.

— Si, — mais j'avais totalement oublié.

— Mais je croyais que tu avais besoin... commença-t-elle. — Elle craignait d'être importune : il avait le visage si peu engageant.

Les commissures de ses lèvres eurent un tressaillement ironique.

— Oui, j'ai besoin, dit-il — il était atteint de dèche chronique.

Ils passèrent dans l'autre pièce. D'un coup d'œil, Mrs. Knoyle nota que les carreaux étaient embués de crasse. Sur les rayons et sur la cheminée, il y avait une épaisse couche de poussière. Des toiles d'araignée chargées de suie pendaient au plafond. Elle avait essayé d'obtenir que Maurice consentît à lui permettre d'y envoyer une femme de ménage pour nettoyer un peu, deux ou trois fois par semaine. Mais il avait dit : « Non, pas de ces visites de pauvres ! J'aime mieux croupir dans mon jus. La saleté est mon élément naturel. D'ailleurs, moi, je n'ai pas à tenir un rang militaire distingué. » Sur quoi il avait ri, silencieusement, montrant ses grosses et fortes dents. Cela, c'était pour elle. Elle n'avait jamais osé refaire une offre semblable. Mais la pièce avait incontestablement besoin d'un nettoyage.

— Veux-tu du thé ? demanda-t-il. Il est prêt. Je suis précisément en train de déjeuner, ajouta-t-il, attirant à dessein son attention sur l'irrégularité de son mode de vie.

Elle refusa, sans se risquer à aucun commentaire sur l'heure inaccoutumée de ce petit déjeuner. Spandrell éprouva un peu de déception, de n'avoir pas réussi à la faire « marcher ». Il y eut un long silence.

De temps en temps, Mrs. Knoyle jetait un regard sur son fils, presque subrepticement. Il avait les yeux fixés sur la cheminée vide. Il avait l'air vieux, songeait-elle, et mauvaise mine, et était bien négligé dans sa tenue. Elle essaya de reconnaître l'enfant, le grand collégien qu'il avait été dans ces jours lointains où ils étaient heureux ensemble, rien que tous deux. Elle se souvint du chagrin qu'il avait quand elle ne mettait pas ce qu'il estimait être la toilette convenable, quand elle n'était pas « chic », ou ne brillait pas de tout son éclat. Il avait pour elle la même affection jalouse qu'elle avait pour lui. Mais la responsabilité de son éducation était une lourde charge pour elle. L'avenir l'avait toujours effrayée ; elle avait toujours eu peur de prendre une décision ; elle n'avait pas confiance en ses facultés. D'ailleurs, à la mort de son mari, il ne lui resta que des ressources modestes ; elle n'avait pas la tête aux affaires, elle n'avait aucun talent pour le commandement. Comment aurait-elle les moyens de l'envoyer à l'université, — de le lancer dans une carrière ? Ces questions la tourmentaient. Elle en restait éveillée la nuit, se demandant ce qu'il fallait faire. La vie l'effrayait. Elle avait d'un enfant la capacité au bonheur, mais aussi les craintes, la maladresse pratique. Quand l'existence était un congé, nulle ne pouvait être plus heureuse, plus ravie qu'elle ; mais quand il y avait des affaires à traiter, des projets à faire, des décisions à prendre, elle était absolument perdue et apeurée. Et, pour couronner le tout, une fois que Maurice fut au collège elle se trouva bien seule. Il n'était plus avec elle que pendant les vacances. Pendant neuf mois de l'année elle fut seule, sans personne qu'elle pût aimer, sinon son vieux basset. Et il finit par lui faire défaut, lui aussi : il tomba malade, — pauvre bête, — et il fallut mettre fin à ses tourments.

C'est peu après la mort du vieux Fritz qu'elle fit la connaissance du commandant Knoyle, — comme il était alors.

— Alors, tu m'as apporté cet argent? demanda Spandrell, rompant le long silence.

Mrs. Knoyle rougit:

— Oui, je l'ai là, dit-elle, et elle ouvrit son sac. — Le moment de parler était venu. C'était son devoir de l'admonester, et la liasse de billets lui en donnait le droit, le pouvoir. Mais ce devoir lui était odieux, et elle n'avait nulle envie d'user de son pouvoir. Elle leva les yeux et le regarda d'un air implorant. — Maurice, supplia-t-elle, pourquoi ne peux-tu pas être raisonnable?... Quelle folie, voyons, quelle folie!

Spandrell arqua les sourcils:

— Qu'est-ce qui est une folie? demanda-t-il, feignant de ne pas savoir de quoi elle parlait.

Embarrassée d'être ainsi contrainte à spécifier ses reproches vagues, Mrs. Knoyle rougit:

— Tu sais bien ce que je veux dire, dit-elle. Ce genre de vie. C'est mal, et c'est stupide. Et quel gaspillage, quel suicide! D'ailleurs, tu n'es pas heureux: je le vois bien.

— Alors, je n'ai même pas le droit d'être malheureux, si ça me plaît? demanda-t-il ironiquement.

— Mais tu veux donc me rendre malheureuse aussi? demanda-t-elle. Parce que, si c'est ça que tu cherches, tu y réussis, Maurice, tu y réussis... Tu me rends si malheureuse! — Les larmes lui vinrent aux yeux. Elle fouilla dans son sac pour trouver un mouchoir.

Spandrell se leva de sa chaise, et se mit à marcher de long en large par le pièce.

— Autrefois, tu ne t'es pas beaucoup préoccupée, toi, de savoir si j'étais heureux..., dit-il.

Sa mère ne répondit pas, mais continua à pleurer sans bruit.

— Quand tu as épousé cet homme-là, reprit-il, as-tu pensé à mon bonheur?

— Tu sais bien que je me suis dit que j'agissais pour le mieux, répondit-elle d'une voix entrecoupée. — Elle avait expliqué cela si souvent déjà; elle ne pouvait pas recommencer maintenant. — Tu le sais bien, répéta-t-elle.

— Je sais seulement ce que j'ai ressenti et ce que j'ai dit à ce moment-là, répondit-il. Tu ne m'as pas écouté, — et maintenant tu viens me dire que tu voulais mon bonheur.

— Mais tu étais si peu raisonnable! protesta-t-elle. Si tu m'avais fait valoir des raisons...

— Des raisons, répéta-t-il lentement. Est-ce que tu croyais, nonnêtement, qu'un gamin de quinze ans exposerait à sa mère les raisons pour lesquelles il ne voulait pas se la représenter dans le même lit qu'un étranger ?

Il songeait à ce livre qui avait circulé sous le manteau parmi les élèves de son collège qui logeaient chez le même professeur que lui. Dégoûté et honteux, mais irrésistiblement fasciné, il l'avait lu la nuit, à la lueur d'une lampe électrique de poche, sous les couvertures. Cela s'appelait *Pensionnat de jeunes filles à Paris,* — titre assez innocent ; mais le contenu en était de la pornographie pure. Les exploits sexuels des militaires y étaient exaltés sur le mode pindarique. Un peu plus tard, sa mère lui avait écrit qu'elle épousait le commandant Knoyle.

— A quoi bon, maman ? dit-il à haute voix. Ne vaudrait-il pas mieux parler d'autre chose ?

Mrs. Knoyle poussa une inspiration profonde et résolue, et se passa une dernière fois le mouchoir sur les yeux avant de le remettre dans son sac.

— J'ai eu tort, dit-elle ; ç'a été stupide de ma part... Je ferais peut-être mieux de partir.

Dans son for intérieur, elle espérait qu'il protesterait, qu'il la prierait de rester. Mais il ne dit rien.

— Voici l'argent, dit-elle.

Il prit les billets pliés et les fourra dans la poche de sa robe de chambre.

— Je regrette bien d'avoir été obligé de te le demander, dit-il. J'étais dans l'embarras. Je tâcherai de ne pas recommencer.

Il la regarda un instant en souriant, et tout à coup, à travers le masque usé, elle crut le voir tel qu'il avait été tout gamin. La tendresse, ainsi qu'une douce chaleur, se répandit par tout son corps, douce mais irrésistible, ne voulant pas être contenue. Elle lui posa les mains sur les épaules.

— Au revoir, mon petit chéri, dit-elle, et Spandrell perçut dans sa voix cet accent de tendresse qui lui venait lorsqu'elle lui parlait de son père défunt.

Elle se pencha pour l'embrasser. Détournant son visage, il souffrit passivement le contact de ses lèvres sur sa joue.

CHAPITRE XIV

MISS Fulkes fit tourner le globe terrestre jusqu'à ce que le triangle écarlate de l'Inde se trouvât en face de leurs yeux.

— Voilà Bombay, dit-elle, désignant de son crayon l'endroit. — C'est là que papa et maman ont pris le bateau. Bombay est une grande ville de l'Inde, continua-t-elle didactiquement. Tout ça, c'est l'Inde.

— Pourquoi que c'est rouge, l'Inde ? demanda le petit Phil.

— Je te l'ai déjà dit... Tâche de te rappeler.

— Parce que c'est anglais ? — Phil s'en souvenait, bien sûr ; mais l'explication lui avait semblé insuffisante. Il en avait espéré une meilleure cette fois.

— Là, tu vois bien que tu peux te rappeler, quand tu t'en donnes la peine, dit miss Fulkes, inscrivant cette petite victoire à son actif.

— Mais pourquoi que les choses anglaises sont rouges ?

— Parce que le rouge est la couleur de l'Angleterre. Tiens, regarde, — la voilà, la petite Angleterre. — Elle fit tourner le globe. — Elle est rouge aussi.

— Nous, on est en Angleterre, pas ? Phil passa un regard par la fenêtre. — La pelouse avec son wellingtonia, les ormes élagués, lui renvoyaient le leur.

— Oui, nous sommes à peu près là, et miss Fulkes posa la pointe de son crayon sur le ventre de l'île rouge.

— Mais c'est vert, là où qu'on est, dit Phil ; c'est pas rouge.

Miss Fulkes essaya d'expliquer, comme elle l'avait déjà fait maintes fois, ce qu'est exactement une carte géographique.

Dans le jardin, Mrs. Bidlake se promenait parmi ses fleurs, arrachant les mauvaises herbes et méditant. Sa canne avait à son extrémité une petite lame fourchue : elle pouvait sarcler sans se baisser. Les mauvaises herbes dans les parterres de fleurs étaient jeunes et fragiles ; elles cédaient devant la lame, sans la moindre lutte. Mais les pissenlits et les mourons de la pelouse étaient des ennemis autrement formidables. Les racines des pissenlits ressemblaient à de longs serpents blancs effilés. Les mourons, quand elle essayait de les arracher, s'agrippaient désespérément à la terre.

C'était la saison des tulipes. La Ouc van Thool et la Kreizers Kroon, la Proserpine et la Thomas Moore se tenaient au garde-à-vous dans tous les parterres, luisantes sous la lumière. Des atomes vibraient dans le soleil et leur tremblement emplissait tout l'espace. Les yeux ressentaient ces pulsations sous forme de lumière ; les atomes des tulipes absorbaient ou réverbéraient les mouvements ébranlés, créant ainsi des couleurs, pour l'amour desquelles les bourgeois de la Haarlem du dix-septième siècle avaient été prêts à se séparer de leurs florins amassés. Les tulipes rouges et jaunes, blanches et bigarrées, unies ou duvetées, — Mrs. Bidlake les regardait, heureuse. Elles ressemblaient à ces jouvenceaux gais et brillants, songeait-elle, des fresques du Pinturicchio, à Sienne. Elle s'arrêta un instant, pour pouvoir fermer les yeux et concentrer davantage sa pensée sur le Pinturicchio. Mrs. Bidlake ne pouvait penser d'une façon véritablement sérieuse que lorsqu'elle avait les yeux fermés. La tête un peu rejetée en arrière vers le ciel, les paupières, d'une blancheur de cire, fermées à la lumière, elle se tint là, cherchant des souvenirs, songeant confusément. Le Pinturicchio, Sienne, l'énorme cathédrale solennelle, — toute la Toscane du moyen âge défila devant elle en procession somptueuse et confuse... Elle avait été nourrie de Ruskin. Watts avait fait un portrait d'elle, toute enfant. En rébellion contre les préraphaélites, elle s'était mise à palpiter d'admiration, — d'une admiration tout d'abord accrue d'une sensation de sacrilège — pour les Impressionnistes. C'est parce qu'elle était éprise d'art qu'elle s'était imaginé, lorsque le peintre des *Fameuses* lui avait fait sa cour, qu'elle adorait l'homme. Il avait vingt ans de plus qu'elle; sa réputation de mari était mauvaise; toute sa famille opposa à la jeune fille des objections vigoureuses. Elle ne s'y arrêta pas, John Bidlake était l'Art personnifié. Sa fonction était sacro-sainte, et par sa fonction, il répondait à tout son idéalisme vague, mais ardent.

Les raisons pour lesquelles John Bidlake désirait se remarier encore une fois n'avaient rien de romanesque. Au cours d'un voyage en Provence, il avait contracté une typhoïde. (« Voilà ce que c'est, que de boire de l'eau, disait-il plus tard. Si seulement j'étais resté fidèle au bourgogne et au cognac ! ») Après un mois d'hôpital à Avignon, il rentra en Angleterre, convalescent amaigri et tenant à peine debout. Au bout de trois semaines, l'influenza, suivie d'une pneumonie, le ramena à deux doigts de la mort. Il se remit lentement. Le médecin le félicita d'être sorti de là. « C'est ça que vous appelez « me remettre » ? grommela John Bidlake. Je me sens comme si à peu près les trois quarts de mon être étaient morts et enterrés ! » Habitué à se bien porter, il était effrayé de la maladie. Il se vit traînant une existence misérable, invalide solitaire. Le mariage serait un soulagement. Il décida de se marier. Il fallait que la jeune fille fût jolie; cela allait de soi. Mais de plus, sérieuse, pas volage; dévouée, un peu pot-au-feu.

Il trouva en Janet Paston tout ce qu'il cherchait. Elle avait un visage de sainte; elle était sérieuse, presque à l'excès; l'adoration qu'elle lui témoignait était fort flatteuse.

Ils se marièrent; et si John Bidlake était resté l'invalide qu'il s'était cru condamné à devenir, ce mariage eût pu réussir. Le dévouement de Janet aurait compensé son incompétence comme infirmière ; la faiblesse de Bidlake la lui aurait rendue indispensable à son bonheur. Mais la santé lui revint. Six mois après son mariage, John Bidlake était redevenu ce qu'il avait été auparavant. Et cet ancien « moi » se mit à se conduire à la manière d'antan. Mrs. Biklake trouva un refuge contre le malheur dans la méditation imaginative continue, que ses deux enfants mêmes purent à peine interrompre.

Il y avait maintenant un quart de siècle que cela durait. Elle se tenait là parmi les tulipes, haute dame imposante et quinquagénaire, tout de blanc habillée, un voile blanc tombant de son chapeau, les yeux fermés, rêvant au Pinturicchio et au moyen âge, et au temps qui passe et qui passe, et à Dieu, immobile sur la rive éternelle.

Des aboiements aigus la firent sortir précipitamment de l'altitude de son éternité. Elle ouvrit les yeux, à regret, et les porta alentour. Minuscule et soyeuse parodie d'un monstre d'Extrême-Orient, son petit pékinois aboyait au chat de la cuisine. Gambadant de-ci de-là sur la circonférence d'un cercle dont le rayon était proportionnel à la terreur que lui inspirait le chat moucheté arqué et crachant de colère, il jappait hystériquement. Sa queue se balançait comme un éventail au vent, les yeux en boules de loto sortaient de sa tête noire.

— T'ang ! crai Mrs. Bidlake, T'ang ! — Tous ses pékinois, depuis trente ans, avaient eu des noms dynastiques. T'ang 1er avait flori avant la naissance de ses enfants. C'est avec T'ang II qu'elle avait, avec Walter, rendu visite à Wetherington mourant. Le chat de la cuisine crachait maintenant à la figure de T'ang III. Dans les intervalles, de petits Mings et Songs avaient vécu, étaient tombés en décrépitude, et, prenant le chemin de toutes les petites bêtes de manchon, avaient fini leurs jours dans la chambre d'asphyxie. « Ici, T'ang ! » Jusque dans ce cas extrême, Mrs. Bidlake eut soin de prononcer l'apostrophe. Ou plutôt, elle n'eut pas soin de la prononcer ; elle la prononça, par instinct de culture, parce que, étant ce que la nature et l'éducation avaient fait d'elle, elle ne pouvait pas prononcer le mot sans l'apostrophe, fût-ce même dans une circonstance où des poils risquaient d'être arrachés.

Le petit chien finit par obéir. Le chat cessa de cracher ; ses poils se lissèrent sur son dos, et il s'en alla majestueusement. Mrs. Bidlake reprit son sarclage et sa méditation vague et sans fin parmi les fleurs... Dieu, le Pinturicchio, les pissenlits, l'éternité, le ciel, les nuages, les primitifs vénitiens, les pissenlits...

En haut, dans la salle d'étude, la leçon était finie. Du moins, elle était finie en ce qui concerne le petit Phil ; car il faisait maintenant ce qu'il aimait le mieux au monde, — il dessinait. Miss Fulkes, il est vrai, baptisait la chose du nom d'*Art* ou d'*Éducation de l'imagination,* et lui allouait une demi-heure tous les matins, de midi à midi et demi. Mais pour le petit Phil c'était une simple séance d'amusement. Il était assis, penché sur sa feuille de papier, la pointe de sa langue entre ses dents, le visage concentré et sérieux, et dessinait, dessinait avec une sorte de violence inspirée. Maniant un crayon qui semblait disproportionné à sa taille, sa petite main brune travaillait infatigablement. A la fois rigides et zigzagants, les traits de la composition enfantine se déroulaient sur le papier.

Miss Fulkes était assise à la fenêtre, les yeux sur le jardin ensoleillé, mais sans le voir consciemment. Ce qu'elle voyait se trouvait en arrière de ses yeux, dans un univers de fantaisie. Elle se voyait, — oui, elle se voyait elle-même, attifée de cette ravissante toilette de Lanvin qui avait été reproduite le mois dernier dans *Vogue,* avec des perles, dansant au *Ciro's,* lequel établissement ressemblait étonnamment (car elle n'était jamais allée au *Ciro's*) au dancing d'Hammersmith, où elle était allée. — « Comme elle est ravissante ! » — disait tout le monde. Elle marchait en se dandinant, comme cette actrice qu'elle avait vue au London Pavillon, — comment s'appelait-elle donc ? Elle étendait sa main blanche ; c'était le jeune Lord Wonersh qui la baisait. Lord Wonersh, qui ressemblait à Shelley, vivait comme Byron, possédait la moitié d'Oxford Street, et était venu à la maison en février dernier avec le vieux Mr. Bidlake, et lui avait peut-être adressé la parole deux fois. Puis, tout à coup, elle se vit à cheval, dans Hyde Park. Et deux secondes plus tard elle fut sur un yacht, en Méditerranée. Puis en auto. Lord Wonersh venait de s'asseoir à côté d'elle, quand le son aigu des aboiements de T'ang la ramena en sursaut à la réalité consciente de la pelouse, des tulipes joyeuses, du wellingtonia, et, de l'autre côté, de la salle d'étude. Miss Fulkes se sentit en défaut : elle avait négligé l'enfant dont elle avait la charge.

— Eh bien, Phil, demanda-t-elle, se tournant vivement vers son élève, qu'est-ce que tu dessines ?

— Mr. Stokes et Albert en train de tirer la gazeuse de tondon, répondit Phil, sans lever les yeux de sa feuille de papier.

— La tondeuse de gazon, rectifia miss Fulkes.

— La tondeuse de gazon, répéta sagement Phil.

— Tu n'arrives jamais à dire convenablement tes mots composés, continua miss Fulkes. — Gazeuse de tondon, fortepeuille, nasse-coisette, — ça doit être une espèce d'infirmité mentale, comme d'écrire à l'envers... — Miss Fulkes avait suivi des cours de psychologie de l'éducation. — Il faut absolument essayer de t'en corriger, Phil, ajouta-t-elle sérieusement. — Après un abandon si long et si flagrant de ses devoirs (au *Ciro's*, à cheval, dans la limousine avec Lord Wonersh), miss Fulkes sentit qu'il lui incombait de se montrer particulièrement zélée, — scientifiquemeng zélée : c'était une personne très consciencieuse. — Tu vas essayer ? insista-t-elle.

— Oui, miss Fulkes, répondit l'enfant. Il n'avait pas la moindre idée de ce qu'elle lui demandait d'essayer. Mais cela la ferait rester tranquille s'il répondait oui. Il était absorbé par une partie particulièrement difficile de son dessin.

Miss Fulkes soupira et regarda de nouveau par la fenêtre. Cette fois, elle perçut consciemment ce que voyaient ses yeux. Mrs. Bidlake se promenait parmi les tulipes, vêtue de blanc flottant, avec un voile blanc tombant de son chapeau, — une manière de fantôme préraphaélite. De temps en temps elle s'arrêtait pour regarder le ciel. Le vieux Mr. Stokes, le jardiner, passa, portant un râteau ; les bouts de sa barbe blanche flottaient doucement à la brise. L'horloge du village sonna la demie. Le jardin, les arbres, les champs, les collines boisées plus lointaines, — rien de tout cela n'avait changé. Miss Fulkes se sentit tout à coup si désespérément triste qu'elle était prête à pleurer.

— Est-ce que les gazeuses de tondon — je veux dire les tondeuses de gazon — ont des roues ? demanda le petit Phil, levant la tête, dont le front était tout ridé d'efforts et de perplexité. — Je ne me rappelle plus.

— Oui... C'est-à-dire... — Miss Fulkes fronça également les sourcils. — Non. Elles ont des galets.

— Des galets ! cria Phil. C'est ça. — Il se remit à son dessin avec rage.

... Rien n'avait changé. Il ne semblait y avoir nulle issue, nulle perspective de liberté. « Si j'avais cent mille francs, songeait miss Fulkes, — cent mille francs ! Cent mille francs ! » C'étaient des mots magiques... « Cent mille francs ! »

— Là, ça y est ! s'écria Phil. Venez voir ! — Il lui tendit sa feuille de papier. Miss Fulkes se leva et alla à la table.

— Quel joli dessin ! dit-elle.

— Ça, c'est tous les petits brins d'herbe qui sont soulevés, dit Phil, désignant un nuage de points et de petits traits au milieu de son dessin. — Il était particulièrement fier de son herbe.

— Oui, je vois, dit miss Fulkes.

— Et voyez comme Albert tire fort ! — C'était vrai ; Albert

tirait frénétiquement. Et le vieux Mr. Stokes, reconnaissable aux quatre traits de crayon parallèles issus de son menton, poussait tout aussi énergiquement à l'autre bout de la machine.

Pour un enfant de son âge, le petit Phil avait l'œil observateur, et un talent étrange pour reproduire sur le papier ce qu'il avait vu, — non pas de façon réaliste, bien entendu, mais au moyen de symboles expressifs. Albert et Mr. Stokes, en dépit de l'incertitude rugueuse de leurs silhouettes, étaient violemment vivants.

— La jambe gauche d'Albert est un peu bizarre, tu ne trouves pas? dit miss Fulkes. — Un peu trop longue, trop mince, trop... — Elle se reprit, se souvenant de ce qu'avait dit le vieux Mr. Biklake. « Pour rien au monde, il ne faut enseigner à cet enfant le dessin, — au sens qu'on attache à ce mot dans les écoles. Pour rien au monde. Je ne veux pas qu'on me sabote le don qu'il a. »

Phil lui arracha le papier :

— Non, c'est pas vrai! dit-il avec colère. — Son orgueil était blessé, il détestait la critique, il refusait d'avoir jamais tort.

— Peut-être est-elle bien, en effet... — Miss Fulkes se hâta de le calmer. — Peut-être me suis-je trompée. — Phil retrouva son sourire... — Mais pourquoi, diable, songea miss Fulkes, ne doit-on pas dire à un enfant qu'il a dessiné une jambe invraisemblablement longue, grêle, et en zigzag, je n'en sais véritablement rien. » — Pourtant, le vieux Mr. Bidlake devait le savoir, lui. Un homme dans sa situation, ayant sa réputation, — un grand peintre, — elle l'avait souvent entendu traiter de grand peintre, elle l'avait lu dans des articles de journaux, et même dans des livres. Miss Fulkes avait un profond respect pour les grands, Shakespeare, Milton, Michel-Ange... Oui, Mr. Bidlake, le grand John Bidlake, devait savoir mieux qu'elle. Elle avait eu tort de parler de cette jambe gauche.

— Il est midi et demi passé, reprit-elle d'une voix sèche et décidée. Il est l'heure d'aller t'étendre. — Le petit Phil s'étendait toujours une demi-heure, avant le déjeuner.

— Non! Phil secoua la tête, fit une grimace féroce, et eut un geste furieux de ses poings serrés.

— Si, dit miss Fulkes avec calme. — Et ne fais pas de ces grimaces ridicules. — Elle savait, par expérience, que l'enfant n'était pas vraiment en colère; il faisait simplement une démonstration, pour affirmer sa personnalité, et dans le vague espoir, peut-être, qu'il pourrait faire céder son adversaire à la peur, — de même que, dit-on, les soldats chinois mettent des masques de démons et poussent des cris terribles quand ils s'approchent de l'ennemi, dans l'espoir de lui inspirer de la terreur.

— Pourquoi ? La voix de Phil avait déjà pris un ton beaucoup plus calme.

— Parce qu'il faut.

L'enfant se leva, obéissant. Lorsque le masque et les hurlements ne produisent pas d'effet, le soldat chinois, qui se trouve être un homme sensé et nullement désireux de recevoir des horions, se rend.

— Je vais aller tirer les rideaux, dit miss Fulkes.

Ils s'en allèrent tous deux le long du couloir qui conduisait à la chambre de Phil. L'enfant retira ses chaussures et se coucha. Miss Fulkes tira les plis de la cretonne orangée devant les fenêtres.

— Pas trop noir ! dit Phil, qui suivait ses mouvements à travers le crépuscule doré.

— Tu te reposes mieux quand il fait noir.

— Mais j'ai peur, protesta Phil.

— Tu n'as pas peur le moins du monde. D'ailleurs, il ne fait pas noir du tout. — Miss Fulkes se dirigea vers la porte.

— Miss Fulkes ! Elle n'y prêta pas attention. — Miss Fulkes !

Sur le seuil, miss Fulkes se retourna :

— Si tu continues à crier, dit-elle sévèrement, je me fâcherai très fort. Comprends-tu ? — Elle fit demi-tour et sortit, fermant la porte derrière elle.

— Miss Fulkes ! continua-t-il à crier, mais tout bas, dans un souffle, — Miss Fulkes ! Miss Fulkes ! — Il ne fallait pas qu'elle l'entendît, bien sûr ; car alors, elle se fâcherait pour de bon. Toutefois, il ne pouvait pas obéir tout tranquillement et sans protestation. En chuchotant ainsi son som, il se révoltait, il affirmait sa personnalité, mais en complète sécurité.

Assise dans sa chambre, miss Fulkes lisait — pour se cultiver l'esprit. Elle lisait *la Richesse des nations*. Adam Smith, elle le savait, était un des grands. Son livre était de ceux qu'on devrait avoir lus. C'est ce qu'on avait pensé et exprimé de mieux. Elle était de famille pauvre, mais cultivée. Il nous faut aimer ce qu'il y a de plus élevé quand nous le voyons. Mais quand ce qu'il y a de plus élevé prend la forme d'un chapitre commençant ainsi : « Comme c'est la faculté d'échange qui donne lieu à la division du travail, l'étendue d'une telle division doit nécessairement être limitée par l'étendue de cette faculté, ou en d'autres termes, par l'étendue du marché », — alors, vraiment, il est difficile de l'aimer aussi ardemment qu'on le devrait. « Lorsque le marché est très réduit, nul ne peut être encouragé à se consacrer entièrement à une seule occupation, à cause du manque d'occasions d'échanger tout l'excès du produit de son travail sur sa propre consommation, contre telles portions du produit du travail d'autrui dont il aurait l'emploi.»

Miss Fulkes lut la phrase d'un bout à l'autre; mais avant d'être arrivée à la fin, elle avait oublié de quoi il s'agissait au début. Elle recommença... «...à cause du manque d'occasions d'échanger l'excès...» (Je pourrais bien enlever les manches à ma robe marron, songeait-elle; parce que l'étoffe n'a lâché un peu que sous les bras; et je la porterai pour la jupe seule, avec un pull-over)... «sur sa propre consommation, contre telles portions...» (un pull-over orangé, peut-être). Elle essaya une troisième fois: «Lorsque le marché est très réduit...» Une vision du marché aux bestiaux d'Oxford flotta devant son imagination; c'était un assez grand marché. «...Nul ne peut être encouragé à se consacrer...» De quoi s'agissait-il donc? Miss Fulkes se révolta tout à coup contre son excès de conscience. Elle détestait, lorsqu'elle le voyait, ce qu'il y a de plus élevé. Se levant, elle remit *la Richesses des nations* sur son rayon. C'était un rayon de livres très «élevés», — «mes trésors», comme elle les appelait. Wordsworth, Longfellow, et Tennyson, reliés en cuir souple, et ressemblant, avec leurs coins arrondis et leurs titres en gothique, à autant de bibles. *Sartor Resartus,* ainsi que les *Essais* d'Emerson. Marc Aurèle, dans une de ces petites éditions artistiques à cuir mou, qu'on offre, à Noël, en désespoir de cause, aux gens auxquels on ne trouve rien de plus convenable à donner. *L'Histoire* de Macaulay, Thomas à Kempis, Mrs. Browning. Miss Fulkes n'en choisit aucun. Elle glissa la main derrière ce qui a été pensé ou exprimé de mieux, et retira de sa cachette un exemplaire du *Mystère des émeraudes des Castlemaine.* Sa place était marquée d'un ruban. Elle l'ouvrit, et se mit à lire. «Lady Kitty tourna le commutateur et entra. Un cri d'horreur s'échappa de ses lèvres, une faiblesse soudaine manqua la terrasser. Au milieu de la pièce gisait le corps d'un homme élégant en tenue de soirée. Son visage était affreusement déchiqueté, au point d'être presque complètement méconnaissable; il y avait une traînée de carmin sur le plastron de sa chemise. L'épais tapis d'Orient baignait dans une sombre mare de sang...» Miss Fulkes continua à lire, avidement. Le roulement de tonnerre du gong, annonciateur du déjeuner, la fit sortir en sursaut du monde des émeraudes et des assassinats. Elle se leva d'un bond. «J'aurais dû me soucier de l'heure, songea-t-elle, se sentant en défaut. Nous allons être en retard.» Repoussant *le Mystère des émeraudes des Castlemaine* à sa place derrière ce qui a été pensé ou exprimé de mieux, elle se dépêcha vers la chambre à coucher d'enfant. Il fallait encore débarbouiller et brosser le petit Phil.

Il n'y avait de brise que le déplacement d'air dû à la vitesse même du bateau ; et cet air déplacé ressemblait à une bouffée sortie de la salle des machines. Allongés sur leurs fauteuils, Philip et Élinor observaient la décroissance graduelle contre le ciel d'une île déchiquetée de roche rouge et nue. Du pont supérieur arrivait le bruit de gens jouant aux galets. Faisant de la marche par principe ou pour se donner de l'appétit, leurs compagnons de voyage passaient et repassaient avec la régularité prévisible de comètes.

— Dire qu'il y a des gens qui se donnent de l'exercice ! dit Élinor d'un ton qui trahissait véritablement du ressentiment ; elle avait plus chaud, rien qu'à les regarder. — Jusque dans la mer Rouge !

— C'est ça qui explique l'Empire britannique, dit-il.

Il y eut un silence. Hâlés jusqu'à en être bruns, jusqu'à en être écarlates, les jeunes gens en congé passaient en riant, quatre hommes pour chaque jeune fille. Des vétérans de l'Orient, desséchés par le soleil et confits en carry, se promenaient avec des paroles acrimonieuses aux lèvres, sur les Réformes et sur le coût de la vie aux Indes. Deux missionnaires femmes passaient avec un bruit assourdi, dans un silence rarement interrompu. Les « globe-trotters » français réagissaient contre l'ambiance oppressivement impérialiste en parlant très haut. Les étudiants indiens se tapaient dans le dos comme les officiers étaient censés le faire dans les pièces de l'époque de *la Marraine de Charley* et l'argot qu'ils parlaient aurait paru démodé dans une école primaire.

Le temps passa. L'île disparut ; l'air devint, s'il se peut, plus chaud.

— Je suis ennuyée au sujet de Walter, dit Élinor, qui avait ruminé le contenu du dernier paquet de lettres qu'elle avait reçues juste avant de quitter Bombay.

— C'est un idiot, répondit Philip. Après avoir commis une première ânerie avec cette gourde de Carling, il aurait dû avoir assez de bon sens pour ne pas recommencer avec Lucy.

— Bien sûr qu'il l'aurait dû, dit Élinor avec irritation. Mais il se trouve justement qu'il n'a pas eu ce bon sens-là. Et il s'agit de trouver un remède.

— Oh ! ce n'est pas la peine d'y penser à cinq mille milles de distance.

— Je crains qu'il ne se sauve brusquement un beau jour, et ne laisse la pauvre, encore! Elle est un peu assommante, — mais il ne faut pas qu'il puisse la traiter comme ça!

— Non, acquiesça Philip. — Il y eut un silence. La maigre procession des fervents d'exercice se déroula. — J'ai réfléchi, dit-il méditativement; ça ferait un excellent sujet.

— Quoi donc?

— Cette histoire de Walter.

— Quoi, tu n'as pas l'intention d'exploiter ce pauvre Walter pour en faire de la copie? — Élinor était indignée. — Non, sérieusement, je ne tolérerai pas ça! Faire de l'herborisation sur sa tombe, — ou du moins sur son cœur...

— Mais bien sûr que non! protesta Philip.

— *Mais je vous assure,* — l'une des Françaises criait si fort qu'il dut renoncer à toute tentative de continuer, — *aux Galeries Lafayette, les camisoles en flanelle pour enfant ne coûtent que...*

— *Camisoles en flanelle!* répéta Philip, zut, alors!

— Mais, sérieusement, Phil...

— Mais, ma chérie, je n'ai jamais eu l'intention d'en emprunter plus que la situation: le jeune homme qui essaye de faire rimer sa vie avec ses livres idéalistes, et s'imagine ressentir un grand amour spirituel, — pour s'apercevoir, en fin de compte, qu'il s'est accroché à un être rasoir qu'il n'aime pas du tout, au fond.

— Pauvre Marjorie! Mais aussi, pourquoi se poudre-t-elle si mal?... Et ces colliers et ces boucles d'oreille «artistiques» qu'elle porte toujours...

— Et qui s'abat alors comme une quille, au seul regard d'une sirène, poursuivit Philip qui suivait son idée. C'est la situation qui m'a tenté, — non pas les individus. Après tout, il ne manque pas de jeunes hommes charmants, en dehors de Walter... Et Marjorie n'est pas la seule femme rasoir. Ni Lucy la seule dévoreuse d'hommes.

— Oui, si ce n'est que la situation, — consentit Elinor, bien qu'à regret.

— D'ailleurs, continua-t-il, tout ça n'est pas encore écrit, et peut-être ne le sera-t-il jamais. Tu vois qu'il n'y a pas de quoi t'alarmer, je t'assure.

— Bien. Je n'en parlerai plus tant que je n'aurai pas vu le bouquin.

Il y eut encore un silence.

— ...Oui, un été délicieux, l'an dernier, à Gulmerg, disait la jeune femme à ses quatre cavaliers empressés. — Il y avait le golf, et puis on dansait tous les soirs, et...

— Et puis, de toute façon, reprit Philip d'une voix méditative, la situation ne serait, en quelque sorte, qu'un...

— *Mais je lui ai dit: les hommes sont comme ça. Une jeune fille bien élevée doit...*

— ...Qu'un prétexte, dit Philip, à pleine voix... — Autant essayer de parler dans la cage aux perroquets du Zoo, ajouta-t-il par parenthèse, irrité... Un prétexte, en quelque sorte, comme je le disais, à regarder les choses d'une manière nouvelle, et avec laquelle je voudrais tenter une expérience.

— Si seulement tu commençais par me regarder, moi, d'une manière nouvelle ! dit Elinor avec un petit rire, — d'une manière un peu plus humaine !

— Voyons, Elinor, sérieusement...

— Sérieusement, railla-t-elle. Être humain, ce n'est pas sérieux : être sérieux, pour toi, c'est être intelligent.

— Bien, bien. — Il haussa les épaules. — Si tu ne veux pas m'écouter, je n'ai qu'à me taire.

— Non, non, Phil. Je t'en prie. — Elle posa sa main sur la sienne. — Je t'en prie !

— Je ne voudrais pas te raser. — Il était de mauvaise humeur et plein de dignité.

— Phil ! je te demande pardon, voyons !... Mais tu as l'air si comique quand tu es là, plus chagrin que colère... ! Tu te rappelles ces chameaux à Bikaner, — cette expression extraordinaire supérieure qu'ils avaient ?... Mais continue, je t'en prie.

— Cette année, dit l'une des missionnaires à l'autre, tandis qu'elles passaient devant eux, l'évêque de Kuala Lumpur a ordonné diacres six Chinois et deux Malais. Et l'évêque du Nord-Bornéo Britannique... — Les voix calmes s'évanouirent dans l'imperceptible.

Philip en oublia sa dignité, et éclata de rire :

— Peut-être a-t-il ordonné quelques orangs-outangs, dit-il.

— Mais te rappelles-tu la femme de l'évêque de l'île Thursday ? demanda Elinor, — celle que nous avons vue sur cet affreux bateau australien plein de cancrelats ?

— Celle qui mangeait des pickles au petit déjeuner ?

— Et des oignons, encore, précisa-t-elle avec un frisson... Et ta manière nouvelle de regarder les choses ? Il me semble que nous nous sommes bien écartés de la question !

— Eh bien, au fond, dit Philip, pas tant que ça. Toutes ces camisoles en flanelle, tous ces pickles, et tous ces évêques d'îlots anthropophages, ne sont pas du tout des hors-d'œuvre, — au contraire. Parce que l'essence même de ma nouvelle manière de regarder les choses, c'est la multiplicité. La multiplicité des yeux, et la multiplicité des aspects. Par exemple, une personne interprète les événements en parlant d'évêques ; une autre en parlant du prix des camisoles en flanelle ; une autre, comme cette jeune personne de Gulmerg, — il fit un signe de tête vers le groupe disparaissant — en parlant du bon temps qu'elle s'est donné. Puis il y a encore le biologiste, le chimiste, le physicien, l'historien. Chacun d'eux voit, professionnellement, un aspect différent de l'événement, une couche différente de la réalité. Ce que je veux faire, moi, c'est regarder avec tous ces yeux-là à la fois, — avec des yeux religieux, avec des yeux scientifiques, avec des yeux d'homme moyen sensuel...

— Avec des yeux aimants, aussi.

Il lui fit un sourire, et lui caressa la main :

— Le résultat... — Il hésita.

— Oui, quel serait-il, le résultat ? demanda-t-elle.

— Bizarre, répondit-il. Ce serait vraiment une image bien bizarre.

— Peut-être un peu trop bizarre, à mon avis.

— Mais elle ne pourra jamais être trop bizarre, dit Philip. Quelque bizarre que soit l'image, elle n'arrivera jamais à être à moitié aussi bizarre que la réalité originale. Nous admettons tout comme allant de soi. Mais dès l'instant où l'on se met a réfléchir, tout devient bizarre. Et plus on y réfléchit, plus ça devient drôle. C'est ça que je voudrais arriver à mettre dans mon livre — la qualité étonnante des choses les plus évidentes. Au fond, n'importe quelle action, n'importe quelle situation, ferait l'affaire. Parce que tout est implicitement contenu dans tout. On pourrait écrire le livre entier sur le trajet de Piccadilly Circus à Charing Cross. Ou ce serait toi et moi, installés ici sur un énorme bateau, dans la mer Rouge. C'est vrai, rien ne pourrait être plus bizarre que ça. Quand on réfléchit aux processus de l'évolution, à la patience et au génie de l'homme, à l'organisation sociale, à tout ce qu'il a fallu pour que nous puissions être ici en ce moment, pendant que les chauffeurs reçoivent des coups de chaleur à notre profit, et que les turbines à vapeur font cinq mille tours à la minute, et que la mer est bleue, et que les rayons lumineux ne contournent pas les obstacles, de sorte qu'il y a des ombres, et que le soleil nous fournit tout le temps de l'énergie pour vivre et penser, — quand on réfléchit à tout ça et à un million d'autres choses, on est forcé de se dire que rien ne saurait être plus bizarre, et qu'aucune image ne peut être assez bizarre pour être à la hauteur des faits.

— Malgré tout, dit Elinor après un long silence, je voudrais bien qu'un jour tu écrives une simple petite histoire bien franche sur un jeune homme et une jeune fille qui tombent amoureux l'un de l'autre, et se marient, et sont aux prises avec des difficultés, mais arrivent à en triompher, et finissent par vivre bien tranquillement.

— Oui, — pourquoi pas un roman policier ? — Il se mit à rire. Mais il songea que s'il n'écrivait pas ce genre d'histoire, c'était peut-être parce qu'il n'en était pas capable. En art, il y a des simplicités plus difficiles que les complications les plus serrées. Les complications, il en venait à bout, aussi bien que quiconque. Mais quand il s'agissait des simplicités, il n'avait pas le talent nécessaire, — ce talent qui vient du cœur, non moins que du cerveau, des sentiments, des sympathies, des intuitions, non moins que de la compréhension analytique. Le cœur, le cœur, — se répétait-il à lui-même... « Est-ce que vous ne sentez pas, ni ne comprenez ? Avez-vous encore le cœur endurci ?... » Pas de cœur, pas de compréhension.

— ... Une abominable flirteuse ! s'écria l'un des quatre cavaliers, comme la petite bande, après un tournant, revenait à portée de la voix.

— Pas le moins du monde ! répliqua la jeune fille, avec indignation.

— Si, si ! crièrent-ils tous ensemble. — C'était une cour faite en chœur et par taquinerie.

— Non, ce n'est pas vrai ! — Mais on entendait fort bien qu'elle était ravie, au fond, de ce doux reproche.

Comme des chiens ! songea-t-il. Mais le cœur, le cœur... Le cœur, c'était la spécialité de Burlap. « Vous ne ferez jamais un bon livre, avait-il dit d'un ton d'oracle, à moins qu'il ne vous vienne du cœur. » C'était vrai ; Philip le savait. Mais était-ce bien à Burlap de le dire, à Burlap, dont les livres étaient si bien sortis du cœur qu'ils semblaient être venus de l'estomac, après un émétique ? Et s'il s'essayait, lui aussi, aux lignes toutes simples, les résultats n'en seraient pas moins repoussants. Il valait mieux cultiver à plein rendement son propre jardin spécialisé. Mieux valait rester rigidement et loyalement soi-même. Soi-même ? Mais cette question d'identité était précisément l'un des problèmes chroniques de Philip. Il lui était si facile de se mettre à la place d'à peu près n'importe qui, théoriquement et avec son intelligence ! Il avait un tel pouvoir d'assimilation, qu'il était souvent en danger de ne plus distinguer l'assimilateur de l'assimilé, de ne plus savoir, parmi la multiplicité de ses rôles, quel était l'acteur. L'amibe, quand elle rencontre une proie, se coule autour d'elle, l'incorpore, et continue à glisser. Il y avait quelque chose d'amiboïde dans l'esprit de Philip Quarles. Il ressemblait à une mer de protoplasme spirituel, susceptible de fluer dans toutes les directions, d'engouffrer chaque objet qui se trouvait sur son chemin, de s'infiltrer dans toute crevasse, de remplir chaque moule, et alors, ayant engouffré, ayant rempli, de glisser vers d'autres obstacles, d'autres réceptacles, laissant les premiers vides et secs. A différentes époques de sa vie, et même simultanément, il avait rempli les moules les plus variés. Il avait été cynique ainsi que mystique, humanitaire aussi bien que misanthrope méprisant ; il avait essayé de vivre d'une vie de raison détachée et stoïcienne et à un autre moment il avait aspiré à l'absence de raison d'une existence naturelle et non civilisée. Le choix des moules dépendait, à un moment donné, d'ailleurs quelconque, des livres qu'il lisait, des gens avec qui il était en rapport. Burlap, par exemple, avait ramené la coulée de son esprit vers ces avenues mystiques qu'il n'avait pas remplies depuis sa découverte de Boehme, aux jours où il était étudiant. Puis il avait percé à jour Burlap, et son esprit s'en était écarté, mais en restant toujours prêt, à tout moment, à y revenir goutte à goutte, si jamais les circonstances paraissaient l'exiger. Il y revenait tout doucement en ce moment même ; le moule était en forme de cœur. Où était donc le moi envers lequel il pouvait être loyal ?

Les missionnaires-femmes repassèrent en silence. Regardant par-dessus l'épaule d'Elinor, il vit qu'elle lisait les *Mille et une Nuits,* dans la traduction de Mardrus. Il avait sur les genoux *les Fondements métaphysiques de la science moderne,* de Burtt ; il reprit le livre et se mit à chercher l'endroit où il en était resté. « Ou bien n'y a-t-il pas de moi du tout ? » se demandait-il... Non, non ; cela, c'était insoutenable, c'était en contradiction avec l'expérience immédiate. Il regarda par-dessus son livre le vaste éclat bleu de la mer. Le caractère essentiel du moi consiste précisément dans cette ubiquité liquide et indéformable ; dans cette capacité d'épouser tous les contours et pourtant de ne jamais rester fixé dans une forme ; de prendre et d'effacer avec une égale facilité toutes impressions. Tous ces moules que son esprit pourrait occuper de temps à autre, tous ces obstacles durs et brûlants qu'il pourrait contourner, submerger, et pénétrer jusqu'au cœur flamboyant, tout en restant froid lui-même, il ne leur devait aucune loyauté permanente. Les moules se vidaient aussi facilement qu'ils avaient été remplis, les obstacles étaient tournés. Mais le liquide essentiel qui coulait là où il voulait, le flux calme et indifférent de curiosité intellectuelle, — voilà ce qui persistait, c'est à cela qu'il devait sa loyauté. S'il était une conception unique de la vie à laquelle il pût croire de façon durable, c'était à ce mélange de pyrrhonisme et de stoïcisme, qui lui avait fait l'impression, à lui, simple écolier curieux parmi les philosophes, d'être le sommet de l'humaine sagesse, et dans ce moule d'indifférence sceptique il avait versé son adolescence vierge de passion. Il s'était souvent révolté contre l'indécision pyrrhonienne des jugements et l'imperturbabilité stoïcienne. Mais la révolte avait-elle jamais été vraiment sérieuse? Pascal avait fait de lui un catholique, — mais seulement pendant le temps que le volume des *Pensées* était resté ouvert devant lui. Il y a des moments où, en compagnie de Carlyle, ou de Whitman, ou du bondissant Browning, il avait cru à l'ardeur pour l'ardeur. Et puis il y avait Mark Rampion. Après quelques heures passées en compagnie de Mark Rampion, il croyait effectivement à la noble sauvagerie; il était convaincu que l'intellect, orgueilleusement conscient, devait s'humilier un peu et admettre les titres du cœur, — voire ceux du ventre, des reins, des os, de la peau, et des muscles — à une part raisonnable de vie. Le cœur, toujours! Burlap avait raison, tout charlatan qu'il fût, et escamoteur-bonneteur des émotions!... Le cœur!... Mais toujours, quoi qu'il pût faire, il savait pertinemment, au tréfonds de son être, qu'il n'était pas catholique, ni partisan de la vie ardente, ni mystique, ni noble sauvage. Et bien qu'il éprouvât parfois des regrets nostalgiques de n'être rien de tout cela, ni tout cela ensemble, il était toujours secrètement heureux de ne l'être pas, et de rester libre, quand bien même sa liberté serait étrangement, paradoxalement, un obstacle et une limite à son esprit.

— Tu sais, cette petite histoire toute simple, dit-il à haute voix, — ça ne marcherait pas.

Elinor leva ses yeux des *Mille et une Nuits*:

— Quelle petite histoire? fit-elle.

— Celle que tu voulais que j'écrive.

— Oh, ça? — Elle se mit à rire. — Tu y as réfléchi bien longtemps.

— Elle ne me donnerait pas l'occasion que je cherche, expliqua-t-il. Il faudrait que ce soit solide et profond. Tandis que moi, je suis large, large et liquide. Ce ne serait pas mon genre.

— Ça, j'aurais pu te le dire, dès le premier jour où je t'ai vu, dit Elinor, et elle se replongea dans Schéhérazade.

« N'empêche, songeait Philip, que Mark Rampion a raison. En pratique, aussi; ce qui est bien plus impressionnant. Dans son art et sa vie, aussi bien que dans ses théories. Pas du tout comme Burlap. » Il pensa avec dégoût aux articles de tête émétiques du *Monde littéraire*... Une traversée du Pas-de-Calais, transposée dans le domaine de l'esprit. Et une de ces vies malpropres, visqueuses... Mais Rampion, lui, s'érigeait en preuve de ses théories. « Si seulement je pouvais saisir quelque chose de son secret! soupira Philip pour lui-même. J'irai le voir aussitôt que je serai rentré. »

CHAPITRE XV

PENDANT les semaines qui suivirent leur scène finale, Walter et Marjorie vécurent dans un état de relations particulièrement et désagréablement fausses. Ils se montraient pleins de prévenances l'un envers l'autre, très courtois, et chaque fois qu'ils se trouvaient en tête à tête, ils se bornaient à entamer des conversations polies et non intimes. Le nom de Lucy Tantamount ne fut jamais prononcé et on ne faisait aucune allusion aux absences de Walter, qui se renouvelaient presque chaque nuit. Il y avait un accord tacite pour faire comme si rien n'était arrivé, et comme si tout était pour le mieux dans le meilleur des mondes possibles. Dans son premier accès de colère, Marjorie avait, en vérité, commencé à faire ses malles. Elle partirait immédiatement, ce soir même, avant qu'il rentrât. Elle lui montrerait qu'il y avait une limite aux outrages et aux insultes qu'elle voulait bien supporter... Rentrer à la maison, sentant à plein nez le parfum de cette femme !... C'était ignoble !... Il paraissait s'imaginer qu'elle était si abjectement folle de lui et que matériellement elle dépendait si bien de lui, qu'il pouvait continuer à l'insulter sans aucun danger de l'exciter à se révolter ouvertement. Elle avait eu tort de ne pas s'affirmer plus tôt. Elle n'aurait pas dû se laisser fléchir par sa détresse, la nuit précédente. Mais mieux vaut tard que jamais. Cette fois, ce serait définitif. Elle avait son amour-propre à considérer. Elle sortit ses malles du débarras et commença à y emballer ses vêtements.

Mais où irait-elle ? Que ferait-elle ? De quoi vivrait-elle ? Ces questions se posaient avec une insistance croissante de minute en minute. Sa seule parente était une sœur mariée, qui était pauvre, et dont le mari n'approuvait pas sa conduite. Mrs. Cole s'était brouillée avec elle. Il n'y avait pas d'autres amis qui pussent ou voulussent la prendre à leur charge. Elle n'avait appris aucun métier, elle n'avait pas de dons spéciaux. De plus, elle allait bientôt avoir un bébé ; elle ne trouverait jamais d'emploi. Et, en somme, et malgré tout, elle avait beaucoup d'affection pour Walter, elle l'aimait, elle ne savait pas comment elle pourrait se passer de lui. Et il l'avait aimée, lui, — il l'aimait encore un peu, elle en était sûre. Et peut-être cette folie s'évanouirait-elle toute seule ; ou bien elle pourrait le ramener à elle, graduellement. Et, en tout cas, il valait mieux ne pas agir précipitamment. En fin de compte, elle redéballa ses vêtements, et remit les malles dans le débarras. Le lendemain elle commença à jouer sa comédie de faux-semblant et d'ignorance délibérément feinte.

De son côté, Walter ne fut que trop heureux de jouer le rôle qui lui était assigné dans la comédie. Ne rien dire, agir comme s'il ne s'était rien passé de spécial, cela lui convenait parfaitement. L'évaporation de sa colère, l'assouvissement de son désir l'avaient réduit, de son état momentané de force et de cruauté, à son état normal de timidité douce et en proie aux remords. La fatigue corporelle a d'ailleurs un effet adoucissant sur les fibres de l'esprit. Il rentra de chez Lucy avec le sentiment de sa culpabilité, sentant qu'il avait fait une injure grave à Marjorie, et attendant avec effroi la scène qu'elle ne manquerait pas de lui faire. Mais elle était endormie quand il se glissa dans sa chambre. Ou, du moins, elle faisait semblant de l'être ; elle ne l'appela pas. Et le lendemain, ce ne fut que par la note plus qu'habituellement courtoise et formaliste de ses salutations qu'il perçut quelque chose d'inaccoutumé.

Walter, considérablement soulagé, répondit à ce silence de bon augure par le silence, et à la courtoisie poliment banale par une courtoisie qui, pour lui, était plus que simplement banale, — qui lui venait du cœur, qui était une tentative sincère (tellement il avait la conscience peu tranquille) de lui rendre service, de racheter, d'une façon pleine de sollicitude et d'affection, les offenses passées, d'implorer d'avance son pardon pour les offenses qu'il n'avait nullement l'intention de ne pas commettre à l'avenir.

Le fait qu'il n'y eut ni éclat, ni reproches, — rien qu'un silence poli et feignant l'ignorance, — fut un grand soulagement. Mais, les jours passant, Walter commença à trouver de plus en plus pénible la fausseté de leur situation. La comédie lui donna sur les nerfs, le silence avait quelque chose d'accusateur. Il se fit de plus en plus poli, empressé, affectueux ; mais, bien qu'il lui fût sincèrement attaché, bien qu'il désirât sincèrement la rendre heureuse, les visites qu'il faisait chaque soir à Lucy donnaient même à son affection réelle pour Marjorie, l'aspect d'un mensonge, et son empressement véritable avait l'air d'être de l'hypocrisie, même envers lui-même, tant qu'il persistait à faire, dans les intervalles de sa bonté, les choses mêmes qui, il le savait, devaient la rendre malheureuse. « Ah ! si seulement, se disait-il à lui-même, dans sa colère impuissante et geignarde, si seulement elle voulait se contenter de ce que je peux lui donner, et cesser de se tourmenter de ce que je ne peux lui offrir ! » (Car il était manifeste, en dépit de la comédie du silence et de la courtoisie, qu'elle se tourmentait. Son visage amaigri et tiré suffisait à démentir l'indifférence étudiée de sa conduite.) « Ce que je peux lui donner, c'est énorme. Ce que je ne peux pas lui offrir, cela n'a aucune importance, — du moins, pour elle », ajouta-t-il, car il n'avait nullement l'intention de décommander son rendez-vous, sans aucune importance, avec Lucy pour le soir même.

« A peine a-t-on joui, qu'on méprise déjà ;
Recherché follement, — puis, à peine obtenu,
Follement détesté. »

La littérature, comme toujours, l'avait induit en erreur. Loin de l'amener à détester et à mépriser, la réalisation et la jouissance lui faisaient seulement désirer un renouvellement de réalisation et de jouissance. Il est vrai qu'il avait toujours un peu de honte de ce désir. Il l'aurait voulu justifié par quelque chose de plus élevé, — par l'amour. (« Après tout, arguait-il, il n'y a rien d'impossible ou d'antinaturel dans le fait d'aimer deux femmes à la fois, — et de les aimer sincèrement. ») Il accompagnait ses ardeurs de toute la tendresse délicate et charmante de sa nature un peu faible et encore adolescente. Il traitait Lucy, non pas comme la dure et implacable chercheuse de plaisir qu'il avait clairement reconnue en elle avant de devenir son amant, mais comme un être idéalement gracieux et sensible, qu'on doit adorer autant qu'on le désire — une espèce de combinaison d'enfant, de mère, et de maîtresse, qu'on doit protéger maternellement et dont on reçoit une protection maternelle — tout en faisant virilement, — faunesquement même — l'amour avec lui. La sensualité et le sentiment, le désir et la tendresse sont aussi fréquemment unis qu'antagonistes. Il y a des gens qui, ayant à peine joui, méprisent déjà ce dont ils ont joui. Mais il y en a d'autres chez qui la jouissance est mêlée de bonté et d'affection. Le besoin de Walter, de justifier ses désirs par l'amour, n'était, en dernière analyse, que l'expression strictement morale de sa tendance naturelle à associer l'acte du plaisir sexuel à une sensation de tendresse, à la fois chevaleresquement protectrice et puérilement humiliée. Chez lui, la sensualité enfantait la tendresse ; et inversement, là où il n'y avait pas de sensualité, la tendresse ne se développait pas. Ses relations avec Marjorie demeuraient trop platoniques pour que sa tendresse s'y pût épancher complètement. C'est en sensuel dur et férocement cynique que Walter avait conquis Lucy. Mais une fois mise en action, sa sensualité le « sentimentalisa ». Le Walter qui avait tenu Lucy nue dans ses bras était différent du Walter qui avait seulement désiré le faire; et ce nouveau Walter avait besoin, par simple instinct de conservation, de croire que Lucy avait, sous l'influence de ses caresses, les mêmes sentiments de tendresse que lui. La tendresse ne peut vivre que dans une atmosphère de tendresse. Continuer à croire, comme l'avait cru l'ancien Walter, qu'elle était dure, égoïste, incapable de sentiments d'affection, cela eût tué la douce tendresse du nouveau Walter. Il était essentiel pour lui qu'il la crût tendre. Il fit de son mieux pour se tromper lui-même. Chacun des mouvements de langueur et d'abandon de Lucy était avidement interprété par lui comme un symptôme d'amollissement intime, de confiance, de capitulation. Chacun de ses mots aimants, — et Lucy était, suivant la mode, fort prodigue de ses «chéris», de ses «anges», de ses «aimés», chacune de ses expressions banales de ravissement ou de compliment, — était reçu et conservé comme une parole venue tout droit du tréfonds de son cœur. A ces indices fallacieux de douceur et de chaleur de cœur, il répondait par un redoublement reconnaissant de sa propre tendresse; et cette tendresse redoublée était doublement désireuse de trouver chez Lucy une tendresse qui y répondît. Le désir d'être aimé lui fit croire, d'une façon combien précaire et tendue, qu'il était aimé. Et cette illusion d'être aimé fortifia son amour. Et c'est ainsi que tout le processus circulaire, s'intensifiant soi-même, recommençait de nouveau.

Lucy fut touchée de sa tendresse adoratrice, — touchée et surprise. Elle l'avait pris parce qu'elle s'ennuyait, parce qu'il avait les lèvres douces, et des mains qui savaient caresser, et parce qu'au tout dernier moment elle avait été amusée et ravie de sa conversion soudaine de l'humilité à l'impertinence conquérante. Quelle drôle de soirée ç'avait été! Walter assis en face d'elle au dîner, avec ce regard dur sur le visage, comme s'il avait été formidablement en colère et avait envie de grincer des dents; mais, avec cela, très amusant, contant les histoires les plus rosses sur tout le monde, prodiguant les informations historiques les plus fantastiques et les plus grotesques, les citations les plus étonnantes de vieux livres. Lucy voulait aller voir le «numéro» de Nellie Wallace au Victoria Palace, puis entrer en passant à l'Embassy pour manger une bouchée et danser un brin, puis peut-être aller voir chez Cuthbert Arkwright où il se pourrait que, par hasard... Non pas qu'elle eût aucun désir réel et actif d'aller au music-hall, de danser, ou d'écouter la conversation de Cuthbert. Elle voulait seulement affirmer sa volonté contre celle de Walter. Elle voulait seulement dominer, prendre le commandement, et l'obliger à faire ce qu'elle voulait, et non ce qu'il voulait, lui.

Mais Walter ne se laissa pas ébranler. Il ne dit rien, il se contenta de sourire. Et lorsque le taxi vint les attendre à la porte du restaurant, il donna l'adresse de Bruton Street.

— Mais c'est un viol ! protesta-t-elle.

Walter se mit à rire :

— Pas encore, répondit-il. Mais ça va en être un.

Et dans le salon gris et couleur de rose, c'en fut presque un en effet. Lucy provoqua — pour s'y soumettre ensuite — toutes les violences de la sensualité. Mais ce qu'elle ne s'était pas attendue à provoquer, c'est l'adoration tendre et passionnée qui succéda à ces premières violences. L'air de colère dure s'évanouit du visage de Walter, et ce fut comme si une cuirasse protectrice lui avait été arrachée, comme s'il était resté nu, dans la nudité frémissante et vulnérable de la tendresse et de l'adoration. Ses caresses ressemblèrent à l'apaisement d'une douleur ou d'une terreur, à la satisfaction de la faim, à des actes délicatement propitiatoires. Ses paroles furent tantôt des prières, fragmentaires et chuchotées à un dieu, tantôt des mots de consolation murmurés à un enfant malade. Lucy fut surprise, touchée, presque honteuse, de cette passion faite de tendresse.

— Mais non, je ne suis pas comme cela, je ne suis pas comme cela, protestait-elle en réponse à ses murmures d'adoration. — Elle ne pouvait pas accepter un tel amour en le trompant. Mais les lèvres douces de Walter, frôlant sa peau, les extrémités de ses doigts la touchant légèrement, la calmaient et la caressaient jusqu'à l'apaisement, la transformaient par enchantement en l'objet doux, aimant, chaleureux, de son adoration, la chargeaient électriquement de toutes ces qualités que ses murmures lui avaient attribuées et dont elle niait la possession.

Elle attira sa tête sur sa poitrine, elle lui passa les doigts dans les cheveux :

— Walter, mon chéri, murmura-t-elle, mon chéri !... — Il y eut un long silence, un bonheur chaud et calme. Et puis tout à coup, précisément parce que ce bonheur silencieux était si profond et parfait, et par conséquent, aux yeux de Lucy, avait quelque chose d'intrinsèquement absurde et même de dangereux dans son impersonnalité sans défaut, de menaçant envers sa volonté consciente, elle lui demanda : — Tu t'es endormi, Walter ? et lui pinça l'oreille.

Pendant les jours qui suivirent, Walter s'évertua de son mieux à lui attribuer les émotions qu'il ressentait lui-même. Mais Lucy ne lui facilita pas la tâche. Elle ne voulait pas ressentir cette tendresse profonde qui est une capitulation de la volonté, une suppression de toute possibilité de se sentir à part. Elle voulait être elle-même, Lucy Tantamount, en plein commandement de la situation, s'amusant consciemment jusqu'à la limite extrême, prenant son plaisir sans aucun égard pour qui que ce fût ; libre, non seulement financièrement et légalement, mais émotivement aussi, — émotivement libre de le prendre ou de ne pas le prendre. De le laisser tomber comme elle l'avait pris, à n'importe quel moment, quand bon lui semblerait. Elle n'avait nulle envie de capituler. Et cette tendresse chez lui, — mon Dieu, c'était touchant, sans doute, et flatteur, et plutôt charmant en soi, — mais quelque peu absurde, et, dans son exigence inquiète d'un écho de sa part, un peu fastidieux, à la vérité. Elle se laissait bien aller un peu dans la voie de l'abandon, sous ses caresses, elle se laissait bien charger d'un peu de sa tendresse ; mais pour se retirer de lui tout à coup, et s'enfermer dans un détachement taquin et provocateur. Et Walter se réveillait de son rêve d'amour pour tomber dans la réalité de ce que Lucy appelait le «plaisir», dans le jour froid de la sensualité consciemment aiguë, délibérément rieuse. Elle le laissa sans justification, sans palliatif, à son sentiment de culpabilité.

— M'aimes-tu ? lui demanda-t-il un soir. — Il savait bien que non. Mais, par perversité, il voulait le lui faire confirmer explicitement.

— Je trouve que tu es charmant, dit Lucy. — Elle leva les yeux sur lui avec un sourire. Mais les yeux de Walter demeurèrent sombres et pleins de désespoir, sans lui donner aucune réponse.

— Mais m'aimes-tu ? insista-t-il. Le menton dans sa main accoudée, il était penché sur elle, presque menaçant. Lucy était étendue sur le dos, les mains jointes et les doigts entrelacés sous la nuque, les seins plats soulevés par la traction des muscles tendus. Il abaissa son regard sur elle ; sous ses doigts était la tiédeur ronde et flexible de ce corps qu'il avait si complètement, si absolument possédé. Mais la propriétaire de ce corps lui souriait à travers des paupières à demi closes, lointaine, hors d'atteinte...

— M'aimes-tu ?

— Tu es un enchanteur. — Il brillait, parmi les cils sombres, quelque chose qui ressemblait à de la moquerie.

— Mais ce n'est pas une réponse à ma question, ça. M'aimes-tu ?

Lucy haussa les épaules et fit une petite grimace.

— Aimer ? répéta-t-elle. C'est un bien grand mot, tu ne trouves pas ? — Dégageant une de ses mains de sous sa tête, elle la souleva un peu pour tirer légèrement sur la mèche de cheveux bruns qui était tombée sur le front de Walter. — Tu as les cheveux trop longs, dit-elle.

— Alors, pourquoi m'as-tu pris ? insista Walter.

— Si tu savais comme tu as l'air ridicule avec cette figure solennelle, et les cheveux sur les yeux ! — Elle se mit à rire. — Tu ressembles à un caniche constipé.

Walter ramena en arrière la mèche tombante :

— Je veux une réponse, reprit-il, obstiné. Pourquoi m'as-tu pris ?

— Pourquoi ? Parce que ça m'amusait. Parce que ça me plaisait. Ça ne te semble pas à peu près évident ?

— Sans m'aimer ?

— Pourquoi faut-il que tu fasses toujours intervenir l'amour ? demanda-t-elle, impatientée.

— Pourquoi ? répéta-t-il. Ah ! comment peux-tu le laisser de côté, toi ?

— Mais si je trouve ce que je désire, sans le faire intervenir, pourquoi viendrais-je l'y fourrer ? D'ailleurs, on ne l'y fourre pas. L'amour, ça vous arrive... O combien rarement !... Ou peut-être cela n'arrive-t-il jamais ; je n'en sais rien. En tout cas, que faire dans les intervalles ? — Elle le prit de nouveau par sa mèche, et attira son visage vers le sien. — Dans les intervalles, Walter, mon chéri, il y a toi.

La bouche de Walter était à quelques centimètres de la sienne. Il raidit le cou, et ne se laissa pas attirer plus près.

— Sans parler de tous les autres, dit-il.

Lucy tira plus fort sur ses cheveux.

— Idiot ! dit-elle, fronçant les sourcils. Au lieu d'être simplement reconnaissant de ce que tu as !

— Mais qu'est-ce donc, ce que j'ai ? — Le corps de Lucy, soyeux et tiède, arrondissait ses courbes sous sa main ; mais il plongeait son regard dans ses yeux moqueurs... — Qu'est-ce donc, ce que j'ai ?

Lucy avait toujours le front plissé :

— Pourquoi ne m'embrasses-tu pas ? demanda-t-elle, comme si elle posait un ultimatum. — Walter ne répondit ni ne bougea. — Bon, ça va bien, fit-elle ; elle le repoussa. — On peut être à deux pour jouer à ce jeu-là !

Ainsi repoussé, Walter se pencha avec inquiétude pour l'embrasser. Sa voix s'était faite dure de menace ; il était dans la terreur de l'avoir perdue.

— Je suis bête, dit-il.

— En effet. — Lucy détourna son visage.

— Je te demande pardon.

Mais elle ne voulait pas faire la paix :

— Non, non, dit-elle ; et lorsque, une main sous sa joue, il tenta de ramener son visage vers ses baisers, elle eut un brusque mouvement de férocité, et le mordit au gras du pouce. Plein de rage et de désir, il la prit de force.

— Tu te tracasses encore au sujet de ton fameux « amour » ? demanda-t-elle enfin, rompant le silence de cette convalescence languide qui succède à la fièvre des désirs satisfaits.

A regret, presque avec douleur, Walter se secoua pour répondre. Cette question qu'elle venait de poser au profond de ce silence, c'était comme l'éclat d'une allumette dans les ténèbres de la nuit. La nuit est illimitée, immense, piquée d'étoiles. On frotte une allumette, — et toutes les étoiles sont abolies du coup ; il n'y a plus de distances ni de profondeurs. L'univers est réduit à la petite caverne lumineuse creusée dans la noirceur solide encombrée de visages brillamment éclairés, de mains et de corps, et des objets proches et familiers de la vie courante. Dans cette nuit profonde du silence, Walter avait été heureux. Convalescent après la fièvre, il la tenait dans ses bras, ne la détestant plus, mais rempli d'une tendresse lasse. Son esprit paraissait flotter dans une tiède sérénité, entre l'être et l'anéantissement. Elle frémit dans ses bras, elle parla, et cette merveilleuse sérénité extra-terrestre chancela et se brisa, comme la surface lisse et réfléchissante d'une eau brusquement troublée.

— Je ne me tracassais pas. — Il ouvrit les yeux, pour voir qu'elle l'observait, amusée et curieuse. Walter se renfrogna.

— Pourquoi me dévisages-tu ? demanda-t-il.

— Je ne savais pas que ce fût défendu.

— Tu m'as regardé comme ça tout le temps ? — Cette idée lui fut étrangement désagréable.

— Depuis des heures, répondit Lucy. Mais avec admiration, je t'assure. Je me disais que tu étais véritablement charmant. Une vraie Belle au Bois Dormant. — Elle souriait, moqueuse ; mais elle disait vrai. Esthétiquement, avec la satisfaction d'un connaisseur, elle l'avait vraiment admiré comme il était là, étendu, pâle, les yeux clos, et comme mort, à son côté.

Walter ne fut pas radouci par la flatterie :

— Je n'aime pas que tu te félicites ainsi de m'avoir, dit-il, toujours renfrogné.

— Que je me félicite ?

— Oui, — comme si tu m'avais tué.

— Comme tu es incorrigiblement romanesque! — Elle se mit à rire.

C'était vrai, pourtant. Il lui avait effectivement fait l'effet d'être mort; et la mort, en de telles circonstances, avait bien quelque chose d'un peu ridicule et humiliant. Vivante, elle, bien éveillée et consciemment vivante, elle avait étudié sa magnifique attitude de mort. Avec admiration, mais avec un détachement amusé, elle avait contemplé cet être exquis et pâle dont elle s'était servie pour son plaisir, et qui était mort à présent. «Qu'il est bête!» s'était-elle dit. Et: «Pourquoi donc les gens se rendent-ils misérables, au lieu d'accepter tout bonnement le plaisir qui leur échoit?» Elle avait exprimé ses pensées dans la question moqueuse qui avait éveillé Walter du fond de son éternité. Se tracasser à propos d'amour, — qu'il était bête!

— Malgré tout, insista Walter, tu étais là à te féliciter!

— Que tu es romanesque, que tu es romanesque! railla-t-elle. Tu as une façon si peu moderne de considérer toutes choses! Donner la mort, et se féliciter d'un cadavre, — et puis l'amour, — et tout le reste! C'est absurde. Tu pourrais tout aussi bien te promener avec une cravate et un foulard, en habit à queue de pie. Tâche donc d'être un peu plus à la page.

— J'aime mieux être humain.

— Vivre à la page, c'est vivre vite, reprit-elle. On ne peut pas, de nos jours, trimbaler avec soi une charretée d'idéal et de romanesque. Quand on voyage en avion, il faut laisser chez soi les bagages lourds. La bonne vieille âme d'antan, c'était très joli quand les gens vivaient lentement. Mais c'est trop lourd actuellement. Il n'y a pas de place pour elle dans l'avion.

— Pas même pour le cœur? demanda Walter. Je ne tiens pas tant que ça à l'âme. — Il fut un temps où il avait beaucoup tenu à l'âme. Mais maintenant que sa vie ne consistait plus à lire les philosophes, il s'y intéressait décidément moins. — Mais le cœur, ajouta-t-il, le cœur...

Lucy secoua la tête:

— C'est peut-être dommage, concéda-t-elle. Mais on ne peut rien avoir pour rien. Si l'on veut de la vitesse, si l'on veut faire du chemin, on ne peut pas emporter de bagages. Il s'agit de savoir ce qu'on veut, et d'être disposé à le payer le prix qu'il faut. Moi, je sais exactement ce que je veux: aussi, je fais le sacrifice de mes bagages. S'il te plaît, à toi, de voyager dans un fourgon de déménageur, libre à toi. Mais ne t'attends pas à ce que je t'y accompagne, ô mon doux Walter. Et ne t'attends pas à ce que j'emporte ton piano à queue dans mon avion à deux places.

Il y eut un long silence. Walter ferma les yeux. Il eût souhaité être mort. Le contact de la main de Lucy sur sa figure le fit sursauter. Il la sentit qui prenait sa lèvre inférieure entre le pouce et l'index. Elle la pinça doucement.

— Tu as la bouche la plus ravissante qui soit, dit-elle.

CHAPITRE XVI

LES Rampion habitaient Chelsea[1]. Leur maison se composait d'un grand atelier auquel étaient accrochées trois ou quatre petites pièces. Jolie petite installation, dans sa manière un peu rustique, songea Burlap, tandis qu'il sonnait à la porte, ce samedi après-midi. Et Rampion l'avait achetée pour deux fois rien, littéralement pour deux fois rien, juste avant la guerre. Des loyers d'après-guerre, — très peu pour lui ! Vingt mille francs par an tout trouvés, quoi ! Quel veinard, pensait Burlap, oubliant au même moment qu'il vivait lui, chez Béatrice, sans payer un sou de loyer, et se rappelant seulement qu'il venait de dépenser cent quarante-sept francs soixante-dix à déjeuner avec Molly d'Exergillod.

Mary Rampion ouvrit la porte :

— Mark vous attend dans l'atelier, dit-elle après l'échange des salutations. — « Mais pourquoi diable, se demandait-elle en son for intérieur, pourquoi diable continue-t-il à avoir des relations amicales avec cet individu, ça me dépasse ! » Personnellement, elle détestait Burlap.

« C'est une espèce de vautour, avait-elle dit à son mari après la précédente visite du journaliste. Ou plutôt, non, pas de vautour, parce que les vautours ne mangent que de la charogne. C'est un parasite, qui se nourrit sur ses hôtes vivants, — et toujours de ce qu'il peut trouver de meilleur. Il a le flair pour trouver les meilleurs ; ça, je le lui accorde. Une sangsue spirituelle, — voilà ce qu'il est. Pourquoi le laisses-tu te sucer le sang ? »

— Pourquoi ne sucerait-il pas ? répliqua Mark. Il ne me fait pas de mal, et il m'amuse.

— Je crois qu'il chatouille ta vanité, dit Mary. C'est flatteur, d'avoir des parasites. C'est un compliment à la qualité de ton sang.

1. *Note du traducteur.* — Quartier de Londres, non loin de la gare de Victoria, habité par la plupart des artistes et des littérateurs d'avant-garde.

— D'ailleurs, continua Rampion, il a quelque chose dans le ventre.

— Bien sûr qu'il a quelque chose dans le ventre, répondit Mary : il a ton sang, entre autres choses. Et le sang de tous les autres gens dont il se nourrit.

— Allons, n'exagère pas, ne sois pas romanesque ! — Rampion n'admettait pas les hyperboles, à moins qu'elles ne fussent de lui.

— Eh bien, tout ce que je peux dire, c'est que je n'aime pas les parasites. — Mary parlait d'un ton de finalité. — Et la prochaine fois qu'il viendra, je le saupoudrerai d'un peu de poudre insecticide, — rien que pour voir ce qui arrivera. Voilà.

Cependant, la prochaine fois était arrivée, et la voilà qui lui ouvrait la porte et lui disait de se rendre de lui-même à l'atelier, tout comme s'il avait été le mieux venu des invités. Même chez Mary l'ataviste, la force de l'habitude polie fut plus forte que son désir de répandre de la poudre insecticide.

Les pensées de Burlap, tandis qu'il se dirigeait vers l'atelier, roulaient encore sur des questions financières. Le souvenir du prix qu'il avait payé son déjeuner lui cuisait encore.

« Non seulement Rampion ne paye pas de loyer, songeait-il, mais il n'a presque pas de dépenses. Vivant comme ils le font avec une seule bonne, faisant eux-mêmes la plus grande partie des travaux du ménage, n'ayant pas d'auto, ils doivent vraiment dépenser ridiculement peu. Il est vrai qu'ils ont deux enfants à élever. Mais Burlap parvint, par une sorte de tour de passe-passe mental, ce à quoi il était fort adroit, à faire disparaître les deux enfants du champ de sa sensibilité consciente. Et pourtant, Rampion doit se faire pas mal d'argent. Il vend ses tableaux et ses dessins fort convenablement. Et il trouve le placement régulier de tout ce qu'il lui plaît d'écrire. Qu'est-ce qu'il fait de tout son argent ? se demandait Burlap, avec une certaine rancune, lorsqu'il frappa à la porte de l'atelier. Le thésaurise-t-il ? Ou bien quoi, alors ? »

— Entrez, cria la voix de Rampion de l'autre côté de la porte.

Burlap assura un sourire à son visage, et ouvrit.

— Ah ! c'est vous ! dit Rampion. Pas moyen de vous serrer la main en ce moment, hein ? — Il était en train de nettoyer ses pinceaux. — Comment allez-vous ?

Burlap hocha la tête, et répondit qu'il avait besoin d'un congé, mais que ses moyens ne lui permettaient pas de le prendre. Il fit le tour de l'atelier, regardant révérencieusement les toiles. La plupart d'entre elles n'auraient guère obtenu l'approbation de saint François. Mais quelle vie, quelle énergie, quelle imagination !

C'est la vie, après tout, qui était la chose importante... « J'ai foi en la vie » : tel était le premier article du *credo*.

— Ceci, comment est-ce intitulé ? demanda-t-il, arrivant à l'arrêt devant la toile sur le chevalet.

S'essuyant les mains en s'approchant, Rampion traversa la pièce et vient se mettre à côté de lui :

— Ça ? dit-il. Mon Dieu, vous, vous intituleriez sans doute, ça : « Amour. » — Il se mit à rire ; il avait bien travaillé cet après-midi-là, et était de la meilleure humeur du monde. — Mais des gens moins raffinés et moins épris de l'âme pourraient bien préférer quelque chose de moins imprimable. — Et, ricanant malicieusement, il proposa quelques-unes des variantes les moins imprimables. Le sourire de Burlap devint un peu jaune. — Je ne sais pas si vous pouvez en trouver d'autres, dit malicieusement Rampion en guise de conclusion. — Quand Burlap était à proximité, cela l'amusait, — il considérait en même temps qu'il était véritablement de son devoir, — de se montrer cru et choquant.

C'était un assez petit tableau, à l'huile. En bas, dans l'angle gauche de la toile, dans une espèce de niche entre un premier plan de rochers sombres et de troncs d'arbres, et un fond de rocs escarpés, niche voûtée d'une masse de feuillage, deux personnages, un homme et une femme, étaient étendus embrassés. Deux corps nus, celui de la femme, blanc, celui de l'homme, brun rouge. Ces deux corps étaient la source lumineuse éclairant tout le tableau. Les rochers et les troncs d'arbre du premier plan se silhouettaient en sombre sur la lumière qui émanait d'eux. Le précipice du fond était doré de la même lumière. Elle touchait la face inférieure du feuillage de la voûte, renvoyant des ombres dans une masse épaisse de verdure. Elle coulait hors de la niche où ils étaient couchés, traversant diagonalement tout le tableau, illuminant et créant (on le sentait) par son rayonnement une flore étonnante de roses, de zinnias et de tulipes gigantesques, tandis que des chevaux, des léopards, et de petites antilopes allaient et venaient entre les énormes fleurs ; puis, au-delà, un paysage dont le vert s'approfondissait, plan sur plan, jusqu'au bleu, avec un aperçu sur la mer, entre les collines, et, au-dessus, des formes de nuages énormes, héroïques, dans le ciel bleu.

— C'est bien, ça, dit lentement Burlap, hochant la tête devant le tableau.

— Mais je vois bien que ça vous déplaît souverainement. — Mark Rampion sourit d'une espèce de triomphe.

— Oh ! pourquoi dites-vous cela ? protesta l'autre, avec une tristesse douce de martyr.

— Parce que ça se trouve être vrai. Ce machin-là n'est pas

assez... « doux Jésus » pour vous. « L'amour, l'amour *physique* », considéré comme source de la lumière, de la vie, et de la beauté, — ah ! non, non, non ! C'est trop grossier, trop charnel : c'est lamentablement cru.

— Alors vous me prenez pour la pruderie même ?

— Pas pour la pruderie, — non. — La bonne humeur de Rampion déborda en raillerie. Mettons : pour saint François... A propos, comment marche-t-elle, votre Vie, de ce saint ? J'espère bien que vous y introduisez une description savoureuse de cet épisode où il lèche les lépreux... — Burlap eut un geste de protestation. Rampion ricana... — Au fond, saint François même est un peu trop adulte pour votre goût. Les enfants ne lèchent pas les lépreux. Il n'y a que des adolescents sexuellement pervertis qui puissent faire ça ; saint Hugues de Lincoln — voilà ce que vous êtes, Burlap. C'était un enfant, lui, — je vous le rappelle, — un petit enfant pu-u-u-r. Un gentil petit gosse à sa mémère, aimant tellement sa maman ! Ouvrant tout grands ses yeux, et si prévenant devant les femmes, comme si elles étaient toutes des madones. Venant se faire cajoler et embrasser pour faire disparaître tous ses petits bobos, et se faire conter l'histoire du pauvre Jésus, — voire se faire octroyer un coup de lait si par hasard il y en avait une bolée par là...

— Oh ! vraiment !... protesta Burlap.

— Oui, vraiment, parodia Rampion. — Il aimait à le faire marcher, à lui faire prendre l'air d'un martyr chrétien plein de pardon. C'était bien fait pour lui, — pour être venu ainsi avec son attitude de disciple aimant, et s'être montré si dégoûtamment révérencieux et admirateur.

« Oui, le petit saint Hugues aux grands yeux, trottinant tout doucettement. Trottinant si révérencieusement vers les femmes, comme si elles étaient toutes des madones !... Mais leur fourrant tout de même sa gentille petite menotte sous les jupes. Venant pour prier, oui, mais restant pour partager le lit de la madonnina. — Rampion savait pas mal de choses au sujet des intrigues amoureuses de Burlap, et en avait deviné davantage... — Ce cher petit saint Hugues ! Comme il va mignonnement à la chambre à coucher, et quelle façon charmante et enfantine il a de se pelotonner entre les draps !... Oh, non, ce machin-là est bien trop grossier, trop peu spiritualisé, pour notre petit Hugues chéri !... — Il rejeta la tête en arrière et se mit à rire.

— Allez-y, allez-y, dit Burlap. Ne faites pas attention à moi.

Et à la vue de son sourire de martyr, de son sourire spiritualisé, Rampion rit de plus belle.

— Oh, là, là ! dit-il, haletant. La prochaine fois que vous

viendrez, j'aurai là pour vous une reproduction de la sainte Monique et saint Augustin, d'Ary Scheffer. Ça vous fera baver d'aise... Voulez-vous voir quelques-uns de mes dessins? demanda-t-il d'un tout autre ton. — Burlap fit signe que oui. — La plupart sont du genre grotesque, — des caricatures, — et un peu lestes, je vous préviens. Mais si vous tenez absolument à venir voir ce que je fais, il faut vous attendre à ce qui vous arrive.

Il ouvrit un carton qui était sur la table.

— Pourquoi vous imaginez-vous que je n'aime pas vos œuvres? demanda Burlap. Après tout, vous avez foi en la vie, et moi de même. Nous avons évidemment certaines différences d'appréciation; mais sur la plupart des questions notre point de vue est le même.

Rampion leva les yeux pour le regarder:

— Oh! certainement, certainement, dit-il, et il ricana.

— Alors, puisque vous savez que notre point de vue est le même, dit Burlap, dont les yeux baissés n'avaient pas vu le ricanement sur le visage de l'autre, pourquoi vous figurez-vous que je désapprouverai vos dessins?

— Pourquoi, en effet? railla l'autre.

— Puisque notre point de vue est le même...

— Il est manifeste que les gens regardant la vue du même point doivent être identiques, C.Q.F.D. — Il s'écarta de nouveau pour tirer l'un des dessins du carton. — Tenez, j'intitule ceci: *Fossiles du Passé et Fossiles de l'Avenir.*

Il tendit la planche à Burlap. C'était un dessin à l'encre, rehaussé de lavis de couleur, extraordinairement brillant et vivant. Incurvée en forme d'une S balayant magnifiquement toute la composition, une procession grotesque de monstres traversait diagonalement la feuille, s'échappant vers le bas. Des dinosaures, des ptérodactyles, des titanothériums, des diplodocus, des ichtyosaures marchaient, nageaient ou volaient à la queue de la procession; la tête en était composée de monstres humains, de créatures à tête énorme, sans membres ni corps, rampant comme des limaces sur des extensions visqueuses de leur menton et de leur cou. Leurs visages étaient, pour la plupart, ceux de contemporains éminents. Dans cette foule, Burlap reconnut J. J. Thomson et Lord Edward Tantamount, Bernard Shaw, servi par des eunuques et des vieilles filles, et sir Oliver Lodge, servi par un fantôme à tête de navet et enveloppé d'un drap, et par un tube à cathode monté sur une paire de jambes, sir Alfred Mond et la tête de John D. Rockefeller portée sur un coursier par un prêtre anabaptiste, le docteur Frank Crane et Mrs. Eddy portant des auréoles, et beaucoup d'autres.

— Les lézards ont péri parce qu'ils avaient trop de corps et pas assez de tête, dit Rampion en commentaire. Du moins, les savants ne se lassent pas de nous le dire. La taille matérielle est un obstacle, au-delà d'un certain point... Mais la taille mentale? Tous ces imbéciles semblent oublier qu'ils sont tout aussi déséquilibrés, gauches, et disproportionnés que n'importe quel diplidocus. Ils sacrifient la vie physique et affective à la vie mentale. Qu'est-ce qu'ils s'imaginent devoir arriver?

Burlap exprima son assentiment d'un signe de tête:

— C'est la question que je ne cesse de poser. L'homme ne peut vivre sans le cœur.

— Sans parler de l'intestin, de la peau, des os, et de la chair, dit Rampion. Ils marchent tout bonnement vers l'extinction. Et c'est bigrement heureux. Seulement, ce qu'il y a de triste, c'est qu'ils emmènent le reste du monde avec eux. Le diable les désentripaille! Moi, j'avoue que ça ne me dit rien, d'être condamné à l'extinction totale parce que ces imbéciles d'hommes de science, et de moralistes, et de spiritualistes, et de techniciens, et de littérateurs et de politiciens à tendances élévatrices, et tout le reste de la bande, n'ont pas assez de bon sens pour voir que l'homme doit vivre en homme, et non comme un monstre de cérébralité et d'âme consciente! Bon Dieu! Je voudrais les tuer tous!... — Il remit le dessin dans le carton, et en tira un autre. — Voici deux *Esquisses de l'Histoire,* — celle de gauche, suivant H.G. Wells, celle de droite selon moi...

Burlap regarda, sourit, et rit franchement:

— Excellent! dit-il.

Le dessin de gauche était composé sur le schéma d'un simple crescendo. Un très petit singe était suivi à son tour d'un homme de Néanderthal légèrement plus grand. L'homme paléolithique, l'homme néolithique, l'Égyptien de l'Âge du Bronze, et le Babylonien, le Grec de l'Âge du Fer, et le Romain, — les personnages devenaient peu à peu plus grands. A l'époque où Galilée et Newton apparaissaient, l'humanité avait atteint des dimensions fort respectables. Le crescendo continuait ininterrompu, avec Watte et Stephenson, Faraday et Darwin, Bessemer et Edison, Rockefeller et Wanamaker, jusqu'à la perfection contemporaine personnifiée par les portraits de Mr. H. G. Wells lui-même et de sir Alfred Mond. Et l'avenir n'était pas négligé. A travers la brume rayonnante de la prophétie, les silhouettes de Wells et de Mond, s'agrandissant à chaque répétition, se déroulaient dans une spirale triomphante jusqu'au-delà de la feuille, vers l'infini utopique. Le dessin de droite avait une composition moins optimiste de sommets et de déclins. Le petit singe se développait bien vite pour devenir un homme de l'Âge du Bronze de bonne taille, qui donnait lieu à un Grec très grand et à un Étrusque à peine plus petit. Les Romains redevenaient plus petits. Les moines de la Thébaïde se distinguaient à peine des petits singes primitifs. Suivaient un certain nombre de Florentins, d'Anglais, de Français, de bonne taille. Ils étaient suivis de monstres répugnants dénommés Calvin et Knox, Baxter et Wesley. La stature des hommes représentatifs diminuait. Les Victoriens avaient commencé d'être nains et contrefaits. Leurs successeurs du vingtième siècle étaient des avortons. Au travers des brumes de l'avenir on apercevait une compagnie décroissante de petites gargouilles et de fœtus dont la tête était trop grosse pour leur corps gélatineux, les queues de singes et les visages de nos contemporains les plus éminents se mordant, se griffant, se désentripaillant l'un l'autre avec cette énergie méthodique et systématique qui n'appartient qu'aux êtres hautement civilisés.

— J'en prendrais volontiers un ou deux pour le *Monde littéraire,* dit Burlap, lorsqu'ils eurent parcouru tout le contenu du carton. — Nous ne reproduisons pas de dessins, en général. Nous sommes franchement des missionnaires, et non pas une affaire d'art pour l'art. Mais vos machines sont des paraboles tout autant que des dessins. J'avoue, ajouta-t-il, que je vous envie votre pouvoir de dire les choses d'une façon aussi immédiate et économique. Moi, il me faudrait des centaines, des milliers de mots pour dire les mêmes choses, moins vigoureusement, dans un article.

Rampion approuva :

— C'est pourquoi j'ai à peu près abandonné la plume, pour le moment. Les mots ne sont pas très efficaces pour exprimer ce que j'éprouve le besoin de dire actuellement. Et quelle consolation, que de s'évader des mots ! Les mots, les mots, les mots, — ils vous emmurent hors de l'univers. Les trois quarts du temps on n'est même pas en contact avec les choses, mais seulement avec les sales mots qui les représentent. Et souvent même pas avec eux, — mais seulement avec le sacré laïus métaphorique de quelque poète à leur sujet : « Voici des fleurs, des fruits, des feuilles et des branches », par exemple. Ou bien : « Le bruit des ailes du silence. » Ou même : « Nous n'irons plus au bois, les lauriers sont coupés !... » — Il regarda Burlap avec un sourire ironique. — Jusqu'à se promener au bois, qui est devenu une abstraction métaphorique... Les lauriers sont coupés, — je t'en ficherai ! Ah ! ces mots ! Je suis bien heureux de m'en être évadé ! C'est comme si l'on sortait de prison, — oh ! d'une prison bien élégante et fantastique, certes, pleine de fresques, et de tapisseries, et de tout le tremblement. Mais on préfère la vrai campagne du dehors. La peinture, à mon avis, vous met en contact réel avec elle. Comme ça, je peux dire ce que j'ai à dire.

— Eh bien, tout ce que je puis faire, moi, dit Burlap, c'est de fournir un auditoire pour écouter ce que vous avez à dire.

— Les pauvres bougres! dit Rampion en riant.

— Mais il me semble qu'ils ont le *devoir* d'écouter. On a ses responsabilités. C'est pourquoi j'aimerais à publier quelques-uns de vos dessins dans le *Monde*. Je trouve que c'est véritablement un devoir.

— Oh! si c'est une question d'impératif catégorique, dit Rampion, riant de nouveau, bien sûr qu'il faut le faire. Prenez ce que vous voudrez. Plus les dessins publiés seront choquants, plus ça me fera plaisir.

Burlap hocha la tête:

— Il faut commencer doucement, dit-il. — Il n'avait pas foi en la Vie au point de courir le risque de faire réduire le tirage du journal.

— Doucement, doucement!... répéta l'autre, moqueur. Vous êtes tous les mêmes, vous autres journalistes. Pas de secousses. La sécurité avant tout. De la littérature sans douleur. Pas d'extraction de préjugés ni de mise en place d'idées, sinon avec un anesthésique. Et l'on maintient constamment les lecteurs dans un état de torpeur crépusculaire... Avec vous autres, rien à faire!

— Rien, dit Burlap, d'un ton de pénitence. Je le sais. Hélas! il faut bien faire un brin de compromis avec le monde, la chair, et le diable.

— Je ne vois pas d'inconvénient à ce que vous fassiez ça, répondit Rampion. Ce qui me fait bondir, c'est cette manière infecte que vous avez de faire des compromis avec le ciel, la respectabilité et Jéhovah... Enfin, en l'espèce, je suppose que vous n'y pouvez rien... Prenez ce que vous voudrez.

Burlap fit son choix:

— Je vais prendre ceux-là, dit-il enfin, soulevant trois des dessins pris parmi les moins agressifs et choquants. — Ça va-t-il?

Rampion y jeta un coup d'œil:

— Si vous aviez attendu une semaine de plus, bougonna-t-il, j'aurais eu cette copie d'Ary Scheffer toute prête à votre intention!

— Je crains, dit Burlap avec cette expression de spiritualité triste que prenait toujours son visage quand il se mettait à parler d'argent, je crains de ne pouvoir vous les payer très cher.

— Ah! bien... J'y suis habitué. — Rampion haussa les épaules.

Burlap fut content qu'il le prît ainsi. « D'ailleurs, se disait-il, c'est vrai. Rampion n'a pas l'habitude des gros cachets. Et avec son train de vie, il n'a pas de gros besoins. Pas d'auto, pas de domestiques... »

— On voudrait pouvoir, dit-il à haute voix, se réfugiant dans l'impersonnel. Mais le journal, n'est-ce pas... — Il secoua la tête. — Essayer de persuader aux gens d'aimer ce qu'il y a de plus élevé quand ils le voient, ça ne rapporte guère... On pourrait aller jusqu'à cinq cents francs par dessin.

Rampion se mit à rire:

— Ça n'a rien de particulièrement princier. Mais prenez-les. Prenez-les pour rien si vous voulez.

— Non, non, protesta Burlap. Je n'en ferai rien. Le *Monde* n'accepte pas la charité. Il rémunère sa collaboration, — pas bien cher, hélas, mais enfin un peu, il rémunère un peu. J'y tiens absolument, continua-t-il, hochant la tête, — même si ça devait sortir de ma poche. C'est une question de principe, — absolument de principe, insista-t-il, considérant avec un frisson de satisfaction légitime l'intègre et altruiste Denis Burlap, qui payait les collaborateurs de ses propres deniers, et à l'existence duquel il commençait à croire authentiquement à mesure qu'il parlait. Il continua à parler, et à chacune de ses paroles la silhouette de ce Burlap magnifiquement pauvre mais honnête se précisait devant ses yeux intérieurs; et en même temps, le *Monde littéraire* côtoyait de plus en plus près la faillite, tandis que la note du déjeuner grossissait de moment en moment, et que ses revenus diminuaient corrélativement.

Rampion le dévisageait avec curiosité. Pourquoi diable se monte-t-il comme ça, cette fois? se demandait-il. Une explication possible lui vint soudain à l'esprit. La prochaine fois que Burlap s'arrêta pour reprendre haleine, il hocha la tête en sympathie.

— Ce qu'il vous faudrait, c'est un capitaliste, dit-il. Si j'avais quelques centaines ou quelques milliers de livres disponibles, je les mettrais bien dans le *Monde*. Mais, hélas, je ne les ai pas. Pas même vingt sous, termina-t-il, presque en triomphe, et le sourire de sympathie se transforma tout à coup en ricanement.

Ce soir-là, Burlap attaqua la question de la pauvreté franciscaine. « Nu-pieds par les collines d'Ombrie, elle va, madame la Pauvreté. » C'est ainsi qu'il commença son chapitre. Sa prose, dans les moments d'exaltation, avait tendance à devenir semblable à des vers blancs... « Ses pieds se posent sur les blanches routes poudreuses qui semblent, à qui les contemple des murs des petites villes, de blancs rubans tendus en bas dans la plaine... »

Suivaient des allusions aux oliviers noueux, aux vignes, aux champs étagés en terrasse, aux gros bœufs blancs aux cornes recourbées, aux petits ânes montant patiemment leurs faix le long des sentiers rocheux, aux montagnes bleues, aux villes sur les hauteurs, au loin, dont chacune ressemblait à une petite Nouvelle Jérusalem d'un livre d'images, aux eaux classiques du Clitumne, et aux eaux encore plus classiques de Trasimène. « C'était là un pays, continua Burlap, et c'était là une époque, où la pauvreté était un idéal admissible, praticable. La terre pourvoyait aux besoins de ceux qui vivaient sur elle ; il y avait peu de spécialisation professionnelle ; chaque paysan était, dans une large mesure, son propre manufacturier, ainsi que son propre boucher, boulanger, maraîcher et vigneron. C'était une société dans laquelle l'argent était encore relativement peu important. La plupart des gens vivaient presque complètement sans argent. Ils troquaient directement les choses, — les objets ménagers de leur fabrication et les doux fruits de la terre, et n'avaient ainsi nul besoin des métaux précieux qui ont le pouvoir d'acheter les choses. L'idéal de pauvreté de saint François était praticable alors, parce qu'il proposait à l'admiration générale un mode de vie qui ne différait pas énormément de la vie même de ses humbles contemporains. Il invitait les membres de la société qui avaient des loisirs ou qui étaient spécialisés professionnellement, — ceux dont la vie était centrée sur les questions d'argent — à mener une vie semblable à celle de leurs inférieurs, centrée sur des questions de choses. Comme cet état de choses est changé aujourd'hui !... » Ici, Burlap retomba de nouveau dans les vers blancs, mû cette fois par l'indignation, et non pas par la tendresse lyrique. « Nous autres, nous sommes tous des spécialistes, vivant exclusivement avec des considérations d'argent, et non des choses réelles, habitant de lointaines abstractions, et non le monde véritable qui produit et qui fabrique. » Il ronronna un peu sur « les formidables machines qui, ayant été les esclaves de l'homme, sont maintenant ses maîtres », sur la standardisation, sur la vie industrielle et commerciale, et son effet desséchant sur l'âme humaine (et pour ce dernier point il emprunta quelques-unes des expressions favorites de Rampion). L'argent, telle fut sa conclusion, est la racine de tout le mal, — la fatale nécessité sous laquelle l'homme se débat à présent de mener une vie centrée sur des considérants d'argent, et non de choses réelles. « A des yeux modernes, l'idéal de saint François paraît fantastique, absolument fou. Madame la Pauvreté a été si avilie par les circonstances modernes qu'elle ressemble à une femme de ménage aux bottines trouées, portant une toile à sac en guise de tablier... Aucun homme de bon sens ne songerait à la suivre. Pour idéaliser une Dulcinée aussi répugnante, il faudrait être plus fou que don Quichotte lui-même. Dans notre société moderne, l'idéal franciscain est impraticable. Mais cela ne signifie pas que nous puissions tout simplement négliger saint François comme un rêveur de songes fous. Non ; au contraire, la folie est nôtre, et non pas sienne. Il est, lui, le docteur dans l'asile d'aliénés. Aux aliénés, c'est le docteur qui semble le seul fou. Quand nous aurons recouvré notre raison, nous verrons que le docteur n'a pas cessé d'être le seul homme sage. Les choses étant ce qu'elles sont, l'idéal franciscain est impraticable. La moralité à en tirer c'est que les choses doivent être changées, — radicalement. Notre but doit être de créer une société nouvelle, dans laquelle Madame la Pauvreté sera, non pas une femme de ménage crottée, mais une forme splendide de lumière, de grâce et de beauté. O Pauvreté, Pauvreté, Pauvreté, Reine resplendissante !... »

Béatrice entra pour dire que le dîner était servi.

— Deux œufs, commanda-t-elle, exprimant sa sollicitude de sa voix martelée. Deux, j'y tiens. On les a préparés spécialement pour vous.

— Vous me traitez en fils prodigue, dit Burlap, ou comme le veau gras pendant qu'on l'engraissait. — Il hocha la tête, il sourit d'un sourire à la Sodoma, et se servit le second œuf.

— Je voudrais avoir votre avis au sujet de quelques actions de sociétés de gramophones que j'ai là, dit Béatrice. Elles viennent de subir une telle hausse...

— De gramophones ! dit Burlap. Ah !... — Il donna son avis.

CHAPITRE XVII

Il pleuvait depuis plusieurs jours. Il semblait à Spandrell que les champignons et la moisissure sporulaient jusque sur son âme. Il restait au lit, ou dans sa chambre triste, ou s'appuyait au comptoir d'un café, sentant en lui la poussée visqueuse, l'observant de ses yeux intérieurs.

— Ah ! si seulement tu voulais faire quelque chose ! avait si souvent imploré sa mère... Quelque chose, — n'importe quoi !

Et tous ses amis en avaient dit autant, — l'avaient dit depuis des années. Mais lui, — il crèverait plutôt que de faire quoi que ce soit. Travailler, — l'évangile du travail, la sainteté du travail, *laborare est orare,* — c'était de la fichaise et de l'ineptie. « Le travail ! avait-il dit un jour, dans un éclat de dédain contre les reproches raisonnables de Philip Quarles, le travail n'est pas plus respectable que l'alcool, et il sert exactement au même usage : il distrait simplement l'esprit, il permet à un homme d'oublier. Le travail est une drogue, rien de plus. Il est humiliant que les hommes ne puissent vivre sans drogues, sobrement ; il est humiliant qu'ils n'aient pas le courage de voir le monde et de se voir eux-même tels qu'ils sont réellement. Ils ont besoin de s'intoxiquer de travail. C'est idiot. L'évangile du travail est tout bonnement un évangile de bêtise et de frousse. Il se peut que travailler ce soit prier ; mais c'est aussi se cacher la tête dans le sable, c'est aussi faire tellement de bruit et de poussière qu'on ne puisse plus s'entendre parler ou voir sa main devant sa figure. C'est se cacher de soi-même. Rien d'étonnant à ce que les Fayol et les grands hommes d'affaires soient si enthousiastes de travail. Le travail leur procure l'illusion réconfortante d'exister, voire d'être importants. S'ils s'arrêtaient de travailler, ils s'apercevraient que, tout bonnement, ils n'existent pas, — la plupart d'entre eux. Ils ne sont que des trous dans l'air, rien de plus. Des trous avec, peut-être bien, une odeur désagréable. La plupart des âmes à la Fayol doivent avoir une assez sale odeur, à mon avis. Rien d'étonnant à ce qu'ils n'osent pas s'arrêter de travailler. Ils risqueraient de découvrir ce qu'en réalité ils sont, ou plutôt ne sont pas. C'est un risque qu'ils n'ont pas le courage de courir. »

— Et vous, qu'est-ce que votre courage vous a permis de découvrir sur vous-même ? demanda Philip Quarles.

Spandrell ricana un peu mélodramatiquement.

— Il m'a fallu du courage, dit-il, pour continuer à regarder ce que j'avais découvert. Si je n'avais pas été si brave, je me serais adonné depuis longtemps au travail ou à la morphine.

Spandrell dramatisait quelque peu, il faisait paraître sa conduite un peu plus rationnelle et plus romanesque qu'elle ne l'était réellement. S'il ne faisait rien, c'était par paresse habituelle aussi bien que par principe d'une morale perverse et à l'envers. La paresse avait même précédé le principe, et en était la racine. Spandrell n'aurait jamais découvert que le travail est un opiat pernicieux, s'il n'avait pas été atteint d'une paresse incoercible à laquelle il fallait trouver une raison et une excuse. Mais qu'il lui fallût un certain courage pour ne rien faire, c'était exact ; car il restait oisif en dépit des ravages de l'ennui chronique qui savait devenir, à des moments tels que celui-ci, presque insupportablement aigu. Mais l'habitude de la paresse était si profondément invétérée chez lui qu'il eût fallu, pour la vaincre, plus de courage que pour supporter les affres de l'ennui auxquelles elle donnait lieu. L'orgueil avait renforcé sa paresse native, — l'orgueil d'un homme capable, mais pas tout à fait assez capable, d'un admirateur de grandes choses qui se rend compte de l'insuffisance de son talent pour faire œuvre originale et ne veut pas s'humilier par ce qu'il sait devoir être une tentative infructueuse de création, ni en s'abaissant, quelque bien qu'il puisse y réussir, à quelque tâche plus facile.

— C'est très joli que vous soyez là à me parler de travailler, avait-il dit à Philip. Mais vous, vous savez faire quelque chose — moi je ne sais rien. Qu'est-ce que vous voulez que je fasse ? Que je me mette employé de banque ? Commis voyageur ?

— Il y a d'autres professions, dit Philip. Et puisque vous avez quelques ressources, il y a toutes les carrières savantes, toute l'histoire naturelle...

— Ah ! vous voulez me voir collectionner des fourmis, c'est ça ? Ou écrire des thèses sur l'emploi du savon chez les Angevins ?... Le bon vieil oncle Anselme avec son vieux dada, quoi ?... Non, si je ne suis bon à rien, j'aime encore mieux l'être franchement. Je ve veux pas me déguiser en homme de savoir. Je ne veux pas être le représentant d'un dada. Je veux être ce que la nature a fait de moi, — un bon à rien.

Depuis le second mariage de sa mère, Spandrell s'était mis perversement à tourner toute chose au pis, à choisir la plus mauvaise voie, à encourager froidement ses pires tendances. C'est avec la débauche qu'il distrayait ses loisirs illimités. Ainsi, il se vengeait d'elle, et de lui-même aussi, par dépit envers elle, par dépit envers lui-même, par dépit envers Dieu. Il espérait qu'il y aurait un enfer où il pourrait aller, et regrettait d'être incapable de croire à son existence. Enfin, qu'il y eût ou non un enfer, il était agréable, il était même excitant, en ces jours de jeunesse, de savoir qu'on faisait quelque chose de mal, de coupable. Mais il y a dans la débauche quelque chose de si intrinsèquement terne, quelque chose de si absolument et désespérément triste, que seuls les êtres les plus rares, doués d'une intelligence bien inférieure à la moyenne et d'une intensité d'appétit de beaucoup supérieure, peuvent continuer à goûter activement la poursuite régulière du vice, ou continuer activement à croire à son immoralité. La plupart des débauchés par habitude sont débauchés non pas parce qu'ils apprécient la débauche, mais parce qu'ils se sentent mal à l'aise lorsqu'ils en sont privés. L'habitude transforme les jouissances exquises en nécessités ternes et quotidiennes. L'homme qui a acquis l'habitude des femmes ou du genièvre, de fumer l'opium ou de subir la flagellation, éprouve autant de difficulté à se passer de son vice que de vivre sans pain ni eau, quand bien même la pratique du vice a pu devenir, en soi, aussi peu excitante que le fait de manger une croûte de pain ou de boire un verre au robinet de la cuisine. L'habitude est aussi fatale au sentiment de l'accomplissement du mal qu'à celui de la jouissance active. Au bout de quelques années, le Juif sceptique ou converti, l'Indou occidentalisé, mangent leur porc ou leur bœuf avec une sérénité d'âme qui semble, à leurs frères encore croyants, brutalement cynique. Il en est de même du débauché par habitude. Les actes, qui, au début, semblent passionnants dans l'absolu de leur mal, deviennent, au bout d'un certain nombre de répétitions, moralement neutres. Un tantinet dégoûtants, peut-être; car la pratique de la plupart des vices est suivie de réactions physiologiques déprimantes; mais ce n'est plus pervers parce que trop ordinaire. Il est difficile à une routine de donner l'impression du mal.

Privé peu à peu par l'habitude et de sa jouissance active et de son sentiment actif de faire le mal (qui avait toujours constitué une partie de son plaisir), Spandrell s'était réfugié avec une sorte de désespoir dans les raffinements du vice. Mais les raffinements du vice ne produisent pas de raffinements correspondants dans les sensations. C'est le contraire qui se produit, en fait: plus le vice est raffiné dans son extravagance recherchée, plus il est anormal et rare, plus la pratique en devient terne et désespérément vide d'émotion. L'imagination peut s'ingénier à concevoir les variations les plus improbables sur le thème sexuel normal; mais le résultat, au point de vue des émotions, de toutes les variétés d'orgies, est toujours le même — une sensation morne d'humiliation et de bassesse. Il y a bien des gens, il est vrai (et ce sont généralement les plus intellectuellement civilisés, raffinés et avertis) qui ont le goût de ce qui est bas, et recherchent avidement leur propre abaissement parmi les multiples orgies, les prostitutions masochiques, les accouplements accidentels et presque bestiaux avec des étrangers, les relations sexuelles avec des individus grossiers et sans éducation, de classe inférieure. L'excès de raffinement intellectuel et esthétique s'achète assez chèrement aux dépens de quelque étrange dégénérescence émotive, et le Chinois parfaitement civilisé, avec son amour de l'art et son amour de la cruauté, souffre d'une autre forme de cette même maladie qui donne à l'esthète moderne parfaitement civilisé son goût pour les soldats de la garde et pour les apaches, pour les promiscuités et les violences humiliantes. «Haut du cerveau, bas des reins», — c'est ainsi que Rampion avait un jour résumé la chose aux oreilles de Spandrell. « Et plus l'un est élevé, plus les autres sont bas. » Spandrell, quant à lui, n'avait nul goût pour l'humiliation. Les résultats, au point de vue de l'émotion, de tous les raffinements possibles du vice, lui paraissaient uniformément ternes. Séparées de toute émotion significative, fût-elle d'approbation ou de remords, les simples sensations d'agitation ou de plaisir physique étaient insipides. La corruption de la jeunesse était la seule forme de la débauche qui lui donnât maintenant quelque émotion active. Spandrell était inspiré, comme Rampion l'avait deviné, par cette curieuse haine vengeresse du sexe, consécutive au choc subi lors du second mariage de sa mère, choc qui s'était superposé, à une période de l'adolescence, à l'éducation bourgeoise normale de raffinement et de retenue convenant à un gentleman : il éprouvait encore une satisfaction spéciale à infliger ce qu'il considérait comme l'humiliation du plaisir sensuel aux sœurs innocentes de ces femmes trop aimées et, partant, trop détestées qui avaient été pour lui la personnification de l'instinct qu'il avait pris en horreur. Haïssant comme un homme du moyen âge, il se vengeait, non pas (comme les ascètes et les puritains) en mortifiant la chair détestée des femmes, mais en lui apprenant un assouvissement qu'il considérait lui-même comme une chose mauvaise, en l'attirant et la caressant pour la faire entrer en rébellion de plus en plus complète et triomphante contre l'âme consciente. Et le stade final de sa vengeance consistait à insinuer peu à peu dans l'esprit de sa victime le mal et la bassesse fondamentaux des délices qu'il lui avait lui-même appris à éprouver. La pauvre petite Harriet était la seule innocente sur qui, jusque-là, il avait pu exécuter la totalité de son programme. Il n'était jamais allé si loin avec celles qui l'avaient précédée, et elle n'avait encore été suivie d'aucune autre. Séduite par le procédé qu'il avait détaillé aux Rampion, Harriet l'avait adoré, et s'était crue adorée. Et elle avait presque raison, car Spandrell avait effectivement de l'affection pour elle, même lorsqu'il faisait délibérément d'elle sa victime. La profanation de ses propres sentiments, ainsi que de ceux d'Harriet, donnait à l'ensemble du procédé le piment supplémentaire de la perversité. Patiemment, avec le tact, la douceur, la compréhension de l'amant le plus délicat, le plus exquisement sympathique, il calma ses terreurs de vierge et fondit peu à peu sa froideur de jeunesse, fit tomber les barrières qu'avait élevées son éducation, — mais seulement pour imposer à son inexpérience l'acceptation ingénue des lubricités les plus fantastiques. La voir les accepter comme des signes ordinaires d'affection était déjà, pour l'ascète inverse qu'il y avait en Spandrell, une admirable vengeance qu'il tirait d'elle pour la punir d'être femme. Mais cela n'était pas suffisant ; il se mit à simuler des scrupules, à se dérober avec un air de détresse à ses ardeurs, ou, s'il les acceptait, à les accepter passivement, comme si elle lui faisait subir un outrage, voire un viol. Harriet devint tout à coup inquiète et embarrassée, elle eut honte, comme il arrive toujours à une personne sensible dont les ardeurs ne trouvent pas d'écho ; et tout à coup, en même temps, elle se trouva un peu grotesque, semblable à un acteur qui a joué avec un groupe de camarades et qui, lorsqu'ils s'écartent, s'aperçoit soudain qu'il est resté seul sur la scène, — grotesque, oui, et même un peu répugnante. Ne l'aimait-il donc plus ? Mais si, voyons, répondit-il. Alors, pourquoi ? Précisément à cause de la profondeur de son amoour ; et il se mit à parler de l'âme. Le corps, — c'était comme une bête sauvage qui dévore l'âme, anéantit la conscience, abolit le toi et moi véritables. Et, comme par hasard, quelqu'un, ce soir même, lui avait envoyé un paquet mystérieux, qui, lorsqu'il l'ouvrit, comme il le fit à ce moment, se trouva contenir un carton de gravures pornographiques françaises, dans lesquelles la pauvre Harriet vit, avec une sensation grandissante d'horreur et de dégoût, toutes les actions qu'elle avait acceptées si innocemment et si chaleureusement comme étant de l'amour, représentées en contours froids et lucides, et figurées de façon si hideuse, si basse, si profondément vulgaire, qu'il suffisait d'y jeter un coup d'œil pour haïr et mépriser tout le genre humain. Pendant quelques jours, Spandrell l'entretint habilement dans l'horreur ; puis, lorsqu'elle fut complètement pénétrée du sentiment de sa faute, et qu'elle se tordit de dégoût de soi-même, renouvela cyniquement et violemment ses gestes d'amour, obscènes dorénavant. En fin de compte, elle le quitta, le détestant, et se détestant elle-même. Il y avait trois mois de cela. Spandrell n'avait fait aucune tentative pour la reprendre, ni pour renouveler l'expérience sur une autre victime. Cela n'en valait pas l'effort ; rien ne valait l'effort. Il se contenta de parler du stimulant du diabolisme, alors qu'en pratique il demeurait effondré apathiquement dans la morne routine de l'eau-de-vie et de l'amour vénal. Cette conversation l'excitait momentanément ; mais dès qu'elle prenait fin, il retombait encore plus bas dans l'ennui et la tristesse. Il y avait des moments où il éprouvait comme de la paralysie intérieure, comme si l'âme elle-même perdait peu à peu conscience d'être. C'est une paralysie qu'il était en son pouvoir, par un effort de volonté, de guérir. Mais il ne pouvait pas, il ne voulait même pas en faire l'effort.

— Mais si vous n'en éprouvez que de l'ennui, si vous détestez ça, avait interrogé Philip Quarles, concentrant sur Spandrell sa curiosité vive et intelligente, pourquoi diable continuez-vous à vivre comme ça ? Il y avait presque un an que cette question avait été posée ; la paralysie ne s'était pas encore infiltrée aussi profondément dans l'âme de Spandrell à cette époque. Mais déjà à ce moment-là Philip avait été fort intrigué par ce cas. Et puisque son interlocuteur était disposé à parler de lui-même sans demander de révélations personnelles en retour, puisqu'il ne paraissait pas se refuser à être un objet de curiosité scientifique, et se montrait plutôt vantard que réticent au sujet de ses faiblesses, Philip avait profité de l'occasion pour lui faire subir un interrogatoire. — Je ne vois vraiment pas pourquoi, avait-il insisté.

Spandrell avait haussé les épaules :

— Parce que j'y suis condamné. Parce que, en quelque sorte, c'est ma destinée. Parce que, en dernière analyse, c'est ainsi qu'est la vie, — détestable et assommante ; c'est ce que sont les êtres humains, quand on les laisse à eux-mêmes : détestables et assommants, eux aussi. Parce que, une fois qu'on est damné, autant vaut se damner doublement. Parce que... oui, parce que j'aime vraiment détester les gens et les choses, et être assommé par eux.

Il aimait cela. La pluie continuait à tomber ; les champignons poussaient jusque dans son cœur, et il les cultivait délibérément. Il aurait pu aller voir des amis ; mais il préférait rester seul et s'ennuyer. La saison des concerts battait son plein, il y avait une représentation d'opéra à Covent Garden, tous les théâtres étaient ouverts ; mais Spandrell ne lisait que les annonces, — l'*Héroïque* à Queen's Hall, Schnabel interprétant l'*Op.* 106 au Wigmore, *Don Juan* à Covent Garden, Little Tich à l'Alhambra, *Othello* à l'Old Vic, Charlie Chaplin au Marble Arch, — il les lisait avec beaucoup de soin, et restait chez lui. Il y avait une pile de musique sur le piano, ses rayons étaient pleins de livres, toute la London Library était à sa disposition. Spandrell ne lisait que des revues, les hebdomadaires illustrés, et les journaux du matin et du soir. La pluie glissait sans arrêt le long des carreaux sales des fenêtres. Spandrell feuilletait les énormes pages bruissantes du *Times*. Il lut, s'étant frayé son chemin, comme une larve de bousier dans son élément natal, au travers des Naissances, des Décès et des Annonces Personnelles, au travers des Gens de Maison et des Immeubles, au travers des Annonces Légales, des Nouvelles de l'Empire et de l'Étranger, au travers des Nouvelles Parlementaires, au travers de l'histoire de la matinée, des cinq articles de tête, au travers des Lettres au Rédacteur en chef, jusqu'à la Cour et le Monde et le petit essai sur *la Bible par le mauvais temps*, — il lut : « Le Duc d'York recevra lundi prochain le titre de

Membre Honoraire de la Guilde des Tréfileurs d'Or et d'Argent. Son Altesse Royale déjeunera avec le Président et les Dignitaires de la Guilde après la cérémonie. » Pascal et Blake étaient à portée de sa main, dans la bibliothèque. Mais « Lady Augusta Crippen a quitté l'Angleterre sur le *Berengaria*. Elle va traverser l'Amérique pour aller rendre visite à son beau-frère et à sa sœur, le Gouverneur Général de la Mélanésie du Sud et Lady Ethelbertha Todhunter ». Spandrell se mit à rire, et ce rire fut une libération, une source d'énergie. Il se leva ; il mit son imperméable , et sortit. « Le Gouverneur Général de la Mélanésie du Sud et Lady Ethelbertha Todhunter. » Toujours souriant, il entra dans le café du coin. Il était encore de bonne heure : il n'y avait qu'un autre consommateur au bar.

— Mais pourquoi voulez-vous que deux personnes restent ensemble pour se rendre malheureuses ? disait la serveuse. Pourquoi, dites ? Alors qu'elles peuvent obtenir le divorce et être heureuses ?

— Parce que le mariage est un sacrement, répondit l'étranger.

— Non, mais vous vous êtes pas regardé, en fait de sacrement ! répliqua la serveuse avec mépris. — Apercevant Spandrell, elle lui fit un signe de tête et un sourire. Il était un habitué. — Double brandy, — commanda-t-il, et s'appuyant au comptoir, il examina l'étranger. — Il avait un visage d'enfant de chœur, — mais d'enfant de chœur soudain terrassé par l'âge mûr ; joufflu, comme celui d'un beau poupon, mais fané. La bouche était affreusement petite — une simple fente dans un bouton de rose. Les joues du chérubin commençaient à être pendantes, et étaient en outre grises, comme le menton, d'une barbe d'un jour.

— Parce que, continua l'étranger, — et Spandrell remarqua qu'il ne se tenait pas tranquille un seul instant, mais était constamment à sourire, à froncer les sourcils, à rejeter la tête d'un côté ou de l'autre, à se tortiller le corps dans une crise perpétuelle de vanité personnelle, — parce qu'un homme demeurera avec sa femme et qu'ils seront une seule chair. Une seule chair, répéta-t-il, et il accompagna les mots d'un tortillement plus vigoureux qu'à l'ordinaire, et d'un petit rire. — Son regard croisa celui de Spandrell, il rougit, et, pour se donner une contenance, vida rapidement son verre.

— Qu'est-ce que vous en pensez, dites, Mr. Spandrell ? demanda la serveuse, se tournant pour atteindre la bouteille d'eau-de-vie.

— De quoi donc ? D'être une seule chair ? — La serveuse fit signe de la tête. — Hum !... Moi, voyez-vous, j'étais précisément en train d'envier le Gouverneur Général de la Mélanésie du Sud et Lady Ethelbertha Todhunter d'être, de façon si peu équivoque, deux chairs séparées. Si vous vous appeliez, vous, le Gouverneur Général de la Mélanésie du Sud, continua-t-il, s'adressant à l'enfant de chœur décrépit, et si votre femme était Lady Ethelbertha Todhunter, croyez-vous que vous seriez une seule chair? — L'étranger se tortilla comme un ver sur un hameçon. — Évidemment, non. Ce serait choquant si vous l'étiez.

L'étranger commanda encore un whisky:

— Mais, plaisanterie à part, dit-il, le sacrement du mariage...

— Pourquoi voulez-vous que deux personnes soient malheureuses, persista la serveuse, quand c'est pas nécessaire?

— Pourquoi ne voulez-vous pas, vous, qu'elles soient malheureuses? demanda Spandrell. C'est peut-être pour ça, précisément, qu'elles sont là. Comment savez-vous si la terre n'est pas l'enfer de quelque autre planète?

La serveuse, évidemment positiviste, répondit:

— Vous voulez rigoler, voyons!

— D'ailleurs, l'Église anglicane ne le considère pas comme un sacrement, reprit Spandrell.

L'enfant de chœur se tortilla avec indignation:

— Quoi! Vous me prenez pour un Anglican?

La journée de travail était terminée; le bar commença à se remplir d'hommes en quête de délassement spirituel. La bière coula, l'alcool fut mesuré dans de petits pots, précieusement. En stout, en amer, en whisky, ils achetèrent l'équivalent de voyages à l'étranger et de l'extase mystique, de la poésie et d'un week-end avec Cléopâtre, de la chasse aux grands fauves et de la musique. L'enfant de chœur commanda un autre verre.

— Quelle époque, que celle où nous vivons! dit-il, branlant la tête. Quelle barbarie! Quelle ignorance totale des vérités religieuses les plus rudimentaires!

— Sans parler des vérités hygiéniques, dit Spandrell. Tous ces vêtements humides! Et pas seulement une fenêtre! — Il tira son mouchoir et se le mit devant le nez.

L'enfant de chœur frissonna et leva les bras:

— Mais quel mouchoir! s'écria-t-il, quelle horreur!

Spandrell le tendit à son inspection.

— Moi, ça me paraît être un très joli mouchoir, dit-il. — Il était en foulard de soie, rouge avec des dessins vifs en noir et rose. — Et très cher, permettez-moi de l'ajouter.

— Mais la couleur, mon cher monsieur, la couleur!

— Elle me plaît.

— Mais pas à cette époque de l'année! Pas entre Pâques et

Pentecôte ! C'est impossible ! La couleur liturgique, c'est le blanc. — Il tira son propre mouchoir : il était blanc comme neige. — Et mes chaussettes. — Il souleva un pied.

— Je me demandais aussi pourquoi vous aviez l'air de quelqu'un qui va jouer au tennis.

— Le blanc, le blanc, dit l'enfant de chœur. C'est prescrit. Entre Pâques et Pentecôte la chasuble doit être de blanc prédominant. Sans compter que c'est aujourd'hui la fête de sainte Nathalie, vierge. Et le blanc est la couleur de toutes les vierges qui ne sont pas aussi martyres.

— Tiens, dit Spandrell, j'aurais cru qu'elles étaient toutes martyres, — du moins, si elles sont restées vierges assez longtemps.

La porte va-et-vient s'ouvrait et se refermait, s'ouvrait et se refermait. Dehors, c'était la solitude et le crépuscule humide ; dedans, le bonheur d'être nombreux, d'être rapprochés, et au contact l'un de l'autre. L'enfant de chœur se mit à parler du petit saint Hugues de Lincoln et de saint Piran de Perranzabuloe, patron des mineurs d'étain de la Cornouaille. Il but encore un whisky, et confia à Spandrell qu'il écrivait *la Vie des saints anglais*, en vers.

— Encore un Derby sous la pluie, prophétisa un groupe de pessimistes au comptoir ; et ils étaient heureux parce qu'ils pouvaient prophétiser de compagnie, avec du beau temps dans le ventre et du soleil dans l'âme. — Les vêtements mouillés répandaient une vapeur de plus en plus suffocante, — une vapeur de félicité ; le bruit des conversations et des rires était assourdissant. L'enfant de chœur décrépit souffla au visage de Spandrell son haleine alcoolique et ses vers.

De-ci, de-là, en bas, en haut,
Piran de Perranzabuloe,

chantonna-t-il. Quatre whiskys l'avaient presque guéri de son tortillement et de ses grimaces. Il avait perdu son orgueil conscient. Le spectateur qui était conscient de son moi s'était endormi. Encore quelques whiskys, et il n'y aurait plus de moi dont quiconque pût être conscient :

Glissait...

continua-t-il,

Glissait dessus les flots perfides
Au milieu des Cassitérides...

C'est le principal miracle de Piran, expliqua-t-il, — il a marché de l'extrémité de la presqu'île, de Land's End, jusqu'aux îles Scilly.

— Ça doit même être le record du monde, dit Spandrell.

L'autre secoua la tête :

— Il y a un saint irlandais qui est allé à pied jusqu'au pays de Galles. Mais son nom ne me revient pas. — Mademoiselle ! cria-t-il, hé ! Encore un whisky, s'il vous plaît.

— Il faut reconnaître, dit Spandrell, que vous semblez tirer parti au mieux des deux mondes... Six whiskys...

— Cinq seulement, rectifia l'enfant de chœur. Avec celui-ci ça ne fait que le cinquième.

— Cinq whiskys, mettons, — et les couleurs liturgiques. Sans compter saint Piran de Perranzabuloe. Vous y croyez véritablement, à cette promenade aux îles Scilly ?

— Absolument.

— Et v'là pour le jeune homme au sacrement, dit la serveuse, lui avançant son verre par-dessus le comptoir.

L'enfant de chœur secoua la tête tout en payant.

— Partout des blasphèmes ! dit-il. Chaque parole est une blessure de plus au Sacré-Cœur. — Il but. — Une blessure, saignante, agonisante, de plus.

— Il vous en procure, du plaisir, votre Sacré-Cœur !

— Du plaisir ? dit l'enfant de chœur, avec indignation.

— Mais oui, — vous passez en chancelant du comptoir à la rampe de l'autel. Et du confessionnal au bordel. C'est la vie idéale. Jamais un moment d'ennui. Je vous envie.

— Raillez, raillez, toujours ! — Il parlait comme un martyr expirant. — Et si vous saviez quelle tragédie a été ma vie, vous ne diriez pas que vous m'enviez.

Le tambour de la porte s'ouvrait et se refermait, s'ouvrait et se refermait... Altérés du divin après les déserts spirituels de l'atelier et du bureau, les hommes arrivaient, ainsi qu'à un temple. Mise en bouteilles et en tonneaux sur les bords de la Clyde ou de la Liffey, de la Tamise, du Douro ou de la Trent, la mystérieuse divinité se révélait à eux. Pour les Brahmines qui exprimaient et buvait le soma, elle avait nom Indra ; pour les yoghis mangeurs de chanvre, Siva. Les dieux du Mexique hantaient le peyotl. Les Sufis persans découvraient Allah dans le vin de Chirza ; les chamans des Samoyèdes mangeaient des champignons et se trouvaient pénétrés de l'esprit de Num.

— Encore un whisky, mademoiselle, dit l'enfant de chœur, et revenant vers Spandrell, il versa presque des larmes sur ses malheurs. — Il avait aimé ; il s'était marié, — sacramentellement : il insista là-dessus. Il avait été heureux. Ils avaient été heureux tous les deux.

Spandrell arqua les sourcils :

— Elle aimait donc l'odeur du whisky ?

L'autre hocha la tête avec tristesse :

— J'avais mes défauts, bien sûr concéda-t-il. J'étais faible. Ah ! maudite boisson ! Oui, maudite ! — Et, pris d'un enthousiasme soudain pour la tempérance, il versa son whisky par terre. — Voilà ! fit-il d'un ton de triomphe.

— Noble geste ! dit Spandrell. — Il fit signe à la serveuse. — Encore un whisky pour monsieur.

L'enfant de chœur protesta, mais sans grande chaleur. Il soupira :

— Ç'a toujours été mon péché mignon, dit-il. Mais je l'ai toujours regretté, après coup... J'ai toujours été sincèrement repentant...

— J'en suis persuadé... Jamais un moment d'ennui.

— Si elle m'avait soutenu, j'aurais pu m'en guérir.

— Oui, — le secours d'une femme pure, — c'est ça, hein ?

— Précisément, dit l'autre, approuvant de la tête. C'est ça, tout juste. Mais elle m'a plaqué. Elle a f... le camp. Ou plutôt, non, — elle n'a pas f.. le camp. Elle a été séduite. Elle n'aurait pas fait ça, d'elle-même. Ç'a été cet horrible petit serpent dans l'herbe, — ce sacré petit... — Il débita le vocabulaire vigoureux d'un sergent-major. — Je lui tordrais le cou s'il était là, continua l'enfant de chœur. — Le dieu des Combats avait absorbé son cinquième whisky. — Ce sacré cochon-là !... — Il frappa du poing sur le comptoir. — Vous savez, le type qui a fait ces tableaux à la Tate, — Bidlake ? Eh bien, c'est le fils de ce type-là, Walter Bidlake.

Spandrell arqua les sourcils, mais ne fit aucun commentaire. L'enfant de chœur continua à parler.

Chez Sbisa, Walter dînait avec Lucy Tantamount.

— Pourquoi ne venez-vous pas à Paris avec moi ? disait Lucy.

Walter secoua la tête :

— Il faut que je travaille.

— Moi, je m'aperçois que je ne peux pas rester au même endroit plus de deux mois à la file. On vieillit, on se flétrit, on s'ennuie indiciblement ! Dès que je pose un pied dans l'avion, à Croyldon, j'éprouve la sensation de renaître, — comme dans l'Armée du Salut !

— Et combien de temps dure ce renouveau de vie ?

Lucy haussa les épaules :

— Aussi longtemps que l'ancien. Heureusement, il y a des

avions en quantité à peu près illimitée. Moi, je suis pour le Progrès.

La porte du temple du dieu inconnu se referma sur eux. Spandrell et son compagnon sortirent dans la nuit froide et dégouttante de pluie.

— Ff! fit l'enfant de chœur en frissonnant, et il releva le col de son pardessus. — On dirait qu'on plonge dans une piscine.

— On dirait qu'on se plonge dans Haeckel après Fénelon. Vous autres chrétiens, vous vivez dans un charmant petit univers transformé en café.

Ils firent quelques mètres le long de la rue.

— Dites donc, dit Spandrell, croyez-vous que vous pourrez rentrer chez vous à pied? Parce que vous n'en avez pas l'air.

S'appuyant à un bec de gaz, l'enfant de chœur branla la tête.

— Attendons un taxi.

Ils attendirent. La pluie tombait. Spandrell regarda l'autre avec un dégoût froid. Le bonhomme l'avait amusé, tant qu'ils s'étaient trouvés dans le café, il lui avait servi de distraction. Maintenant, tout à coup, il n'était plus que répugnant.

— Vous n'avez pas peur d'aller en enfer? demanda-t-il. On vous y fera boire du whisky enflammé. Vous aurez perpétuellement un pudding de Noël dans le ventre. Si vous pouviez vous voir ainsi! Quel spectacle révoltant...

Le sixième whisky de l'enfant de chœur avait été plein de contrition.

— Je sais, je sais, gémit-il. Je suis dégoûtant. Je suis méprisable... Mais si vous saviez comme j'ai lutté, comme je me suis efforcé, comme...

— Voilà un taxi. Spandrell le héla.

— Comme j'ai prié! continua l'enfant de chœur.

— Où habitez-vous?

— Quarante et un, Ossian Gardens. J'ai lutté...

La voiture s'arrêta devant eux. Spandrell ouvrit le portière.

— Allons, montez, espèce d'ivrogne! dit-il, et il lui donna une poussée. — Quarante et un, Ossian Gardens, dit-il au chauffeur. — L'enfant de chœur, cependant, avait péniblement pris place sur la banquette. Spandrell le suivit. — Infect poivrot!

— Allez-y, continuez. Je le mérite. Vous avez bien raison de me mépriser!

— Je le sais, dit Spandrell. Mais si vous vous figurez que je vais vous faire le plaisir de continuer à vous le dire, vous vous trompez joliment! — Il se renversa en arrière dans son coin et ferma les yeux. Toute son affreuse lassitude, tout son dégoût lui étaient soudain revenus. — « Dieu, se dit-il à lui-même, — Dieu, Dieu, Dieu... »

Et, comme un écho de dérision grotesque à ses pensées, l'enfant de chœur se mit à prier à haute voix : « Dieu me prenne en pitié... » répéta-t-il, de sa voix larmoyante.

Spandrell éclata de rire.

Abandonnant l'ivrogne au seuil de sa porte, Spandrell retourna à la voiture. Il se souvint tout à coup qu'il n'avait pas dîné.

— Au restaurant Sbisa, dit-il au chauffeur. — « Dieu, Dieu, » — répéta-t-il dans l'ombre. Mais la nuit était un vide immense.

— Voilà Spandrell, s'écria Lucy, interrompant son compagnon au milieu d'une phrase. — Elle leva le bras et lui fit signe.

— Lucy ! Spandrell lui prit la main et la baisa. Il s'assit à leur table. — Cela vous intéressera sans doute, Walter, d'apprendre que je viens justement de jouer le rôle de bon Samaritain auprès de votre victime.

— Ma victime ?

— Votre cocu, — Carling ; c'est bien comme ça qu'il s'appelle, hein ? — Walter rougit, souffrant le martyre. — Il porte ses cornes comme tout le monde. Tout à fait dans la tradition. — Il regarda Walter et fut content de voir sur son visage les signes de son désarroi. — Je l'ai trouvé noyant ses chagrins, continua-t-il méchamment, — dans le whisky. C'est le grand remède romantique.

C'était un soulagement, que de pouvoir se venger un peu de ses propres misères.

CHAPITRE XVIII

A Port-Saïd ils descendirent à terre. Le flanc du bateau était un précipice de fer. En bas, la chaloupe montait et descendait sur une mer sale et doucement houleuse ; entre son bord et l'extrémité de l'échelle du bateau, un petit gouffre se rétrécissait et s'élargissait alternativement. Le bond qu'il fallait faire n'eût été rien du tout pour des jambes normales. Mais Philip hésitait. Sauter avec sa mauvaise jambe en avant, cela risquait d'entraîner un effondrement total sous le choc de l'arrivée ; et s'il se fiait à sa mauvaise jambe pour le pousser, il avait de fortes chances de sauter ridiculement court. Il fut sauvé de sa situation embarrassée par le monsieur d'allure militaire qui l'avait précédé dans ce saut.

— Tenez, prenez donc ma main, cria-t-il, remarquant l'hésitation de Philip et comprenant la cause.

— Merci beaucoup, dit Philip, quand il fut bien arrivé dans la chaloupe.

— C'est embêtant, ces machines-là, dit l'autre. Surtout quand il vous manque une jambe, hein ?

— Très.

— Mutilé de guerre ?

Philip secoua la tête.

— Un accident, étant gamin, expliqua-t-il en style télégraphique tandis que le sang lui courait aux joues. — Voilà ma femme, marmotta-t-il, content d'une excuse pour s'arracher à lui. — Élinor sauta, reprit son équilibre en s'appuyant contre lui ; ils se frayèrent un chemin vers des places libres à l'autre bout de la chaloupe.

— Pourquoi ne m'as-tu pas laissée passer devant pour t'aider ? demanda-t-elle.

— Je n'avais pas besoin..., répondit-il sèchement, et sur un ton qui la décida à ne pas insister. — Elle se demanda ce qu'il y avait. C'était à propos de son infirmité, sans doute ? Pourquoi se montrait-il si drôle à ce sujet ?

Philip lui-même eût éprouvé de la difficulté à expliquer en quoi la question du monsieur d'allure militaire avait pu l'agacer. Après tout, il n'y avait absolument rien de honteux dans le fait d'avoir été écrasé par une voiture. Et le fait d'avoir été réformé comme totalement inapte au service militaire n'avait absolument rien qui témoignât d'un manque de patriotisme. Et cependant, contre toute raison, la question l'avait troublé, comme le faisaient invariablement toutes les questions analogues, toute allusion trop franche à son infirmité.

Parlant de lui avec Élinor :

— Philip était la dernière personne, avait dit un jour sa mère, absolument la dernière personne, à qui un accident de ce genre aurait dû arriver. Il est né lointain, — si vous entendez ce que je veux dire par là. Il lui a toujours été trop facile de se passer des gens. Il a trop eu le goût de s'enfermer au fond de son propre silence. Mais il aurait pu apprendre à s'extérioriser un peu plus, si cet affreux accident n'était pas arrivé, qui a élevé une barrière artificielle entre lui et le reste du monde. Il en est résulté, d'abord, qu'il n'a pas pu faire de sports ; et pas de sports, cela entraînait moins de contacts avec les autres, plus de solitude, plus de loisirs pour la lecture. Et puis (pauvre Phil !) cela entraînait de nouvelles causes de timidité. Un sentiment d'infériorité. Les enfants savent être si affreusement cruels! Au collège, quelquefois, ils riaient de lui. Et plus tard, quand les jeunes filles ont commencé à prendre de l'importance, comme j'aurais désiré qu'il pût aller danser et jouer au tennis avec les autres! Mais il ne pouvait ni valser, ni jouer. Et naturellement, il ne voulait pas y aller en simple spectateur ou en figurant. Sa pauvre jambe broyée a commencé par le tenir matériellement à l'écart des jeunes filles de son âge. Et elle l'en a tenu à l'écart psychologiquement aussi. Car je crois qu'il a toujours eu peur (en secret, bien entendu, et sans l'admettre) qu'elles ne rient de lui, comme l'avaient fait quelques-uns de ses camarades; et il ne voulait pas courir le risque de se faire envoyer promener, au profit d'un autre, qui ne serait pas handicapé comme lui... Ce n'est pas, d'ailleurs, qu'il se soit jamais beaucoup intéressé aux jeunes filles, avait ajouté Mrs. Quarles.

Et Élinor avait ri:

— Non, je le croirais volontiers.

— Mais il n'aurait pas pris l'habitude, à ce point-là, de les éviter délibérément. Il ne se serait pas aussi systématiquement dérobé à tout contact, et pas seulement avec les jeunes filles, avec les hommes aussi... Le contact intellectuel, c'est le seul qu'il admette.

— Oui, on dirait qu'il ne se sent en sécurité qu'au milieu des idées, avait dit Élinor.

— Parce que là, il peut tenir tête aux autres; parce qu'il peut y être sûr de sa supériorité. Il a pris l'habitude d'avoir peur et d'être ombrageux en dehors de son univers intellectuel. Il n'en aurait eu nul besoin. Et j'ai toujours essayé de le rassurer, de le persuader d'en sortir; mais il ne veut pas se laisser tenter, il rentre dans sa coquille. — Puis, après un silence: — Ça n'a eu qu'un résultat heureux, avait-elle ajouté — cet accident, n'est-ce pas: ça lui a évité d'aller à la guerre, et d'être tué, probablement. Comme son frère.

La chaloupe commença à se rapprocher de la terre ferme. Après avoir été une muraille menaçante de fer noir, le paquebot, tandis qu'ils s'en éloignaient, devint un grand bateau, vu dans son ensemble. Amarré, immobile entre la mer et l'éclat bleu du ciel, il ressemblait à une réclame de croisières tropicales dans la vitrine d'une agence de voyage de Cockspur Street.

« Quelle impertinence de poser une question pareille! songeait Philip. En quoi cela le regardait-il, que j'aie été blessé à la guerre? Comme ils en font un plat, de leur guerre, tous ces militaires de carrière ! En somme, je peux m'estimer heureux d'avoir pu rester à l'abri de tout le carnage. Pauvre Geoffrey ! » — Il songea à son frère mort.

— Et pourtant, avait dit en conclusion Mrs. Quarles, après un silence, dans un certain sens, j'aurais voulu qu'il pût y aller, à la guerre. Oh ! pas pour des motifs belliqueux et patriotiques ! Mais parce que, si l'on avait pu garantir qu'il ne serait ni tué ni mutilé, ça lui aurait fait un bien immense, brutalement, peut-être, douloureusement, mais un bien réel. Ça aurait pu — qui sait ? — lui briser sa coquille et le délivrer de sa propre prison. Au point de vue des émotions, s'entend ; car son intelligence est déjà bien assez libre. Trop libre, peut-être, pour mon goût démodé. — Elle avait souri un peu tristement. — Ça lui aurait permis d'aller et venir dans le monde humain, au lieu de rester enfermé dans son éternelle indifférence.

— Mais cette indifférence ne lui est donc pas naturelle ? avait objecté Élinor.

— En partie. Mais en partie aussi, c'est une habitude. S'il pouvait se débarrasser de cette habitude, comme il en serait plus heureux ! Et je crois qu'il le sait, mais qu'il ne peut pas s'en débarrasser de lui-même. Si *on* pouvait l'en débarrasser... ! Mais la guerre a été la dernière occasion. Et les circonstances n'ont pas permis d'en profiter.

— Dieu merci !

— Oui, peut-être avez-vous raison.

La chaloupe était arrivée ; ils débarquèrent. La chaleur était terrible, les trottoirs étaient chauffés à blanc, l'air était plein de poussière. Avec un grand déploiement de dents blanches et de regards fulgurants lancés par des yeux noirs et liquides, à grand renfort de gesticulation chorégraphique, un monsieur au teint olivâtre et coiffé d'un tarbouch essaya de leur vendre des tapis. Élinor était d'avis de le chasser. Mais :

— Ne gaspille pas d'énergie, dit Philip. Trop chaud. Résistance passive ; fais semblant de ne pas comprendre.

Ils continuèrent leur chemin comme des martyrs traversant une arène ; et semblable à un lion affamé, le monsieur au tarbouch les harcela. Sinon des tapis, du moins des perles artificielles ? Pas de perles ? Alors, des cigares — des havanes véritables à un franc pièce. Ou bien un peigne en celluloïd. Ou de l'imitation d'ambre. Ou des bracelets en or presque véritable... Philip continua à branler la tête.

— Joli corail. Jolis scarabées, — garantis anciens. — Ce sourire insinuant commençait à ressembler à celui d'un animal qui montre les dents.

Élinor avait vu le magasin de nouveautés qu'elle cherchait ; ils traversèrent la rue et y entrèrent.

— Sauvés ! dit-elle. Il n'osera pas nous suivre ici. J'avais une peur affreuse qu'il se mette tout à coup à mordre... Pauvre diable, pourtant ! Il faudrait vraiment lui acheter quelque chose. — Elle se retourna et s'adressa au vendeur derrière le comptoir.

— En attendant, dit Philip, prévoyant que les achats d'Élinor seraient interminablement ennuyeux, je m'en vais acheter quelques cigarettes.

Il ressortit au soleil aveuglant. L'homme au tarbouch l'attendait. Il bondit, il agrippa Philip par la manche. En désespoir de cause, il joua son dernier atout.

— Jolies cartes postales, murmura-t-il confidentiellement, tirant une enveloppe de sa poche intérieure. Très curieuses. Obscènes. Dix shillings seulement.

Philip le dévisagea sans donner le moindre signe de compréhension :

— Moi pas Anglais dit-il, et il descendit la rue en boitillant. L'homme au tarbouch se précipita à son côté.

— Très curieuses, dit-il en français. Très amusantes. Mœurs arabes. Pour passer le temps à bord. Soixante francs seulement.

— Il ne vit nulle lueur de compréhension. — *Molto artistiche,* proposa-t-il en italien. *Proprio curiose. Cinquanta franchi.* — Il examina avec désespoir le visage de Philip : il restait impassible. — *Huebsch,* continua-t-il, *sehr geschlechtlich. Zehn mark.* — Il ne broncha pas. — *Muy hermosas, muy agraciadas, mucho indecorosas.* — Il essaya autre chose. — *Skon bref kort. Liderlig fotografi bild. Nakna jungfrun. Verklig smutsig.* — Philip n'était évidemment pas Scandinave. Slave, peut-être ? — *Sprossny obraz,* dit-il d'une voix câline. — Il n'y avait rien à faire. Peut-être, en portugais ? — *Photographia deshonesta,* commença-t-il.

Philip éclata de rire :

— Tenez, dit-il, et il lui donna dix francs. Vous ne l'avez pas volé.

— As-tu déniché ce que tu voulais ? demanda Élinor quand il la rejoignit.

Il inclina la tête en signe d'assentiment :

— Et j'ai découvert aussi la seule base possible pour la Société des Nations. La chose unique qui intéresse tout le monde. Notre ami aux belles dents m'a offert des cartes postales obscènes en dix-sept langues. Il gaspille son talent à Port-Saïd. C'est à Genève qu'il devrait être.

— Y'a deux dames qui vous demandent, m'sieur, dit le garçon de bureau.

— Deux? Burlap arqua ses sourcils sombres. — Deux? — Le garçon de bureau confirma la chose. — Eh bien, faites-les monter. — Le gamin se retira. Burlap était ennuyé. Il attendait Romola Saville, la Romola Saville qui avait écrit:

Vieille en la passion, ma chair sait le dessein
De tous les purs amants dont le monde fut digne:
Dans les bras de Léda j'ai tenu le grand Cygne;
Senti le beau Pâris me prendre sur son sein.

Et elle venait avec une duègne. Cela ne semblait guère son genre... *Deux* dames...

Les deux portes de son sanctuaire s'ouvrirent simultanément. Dans l'encadrement de l'une apparut Ethel Cobbett, tenant une liasse d'épreuves d'imprimerie. Par l'autre entrèrent deux dames. Debout sur le seuil, Ethel les regarda. L'une était grande et remarquablement mince. L'autre, presque aussi grande, était corpulente. Toutes deux n'étaient plus jeunes. La dame mince donnait l'impression de quarante-trois ou quatre années de virginité fanée. La corpulente était peut-être un peu plus âgée, mais avait conservé une fraîcheur épanouie de veuve. La mince avait le teint jaunâtre, avec des traits osseux et anguleux, les cheveux d'un brun indéterminé et les yeux gris, et était habillée à peu près à la mode, — non pas celle de Paris, mais celle, plus jeune et voyante, de Hollywood — de gris pâle et de rose. L'autre dame était très blonde, avec des yeux bleus, et de longues boucles d'oreilles pendantes et un collier de lapis-lazuli de la même teinte. Sa toilette avait quelque chose de plus «matrone» et de plus européen que celle de l'autre, et elle avait des quantités de bijoux d'un prix médiocre suspendus çà et là par toute sa personne, et qui faisaient de petits tintements lorsqu'elle marchait.

Les deux dames s'avancèrent à travers la pièce. Burlap fit semblant d'être si profondément absorbé dans son travail de composition littéraire qu'il n'avait pas entendu la porte s'ouvrir. Ce n'est que lorsque les dames furent arrivées à quelques pas de sa table qu'il leva les yeux de la feuille sur laquelle il avait été si furieusement occupé à écrire, — et avec quel sursaut d'étonnement, quelle expression d'excuses embarrassées! Il se leva d'un bond.

— Oh! Comme je regrette!... Excusez-moi... Je n'avais pas remarqué. On est tellement absorbé... — Les *n* et les *m* étaient devenues des *d* et des *b*: il était enrhumé... — ... D'est-ce pas, le bétier littéraire...

Il fit le tour de sa table pour aller au-devant d'elles, souriant de son sourire à la Sodoma le plus subtil et le plus spiritualisé. Cependant qu'il s'écriait intérieurement: «Nom de Dieu! quels horribles chameaux!»

— Et laquelle de vous, besdabes, reprit-il à haute voix, souriant de l'une à l'autre, laquelle, — si je puis be perbettre de vous interroger, — est biss Saville?

— Ni l'une ni l'autre, dit la dame corpulente d'une voix assez profonde, mais d'un air mutin et avec un sourire.

— Ou toutes les deux, si vous le préférez, dit l'autre. — Elle avait la voix aiguë et métallique, et elle parlait sèchement, par petites saccades, et avec une vitesse extraordinaire et vertigineuse. — Ni l'une ni l'autre, et cependant toutes les deux.

Et les deux dames éclatèrent de rire simultanément. Burlap regardait et écoutait, de plus en plus inquiet. Dans quel guêpier s'était-il fourré là? Elles étaient redoutables. Il se moucha, il toussa. Elles faisaient empirer son rhume.

— Il faut vous dire... dit la dame corpulente, rejetant la tête de côté avec un peu d'espièglerie et affectant une pointe de zézaiement, il faut vous dire, n'est-the pas...

Mais la maigre l'interrompit:

— Il faut vous dire, fit-elle, déversant ses mots tellement vite qu'il était extraordinaire qu'elle eût pu parvenir seulement à les articuler, que nous sommes une association, une combinaison pour ne pas dire une conspiration. — Elle émit son rire aigu et perçant.

— Oui, th'est tha, une conthpiration, dit la corpulente, zézayant par pure espièglerie.

— Nous sommes les deux parties de la double personnalité de Romola Saville.

— Dans laquelle the thuis, moi, le docteur Jckyll[1], ajouta la corpulente, sur quoi elles se mirent à rire toutes deux.

«Une conspiration, pensait Burlap, avec un sentiment d'horreur grandissant, je crois bien que c'en est une!»

— Le docteur Jekyll, *alias* Ruth Goffer. Permettez-moi de vous présenter à Mrs. Goffer.

1. *Note du traducteur.* — Allusion à un roman de R.L. Stevenson, *Dr Jekyll and Mr. Hyde,* dans lequel a été traité, probablement pour la première fois, le thème du dédoublement de la personnalité. Le docteur Jekyll et Mr. Hyde sont en réalité une seule et même personne.

— Tandis que j'en ferai autant pour Mr. Hyde, *alias* miss Hignett.

— Alors que toutes deux ensemble nous nous présentons comme cette Romola Saville, dont les pauvres petits poèmes lui ont valu de votre part des choses si flatteuses.

Burlap serra la main aux deux dames, et marmotta quelque chose pour dire son plaisir édorbe à faire la coddaissance des auteurs dont il avait tant adbiré le talent... — Ah ! Comment arriverai-je à m'en débarrasser ? se demandait-il. Quelle énergie, quelle exubérance de force et de volonté ! S'en débarrasser ne serait pas drôle ! Il frissonna intérieurement : « On dirait des machines à vapeur », jugea-t-il. Et elles continueraient à le raser pour qu'il publiât leurs sacrés vers. Leurs vers obscènes. — car c'est ce qu'ils étaient, à la lumière de l'âge de ces femmes-là, de leur énergie, de leur aspect physique, — oui, franchement obscènes. « Quelles garces ! » se dit-il en lui-même, avec la sensation qu'elles avaient obtenu quelque chose de lui par escroquerie, qu'elles avaient abusé de son innocence et l'avaient roulé. C'est à ce moment qu'il aperçut miss Cobbett. Elle brandissait sa liasse d'épreuves d'un air d'interrogation. Il secoua la tête. — Plus tard, lui dit-il, avec une expression digne et éditoriale. — Miss Cobbett s'éloigna mais non sans qu'il n'eût remarqué l'air de triomphe et de dérision qu'avait pris son visage. Le diable l'emporte, celle-là ! C'était intolérable.

— Nous avons été si passionnément ravies de votre charmante lettre, dit la plus corpulente des deux dames.

Burlap eut un sourire franciscain.

— On est heureux de pouvoir faire quelque chose pour la littérature, dit-il.

— Si peu de gens lui témoignent quelque intérêt !

— Oui, si peu ! fit miss Hignett en écho. — Et, parlant avec la rapidité de quelqu'un qui s'essaie à dire : Didon dîna, dit-on, du dos d'un dodu dindon, dans le minimum de temps et avec le moins possible de fautes, elle déversa leur histoire et leurs griefs. Il y avait plus de six ans, à ce qu'il apparut, qu'elles vivaient ensemble à Wimbledon et conspiraient pour être Romola Saville, et elles n'avaient pu faire publier de leurs vers que neuf fois dans toute cette période. Mais elles n'avaient pas perdu courage. Leur jour viendrait, — elles le savaient. Elles avaient continué à écrire. Elles avaient beaucoup écrit. Peut-être cela intéresserait-il Mr. Burlap de jeter un coup d'œil sur les pièces de théâtre qu'elles avaient écrites ? Et miss Hignett ouvrit une serviette et posa sur la table quatre paquets épais de copies dactylographiées. C'étaient des pièces historiques, en vers blancs. Et elles s'intitulaient *Frédégonde, le Bâtard de Normandie, Sémiramis* et *Gilles de Rais.*

Elles finirent par s'en aller, emportant la promesse de Burlap de lire leurs pièces, de publier une suite de sonnets, d'aller déjeuner chez elles à Wimbledon. Burlap soupira ; puis, se recomposant un visage figé dans la supériorité, il sonna miss Cobbett.

— Vous avez là les épreuves ? demanda-t-il d'une manière distante et sans la regarder.

Elle les lui tendit.

— Je leur ai téléphoné de se dépêcher pour le reste.

— Bien.

Il y eut un silence. Ce fut miss Cobbett qui le rompit, et bien qu'il ne daignât pas lever les yeux sur elle, Burlap perçut par le ton de sa voix qu'elle était en train de sourire.

— Votre Romola Saville, dit-elle, ça vous a donné un coup, n'est-ce pas ?

La loyauté de miss Cobbett envers la mémoire de Susan était d'autant plus intense qu'elle était contrainte et délibérée. Elle avait, elle aussi, été amoureuse de Burlap. Sa loyauté envers Susan et envers cette spiritualité platonique qui était la spécialité amoureuse de Burlap (elle avait cru, tout d'abord, qu'il était sincère dans ce qu'il disait si bien et si constamment), s'entraînait par une lutte continuelle contre l'amour, et se fortifiait à cet entraînement. Burlap, qui avait de l'expérience en ces matières, s'était bien vite rendu compte, d'après la manière dont elle avait réagi à ses premières avances platoniques, que — pour employer le langage trivial que son démon même n'employait à peu près jamais — il n'y avait rien à faire. En insistant, il ne réussirait qu'à compromettre sa propre réputation de spiritualité si élevée. Bien qu'elle fût amoureuse de lui, ou même, dans un certain sens, à cause de ce fait (car, l'aimant, elle sentait combien il lui serait dangereusement facile de trahir la cause de Susan et du pur esprit, et, se rendant compte du danger, elle se raidissait contre lui), elle ne lui permettrait jamais, il le vit bien, de passer, quelque graduellement que ce fût, de la spiritualité à une sensualité quelque raffinée qu'elle pût être. Et puisque, de son côté, il n'était pas amoureux d'elle, puisqu'elle avait simplement éveillé en lui ce vague prurit adolescent du désir, que pouvait satisfaire à peu près n'importe quelle femme raisonnablement avenante, il lui en coûta peu d'être sage et de battre en retraite. Cette retraite, prévoyait-il, renforcerait l'admiration de miss Cobbett pour sa spiritualité, elle fortifierait son amour. Il est toujours utile, — comme Burlap l'avait éprouvé jadis, — d'avoir des employées qui sont amoureuses de vous. Elles travaillent beaucoup plus et exigent beaucoup moins que celles qui ne sont pas amoureuses. Pendant quelque temps, tout marcha conformément aux prévisions. Miss Cobbett fit le travail de trois secrétaires et d'un garçon de bureau, et en même temps elle l'adora. Mais il y eut des incidents. Burlap s'intéressait trop aux collaboratrices de la revue. Plusieurs femmes avec lesquelles il avait effectivement couché vinrent faire leurs confidences à miss Cobbett. Sa foi en fut ébranlée. Sa vertueuse indignation devant ce qu'elle considérait comme la traîtrise de Burlap envers Susan et envers son idéal, devant son hypocrisie délibérée, s'embrasa sous ses sentiments personnels. Il l'avait trahie, elle aussi. Elle en eut de la colère et du dépit. La colère et le dépit intensifièrent sa loyauté idéale. Ce n'est que par sa loyauté envers Susan et envers l'esprit qu'elle pouvait exprimer sa jalousie.

La goutte qui fit déborder le vase fut Béatrice Gilray. Le calice d'amertume de miss Cobbett déborda lorsque Béatrice fut installée au bureau, — dans le rayon de la rédaction, qui plus est, — à écrire elle-même une partie de ce qui paraissait dans le journal. Miss Cobbett se consola un peu à la pensée que sa prose n'était que des Comptes Rendus Rapides, qui n'avaient aucune espèce d'importance. Néanmoins, elle fut amèrement dépitée. Elle était beaucoup plus cultivée que cette imbécile de Béatrice, et beaucoup plus intelligente également. C'est uniquement parce que Béatrice avait de l'argent qu'on lui permettait d'écrire. Béatrice avait placé plus de cent mille francs dans le journal. Elle travaillait sans rémunération, — et, qui plus est, elle travaillait comme une enragée ; absolument comme avait fait miss Cobbett, au début. A présent, miss Cobbett en faisait le moins possible. Elle s'en tenait strictement à ses droits, n'arrivait jamais une minute avant l'heure, ne restait jamais une minute au-delà de son temps réglementaire. Elle n'en faisait pas plus que ce pour quoi elle était payée. Burlap en fut désolé, dépité, ennuyé ; il en serait réduit à travailler lui-même davantage, ou à prendre une secrétaire de plus. C'est alors, providentiellement, qu'avait paru Béatrice. Elle se chargea de toute la besogne de basse rédaction que miss Cobbett n'avait plus le temps de faire. En compensation de cette basse besogne et des cent mille francs, il lui permit d'écrire aussi un peu pour le journal. Elle ne savait pas écrire, bien entendu ; mais cela n'avait pas d'importance. Personne ne lisait jamais les Comptes Rendus Rapides.

Quand Burlap alla habiter la maison de Béatrice Gilray, le calice de miss Cobbett déborda de nouveau. Dans le premier moment de colère, elle fut assez imprudente pour donner à Béatrice un avertissement solennel au sujet de son locataire. Mais sa sollicitude désintéressée pour la réputation et la virginité de Béatrice était trop manifestement et trop involontairement entachée de dépit contre Burlap. Le seul effet de son admonestation fut d'exaspérer Béatrice et de s'attirer une verte réplique.

— Elle est vraiment insupportable, se plaignit Béatrice à Burlap, plus tard, sans détailler, toutefois, toutes les raisons qu'elle avait de trouver cette créature insupportable.

Burlap prit son air à la Jésus-Christ :

— Elle a un caractère difficile, concéda-t-il. Mais on la plaint, n'est-ce pas... Elle a eu une existence pénible.

— Je ne vois pas en quoi une existence pénible est une excuse suffisante à empêcher qui que ce soit de se conduire proprement, martela-t-elle.

— Mais il faut se montrer tolérant, dit Burlap, hochant la tête.

— A votre place, dit Béatrice, je ne la souffrirais pas au bureau ; je la flanquerais à la porte.

— Non, je ne peux pas faire cela, répondit Burlap, parlant lentement comme en ruminant, comme si toute la discussion était, chez lui, intérieure. Étant donné les circonstances... — Il sourit d'un sourire à la Sodoma, subtil, spiritualisé et doux ; une fois encore il hocha la tête, — sa tête noire et romantique. — Les circonstances sont un peu spéciales. — Il continua assez vaguement, sans jamais expliquer d'une façon précise ce qu'étaient ces circonstances un peu spéciales, avec une sorte de réticence, comme s'il lui répugnait de chanter ses propres louanges. Il fut ainsi loisible à Béatrice de comprendre qu'il avait pris et qu'il gardait miss Cobbett par charité pure. Elle fut remplie d'un sentiment d'admiration et de pitié mêlée d'admiration pour sa bonté, et de pitié à le voir ainsi sans défense contre un monde ingrat.

— Malgré tout, dit-elle, — et elle avait un air féroce, ses paroles sortaient comme de petits coups de marteau vigoureux, — je ne vois pas pourquoi vous vous laisseriez mener par le bout du nez. Moi, je ne me laisserais pas traiter ainsi.

A partir de ce moment, elle ne manqua pas une occasion de remettre en place miss Cobbett et de se montrer désagréable. Miss Cobbett de son côté était hargneuse, rabroueuse, et sarcastique. Dans les bureaux du *Monde Littéraire,* ce fut la guerre ouverte. De loin, mais non tout à fait impartialement, semblable à un dieu qui aurait un préjugé en faveur de la vertu, — la vertu étant représentée en l'espèce par Béatrice, — Burlap planait en médiateur au-dessus de la bataille.

L'épisode de Romola Saville fournit à miss Cobbett une occasion d'exercer sa malignité.

— Avez-vous vu ces deux terribles poétesses ? demanda-t-elle à Béatrice le lendemain matin, avec un faux air d'amitié.

Béatrice lui décocha un regard scrutateur. Que voulait-elle encore ?

— Quelles poétesses ? demanda-t-elle, soupçonneuse.

— Ces deux dames formidables et d'âge mûr que le rédacteur en chef a invitées à venir le voir, avec l'impression qu'elles en étaient une seule — et jeune. — Elle se mit à rire. — Romola Saville. C'est comme ça que les poèmes étaient signés. Ça avait un air si romanesque. Et les poèmes aussi étaient si romanesques... Mais les deux poetesses !... Ah ! mon Dieu ! Quand j'ai vu le rédacteur en chef dans leurs griffes, j'ai vraiment éprouvé de la pitié pour lui. Mais après tout, c'est lui qui l'a voulu. Que voulez-vous, s'il tient absolument à écrire à ses collaboratrices...

Ce soir-là, Béatrice renouvela ses plaintes au sujet de miss Cobbett. Cette fille-là était non seulement agaçante et impertinente ; cela, on pourrait le supporter, si elle faisait convenablement son travail mais elle était paresseuse... Un journal, c'est une affaire industrielle comme une autre. On ne peut pas se permettre de traiter des affaires sur une base sentimentale... D'une façon vague, à regret, Burlap parla de nouveau des circonstances spéciales, de ce cas d'espèce. Béatrice répliqua. La discussion s'échauffa.

— On peut aussi se montrer trop bon, dit Béatrice sur un ton tranchant, en guise de conclusion.

— Croyez-vous ? dit Burlap ; et son sourire était si magnifiquement, si tristement franciscain, que Béatrice se sentit, en son for intérieur, fondre en tendresse.

— Mais oui, certainement, martela-t-elle, se sentant d'autant plus dure et hostile envers miss Cobbett qu'elle était plus douce et maternellement protectrice à l'égard de Burlap. Sa tendresse était doublée, en quelque sorte, d'indignation. Lorsqu'elle ne voulait pas faire paraître sa douceur, elle retournait ses sentiments à l'envers, comme un manteau, et montrait de la colère. « Pauvre Denis, songea-t-elle, en dépit de son indignation. Il a vraiment besoin de quelqu'un pour veiller sur lui. Il est trop bon. » Et elle parla à haute voix. — Et vous toussez abominablement ! dit-elle d'un ton de reproche, et avec un manque de lien qui n'était qu'apparent. Être trop bon ; n'avoir personne pour veiller sur vous, et avoir un rhume, — les idées avaient bien un lien logique. — Ce qu'il vous faut, continua-t-elle de ce même ton sec de commandement, c'est une bonne friction avec de l'huile camphrée, et un enveloppement de Thermogène. — Elle dit ces mots d'un ton presque menaçant, comme si elle lui avait promis une bonne correction et un mois de régime au pain et à l'eau. C'est ainsi que s'exprimait sa sollicitude; mais sous cette écorce, quelle douceur frémissante!

Burlap ne fut que trop heureux de lui laisser exécuter sa tendre menace. A dix heures et demie il était au lit, avec une bouillotte d'eau chaude supplémentaire. Il avait bu un verre de lait chaud avec du miel, et suçait à present une pastille pectorale. Dommage, pensait-il, qu'elle ne soit pas plus jeune. N'empêche qu'elle était vraiment étonnamment jeune pour son âge. Son visage, son corps, étaient plutôt ceux d'une femme de vingt-cinq ans que de trente-cinq. Il se demanda comment elle se comporterait quand il lui aurait finalement fait passer ses terreurs. Il y avait quelque chose de fort étrange à ces terreurs enfantines chez une femme faite. Une moitié de son être était arrêtée à l'âge où l'oncle Ben avait tenté son expérience prématurée. Le démon de Burlap ricana au souvenir du récit qu'elle avait fait de cet incident.

Il y eut un petit coup frappé à la porte, et Béatrice entra, portant l'huile camphrée et la ouate Thermogène.

— Voici le bourreau, dit Burlap, riant. Que du moins je meure en homme! — Il déboutonna le veston de son pyjama. Il avait la poitrine blanche et bien musclée: le contour des côtes n'apparaissait que faiblement sous la chair. Entre les manchons, une traînée de poils noirs et bouclés suivait la ligne du sternum. — Allez-y, torturez-moi, continua-t-il à plaisanter. Je suis prêt. — Son sourire était espiègle et tendre.

Béatrice déboucha la bouteille et versa un peu d'huile aromatique dans la paume de sa main droite:

— Prenez la bouteille, commanda-t-elle, et posez-la là. — Il obéit sagement. — Allons, dit-elle, quand il fut de nouveau étendu immobile; et elle commença à frotter.

Sa main glissa sur sa poitrine, en avant, en arrière, en avant, en arrière, vigoureusement, efficacement. Et lorsque sa main droite fut fatiguée, elle recommença avec la gauche, en avant, en arrière, en avant, en arrière.

— Vous ressemblez à une petite machine à vapeur, dit Burlap, avec son sourire tendrement espiègle.

— Oui, c'est l'impression que je me fais, répondit-elle.

Mais ce n'était pas vrai. Elle se faisait l'impression d'être tout autre chose qu'une machine à vapeur, — à peu près n'importe quoi, d'ailleurs. Elle avait dû surmonter une véritable horreur avant de pouvoir toucher cette poitrine blanche et charnue. Non point qu'elle fût laide ou repoussante. Au contraire, elle donnait plutôt une impression de beauté, avec sa blancheur lisse et sa force charnue. Elle était belle, comme le torse d'une statue. Oui, d'une statue. Mais la statue avait de petites boucles sombres le long du sternum, et une petite verrue brunâtre qui montait et redescendait avec la peau au rythme du pouls, au-dessus du cœur. La statue était vivante; c'était là le trouble. La blanche poitrine nue était belle; mais elle était presque répulsivement vivante... La toucher... Elle en frémit intérieurement, avec un petit spasme d'horreur, et s'en voulut de ses sentiments stupides. Bien vite elle avait étendu la main et s'était mise à frotter. La paume de sa main glissait aisément sur la peau lubrifiée. La chaleur du corps de Burlap était tout contre sa main. A travers la peau elle sentait la dureté des os. Il y eut un hérissement contre ses doigts lorsqu'ils touchèrent les poils le long du sternum, et les petits mamelons étaient fermes et élastiques. Elle frémit de nouveau, mais il y avait quelque chose d'agréable dans cette sensation d'horreur et dans le fait d'en triompher; il y avait un étrange plaisir dans ce courant d'alarme et de répulsion qui lui traversait le corps. Elle continua à frotter, n'ayant, de la machine à vapeur, que la vigueur et la régularité de ses mouvements, mais intérieurement vivante, avec quel frémissement, quelle conscience déchirée!

Burlap était couché, les yeux fermés, souriant légèrement du plaisir de l'abandon et du relâchement total. Il éprouvait, comme un enfant, la sensation d'être absolument impotent; il était aux mains de Béatrice, comme un enfant qui est la chose et le joujou de sa mère; il n'était plus son maître. Les mains de Béatrice étaient froides au contact de sa poitrine; sa chair était passive, abandonnée, telle une simple argile, à ces mains froides et fortes.

— Fatiguée? demanda-t-il, lorsqu'elle s'arrêta pour changer de main pour la troisième fois. — Il ouvrit les yeux pour la regarder. Elle secoua la tête en signe de dénégation. — Je vous donne autant de mal qu'un enfant malade.

— Mais pas le moins du monde.

Mais Burlap voulut absolument insister pour la plaindre et pour s'excuser.

— Pauvre Béatrice! dit-il. Quand je pense à tout ce que vous faites pour moi! Vraiment, j'en ai honte!

Béatrice se contenta de sourire. Ses premiers frissons de répulsion sans raison étaient passés. Elle se sentait extraordinairement heureuse.

— Voilà! dit-elle enfin. Et maintenant, la Thermogène.

— Elle ouvrit le carton et déplia la ouate orangée. — Il s'agit de savoir comment vous faire tenir cela sur la poitrine. J'avais pensé à la maintenir en place avec une bande. Deux ou trois tours, tout autour du corps. Qu'en pensez-vous ?

— Moi, je ne pense absolument rien, dit Burlap, qui se prélassait encore dans les délices de l'enfance. Je suis entièrement entre vos mains.

— Eh bien, alors, asseyez-vous sur votre lit, commanda-t-elle. — Il s'assit. — Tenez la ouate contre votre poitrine pendant que je passe la bande. — Pour lui passer la bande autour du corps, elle dut se pencher tout près de lui, presque jusqu'à l'embrasser ; ses mains se rejoignirent un moment derrière son dos, tandis qu'elle déroulait la bande. Burlap pencha la tête en avant, et son front se posa contre la poitrine de Béatrice... Le front d'un enfant fatigué sur la douce poitrine de sa mère. — Tenez le bout un moment, pendant que je prendrai une épingle de nourrice. — Burlap leva le front et se recula. Béatrice, rougissante un peu, mais toujours fort sérieuse et préoccupée de son travail, était en train d'en détacher une d'un petit carton d'épingles assorties. — C'est maintenant l'instant véritablement difficile, dit-elle en riant. — Vous ne m'en voudrez pas si je vous pique.

— Non, je ne vous en voudrai pas, dit Burlap ; et c'était vrai, il ne lui en aurait pas voulu. Il aurait même été plutôt content, si elle lui avait fait mal. Mais elle n'en fit rien. La bande fut épinglée en place avec une adresse toute professionnelle.

— Voilà !

— Qu'est-ce qu'il faut que je fasse, à présent ? demanda Burlap, avide d'obéir.

— Couchez-vous. — Il se coucha. Elle reboutonna les boutons de son veston de pyjama. — Maintenant, il faut vous endormir le plus vite possible. — Elle lui remonta les couvertures sous le menton et le borda. Puis elle se mit à rire. — On dirait un petit garçon.

— Vous n'allez pas m'embrasser en me disant bonsoir ?

Les joues de Béatrice s'empourprèrent. Elle se pencha sur lui et le baisa au front.

— Bonne nuit, dit-elle. — Et tout à coup elle ressentit le désir de le prendre dans ses bras, d'appuyer la tête de Burlap sur sa poitrine et de lui caresser les cheveux. Mais elle se contenta de lui frôler un instant la joue de sa main, puis elle sortit en hâte de la chambre.

CHAPITRE XIX

Le petit Phil était allongé sur son lit. La pièce était plongée dans un crépuscule orangé. Une mince aiguille de soleil s'infiltrait, curieuse, entre les rideaux tirés. Phil était plus agité que d'habitude.

— Quelle heure il est ? cria-t-il enfin, quoiqu'il eût crié déjà, et reçu l'ordre de se tenir tranquille.

— Pas encore l'heure de te lever, cria miss Fulkes de l'autre côté du couloir. Sa voix arriva assourdie, car elle était à moitié enfouie dans sa robe bleue, la tête emmitouflée dans des ténèbres soyeuses, les bras se débattant à l'aveuglette pour trouver l'entrée de leurs manches respectives. Les parents de Phil devaient arriver aujourd'hui ; ils seraient à Gattenden pour le déjeuner. La robe bleue de miss Fulkes, — sa plus belle, — était impérativement de circonstance.

— Mais quelle heure il est ? cria l'enfant de plus belle, et d'un ton furieux. A votre montre, je veux dire ?

La tête de miss Fulkes avait de nouveau émergé à la lumière :

— Une heure moins vingt, répondit-elle. Il faut absolument que tu restes tranquille.

— Pourquoi qu'il n'est pas une heure ?

— Parce que c'est comme ça. Et je ne réponds plus à tes questions. Et si tu cries encore, je dirai à ta maman que tu as été très méchant.

— Vilaine ! répliqua Phil, mettant dans sa voix une fureur mêlée de larmes, — mais si bas, que miss Fulkes l'entendit à peine. — Je vous déteste ! — Il n'en était rien, bien entendu. Mais il avait protesté ; l'honneur était neuf.

Miss Fulkes reprit sa toilette. Elle se sentait agitée, inquiète, douloureusement surexcitée. Qu'allaient-ils penser de Phil, — de *son* Phil, du Phil qu'elle avait pétri ? « J'espère qu'il sera sage, songeait-elle, — j'espère qu'il sera sage. » Il savait être un petit ange, il était charmant, — quand cela lui plaisait. Et quand il n'était pas un ange, il y avait toujours une raison ; mais il fallait le connaître, il fallait le comprendre, pour découvrir la raison. Eux, probablement, ils ne sauraient pas la découvrir. Ils avaient été absents si longtemps ; ils pourraient bien avoir oublié jusqu'à son visage. Et en tout cas, ils ne pouvaient pas savoir comment il était à présent, ce qu'il était devenu au cours de ces derniers mois. Elle seule connaissait ce Phil-là ; — le connaissait et l'aimait, — oh ! comme elle l'aimait ! Elle seule. Et un jour viendrait, qu'il lui faudrait le quitter. Elle n'avait pas de droits sur lui, rien qu'elle pût faire valoir : elle se contentait de l'aimer. Ils pourraient le lui enlever n'importe quand, — quand cela leur plairait. Son image réfléchie dans la glace devint incertaine et se perdit dans une brume irisée, et tout à coup les larmes débordèrent sur ses joues.

Le train arriva à l'heure, et l'auto les attendait. Philip et Élinor montèrent.

— Tu ne trouves pas que c'est merveilleux d'être arrivés ? — Élinor prit la main de son mari. Elle avait les yeux brillants. — Oh ! mais, ajouta-t-elle sur un ton d'horreur, et sans attendre sa réponse, voilà qu'on bâtit un tas de maisons neuves en haut de la côte, là-bas ! Ils osent faire ça !

Philip regarda :

— Un peu cité-jardin, tu ne trouves pas ? dit-il. C'est bien dommage que les Anglais aiment tant la campagne, ajouta-t-il. Ils sont en train de la tuer à force de sollicitude.

— Mais comme c'est encore joli, malgré tout ! Tu ne te sens pas follement surexcité ?

— Surexcité ? interrogea-t-il, avec précaution. Mon Dieu...

— Tu n'es même pas content à la pensée de revoir ton fils ?

— Bien sûr.

— Bien sûr ! Élinor répéta ses paroles d'un ton railleur. — Et avec cette voix-là ! Moi, je ne me suis jamais dit « bien sûr » à ce sujet-là ; seulement, maintenant que le moment est venu, je ne me suis jamais sentie si surexcitée de ma vie.

Il y eut un silence ; l'auto filait avec force virages, le long de chemins tortueux. Puis la route monta ; ils grimpèrent à travers une forêt de hêtres pour atteindre un plateau boisé. Tout à l'extrémité d'une longue perspective verte, le monument le plus colossal de la grandeur des Tantamount, le palais du marquis de Gattenden, se chauffait là-bas au soleil. Le drapeau flottait ; milord séjournait dans son domaine.

— Il faudra que nous allions faire une visite au vieux fou, un de ces jours, dit Philip.

Les daims broutaient dans le parc.

— Ah ! pourquoi voyage-t-on jamais ? dit Élinor en les regardant.

Miss Fulkes et le petit Phil attendaient sur les marches du perron.

— Il me semble que j'entends la voiture, dit miss Fulkes. — Son visage un peu massif était très pâle ; son cœur battait avec une violence inaccoutumée. — Non, ajouta-t-elle après avoir écouté un moment avec une attention intense. Ce qu'elle avait entendu, ce n'était que le bruit de son inquiétude.

Le petit Phil se tortilla, mal à son aise, n'ayant conscience que d'un désir violent d'« aller quelque part ». L'attente lui avait logé un hérisson dans les entrailles.

— Tu ne te sens pas *heureux ?* demanda miss Fulkes avec un enthousiasme feint, et avec la détermination (dans laquelle elle s'immolait elle-même) que l'enfant devait se sentir fou de joie à l'idée de revoir ses parents. — Tu n'es pas *formidablement* surexité ?... — Et ils pourraient le lui enlever quand cela leur plairait, le lui enlever et l'empêcher de le revoir à jamais...

— Oui, répondit plutôt vaguement le petit Phil. Il était exclusivement préoccupé de l'approche d'événements viscéraux.

Miss Fulkes fut déçue du peu d'enthousiasme de son accent. Elle regarda d'un air interrogateur :

— Phil ? — Elle avait remarqué son Charleston embarrassé. L'enfant inclina la tête. Elle lui prit la main et se hâta de le ramener à l'intérieur de la maison.

Une minute plus tard, Philip et Élinor arrivèrent à l'arrêt devant un perron désert. Élinor ne put s'empêcher de se sentir déçue. Elle avait si clairement d'avance vu la scène : Phil sur les marches, agitant frénétiquement les bras, — elle avait si distinctement, d'avance, entendu ses cris. Et les marches étaient vides.

— Personne, pour venir au-devant de nous, dit-elle ; et son accent était désolé.

— Tu ne pouvais guère leur demander de se tenir là, à nous attendre, répondit Phil. — Il abominait tout ce qui ressemblait à une cérémonie. Pour lui, le retour parfait eût été celui du voyageur portant un manteau d'invisibilité. En l'espèce, c'était presque aussi bien.

Ils descendirent de voiture. La porte d'entrée était ouverte. Ils entrèrent. Dans le vestibule silencieux et désert, trois siècles et demi de vie s'étaient endormis. Le soleil dardait au travers des fenêtres à linteau surbaissé. Les lambris avaient été peints en vert pâle au dix-huitième siècle. L'escalier, tout en vieux chêne et en hautes fenêtres, montait, montait à perte de vue, vers les étages supérieurs. Une odeur de fleurs mêlées d'épices flottait faiblement dans l'air ; on aurait dit qu'on percevait le vieux silence calme et serein par quelque autre sens.

Élinor laissa errer son regard alentour, elle respira profondément, elle passa le bout de ses doigts le long du noyer poli d'une table ; de l'index replié, elle donna une petite tape sur la panse d'un bol en verre de Venise qui y était posé ; le son de cloche cristallin résonna longtemps et mollement sur le silence parfumé.

— On dirait la Belle au Bois Dormant, dit-elle. Mais au

moment même où elle disait ces mots, le charme fut rompu. Soudain, comme si le cristal ébranlé eût rappelé la maison à la vie, les sons et le mouvement ressuscitèrent. En haut, quelque part, une porte s'ouvrit; au travers du bruit «hygiénique» de l'eau bondissante, arriva le son de la jeune voix perçante du petit Phil; de petits pieds trottinèrent le long du tapis du couloir et firent un cliquetis de petits sabots sur le chêne nu de l'escalier. Au même moment, une porte du rez-de-chaussée s'ouvrit brusquement, et la silhouette énorme de Dobbs, la femme de chambre, se précipita dans le vestibule.

— Ah! mademoiselle Élinor, je vous avais seulement pas entendue!

Le petit Phil prit le dernier tournant de l'escalier. A la vue de ses parents, il poussa un hurlement, il hâta le pas; il glissa presque de marche en marche.

— Pas si vite, pas si vite! cria sa mère, inquiète, en courant à lui.

— Pas si vite! dit en écho miss Fulkes, descendant en courant derrière lui.

Et tout à coup, sortant d'un petit salon qui ouvrait sur le jardin, apparut Mrs. Bidlake, blanche et silencieuse sous ses voiles flottants, comme un imposant fantôme. Elle portait dans un petit panier un bouquet de tulipes fraîchement coupées; son sécateur pendait au bout d'un ruban jaune. T'ang III la suivait en aboyant. Il y eut une confusion d'embrassements et de poignées de main. L'accueil de Mrs. Bidlake avait la majesté d'un rite, la grâce solennelle d'une danse ancienne et sacrée. Miss Fulkes se tortillait, timide et agitée, se tenait sur une jambe, puis sur l'autre, prenait des attitudes de gravures de mode et de mannequin, et poussait de temps à autre un rire perçant. Quand Philip lui serra la main, elle eut un tortillement si violent qu'elle manqua en perdre l'équilibre.

«Pauvre fille! trouva le temps de songer Élinor entre une réponse et une interrogation. Comme il serait urgent de la marier! C'est bien pis qu'à notre départ.»

— Mais comme il a grandi! dit-elle à haute voix. Et comme il a changé! — Elle tint l'enfant à bout de bras, du geste d'un connaisseur qui se recule pour examiner un tableau. — C'était Phil tout craché, — mais maintenant... — Elle secoua la tête. Maintenant, le visage large s'était allongé, le nez droit et court (le «nez de chat», si comique, dont elle avait toujours ri dans la figure de Philip, et qu'elle aimait tant) s'était affiné et était devenu légèrement aquilin; les cheveux s'étaient assombris. — Maintenant, c'est tout à fait Walter. Tu ne trouves pas?

— Mrs. Bidlake fit un signe de tête lointain. — Sauf quand il rit, ajouta-t-elle. Son rire est du Phil tout pur.

— Qu'est-ce que tu m'as rapporté, dis? demanda le petit Phil, presque avec inquiétude. Quand les gens s'en allaient et revenaient ensuite, ils lui rapportaient toujours quelque chose. — Où qu'est mon cadeau?

— Oh! Quelle question! protesta miss Fulkes, rougissant pour lui et se tortillant encore.

Mais Élinor et Philip ne firent qu'en rire.

— C'est Walter quand il est sérieux, dit Élinor.

— Ou toi. — Philip porta son regard de l'une à l'autre.

— Voyons, il n'y a pas une minute que ton papa et ta maman sont arrivés! dit miss Fulkes, continuant ses reproches.

— Vilaine! répliqua l'enfant, et il rejeta la tête en arrière, d'un petit mouvement de colère et d'orgueil.

Élinor, qui l'avait suivi des yeux, eut envie d'éclater de rire. Ce relèvement brusque du menton, — mais c'était la parodie du geste de supériorité du vieux Mr. Quarles. Un instant, l'enfant fut son beau-père, son absurde et déplorable beau-père, caricaturé et en miniature. C'était comique; mais en même temps et par ailleurs ce n'était pas une plaisanterie. Elle voulut rire, mais elle se sentit oppressée par une soudaine conscience des mystères et des complexités de la vie, de l'insondable et terrible avenir. Voici donc son enfant, — mais il était également Philip; il était aussi elle-même, il était aussi Walter, son père, sa mère; et voilà que, d'un relèvement du menton, il venait de se révéler comme étant aussi le déplorable Mr. Quarles. Et il pourrait bien être encore des centaines de gens. Il pourrait l'être? Il l'était, certainement. Il était... il était des tantes et des cousines qu'elle ne voyait presque jamais; des grands-pères et des grands-oncles qu'elle n'avait connus que toute petite et avait complètement oubliés; des ancêtres morts depuis longtemps, — et remontant à l'origine des choses. Toute une population d'étrangers habitaient ce petit corps et lui donnaient sa forme, vivaient dans cet esprit et en gouvernaient les désirs, lui dictaient ses pensées — et continueraient à gouverner et à dicter ainsi. Phil, le petit Phil, — le nom n'était qu'une abstraction, un titre arbitrairement donné, comme «la France» ou «l'Angleterre», à une collectivité, jamais longtemps la même, de beaucoup d'individus, qui naissaient, vivaient, et mouraient dans son être, comme les habitants d'un pays apparaissent et disparaissent, mais laissent vivante au cours de leur passage l'identité de la nation à laquelle ils appartiennent. Elle regarda l'enfant avec une sorte de terreur. Quelle responsabilité!

— Moi, j'appelle ça de l'amour intéressé, continuait encore

miss Fulkes. Et il ne faut pas que tu me dises « Vilaine » comme ça !

Élinor poussa un petit soupir, secoua sa rêverie et, prenant l'enfant dans ses bras, le pressa contre elle.

— Ça ne fait rien, dit-elle, mi-partie à la moralisatrice miss Fulkes, mi-partie à son moi plein d'appréhension. — Ça ne fait rien, va. — Elle l'embrassa.

Philip consulta sa montre :

— Il serait peut-être bon d'aller nous laver les mains et nous donner un coup de brosse avant le déjeuner, dit-il. — Il avait le sentiment de la ponctualité.

— Mais d'abord, dit Élinor, qui était d'avis que les repas fussent faits pour l'homme, et non l'homme pour les repas, d'abord, il faut *absolument* que nous passions à la cuisine pour dire bonjour à Mrs. Inman. Nous serions impardonnables de ne pas le faire. Allons, viens. — Portant toujours l'enfant, elle ouvrit la marche à travers la salle à manger. Une odeur d'oie rôtie se fit de plus en plus forte à mesure qu'ils avançaient.

Un peu ennuyé par la conscience qu'il avait de ce manque de ponctualité, et un peu inquiet de devoir se risquer, fût-ce avec Élinor comme drogman, dans la cuisine, au milieu des domestiques, Philip la suivit à regret.

Au déjeuner, le petit Phil célébra l'événement en se conduisant atrocement.

— Il s'est tellement surexcité, n'est-ce pas..., répétait continuellement la pauvre miss Fulkes, tâchant d'excuser l'enfant et, indirectement, de se justifier, elle. Elle avait envie de pleurer. — Vous verrez, Madame, quand il se sera habitué à votre présence, dit-elle, se tournant vers Élinor, — vous verrez ; il sait être un vrai petit ange. C'est la surexcitation.

Elle en était arrivée à aimer cet enfant à tel point que les triomphes et les humiliations qu'il subissait, ses vertus et ses crimes la rendaient triomphante ou désolée, lui faisaient éprouver de la satisfaction ou de la honte, comme s'il s'était agi d'elle-même. En outre, il y avait son amour-propre professionnel. Elle en avait eu l'entière responsabilité depuis tant de mois, lui enseignant la façon de se tenir dans le monde, et la raison pour laquelle le triangle de l'Inde est peint en cramoisi sur la carte ; elle l'avait formé, elle l'avait façonné. Aussi, maintenant, quand l'objet de ce tendre amour, ce produit de son habileté et de sa patience criait à table, crachait des bouchées d'aliments à demi mastiqués et renversait l'eau, miss Fulkes ne se contentait-elle pas de rougir, au comble de la honte, comme si c'eût été elle qui avait crié, craché, répandu l'eau, mais elle éprouvait en même temps toute l'humiliation du prestidigitateur dont le tour longuement préparé rate devant le public, de l'inventeur de la machine à voler idéale qui refuse absolument de décoller du sol.

— Que voulez-vous, dit Élinor, d'un ton consolant, c'était à prévoir. — La pauvre fille lui faisait véritablement pitié. Elle regarda l'enfant. Il pleurait, — et elle avait espéré (combien peu raisonnablement !) que tout serait changé désormais, qu'elle le trouverait tout à fait raisonnable et grand garçon. Elle eut un instant de désespoir. Elle l'aimait, — mais les enfants sont terribles, — terribles ! Et il n'était encore qu'un enfant. — Allons Phil, dit-elle sévèrement, il faut manger. Assez de bêtises !

L'enfant hurla de plus belle. Il aurait voulu être sage, mais il ne savait pas comment faire pour s'arrêter d'être méchant. Il s'était volontairement mis dans cet état de triste révolte ; mais à présent, son émotion le tenait asservi et maîtrisait sa volonté. Il lui était impossible, malgré le désir qu'il en avait, de revenir sur ses pas. D'ailleurs, il avait toujours éprouvé une certaine aversion pour l'oie rôtie ; et comme il venait maintenant, depuis cinq minutes, de penser à l'oie rôtie avec un dégoût et une horreur concentrés, il était arrivé à la détester. La vue, l'odeur, le goût de l'oie lui donnaient réellement et authentiquement la nausée.

Cependant Mrs. Bidlake gardait son calme métaphysique. Son âme flottait sans secousses, comme un gros bateau par une mer houleuse ; ou peut-être ressemblait-elle plutôt à un ballon, à la dérive bien loin au-dessus des eaux, dans le monde serein de la fantaisie, que ne troublent nuls vents. Elle avait parlé à Philip du bouddhisme (Mrs. Bidlake avait un faible spécial pour le bouddhisme). Aux premiers cris, elle n'avait même pas tourné la tête pour voir ce qui se passait, se contentant d'élever la voix pour qu'on pût l'entendre par-dessus le tumulte. Les hurlements se renouvelèrent, se poursuivirent. Mrs. Bidlake se tut et ferma les yeux. Un bouddha accroupi sur ses jambes croisées, serein et doré, lui apparut sur le fond rouge de ses paupières closes ; elle vit les prêtres aux robes jaunes autour de lui, tous dans la même attitude que leur dieu, et plongés dans la méditation extatique.

— Maya, dit-elle avec un soupir, comme à elle-même. Maya, — l'éternelle illusion. — Elle rouvrit les yeux... — Oui, elle semble un peu dure, ajouta-t-elle, s'adressant à Élinor et à miss Fulkes, qui faisaient des efforts désespérés pour faire manger l'enfant.

Le petit Phil saisit au vol l'excuse qu'elle lui avait ainsi fournie gratuitement.

— Elle est dure, cria-t-il en larmoyant, repoussant la fourchette sur laquelle miss Fulkes, la main tremblante d'un excès d'émotions douloureuses, lui offrait un brin d'oie rôtie et la moitié d'une pomme de terre nouvelle.

Mrs. Bidlake referma de nouveau les yeux un moment, puis elle se tourna vers Philip et continua à disserter sur la voie aux Huit Chemins.

Ce soir-là Philip écrivit assez longuement dans le carnet où il notait pêle-mêle les pensées et les événements, les conversations, les choses entendues et vues. Il écrivit en titre, au haut de la page : *la Cuisine de la Vieille Maison...* « Assez facile à rendre. Les fenêtres Tudor réfléchies au fond des pots de cuivre. L'énorme fourneau noir avec ses garnitures d'acier poli, et le feu qui passe un coup d'œil par le regard supérieur, à moitié fermé. Le réséda dans les caisses garnissant les fenêtres. Le chat, un énorme matou couleur gingembre, sommeillant dans son panier auprès du buffet. La table de cuisine, tellement usée par le temps et le brossage constant, que le grain du bois se détache en relief sur les parties plus molles, — comme si un graveur avait préparé la planche d'une gigantesque empreinte digitale. Les poutres du plafond bas. Les chaises de hêtre bruni. La pâtisserie pas encore cuite et qu'on roule. L'odeur de cuisine. La colonne inclinée de soleil jaune, grouillante de parcelles brillantes. Et enfin la vieille Mrs. Inman, la cuisinière, petite, frêle, indomptable, auteur de combien de milliers de repas !... En travaillant ça un peu, on aurait bien le tableau. Mais j'y veux quelque chose de plus. Un croquis de la cuisine dans le temps aussi bien que dans l'espace, une indication de ce qu'elle signifie dans le cosmos humain en général. J'écris une phrase : Été sur été, depuis l'époque où Shakespeare était gamin, jusqu'à présent, dix générations de cuisinières ont employé des radiations infra-rouges pour briser les molécules des protéines des jeunes oies mises à la broche (cf. *Non, tu ne naquis pas pour la mort, bel oiseau,* — ou *le Sonnet du cochon,* etc.)... Une phrase, et me voilà déjà en plein dans l'histoire, dans l'art, et dans toutes les sciences. Toute l'histoire de l'univers est contenue implicitement dans l'une quelconque de ses parties. Le regard de la méditation traverse tout objet, quel qu'il soit, et y voit, comme à travers une fenêtre, l'univers entier. Il suffit de rendre diaphane l'odeur de l'oie rôtie dans une vieille cuisine, pour avoir une lueur de toutes choses, depuis les nébuleuses spirales jusqu'à la musique de Mozart et aux stigmates de saint François d'Assise. Le problème artistique est de produire la diaphanéité par endroits, en choisissant ces endroits de façon à ne révéler que les plus humainement significatives des perspectives lointaines derrière l'objet proche et familier. Mais, dans tous les cas, les choses vues au bout de la perspective peuvent être assez étranges pour que ce qui est familier prenne un air fantastiquement mystérieux. Question : peut-on atteindre ce résultat sans pédantisme, et sans délayer interminablement l'histoire ? Ça demande beaucoup de réflexion.

« En attendant, comme la cuisine est charmante ! Comme ses habitants sont sympathiques ! Mrs. Inman appartient à la maison depuis aussi longtemps qu'Élinor. Miracle de beauté qui a pris de l'âge. Et combien sereine, combien aristocratiquement impérieuse ! Quand on a été trente ans monarque de tout ce qu'on surveille, on prend l'air royal, quand bien même ce qu'on surveille n'est que la cuisine. Puis il y a Dobbs, la femme de chambre. Dobbs ne fait partie de la maison que depuis un peu avant la guerre. Une invention à la Rabelais. Six pieds de haut, et large à l'avenant. Et ce corps énorme abrite l'esprit de Gargantua. Quelle grosse gaieté, quel appétit de vivre, quelles anecdotes, quel rire facile et énorme ! Le rire de Dobbs est presque effrayant. Et sur un rayon du buffet de l'office j'ai remarqué, quand nous sommes allés présenter nos devoirs, un flacon vert à moitié plein de pilules, — mais de pilules comme des billes de bonne taille, comme on en souffle dans la gorge des chevaux à travers un tuyau de caoutchouc. Quelles indigestions homériques n'indiquent-elles pas !

« La cuisine est bien ; mais le salon ne l'est pas moins. Nous sommes rentrés de notre promenade d'après-midi pour trouver le pasteur et sa femme causant art autour des tasses à thé. Oui, art. C'était, en effet, leur première visite depuis qu'ils sont allés voir les Salons.

« C'est un événement annuel. Tous les ans, le lendemain de l'Ascension, ils prennent le train de 8 h. 52 pour aller à Londres et y payer le tribut que la Religion doit à l'Art, — la Religion Établie et l'Art Établi. Ils examinent tous les coins et les recoins de Burlington House, annotant le catalogue tout en faisant leur tournée, et avec humour partout où l'humour est admissible, — car Mr. Truby (qui ressemble un peu au Noé d'une arche d'enfant) est un de ces hommes d'Église facétieux qui font des plaisanteries pour prouver que, malgré la redingote noire et le col à l'envers, ils sont « humains », « braves types », etc.

« La grassouillette et jolie Mrs. Truby est moins bruyamment badine que son mari, mais n'en est pas moins ce que les gens de la classe moyenne supérieure, qui lisent *Punch,* appelleraient « une âme sincèrement joyeuse », toujours prête à s'amuser innocemment, et pleine de remarques curieuses. J'ai regardé et écouté, absolument fasciné par la façon dont Élinor leur tirait des réflexions sur la paroisse et sur le Salon, et éprouvant ce que Fabre éprouvait parmi les coléoptères. De temps à autre, un mot de la conversation traversait les abîmes spirituels séparant la mère d'Élinor de ce qui l'entoure, pénétrait à travers sa rêverie et mettait en branle une réaction curieuse. Comme un oracle, et de façon déconcertante, avec un sérieux qui était presque effarant au milieu des plaisanteries des Truby, elle parlait, et ses paroles sortaient d'un autre monde. Et cependant, au-dehors, le jardin est verdoyant et plein de fleurs. Le vieux Stokes, le jardinier, a une barbe et semble une personnification du Temps, faux en main. Le ciel est bleu pâle. Il y a un bruit d'oiseaux. Il fait bon vivre ici. Et pour découvrir comme il y fait bon, il faut avoir navigué tout autour du globe. Pourquoi ne pas y rester? Y prendre racine? Mais les racines sont des chaînes. J'ai une terreur de perdre ma liberté. Être libre, sans attaches, n'être possédé par aucune des choses qu'on possède, — libre d'agir à sa guise, de partir sans le moindre préavis pour n'importe quel lieu que la fantaisie peut proposer, — c'est bon, ça. Mais cette maison est bonne, elle aussi. Ne serait-ce pas la meilleure solution? Pour obtenir sa liberté, on sacrifie quelque chose — la maison, Mrs. Inman, Dobbs, Truby le facétieux, l'homme du presbytère, les tulipes du jardin, et tout ce que signifient ces choses et ces gens. On sacrifie quelque chose, — pour un profit plus grand en savoir, en compréhension, en vie intensifiée? Je me le demande, parfois.»

Lord Edward et son frère prenaient l'air dans le parc de Gattenden. Lord Edward le prenait en marchant. Le cinquième marquis le prenait dans un fauteuil sur roues traîné par un grand âne gris. Il était infirme. «Ce qui, heureusement, n'empêche pas l'esprit de marcher bon train», aimait-il à répéter. Il avait marché bon train, confusément, de-ci, de-là, toute sa vie. Cependant l'âne gris, lui, se contentait de marcher très lentement. Devant les deux frères, et derrière eux, s'étendait la Grande Allée de Gattenden. Devant eux, à un kilomètre et demi, au bout de la perspective, s'élevait une reproduction de la colonne Trajane en pierre de Portland, surmontée d'une statue en bronze du premier marquis, et portant autour du piédestal une inscription en grosses lettres vantant ses titres de gloire. Il avait été, entre autres choses, Vice-Roi d'Irlande et le Père de l'Agriculture Scientifique. A l'autre extrémité de la Grande Allée, à un kilomètre et demi derrière les deux frères, s'élevaient les tours et les tourelles fantastiques du château de Gattenden, construit par James Wyatt pour le deuxième marquis dans le style gothique le plus extravagant de Strawberry Hill, et d'aspect plus médiéval que tout ce qu'avait pu rêver le vrai Moyen Age chronologique. Le marquis habitait en permanence Gattenden. Non pas qu'il aimât particulièrement la maison ni le paysage environnant. Il n'en avait qu'à peine conscience. Quand il n'était pas occupé à lire, il réfléchissait à ce qu'il avait lu ; le monde des apparences, comme il aimait, en platonicien, à appeler la réalité visible et tangible, ne l'intéressait pas. Ce manque d'intérêt était la vengeance qu'il prenait sur l'univers pour avoir fait de lui un infirme. Il habitait Gattenden, parce qu'à Gattenden seulement il pouvait se promener en sécurité dans son fauteuil d'invalide. Pall Mall n'est pas le lieu qui convient aux ânes gris et aux vieux messieurs paralytiques qui lisent et méditent en faisant leur promenade. Il avait fait donation de Tantamount House à son frère et continuait à se faire traîner par son âne parmi les hêtres du parc de Gattenden.

L'âne s'était arrêté pour brouter sur un accotement. Le cinquième marquis et son frère échangeaient des arguments au sujet de Dieu. Le temps passait. Ils parlaient encore de Dieu lorsque, une demi-heure plus tard, Philip et Élinor, qui avaient fait leur promenade d'après-midi dans le parc, sortirent du bois de hêtres et tombèrent inopinément sur le fauteuil d'invalide du marquis.

— Pauvres vieux ! commenta Philip quand ils se trouvèrent hors de portée de voix, de quoi donc pourraient-ils parler, sinon de Dieu ? Ils sont trop vieux pour avoir envie de parler d'amour, — trop vieux et beaucoup trop bons. Et trop riches pour parler d'argent. Trop intellectuels pour parler des gens, et trop ermites pour connaître des gens dont ils pourraient parler. Trop timides pour parler d'eux-mêmes, trop inexpérimentés — totalement — pour parler de la vie ou même de littérature. Que reste-t-il dont ils puissent parler, les pauvres vieux ? Rien — sinon Dieu.

— Et au train actuel dont tu marches, dit Élinor, tu leur ressembleras exactement dans dix ans d'ici.

CHAPITRE XX

LE vieux John Bidlake disait du père de Philip Quarles qu'il ressemblait à une de ces églises italiennes de style baroque avec une fausse façade. Haute, impressionnante, hérissée d'ordres classiques, de tympans brisés et de statuaire, la façade a l'air d'appartenir à une grande cathédrale. Mais regardez-y de plus près, et vous découvrez qu'elle est un simple écran. Derrière cette devanture énorme et travaillée, est accroupi un méchant petit temple de briques et de moellons et de plâtre lépreux. Et, s'échauffant dans son image, John Bidlake se mettait à décrire le prêtre mal rasé, marmottant à toute vitesse sa messe, son petit acolyte morveux au surplis sale, les paroissiens, ramassis de paysannes goitreuses avec leurs mioches, le crétin mendiant à la porte, les couronnes de fer-blanc sur les statues des saints, les saletés jonchant le sol, l'odeur rancie de plusieurs générations d'humanité pieuse.

« Comment se fait-il, disait-il pour conclure, oubliant qu'il commentait ainsi d'une façon peu flatteuse ses propres succès, que les femmes aillent toujours fatalement s'amouracher de ce qu'elles voient du plus bas, — ou de *celui,* plutôt ? C'est bizarre. Surtout dans le cas présent. On aurait cru que Rachel Quarles aurait été trop intelligente pour s'en laisser imposer par un tel vide ».

Bien d'autres gens pensaient de même et s'étaient également demandé comment cela se faisait. Rachel Quarles semblait être tellement trop bonne pour un semblable mari ! Mais on n'épouse pas une collection de vertus et de talents ; on épouse un être humain, individuel. Le Sidney Quarles qui avait demandé sa main à Rachel était un jeune homme dont tout le monde aurait pu tomber amoureux, en qui tout le monde aurait pu croire, — oui, tout le monde ; et Rachel n'avait que dix-huit ans et manquait tout particulièrement d'expérience. Il était jeune, lui aussi (la jeunesse est déjà une vertu en soi), — jeune, et bien fait de sa personne. Large d'épaules et grand en proportion, porteur à présent d'un embonpoint qui tirait sur l'obésité, Sidney Quarles était encore un homme imposant. A vingt-trois ans, ce grand corps avait été celui d'un athlète, les cheveux grisonnants qui entouraient à présent une tonsure rose et polie avaient été d'un brun doré, recouvrant tout son crâne de leur onduleuse abondance. Le gros visage charnu, au teint sanguin, avait été plus frais, plus ferme, moins semblable à une pleine lune. Le front, même avant que la calvitie ne fût apparue, avait semblé intellectuel, étant haut et lisse. Et la conversation de Sidney Quarles ne démentait nullement les indications qu'offrait son front. Il parlait bien, quoique, toutefois, avec un peu trop d'arrogance et de satisfaction de soi pour tous les goûts. De plus, il avait à cette époque une réputation ; il venait de terminer ses études à l'Université et il en revenait auréolé de tout l'éclat de la parure académique et de la gloire rhétoricienne d'une société de joutes oratoires. Ses amis enthousiastes imaginaient pour lui les visions les plus éclatantes sur les vierges étendues de l'avenir. A l'époque où Rachel fit sa connaissance, ces prophéties avaient un air véritablement raisonnable. Et, au surplus, raisonnablement ou non, elle l'aima. Ils se marièrent alors qu'elle n'avait que dix-neuf ans.

Sidney avait hérité de son père une belle fortune. Son affaire (le vieux Mr. Quarles était dans les sucres) marchait fort bien. La propriété en Essex rapportait de quoi l'entretenir. La maison en ville était dans Portman Square; la maison de campagne, à Chamford, était vaste et de style géorgien. Sidney avait des ambitions politiques. Après un stage dans l'administration des affaires locales, il entrerait au Parlement. Son travail, ses discours à la fois sérieux et brillants, le désigneraient comme l'homme d'avenir. On lui offrirait un sous-secrétariat adjoint, il serait promu rapidement. Il pouvait espérer (du moins, c'est ce qu'il lui avait semblé, voilà trente-cinq ans) réaliser les ambitions les plus extravagantes.

Mais Sidney, comme l'avait dit le vieux Bidlake, n'était qu'une façade, une apparence impressionnante, une voix, une habileté superficielle, — rien de plus. Derrière cette magnifique devanture, vivait le véritable Sidney, faible, manquant de toute persévérance dans les affaires importantes, bien qu'il fût obstiné quand il s'agissait de vétilles, assez facilement enflammé d'enthousiasme, mais encore plus facilement accablé d'ennui. Son habileté même se trouva n'être rien de plus que cette sorte d'adresse qui permet aux élèves brillants d'écrire des vers latins à la manière d'Ovide ou des parodies humoristiques d'Hérodote. Mise à l'épreuve, cette adresse de classe de rhétorique se révéla aussi impuissante dans le domaine purement intellectuel que dans la pratique. Car lorsque, par suite d'une longue négligence aggravée de spéculation fiévreuse et d'une mauvaise direction, il eut conduit l'affaire de son père à mi-chemin de la ruine (Rachel l'obligea à se défaire de ce qui lui restait d'intérêts dans l'affaire avant qu'il fût trop tard), lorsque ses espérances politiques eurent été complètement ruinées par des années d'alternance entre l'indolence et l'activité sans discipline, il décida que sa vocation véritable était l'état de publiciste. Dans le premier éclat de cette conviction nouvelle, il parvint effectivement à terminer un livre sur les principes du gouvernement. Superficiel et vague, rempli de lieux communs dont la platitude était accentuée par la prétention d'un style ouvragé qui scintillait d'épigrammes purement verbales, le livre fut accueilli avec une indifférence méritée, que Sidney Quarles attribua aux machinations d'ennemis politiques. Il se fiait à la postérité pour lui donner ce qui lui était dû.

Depuis la lointaine publication de ce premier livre, Mr. Quarles avait été occupé, ou du moins avait été censé être occupé, à en écrire un autre, plus gros et plus important, sur la démocratie. Cette grosseur et cette importance justifiaient un retard presque indéfini apporté à son achèvement. Il y avait déjà plus de sept ans qu'il y travaillait, et il n'avait encore, disait-il à quiconque l'interrogeait sur la marche de son livre (et hochant la tête tout en parlant, avec l'expression d'un homme qui porte un fardeau presque intolérable), — il n'avait pas même encore fini d'en recueillir les matériaux.

« C'est un travail d'Hercule », disait-il, de l'air à la fois d'un martyr et d'un fat arrogant. Il avait une façon, lorsqu'il vous parlait, de relever le visage en arrière et d'envoyer ses paroles en plein ciel, comme s'il eût été un obusier, tout en vous regardant, si tant est qu'il consentît à vous regarder, le long de son nez et par-dessous ses paupières à demi closes. Il avait la voix bien timbrée et pleine de ces bêlements et de ces affectations dont les gens désireux d'étaler leur origine oxfordienne sont accoutumés à enrichir la langue anglaise. On eût dit qu'un troupeau de moutons, — sans parler de celui des « n'est-ce pas » et des « euh » — s'était répandu parmi son vocabulaire... « Un travail d'Hercule ! » Ces paroles étaient accompagnées d'un soupir. « C'est réellement effarant, n'est-ce pas... »

Si son interlocuteur était suffisamment sympathique, il l'emmenait dans son cabinet de travail et lui montrait (surtout s'il s'agissait d'une femme) tout l'attirail compliqué des fichiers et des classeurs en acier qu'il avait accumulés autour de son bureau américain d'aspect ultra-professionnel. A mesure que le temps passait, et que le livre ne donnait toujours pas signe d'être écrit, Mr. Quarles avait acquis de plus en plus de ces objets impressionnants. Ils étaient les preuves visibles de son travail, ils symbolisaient l'effroyable difficulté de sa tâche. Il ne possédait pas moins de trois machines à écrire. La Corona portative l'accompagnait dans tous ses déplacements, pour le cas où il se sentirait inspiré à un moment quelconque, en voyage. De temps en temps, quand il éprouvait le besoin de se montrer particulièrement impressionnant, il prenait la Hammond, machine un peu plus grande, et sur laquelle les caractères étaient portés, non pas sur des bras séparés, mais sur une bande de métal démontable, fixée à un tambour tournant, de façon à permettre de changer les lettres à volonté, et d'écrire en grec ou en arabe, en symboles mathématiques ou en russe, suivant les besoins du moment ; Mr. Quarles avait une belle collection de ces caractères de rechange, dont, bien entendu, il ne se servait jamais, mais dont il éprouvait une grande fierté, comme si chacun d'eux représentait un talent ou un don particulier dont il était, lui, le possesseur. Enfin, il y avait la troisième et la plus récente des machines à écrire, une très grosse et très coûteuse machine de bureau, qui était non seulement une machine à écrire, mais aussi une machine à calculer. Bien commode, exposait Mr. Quarles, pour compiler les statistiques de son gros livre et pour faire les comptes de la propriété. Et il désignait avec un orgueil tout particulier le petit moteur électrique fixé à la machine; on établissait le contact avec la prise de courant au mur, et le moteur vous faisait tout le travail, — absolument tout — à part, bien entendu, la composition effective de votre livre. Vous n'aviez qu'à appuyer sur les touches, — comme ceci (et Mr. Quarles donnait une démonstration); l'électricité fournissait la force nécessaire pour amener les caractères au contact du papier. Tout effort musculaire était éliminé. Vous pouviez continuer à écrire ainsi pendant dix-huit heures à la file, — et Mr. Quarles donnait à entendre que c'était chose commune pour lui que de rester dix-huit heures à son bureau (comme Balzac, comme Newton), — vous pouviez continuer, en somme, à peu près indéfiniment sans ressentir la moindre fatigue, du moins dans les doigts. « Une invention américaine. Très ingénieux, n'est-ce pas... »

Mr. Quarles avait acheté sa machine à écrire et à calculer au moment où, pratiquement, il avait cessé de s'occuper en quoi que ce fût de la gestion de la propriété. Car Rachel lui avait laissé la propriété. Non pas qu'il la gérât mieux que l'affaire, — affaire qu'elle lui avait persuadé, et juste à temps, d'abandonner. Mais l'absence de bénéfices n'avait pas d'importance; et les pertes, quand il y eut effectivement perte, étaient peu considérables. Rachel Quarles espérait que la propriété constituerait une occupation saine pour son mari. Et il valait la peine de dépenser quelque chose pour un tel résultat. Mais le prix qu'il fallut payer dans ces années de dépression d'après-guerre devint très élevé; et comme Sidney s'occupait de moins en moins de la gestion courante, le prix s'éleva de façon alarmante, tandis que le but qui justifiait ce sacrifice — le fait de procurer une occupation saine à Sidney — n'était pas atteint. Parfois, il est vrai, Sidney était pris de quelque idée et il se plongeait tout à coup dans une orgie de ce qu'il dénommait « des améliorations immobilières ». Une fois, après la lecture d'un livre sur les rendements américains, il acheta une quantité importante de machines coûteuses, simplement pour découvrir que la propriété n'était pas assez grande pour justifier cette dépense: il ne pouvait pas fournir assez de travail à ses machines. Plus tard, il construisit une fabrique de confitures; elle n'avait jamais rapporté un sou. Leur manque de succès lui faisait rapidement perdre tout intérêt à ses « améliorations immobilières ». A force de travail acharné et d'attention constante, il n'était pas impossible qu'elles eussent pu devenir profitables avec le temps; en attendant, toutefois, grâce à la négligence de Sidney, l'amélioration avait eu pour résultat une perte sèche... Incontestablement, le prix était trop élevé, et il était payé en pure perte. Avec son tact habituel, — car, au bout de trente ans de mariage, elle ne connaissait que trop bien son mari, — elle lui persuada qu'il aurait plus de temps à consacrer à son grand travail s'il laissait à d'autres l'ennuyeuse besogne de la gestion de la propriété. Elle y suffirait bien, elle, avec le gérant. Il était absurde de gaspiller à un tel travail mécanique des talents qui pouvaient être utilisés mieux, plus convenablement. Sidney fut aisément convaincu. La propriété l'assommait; elle avait blessé son amour-propre en persistant si méchamment dans son déplorable rendement, en dépit de ses améliorations. En même temps, il percevait bien qu'un abandon complet serait un aveu de sa propre faillite, et un tribut, — un de plus — à la supériorité native de sa femme. Il accepta de consacrer moins de temps aux détails de la gestion, mais promit, ou menaça, à la manière d'un dieu, de continuer à veiller sur elle, de la suivre de loin, mais non moins efficacement, dans les intervalles de ses travaux littéraires. Ce fut alors que, pour se justifier, pour grossir son importance, il acheta la machine à écrire et à calculer. Elle était le symbole de l'énorme complexité du travail littéraire auquel il allait désormais se consacrer principalement; et elle prouvait en même temps qu'il n'avait pas complètement cessé de s'intéresser aux affaires matérielles. Car la machine à calculer devait traiter non seulement les statistiques (comment? — c'est une chose que Mr. Quarles était assez sage pour ne jamais spécifier), mais aussi les comptes, sous lesquels (donnait-il à entendre) la pauvre Rachel et le gérant succomberaient infailliblement sans le secours supérieur de Sidney.

Sidney ne reconnaissait pas, bien entendu, la supériorité de sa femme. Mais la conscience qu'il en avait obscurément et le dépit qu'il en ressentait, le désir de prouver que, malgré tout, il la valait largement, — qu'il valait beaucoup mieux qu'elle, au fond, — gouvernaient toute sa vie. C'était ce dépit, ce désir d'affirmer sa supériorité domestique, qui l'avait fait se cramponner si longtemps à sa carrière politique, malgré les échecs qu'il y avait subis. Livré à lui-même, il aurait sans doute abandonné la vie politique à la première révélation de ses difficultés et de son aridité; car son indolence l'emportait sur son ambition. Mais une répugnance à reconnaître ses échecs et l'infériorité personnelle qu'aurait entraînée une telle faillite, l'empêcha (en le laissant plein d'une confiance débordante en son avenir) d'abandonner son siège au Parlement. Ayant perpétuellement devant les yeux le spectacle exaspérant de la sereine capacité de Rachel, il ne pouvait pas s'avouer vaincu. Ce que faisait Rachel, elle le faisait bien ; tout le monde l'aimait et l'admirait. C'était pour rivaliser avec elle, pour faire mieux qu'elle, aux yeux du monde et aux siens propres, qu'il se cramponnait à la politique, qu'il s'était plongé dans les activités erratiques qui avaient marqué sa carrière parlementaire. Dédaignant d'être le simple esclave de son parti, et avide de se faire mettre en vedette, il s'était fait le champion enthousiaste d'une succession de Causes, qu'il s'était ensuite contenté de lâcher avec dégoût. L'abolition de la peine capitale, l'antivivisectionnisme, la réforme des prisons, l'amélioration des conditions de la main-d'œuvre dans l'Afrique Occidentale, avaient sollicité, tour à tour, son éloquence la plus enflammée et une brève explosion d'énergie. Il se voyait lui-même sous l'aspect d'un réformateur conquérant apportant la victoire, par sa simple présence, à quelque cause qu'il lui plaisait de soutenir. Mais les murailles de Jéricho ne tombaient jamais au son de sa trompette, et il n'était pas homme à entreprendre des sièges laborieux. Les exécutions de criminels, les opérations chirurgicales sur les chiens et les chats, les condamnés solitaires, et les nègres maltraités — chacun de ces sujets, l'un après l'autre, perdit son charme à ses yeux. Et Rachel continua d'être capable, continua d'être aimée et admirée.

Cependant ses encouragements directs avaient toujours renforcé ce stimulant indirect à l'ambition qu'elle avait fourni, bien involontairement, par le simple fait d'être elle-même et d'être la femme de Sidney. Au début, elle avait sincèrement cru en lui ; elle avait encouragé son héros. Quelques années suffirent à changer en pieux espoir la foi en son succès ultime. Quand l'espoir fut envolé, elle l'encouragea pour des raisons diplomatiques — parce que la faillite en politique coûtait moins cher que la faillite en affaires. Car la façon dont Sidney dirigeait son affaire menaçait d'être désastreuse. Elle n'osait pas le lui dire, elle n'osait pas lui conseiller de céder ses intérêts ; en le faisant, elle l'aurait incité à se cramponner à l'affaire avec plus de ténacité que jamais. En jetant le doute sur ses capacités elle l'aurait simplement éperonné à entreprendre de nouvelles spéculations encore plus dangereuses. Car Sidney réagissait à la critique hostile d'une façon violemment et obstinément contrariante. Assagie par l'expérience, Rachel évita le danger en encourageant de plus belle ses ambitions politiques. Elle lui grossit l'importance de son activité parlementaire. Quel bon, quel noble travail il faisait là ! Et quel dommage que les soucis des affaires occupassent une si grande part du temps et de l'énergie qui pourraient être mieux occupés ailleurs ! Sidney y fut sensible immédiatement, et avec une gratitude secrète et nouvelle. Le courant monotone des affaires l'ennuyait ; il commençait à s'inquiéter de ses spéculations onéreuses. Il accueillit avec joie cette excuse pour se défaire de ses responsabilités, que Rachel lui avait si diplomatiquement offerte. Il céda ses intérêts avant qu'il fût trop tard, et remploya l'argent à des placements de tout repos à qui l'on pouvait confier le soin de veiller eux-mêmes sur leurs dividendes. De cette façon, son revenu fut réduit d'un tiers environ ; mais quoi qu'il en fût, il était sûr, — et c'est ce qui préoccupait avant tout Rachel. Sidney allait se vantant des gros sacrifices financiers qu'il avait consentis afin de pouvoir consacrer tout son temps aux pauvres condamnés. (Plus tard, ce furent les pauvres nègres ; mais les sacrifices demeurèrent les mêmes.)

Lorsque, en fin de compte, las d'être une nullité politique, et furieux de ce qu'il considérait comme l'injustice de ses chefs de parti, Sidney abandonna son siège, Mrs. Quarles ne fit pas d'objection. Il n'y avait plus d'affaire, maintenant, que son mari pût faire péricliter, et la propriété, à cette époque de prospérité agricole qui suivit immédiatement l'Armistice, était encore rémunératrice. Sidney exposa qu'il était fort au-dessus de la politique pratique, qu'elle ne faisait que dégrader un homme de valeur, en faisant rejaillir sa boue sur lui. Il avait pris la décision (car la conscience qu'il avait de la supériorité de Rachel ne lui permettait pas de se reposer tout bonnement) de se consacrer à quelque chose de plus important que « la simple politique, n'est-ce pas », à quelque chose qui fût plus digne de ses talents. Être le philosophe de la politique, — cela valait mieux que d'être un politicien. Il parvint à terminer et à publier une première partie de sa philosophie politique. L'effort prolongé qu'il dut faire pour l'écrire émoussa son enthousiasme d'auteur philosophique ; le succès fort mince du livre le dégoûta complètement. Mais Rachel était toujours capable et aimée. Afin de sauvegarder sa réputation, il annonça son intention de publier l'ouvrage le plus important et le plus complet qu'on eût jamais écrit sur la démocratie. Rachel était sans doute fort active dans sa besogne de comités, de bonnes œuvres ; elle était sans doute aimée des villageois ; elle avait des amis et des correspondants à foison ; mais qu'était-ce là, en fin de compte, en comparaison de la publication du livre le plus important sur la démocratie ? Le seul ennui, c'est que le livre n'avançait pas. Quand Rachel se montrait trop capable, quand les gens l'aimaient trop, Mr. Quarles achetait un nouveau fichier, ou un modèle nouveau et plus ingénieux de calepin à feuillets mobiles, ou un stylographe avec un réservoir à encre particulièrement important, — « un stylographe, expliquait-il, avec lequel on pouvait écrire six mille mots sans avoir besoin de le recharger ». La réplique était peut-être insuffisante. Mais elle paraissait suffisamment bonne à Sidney Quarles.

Philip et Élinor passèrent deux jours auprès de Mrs. Bidlake à Gattenden. Puis ce fut le tour des parents de Philip. Ils arrivèrent à Chamford pour s'apercevoir que Mr. Quarles venait d'acheter un dictaphone. Sidney ne permit pas à son fils de demeurer longtemps dans l'ignorance de son triomphe. Le dictaphone était son plus bel exploit depuis la machine à écrire et à calculer.

— Je viens de faire une acquisition, dit-il de sa voix pleine, envoyant les mots par-dessus la tête de Philip. Quelque chose qui t'intéressera, toi, en ta qualité d'écrivain. — Il le conduisit dans son cabinet de travail.

Philip le suivit. Il s'était attendu à être submergé de questions sur l'Orient et les tropiques, tandis que son père s'était contenté de demander, pour la forme, s'il avait fait bon voyage, et avait continué à parler de ses affaires, presque avant que Philip eût pu répondre. Au premier instant, Philip avait été surpris, et même un peu piqué. Mais la lune, songea-t-il, paraît plus grande que Sirius, parce qu'elle est plus rapprochée. Le voyage, son voyage, lui était, à lui , une lune, et à son père, la plus infime des petites étoiles.

— Voici, dit Mr. Quarles, et il enleva le couvercle. Le dictaphone fut révélé aux regards. — Une invention merveilleuse! — Il parlait avec un profond contentement de soi. C'était le lever soudain, dans tout son éclat, de *sa* lune, à lui. Il expliqua le fonctionnement de la machine. Puis, renversant son visage en l'air: « Euh... c'est bien utile, n'est-ce pas, dit-il, quand il vous vient une idée. On la formule tout de suite, n'est-ce pas. On se parle à soi-même; la machine se souvient. Je me la fais monter dans ma chambre chaque soir. Quand on est au lit, il vous vient des idées... euh... si précieuses, tu ne trouves pas? Euh... sans le dictaphone, elles seraient perdues...

— Et qu'est-ce que tu fais quand tu arrives au bout d'un de ces rouleaux du phonographe? demanda Philip.

— Je l'envoie à ma secrétaire, n'est-ce pas, pour qu'elle me le tape à la machine.

Philip arqua les sourcils.

— Tu as une secrétaire, à présent?

Mr. Quarles fit un signe de tête affirmatif et important.

— Pour le moment, elle ne me consacre que la moitié de ses journées, dit-il, en s'adressant à la corniche de la cloison d'en face. — Euh... Tu ne t'imagines pas tout ce que j'ai à faire. Il y a le livre, n'est-ce pas, et les lettres, et les comptes, et... euh... et des tas de choses, termina-t-il assez pauvrement. — Il soupira, il hocha la tête du martyr. — Toi, tu as de la chance, mon petit, reprit-il. Tu n'as rien pour t'arracher à ton travail, n'est-ce pas. Tu peux donner tout ton temps à ce que tu écris. Je voudrais pouvoir y consacrer tout le mien, moi. Mais j'ai la propriété, n'est-ce pas, et tout le reste... Tout cela est bien terre à terre — mais... euh... il faut que cela soit fait. — Il soupira de nouveau. — Oui, je t'envie ta liberté.

Philip se mit à rire :

— Oui, j'en arrive à m'envier moi-même, quelquefois ! Mais le dictaphone te sera d'un grand secours.

— Oh ! certes, dit Mr. Quarles. Incontestablement.

— Et comment marche le livre ?

— Lentement, répondit son père, mais sûrement. Je crois que j'ai rassemblé la plupart de mes matériaux, n'est-ce pas.

— Ah ! C'est déjà quelque chose, ça.

— Vous autres romanciers, dit Mr. Quarles d'un ton protecteur, vous avez de la chance. En somme, vous n'avez qu'à vous asseoir et vous mettre à écrire. Pas de travail préliminaire nécessaire, n'est-ce pas. Rien qui ressemble à ceci. — Il désigna de la main les meubles classeurs et les fichiers. Ils étaient la preuve de sa supériorité, ainsi que des difficultés énormes avec lesquelles il était aux prises. Les livres de Philip pouvaient bien avoir du succès. Mais, en fin de compte, qu'est-ce qu'un roman ? Une heure de divertissement, rien de plus ; une chose qu'on ramasse et qu'on rejette, insouciamment. Tandis que le livre le plus important sur la démocratie !... Et puis, n'importe qui peut écrire un roman. Il s'agit tout simplement de vivre et puis de se mettre à décrire la chose. Mais pour composer le livre le plus important sur la démocratie, il faut prendre des notes, réunir des matériaux provenant de sources innombrables, acheter des meubles classeurs et des machines à écrire, portatives, polyglottes et calculantes ; il faut un fichier et des calepins à feuillets mobiles, et un stylographe capable d'écrire six mille mots sans qu'on ait besoin de le regarnir ; il faut un dictaphone et une secrétaire qui vous consacre la moitié de ses journées, et qui sera bientôt obligée de vous les consacrer tout entières. — Rien qui ressemble à ceci, insista-t-il.

— Non, évidemment, dit Philip, qui s'était mis à se promener par la pièce et à examiner l'attirail littéraire. — Rien qui ressemble à ceci. — Il ramassa quelques coupures de journaux qui se trouvaient sous un presse-papiers, sur le couvercle de la

Corona qui ne servait guère. — Des mots croisés? demanda-t-il, soulevant les dessins irrégulièrement quadrillés. — Je ne savais pas que tu étais devenu un as en mots croisés.

Mr. Quarles enleva les coupures des mains de son fils et les enferma dans un tiroir. Il était contrarié qu'il les eût vues. Les mots croisés gâtaient l'effet du dictaphone.

— Euh... Des choses puériles, dit-il avec un petit rire. Mais elles constituent une distraction quand l'esprit est fatigué, n'est-ce pas... J'aime à m'en distraire de temps à autre. — En réalité, Mr. Quarles passait presque la totalité de ses matinées à faire des mots croisés. Ils s'adaptaient exactement à son genre d'intelligence. C'était l'un des devineurs de mots croisés les plus experts de son temps.

Cependant, au salon, Mrs. Quarles causait avec sa bru. C'était une petite femme active, aux cheveux gris, mais qui conservait intact et à peine déformé le contour de ses traits réguliers et bien formés. L'expression du visage était à la fois vive et pleine de sensibilité. C'était une énergie délicate, une vie intense mais frémissante à la moindre sensation, qui brillait en incessantes variations d'éclat et de nuance de couleur dans ses yeux expressifs d'un gris-bleu. Ses lèvres répondaient d'une façon à peine moins immédiate et moins constante, à ses pensées et à ses sensations que ses yeux; elles étaient graves ou fermes, elles souriaient ou étaient mélancoliques, suivant toute une gamme presque infinitésimalement chromatique d'expression émotive.

— Et le petit Phil? dit-elle, s'informant de son petit-fils.

— Il est débordant de santé.

— Quel amour de petit bonhomme! — La chaleur de l'affection de Mrs. Quarles donnait plus de plénitude à sa voix et transparaissait en lumière dans ses yeux. — Vous avez dû être bien triste de l'abandonner si longtemps.

Élinor eut un haussement d'épaules à peine perceptible:

— Mon Dieu, je savais qu'entre miss Fulkes et maman il serait bien mieux soigné qu'il n'aurait pu l'être avec moi. — Elle rit et hocha la tête. — Je ne crois pas que la nature m'ait destinée à avoir des enfants. Ou bien je suis impatiente avec eux, ou bien je les gâte. Le petit Phil est délicieux, bien sûr; mais je sais bien qu'une nombreuse famille m'aurait rendue folle.

L'expression du visage de Mrs. Quarles changea.

— Mais vous n'avez pas éprouvé une joie débordante à le revoir, au bout de tant de mois? — L'accent avec lequel elle posa cette question était presque inquiet. Elle espérait qu'Élinor y répondrait par l'affirmative enthousiaste qui lui eût été naturelle, à elle, dans des circonstances analogues. Mais en même temps elle était hantée de la peur que cette étrange fille lui répondît (avec cette franchise qui était, chez elle, une qualité admirable, mais qui était aussi si troublante par ce qu'elle révélait d'états d'âme peu familiers et même incompréhensibles à Rachel) qu'elle n'avait éprouvé aucun plaisir à revoir son enfant. Les premiers mots d'Élinor lui apportèrent un soulagement.

— Si, une joie merveilleuse, dit-elle ; mais elle priva sa phrase de son plein effet en ajoutant : — Je ne m'imaginais pas que je pourrais jamais être si contente de le revoir. Mais ç'a été véritablement émouvant !

Il y eut un silence. — « Drôle de fille », songea Mrs. Quarles, et son visage trahissait quelque chose de l'étonnement qu'elle éprouvait toujours en présence d'Élinor. Elle faisait de son mieux pour aimer sa bru ; et elle y réussissait jusqu'à un certain point. Élinor avait beaucoup d'excellentes qualités. Mais il paraissait lui manquer quelque chose, quelque chose sans quoi nul être humain ne pouvait être entièrement sympathique à Rachel Quarles. On eût dit qu'elle était née privée de certains instincts naturels. Ne pas s'être attendue à éprouver du bonheur en revoyant son enfant, — cela c'était déjà assez étrange. Mais ce que Rachel trouvait presque plus étrange, c'était la façon calme et toute simple dont Élinor reconnaissait la chose. Elle aurait rougi, elle, de faire un tel aveu, même si ç'avait été la vérité. Cela lui aurait paru être quelque chose de honteux, — une sorte de blasphème, la négation d'une chose sacrée. Chez Rachel, la vénération des choses sacrées était toute naturelle. C'est ce manque de vénération chez Élinor, son incapacité à se rendre compte, même, que les choses sacrées sont effectivement sacrées, qui rendaient impossible à Mrs. Quarles d'avoir pour sa bru toute l'affection qu'elle aurait voulu.

De son côté, Élinor admirait, respectait et aimait sincèrement la mère de son mari. Chez elle, la difficulté chronique était d'établir un contact effectif avec une personne dont les idées et les motifs déterminants lui paraissaient si bizarrement incompréhensibles, voire si absurdes. Mrs. Quarles était religieuse, sans ostentation, mais ardemment, et accordait de son mieux sa vie à ses croyances. Élinor admirait, mais trouvait que cela était un peu absurde et superflu. Elle avait reçu une éducation orthodoxe. Mais elle n'avait aucun souvenir d'une époque, fût-ce en son enfance, où elle avait cru sérieusement à ce qu'on lui racontait sur l'autre monde et ses habitants. L'autre monde l'assommait ; elle ne s'intéressait qu'à celui-ci. La confirmation n'avait pas soulevé chez elle plus d'enthousiasme qu'une représentation au théâtre, — considérablement moins, en vérité. Son adolescence s'était passée sans une trace de crise religieuse.

« Moi, tout ça me fait l'effet de n'être ni plus ni moins que des bêtises », disait-elle lorsqu'on discutait ces questions en sa présence. Et il n'y avait nulle affectation dans ses paroles, elles n'étaient pas dites en provocation. Elle énonçait simplement un fait de son histoire personnelle. La religion, et avec la religion, toute morale transcendante, toute spéculation métaphysique, lui paraissait absurde, absolument comme l'odeur du gorgonzola lui paraissait dégoûtante. Il n'y avait rien à faire contre cette expérience directe. Souvent, dans des cas comme le présent, elle eût voulu pouvoir faire quelque chose. Elle eût aimé franchir l'abîme qui la séparait de Mrs. Quarles. Dans l'état actuel des choses. elle éprouvait une certaine inquiétude quand elle se trouvait avec sa belle-mère ; elle hésitait, en sa présence, à exprimer ses sensations ou à dire ce qu'elle pensait. Car elle avait observé trop souvent que l'énonciation toute franche de ce qui lui semblait être des sentiments parfaitement naturels et des opinions raisonnables, était susceptible de chagriner sa belle-mère, de la frapper comme étant étrange et choquant. C'est ce qui venait encore de se produire à l'instant, comme elle le voyait à l'expression qui apparut un moment sur le visage mobile et sensible de Mrs. Quarles. Qu'était-ce donc, cette fois-ci ? Élinor, qui n'avait conscience de nulle offense, ne pouvait que se perdre en conjectures. A l'avenir, décida-t-elle, elle ne hasarderait plus jamais d'opinion personnelle ; elle se contenterait d'exprimer son accord avec ce qu'on dirait.

Il se trouva, cependant, que le sujet qui fut abordé ensuite dans leur conversation était l'un de ceux auxquels Élinor s'intéressait trop profondément pour pouvoir tenir sa récente résolution. De plus, c'en était un sur lequel, elle le savait par expérience, elle pouvait parler librement sans risquer de la froisser involontairement. Car en ce qui concernait Philip, les sentiments et les opinions d'Élinor semblaient à Mrs. Quarles entièrement convenables.

— Et le grand Philip ? demanda-t-elle ensuite.

— Vous voyez comme il a bonne mine, répondit Élinor, à propos de sa santé, bien qu'elle sût que l'interrogation ne se rapportait pas à son bien-être corporel. — C'est avec un certain effroi qu'elle envisageait la conversation à venir. En même temps, toutefois, elle fut contente d'avoir l'occasion de discuter ce qui occupait ses pensées d'une façon si constante et si embarrassante.

— Oui, oui, ça, je l'ai vu, dit Mrs. Quarles. Mais ce que je voulais dire, en réalité, c'est : Comment va-t-il, en soi ? Comment est-il avec vous ?

Il y eut un silence. Élinor plissa légèrement le front et regarda à terre.

— Lointain, fit-elle enfin.

Mrs. Quarles soupira.

— Il l'a toujours été, dit-elle. Toujours lointain. — Lui aussi, lui semblait-il, il lui manquait quelque chose, — le désir et la faculté de se donner, de s'extérioriser et d'aller au-devant de ses semblables, même de ceux qui l'aimaient, même de ceux qu'il aimait. Geoffrey, lui, avait été tellement différent ! Au souvenir de son fils mort, Mrs. Quarles sentit tout son être envahi d'une tristesse poignante. Si quelqu'un avait émis l'idée qu'elle l'avait aimé plus qu'elle n'aimait Philip, elle aurait protesté. Ses sentiments, à elle, elle en était sûre, avaient été les mêmes, à l'origine. Mais Geoffrey s'était laissé aimer plus pleinement, plus intimement que son frère. Si seulement Philip lui avait permis de l'aimer davantage ! Mais il y avait toujours eu des barrières entre eux, — des barrières qu'il avait élevées. Geoffrey, lui, était allé au-devant d'elle, il avait donné, afin de pouvoir recevoir. Mais Philip s'était toujours montré réservé, parcimonieux, en affection. Il avait toujours fermé des portes à son approche, il avait toujours cadenassé son esprit de peur qu'elle ne réussît à jeter un regard furtif sur ses secrets. Elle n'avait jamais su ce qu'il ressentait et pensait véritablement. — Même étant petit garçon, dit-elle à haute voix.

— Et maintenant, il a son travail, dit Élinor après un silence. De sorte que c'est encore pis. C'est comme un château tout en haut d'une montagne, son travail. Il s'y enferme et il est inexpugnable.

Mrs. Quarles sourit tristement.

— Inexpugnable. — C'était bien le mot. Même étant petit garçon, il avait été inexpugnable. — Peut-être, en fin de compte, capitulera-t-il de sa propre initiative.

— Et c'est à moi qu'il se rendra ? dit Élinor. Ou à une autre ? Ce ne serait pas une grande satisfaction si c'était à une autre, n'est-ce pas ? Et pourtant, quand je me sens en passe de ne pas être égoïste, ajouta-t-elle, je souhaite qu'il se rende à qui que ce soit, — à qui que ce soit, — pour son propre bien.

Les paroles d'Élinor portèrent les pensées de Mrs. Quarles vers son mari, — non pas avec reproche, bien qu'il eût mal agi, bien qu'il l'eût blessée, mais avec pitié, plutôt, avec sollicitude. Car elle ne pouvait pas arriver à se persuader que c'était entièrement de la faute de Sidney. C'était son malheur, rien de plus.

Élinor soupira :

— Je ne peux vraiment pas m'attendre, moi, à recevoir sa capitulation, dit-elle. Quand on est devenue une habitude, on ne peut guère se transformer brusquement en une révélation qui submerge tout.

Mrs. Quarles secoua la tête. Dans ces dernières années, les révélations submergeantes de Sidney étaient venues de sources si humbles ! La petite souillon de la cuisine, — la fille du garde-chasse... Comment pouvait-il, se demanda-t-elle pour la millième fois, — comment pouvait-il faire ça ? C'était incompréhensible.

— Si, du moins, dit-elle, presque dans un murmure, si du moins vous aviez Dieu comme compagnon ! — Dieu avait toujours été son réconfort, à elle, — Dieu, et l'accomplissement de la volonté de Dieu. Elle ne pouvait jamais concevoir comment des gens pouvaient traverser la vie sans Lui. — Si seulement vous pouviez trouver Dieu !

Le sourire d'Élinor fut sarcastique. Des remarques de ce genre l'agaçaient parce qu'elles étaient si ridiculement à côté de la question.

— Ce serait peut-être plus simple... commença-t-elle ; mais elle s'arrêta aux premiers mots. Elle avait voulu dire qu'il serait plus simple, peut-être, de trouver un homme. Mais elle se souvint de sa résolution, et elle ne dit rien.

— Vous disiez ?

Élinor secoua la tête.

— Rien, fit-elle.

Heureusement pour Mr. Quarles, le British Museum n'avait pas de succursale en Essex. C'est à Londres seulement qu'il pouvait faire des recherches et recueillir les documents nécessaires à son livre. La maison de Portman Square était louée (Mr. Quarles imputait cette nécessité à l'impôt sur le revenu, mais c'étaient ses propres spéculations sur les sucres qui en étaient surtout responsables) ; et c'était dans un modeste petit appartement de Bloomsbury (« à proximité commode du Museum, n'est-ce pas ») qu'il campait désormais quand les nécessités de l'érudition l'appelaient en ville.

Au cours des quelques dernières semaines, ces nécessités avaient été plus péremptoires que d'habitude. Ses visites à Londres avaient été fréquentes et prolongées. Après la seconde de ces visites, Mrs. Quarles s'était demandé, avec tristesse, si Sidney avait trouvé une autre femme. Et lorsque, à son retour d'un troisième voyage, et, quelques jours après, à la veille d'un quatrième, il se mit à gémir avec ostentation sur l'énorme complexité de l'histoire de la démocratie chez les anciens Indous, Rachel fut convaincue que l'autre femme avait été effectivement découverte. Elle connaissait assez Sidney pour être sûre que, s'il avait réellement compulsé des documents sur les anciens Indous, il ne se serait jamais donné la peine d'en parler à table, — du moins, pas d'une façon si étendue, ni avec une telle insistance. Sidney parlait pour la même raison qui incite la seiche, lorsqu'elle se sent poursuivie, à jeter de l'encre, — pour dissimuler ses mouvements. Pauvre Sidney ! Il se croyait tellement machiavélique ! Mais son encre était transparente, sa ruse était digne d'un enfant.

— Est-ce que tu ne pourrais pas te faire envoyer ici les livres de la London Library ? demanda Mrs. Quarles, poussant résolument une pointe.

Sidney branla la tête.

— Ce sont de ces livres, répondit-il en faisant l'important, qui n'existent qu'au Museum.

Rachel soupira et se contenta d'espérer que cette femme aurait la sagesse de veiller suffisamment sur elle-même pour s'éviter toute difficulté sérieuse, et pas assez bien pour avoir le désir de créer des complications extérieures.

— J'ai bien envie de vous accompagner demain jusqu'à Londres, annonça-t-il la veille du départ de Philip et d'Élinor, au matin.

— Encore ? demanda Mrs. Quarles.

— Il y a une question à propos de ces satanés Indous, expliqua-t-il, qu'il me faut absolument élucider... Euh... je crois que je pourrai la trouver dans le livre de Pramathanatha Banerjea... Ou bien, peut-être, est-elle traitée par Radakhumud Mookerji, n'est-ce pas... — Il fit rouler les noms propres de façon impressionnante, professionnelle. — Il s'agit du gouvernement local à l'époque des Maurya. Fort démocratique, n'est-ce pas, malgré le despotisme central. Par exemple...

A travers le nuage d'encre, Mrs. Quarles entr'aperçut une forme féminine.

Le petit déjeuner terminé, Sidney se retira dans son cabinet de travail et attaqua son mot croisé du matin. Une espèce d'oignon, — quatre lettres. Il était distrait par des visions anticipées du lendemain ; il ne pouvait pas fixer son attention. Ses seins, songeait-il, son dos lisse et blanc... Et « échalote » ? Non, ce n'était pas ça ; c'était bien trop long. Allant jusqu'à la bibliothèque, il sortit sa Bible, les pages minces crissèrent sous ses doigts. « Tu es parfaite comme une coupe faite au tour, où il ne manque jamais de liqueur à boire, ton ventre est semblable à un monceau de froment tout environné de lis. Tes deux seins sont comme deux faons jumeaux d'une gazelle...» Salomon parlait pour lui, et avec quels éclats!... «Les jointures de tes hanches sont semblables à des colliers travaillés par la main d'un excellent ouvrier.» Il lut ces mots à haute voix. Gladys avait un corps parfait... «Comme une coupe faite au tour, où il ne manque jamais de liqueur à boire...» Ah! ces Orientaux savaient ce qu'est la passion! Décorant le désir libidineux du beau nom de «passion», Mr. Quarles se considérait comme un homme fort passionné... «Ton ventre est semblable à un monceau de froment...» La passion est respectable, elle est bel et bien respectée par la loi dans certains pays. Aux poètes elle est même sacrée. Il était de l'avis des poètes. Mais «semblables à de jeunes faons», c'était une comparaison bizarre, manquant de justesse. Gladys était grassouillette sans être grasse, elle était ferme et élastique. Les faons, par contre... En tant qu'homme à grandes passions, Sydney pouvait se considérer comme étant véritablement une figure héroïque et noble. «C'est un jardin fermé que ma sœur fiancée; une source fermée, une fontaine scellée: un bosquet où croissent les grenadiers, avec les fruits les plus exquis, le cypre avec le nard, le nard avec le safran, la cannelle et le cinnamome, avec tous les arbres qui donnent l'encens, la myrrhe...» ... Mais bien sûr, le mot cherché, c'était «aulx!» Quatre lettres. Une espèce d'oignon... «... La myrrhe et l'aloès, et toutes les plantes embaumées...»

Le train qu'ils prirent le lendemain matin eut près de vingt minutes de retard.

— C'est scandaleux! répétait Mr. Quarles, en regardant sa montre, c'est honteux!

— Tu es bien pressé de rejoindre tes Indous! dit Philip, souriant du fond de son coin.

Son père fronça les sourcils et détourna la conversation. A la gare de Liverpool Street, ils se séparèrent, Sidney prenant un taxi, Philip et Élinor un autre. Sidney arriva à son appartement juste à temps. Il était encore occupé à laver de la poussière du voyage ses grandes mains potelées, lorsque la sonnette retentit. Il se dépêcha de se les rincer et de les essuyer, puis, se refaisant une contenance, il revint au vestibule et ouvrit la porte. C'était Gladys. Il la reçut avec une sorte de majesté condescendante, le menton en avant, la poitrine rejetée en arrière, le gilet bombé, mais lui souriant de haut (Gladys se qualifiait de «petite», — en français), et clignant gracieusement à travers ses paupières mi-closes. C'était une figure impudente, commune, camuse, qui lui sourit en retour. Mais ce n'était pas sa figure qui avait ramené

Mr. Quarles à Londres, ce n'était pas Gladys Helmsley en tant qu'individu ; c'était le simple aspect générique de la femme, son... euh, son corps, comme Sidney l'eût exprimé par euphémisme.

— Comme vous êtes ponctuelle, ma chérie, dit-il, lui tendant la main.

Gladys fut un peu surprise de la froideur de son accueil. Après ce qui s'était passé la dernière fois, elle s'était attendue à quelque chose de plus tendre.

— C'est vrai ? dit-elle, — faute de mieux ; et les êtres humains ne disposant que d'un nombre limité de bruits et de grimaces pour exprimer la multiplicité de leurs émotions, elle se mit à rire comme si quelque chose l'avait amusée, alors qu'en réalité elle n'était que surprise et embarrassée. Elle avait sur le bout de la langue les mots pour lui demander, d'une façon provocante et pétulante, pourquoi il ne l'embrassait pas, s'il en avait assez d'elle, déjà. Mais elle décida d'attendre.

— Presque trop ponctuelle, reprit Sidney. Mon train a eu un retard... euh... scandaleux. Scandaleux ! — Son indignation rayonnait au-dehors.

— Sans blague ! dit Gladys. — Le raffinement qui s'accrochait à ses paroles, comme un déguisement trop distingué, tombait, de temps en temps, en laissant certains mots et certaines phrases dans la nudité de leur accent londonien.

— C'est vraiment scandaleux... euh ! dit Sidney. Les trains n'ont pas le droit d'avoir du retard. J'écrirai au Chef du Mouvement à Liverpool Street. Je me demande même, ajouta-t-il, d'un ton encore plus important, si je ne vais pas écrire également au *Times*.

Gladys fut impressionnée. Mr. Quarles avait eu l'intention qu'il en fût ainsi. En dehors de toutes satisfactions simplement sensuelles, le charme principal de ses vacances sexuelles consistait en ce fait qu'il les partageait avec des compagnes faciles à impressionner. Sidney aimait qu'elles fussent non seulement jeunes, mais d'une classe inférieure, et pauvres. Se sentir supérieur sans aucune équivoque, et sincèrement admiré, c'était pour Sidney un luxe presque aussi grand qu'une étreinte. Ses escapades étaient des diversions non seulement à la chasteté, mais aussi à cette sensation d'infériorité qui, chez lui, au Parlement, au bureau, l'avait toujours hanté avec une insistance croissante. En présence de jeunes femmes de condition inférieure, il devenait un grand homme, en même temps qu'un « passionné ».

Gladys, de son côté, fut impressionnée par ses grondements. Mais elle fut également amusée. Impressionnée parce qu'elle appartenait au monde des esclaves du salaire, pauvres et patients, qui acceptent les désagréments de la vie sociale comme autant de phénomènes naturels, sur lesquels l'intervention humaine n'a pas d'action et récalcitrants aux désirs humains. Mais Sidney était un des riches d'un lointain Olympe ; les riches refusent d'accepter les désagréments ; ils écrivent au *Times* à ce sujet, ils tirent des ficelles, ils font agir des influences, ils déposent des plaintes officielles auprès d'une police toujours amicale et obséquieuse. Pour Gladys, tout cela était merveilleux, — merveilleux, mais aussi fort drôle. Il y avait tant de « hum-hum » et de « n'est-ce pas » dans toute cette affaire ! Elle ressemblait tellement à sa propre parodie sur les planches du music-hall ! Elle admirait, elle comprenait fort bien les causes économiques et sociales de la conduite de Sidney (c'était cette compréhension intuitive qui avait fait si promptement d'elle sa maîtresse). Mais elle en riait en même temps. Elle manquait de vénération.

Mr. Quarles ouvrit la porte du petit salon et s'effaça pour la laisser passer.

— Et voilà, dit Gladys, et elle entra.

Il l'y suivit. Sur sa nuque, ses cheveux noirs, coupés court, se terminaient par un petit triangle dont la pointe descendait le long de l'épine dorsale. Elle était vêtue d'une mince robe verte. A travers l'étoffe fine il voyait, juste au-dessous des épaules, la ligne où la peau nue succédait aux dessous. Elle avait une ceinture de cuir noir brillant, de biais sur les hanches, et très bas. A chacun de ses pas, elle se soulevait et lui retombait sur la hanche gauche avec une régularité rythmique. Ses bas étaient de la couleur de la chair hâlée au soleil. Mr. Quarles, qui était d'une époque où les dames roulaient apparemment sur des roulettes, était particulièrement sensible au charme des mollets ; il trouvait la mode actuelle ravissante, et ne parvenait pas à se débarrasser complètement de l'idée que les jeunes femmes qui l'adoptaient s'étaient délibérément rendues indécentes à son profit, et parce qu'elles désiraient qu'il devînt leur amant... Il suivait des yeux les courbes de cette teinte hâlée et luisante. Mais ce qui le fascina le plus, aujourd'hui, ce fut la ceinture de cuir noir se soulevant et retombant sur la hanche gauche, avec la régularité d'une mécanique, chaque fois qu'elle avançait sa jambe. Dans cette montée et cette chute toute l'espèce inindividualisée, le sexe tout entier, lui faisaient des signaux d'appel.

Gladys s'arrêta et se retourna vers lui avec un sourire, coquette, attendant quelque chose. Mais Mr. Quarles ne fit pas de geste qui répondît à son attente.

— J'ai ici la Corona, n'est-ce pas, dit-il. Nous ferions peut-être bien de commencer tout de suite.

Pour la seconde fois, Gladys fut surprise ; elle songea à lâcher quelque commentaire, mais de nouveau elle ne dit rien, se contentant de s'asseoir en silence devant la machine à écrire.

Mr. Quarles chaussa son pince-nez d'écaille et ouvrit sa serviette. Il avait trouvé une maîtresse, mais il ne voyait pas pourquoi, de ce fait, il perdrait une dactylo, dont, après tout, il rémunérait les services.

— Peut-être, dit-il, levant son regard sur elle par-dessus le bord de son pince-nez, ferions-nous bien de commencer par ces lettres au Chef du Mouvement et au *Times.* — Gladys mit en place le papier, tapa la date. Mr. Quarles toussota pour se dégager la gorge et dicta. Il y avait quelques expressions heureuses dans ses lettres, il s'en flattait... « ...Cette négligence inexcusable entraînant la perte d'un temps autrement précieux que celui des bureaucrates somnolents des chemins de fer », — celle-là, par exemple, était excellente. De même (pour le *Times,* celle-là) : « Les parasites sociaux et grassement nourris d'une industrie protégée... » — Là, ça leur apprendra, à tous ces fainéants, dit-il avec satisfaction, en relisant ses lettres. — Ça les remuera un peu. — Il posa son regard sur Gladys, en quête d'applaudissements, et ne fut pas entièrement satisfait du sourire qu'il perçut sur son visage impertinent. — Dommage que le vieux Lord Hagworm ne soit plus de ce monde, ajouta-t-il, appelant à lui des alliés redoutables. — Je lui aurais écrit, à lui. Il était administrateur de la compagnie. — Mais le dernier des Hagworm était mort en 1912. Et Gladys continua à être plus amusée qu'admirative.

Mr. Quarles dicta encore une douzaine de lettres, les réponses à une correspondance qu'il avait laissée s'accumuler depuis plusieurs jours avant de venir à Londres, de façon que le total parût plus important, et aussi pour qu'il pût profiter à plein des services de Gladys comme secrétaire et en avoir pour son argent.

— Dieu merci, ça y est ! dit-il, quand il eut terminé sa réponse à la dernière des lettres. Vous n'avez pas idée, continua-t-il (et le grand penseur était venu renforcer le propriétaire foncier), vous n'avez pas idée... euh... comme ces petites choses triviales peuvent être exaspérantes, quand on a des choses... euh... autrement sérieuses et importantes dont on est préoccupé.

— Oui, sans doute, dit Gladys, se disant qu'il était vraiment drôle.

— Inscrivez, commanda Mr. Quarles, à qui une pensée venait de traverser l'esprit. Il s'adossa en arrière dans sa chaise et, fermant les yeux, poursuivit l'expression rebelle.

Gladys attendit, les doigts suspendus au-dessus du clavier. Elle regarda la montre à son poignet. Midi dix. Il serait bientôt l'heure de déjeuner. Une nouvelle montre, — ce serait la première chose qu'elle se ferait donner par lui. La vieille qu'elle avait là était si bon marché, si affreuse ; et elle marchait si mal...

— Note pour le volume de *Réflexions,* dit Mr. Quarles, sans ouvrir les yeux. — Les touches firent leur cliquetis rapide. — « Les cimes d'ivoire de la pensée », — il se répéta les mots à soi-même. Ils provoquèrent des échos satisfaisants dans les couloirs de son esprit. L'expression était saisie au vol. Il se remit droit sur sa chaise, d'un mouvement brusque, et rouvrit les yeux, — pour s'apercevoir que la partie supérieure en tissu de coton de l'un des bas couleur chair hâlée de Gladys était visible, de l'endroit où il était assis, à une distance considérable au-dessus du genou. — Toute ma vie, dicta-t-il, les yeux fixés sur le tissu de coton, j'ai souffert des interruptions inconséquentes — non, mettez « importunes » — de la trivialité... euh... du monde, un point. Il y a des penseurs, virgule, je le sais, virgule, qui sont capables d'ignorer volontairement ces interruptions, virgule, de leur donner une attention passagère mais suffisante, virgule, et de revenir alors avec l'esprit serein à des choses plus élevées, un point. »

Il y eut un silence. Au-dessus du tissu de coton, songeait Mr. Quarles, il y avait la peau, — douce, tendue et courbée sur la chair ferme et bombée. Ah ! La caresser, et, caressant, sentir caressés soyeusement le bout de ses doigts. Presser une pleine main de chair élastique. Voire la mordre... Comme une courbe faite au tour, semblable à un monceau de froment...

Gladys, ayant tout à coup conscience de la direction de ses regards, tira sur sa jupe.

— Où en étais-je ? demanda Mr. Quarles.

— Des choses plus élevées avec l'esprit serein, répondit Gladys, lisant sur la feuille qu'elle avait devant les yeux.

— Hum ! — Il se frotta le nez. — Moi, virgule, hélas, virgule, une telle sérénité m'a toujours été impossible, point-virgule ; j'ai une sensibilité nerveuse trop forte, un point. Arraché aux cimes d'ivoire de la pensée... (il fit rouler sa phrase en en dégustant la saveur) pour être jeté à la poussière commune, virgule, je suis exaspéré, virgule, je perds toute paix de l'esprit et suis incapable de regagner ma tour. »

Il se leva et se mit à marcher avec agitation de long en large.

— Ç'a toujours été là mon point faible, dit-il. Trop de sensibilité... euh... Un penseur ne devrait pas avoir de tempérament, pas de nerfs, n'est-ce pas. Il n'a pas le droit d'être passionné.

La peau..., songeait-il, la chair ferme, élastique... Il s'arrêta derrière la chaise de Gladys. Le petit triangle des cheveux ras descendait en pointe le long de son épine dorsale. Il lui posa les mains sur l'épaule et se pencha au-dessus d'elle.

Gladys leva les yeux, souriant d'une façon impertinente et triomphale.

— Eh bien ? dit-elle.

Mr. Quarles se pencha davantage et lui baisa la nuque. Elle eut un petit rire lascif.

— Oh ! Vous me chatouillez !

Les doigts de Mr. Quarles l'explorèrent, descendant le long des bras, pressant son corps, — le corps de l'espèce, du sexe tout entier. La Gladys individualisée continua à pousser son petit rire.

— Voulez-vous bien être convenable ! dit-elle ; et elle fit semblant de repousser ses mains. — Voyez-vous ça !

CHAPITRE XXI

— Il y a un mois, dit Élinor, comme leur taxi sortait de la gare de Liverpool Street, nous étions en Oudaïpour.

— Oui, incontestablement, ça semble invraisemblable, dit Philip, approuvant ce que cette observation avait de sous-entendu.

— Ces dix mois de voyage ont passé comme une heure au cinéma. Tiens, voilà la Banque. J'en arrive à douter d'être jamais partie. — Elle soupira. — C'est une sensation plutôt affreuse.

— Tu trouves ? dit Philip. Moi, je dois y être habitué. Il me semble toujours qu'il n'est vraiment rien arrivé avant ce matin même. — Il allongea le cou à travers la portière. — Comment se fait-il que des gens en fassent un plat, du Tadj-Mahal, quand il y a la cathédrale de Saint-Paul à regarder, ça, je n'y comprends rien. Quelle merveille !

— Et ces tons magnifiques, noirs et blancs, de la pierre !

— Oui, on dirait d'une gravure. C'est doublement une œuvre d'art. Pas seulement de l'architecture, mais une eau-forte d'architecture. — Il se recala en arrière. — Je me demande souvent si j'ai jamais eu une enfance, continua-t-il, revenant à la conversation précédente.

— Ça, c'est parce que tu n'y penses jamais. Pour moi, il y a des tas de choses de mon enfance qui me sont plus vraies que

Ludgate Hill, l'endroit même où nous sommes. Mais voilà : j'y pense constamment.

— C'est vrai, ça, dit Philip. Je n'essaie pas souvent de m'en souvenir. A peu près jamais, à la vérité. Il me semble toujours avoir trop à faire et à penser par ailleurs.

— Tu n'as pas de piété naturelle, dit Élinor. Et je le regrette bien.

Ils roulèrent le long du Strand. Les deux petites églises anciennes protestaient contre la masse toute neuve d'Australia House, mais en vain. Dans la cour du King's College un groupe de jeunes gens et de jeunes filles étaient assis au soleil, attendant le professeur de Théologie Pastorale. A l'entrée du parterre du Gaiety Theatre il y avait déjà un commencement de queue ; les affiches annonçaient la quatre centième représentation de *la Dame de Biarritz.* A côté du Savoy, remarqua Phil, on pouvait toujours acheter une paire de bottines pour soixante-quinze francs. Dans Trafalgar Square, les jets d'eau jaillissaient, les lions de Sir Edwin Landseer dardaient bien doucement leur regard féroce, l'amant de Lady Hamilton était perché là-haut parmi les nuages, comme saint Siméon Stylite. Et derrière l'austère colonnade de la National Gallery, les cavaliers d'Uccello combattaient sans songer au temps qui s'enfuit, et Rubens enlevait ses Sabines, Vénus se regardait dans son miroir et, au milieu des anges de Piero chantant en chœur, Jésus naissait, entrant dans un monde enchanteur et merveilleux.

La voiture obliqua pour descendre dans Whitehall.

— J'ai plaisir à penser à tous ces bureaucrates.

— Eh bien, moi, pas, dit Élinor.

— A tous ces gens qui font des paperasses, continua-t-il, des paperasses du matin au soir, pour que nous puissions vivre en liberté et en confort. Des paperasses et des paperasses, — et le résultat, c'est l'Empire Britannique. Quel avantage, ajouta-t-il, de vivre en un monde où l'on peut déléguer à autrui tout ce qui est ennuyeux, depuis la besogne de gouverner jusqu'à la fabrication des saucisses !

A la Porte des Horse Guards, les sentinelles à cheval avaient l'air d'être empaillées. Près du Cénotaphe, se tenait une dame d'âge mûr, les yeux levés, murmurant une prière par-dessus le Kodak avec lequel elle se proposait de faire un instantané des âmes des neuf cent mille morts. Un Sikh à barbe noire et à turban mauve pâle sortit de chez Grindlay[1] comme ils passaient. Il

1. *Note du traducteur.* — L'agence Grindlay sert de correspondant à la plupart des officiers et fonctionnaires anglais dans l'Inde.

était, suivant la grosse horloge du Parlement, onze heures vingt-sept. Y avait-il seulement un seul marquis sommeillant dans la bibliothèque de la Chambre des Lords ? Un autocar dégorgeait ses Américains au portail de l'abbaye de Westminster. Regardant à l'arrière, par la petite fenêtre du dos de la capote, ils purent voir que l'hôpital avait toujours un besoin urgent de fonds.

La maison de John Bidlake était dans Grosvenor Road et donnait sur le fleuve.

— Pimlico, dit Philip, méditativement, comme ils s'approchaient de la maison. — Il se mit à rire. — Te rappelles-tu cette chanson stupide que ton père citait toujours ?

— « Allons, allons à Pimlico », chantonna Élinor.

— « Ici, manque une strophe... » Il ne faut pas oublier ça ! — Ils rirent tous les deux, se souvenant des commentaires de John Bidlake.

— « Ici, manque une strophe... » Elle manque dans toutes les anthologies. Je n'ai jamais pu découvrir ce qui s'est passé quand ils sont arrivés à Pimlico. Je me le suis demandé pendant des années, — fiévreusement, encore... Rien de tel que le Bowdlerisme, que l'expurgation des textes, pour échauffer l'imagination.

— Pimlico, répéta Philip. — Le vieux Bidlake, songeait-il, avait fait de Pimlico une sorte d'Olympe rabelaisien. Cette expression lui plut. Mais, pour l'usage public, il vaudrait mieux « gargantuesque » que « rabelaisien ». A ceux qui ne l'avaient jamais lu, Rabelais n'apportait que l'idée de fange. Un Olympe gargantuesque, soit. Ils avaient du moins de vagues notions que Gargantua était grand.

Mais le John Bidlake qu'ils trouvèrent assis près du poêle, dans son atelier, n'avait rien d'olympien ; il semblait de taille réduite, et non pas plus grand que nature. Il se laissa embrasser par sa fille, et serra mollement la main de Philip.

— Ça fait du bien de vous revoir, dit-il. Mais il n'y avait nulle résonance dans sa voix ; le fond de tonnerres joyeux et de rires joviaux en était absent. Il parlait sans aucun brio. Ses yeux étaient ternes et injectés de sang. Il avait l'air amaigri et il avait grisonné.

— Comment vas-tu, papa ? — Élinor fut surprise et peinée. Elle n'avait encore jamais vu son père dans un tel état.

— Pas bien, répondit-il, hochant la tête, pas bien. Il y a quelque chose qui ne marche pas là-dedans, et il désigna son ventre. Le vieux lion se mit tout à coup à rugir selon sa manière accoutumée. — Je vous demande un peu ! Nous faire défiler à travers la vie avec une pleine brouettée de tripes ! J'en ai toujours voulu à Dieu, de ses sales blagues. — Le rugissement se fit plaintif. — Je ne sais pas ce qu'ont en ce moment les miennes. Mais c'est quelque chose de fort désagréable. — Il dégénéra presque en pleurnicherie. — Je me sens bien mal en point. — Le vieillard décrivit tout au long les symptômes de son mal.

— As-tu consulté un médecin ? demanda Élinor, quand il eut fini.

Il secoua la tête.

— Je n'y crois pas, aux médecins. Ils ne vous font jamais de bien. — La vérité, c'est qu'il avait une terreur superstitieuse des médecins. Oiseaux de mauvais augure, — il détestait les voir chez lui.

— Mais tu devrais en voir un, — sérieusement ! — Elle essaya de le convaincre.

— Bon, fit-il enfin, consentant en rechignant. Qu'ils viennent, les charlatans. — Mais, au fond, il éprouvait un certain soulagement. Il y avait déjà quelque temps qu'il désirait consulter un médecin ; mais jusqu'à présent, sa superstition avait été plus forte que son désir. Le sorcier de mauvais augure pouvait venir, à présent, — non pas à sa demande, mais à celle d'Élinor. La responsabilité ne lui en incombait plus ; ce n'est pas sur lui, par conséquent, que tomberait le malheur. La religion particulière du vieux Bidlake était obscure et compliquée.

Ils se mirent à parler d'autres choses. Maintenant qu'il savait pouvoir consulter un médecin en sécurité, John Bidlake se sentait mieux et ragaillardi.

— Je suis inquiète à son sujet, dit Élinor, dans le taxi qui les emmena.

Philip confirma d'un signe de tête.

— Ah ! ce n'est pas drôle, d'avoir soixante-treize ans ! Il commence à paraître son âge.

Quelle tête ! songeait-il. Il aurait voulu être peintre. La littérature était impuissante à rendre cela. On pourrait la décrire, bien entendu, jusqu'à la moindre ride. Mais quel résultat aurait-on atteint ainsi ? Aucun. Les descriptions sont chose lente ; un visage est instantanément perçu. Ce qu'il fallait ici, c'est un mot, une seule phrase. « Cette gloire, — la Grèce, — à présent décrépite. » Cela, par exemple, donnait déjà une indication sur l'homme. Mais, bien entendu, cela ne suffisait pas. Les citations ont en soi quelque chose de facétieux et de pédant. « Une statue en parchemin, » — ce serait mieux, ça... « La statue en parchemin de ce qui, jadis, avait été Achille était assise, recroquevillée, près du poêle... » Oui, il se rapprochait du but. Pas de description de longue haleine. Mais, pour quiconque avait jamais vu un moulage en plâtre du Discobole, manié un livre relié en parchemin, entendu parler d'Achille, John Bidlake était visible dans cette seule phrase. Et ceux qui n'avaient jamais vu de statue grecque, ni rien lu sur Achille dans un livre à couverture de peau de mouton ridée ? Ma foi, ceux-là, — qu'ils aillent se faire... !

— Malgré tout, songea-t-il, c'est trop littéraire. Il y a là-dedans trop de culture.

Élinor rompit le silence.

— Je me demande comment je vais retrouver Everard, maintenant que le voilà sacré grand homme. — Elle revoyait en imagination ce visage ardent, ce corps énorme mais agile. Rapidité et violence... Et il était amoureux d'elle... Lui plaisait-il ? Ou le détestait-elle ?

— Je me demande s'il s'est mis à pincer l'oreille aux gens, comme Napoléon ? dit Philip, en riant. — En tout cas, ce n'est qu'une question de temps.

— Malgré tout, dit Élinor, il me plaît. — La raillerie de Philip lui avait fourni une réponse à sa question.

— Moi aussi, il me plaît. Mais n'ai-je pas le droit de rire de ce qui me plaît ?

— Tu ris certainement de moi. Est-ce parce que je te plais ?

Il lui prit la main et la baisa.

— Je t'adore et je ne ris jamais de toi. Toi, je te prends absolument au sérieux.

Élinor le regarda, sans sourire.

— Il y a des moments où tu me pousses à bout... Qu'est-ce que tu ferais, si je m'en allais avec un autre homme ? T'en soucierais-tu, seulement ?

— Je serais tout à fait malheureux.

— C'est vrai ? — Elle le regarda. Philip souriait ; il était à mille kilomètres de là. — J'ai bien envie de faire l'expérience, ajouta-t-elle, plissant le front. Mais serais-tu malheureux, vraiment ? Je voudrais en être sûre, avant de commencer.

— Et quel serait ton co-expérimentateur ?

— Ah ! Voilà l'ennui. La plupart des autres hommes sont tellement impossibles !

— Quel compliment !

— Mais toi aussi, tu es impossible, Phil ! Tu es le plus impossible de tous, — c'est vrai ! Et ce qu'il y a de plus effrayant, c'est que je t'aime, malgré ça. Et tu le sais. Oui, et tu en abuses, par-dessus le marché. — Le taxi s'arrêta au bord du trottoir. Elle étendit la main pour prendre son parapluie. — Mais prends garde, continua-t-elle, en se levant, je ne te laisserai pas abuser de moi indéfiniment. Je ne veux pas continuer toute ma vie à donner quelque chose en échange de rien. Un de ces jours je me mettrai à la recherche de cet « autre » ! — Elle descendit sur le trottoir.

— Pourquoi ne pas essayer d'Everard ? railla-t-il, la suivant des yeux par la portière de la voiture.

— Je ne dis pas non, répondit-elle. Je sais qu'Everard ne demanderait pas mieux.

Philip se mit à rire et lui envoya un baiser du bout des doigts.

— Dis au chauffeur de me conduire au Club, dit-il.

Everard la fit attendre près de dix minutes. Lorsqu'elle eut fini de se remettre un peu de poudre sur le visage, Élinor explora curieusement la pièce. Les fleurs étaient abominablement mal arrangées. Et cette vitrine pleine de vieux sabres, de poignards, de pistolets garnis d'incrustations, — elle était hideuse, comme un objet dans un musée ; c'était une monstruosité, — quoiqu'elle fût en même temps un peu touchante en son absurdité. Depuis le collège, Everard conservait l'ambition de courir le monde à cheval et de couper la tête aux gens ; la vitrine le trahissait. Il en était de même de cette table à dessus de verre, avec son plateau chargé de monnaies et de médailles sous son couvercle de cristal. Avec quelle fierté il lui avait montré ses trésors ! Il y avait là la tétradrachme macédonienne, avec la tête d'Alexandre le Grand dans l'attitude d'Hercule ; le sesterce de l'an 44 avant notre ère, avec le profil formidable de César, et à côté le noble à la rose d'Édward III, frappé à l'effigie du bateau qui symbolisait le début de la puissance maritime de l'Angleterre. Et il y avait encore, sur la médaille du Pisanello, Sigismond Malatesta, le plus beau des ruffians ; il y avait la reine Élisabeth avec sa fraise, et un Napoléon lauré, et le duc de Wellington. Elle leur fit un sourire affectueux : c'étaient de vieux amis. Ce qu'il y avait d'agréable chez Everard, songea-t-elle, c'est qu'avec lui l'on savait toujours sur quel pied danser. Il était toujours, d'une façon si parfaitement définie, lui-même ; il vivait à la hauteur de sa réputation. Elle ouvrit le piano et frappa quelques accords : il était faux, comme d'habitude. Sur la petite table près de la cheminée il y avait un volume des derniers *Discours et Proclamations* d'Everard. Elle le prit, elle en feuilleta les pages. « La politique des Anglais Libres, y lut-elle, peut se résumer ainsi : Socialisme sans Démocratie politique, et Nationalisme sans insularité. » Cela avait fort bon air. Mais s'il avait écrit : « démocratie politique sans socialisme, et insularité sans nationalisme », elle l'eût probablement admiré avec la même sincérité. Ah ! ces abstractions ! Elle hocha la tête et soupira. « Il faut que je sois bien sotte », se dit-elle. Mais elles étaient effectivement dénuées de sens pour elle. Absolument vides. Des mots, rien que des mots. Elle tourna la page. « Le système des partis fonctionne suffisamment bien dans les cas où les partis sont simplement deux groupes d'oligarques rivaux, appartenant à la même classe, et ayant au fond les mêmes intérêts et le même idéal, luttant l'un contre l'autre pour le pouvoir. Mais lorsque les partis s'identifient à des classes et appliquent strictement des principes de partis, le système devient une absurdité. Du fait que je siège d'un côté de la Chambre, et vous de l'autre, je suis contraint d'admettre l'individualisme à l'exclusion de toute ingérence de l'État, et vous, vous êtes contraint d'admettre l'ingérence de l'État, à l'exclusion de tout individualisme; je suis contraint d'admettre le nationalisme, même le nationalisme économique (qui est une absurdité), et vous, vous êtes contraint d'admettre l'internationalisme, même l'internationalisme politique (qui n'est pas une moindre absurdité); je suis contraint d'admettre la dictature des riches (à l'exclusion des intelligents), — vous, vous êtes contraint d'admettre la dictature des pauvres (également à l'exclusion des intelligents). Tout cela pour la raison toute simple, et politiquement inconséquente, que, moi, je suis de Droite, et vous, de Gauche. Dans nos Parlements, les droits de la topographie priment ceux du bon sens. Tels sont les bienfaits du système moderne des partis. C'est le but des Anglais Libres d'abolir ce système ainsi que le parlementarisme corrompu et impuissant qui en est le corollaire. » Tout cela lui parut fort bien; mais elle se demanda néanmoins, pourquoi les gens se tourmentaient à propos de choses de ce genre. Au lieu de vivre, tout bonnement. Mais, apparemment, lorsqu'on était homme, on trouvait que c'était ennuyeux de vivre, tout bonnement. Elle rouvrit le livre, vers le milieu. « Chacune des libertés anglaises a été acquise au prix d'un nouvel esclavage. La destruction de la féodalité a fortifié la Couronne. Lors de la Réforme, nous nous sommes débarrassés de l'infaillibilité papale, mais nous nous sommes emberlificotés dans le droit divin des rois. Cromwell a démoli le droit divin des rois, mais a imposé la tyrannie des propriétaires fonciers et des classes moyennes. La tyrannie des propriétaires fonciers et des classes moyennes est en voie de destruction rapide afin que nous ayons la dictature du prolétariat. Une infaillibilité nouvelle, non plus celle du Pape, mais celle de la Majorité, a été proclamée, — infaillibilité à laquelle nous sommes tenus de croire, de par la loi. — Les Anglais Libres se sont juré de faire triompher une nouvelle Réforme et une nouvelle révolution politique. Nous nous débarrasserons de la dictature du prolétariat, comme nos pères se sont débarrassés du droit divin des rois. Nous nierons l'infaillibilité de la majorité comme ils ont nié l'infaillibilité papale. Les Anglais Libres combattent pour... » Élinor éprouva quelque difficulté à tourner la page... Combattent pour quoi donc ? se demanda-t-elle. Pour la dictature d'Everard et l'in faillibilité de Webley ?... Elle souffla sur les pages récalcitrantes ; elles s'écartèrent enfin... « ... pour la justice et la liberté. Leur politique, c'est que ce soient les meilleurs qui gouvernent, quelle que puisse être leur origine. Toutes les carrières, en un mot, doivent être largement ouvertes aux talents. Cela, c'est la justice. Ils exigent que chaque problème soit traité objectivement, intelligemment, sans égard aux préjugés traditionnels de partis ni à l'opinion sans valeur des majorités stupides. Cela, c'est la liberté. Ceux qui s'imaginent que la liberté est synonyme de suffrage universel... » Une porte claqua ; une voix forte retentit dans le vestibule. Il y eut un bruit de pas précipités dans l'escalier ; la maison trembla. La porte du salon fut ouverte violemment, comme si une bombe avait fait explosion de l'autre côté. Everard Webley entra, dans un éclat de bruyantes excuses et de chaleureux accueil.

— Ah ! Comment puis-je me faire pardonner ! s'écria-t-il en lui prenant les mains. Mais si vous saviez dans quel tourbillon je vis !... Comme c'est merveilleux de vous revoir ! Et pas changée du tout. Toujours aussi belle ! — Il posa sur son visage le regard profond de ses yeux sombres... — Les mêmes yeux pâles et sereins, les mêmes lèvres pleines et mélancoliques... Et vous avez une mine splendide !

Elle lui rendit son sourire. Il avait les yeux d'un brun très foncé ; vus à une certaine distance, ils paraissaient être tout en pupille. De beaux yeux, mais un peu inquiétants, songeait-elle, par leur fixité intense, brillante, vigilante. Elle y plongea un instant son regard, puis se détourna :

— Vous aussi, dit-elle, vous êtes toujours le même. Il est vrai que je ne vois pas pourquoi nous aurions changé. — Elle dirigea de nouveau ses regards vers son visage et le trouva la dévisageant toujours avec intensité. — Dix mois, et un voyage aux tropiques, cela n'est pas suffisant pour vous transformer en quelqu'un d'autre.

Everard se mit à rire.

— Heureusement ! Rendons-en grâces aux cieux ! dit-il. Et maintenant, descendons déjeuner.

— Et Philip ? demanda-t-il, quand on eut servi le poisson. — Est-il toujours le même, lui aussi ?

— Un peu plus, si possible.

Everard hocha la tête en confirmation.

— Un peu plus... Oui, je comprends... Il fallait s'y attendre. Le fait de voir des négros se promenant sans culotte doit l'avoir rendu encore plus sceptique qu'il n'était quant aux vérités éternelles.

Élinor sourit, tout en se sentant un peu froissée de sa raillerie.

— Et quel effet cela vous a-t-il fait, à vous, de voir tant d'Anglais se promenant en uniforme vert pois ? répliqua-t-elle.

Everard se mit à rire.

— Ça m'a fortifié dans ma croyance aux vérités éternelles, bien entendu.

— Dont vous êtes l'une, vous ?

Il approuva de la tête :

— Dont je suis l'une, naturellement. — Ils se regardèrent l'un l'autre, en souriant. Ce fut Élinor, de nouveau, qui détourna la première son regard.

— Merci de me l'avoir dit. — Elle maintint le ton d'ironie. — J'aurais pu ne pas le deviner de moi-même. — Il y eut un petit silence.

— Ne vous imaginez pas, dit-il enfin, d'un ton qui n'était plus badin, mais bien sérieux, que vous arriverez à me mettre en colère en me disant que je souffre d'un excès d'orgueil. — Il parlait doucement ; mais on sentait chez lui d'énormes réserves de puissance. — D'autres pourraient y réussir, peut-être. Mais quoi ! L'on ne s'embarrasse pas de ce que font les animaux inférieurs. On les écrase. Mais avec de vrais êtres humains, frères et sœurs, on discute les choses rationnellement.

— Quel soulagement, de vous l'entendre dire ! dit Élinor en riant.

— Vous croyez que j'ai un orgueil débordant, continua-t-il. Et ça doit être vrai dans un certain sens. Mais ce qu'il y a de grave, c'est que je sais fort bien que mon orgueil est justifié, — par l'expérience. La modestie est nuisible si elle est fausse. Milton a dit que « rien n'est plus profitable que l'estime de soi-même fondée sur la justice et le droit ». Je sais que la mienne repose sur la justice et le droit. Je sais, — j'en suis absolument convaincu, — que je puis mener à bien ce que je veux faire. A quoi bon nier cette conviction ? Je vais devenir le maître, je vais imposer ma volonté. J'ai la détermination et le courage. Et dans fort peu de temps j'aurai la force organisée. Et alors, je prendrai en main les événements. Je le sais ; pourquoi feindrais-je de ne pas le savoir ? — Il s'adossa en arrière sur sa chaise, et il y eut un long silence.

« C'est absurde, songeait Élinor, c'est ridicule, de parler de cette façon. » C'était la protestation de son intelligence critique contre ses sentiments. Car ses sentiments venaient d'être étrangement touchés. Les paroles de Webley, le ton de sa voix, — si douce, et laissant deviner pourtant sous sa douceur de telles réserves latentes et vibrantes de puissance et de passion, — l'avaient conquise. Lorsqu'il avait dit : « Je vais devenir le maître », ce fut comme si elle avait avalé une gorgée de vin chaud et épicé, – tellement elle avait senti un frémissement de chaleur lui passer par tout le corps. « C'est ridicule », répétait-elle intérieurement, essayant de prendre sur lui sa revanche de cette facile victoire, essayant de punir les traîtres qui, au tréfonds de son âme, avaient capitulé si aisément. Mais ce qui était fait ne pouvait plus se défaire complètement. Les paroles avaient beau être ridicules ; mais le fait demeurait que, lorsqu'il les avait prononcées, elle avait vibré d'admiration soudaine, d'émoi, d'un étrange désir de triompher et de rire tout haut.

La domestique changea les assiettes. Ils parlèrent de choses indifférentes, – du voyage d'Elinor, des événements de Londres pendant son absence, d'amis communs. On apporta le café ; ils allumèrent leurs cigarettes ; il y eut un silence. Comment allait-il être rompu ? Elinor se le demanda avec appréhension. Ou plutôt, elle ne se le demanda pas, et c'était cette connaissance prophétique qui lui donnait tant d'appréhension. Peut-être pourrait-elle le devancer en rompant elle-même le silence. Peut-être, en continuant à causer rapidement, pourrait-elle maintenir la conversation sur un plan insignifiant jusqu'à ce qu'il fût temps pour elle de partir. Mais il lui sembla tout à coup qu'il n'y avait plus rien à dire. Elle se sentit comme paralysée par l'approche de l'événement inévitable. Elle ne pouvait que rester là, assise, à attendre. Et enfin, l'inévitable arriva, comme il se devait.

— Vous rappelez-vous, dit-il lentement, sans lever les yeux, ce que je vous ai dit avant votre départ ?

— Je croyais que nous étions d'accord pour ne pas en reparler.

Il rejeta la tête en arrière avec un petit rire.

— Eh bien, vous vous êtes trompée. – Il la regarda, et lut dans ses yeux une expression de détresse et d'inquiétude, un appel à sa clémence. Mais Everard fut implacable. Il planta ses coudes sur la table, et se pencha vers elle. Elle baissa les yeux. – Vous m'avez dit que je n'ai pas changé, – en ce qui concerne la physionomie, dit-il, de sa voix douce pleine de réserves latentes de violence. Eh bien, mon cœur n'a pas changé non plus. Il est resté le même, Elinor, – toujours le même qu'au moment où vous êtes partie. Je vous aime toujours autant, Elinor. Non, je vous aime davantage. – Elle avait posé sa main molle sur la table, devant elle. Il étendit l'une des siennes et prit celle d'Elinor. – Elinor... murmura-t-il.

Elle secoua la tête, sans le regarder.

Doucement, passionnément, il continua à parler :

— Vous ne savez pas ce que peut être l'amour, dit-il. Vous ne savez pas ce que je peux vous donner, moi. L'amour qui est à bout, fou, comme une espérance sans espoir !... Et en même temps tendre, comme celui d'une mère pour son enfant malade... L'amour qui est violent et doux, violent comme un crime et doux comme le sommeil...

« Des mots, songeait Élinor, des mots absurdes, mélodramatiques. » Mais ils l'émouvaient, comme l'avait fait sa profession d'orgueil.

— Je vous en prie, Everard, dit-elle à haute voix, taisez-vous. — Elle ne voulait pas être émue. Elle fit un effort pour maintenir son regard ferme tandis qu'elle observait son visage, ses yeux vifs et scrutateurs. Elle tenta un rire, elle secoua la tête. — Parce que c'est impossible, — et vous le savez bien.

— Tout ce que je sais bien, dit-il lentement, c'est que vous avez peur. Peur de venir à la vie. Car vous avez vécu à demi morte, toutes ces années ! Vous n'avez pas eu la moindre occasion de vous éveiller pleinement à la vie. Et vous savez que je puis vous la donner, moi ! Et vous avez peur, — vous avez peur !

— Quelle bêtise ! dit-elle. — Ce n'était que du verbiage et du mélo.

— Et peut-être avez-vous raison, dans un certain sens, reprit-il. Être vivant, vraiment vivant, ce n'est pas une simple farce. C'est dangereux. Mais, bon Dieu ! — et la violence latente dans sa voix douce se fit jour tout à coup dans un éclat vibrant, — c'est passionnant !

— Ah ! Si vous saviez comme vous m'avez fait peur ! dit-elle... A crier comme ça ! — Mais elle avait éprouvé bien autre chose que de la peur. Ses nerfs et toute sa chair même vibraient et frémissaient encore des sensations obscures et violentes du triomphe que la voix de Webley avait éveillées en elle. « C'est ridicule », se répétait-elle pour se rassurer. Mais c'est comme si elle eût entendu cette voix directement avec tout son corps. Les échos semblaient en vibrer encore jusque sous son diaphragme... « Ridicule », répéta-t-elle... Et puis, qu'était-ce que cet amour, dont il parlait d'une façon si vibrante ? Rien qu'un bref intermède de violence, arraché de temps en temps à la continuité des affaires. Il méprisait les femmes, il leur en voulait, de ce qu'elles gaspillent le temps et l'énergie d'un homme. Elle lui avait souvent entendu dire qu'il n'avait pas le temps de s'occuper d'amour. Ses avances étaient presque une insulte, — les propositions qu'on fait à une femme dans la rue. — Soyez donc raisonnable, Everard, dit-elle.

Everard dégagea sa main de celle d'Elinor, puis, avec un rire, se cala en arrière sur sa chaise.

— Bien, bien, dit-il. Pour aujourd'hui.

— Pour tous les jours. — Elle se sentit profondément soulagée. — D'ailleurs, ajouta-t-elle, lui servant un de ses aphorismes, avec un petit sourire ironique, vous ne faites pas partie de la classe qui a des loisirs. Vous avez des choses plus importantes à faire qu'à vous occuper d'amour.

Everard la regarda quelques instants en silence, et son visage se fit grave, d'un air de menace pensive. Des choses plus importantes à faire ? C'était vrai, bien entendu. Il s'en voulut de la désirer si violemment. Et il lui en voulut de le laisser insatisfait.

— Faut-il parler de Shakespeare ? demanda-t-il sarcastiquement. Ou bien de l'harmonica ?

Le prix de la course était de vingt et un francs. Philip donna au chauffeur deux pièces de quinze francs et monta les marches du portique à colonnes de son club, poursuivi par le son des remerciements. Il avait pris pour habitude de donner de très gros pourboires. Ce n'était pas par ostentation, ni parce qu'il avait demandé, ou avait eu l'intention de demander des services spéciaux. (En fait, peu d'hommes pouvaient être moins exigeants que Philip envers les domestiques, bien peu auraient pu supporter avec plus de patience un service défectueux et se montrer plus disposés à excuser leur négligence.) Chez lui, le gros pourboire était l'expression matérielle d'une sorte de dédain chargé de remords et d'excuses. « Mon pauvre type ! semblait vouloir dire la gratification excessive, je regrette bien d'être ton supérieur. » Et peut-être y avait-il aussi cent sous d'excuses pour son indulgence même vis-à-vis des serviteurs. Car, s'il était peu exigeant, cela était dû tout autant à l'effroi et à l'aversion que lui inspirait tout contact humain non absolument nécessaire, qu'aux égards et à la politesse. De ceux qui le servaient, Philip exigeait peu, pour la bonne raison qu'il voulait avoir le moins possible de rapports avec eux. Leur présence le dérangeait. Il n'aimait pas que son intimité fût violée par des personnes étrangères. Être obligé de leur parler, d'établir un contact direct — non pas entre les intelligences, mais entre les volontés, les sentiments, les intuitions — avec ces violateurs, lui était toujours désagréable. Il l'évitait dans la mesure du possible ; et lorsque le contact était nécessaire, il faisait de son mieux pour déshumaniser les rapports. La générosité de Philip était ainsi, en partie, une compensation pour sa bonté inhumaine envers ceux qui en étaient l'objet. C'était, en quelque sorte, un sacrifice pour faire taire sa conscience.

Les portes étaient ouvertes ; il entra. Le vestibule à colonnes était vaste, sombre et frais. Le groupe allégorique en marbre, de Sir Francis Chantrey, représentant la Science et la Vertu domptant les Passions, se tortillait avec tout le décorum académique dans une niche, sur l'escalier. Il accrocha son chapeau et alla au fumoir pour jeter un coup d'œil sur les journaux en attendant l'arrivée de ses invités.

Spandrell fut le premier à venir.

— Dites-moi, dit Philip, dès que les salutations furent échangées et le vermouth commandé, dites-moi vite, avant qu'il soit là : et mon jeune imbécile de beau-frère ? Qu'est-ce qui se passe, entre lui et Lucy Tantamount ?

Spandrell haussa les épaules.

— Qu'est-ce qui se passe généralement, en pareil cas ? Et, au surplus, est-ce bien ici le moment et le lieu pour vous donner des détails ? — Il désigna les autres occupants du fumoir. Un ministre, deux magistrats et un évêque étaient à portée de voix.

Philip se mit à rire.

— Oh ! je voulais seulement savoir si la chose est vraiment sérieuse, combien de temps elle a des chances de durer.

— C'est très sérieux, en ce qui concerne Walter. Quant à la durée, — qui peut le savoir ? Mais Lucy doit partir pour l'étranger très prochainement.

— Rendons grâces au Ciel pour ses moindres bienfaits !... Ah ! Te voilà ! — C'était Walter. — Et voilà Illidge. — Il leur fit signe de la main. Les nouveaux arrivés refusèrent un apéritif.

— Eh bien, allons manger tout de suite, alors, dit Philip.

La salle à manger du club de Philip était immense. Une double rangée de colonnes corinthiennes en stuc supportaient un plafond doré. Sur les murs d'un brun pâle, teinte chocolat, les portraits de membres distingués, actuellement défunts, regardaient la salle d'un air farouche. Des rideaux de velours bordeaux étaient maintenus par des embrasses de chaque côté des six fenêtres, un tapis bordeaux assourdissait les pas, et, dans leurs livrées bordeaux, les garçons se précipitaient à droite et à gauche, presque invisibles, comme des insectes-feuilles dans une forêt.

— Cette pièce m'a toujours plu, dit Spandrell comme ils entraient. Elle ressemble à un décor pour le festin de Balthazar.

— Mais d'un Balthazar bien anglican, précisa Walter.

— Bigre ! s'écria Illidge, qui avait laissé errer son regard tout autour de la salle. C'est ce genre de choses-là qui me donne vraiment la sensation d'être de la plèbe.

Philip se mit à rire, un peu mal à son aise. Changeant le sujet de la conversation il montra les garçons dans leur livrée d'un rouge protecteur. Ils confirmaient l'hypothèse darwinienne.

— C'est la survie des plus aptes, dit-il, tandis qu'ils s'asseyaient à la table qui leur était réservée. — Ceux qui étaient habillés d'autres couleurs ont dû être massacrés par des membres du club en fureur. — L'un des survivants teinte bordeaux apporta le poisson. Ils se mirent à manger.

— C'est bizarre, dit Illidge, reprenant le fil des pensées que lui avaient suggérées ses premières impressions de la salle, c'est vraiment extraordinaire, en somme, que je sois là. Du moins, assis avec vous, en qualité d'invité. Car il n'y aurait eu rien de si étonnant à ce que j'y figure avec un de ces habits couleur bordeaux. Ça, du moins, c'eût été en harmonie avec ce que les pasteurs appelleraient « ma condition sociale ». — Il émit un rire bref de dépit. — Mais être assis là avec vous, — ça, c'est vraiment presque incroyable. Et tout ça est dû à ce fait qu'un boutiquier de Manchester a eu un fils avec des tendances scrofuleuses. Si Reggie Wright avait été normalement bien portant, je serais probablement en train de raccommoder des savates dans mon Lancashire natal. Mais, heureusement, Reggie avait des bacilles tuberculeux dans son système lympathique. Les médecins lui ordonnèrent de vivre à la campagne. Son père prit une petite maison dans mon village, pour sa femme et son enfant, et Reggie alla à l'école du village. Mais son papa était ambitieux pour Reggie. (Quel sale petit morveux c'était ! observa Illidge entre parenthèses.) — Il voulait le faire entrer plus tard au collège de Manchester. Avec une bourse. Il paya notre instituteur pour lui donner des leçons spéciales. Moi j'étais un bon élève ; le maître m'aimait bien. Pendant qu'il donnait des répétitions à Reggie, il se dit qu'il pourrait aussi me faire travailler, moi. Gratis, qui plus est. Il ne permit pas à ma mère de payer un sou. Comment aurait-elle pu le faire sans se gêner, la pauvre femme ?... Vint l'époque du concours, et c'est moi qui eus la bourse. Reggie fut recalé. — Illidge se mit à rire. — Misérable petit avorton scrofuleux ! Mais je lui serai éternellement reconnaissant, ainsi qu'aux bacilles actifs dans ses glandes. Sans eux, j'en serais à exercer la profession de savetier après mon oncle, dans un village du Lancashire... Et c'est de choses comme ça que dépend toute une vie. — de quelque probabilité absurde d'un million contre un. Une inconséquence. — et toute votre vie en est modifiée.

— Non, pas une inconséquence, objecta Spandrell. Votre

bourse n'a pas été un accident ; elle était tout à fait d'accord, tout à fait en harmonie avec vous. Sans cela, vous ne l'auriez pas obtenue, vous ne seriez pas ici. Je doute fort qu'il y ait jamais rien d'accidentel. Toute chose qui arrive est intrinsèquement semblable à l'homme à qui elle arrive.

— C'est bien un peu parler comme un oracle, ça, ne trouvez-vous pas ? objecta Philip. — Percevant les événements, les hommes les déforment, — présentez la chose de cette façon, — de sorte que ce qui arrive paraît leur ressembler.

Spandrell haussa les épaules.

— Il se peut qu'il y ait une déformation de ce genre. Mais je crois que les événements se présentent tout faits pour s'adapter aux gens à qui ils arrivent.

— Quelle bêtise ! dit Illidge, avec dégoût.

Philip fit valoir ses objections d'une façon plus polie.

— Mais des gens différents peuvent être influencés par le même événement de façons entièrement différentes et caractéristiques.

— Je le sais, dit Spandrell. Mais, par quelque procédé impossible à décrire, l'événement est modifié, modifié qualitativement, de façon à s'adapter au caractère de chacun de ceux qui y sont mêlés. Il y a là un grand mystère et un paradoxe.

— Pour ne pas dire une absurdité et une impossibilité, ajouta Illidge.

— Absurdité, soit, — impossibilité, même, accorda Spandrell. Mais, malgré tout, c'est comme ça que les choses arrivent, à mon avis. Pourquoi voulez-vous que les choses soient explicables logiquement ?

— Oui, pourquoi, en effet ? fit Walter en écho.

— Pourtant, dit Philip, votre providence, qui fait d'un même événement des choses qualitativement différentes pour des individus différents, — vous ne trouvez pas ça un peu dur à digérer ?

— Pas plus dur que le fait que nous soyons ici. Pas plus dur que tout cela... — D'un geste de la main, il désigna la salle à manger balthazaresque, les convives attablés, les garçons couleur pruneau, et le Secrétaire Perpétuel de l'Académie Britannique, qui se trouva entrer à ce moment dans la salle avec le professeur de poésie de l'Université de Cambridge.

Mais Philip persista dans ses arguties.

— Mais en admettant, comme le font les hommes de science, que l'hypothèse la plus simple est la meilleure, — bien que je n'aie jamais été fichu de voir sur quoi ils se fondent pour ça, si ce n'est sur l'ineptie humaine.

— Très bien, très bien !

— Sur quoi ils se fondent, répéta Illidge. Simplement sur les faits observés rien de plus. Il se trouve être démontré expérimentalement que la nature fait effectivement les choses de la manière la plus simple.

— Ou bien, dit Spandrell, que les êtres humains ne comprennent que les explications les plus simples. Dans la pratique, on ne peut pas distinguer l'une de l'autre ces deux alternatives.

— Mais si une chose a une explication simple, naturelle, elle ne peut pas à la fois en avoir une compliquée, surnaturelle.

— Pourquoi pas ? demanda Spandrell. Il se peut fort bien que vous ne puissiez pas comprendre ou mesurer les forces surnaturelles qui sont derrière les forces superficiellement naturelles (quelle que puisse être, d'ailleurs, la différence entre le naturel et le surnaturel). Mais cela ne prouve pas qu'elles n'y sont pas. Vous élevez simplement votre bêtise au rang de loi générale.

Philip profita de l'occasion pour poursuivre son argument.

— Mais en admettant, malgré tout, interrompit-il avant qu'Illidge pût parler de nouveau, que l'explication plus simple ait des chances d'être plus vraie, est-ce qu'on n'explique pas plus simplement les faits en disant que c'est l'individu, avec son histoire et son caractère, qui déforme l'événement pour l'amener à sa propre ressemblance ? Nous voyons les individus, mais nous ne voyons pas la providence ; elle, nous sommes obligés de la poser en postulat. Ne vaut-il pas mieux, si nous pouvons nous en passer, omettre ce postulat superflu ?

— Mais est-il réellement superflu ? dit Spandrell. Est-il possible d'expliquer les faits sans lui ? Moi, j'en doute... Que dites-vous de tous les gens malléables, alors, — et nous sommes tous plus ou moins malléables, nous sommes tous plus ou moins façonnés sans parler de la naissance ? Que dites-vous des gens dont le caractère ne leur est pas donné tout à fait, mais qui sont pétris, inexorablement, par une série d'événements tous du même type ?... Un courant de bonheur, s'il vous plaît de lui donner ce nom, — ou un courant de malheur ; un courant de pureté ou un courant d'impureté, un courant de belles occasions héroïques, ou un courant d'occasions ignobles et dégoûtantes... Après que le courant a persisté suffisamment (et c'est étonnant, comme de tels courants persistent !) le caractère sera formé ; et alors, s'il vous plaît de l'expliquer de cette façon, vous pourrez dire que c'est l'individu qui déforme à sa propre ressemblance tout ce qui lui arrive. Mais avant qu'il n'eût un caractère bien défini, à la ressemblance duquel il peut déformer les événements, — qu'en dites-vous ? Qui a décidé de la nature des choses qui lui arriveraient à cette époque-là ?

— Qui décide si un sou retombe pile ou face ? demanda Illidge avec dédain.

— Mais pourquoi introduire des sous dans la discussion ? répliqua Spandrell. Pourquoi introduire des sous, alors que nous parlons d'êtres humains ? Considérez votre cas. Est-ce que vous avez le sentiment d'être un sou quand il vous arrive quelque chose ?

— Peu importe le sentiment que je puis éprouver. Les sentiments n'ont rien à voir avec les faits objectifs.

— Mais les sensations, si. La science est la rationalisation des perceptions de nos sens. Pourquoi attribuerait-on une valeur scientifique à une certaine classe d'intuitions psychologiques, alors qu'on la refuserait à toutes les autres ? L'intuition directe d'une action providentielle a tout autant de chances d'être un fragment de la connaissance des faits objectifs, que l'intuition directe de la couleur bleue ou de la dureté... Et quand les choses vous arrivent, on n'a pas le sentiment d'être un sou. On sent que les événements ont leur signification, qu'ils ont été arrangés. Spécialement quand ils se produisent en séries. Mettons pile cent fois de suite, par exemple ?

— Accordez-nous au moins le mérite de retomber « face », dit Philip en riant. C'est nous les intellectuels, ne l'oubliez pas.

Spandrell fronça les sourcils ; cette frivolité hors de propos le choquait. C'est un sujet qu'il prenait au sérieux.

— Quand je songe à moi-même, dit-il, je suis persuadé que tout ce qui m'est arrivé fut, en quelque sorte, décrété d'avance. Étant gamin, j'ai eu un avant-goût de ce que j'aurais pu devenir, si les événements n'étaient pas intervenus... Quelque chose de complètement différent de ce moi réel.

— Un petit ange, hein ? dit Illidge.

Spandrell dédaigna l'interruption.

— Mais à partir de mes quinze ans, les choses se sont mises à m'arriver, à la ressemblance prophétique de ce que je suis actuellement. — Il se tut.

— De sorte qu'il vous est poussé une queue et des pieds fourchus au lieu d'un halo et d'une paire d'ailes. Navrante histoire... N'avez-vous jamais été frappé, poursuivit Illidge, se tournant vers Walter, vous qui êtes expert en art, ou du moins qui devriez l'être, — n'avez-vous jamais été frappé de ce fait que toutes les reproductions d'anges, sur les tableaux, sont absolument incorrectes et antiscientifiques ? — Walter fit « non » de la tête. — Un homme de soixante-dix kilos, s'il lui poussait des ailes, devrait recevoir en même temps des muscles colossaux pour les mouvoir. Et de gros muscles de vol entraîneraient un sternum considérable, en proportion, comme celui d'un oiseau. Un ange de soixante kilos, s'il désirait voler aussi bien qu'un canard, devrait avoir un sternum dépassant de quatre ou cinq pieds au moins. Dites donc ça à votre père, la prochaine fois qu'il aura envie de peindre une *Annonciation.* Tous les Anges Gabriel qu'on a représentés sont vraiment invraisemblables au point d'en être choquants.

Cependant, Spandrell songeait à ces ravissements parmi les montagnes, à ces délicatesses de sentiment, à ces scrupules, ces sensibilités, ces remords, de sa jeunesse; il se disait que tout cela, — le repentir pour une mauvaise action non moins que le ravissement extasié devant le spectacle d'une fleur ou d'un paysage, — que tout cela était lié d'une certaine manière à ses sentiments envers sa mère, que tout y était enraciné et implicitement contenu. Il se souvint de ce *Pensionnat de Jeunes Filles à Paris*, de ces lectures érotiques sous les draps, à la lueur d'une lampe de poche. Ce livre datait de l'époque où les longs bas noirs et les longs gants noirs avaient constitué le summum des modes pornographiques, où «embrasser un homme sans moustache, c'était manger un œuf sans sel». Le commandant séducteur et priapique avait les moustaches longues, tortillées et cirées. Quelle honte il avait éprouvée, et quel remords! Comme il avait lutté, comme il avait prié ardemment pour avoir assez de force morale! Et le dieu qu'il avait prié était à l'image de sa mère. Résister à la tentation, c'était se montrer digne d'elle. Succombant, il la trahissait, il reniait Dieu. Il avait d'abord triomphé. Puis, un matin, du fond du ciel bleu, était arrivé la nouvelle qu'elle allait épouser le commandant Knoyle. Le commandant Knoyle avait, lui aussi, les moustaches tortillées.

— Saint Augustin et les calvinistes avaient raison, dit-il à haute voix, interrompant la discussion sur les sternums des séraphins.

— Vous revenez encore sur ce sujet-là? dit Illidge.

— Dieu désire sauver les uns et damner les autres.

— Ou plutôt, il pourrait le faire, (*a*) s'il existait, (*b*) s'il existait une telle chose que le salut; et (*c*)...

— Quand je pense à la guerre, continua Spandrell, l'interrompant, à ce qu'elle aurait pu être pour moi, et à ce qu'elle a été effectivement... — Il haussa les épaules. — Oui, saint Augustin avait raison.

— Moi, je dois avouer, dit Philip, que j'ai toujours été reconnaissant envers saint Augustin, ou envers quiconque en porte la responsabilité, de m'avoir affublé d'une jambe défectueuse. Ça m'a empêché de devenir un héros; mais ça m'a également empêché de devenir un cadavre.

Spandrell le regarda; il eut un frémissement ironique aux commissures de sa bouche largement fendue :

— Votre accident vous a assuré une vie tranquille et détachée. En d'autres termes, l'événement vous a ressemblé. De même que la guerre, en ce qui me concerne, a été exactement à ma ressemblance. Il y avait un an que j'étais à Oxford, quand elle a commencé, continua-t-il.

— La chère vieille boîte, hein? dit Illidge, qui ne pouvait entendre prononcer le nom de l'un des centres d'instruction antiques et coûteux sans faire quelque commentaire railleur.

— Trois trimestres pleins de vie, et deux périodes de vacances encore plus pleines de vie, — la découverte de l'alcool et du poker, et de la différence qu'il y a entre les femmes en chair et en os et celles de l'imagination pubescente. Quelle révélation, la première femme réelle! ajouta-t-il entre parenthèses. Et, en même temps, quelle désillusion révoltante! Une chose tellement plate, dans un certain sens, succédant à l'imagination surchauffée et au livre pornographique!

— Ce qui est un tribut à l'art, dit Philip, comme je l'ai souvent indiqué. — Il sourit vers Walter, qui rougit, se souvenant de ce qu'avait dit son beau-frère au sujet des dangers qu'il y avait à essayer d'imiter, en amour, des modèles poétiques élevés. — Notre éducation est faite à l'envers, continua Philip. On met l'art avant la vie; *Roméo et Juliette*, et des histoires dégoûtantes, avant le mariage ou ses équivalents. D'où il résulte que toute la jeune littérature moderne est désillusionnée. Inévitablement. Dans le bon vieux temps, les poètes commençaient par perdre leur virginité; puis, en possession d'une connaissance complète de la chose elle-même et sachant exactement où et comment elle cessait d'être poétique, ils se mettaient délibérément à l'œuvre pour l'idéaliser et l'embellir. Nous, nous commençons par le poétique et partons de là pour ce qui ne l'est plus. Si les garçons et les filles perdaient leur virginité d'aussi bonne heure qu'ils le faisaient à l'époque de Shakespeare, nous aurions un renouveau de poésie lyrique amoureuse de l'époque d'Élisabeth.

— Vous avez peut-être bien raison, dit Spandrell. Tout ce que je sais, moi, c'est que, une fois que j'eus découvert la réalité, je l'ai trouvée décevante, — mais attrayante, malgré tout. Peut-être tellement attrayante, précisément parce qu'elle m'avait tellement déçu. Le cœur est un drôle de tas de fumier; la fange appelle la fange, et le grand charme du vice réside en sa stupidité et en sa bassesse. Il attire, parce qu'il est si repoussant. Mais il n'en demeure pas moins repoussant, toujours. Et je me rappelle, quand la guerre est arrivée, combien j'étais triomphalement heureux d'avoir une chance de m'évader de l'ordure et de faire quelque chose de propre, pour changer.

— Pour le Roi et pour la Patrie! railla Illidge.

— Pauvre Rupert Brooke! On sourit, à présent, de ce qu'il a écrit, de ce que l'honneur est revenu par le monde... Les événements ont fait que ça paraît maintenant un peu comique.

— Ç'a été une sinistre plaisanterie, même à l'époque où ç'a été écrit, dit Illidge.

— Non, non. A cette époque, c'était exactement ce que j'éprouvais moi-même.

— Bien entendu. Parce que vous étiez ce qu'était Brooke, — un représentant gâté et blasé de la classe qui a des loisirs. Vous aviez besoin d'un frisson nouveau, rien de plus. La guerre, et votre fameux «honneur», vous le fournissaient.

Spandrell haussa les épaules.

— Expliquez-le de cette façon si cela vous plaît. Tout ce que je dis, c'est qu'en août 1914, je voulais faire quelque chose de noble. Il m'aurait même parfaitement plu de me faire tuer.

— «Plutôt la mort que le déshonneur», quoi?

— Oui, tout à fait littéralement, dit Spandrell. Car je peux vous assurer que tous les mélodrames sont parfaitement conformes à la réalité. Il y a certaines occasions où les gens disent effectivement des choses comme celle-là. Le seul défaut du mélodrame, c'est qu'il tend à vous faire croire qu'ils le disent tout le temps. Mais «plutôt la mort que le déshonneur», – c'est exactement ce que je pensais, moi, en août 1914. Oui, si la seule possibilité autre que la mort était le mode de vie stupide que j'avais mené. Je voulais me faire tuer.

— Là encore, c'est le gentleman à loisirs qui parle, dit Illidge.

— Et alors, simplement parce que j'avais été élevé en grande partie à l'étranger, et que je connaissais deux ou trois langues, parce que j'avais une mère qui m'aimait trop et un beau-père influent auprès des militaires, je fus transféré, bon gré, mal gré, dans le service des Renseignements. Dieu avait véritablement l'intention de me damner.

— Il essayait fort gentiment de vous sauver la vie, dit Philip.

— Mais je ne voulais pas avoir la vie sauve, moi. A moins de pouvoir l'employer à quelque chose de propre, à quelque chose d'héroïque par préférence, ou tout au moins de difficile et de risqué. Et, au lieu de ça, ils m'ont collé à des besognes de liaison, et, ensuite, à faire la chasse aux espions. De toutes les besognes sordides et ignobles...

— Mais, après tout, les tranchées n'avaient rien de tellement romanesque !

— Non, mais elles étaient dangereuses. Pour rester assis dans une tranchée, il fallait du courage et de l'endurance. Un chasseur d'espions était parfaitement en sécurité, et n'avait à faire preuve d'aucune des nobles vertus ; et quant aux occasions de pratiquer le vice... Ah ! Ces villes de l'arrière du front, et Paris, et les ports, — les prostituées et l'alcool : voilà quels étaient leurs principaux produits !

— Mais après tout, dit Philip, ce sont là des maux qu'on peut éviter. — Étant froid de nature, il trouvait qu'il est facile d'être raisonnable.

— Pas moi, répondit Spandrell. Surtout dans ces circonstances-là. J'avais voulu faire quelque chose de propre, et j'en avais été empêché. De sorte que cela devenait une sorte de point d'honneur de faire le contraire de ce que j'avais désiré. Un point d'honneur, — comprenez-vous ça ?

Philip secoua la tête :

— C'est un peu trop subtil pour moi.

— Mais imaginez donc que vous vous trouviez en présence d'un homme que vous aimez, que vous respectez, que vous admirez, plus que vous n'avez jamais encore admiré ni aimé personne.

Philip fit oui de la tête. Mais en fait, il songeait qu'il n'avait jamais admiré personne profondément, de tout son cœur. Théoriquement, oui ; mais jamais en pratique, jamais au point de vouloir se constituer son disciple, de le suivre. Il avait adopté les opinions d'autres gens, voire leurs modes de vie, — mais toujours avec la conviction sous-jacente qu'il ne les avait pas réellement faits siens, qu'il pouvait les abandonner, et le ferait certainement, aussi facilement qu'il les avait embrassés. Et chaque fois qu'il lui avait semblé courir quelque danger de se laisser emballer, il avait délibérément résisté, il avait lutté ou fui, pour conserver sa liberté.

— Vous êtes subjugué par ce que vous ressentez pour lui, continua Spandrell. Et vous allez à lui les mains tendues, en offrant votre amitié et votre dévouement. Pour toute réponse, il enfouit ses mains dans ses poches, et se détourne... Que feriez-vous, alors, vous ?

Philip se mit à rire :

— Il faudrait consulter le *Livre d'Étiquette* de Vogue, dit-il.

— Vous lui tomberiez dessus à bras raccourcis. Du moins, c'est ce que je ferais, moi. Ce serait un point d'honneur. Et plus vous auriez admiré, plus violemment vous tomberiez dessus et plus vous danseriez longtemps ensuite sur sa carcasse. Voilà pourquoi les prostituées et l'alcool ne pouvaient pas être évités.

Au contraire, ce devint un point d'honneur pour moi, de ne jamais les éviter. Cette vie-là, en France, ressemblait à celle que j'avais menée avant la guerre, — sauf qu'elle était bien plus ignoble et plus bête, et sans le moindre antidote de quoi que ce fût pour la racheter. Et au bout d'un an de ce régime, j'en étais à me démener désespérément pour m'agripper à mon déshonneur et éviter la mort... Saint Augustin avait raison, vous dis-je ; nous sommes damnés ou sauvés d'avance. Les événements qui arrivent sont une décision de la Providence.

— Un galimatias de la Providence ! dit Illidge. — Mais, au fond du silence qui s'ensuivit, il songea de nouveau combien il était extraordinaire, combien infiniment peu probable, qu'il fût assis là à boire du bordeaux, avec le secrétaire perpétuel de l'Académie Britannique assis deux tables plus loin, et le deuxième président, par ordre d'ancienneté, de la Cour Suprême juste derrière lui. Vingt ans auparavant, la probabilité pour qu'il ne se trouvât pas là sous ce plafond doré avait été de l'ordre de plusieurs centaines ou milliers de millions contre un. Et, néanmoins, il y était. Il but encore une gorgée de bordeaux.

Et Philip, cependant, se remémorait cet énorme cheval noir, ruant, se cabrant, les dents découvertes et les oreilles couchées en arrière ; et comment la bête s'était soudain élancée, entraînant le voiturier avec lui ; et le grondement des roues ; et « Aïe ! » — le cri qu'il avait poussé, lui ; et comme il s'était reculé contre le talus abrupt, comme il avait essayé de grimper, comme il avait glissé, était tombé ; et le bond et le piétinement épouvantable du géant ; et « Aïe, aïe ! » — la masse énorme entre lui et le soleil ; les gros sabots, — et puis soudain la douleur anéantissante.

Et, au travers de ce même silence, Walter songeait à cet après-midi où, pour la première fois, il était entré au salon de Lucy Tantamount. « Toute chose qui arrive est intrinsèquement semblable à l'homme à qui elle arrive. »

— Mais enfin, quel est son secret ? demanda Marjorie. Comment se fait-il qu'il se soit entiché d'elle jusqu'à la folie ? Car il est absolument fou, — littéralement !

— N'est-ce pas un secret... de polichinelle, un peu ? dit Elinor. – Ce qu'elle trouvait bizarre, ce n'était pas que Walter eût perdu la tête à propos de Lucy, mais qu'il eût jamais trouvé quelque chose d'attirant chez la pauvre Marjorie. — Après tout, continua-t-elle, Lucy est très amusante, très vivante. Et en outre, ajouta-t-elle, se souvenant des observations exaspérantes de Philip à propos du chien qu'ils avaient écrasé à Bombay, elle a une mauvaise réputation.

— Mais est-ce un attrait, cela? Une mauvaise réputation? — La théière resta suspendue au-dessus de la tasse pendant qu'elle posait sa question.

— Bien entendu. Elle signifie que la femme qui la possède est accessible... Pas de sucre, — merci.

— Mais voyons, dit Marjorie, lui passant la tasse, les hommes n'ont pas le désir de partager leur maîtresse avec d'autres amants.

— Sans doute. Mais le fait qu'une femme ait eu d'autres amants donne à un homme de l'espoir. — «Là où d'autres ont réussi, je puis réussir aussi, moi.» — Voilà l'argument de l'homme. Et en même temps, une mauvaise réputation le fait tout de suite penser à la femme au point de vue de l'amour. Quand on voyait Lola Montès, sa réputation vous faisait songer automatiquement à la chambre à coucher. On ne songeait pas à la chambre à coucher quand on voyait Florence Nightingale, – mais bien à des chambres de malade. Ce qui est un peu différent, dit Elinor pour conclure.

Il y eut un silence. «C'est abominable de ma part, songeait Elinor, de ne pas ressentir plus de sympathie. Mais voilà : je n'en ressens pas.» Elle se força à se remémorer la vie pitoyable que cette pauvre femme avait menée, — avec son mari, d'abord, et maintenant avec Walter. Pitoyable, vraiment!... Mais ces affreuses boucles d'oreilles pendantes, en imitation de jade! Et sa voix, sa manière de se prendre toujours au sérieux!...

Marjorie leva les yeux :

— Mais est-il donc possible que les hommes puissent être si facilement trompés? Par un appât si grossier? Les hommes comme Walter?... Comme *Walter?*... insista-t-elle. Les hommes comme lui peuvent-ils être de tels... de tels...

— Cochons? proposa Elinor. Apparemment, ils le peuvent. Cela semble bizarre, c'est certain. «Il vaudrait peut-être mieux, songea-t-elle, que Philip eût un peu plus du cochon et un peu moins du bernard-l'ermite. Les cochons sont humains, — ils ne sont que trop humains, peut-être; mais enfin, humains. Tandis que les bernard-l'ermite font de leur mieux pour être des mollusques.»

Marjorie hocha la tête et soupira :

— C'est extraordinaire, dit-elle, avec une conviction qui parut à Élinor plutôt risible. — «Quelle opinion peut-elle bien avoir d'elle-même?» se demanda-t-elle. Mais la bonne opinion de Marjorie s'appliquait moins à elle-même qu'à sa vertu. Elle avait été élevée dans la croyance à la laideur du vice et de la partie animale de la nature humaine, à la beauté de la vertu et de l'esprit. Et, froide par nature, elle avait, de la femme froide, la totale incompréhension de la sensualité. Que Walter cessât tout à coup d'être le Walter qu'elle avait connu, et se conduisit « comme un cochon », suivant l'expression un peu crue d'Elinor, lui semblait véritablement extraordinaire, toutes considérations sur son attrait personnel mises à part.

— Et puis, il ne faut pas perdre de vue, dit Elinor à haute voix, que Lucy a un autre avantage en ce qui concerne les hommes comme Walter. Elle est une de ces femmes qui ont un tempérament d'homme. Les hommes peuvent trouver du plaisir dans une rencontre fortuite. La plupart des femmes ne le peuvent pas : il faut qu'elles éprouvent de l'amour — plus ou moins. Il faut que leurs émotions aient voix au chapitre. Toutes, — à quelques exceptions près. Lucy est une de ces exceptions. Elle a la faculté masculine de ne pas s'attacher. Elle a le pouvoir de séparer son appétit du reste de son âme.

— Quelle horreur ! — Marjorie en frémit.

Elinor remarqua son frémissement et en fut agacée au point de la contredire.

— Vous trouvez ? Cela me semble quelquefois, à moi, un talent plutôt enviable. — Elle se mit à rire, et Marjorie fut scandalisée, comme il seyait, de son cynisme. — Pour un garçon aussi ombrageux et timide que Walter, continua-t-elle, il y a quelque chose de fort excitant dans un tempérament hardi de cette espèce. C'est juste le contraire du sien. Téméraire, sans scrupules, volontaire, sans un atome de conscience. Oh ! je comprends très bien que ça lui monte à la tête !... — Elle songea à Everard Webley. — La force est toujours un attrait, ajouta-t-elle. Et surtout quand on en manque soi-même, comme c'est le cas chez Walter. Lucy est manifestement une force. On peut ne pas aimer ce genre de force-là. — Elle-même, elle n'aimait pas beaucoup l'ambition énergique de Webley. — Mais on ne peut pas s'empêcher d'admirer la force en soi. C'est comme le Niagara. C'est magnifique, bien qu'on puisse ne pas avoir envie de se tenir en dessous... Puis-je prendre encore une tartine ? — Elle se servit. Par politesse, Marjorie en prit une également. — Quel délicieux pain bis, fit Elinor, — et elle se demanda comment Walter avait bien pu vivre avec une personne qui recourbait en l'air le petit doigt de la main qui tenait la tasse à thé et qui mordait des bouchées si affreusement petites dans une tranche de pain, et mâchait ensuite avec les dents de devant seules, comme un cobaye, — comme si le fait de manger était une chose peu délicate et un peu dégoûtante.

— Mais, à votre avis, qu'est-ce que je dois faire ? se décida à demander Marjorie, en fin de compte.

Elinor haussa les épaules :

— Que voulez-vous faire, — sinon souhaiter qu'il obtienne ce qu'il désire et qu'il en ait vite assez ?

C'était évident ; mais Marjorie trouva qu'elle manquait un peu de sympathie, qu'elle était bien dure, et cruelle, de l'avoir dit.

A Londres, les Quarles habitaient pittoresquement ce qui avait été la dernière d'une rangée d'écuries dans une remise de Belgravia. Pour entrer, on passait sous une arche. Une falaise de stuc couleur crème s'élevait à pic sur la gauche, — sans une seule fenêtre, car les Belgraviens avaient refusé d'avoir seulement connaissance de la misérable vie privée de leurs serviteurs. A droite s'étendait la ligne basse des écuries, surmontées de leur unique étage de pièces d'habitation, occupées à présent par d'énormes Daimler et par la famille de leurs chauffeurs. La remise se terminait par un mur, par-dessus lequel on pouvait apercevoir les platanes des jardins de Belgravia se balançant au vent. L'entrée de l'habitation des Quarles était à l'ombre de ce mur. Encastrée entre les jardins et la remise faiblement peuplée, la petite maison était très calme. Le silence n'était troublé que par les allées et venues des limousines et par le cri occasionnel d'un enfant.

— Mais, heureusement, avait exposé Philip, les riches peuvent s'offrir des voitures silencieuses. Et il y a quelque chose, dans un moteur à combustion interne, qui appelle la limitation des naissances. Qui a jamais eu connaissance d'un chauffeur avec huit enfants ?...

La remise à voitures et les stalles des chevaux avaient été amalgamées, lors de la réfection de l'écurie, en une grande pièce d'habitation. Deux paravents constituaient un semblant de cloisons. Derrière le paravent de droite, en entrant, était le côté « salon » de l'appartement, — des chaises et un canapé, groupés autour de la cheminée. Le paravent de gauche dissimulait la table de salle à manger et l'entrée d'une cuisine minuscule. Un petit escalier montait obliquement le long de l'un des murs et conduisait aux chambres à coucher. Des rideaux de cretonne jaune donnaient l'illusion de la lumière du soleil qui ne brillait jamais à travers les fenêtres, exposées au nord. Il y avait beaucoup de livres. Le portrait d'Elinor, jeune fille, par le vieux Bidlake, était accroché au-dessus de la cheminée.

Philip était étendu sur le canapé, un livre à la main : « A signaler comme très remarquable, lut-il, la note de Mr. Tate Regan sur les mâles nains et parasites chez trois espèces de baudroies cérativides. Chez *beratias holbolli* Arctique, une femelle d'environ vingt centimètres de longueur portait sur sa face ventrale deux mâles d'environ six centimètres. La région de la bouche et du menton, chez le mâle nain, était fixée de façon permanente à une papille de la peau de la femelle, et les vaisseaux sanguins des deux individus étaient confluents. Le mâle n'a pas de dents ; sa bouche est impropre à tout usage ; le canal alimentaire est atrophié. Chez *photocarynus spiniceps*, une femelle d'environ six centimètres de long portait un mâle d'un centimètre sur le sommet de la tête, devant l'œil droit. Chez *édriolychnus schmidti*, les dimensions étaient à peu près les mêmes que dans le cas précédent, mais la femelle portait le mâle nain renversé, sur la face interne de la lame branchiostège. »

Philip posa son livre et tira de la poche intérieure de son veston son calepin et son stylographe. « Les baudroies femelles, inscrivit-il, portent, attachés à leur corps, des mâles nains et parasites... Faire la comparaison qui s'impose quand mon Walter poursuit éperdument sa Lucy. Si je faisais une scène devant un aquarium ? Ils y entrent avec un ami scientifique qui leur montre les baudroies femelles et leurs maris. Le demi-jour, les poissons, — c'est parfait, pour faire un fond. » Il allait remettre son calepin dans sa poche, lorsqu'il lui vint encore une idée. Il le rouvrit. « En faire l'aquarium de Monaco, et décrire Monte-Carlo et toute la Côte d'Azur en vocabulaire de monstres océanographiques. » Il alluma une cigarette et reprit la lecture de son livre.

On frappa à la porte. Il se leva et alla ouvrir ; c'était Elinor.

— Ah ! Quel après-midi ! — Elle s'affala dans un fauteuil.

— Eh bien, quelles nouvelles au sujet de Marjorie ? demanda-t-il.

— Rien qui ressemble à des *nouvelles,* dit-elle avec un soupir, tout en retirant son chapeau. La pauvre femme est toujours aussi insipide. Mais je la plains sincèrement.

— Qu'est-ce que tu lui as conseillé ?

— Rien. Que veux-tu qu'elle fasse ?... Et Walter ?... interrogea-t-elle à son tour. As-tu trouvé l'occasion de jouer les pères nobles ?

— Les pères demi-nobles, mettons... J'ai obtenu qu'il aille s'installer à Chamford avec Marjorie.

— Ah ? Ça, c'est un vrai triomphe.

— Pas tant que tu le crois. Je n'ai pas eu d'ennemi à combattre. Lucy part pour Paris samedi prochain.

— Espérons qu'elle y restera... Pauvre Walter!

— Oui, pauvre Walter... Mais il faut absolument que je te parle des baudroies. — Il lui dit ce qu'il venait de lire. — Un de ces jours, dit-il en guise de conclusion, il faudra que j'écrive un *Bestiaire* moderne. Quelles leçons de morale!... Mais, dis-moi, comment as-tu trouvé Everard? J'avais complètement oublié que tu l'avais vu.

— Oh! bien sûr, c'est une chose que tu ne pouvais qu'oublier, répondit-elle dédaigneuse.

— Vraiment? Je ne vois pas pourquoi.

— Non, et, bien entendu, tu ne sais pas pourquoi.

— Je suis écrasé sous ton dédain, dit Philip, avec une feinte humilité. — Il y eut un silence.

— Everard est amoureux de moi, dit enfin Elinor, sans regarder son mari, et d'une voix parfaitement calme et froide.

— C'est une nouvelle, ça? demanda Philip. Je croyais qu'il était un de tes plus anciens adorateurs?

— Mais c'est sérieux, poursuivit Elinor. Très sérieux. — Elle attendit anxieusement ses commentaires. Ils arrivèrent, après un petit silence,

— Ça, ça doit être moins amusant.

Moins amusant! Ne comprenait-il donc pas? Après tout, il n'était pas un imbécile. Ou peut-être comprenait-il fort bien, et feignait de n'en rien faire; peut-être même était-il content, au fond, de ce sentiment chez Everard. Ou bien, c'était simplement l'indifférence qui le rendait aveugle? Nul ne peut comprendre ce qu'il ne ressent pas. Philip ne pouvait pas la comprendre, parce qu'il ne ressentait pas les choses comme elle. Il se fiait à cette croyance que les autres étaient aussi raisonnablement tièdes qu'il l'était lui-même.

— Mais il me plaît, à moi, dit-elle à haute voix, — faisant une dernière tentative désespérée pour le pousser au moins à un semblant de démonstration d'amour. Si seulement il se montrait jaloux, ou triste, ou en colère, comme elle serait heureuse, comme elle lui en serait reconnaissante! — Il me plaît beaucoup, reprit-elle. Il a quelque chose de très attirant. Ce caractère passionné qu'il a, cette violence...

Philip se mit à rire:

— C'est tout à fait l'homme irrésistible des cavernes, quoi!

Elinor se leva avec un petit soupir, ramassa son chapeau et son sac, et, se penchant sur son mari, le baisa au front, comme pour lui dire au revoir; puis elle s'éloigna et, toujours sans mot dire, monta dans sa chambre.

Philip reprit le livre qu'il avait abandonné. «*Bonellia viridus,* y lut-il, est un ver vert, assez commun dans la Méditerranée. La femelle a le corps de la grosseur approximative d'un pruneau, muni d'un appendice proboscidien en filament, bifide à l'extrémité, fortement contractile, et qui peut atteindre deux pieds de long. Mais le mâle est microscopique et vit dans ce qui peut être dénommé le conduit reproducteur (néphridium modifié) de la femelle. Il n'a pas de bouche et se nourrit uniquement de ce qu'il absorbe parasitiquement par ses surfaces ciliées... »

Philip posa de nouveau son livre. Il se demandait s'il ne ferait pas bien de monter et de parler à Elinor. Il était convaincu qu'elle n'en arriverait jamais à aimer véritablement Everard. Mais il ferait bien, peut-être, de ne pas considérer la chose comme allant si absolument de soi. Elle lui avait paru un peu émue. Peut-être avait-elle désiré qu'il lui parlât, qu'il lui dît son amour, et combien il serait malheureux — et furieux — si elle cessait de l'aimer. Mais c'étaient là, précisément, les choses les plus impossibles à dire... Il attendrait, tout en observant, — il remettrait cela à quelque autre occasion. Il continua sa lecture sur *bonellia viridis*.

CHAPITRE XXII

Extraits du carnet de Philip Quarles.

« AUJOURD'HUI, chez Lucy Tantamount, j'ai été victime d'une bien curieuse association d'idées. Lucy, à son habitude, représentait un drapeau tricolore : du bleu aux yeux, la bouche écarlate, le reste d'un blanc éclatant, sur un fond de cheveux noirs aux reflets métalliques. J'ai dit quelque chose de plus ou moins drôle. Elle a ri, ouvrant la bouche, — et sa langue et ses gencives étaient tellement plus pâles que le rouge de ses lèvres, qu'elles semblaient (j'en ai éprouvé un petit frisson bizarre d'horreur étonnée) tout à fait exsangues et blanches par contraste. Et alors, sans aucune transition, je me suis retrouvé devant les crocodiles sacrés dans les jardins du palais de Djaipore, et le guide indou leur jetait des bouts de viande, et les bêtes avaient l'intérieur de la gueule presque blanc, comme si elle était doublée de peau de teinte crème légèrement glacée. Et voilà comment l'esprit fonctionne tout naturellement. Et on a des prétentions intellectuelles ! C'est comme ça... Mais quelle aubaine pour mon roman ! C'est comme cela que je commencerai mon livre. Mon héros "Walteresque" fait rire sa sirène "Lucyenne", et immédiatement (à son horreur ; mais il continue à la désirer, avec un brin de perversité surajoutée, malgré tout, et peut-être même davantage), il revoit ces ignobles crocodiles qu'il avait vus aux Indes, un mois auparavant. De cette façon, je donne tout de suite une note d'étrange et de fantastique. Tout est incroyable, dès qu'on enlève la croûte de banalité évidente qu'y déposent nos habitudes. Tout objet, tout événement contient en soi une infinité de profondeurs dans d'autres profondeurs. Rien ne ressemble le moins du monde à son apparence, — ou plutôt, tout ressemble à la fois à plusieurs millions d'autres choses. Toute l'Inde lui défile par la tête comme un film de cinéma tandis qu'elle rit, et qu'elle montre — elle, l'aimée, l'adorée, la désirée, la toute-belle, — ces gencives et ce palais écœurant et exsangues de crocodile. »

« Musicalisation du roman. Non pas à la manière symboliste, en subordonnant le sens aux sons. (*Pleuvent les bleus baisers des affres tacitures.* Simple glossolalie, ça.) Mais sur une grande échelle, dans la construction. Méditer Beethoven. Les changements de modes, les transitions abruptes. (La majesté alternant avec la plaisanterie, par exemple, dans le premier mouvement du *quatuor* en si bémol majeur. La comédie suggérant soudain des solennités prodigieuses et tragiques dans le scherzo du quatuor en ut dièze mineur). Encore plus intéressantes, les modulations, non pas seulement d'un ton à un autre, mais de mode à mode. Un thème est exposé, puis développé, changé, imperceptiblement déformé, jusqu'à ce que, tout en restant reconnaissablement le même, il soit devenu tout à fait différent. Dans les séries de variations, le procédé est porté un pas plus loin. Par exemple, ces incroyables variations sur un thème de Diabelli. Toute l'étendue de la pensée et de l'émotion — et tout cela en rapport organique avec un petit air de valse ridicule. Mettre cela dans un roman. Comment ? Les transitions abruptes ne présentent aucune difficulté. Tout ce qu'il faut, c'est un nombre suffisant de personnages, et des intrigues parallèles, contrapuntiques. Pendant que Jones assassine sa femme, Smith pousse la voiture d'enfant dans le parc. On alterne les thèmes. Plus intéressantes, les modulations et les variations sont aussi plus difficiles. Le romancier module en redoublant les situations et les caractères. Il montre plusieurs personnages devenant amoureux, ou mourant, ou priant, de façons différentes, — des dissimilitudes résolvant le même problème. Ou, *vice versa*, des personnages semblables confrontés avec des problèmes dissemblables. De cette façon, on peut moduler de façon à présenter tous les aspects du thème, on peut écrire des modulations sur un nombre quelconque de modes différents. — Autre procédé : Le romancier peut s'arroger le privilège divin du créateur, et se contenter de considérer les événements de son histoire sous leurs divers aspects, — émotif, scientifique, économique, religieux, métaphysique, etc. Il modulera de l'un à l'autre, — par exemple, de l'aspect esthétique à l'aspect physico-chimique des choses, du religieux au physiologique ou au financier. Mais peut-être est-ce là une façon trop tyrannique pour l'auteur d'imposer sa volonté. Il y a des gens qui le penseront. Mais l'auteur doit-il rester toujours à l'arrière-plan ? Il me semble que, de nos jours, nous sommes un peu trop froussards au sujet de ces apparitions personnelles. »

« Introduire dans le roman un romancier. Il servira de prétexte à des généralisations esthétiques, qui pourront être intéressantes, — du moins, pour moi. Il justifiera également des expériences. Des spécimens de son œuvre pourront illustrer d'autres manières, possibles ou impossibles, de raconter une histoire. Et si on le met à raconter des parties de la même histoire qu'on raconte soi-même, on peut faire ainsi une variation sur le thème. Mais pourquoi s'en tenir à un seul romancier dans le roman ? Pourquoi pas un second, dans le roman du premier ? Et un troisième, dans le roman du second ? Et ainsi de suite, jusqu'à l'infini, comme ces réclames du *Quinquina Dubonnet*, où il y a une bouteille portant une étiquette, sur laquelle il y a la même bouteille, portant à son tour la même étiquette, sur laquelle il y a de nouveau la bouteille, portant etc., etc... Vers la dixième image, on pourrait avoir un romancier racontant l'histoire en symboles algébriques ou en notations de variations de tension artérielle, du pouls, de la sécrétion des glandes internes et des durées des réactions. »

« Le roman d'idées. Le caractère de chacun des personnages doit se trouver, autant que possible, indiqué dans les idées dont il est le porte-parole. Dans la limite où les théories sont la rationalisation de sentiments, d'instincts, d'états d'âme, c'est faisable. Le défaut capital du roman d'idées, c'est qu'on est obligé de mettre en scène des gens ayant des idées à exprimer, — ce qui exclut à peu près la totalité de la race humaine, — à part quelque chose comme 0,01 pour 100. »

« Le gros défaut du roman d'idées, c'est qu'il est une chose artificielle, arrangée. Nécessairement ; car les gens qui sont capables de dérouler des thèses proprement formulées ne sont pas tout à fait vivants ; ils sont légèrement monstrueux. Il devient un peu ennuyeux, à la longue, de vivre avec des monstres. »

« L'instinct d'acquérir comporte plus de perversions, à mon avis, que l'instinct sexuel. Du moins, les gens me semblent plus bizarres sur les questions d'argent que sur leurs amours mêmes. Quelles parcimonies ébouriffantes ne rencontre-t-on pas constamment, surtout chez les riches ! Quelles prodigalités fantastiques, aussi. Souvent, les deux qualités, à la fois, chez la même personne. Et puis, les thésauriseurs, les gratteurs, les gens qui sont entièrement, et presque incessamment, préoccupés d'argent ! Personne n'est préoccupé du sexe de la même façon incessante, — sans doute parce que la satisfaction physiologique est possible dans les choses sexuelles, alors qu'elle n'existe pas quand il s'agit d'argent. Quand le corps est rassasié, l'esprit cesse de penser à la nourriture ou aux femmes. Mais le désir de l'argent, le besoin de posséder, est d'ordre à peu près exclusivement mental. Il n'y a aucune satisfaction physique possible. C'est ce qui expliquerait les excès et les perversions de l'instinct d'acquérir. Notre corps oblige, pour ainsi dire, l'instinct sexuel à se conduire normalement. Il faut que les perversions soient bien violentes avant de pouvoir déborder les tendances physiologiques normales. Mais en ce qui concerne l'instinct d'acquérir, il n'y a pas de corps régulateur, pas de masse de chair par trop solide, qui doive d'abord être poussée en dehors des ornières de l'habitude physiologique. La moindre tendance à la perversion est immédiatement rendue manifeste. Mais peut-être le mot de « perversion » n'a-t-il pas de sens avec ce contexte. Car la perversion implique l'existence d'une norme dont elle s'écarte. Quelle est la norme de l'instinct d'acquérir ? On peut entrevoir vaguement quelque honnête moyenne ; mais est-ce là, en fait, la véritable norme statistique ?... Pour moi, j'imagine que je suis plutôt "hypo-acquisitif" ; moins intéressé que la moyenne à l'argent et aux possessions en général. Illidge dirait que cela est dû entièrement à ce que j'ai été élevé dans une atmosphère de large aisance pécuniaire. Cela peut être vrai en partie. Mais pas entièrement, à mon avis. Considérez le grand nombre de gens nés riches, et qui sont uniquement préoccupés de gagner de l'argent. Non, mon "hypo-acquisitivité" est héréditaire aussi bien qu'acquise. Quoi qu'il en soit, je ne prends pas beaucoup d'intérêt aux possessions et n'éprouve que peu de sympathie pour ceux qui s'y intéressent : je ne les comprends guère. Aucun personnage dont la dominante est l'instinct d'acquérir ne figure dans aucun de mes romans. C'est un défaut ; car les acquisitifs sont manifestement très communs dans la vie réelle. Mais je doute que je puisse rendre un tel personnage intéressant, — puisque je ne m'intéresse pas moi-même à la passion acquisitive. Balzac le pouvait, lui ; les circonstances et l'hérédité avaient fait en sorte qu'il s'intéressât passionnément à l'argent. Mais quand on trouve un sujet ennuyeux, on a des chances d'être ennuyeux en le traitant... »

CHAPITRE XXIII

LE bureau était devant la fenêtre. Terni par l'air fumeux de Sheffield, un rayon de soleil jaunâtre et d'apparence visqueuse éclairait un angle de la table et un coin du tapis rouge à fleurs. Everard Webley était en train d'écrire une lettre. Sa plume courait sur le papier. Tout ce qu'il faisait était fait avec rapidité et avec décision.

« Ma chère, chère Elinor, avait-il écrit. *De profundis clamavi*, — des profondeurs de cette chambre d'hôtel répugnante, et des profondeurs encore plus basses de cette tournée politique dans le Nord, je vous appelle. – (il faisait ses j comme si c'étaient des colonnes : un grand trait descendant, avec un petit crochet dans le haut, et à peine une courbure dans le bas. Les barres de ses t étaient fermes et dénotaient une absence totale du sens de la compromission.) — Mais vous n'écoutez pas, sans doute. J'ai toujours éprouvé beaucoup de sympathie pour les sauvages qui donnent une bonne raclée à leurs dieux lorsqu'ils n'exaucent pas leurs prières, ou ne répondent pas à leurs sacrifices. L'Angleterre demande que chacun de ses dieux, en ce jour, fasse son devoir, — comme eût pu dire Nelson. Et s'il n'en fait rien, — eh bien, tant pis pour lui ; il tâtera du chat à neuf queues. L'adoration moderne d'un Ineffable lointain, dont on ne critique pas les faits et gestes, me paraît fort peu satisfaisante. A quoi bon faire un contrat avec quelqu'un qui pourra le violer à volonté et contre qui l'on n'a aucun recours ? Les femmes ont suivi la même évolution que les dieux. Elles ont tous les droits. Et nous n'avons pas celui de les obliger à faire leur devoir envers leurs adorateurs, ou à jouer leur rôle dans le contrat naturel entre les sexes. J'écris, j'implore. Mais, pareille au dieu nouveau style des philosophies modernes et des théologies à idées larges, vous n'écoutez pas. Et l'on n'a pas le droit d'exercer des représailles ; il est de mauvais ton de battre le dieu défaillant. Ça ne se fait pas. Néanmoins, je vous en avertis : un de ces jours, j'essaierai les bonnes vieilles méthodes. Je ferai mon petit *Enlèvement des Sabines*, et alors, où sera-t-elle, votre supériorité ineffable et lointaine ? Comme je vous déteste en réalité de m'obliger à vous aimer tant ! C'est une injustice si atroce, — de recevoir l'hommage de tant de passion et de désir, et de ne rien donner en retour ! Et vous n'êtes même pas sur place pour recevoir la correction que vous méritez ! Il me faut me venger par procuration sur les voyous qui troublent mes réunions. Hier soir, j'ai soutenu un combat formidable. Il y a eu des hurlements, des sifflets, ils ont chanté l'*Internationale*, de façon concertée. Mais je les ai domptés. Au sens propre, même, à un moment donné. J'ai été obligé de pocher un œil a un des meneurs. Pauvre diable ! Il n'a fait qu'écoper pour vos méfaits, à vous. Il a été votre bouc émissaire. Car c'est pour vous, en réalité, que je me suis battu. Si ce n'avait pas été pour vous, je n'aurais pas été à moitié aussi emporté. Et probablement je n'aurais pas eu le dessus. De sorte que, indirectement, c'est à vous que je dois la victoire. Ce dont je vous suis reconnaissant, ainsi qu'il sied. Mais une autre fois, il n'y aura pas de communiste sur qui je pourrai passer ma rage. La prochaine bataille sera contre l'ennemi véritable, — contre vous. Aussi, faites attention, ma chérie. Je m'efforcerai de ne pas aller jusqu'aux yeux au beurre noir ; mais dans la chaleur du moment, on ne sait jamais... Mais sérieusement, Elinor, sérieusement : Pourquoi êtes-vous si froide, si lointaine, si morte ? Pourquoi vous protégez-vous contre moi ? Moi, je pense à vous si constamment, de façon si insistante ! Votre pensée est toujours présente. Elle est là, cachée, latente, dans les choses et les endroits les plus invraisemblables, prête, au commandement de quelque association d'idées fortuite, à me sauter dessus du recoin où elle se tient en embuscade. Elle me hante, comme une conscience coupable. Si je... »

On frappa à la porte. Ce fut Hugo Brockle qui entra. Everard porta son regard de sa montre sur Hugo. Il avait sur le visage une expression menaçante :

— Pourquoi êtes-vous tellement en retard ? demanda-t-il d'une voix dont le calme même était formidablement inquiétant.

Hugo rougit.

— Je ne m'étais pas rendu compte de l'heure. — Ce n'était que trop vrai. Il avait déjeuné chez les Upwich, à trente kilomètres au-delà des landes. Polly Logan passait quelque temps chez eux. Après le déjeuner, le vieil Upwich et les autres étaient partis faire une partie de golf sur le terrain privé qu'il avait fait aménager dans son parc. Polly, par un hasard providentiel, ne jouait pas au golf. Il l'avait emmenée promener dans les bois, le long de la rivière. Comment se serait-il rendu compte de l'heure ? — Je regrette vivement... ajouta-t-il.

— Je l'espère bien, dit Everard, — et la violence latente fit irruption sous son calme. — Comment ! Je vous dis d'être de retour à cinq heures, et il est maintenant six heures et quart ! Quand vous êtes avec moi en service pour les Anglais Libres, vous êtes soumis à la discipline militaire. Mes ordres doivent être exécutés, comprenez-vous ? Comprenez-vous ? insista-t-il.

Hugo, tout honteux, répondit « oui » d'un signe de tête.

— Et maintenant allez-vous-en voir si tout a été préparé convenablement, pour la réunion de ce soir. Et il est bien entendu, n'est-ce pas, qu'un fait semblable ne doit pas se renouveler ! Une autre fois, vous ne vous en tireriez pas comme cela !

Hugo referma la porte derrière lui. Toute trace de colère disparut immédiatement de la figure d'Everard. Il avait pour méthode de faire peur à ses subordonnés de temps en temps. La colère, il l'avait éprouvé chaque fois, est une arme excellente, pourvu qu'on ne se laisse pas dominer par elle. C'était son cas. Pauvre Hugo ! Il sourit en songeant à lui, et reprit sa lettre. Dix minutes plus tard, Hugo rentra pour annoncer que le dîner était prêt. La réunion était pour huit heures ; ils étaient forcés de dîner très tôt.

— Mais c'est tellement bête, toutes ces disputes politiques, dit Rampion, la voix rendue suraiguë par l'exaspération, si formidablement bête ! Les bolcheviks et les fascistes, les radicaux et les conservateurs, les communistes et les Anglais Libres, — quel est donc l'enjeu de leur bataille ? Je m'en vais vous le dire. Ils se battent, pour décider si nous irons à l'abîme par le train express des communistes, ou par l'auto de course des capitalistes, par l'omnibus individualiste ou le tramway collectiviste roulant sur les rails de l'étatisme. La destination est la même dans tous les cas. Tous, tant qu'ils sont, s'en vont droit à l'abîme, ils se précipitent tous dans la même impasse psychologique et dans le chambardement social qui résulte du chambardement psychologique. Le seul point sur lequel ils diffèrent est celui-ci : Comment y arriverons-nous ? Il est tout bonnement impossible à un homme de bon sens de s'intéresser à de semblables disputes. Pour l'homme de bon sens, la chose importante, c'est l'abîme, ce n'est pas le moyen de transport qui doit être employé pour y arriver. La question qui se pose pour l'homme de bon sens, c'est de savoir si, oui ou non, nous voulons aller à l'abîme. Et sa réponse, c'est : non, nous ne le voulons pas. Et dès lors que voilà sa réponse, il ne veut avoir rien à faire avec aucun des politiciens.

Parce qu'ils veulent, eux, nous mener en fin de compte à l'abîme. Tous, sans exception. Lénine tout comme Mussolini, Mac Donald tout comme Baldwin. Ils sont tous également désireux de nous mener à l'abîme, et se disputent simplement au sujet des moyens de nous y mener.

— Il se peut que les uns nous y mènent un peu plus lentement que les autres, hasarda Philip.

Rampion haussa les épaules :

— Oh ! Tellement peu, que ça ne ferait aucune différence appréciable. Ils croient tous à l'industrialisation sous une forme ou une autre, ils croient tous à l'américanisation. Songez à l'idéal bolchéviste. C'est l'Amérique, fortement exagérée. L'Amérique, avec des services gouvernementaux à la place des trusts, et des fonctionnaires au lieu de riches. Et puis, l'idéal du reste de l'Europe ! C'est la même chose, sauf que les riches y sont conservés. D'un côté, le machinisme et les fonctionnaires. De l'autre, le machinisme et Alfred Mond ou Henry Ford. Le machinisme, pour nous mener à la perdition ; les riches ou les fonctionnaires, pour le faire marcher. Vous pensez que l'une des cliques pourra conduire plus prudemment que l'autre ? Vous avez peut-être raison. Mais je ne vois pas qu'il y ait à choisir entre elles. Elles sont toutes également pressées. Au nom de la science, du progrès, et du bonheur humain ! *Amen,* — et posez le pied sur l'accélérateur !

Philip acquiesça d'un signe de tête :

— Oh ! ils l'y posent carrément, dit-il. Et ça gaze. C'est le progrès. Mais, comme vous le dites, c'est probablement dans la direction de l'abîme.

— Et la seule chose dont les réformateurs parviennent à nous parler, c'est la forme, la couleur, et l'appareil de direction, du véhicule ! Ces imbéciles-là ne voient donc pas que c'est la direction prise qui importe, que nous faisons absolument fausse route et qu'il faudrait faire demi-tour, — de préférence, à pied, sans leur puante mécanique ?

— Vous avez peut-être raison, dit Philip. Mais l'ennui c'est que, étant donné notre monde tel qu'il existe, on ne peut pas faire demi-tour, on ne peut pas arrêter la mécanique. Ce n'est guère possible à moins qu'on ne soit disposé à exterminer à peu près la moitié de la race humaine. L'industrialisme a permis de doubler la population mondiale en cent ans. Si l'on veut se débarrasser de l'industrialisme, il faut revenir au point de départ. C'est-à-dire qu'il faut massacrer la moitié du nombre existant des hommes et des femmes. Ce qui, *sub specie æternitatis*, ou simplement *historiae*, serait peut-être une excellente chose. Mais ce n'est guère une question de politique pratique.

— Pas pour le moment, concéda Rampion. Mais la prochaine guerre, et la prochaine révolution, ne feront que faire passer la question dans un ordre trop pratique.

— C'est possible. Mais il ne faut pas compter sur les guerres et les révolutions. Parce que, si l'on compte sur elles, elles arriveront certainement.

Elles arriveront, dit Rampion, que vous y comptiez ou non. Le progrès industriel entraîne la surproduction, d'où la nécessité de nouveaux débouchés, d'où des rivalités internationales, d'où la guerre. Et les progrès mécaniques entraînent plus de spécialisation et de standardisation du travail, d'où des amusements préparés davantage en série et moins individuels, d'où diminution d'initiative, et des facultés créatrices, d'où plus d'intellectualisme et atrophie progressive de toutes les choses vitales et fondamentales de la nature humaine, d'où plus d'ennui et d'agitation, d'où enfin une espèce de folie individuelle, qui ne peut avoir d'autre résultat que la révolution sociale. Qu'on y compte ou non, les guerres et les révolutions sont inévitables, si l'on permet aux choses de continuer leur cours actuel.

— De sorte que le problème se résoudra de lui-même, dit Philip.

— Mais seulement par sa propre destruction. Quand l'humanité sera détruite, manifestement, il n'y aura plus de problème. Mais ça me semble être une solution bien faiblarde. Moi, je crois qu'il peut y en avoir une autre, même dans le cadre du système actuel. Une solution provisoire, pendant que le système serait en cours de modification dans la direction d'une solution permanente. La racine du mal gît dans la psychologie individuelle ; de sorte que c'est par là, par la psychologie individuelle, qu'il faudrait commencer. Le premier pas serait de faire vivre les gens d'une façon double, en deux compartiments. Dans l'un des compartiments, en tant que travailleurs industrialisés, dans l'autre, en tant qu'êtres humains. En idiots, en machines, pendant huit heures sur vingt-quatre, et en véritables êtres humains, le reste du temps.

— N'est-ce pas là ce qu'ils font déjà ?

— Bien sûr que non ! Ils vivent en idiots, en machines, tout le temps, aussi bien quand ils sont au travail, que dans leurs loisirs. En idiots et en machines, tout en s'imaginant qu'ils vivent en humains civilisés, voire en dieux. La première chose à faire, c'est de leur faire reconnaître qu'ils sont des idiots et des machines pendant des heures ouvrables. Notre civilisation étant ce qu'elle est, — voilà ce qu'il faudra leur dire, — il faut que vous passiez huit heures sur les vingt-quatre comme une espèce d'intermédiaire entre un imbécile et une machine à coudre. C'est fort désagréable, je le sais. C'est humiliant, c'est répugnant. Mais voilà. Il faut le faire; sans quoi tout l'échafaudage de notre monde s'écroulera et nous mourrons tous de faim. C'est pourquoi il faut faire votre travail, bêtement et mécaniquement; et passer vos heures de loisir en étant un homme ou une femme véritable et complexe, suivant le cas. Ne mélangez pas ensemble les deux vies; maintenez bien les cloisons étanches entre elles. Ce qui est la chose véritablement importante, c'est la vie authentiquement humaine pendant vos heures de loisir. Le reste n'est rien de plus qu'une sale besogne, qu'il faut accomplir. Et n'oubliez jamais qu'elle est effectivement sale, et — si ce n'est que parce qu'elle permet de vous nourrir et de conserver intacte la société — absolument sans importance, sans le moindre rapport avec la véritable vie humaine. Ne vous laissez pas tromper par les canailles aux belles paroles qui parlent de la sainteté du travail et des services chrétiens que rendent les gens d'affaires à leurs semblables. Tout cela, ce sont des mensonges. Votre travail n'est rien qu'une tâche dégoûtante et répugnante, qui se trouve malheureusement être nécessaire à cause de la folie de vos ancêtres. Ils ont accumulé une montagne d'immondices, et il faut que vous travailliez d'arrache-pied à l'enlever, pelletée à pelletée, de peur qu'elle ne vous empoisonne pour de bon; que vous y travailliez pour respirer, tout en maudissant la mémoire de ces insensés qui ont accumulé tout ce travail ignoble qu'il vous faut accomplir. Mais n'essayez pas de vous donner du cœur en feignant que ce sale travail mécanique est une noble besogne. Ce n'est pas vrai; et le seul résultat que vous obtiendrez en disant et en croyant qu'il l'est, ce sera d'abaisser votre humanité au niveau de sa sale besogne. Si vous croyez aux affaires en tant que service et à la sainteté du travail, vous vous changerez simplement en idiot mécanisé pendant vingt-quatre heures sur les vingt-quatre. Reconnaissez que c'est un travail infect, bouchez-vous le nez et faites-le pendant huit heures, et, ensuite, concentrez-vous sur vous-même pour être, dans vos loisirs, un être humain véritable. Un être humain véritable et complet. Non pas un lecteur de journaux, non pas un amateur de jazz, non pas un maniaque de radiophonie. Les industriels qui fournissent aux masses des amusements standardisés et fabriqués en série, s'appliquent de leur mieux à faire de vous le même imbécile mécanisé dans vos loisirs que pendant vos heures de travail. Mais il ne faut pas le leur permettre. Il faut faire l'effort nécessaire pour être humains. — Voilà ce qu'il faut dire aux gens; voilà la leçon qu'il faut enseigner aux jeunes. Il faut convaincre tout le monde que toute cette magnifique civilisation industrielle n'est rien qu'une mauvaise odeur, et que la vie véritable, celle qui signifie quelque chose, ne peut être vécue qu'en dehors d'elle. Il faudra bien longtemps pour qu'une vie propre et la puanteur industrielle puissent être conciliées. Peut-être même sont-elles inconciliables. C'est une chose à voir. Quoi qu'il en soit, en attendant, il faut attaquer les immondices à la pelle et supporter l'odeur stoïquement, et, dans les intervalles, tâcher de mener une vie véritablement humaine.

— C'est un bon programme, ça, dit Philip. Mais je ne vous vois pas obtenant beaucoup de voix là-dessus, aux prochaines élections générales.

— Oui, voilà le chiendent. — Rampion fronça les sourcils. — On les aurait tous contre soi. Car la seule chose sur laquelle ils soient tous d'accord — les conservateurs, les libéraux, les socialistes, les bolchéviks, — c'est l'excellence intrinsèque de la puanteur industrielle et la nécessité de supprimer, par la standardisation et la spécialisation, toute trace de virilité ou de féminité chez la race humaine. Et l'on veut que nous nous intéressions à la politique ! Zut ! alors. — Il hocha la tête. — Si nous pensions à des choses plus agréables ?... Tenez, je voudrais vous montrer ce tableau. — Il traversa l'atelier et tira une toile de toute une série qui étaient appuyées contre le mur. — Là, dit-il, lorsqu'il l'eut installée sur un chevalet. — Assise sur la crête d'un talus herbeux, où elle constituait le sommet d'une composition pyramidale, une femme nue donnait le sein à un bébé. Dans le bas, et devant elle, était accroupi un homme, le dos nu tourné vers le spectateur, et en pendant, à droite, se tenait un petit garçon. L'homme accroupi jouait avec une paire de jeunes léopards tout petits, qui occupaient le centre du tableau, un peu plus bas que les pieds de la mère assise. Le petit garçon regardait le jeu. Derrière la femme, et tout près d'elle, occupant presque toute la partie supérieure du tableau, se tenait une vache, la tête légèrement détournée, ruminant. La tête et les épaules de la femme se détachaient en pâle sur son flanc brun. — C'est un tableau qui me plaît tout particulièrement, dit Rampion après un petit silence. Les chairs sont bien, — vous ne trouvez pas ? Elles ont une espèce de floraison, de qualité vivante... Bon Dieu, comme votre beau-père savait peindre merveilleusement les nus en plein air ! C'est vertigineux ! Personne ne les a jamais rendus mieux — pas même Renoir. Ah ! Si j'avais les dons qu'il a eus !... Mais ceci n'est pas mal, vous savez, continua-t-il, revenant au tableau. Ce n'est vraiment pas mal. Et puis, il y a d'autres qualités. Je sens que j'ai réussi à rendre les rapports vivants des personnages entre eux et avec le reste du monde... La vache, par exemple. Elle se détourne, elle n'a pas conscience du décor humain. Mais on sent cependant qu'elle est en contact heureux avec les humains, d'une manière laiteuse, ruminante, bovine. Et les humains sont en contact avec elle. Et aussi avec les léopards, — mais pas du tout de la même manière, — d'une manière qui correspond à celle dont les petits fauves sont en contact avec eux, — vive, féline... Oui, ça me plaît.

— A moi aussi, dit Philip. C'est une chose à opposer à la puanteur industrielle. — Il se mit à rire. — Vous devriez faire, en pendant, un tableau de la vie dans le monde civilisé. La femme en imperméable, appuyée contre une gigantesque bouteille de *Viandox,* et nourrissant son bébé avec de la *Blédine.* Le talus, recouvert d'asphalte. L'homme, vêtu d'un complet à six cents francs soldé à trois cents, accroupi devant un poste radiophonique avec lequel il joue. Et le petit garçon, tout couvert de boutons et rachitique, observant la chose avec intérêt.

— Et le tout exécuté à la manière cubiste, dit Rampion, de façon à être absolument sûr qu'il n'y ait rien de vivant. Il n'y a rien de tel que l'art moderne pour stériliser les choses et en extirper la vie. Le phénol, c'est de la petite bière, en comparaison.

CHAPITRE XXIV

LE gouvernement local chez les Indous sous les empereurs de la dynastie des Maurya continua, semaine sur semaine, à nécessiter la présence de Mr. Quarles au British Museum, au moins deux jours pleins sur les sept.

— Euh... Je n'avais pas la moindre idée, n'est-ce pas, expliqua-t-il, qu'il y eût tant de matériaux disponibles.

Cependant Gladys découvrait qu'elle s'était trompée. Le bon temps qu'elle s'était promis sous la protection de Mr. Quarles ne valait pas mieux que le bon temps qu'elle aurait pu s'offrir avec des « types » à peine plus riches qu'elle. Mr. Quarles — cela lui fut manifeste — n'était pas disposé à rayer en espèces sonnantes le luxe de se sentir supérieur. Il voulait bien être un grand homme, mais à peu de frais. L'excuse qu'il alléguait pour le restaurant bon marché et les places peu chères au théâtre, était toujours la nécessité de garder le secret. Il serait désastreux que quelqu'un de connaissance le rencontrât en compagnie de Gladys ; et comme les gens de sa connaissance appartenaient au monde qui se fait véhiculer, bien repu, du Berkeley aux fauteuils du Gaiety Theatre, Mr. Quarles et Gladys mangeaient dans un «bouillon» Lyons et voyaient les pièces du haut de la deuxième galerie. Telle fut l'explication officielle de la qualité fort peu princière des sorties de Sidney. L'explication réelle n'était pas la nécessité de garder le secret, mais la répugnance native de Sydney à se défaire d'espèces sonnantes. Car, bien qu'il dépensât facilement de grosses sommes, il se montrait fort serré sur les petites. Lorsqu'il s'agissait «d'améliorations immobilières», il signait d'un cœur léger des dépenses se chiffrant par dizaines, voire par centaines de milliers de francs. Mais lorsqu'il s'agissait de se défaire de deux ou trois billets de dix francs, pour offrir à sa maîtresse une meilleure place au théâtre ou un repas plus succulent, un bouquet de fleurs ou une boîte de bonbons, il devenait tout à coup le plus économe des hommes. Son avarice était à la base d'un certain puritanisme bizarre, qui se faisait jour dans ses opinions sur à peu près tous les plaisirs et divertissements, autres que ceux qui relevaient de l'ordre strictement sexuel. Dînant avec une petite employée séduite dans la retraite peu coûteuse d'une gargote du quartier de Soho, il vous dénonçait (avec toute la passion d'un Milton réprouvant les fils de Bélial, avec tout le sérieux d'un Wordsworth prônant la vie matérielle la plus humble et la pensée la plus élevée), les goinfres jouisseurs du Carlton, les gloutons du Ritz, qui, au milieu des misères entassées à Londres, s'en vont dépenser un mois de salaire d'un ouvrier de ferme dans un dîner en tête à tête. De cette façon il donnait à ses préférences parcimonieuses en matière de restaurants et de places de théâtre, un caractère éminemment moral, outre celui d'une simple mesure diplomatique. Séduites par un libertin déjà sur le retour, les maîtresses de Mr. Quarles étaient surprises de se voir dînant avec un prophète hébraïque, et prenant leurs divertissements avec un disciple de Caton ou de Calvin.

— Non, mais !... A vous entendre, on vous prendrait pour un saint ! dit Gladys avec sarcasme, — lorsqu'il se fut arrêté pour reprendre haleine au milieu d'une de ses diatribes de «bouillon» Lyons contre les prodigues et les goinfres. — Allez donc, eh ! — Son rire eut la raillerie féroce.

Mr. Quarles fut déconcerté. Il était habitué à ce qu'on l'écoutât respectueusement, comme un dieu de l'Olympe. Le ton de voix de Gladys était grossier et révolté ; il n'aimait pas cela ; cela l'inquiéta, même. Il releva son menton avec dignité et lui décocha sur le crâne un reproche, en tir indirect :

— Ce n'est pas une simple question de personnalités, dit-il sentencieusement, c'est... euh... une question de principes généraux.

— Moi, j'y vois pas de différence, répliqua Gladys, — abolissant d'un coup toutes les prétentions solennelles de tous les philosophes et moralistes, de tous les chefs religieux, réformateurs et fabricants d'Utopies depuis le commencement des temps humains.

Ce qui, surtout, exaspérait Gladys, c'était le fait que, même dans le monde des « bouillons » Lyons et des places bon marché, Mr. Quarles n'abandonnât pas ses prétentions olympiennes ni ses manières olympiennes. Son indignation, un soir qu'il y avait une foule compacte dans l'escalier des Secondes Galeries, fut bruyante et vertueuse.

— Un véritable... euh... scandale ! — c'est ainsi qu'il nommait la chose.

— On dirait que vous avez pris la loge royale ! dit Gladys, sarcastiquement.

Et lorsque, chez Lyons, il se plaignit que la tranche de saumon à six francs cinquante provînt plus probablement, à en juger d'après son goût, de la Colombie Britannique que de l'Écosse, elle lui conseilla d'écrire au *Times* à ce sujet. Cette découverte lui chatouilla l'esprit, et, après cela, elle ne cessa pas de lui dire, ironiquement, d'écrire au *Times*. Se plaignait-il, philosophe noble et désillusionné, du vide des politiciens et de la trivialité sordide de la vie politique ? — Gladys lui suggérait d'écrire au *Times*. Il était éloquent sur le chapitre de l'hypocrisie dans le décorum et sur l'étroitesse d'idées des Anglais ; bon, — qu'il écrive au *Times*. « C'était... euh... un véritable scandale que ni Sir Edward Grey ni Lloyd George ne sussent un mot de français », le *Times*, de nouveau, était tout indiqué. Mr. Quarles fut peiné et profondément froissé. Il ne lui était jamais rien arrivé de semblable. En compagnie de ses autres maîtresses, la conscience de sa supériorité lui avait procuré un bonheur sans mélange. Elles l'avaient vénéré et admiré ; il s'était senti un véritable dieu. Et, pendant les premiers jours, Gladys aussi avait paru être en adoration. Mais, venue pour prier, elle était restée pour railler. Le bonheur spirituel de Mr. Quarles était anéanti. N'eût été la satisfaction matérielle que lui donnait le fait pour Gladys d'appartenir à l'espèce féminine, Mr. Quarles eût rapidement épuisé le sujet du Gouvernement local autonome sous les Maurya et fût resté chez lui. Malheureusement, Gladys avait été dotée d'une part supérieure à la moyenne des caractères généraux de son espèce ; chez elle, l'individu, avec sa raillerie, le blessait et le repoussait ; mais cette répulsion pour le type individuel était vaincue par l'attraction qu'exerçait sur lui ce qui chez Gladys était spécifiquement féminin, ce qu'elle avait en commun avec toute son espèce, tout son sexe. En dépit de ses railleries, Mr. Quarles retournait à Londres. Les droits des Indous devenaient de plus en plus impérieux.

Se rendant compte de son pouvoir, Gladys commença à refuser ce qu'il désirait. Peut-être pourrait-on, par un peu de chantage, le forcer à cette générosité qu'il n'était pas dans sa nature d'étaler spontanément. Au retour d'une soirée fort peu onéreuse chez Lyons et au cinéma, elle le repoussa avec colère lorsque dans le taxi, il tenta les privautés habituelles.

— Vous ne pouvez pas me laisser tranquille ! dit-elle sèchement. — Et au bout d'un moment : — Dites au chauffeur de nous conduire d'abord chez moi, où je descendrai.

— Mais voyons, ma chère enfant ! protesta Mr. Quarles.

— N'avait-elle pas promis de rentrer avec lui ?

— J'ai changé d'avis. Et je vous dis de parler au chauffeur, hein ?

La pensée que, au bout de trois jours d'imagination échauffée par l'anticipation, il serait obligé de passer une soirée solitaire, lui fut une torture :

— Voyons, Gladys, ma chérie...

— Parlez au chauffeur.

— Mais, enfin, c'est trop cruel ; vous êtes par trop barbare...

— Vous n'aurez qu'à écrire au *Times* à ce sujet, dit-elle pour toute réponse. C'est bon, je vais lui parler, moi, au chauffeur.

Après une nuit d'insomnie et de souffrance, Mr. Quarles sortit dès l'heure d'ouverture des magasins, et acheta une montre-bracelet de deux mille francs.

C'était une réclame de dentifrice. Mais comme la gravure représentait un couple fox-trottant, et s'exhibant mutuellement leurs dents en un sourire amoureux et nacré, et comme le mot commençait par un D, le petit Phil lut, sans la moindre hésitation : Danse.

Son père se mit à rire :

— Petit rossard ! dit-il. Et tu m'avais dit que tu savais lire !

— Ben, ils sont en train de danser, protesta l'enfant.

— Oui, — mais ce n'est pas ça qui est écrit. Recommence. — Il lui montra le mot, du doigt tendu.

Le petit Phil jeta de nouveau un coup d'œil sur ce mot impossible et regarda longuement l'image. Mais le couple fox-trottant ne lui donna aucune indication.

— Dynamo, dit-il enfin, en désespoir de cause. — C'était le seul autre commençant par D qui lui vint à l'esprit à ce moment.

— Pourquoi pas « dinosaure », pendant que tu y es ? railla son père. Ou « dolicocéphale » ? Ou « dicotylédone » ? — Le petit

Phil fut profondément froissé; il ne pouvait souffrir qu'on se moquât de lui. — Allons, recommence. Et, cette fois, tâche de lire. Ne te contente pas de deviner.

Le petit Phil détourna la tête:

— Ça m'ennuie, dit-il. — Sa vanité l'empêchait d'essayer ce qu'il ne pouvait accomplir avec plein succès. Miss Fulkes, qui avait pour principe d'enseigner par persuasion rationnelle et avec le consentement raisonné de l'élève (elle était encore très jeune), lui avait tenu des discours sur sa propre psychologie, dans l'espoir qu'une fois qu'il aurait pris conscience de ses défauts, il s'en corrigerait. — «Tu as un mauvais amour-propre, lui avait-elle dit. Tu n'as nullement honte d'être un âne et de ne pas savoir les choses. Mais tu as honte de te tromper. Tu aimes mieux ne pas faire une chose du tout que de la faire de travers. C'est tout ce qu'il y a de mauvais, ça.» — Le petit Phil secouait la tête en assentiment et disait: — «Oui, miss Fulkes» de la façon la plus rationnelle et compréhensive qui soit. Mais il continuait à aimer mieux ne pas faire les choses du tout que de les faire avec difficulté et de travers. — Ça m'ennuie, répéta-t-il. Mais tu veux que je te fasse un dessin? proposa-t-il, se tournant de nouveau vers son père avec un sourire captivant. — Il était toujours prêt à dessiner; il dessinait bien.

— Non, merci. Je veux que tu lises, dit Philip.

— Mais ça m'ennuie.

— Ça ne fait rien. Il faut essayer.

— Mais j'ai pas envie d'essayer.

— Mais moi, je le veux. Allons, essaie.

Le petit Phil fondit en larmes. Les larmes, il le savait, étaient une arme irrésistible. Et, effectivement, elles démontrèrent une fois encore leur pouvoir.

Elinor leva les yeux de l'endroit où elle était assise, un livre entre les mains, à l'autre bout de la pièce:

— Ne le fais pas pleurer, cria-t-elle. C'est si mauvais pour lui!

Philip haussa les épaules:

— Si tu te figures que c'est là un procédé d'éducation pour un enfant..., dit-il, — avec une amertume que ne justifiait pas l'incident, une amertume accumulée peu à peu au cours de ces dernières semaines de silence et d'hostilité distante, d'introspection et d'inutiles reproches à soi-même, et qui trouvait maintenant une occasion de s'exprimer, fût-ce presque tout à fait hors de propos.

— Je ne me figure rien du tout, dit Elinor, d'une voix froide et dure. — Je sais seulement que je ne veux pas qu'il pleure. — Le petit Phil redoubla de cris. Elle l'appela à elle et le prit sur ses genoux.

— Mais, étant donné qu'il a le malheur d'être enfant unique, il faudrait réellement faire l'effort nécessaire pour ne pas le gâter.

Elinor appuya sa joue contre les cheveux du petit garçon :

— Étant donné qu'il est enfant unique, dit-elle, je ne vois pas pourquoi il ne serait pas traité comme tel.

— Il n'y a rien à faire avec toi, dit Philip. Il est grand temps que nous nous installions définitivement, de telle sorte que ce gamin puisse avoir quelque chance d'être élevé rationnellement.

— Et qui est-ce qui s'occupera de son éducation rationnelle ? demanda Elinor. Toi ? — Elle rit sarcastiquement. — Au bout de huit jours, tu en aurais tellement plein le dos que tu te suiciderais, ou bien que tu prendrais le premier avion pour Paris et que tu resterais parti six mois !

— Méchant papa ! ajouta l'enfant.

Philip se sentit froissé, d'autant plus que, dans son for intérieur, il savait qu'elle avait dit vrai. L'idéal d'un intérieur rustique, rempli de petits devoirs et de contacts humains banals, était un de ceux qui, pour lui, confinaient à l'absurde. Et, bien que l'idée de surveiller l'éducation du petit Phil fût intéressante, il savait que la pratique en serait intolérablement ennuyeuse. Il se souvint des essais spasmodiques d'éducation qu'avait entrepris son père. Il en serait absolument de même avec lui. Et c'est précisément pourquoi Elinor n'aurait pas dû le lui dire.

— Je ne suis pas si absolument et puérilement léger que tu sembles l'imaginer, dit-il, avec une dignité grosse de colère contenue.

— Au contraire, répondit-elle, tu es bien trop adultement sérieux. Tu serais incapable de t'occuper d'un enfant, parce que tu n'es pas toi-même assez puéril. Tu ressembles à un de ces personnages si affreusement adultes du *Mathusalem* de Bernard Shaw.

— Méchant papa ! répéta le petit Phil d'une façon exaspérante, comme un perroquet qui n'a qu'une phrase pour tout répertoire.

Le premier mouvement de Philip fut d'arracher l'enfant des bras de sa mère, de le fesser pour son impertinence et de le chasser hors de la pièce, puis d'en venir à Elinor, et de mettre violemment les choses au point avec elle. Mais l'habitude de la maîtrise de soi qu'a tout homme bien élevé et son horreur des « scènes » lui firent garder son calme. Au lieu de s'épancher dans une saine explosion, il fit un effort de volonté et se renferma plus étroitement que jamais en lui-même. Conservant sa dignité et son grief inexprimé, il se leva et sortit au jardin par la porte-fenêtre. Elinor le regarda s'en aller. Son réflexe fut de courir après lui, de lui prendre la main, et de faire la paix. Mais elle se raidit, elle aussi. Philip s'en alla en boitillant et fut bientôt hors de vue. L'enfant continua à pleurnicher. Elinor le secoua un peu.

— Assez, Phil, dit-elle, presque avec colère. En voilà assez. Tais-toi immédiatement.

Les deux médecins examinaient ce qui, pour un œil non exercé, aurait pu passer pour la photographie d'un typhon dans le golfe du Siam, d'une explosion de fumée noire au milieu de nuages, ou simplement d'une tache d'encre.

— C'est particulièrement net, dit le jeune radiographe. Voyez. — Il montra du doigt le nuage de fumée. — Il y a là, au pylore, une nouvelle prolifération, particulièrement visible. Il jeta un regard plein d'une sorte de déférence interrogative à son distingué collègue.

Sir Herbert eut un hochement de tête approbateur :

— Bien visible, répéta-t-il. — Sa manière était celle d'un oracle ; ce qu'il disait, on le sentait, était toujours et nécessairement vrai.

— Elle ne pourrait guère être étendue. Du moins, avec les symptômes reconnus jusqu'à présent. Il n'y a pas encore eu de vomissements.

— Pas de vomissements ? s'écria le radiographe, faisant montre d'une façon peut-être excessive d'intérêt et d'étonnement. C'est ce qui expliquerait qu'elle est si petite.

— L'obstruction n'est que légère.

— Il serait certainement intéressant d'ouvrir l'abdomen pour permettre l'exploration.

Sir Herbert fit une légère moue et hocha la tête d'un air de doute :

— Il faut penser à l'âge du malade.

— Assurément, se hâta d'acquiescer l'autre.

— Il est plus âgé qu'il n'en a l'air.

— Oui, oui. Il ne paraît certainement pas son âge.

— Eh bien, il va falloir que je vous dise au revoir, dit Sir Herbert.

Le jeune radiographe se précipita vers la porte, lui présenta son chapeau et ses gants, l'escorta personnellement jusqu'à la Daimler qui l'attendait. Revenant à son bureau, il jeta de nouveau les yeux sur la photographie tachée de noir, embuée de gris.

« C'est un cliché vraiment réussi », se dit-il avec satisfaction ;

puis, retournant l'épreuve, il inscrivit au dos quelques mots au crayon.

«J. Bidlake, Esq. Estomac, après ingestion de baryum. Nouvelle prolifération au pylore, petite mais t. nette. Cliché du...» Il consulta le calendrier pour retrouver la date, l'inscrivit, et classa la photographie dans ses archives.

Le vieux domestique annonça la visite et se retira, fermant sur lui la porte de l'atelier.

— Eh bien, John, dit Lady Edward, s'avançant à travers la pièce. Comment ça va-t-il? On m'a dit que vous aviez été souffrant. Ce n'est rien de sérieux, j'espère?

John Bidlake ne se leva même pas pour la recevoir. Des profondeurs du fauteuil dans lequel il avait passé la journée à méditer avec terreur sur les thèmes de la maladie et de la mort, il lui tendit une main.

— Mais, mon pauvre John! s'écria Lady Edward, s'asseyant à côté de lui. Vous m'avez l'air bien las et désemparé. Qu'est-ce qu'il y a?

John Bidlake hocha la tête:

— Dieu seul le sait, dit-il. — Il l'avait deviné, lui, bien entendu, d'après les paroles vaguement professionnelles de Sir Herbert au sujet d'une «légère obstruction au voisinage du pylore»; il *savait* pertinemment ce qu'il en était. Son fils Maurice n'était-il pas mort de la même maladie, voilà cinq ans passés, en Californie? Il le savait bien; mais il ne voulait pas dire ce qu'il savait. Une fois exprimée, la chose la plus mauvaise devenait plus épouvantable encore, plus irrévocable. D'ailleurs, on ne devait jamais formuler sa connaissance d'un mal à venir; car alors le destin aurait, en quelque sorte, un modèle sur quoi il pourrait façonner les événements. Il restait toujours une espèce de chance impossible à courir pour que, si l'on n'exprimait pas en paroles ses présages de malheur, le malheur ne se produisît pas. Les mystères de la religion personnelle de John Bidlake étaient tout aussi obscurs et paradoxaux que tous ceux des orthodoxies «théolâtres» qu'il aimait à tourner en dérision.

— Mais vous n'avez pas vu de médecin? — Le ton de voix de Lady Edward était accusateur; elle connaissait l'étrange préjugé de son ami contre les médecins.

— Bien sûr, que j'en ai vu, répondit-il avec irritation, sachant qu'elle le savait. Me prenez-vous pour un imbécile? Mais ce sont tous des charlatans. J'en ai vu un qui est décoré du titre de Sir. Mais pensez-vous qu'il en sache plus long que les autres? Il s'est borné à me dire, dans son jargon de vendeur d'orviétan, ce que je lui avais dit, moi, tout net, — que j'ai quelque chose de détraqué dans le ventre. Quel imbécile de fripouille ! — Sa haine contre Sir Herbert et contre tous les médecins l'avait momentanément ranimé.

— Mais il vous a bien dit quelque chose, insista Lady Edward.

Ces paroles le ramenèrent à la pensée de cette « légère obstruction au voisinage du pylore », de la maladie, et de la douleur, et de la funèbre approche de la mort. Il retomba dans son ancien accablement, dans son ancienne terreur.

— Rien d'important, marmotta-t-il, détournant son visage.

— Alors, peut-être, ce n'est rien de vraiment sérieux, proposa Lady Edward pour le réconforter.

— Non, non ! — Un tel sentiment de légèreté et d'espérance fit sur le vieillard l'effet d'une injure. Il ne voulait pas se livrer au destin en formulant l'horrible vérité. Mais en même temps, il voulait qu'on le traitât comme si la vérité avait été formulée. Qu'on le traitât avec une commisération grave. — C'est grave. C'est très grave, insista-t-il.

Il songeait à la mort ; à la mort, sous la forme d'une vie nouvelle, croissant et se développant dans son ventre, comme un embryon dans le sein d'une femme. La seule chose fraîche exubérante et grandissante, c'était la mort.

Alentour, sur tous les murs de l'atelier, étaient accrochées des notes fragmentaires de la vie de John Bidlake. Deux petits paysages exécutés dans les jardins du Pincio aux jours où Rome venait à peine de cesser d'appartenir au Pape, — une vue de clochers et de coupoles aperçus au travers d'une échancrure de chênes verts, un couple de statues se silhouettant sur le ciel. A côté, un visage de satyre, camus et barbu, — le portrait de Verlaine. Une scène de la rue, à Londres, pleine de hansom-cabs, de chapeaux hauts de forme et de jupes retroussées. Trois croquis de la Mary Betterton grassouillette, au teint vif, d'il y a trente ans. Et Jenny, le plus magnifique des modèles, étendue nue sur une chaise longue, avec une fenêtre derrière elle, des nuages blancs au-delà, un vase de roses sur l'appui de la croisée et un gros chat persan bleu, allongé comme un lion couchant héraldique, sur le ventre blanc de Jenny, sommeillant, les pattes entre ses seins ronds au creux léger.

Lady Edward, pour ranimer l'entretien, changea de sujet :

— Lucy vient de repartir pour Paris en avion, commença-t-elle.

CHAPITRE XXV

«Quai Voltaire.

«L'AIR a été houleux, j'avais oublié le calmant pour mes oreilles, et je me suis trouvée en plein milieu des bruits infernaux pendant deux heures et demie. Me sens très fatiguée et en conséquence, mon doux Walter, un peu sentimentale et *sola sola.* Pourquoi n'es-tu pas là pour me consoler de la trop pénible tristesse de cette magnifique soirée qui s'étale devant ma fenêtre ? Le Louvre, le fleuve, le ciel d'un vert de cristal, la lueur du soleil, et ces ombres veloutées, — tout cela me donne envie de fondre en larmes. Et non pas seulement le paysage. Mes bras dans les manches de mon peignoir, ma main, tandis que j'écris, jusqu'à mes orteils nus, maintenant que j'ai laissé tomber mes pantoufles, — c'est terrible, terrible. Et quant à mon visage dans la glace, à mes épaules, aux roses orangées et aux poissons rouges assortis, et aux tentures de Dufy, et à tout le reste, — oui, *tout,* car tout est également beau et extraordinaire, même les choses qui sont ternes et laides — tout cela, c'est plus que je n'en puis supporter. C'est trop. Je ne peux plus les endurer, et, ce qui plus est, je ne les endurerai plus... Entracte de cinq minutes... C'est pourquoi j'ai téléphoné à René Tallemant de venir prendre un cocktail et de m'emmener quelque part où l'on s'amuse, malgré ma migraine. Je refuse tout bonnement de me laisser mener par le monde extérieur. Connais-tu René ? Vraiment un petit bonhomme épatant. Mais j'aimerais mieux que ce fût toi, tout de même. Temps d'aller m'habiller un tant soi peu. — A toi,

«Lucy.»

«Quai Voltaire.

«Ta lettre était ennuyeuse. Quelle pleurnicherie ! Et ce n'est pas flatteur de se voir comparée à un poison, que tu aurais dans le sang ! C'est comme si l'on vous traitait d'indigestion. Si tu ne peux pas écrire d'une façon plus sensée, n'écris pas du tout. Quant à moi, je m'amuse. Pas follement. Mais suffisamment, suffisamment. Les théâtres ; la plupart, mauvais ; mais ça me plaît ; je suis encore assez puérile pour me sentir mêlée à leurs scénarios idiots. Et j'achète des toilettes; quels ravissements! J'étais tout bonnement en adoration de moi-même dans les glaces de Lanvin. Regarder des tableaux par contre, est un sport surfait. Mais la danse, non. Il y aurait quelque sens à la vie, si elle était toujours pareille à une danse avec un professionnel. Mais elle ne l'est pas. Et si elle l'était, on n'aurait peut-être pas de plus vif désir que de marcher un brin... Le soir, la ronde des mastroquets de Montparnasse, à travers des hordes d'Américains, de Polonais, d'Esthoniens, de Roumains, de Finlandais, de Lettons, de Lapons, de Wendes, etc., qui tous (Dieu nous aide!) sont des artistes. Faut-il fonder une ligue pour la suppression de l'art? Paris m'en donne furieusement l'envie. De même, je voudrais bien rencontrer un peu plus d'hétérosexuels, à titre de changement. Je n'aime vraiment ni les tapettes ni les gousses. Et depuis que Proust et Gide les ont mises à la mode, on ne voit que cela dans cette ville assommante. Toute ma respectabilité britannique se fait jour! — Ta

«L...»

«Quai Voltaire.

«Cette fois, ta lettre a été un réel progrès. (Les seuls vers que tu m'aies donnés, — et encore, par accident. N'importe, ils ne sont pas mauvais.) Si seulement tout le monde voulait bien se persuader qu'être malheureux ou joyeux à propos d'amour, c'est surtout une question de mode! Être poétiquement misérable, c'est une mode ancienne, — et d'ailleurs, les rimes ne la justifient pas en anglais. *Cuore-dolore-amore:* en italien, pas moyen d'y échapper. Ni en allemand: le *Herz* doit éprouver du *Schmerz,* et la *Liebe* est inévitablement pleine de *Triebe.* Mais en anglais, non. Il n'y a pas de douleur associée aux *loves* anglais; rien que des *gloves* et des *doves,* — des gants et des tourterelles, bien inoffensifs. Et les seules choses qui, de par les règles de la poésie, puissent aller droit aux *hearts* des Anglais, c'est les *tarts* et les *amouros arts,* — rien que les bonnes tartes des familles et les arts amoureux, beaucoup moins familiaux. Et je t'assure qu'un homme est bien mieux occupé quand il songe à ces sujets-là, qu'à se dire combien il est désemparé et jaloux, et méconnu, et toute la falote boutique... Je voudrais bien que cet idiot de René pût comprendre ça. Mais, malheureusement, *cœur* rime avec *douleur,* et il est Français. Il devient presque aussi assommant que tu l'étais, mon pauvre Walter. Mais j'espère bien que tu es maintenant tout à fait converti. Tu me plais.

«L...»

«Quai Voltaire.

«Suis souffrante d'un rhume et d'ennui intense, soulagé momentanément seulement par ta lettre. Au fond, Paris est affreusement terne. J'ai bien envie de prendre un avion et de m'en aller ailleurs, mais je ne sais pas où. Eileen est venue me voir aujourd'hui. Elle a envie de lâcher Tim, parce qu'il veut absolument qu'elle se couche nue sur son lit, pendant qu'il enflamme des journaux qu'il tient au-dessus d'elle et dont il lui laisse tomber les cendres chaudes sur le corps. Pauvre Tim! Ce n'est pas gentil de le priver de ses petits plaisirs innocents! Mais Eileen a une telle frousse d'être grillée... Elle m'en a voulu à mort parce que j'ai ri et que je ne lui ai guère témoigné de sympathie. Moi, j'ai pris la chose à la blague. Ce qui est le cas. Blague bien falote, toutefois. Car, en vérité, telle la Reine, nous n'en sommes pas amusée... Ah! Comme je te déteste, de n'être pas ici pour me distraire! On peut tout pardonner, sauf l'absence. O Walter impardonnablement absent, au revoir. J'ai *envie* de toi, ce soir, de tes mains, de ta bouche... Et toi? Te rappelles-tu?

«L...»

«Quai Voltaire.

«Ainsi donc, Philip Quarles va s'installer à la campagne et sera une espèce de mélange de Mrs. Gaskell et de Knut Hamsun. Allons, je veux bien... Mais il est bon qu'il y ait encore des gens à illusions. En tout cas, il ne pourra pas s'ennuyer davantage, dans son village, que moi, ici. A quoi n'en est-on pas réduit! Hier soir, je suis allée avec Tim et Eileen, qui semble réconciliée avec les démonstrations pyrotechniques, dans une de ces boîtes où l'on paie cent francs pour avoir le privilège d'assister, en spectateur, à des orgies (on met un masque, — c'est la seule chose amusante), et, si l'on veut, d'y participer. Un éclairage réduit, — religieux; de petites cases; des divans; et beaucoup de ce que les Français appellent *l'amour,* se passant en assez grande promiscuité. Bizarre et grotesque, oui, — mais affreusement ennuyeux, et puis tellement... médical ! Une espèce de croisement entre une représentation de clowns fort stupides et un amphithéâtre de dissection : Tim et Eileen voulaient me faire rester. Je leur ai dit que j'aimerais mieux aller voir la Morgue, et je les ai plantés là. J'espère qu'ils se sont amusés. Mais pour moi que ç'a été *assommant,* désespérément, absolument *assommant !...* J'avais toujours pensé qu'Héliogabale était un jeune homme fort averti. Mais maintenant que j'ai vu ce qui l'amusait, je conçois qu'il devait avoir l'esprit d'un bébé, — absolument puéril. Moi, j'ai le malheur d'être assez adulte en ce qui concerne certaines choses... J'ai vaguement l'idée d'aller à Madrid la semaine prochaine. Il y fera formidablement chaud, bien entendu. Mais j'adore la chaleur. Je m'épanouis au four. (Peut-être est-ce là une indication significative sur ce que me réserve l'immortalité ?) Pourquoi n'y viendrais-tu pas avec moi ?... J'écris tout à fait sérieusement. Tu pourrais sûrement t'échapper un peu. Assassine Burlap, et viens faire une excursion à la Maurice Barrès. *Du sang, de la volupté, et de la mort.* Moi, je me sens un peu sanguinaire en ce moment. L'Espagne m'irait bien. En attendant, je m'en vais me renseigner sur la saison des courses de taureaux. L'arène, c'est écœurant ; ma soif de sang elle-même ne va pas jusqu'à désirer voir désentripailler des chevaux de fiacre. Mais les spectateurs sont épatants. Vingt mille frissons sadiques simultanés. C'est réellement épatant. Il faut absolument que tu viennes, mon doux Walter. Réponds-moi oui. J'insiste.

« Lucy. »

« Quai Voltaire.

« Ç'a été trop gentil de ta part, mon Walter chéri, de faire l'impossible pour venir en Espagne. Je voudrais, pour une fois, que tu n'aies pas pris tellement au sérieux mon envie momentanée. Pour ce qui est de Madrid, rien ne va plus, — pour le moment, en tout cas. Si ça me chantait de nouveau, je te ferais signe immédiatement. En attendant, Paris. En toute hâte,

« L... »

CHAPITRE XXVI

Extraits du carnet de Philip Quarles.

« VU Rampion. L'ai trouvé sombre et exaspéré, je ne sais pas à propos de quoi, et, en conséquence, pessimiste, — lyriquement et violemment. « J'accorde dix ans aux conditions actuelles, m'a-t-il dit, après avoir catalogué les horreurs du monde moderne. Après ça, le chambardement le plus épouvantable et le plus sanglant qui ait jamais été. » Et il prophétisa des guerres de classes, des guerres de continents et l'écroulement catastrophique de notre société déjà formidablement instable. « Ce n'est pas une perspective bien souriante pour nos enfants, lui dis-je. Nous, du moins, nous avons eu nos quelque trente ans de vie ! Mais eux, ils grandiront, simplement pour voir le Jugement Dernier ! » — « Nous n'aurions pas dû les mettre au monde », répondit-il. Je lui citai le cas de ces Mélanésiens dont parle Rivers, qui se sont purement et simplement refusé de continuer à procréer, après que les Blancs leur eurent extirpé leur religion et leur civilisation traditionnelles. « La même chose a eu lieu dans le monde occidental, lui dis-je, mais plus lentement. Non pas le brusque suicide de la race, mais la diminution graduelle des naissances. Graduelle, parce que, chez nous, le poison de la civilisation moderne a contaminé les hommes beaucoup plus lentement. Il y a longtemps que dure la chose ; mais nous commençons à peine à nous rendre compte du fait que nous subissons un empoisonnement. C'est pourquoi nous commençons à peine à cesser de procréer. Les Mélanésiens ont eu brusquement leur âme assassinée, de sorte qu'ils n'ont pas pu s'empêcher de se rendre compte de ce qui leur arrivait. C'est pourquoi ils ont décidé, pour ainsi dire d'un jour à l'autre, qu'ils ne se donneraient plus la peine de maintenir la race en vie. » — « Le poison n'est plus lent à présent. Il opère de plus en plus vite. » — « Comme l'arsenic : les effets en sont cumulatifs. A partir d'un certain moment, on se met à galoper vers la mort. » — « La procréation se serait ralentie d'une façon beaucoup plus complète si les gens s'étaient rendu compte... Enfin ! Nos mioches auront à ouvrir l'œil, et le bon, maintenant qu'ils sont là ! » — « Et, en attendant, lui dis-je, il faut continuer à se conduire comme si notre monde allait durer toujours, — il faut leur apprendre la bienséance et la grammaire latine, et tout le reste... Comment faites-vous, avec les vôtres ? » — « Si j'en faisais à ma tête, je ne leur enseignerais rien du tout. Je les mettrais en liberté à la campagne, dans une ferme, et je leur dirais de s'amuser. Et s'ils étaient incapables de s'amuser, je leur donnerais de la mort aux rats.» — «Un peu utopique, ça, comme programme d'éducation, vous ne trouvez pas?» — «Je le sais bien. Il faut qu'ils deviennent des gens instruits et bien élevés, — le diable les patafiole!... Il y a vingt ans, j'aurais protesté contre cette éducation bourgeoise. Je les aurais élevés en paysans. Mais, de nos jours, les classes ouvrières sont tout aussi pourries que les autres. Elles ne sont plus que d'assez mauvaises imitations de la bourgeoisie, — plutôt pires que l'original, par certains côtés. De sorte que c'est en gentlemen que mes gamins sont élevés, malgré tout. *Et* en gens instruits. Quelle idiotie!» — Il se plaignit de ce que ses deux enfants eussent la passion des machines, — des autos, des trains, des avions, de la radio. «— C'est contagieux, comme la petite vérole. Le goût de la mort est dans l'air. Ils le respirent, et ils sont contaminés. J'essaie de leur persuader d'aimer autre chose. Mais ils ne veulent rien entendre. Ils ne rêvent que de mécanique. Ils sont contaminés par le goût de la mort. On dirait que les jeunes sont absolument déterminés à mener le monde à sa perte, — à le mécaniser d'abord jusqu'à la folie, et ensuite jusqu'à l'assassinat, sans phrases. Eh bien, qu'ils l'essaient, puisqu'ils le veulent absolument, les petits imbéciles! Mais il est humiliant, il est affreusement humiliant, que les êtres humains aient ainsi semé la désorganisation partout! La vie aurait pu être si belle, si seulement ils l'avaient voulu! Oui, et elle fut belle jadis, je le crois bien. Maintenant, elle est devenue tout bonnement une folie; elle n'est plus que la mort, violemment galvanisée, faisant des sursauts désordonnés, se démenant avec un fracas d'enfer, pour se persuader à soi-même qu'elle n'est pas vraiment la mort, mais bien la forme de vie la plus exubérante. Songez à New York, par exemple; songez à Berlin! Bon Dieu!... Enfin, qu'ils s'en aillent au diable, si ça leur plaît! Moi, je m'en fiche...» Mais le chiendent, c'est qu'il ne s'en fiche pas du tout.

«Depuis que j'ai lu Alverdes et Wheeler, je suis absolument persuadé que mon romancier doit être un zoologiste amateur. Ou, mieux encore, un zoologiste professionnel qui écrit un roman dans ses heures de loisir. Il verra les choses strictement sous l'angle de la biologie. Il passera constamment de la termitière au salon et à l'usine, et *vice versa.* Il illustrera les vices humains par ceux des fourmis, qui négligent leur progéniture pour l'amour de la liqueur grisante exsudée par les parasites qui envahissent leurs nids. Son héros et son héroïne passeront leur lune de miel sur les bords d'un lac, où les grèbes et les canards démontreront tous les aspects de la parade sexuelle et du mariage. Observant l'« ordre des coups de bec » habituel et quasi sacré qui règne parmi les poules de sa basse-cour — la poule A becquetant la poule B, mais sans être becquetée par elle, la poule B becquetant la poule C, et ainsi de suite — le politicien méditera sur la hiérarchie catholique et sur le fascisme. Une masse de serpents dans leurs copulations entrelacées rappellera au libertin ses orgies. (J'aperçois là un épisode intéressant, dans lequel une espèce de Spandrell tirera la moralité, aux oreilles d'une jeune femme innocente et éprise d'idéal, d'une partie complexe d'amour chez des serpents). Le nationalisme et l'amour religieux de la propriété dans les classes moyennes seront illustrés par la défense passionnée et féroce de la fauvette mâle sur le territoire qu'elle a choisi pour sien. Et ainsi de suite. On pourrait faire avec cela quelque chose de bizarre et de bien amusant. »

« L'une des choses dont il est le plus difficile de se souvenir, c'est que la valeur d'un homme dans un domaine donné ne constitue pas une garantie de sa valeur dans un autre domaine. Les mathématiques de Newton ne prouvent rien en faveur de sa théologie. Faraday avait raison au sujet de l'électricité, mais non pas au sujet du sandemanisme. Platon a écrit merveilleusement, et c'est la raison pour laquelle on continue encore à croire à sa philosophie pernicieuse. Tolstoï fut un excellent romancier ; mais ce n'est pas une raison pour considérer ses idées sur la morale comme autre chose que détestables, ou pour éprouver autre chose que du dédain pour son esthétique, sa sociologie et sa religion. Dans le cas des hommes de science et des philosophes, une telle ineptie en dehors de leur spécialité n'a rien d'étonnant. Elle est même à peu près inévitable. Car il est évident que le développement excessif des fonctions exclusivement mentales entraîne une atrophie de toutes les autres. D'où la puérilité notoire des professeurs et la simplicité risible des solutions qu'ils proposent aux problèmes de la vie. Il en est de même des spécialistes de spiritualité. La profonde bêtise des saintes gens ; leur puérilité. Mais chez un artiste, il y a moins de spécialisation, moins de développement unilatéral ; en conséquence, l'artiste devrait avoir plus de bon sens général que l'homme de science, qui penche d'un côté ; il ne devrait pas présenter les « puneta caeca » et les imbécillités des philosophes et des saints. Voilà pourquoi un homme comme Tolstoï est si particulièrement impardonnable. Instinctivement, on a plus de confiance en lui qu'en un intellectuel ou qu'en un spécialiste de l'esprit. Et il s'en va pervertir tous ses instincts les plus profondément enracinés, et se montrer tout aussi stupide et pernicieux que saint François d'Assise, ou que Kant le moraliste (ah! ces impératifs catégoriques! Et puis, ce fait que la seule chose qui pût passionner un peu ce vieux bonhomme, c'étaient les fruits confits!), ou que Newton le théologien! Cela vous met en garde même contre ceux qu'on croit être probablement dans le vrai. Tels que Rampion, par exemple. Quel artiste extraordinaire! Mais a-t-il raison dans ses idées sur le monde? Hélas, cela ne résulte pas de l'excellence de ce qu'il peint et de ce qu'il écrit. Pourtant, deux choses me donnent confiance dans ses opinions sur les problèmes de la vie. D'abord, il vit, lui, d'une façon plus satisfaisante que quiconque de mes connaissances. Il vit d'une façon plus satisfaisante, parce qu'il vit d'une façon plus réaliste que les autres. Rampion, à mon avis, tient compte de tous les faits (alors que les autres dissimulent à leurs propres yeux, ou feignent que ceux qu'ils trouvent déplaisants n'existent pas, ou ne devraient pas exister), et se met alors à adapter son mode de vie aux faits, au lieu d'essayer d'obliger les faits à s'adapter à une idée préconçue, un mode de vie type (comme ces imbéciles de chrétiens, d'intellectuels, de moralistes et de gens d'affaires à gros rendements). La seconde chose qui me donne confiance en son jugement, c'est que beaucoup de ses opinions concordent avec les miennes, ce qui, toute question de vanité mise à part, est bon signe, parce que nous partons de points de départ si éloignés — de deux pôles opposés, en somme. Les opinions sur lesquelles deux adversaires sont d'accord (car c'est bien ce que nous sommes essentiellement et à l'origine: des adversaires) ont de fortes chances d'être justes. La différence principale entre nous, hélas! c'est que ses opinions sont vécues, alors que les miennes, dans l'ensemble, ne sont que pensées. Comme lui, je me méfie de l'intellectualisme, mais intellectuellement je ne crois à l'efficacité d'aucune théorie scientifique ou philosophique, d'aucun principe moral abstrait — mais pour des raisons scientifiques, philosophiques, et de morale abstraite. Le problème, pour moi, c'est de transformer un scepticisme intellectuel et détaché en un mode de vie générale et harmonieuse.»

«La route de tout intellectuel, s'il poursuit son chemin assez longtemps et sans défaillance, aboutit à l'évidence, d'où les non-intellectuels n'ont jamais bougé. Ce thème-là a été développé par Burlap, dans un de ces articles visqueux et émétiques dont il a la spécialité. Et il y a là-dedans un bon fonds de vérité, en dépit de Burlap. (Nous voilà revenus en plein dans les personnalités. L'homme foncièrement méprisable peut avoir des opinions précieuses, de même que l'homme admirable par certains côtés peut avoir des opinions détestables. Et je suppose — par parenthèse — que j'appartiens à la première catégorie, — bien que pas aussi complètement, je l'espère, que Burlap, et d'une façon différente.) Beaucoup d'intellectuels, bien entendu, ne vont pas assez loin pour revenir à l'évidence. Ils s'embourbent dans une croyance pathétique au rationalisme et à la suprématie absolue des facultés mentales et de la volonté entièrement consciente. Il faut aller plus loin que ces bonshommes du dix-neuvième siècle, par exemple, au moins aussi loin que Protagoras et Pyrrhon, avant de revenir à cette évidence, où sont toujours demeurés les non-intellectuels. Et il faut se dépêcher de dire bien nettement que ces non-intellectuels-là ne sont pas la canaille moderne qui lit les quotidiens illustrés, fait de la radiophonie, danse aux sons du jazz, et a pour préoccupation unique de gagner de l'argent et de se payer l'affreuse « bonne vie » actuelle. Non, non ; il n'est pas question de faire un compliment à l'homme d'affaires à la tête solide, ni au jouisseur vulgaire. Car, en dépit de leur stupidité, de leur manque de goût, de leur vulgarité, de leur puérilité, ce ne sont pas là les non-intellectuels dont je parle. Eux, ils considèrent comme évident le principal axiome intellectualiste,— à savoir que la vie mentale, consciente, volontaire, a quelque chose d'intrinsèquement supérieur à la vie physique, intuitive, instinctive, émotive. Toute la civilisation moderne est fondée sur cette idée que la fonction spécialisée qui donne à l'homme sa place dans la société, est plus importante que l'homme entier, ou plutôt qu'elle *est* l'homme entier, tout le reste étant sans importance, ou même (puisque la partie physique, intuitive, instinctive, émotive, de l'homme ne contribue pas de façon appréciable à lui faire gagner de l'argent ou à le faire avancer dans un monde industrialisé) bel et bien nuisible et détestable. L'homme vulgaire de notre société moderne industrialisée a tous les défauts de l'intellectuel et n'a aucune des qualités qui le rachètent. Les non-intellectuels auxquels je pense sont des êtres bien différents. On pourrait encore en trouver quelques-uns en Italie (encore que le fascisme risque fort d'en avoir fait déjà de mauvaises imitations d'Américains et de Prussiens) ; quelques-uns, peut-être, en Espagne, en Grèce, en Provence. Nulle part ailleurs, dans l'Europe moderne. Il y en avait probablement un bon nombre, voici trois mille ans. Mais les efforts combinés de Platon et d'Aristote, de Jésus, de Newton et les grosses affaires, ont fait de leurs descendants la bourgeoisie et le prolétariat modernes. L'évidence à laquelle aboutit en retour l'intellectuel, s'il va assez loin, n'est pas la même, bien entendu, que l'évidence des non-intellectuels. Car leur évidence, c'est la vie elle-même, et la sienne qu'il trouve au bout de sa route, n'est que l'idée de cette vie. Il n'y en a pas beaucoup qui soient capables de vêtir cette idée de chair et de sang, et d'en faire une réalité. Les intellectuels qui, comme Rampion, n'ont pas besoin de revenir à l'évidence, mais y ont toujours cru, et l'ont vécue, tout en menant en même temps la vie de l'esprit, sont encore plus rares.

« La société de Rampion me déprime un peu ; car il me fait toucher du doigt le gouffre énorme qui sépare la connaissance de l'évidence du fait de la vivre effectivement. Ah ! Quelles difficultés il y a, pour franchir ce gouffre ! Je m'aperçois maintenant que le véritable charme de la vie intellectuelle, — de la vie consacrée à l'érudition, à la recherche scientifique, à la philosophie, à l'esthétique, à la critique, — c'est sa facilité. C'est la substitution de simples schémas intellectuels aux complications de la réalité ; de la mort calme et formelle aux mouvements déconcertants de la vie. Il est incomparablement plus facile de savoir beaucoup de choses, par exemple sur l'histoire de l'art, et d'avoir des idées profondes sur la métaphysique et la sociologie, que de savoir personnellement, intuitivement, un tas de choses sur ses semblables, et d'avoir des relations agréables avec ses amis et ses maîtresses, sa femme et ses enfants. Vivre, c'est bien plus difficile que le sanscrit, la chimie ou l'économie politique. La vie intellectuelle, c'est un jeu d'enfant ; ce qui explique pourquoi les intellectuels ont une tendance à redevenir enfants et à retomber ensuite dans l'imbécillité, et finalement, comme le démontre clairement l'histoire politique et industrielle des quelques derniers siècles, à devenir des fous homicides et des bêtes sauvages. Les fonctions réprimées ne meurent pas, elles s'atrophient, elles dégénèrent, elles retombent à l'état primitif. Mais en attendant, il est bien plus facile d'être un enfant, un fou, ou une bête intellectuels, qu'un homme adulte harmonieux. Voilà pourquoi (entre autres raisons) l'éducation supérieure est tellement recherchée. La course aux livres et aux universités ressemble à la course au mastroquet. Les gens ont besoin de noyer la conscience qu'ils ont des difficultés qu'il y a vivre convenablement dans ce monde contemporain si grotesque, ils ont besoin d'oublier leur propre et déplorable insuffisance en tant qu'experts en l'art de vivre. Les uns noient leurs chagrins dans l'alcool, mais d'autres, encore plus nombreux, les noient dans les livres et le dilettantisme artistique ; les uns tâchent de trouver l'oubli d'eux-mêmes dans la fornication, la danse, le cinéma, la radiophonie ; d'autres, dans les conférences et les occupations scientifiques. Les livres et les conférences valent mieux, pour noyer les chagrins, que la boisson et la fornication ; ils ne laissent pas de migraine, ni cette sensation désespérante de *post coitum triste*. Jusqu'à ces tout derniers temps, je l'avoue, je prenais fort au sérieux le savoir, la philosophie, la science, — toutes les activités qu'on entasse avec grandiloquence sous le titre de « Recherche de la Vérité ». Je considérais la Recherche de la Vérité comme la plus haute des tâches humaines, et les Chercheurs comme les plus nobles des hommes. Mais depuis un an environ je commence à voir que cette fameuse Recherche de la Vérité est tout simplement un amusement, une distraction comme toutes les autres, un succédané un peu raffiné et compliqué de la vie véritable ; et que les Chercheurs de Vérité deviennent tout aussi bêtes, aussi puérils et aussi corrompus, à leur manière, que les buveurs, les purs esthètes, les gens d'affaires, les partisans de la Bonne Vie, à la leur. Je me suis aperçu également que la poursuite de la Vérité n'est qu'un nom poli pour désigner le passe-temps favori des intellectuels : la substitution d'abstractions simples, et par conséquent fausses, aux complexités vivantes de la réalité. Mais rechercher la Vérité, c'est beaucoup plus facile que d'apprendre l'art de vivre intégralement (dans lequel, bien entendu, la recherche de la Vérité prendra sa place véritable et proportionnée parmi les autres amusements, tels que les quilles et l'alpinisme). Ce qui explique, sans le justifier, le fait que je continue à m'adonner de façon excessive aux vices de la lecture d'information et de la généralisation abstraite. Aurai-je jamais la force d'esprit nécessaire pour m'arracher à ces habitudes indolentes d'intellectualisme, et pour consacrer mon énergie à la tâche plus sérieuse et plus difficile de vivre intégralement ? Et même si je m'efforçais de m'évader de ces habitudes, est-ce que je ne m'apercevrais pas que l'hérédité est à leur base et que je suis congénitalement incapable de vivre totalement et harmonieusement ?

CHAPITRE XXVII

JOHN Bidlake et sa troisième femme ne s'étaient jamais définitivement et officiellement « séparés ». Tout bonnement, ils ne se voyaient pas très souvent ; et voilà tout. Cet arrangement convenait fort bien à John. Il détestait tout ce qui ressemblait à une « scène », et il était ennemi de tout contrat définitif et irrévocable. Tout arrangement qui le liait, qui lui imposait des responsabilités et lui appelait des devoirs, lui était intolérable. « Ah ! Qu'est-ce que j'aurais fait, disait-il, s'il m'avait fallu aller dans un bureau tous les jours, ou achever un travail pour une date déterminée ! Je crois que je serais devenu fou et que j'aurais fait *amok* au bout de quelques mois d'un tel régime. » Quant au mariage, il n'en avait jamais été partisan, — et à fort bon escient. Toutefois, malheureusement, il ne pouvait pas avoir, sans mariage, toutes les femmes qu'il désirait. Il avait été contraint de se lier trois fois par ce qu'il appelait, en langage cicéronien, « ces pactes inopportuns et obscènes ». L'idée du divorce ou d'une séparation officielle lui était à peine moins désagréable que celle du mariage ; ces choses-là sont définitives, elles vous lient. Pourquoi ne pas laisser aux choses le soin de s'arranger elles-mêmes, au lieu d'essayer de leur donner une forme arbitraire ? L'idéal était de vivre, au point de vue des émotions et de la société, au jour le jour, — sans plan préconçu, sans statut, dans l'agréable compagnie qu'on se choisissait chaque jour soi-même, et non pas choisie par d'autres, ou par un « soi » défunt quel qu'il fût. « Coucher à droite et à gauche », — c'est ainsi qu'il avait entendu définir par une jeune fille américaine le côté amoureux de la vie idéale telle qu'on la vit à Hollywood. Les autres aspects en pouvaient être bloqués sous la dénomination de « veiller à droite et à gauche ». La vie non idéale, la vie que John Bidlake avait toujours refusé de mener, était celle qui consistait à coucher et à veiller non pas « à droite et à gauche », mais définitivement çà et là, un jour après l'autre, d'après un programme fixé et prévisible, que la mort seule, ou tout au moins le fait de Dieu ou des ennemis du prince, pouvait modifier.

Les relations de John Bidlake avec sa troisième femme avaient, — et cela durait depuis des années — un caractère d'indétermination fort satisfaisant. Ils ne vivaient pas ensemble, mais ils n'étaient pas séparés. Ils s'écrivaient rarement, mais ils ne s'étaient jamais querellés. Il y avait plus de vingt ans que John couchait et veillait « à droite et à gauche », et cependant ils se voyaient, — quand le hasard les rassemblait, — en bons amis, et s'il désirait jamais rafraîchir ses souvenirs de la vue des Chilterns Septentrionaux, son arrivée à Gattenden était acceptée sans aucune observation, comme si elle était la chose la plus naturelle du monde. Cet arrangement faisait parfaitement l'affaire de John Bidlake ; et il faut lui rendre cette justice qu'il était reconnaissant envers sa femme, de l'avoir rendu possible. Toutefois, il s'abstenait d'exprimer sa gratitude ; car c'eût été commenter l'arrangement ; et tout commentaire eût apporté une pointe de définition destructive à une situation dont la fragile excellence consistait précisément en ce vague vierge et magnifiquement intact. Peu de femmes, son mari le reconnaissait avec gratitude, auraient accepté, ou même eu la possibilité, de maintenir aussi constamment inviolé le caractère indéterminé de la situation, que le faisait Janet Bidlake. Toute autre épouse aurait exigé des explications, aurait voulu savoir sur quel pied danser, aurait offert le choix irrévocable entre la paix ou la guerre, la vie en commun ou la séparation. Mais Mrs. Bidlake avait permis à son mari de s'évanouir de leur vie conjugale sans une querelle, presque sans un mot. Et elle acceptait avec aussi peu de commentaires ses rentrées brèves et spasmodiques. Depuis son enfance, elle s'était sentie davantage chez elle dans le monde fictif qu'elle se créait, que dans le monde réel. Étant petite fille, elle avait eu une sœur imaginaire qui vivait dans la cabine d'enclenchements à côté du passage à niveau. Entre dix et treize ans, son incapacité à distinguer entre les témoignages de ses sens et ceux de son imagination, avait eu bien des fois pour résultat de la faire punir pour avoir menti. Les tableaux et les livres avaient ouvert une nouvelle voie à son imagination, qui devint moins personnelle et plus classiquement artistique, littéraire, et spéculative. À partir de l'âge de seize ans elle habita presque exclusivement le pays de l'art et des lettres, et ne fut guère qu'une étrangère retenue malgré elle dans la simple Angleterre. C'est parce qu'elle s'était imaginé que John Bidlake était son compatriote spirituel qu'elle était devenue amoureuse de lui, — d'un amour artistique, poétique, — et avait consenti à devenir sa femme. Les parents de Janet, qui le considéraient simplement comme un autre sujet de la Reine, et attachaient plus d'importance, vu les circonstances, à sa carrière de mari qu'à celle de l'artiste, firent de leur mieux pour l'en dissuader. Mais Janet était majeure, et avait toute l'obstination de ceux qui savent tout simplement se retirer du plan sur lequel a lieu la discussion, en laissant leur adversaire gaspiller son énergie sur un simple corps sans âme. Elle finit par en faire à sa tête. Lorsqu'elle découvrit, comme elle ne le fit que trop tôt, qu'il y avait fort peu de rapports entre l'artiste admirable qu'elle avait aimé et le mari qu'elle avait épousé, Janet Bidlake fut empêchée, par un amour-propre bien naturel, de se plaindre. Elle n'avait nulle envie de fournir à ses proches l'occasion de dire avec plaisir : « Je te l'avais bien dit ! » John coucha et veilla « à droite et à gauche » et s'évanouit de plus en plus complètement de la vie conjugale. Elle se tut et se retira, pour se consoler, dans ces régions d'imagination artistique et littéraire d'où elle était native et où elle se sentait le plus chez elle. Des ressources personnelles, accrues des contributions irrégulières et variables que fournissait John Bidlake chaque fois qu'il se souvenait qu'il avait à subvenir aux besoins de sa femme et de ses enfants, ou qu'il estimait que ses moyens le lui permettaient, rendaient possible, chez elle, cette fuite au pays lointain de son imagination. Elinor était née un an après leur mariage. Quatre ans plus tard, un estomac ulcéré ramena John Bidlake au foyer, en qualité de converti à titre temporaire, pour s'y faire soigner. Walter fut le résultat de sa convalescence, encore domestique. Les ulcères se guérirent, et John Bidlake disparut à nouveau de l'horizon familial. Des bonnes d'enfant et des gouvernantes s'occupèrent des enfants. Mrs. Bidlake surveilla leur éducation, mais vaguement, comme de fort loin. De temps à autre, elle faisait une incursion par-dessus la frontière qui séparait son pays privé du monde des faits ordinaires ; et ses interventions dans l'ordre quotidien des choses avaient toujours une certaine qualité déconcertante et presque surnaturelle. Des choses incalculables risquaient de se produire quand par hasard elle descendait, — comme un être venu d'un autre plan, et jugeant les événements d'après d'autres normes que celles du monde ordinaire, — parmi la routine de l'éducation des enfants. Un jour, par exemple, elle congédia une gouvernante parce qu'elle l'avait entendue jouer sur le piano de la salle d'études, la chanson de Dan Leno (alors fort à la mode) sur *la Guêpe et l'Œuf dur*. C'était une brave fille, qui enseignait fort bien et subvenait aux besoins de son père paralysé. Mais les grands principes artistiques étaient en jeu. Le goût musical d'Elinor risquait d'être irrémédiablement corrompu (soit dit en passant, Elinor ressemblait en cela à son père, et détestait comme lui la musique) ; et le fait qu'elle avait beaucoup d'affection pour miss Dempster aggravait encore ce danger de contamination. Mrs. Bidlake fut inébranlable. On ne pouvait pas tolérer *la Guêpe et l'Œuf dur*. Miss Dempster fut congédiée. Lorsqu'il apprit la nouvelle, son vieux père fut pris d'une nouvelle attaque, et on le ramassa aveugle d'un œil et privé de la parole... Mais les retours de Mrs. Bidlake de ses voyages d'imagination étaient généralement moins graves dans leurs résultats. Quand elle intervenait dans la pratique de l'éducation de ses enfants, ce n'était, en général, que pour leur faire lire à toute force des auteurs classiques considérés habituellement comme incompréhensibles ou peu convenables pour les jeunes enfants. Les enfants, telle était sa théorie, ne devaient être nourris que de ce qu'il y a de meilleur en philosophie et dans les arts. Elinor avait subi la lecture d'*Hamlet* à l'âge de trois ans ; ses livres d'images étaient des reproduction de Giotto et de Rubens. On lui avait enseigné le français dans *Candide,* on lui avait donné *Tristram Shandy* et la *Théorie de la Vision* de Berkeley à l'âge de sept ans, les eaux-fortes de Goya et, comme manuel d'allemand, *Also sprach Zarathustra,* à l'âge de neuf ans. Le résultat de ce contact prématuré avec la meilleure philosophie fut de produire chez Elinor ce dédain un peu amusé pour les grandes abstractions et les idéalismes ronflants, qui avait fini par la caractériser si pleinement. Élevée en même temps dans l'atmosphère des classiques non expurgés, elle avait acquis dès l'enfance une connaissance théorique complète de toutes les matières que l'on considère comme le moins indiqué de faire connaître aux jeunes gens. Cette connaissance avait renforcé plutôt que tempéré la froideur et le manque de curiosité pratique, au sujet de toutes les choses d'ordre amoureux, qui lui étaient naturels ; et elle avait grandi dans un état d'innocence bien informée et superficiellement cynique, semblable à une de ces héroïnes shakespeariennes, dont le parler scientifique et rabelaisien accompagne des actions du raffinement le plus délicatement vertueux. Mrs. Bidlake fut un peu peinée de l'attitude irrévérencieuse d'Elinor envers les fantaisies qu'elle chérissait tellement ; mais, sage à sa manière, elle ne fit aucune observation, elle ne tenta pas de la réformer ; elle se contenta de ne pas relever cette attitude et de se retirer, de même qu'elle n'avait pas voulu voir les défauts de son mari et s'était retirée, hors de la conscience qu'ils existassent, dans les royaumes plus heureux de l'art et de l'imagination. Il est, certes, impossible d'annuler des faits accomplis ; mais, pour les besoins de la pratique, la conspiration du silence est presque aussi efficace que l'annulation. Lorsqu'il n'en est jamais question, ce qui est peut devenir comme s'il n'était point... Lorsque John Bidlake arriva à Gattenden, malade rendu plus malade par son abattement, sa terreur et sa toute envahissante pitié de soi-même, Mrs. Bidlake glissa en silence sur ce fait, qu'elle eût pu commenter si facilement : qu'il ne revenait à elle que lorsqu'il avait besoin de se faire soigner. On lui prépara sa chambre, il s'y installa. Ce fut comme s'il n'était jamais parti. Livrées à elles-mêmes dans la cuisine, les domestiques grognèrent un peu à cause de ce surcroît de besogne, tandis que Mrs. Inman soupirait et que Dobbs se laissait aller à son indignation massive et anglicane au sujet de la manière dont le vieux Mr. Bidlake traitait sa femme. Et en même temps elles éprouvaient toutes une sorte de pitié pour le vieillard, qu'elles couvaient des yeux. Sa malice, ses symptômes, firent l'objet de leurs conversations à voix basse, religieuse. À haute voix, les domestiques pouvaient bien grogner et marquer leur désapprobation. Mais, en secret, elles étaient plutôt contentes. L'arrivée de John Bidlake rompait la monotonie quotidienne, et le fait qu'il allait mourir leur donnait, à toutes, un sentiment d'importance. Le personnel domestique de Gattenden prenait une valeur nouvelle à l'approche de sa mort. Cet événement futur fut le soleil autour duquel les âmes de la maison se mirent désormais à graviter, pleines de signification et subrepticement, en quelque sorte. Elles pouvaient bien grogner et marquer leur désapprobation, mais elles s'occupaient de lui avec sollicitude. En quelque obscure façon, elles lui étaient reconnaissantes. En mourant, il accélérait leur vie.

CHAPITRE XXVIII

AVEC Molly d'Exergillod, il fallait que tout fût articulé, formulé, exprimé. Tout ce qu'on éprouve n'était, pour elle, que la matière première, dont un esprit actif pouvait extraire des mots. Le minerai de fer ne fut utile à l'homme que du jour où il apprit à le fondre et à en forger le métal pur en outils et en épées. Pour Molly, les faits bruts de l'existence, les sensations, les sentiments, les pensées et les souvenirs, étaient aussi peu intéressants en eux-mêmes qu'autant de blocs de rocher. Ils n'acquéraient de valeur qu'après avoir été transformés par l'art et l'industrie de la conservation en mots élégants et en phrases bien tournées. Elle aimait les couchers de soleil parce qu'elle pouvait en dire : « Ça ressemble à un mélange de feux de Bengale, de Mendelssohn, de suie, et de fraises à la crème » ; ou bien, des fleurs du printemps : « Elles vous donnent la sensation d'être en convalescence après une attaque de grippe. Vous ne trouvez pas ? » Et, se penchant d'un air intime, elle appuyait son interrogation de pure rhétorique. « Vous ne trouvez pas ? » Ce qui lui plaisait dans une vue de montagnes lointaines sous un orage, c'est que cela ressemblait tellement aux paysages de Tolède, de Greco. Quant à l'amour, ah ! tout le charme de l'amour, aux yeux de Molly, résidait en son aptitude presque illimitée à se laisser tourner en phrases. On pouvait en parler indéfiniment.

Elle en parlait en ce moment même avec Philip Quarles, — elle en parlait depuis une heure, s'analysant elle-même, racontant par le menu ses sensations éprouvées, l'interrogeant sur son passé et ses sentiments. A regret et avec difficulté (car il détestait parler de soi-même et le faisait fort mal), il lui répondait.

— Vous ne trouvez pas, disait-elle, que ce qu'il y a de plus passionnant dans l'amour, ce sont les découvertes qu'il nous permet de faire sur nous-mêmes ?

Philip acquiesça congrument.

— Moi, je n'avais aucune idée du fond maternel de mon caractère, avant d'avoir épousé Jean. Je suis si inquiète, à présent, quand il a les pieds mouillés !

— Je serais fort ennuyé, pour ma part, si vous aviez les pieds mouillés, vous, dit Philip, risquant une galanterie. — « Comme c'est idiot ! » songea-t-il. Il n'était guère expert en galanteries. Il regrettait d'être tellement attiré par la beauté un peu crémeuse et épanouie de Molly. Si elle était laide, il ne serait pas là en train de se rendre ridicule.

— C'est bien gentil à vous, dit Molly. Dites-moi, ajouta-t-elle, — se penchant vers lui, le visage et la poitrine offerts, — la raison pour laquelle je vous plais ?

— Est-ce que ce n'est pas à peu près évident ? répondit-il.

Molly sourit :

— Savez-vous pourquoi Jean me dit que je suis la seule femme dont il ait jamais pu se sentir amoureux ?

— Non, dit Philip, — songeant qu'elle était vraiment superbe dans sa manière à la Junon.

— Parce que, continua Molly, selon lui, je suis la seule femme qui ne soit pas ce que Baudelaire appelle *le contraire du dandy*. Vous vous rappelez ce passage de *Mon cœur mis à nu ?* » « La femme a faim, et elle veut manger ; soif, et elle veut boire. La femme est *naturelle,* c'est-à-dire abominable. Aussi est-elle... »

Philip l'interrompit :

— Vous avez sauté une phrase, dit-il en riant... « Soif, et elle veut boire. » Et puis : « Elle est en rut, et elle veut être... » Le mot ne figure pas, en toutes lettres, dans l'édition Crépet ; mais je peux le fournir si vous le désirez.

— Non, merci, dit Molly, un peu désemparée par cette interruption. — Elle avait gâté le déroulement aisé d'un tour de conversation bien éprouvé. Molly n'était pas habituée à ce que les gens fussent versés dans la littérature française au même degré que Philip. — Le mot n'a aucune importance.

— Vraiment ? — Philip arqua les sourcils. — Je me le demande.

— « Aussi est-elle toujours vulgaire », reprit Molly, se hâtant de revenir au point où elle avait été interrompue, « c'est-à-dire le contraire de dandy ». Jean me dit que je suis femme dandy. Qu'en pensez-vous ?

— Je crains qu'il n'ait raison.

— Pourquoi « je crains » ?

— Je ne sais trop si j'aime les dandies. Surtout les dandies femmes. — « Une femme qui fait usage de la forme exquise de ses seins pour vous contraindre à admirer son esprit, — voilà un personnage intéressant, songea-t-il, pour mon roman. Mais pénible dans la vie privée, — fort pénible. » — Je les aime mieux au naturel, ajouta-t-il.

— Mais quel intérêt y a-t-il à être naturelle, à moins qu'on ne soit assez artiste pour le faire bien et assez consciente de soi pour savoir jusqu'à quel point on se montre telle ? — Molly fut satisfaite de sa question. Avec un peu de polissage, elle deviendrait parfaite au point de vue épigrammatique. — Il n'y a pas intérêt à être amoureux de quelqu'un, à moins de savoir exactement ce qu'on éprouve et de pouvoir l'exprimer.

— Moi, j'y vois beaucoup d'intérêt, dit Philip. Point n'est besoin d'être botaniste ou peintre de natures mortes, pour apprécier les fleurs. Et de même, ma chère Molly, point n'est besoin d'être Sigmund Freud ni Shakespeare pour vous apprécier, vous. — Et, se glissant tout à coup plus près d'elle sur le canapé, il la prit dans ses bras et lui donna un baiser.

— Oh ! Mais à quoi donc pensez-vous ? s'écria-t-elle, pleine d'étonnement douloureux.

— Je ne pense à rien du tout, répondit-il avec un peu de colère, tenu à distance par le bras dont elle l'avait repoussé. Je ne pense pas, — je me borne à désirer. — Il se sentait humilié, rendu ridicule. — Mais j'avais oublié que vous êtes une nonne.

— Je ne suis rien de semblable, protesta-t-elle. Je suis simplement civilisée. Tous ces bonds, ce jeu de pattes, — c'est vraiment par trop sauvage ! — Elle réajusta une mèche de ses ondulations et se mit à parler de la camaraderie platonique en tant qu'adjuvant au développement spirituel. Plus les relations sont platoniques entre un homme et une femme amoureux, plus la vie de l'esprit conscient sera intense chez eux. — Ce que perd le corps, l'esprit le gagne. N'est-ce pas Paul Bourget qui a montré cela dans sa *Psychologie contemporaine ?...* Un bien mauvais romancier, ajouta-t-elle, — éprouvant le besoin de s'excuser d'avoir cité un auteur si vieux jeu et peu réputé ; — mais il est bon en tant qu'essayiste, à mon avis... N'est-ce pas Paul Bourget ?

— Oui, ce doit être Paul Bourget, dit Philip avec lassitude.

— L'énergie qui voulait se dépenser en passion physique est déviée de son cours et fait tourner les rouages de l'âme (« Fait tourner les rouages de l'âme », c'était peut-être un tantinet trop romanesque, trop Victorien, trop à la Meredith, songea-t-elle au moment même où elle prononça ces mots.) — Le corps est endigué et canalisé, amenda-t-elle, et contraint de mettre en marche les dynamos de l'esprit. L'inconscient inassouvi se soulage en rendant le conscient plus intense.

— Mais désire-t-on que son conscient soit intensifié? demanda Philip, — contemplant avec colère la forme délicieuse à l'autre bout du canapé. — A dire vrai, j'en ai un peu plein le dos, du conscient. — Il admirait le corps de Molly, mais le seul contact qu'elle voulût permettre était celui de son esprit, beaucoup moins intéressant et moins beau. Il désirait des baisers et n'obtenait rien que des anecdotes analytiques et des épigrammes philosophiques. — Tout à fait plein le dos, répéta-t-il. — Il n'y avait rien d'étonnant à cela.

Molly se contenta de rire.

— Ne vous mettez donc pas à jouer à l'homme paléolithique des cavernes! dit-elle. Ça ne vous va pas. Plein le dos du conscient, en vérité! *Vous!* Voyons, si vous en avez plein le dos du conscient, alors, c'est que vous en avez plein le dos, de vous-même!

— Ce qui est précisément le cas, dit Philip. Vous m'avez dégoûté de moi-même. Absolument dégoûté. — Toujours irrité, il se leva pour prendre congé.

— Est-ce une insulte? dit-elle, levant les yeux sur lui. Pourquoi vous ai-je fatigué de vous-même?

Philip secoua la tête:

— Je ne peux pas vous expliquer ça. Je n'explique plus rien. — Il lui tendit la main. Molly la prit dans la sienne, en laisant posé sur lui son regard interrogateur. — Si vous n'étiez l'une des vierges vestales de la civilisation, continua-t-il, vous comprendriez sans avoir besoin d'explication. Ou plutôt, il n'y aurait rien à expliquer. Parce que vous ne m'auriez pas fatigué de moi-même... Et permettez-moi d'ajouter, Molly, que si vous étiez vraiment et logiquement civilisée, vous prendriez des mesures pour vous rendre moins désirable. La désirabilité est une chose barbare. Tout aussi sauvage que les bonds et les jeux de pattes. Vous devriez ressembler à George Eliot. Au revoir. — Et, lui serrant la main une dernière fois, il sortit de la pièce en boitillant.

Dans la rue, il recouvra peu à peu son calme. Il se mit même à sourire de lui-même. Car c'était une plaisanterie. Le spectacle d'un assaillant assailli est toujours drôle, même lorsqu'on se trouve être soi-même l'assaillant-assailli. Conscient et civilisé, il avait été défait par quelqu'un d'encore plus civilisé que lui. C'était là justice poétique. Mais quel avertissement! Les parodies et les caricatures sont les plus pénétrantes des critiques. Il aperçut en Molly une espèce de version de lui-même, par Max Beerbohun ou André Rouveyre. Le spectacle était alarmant. Ayant souri, il devint pensif.

«Il faut que je sois bigrement affreux!» songea-t-il.

Assis sur une chaise dans le Parc, il médita sur ses défauts. Il les avait déjà examinés, souvent. Mais il n'avait jamais rien fait à leur sujet. Il savait d'avance que, cette fois encore, il n'en ferait pas davantage. Pauvre Élinor! Cette rengaine de Molly sur les relations platoniques et sur Paul Bourget lui donna une idée de ce qu'elle avait à supporter. Il résolut de lui raconter son aventure avec Molly, — d'une façon comique, car il est toujours plus facile de parler sur le mode badin, — et de se mettre ensuite à parler d'eux-mêmes. Oui, voilà ce qu'il allait faire. Il aurait dû lui parler plus tôt. Depuis quelque temps, Élinor avait été si étrangement silencieuse, d'une façon si contraire à sa nature, — si lointaine... Il en avait éprouvé de l'inquiétude, il avait voulu parler, il avait senti qu'il aurait dû parler. Mais parler de quoi? Cet épisode ridicule avec Molly lui fournissait une entrée en matière.

— J'ai vu Molly d'Exergillod cet après-midi, commença-t-il, lorsqu'il vit Élinor.

Mais le ton de son "Vraiment?" lui parut si froidement indifférent, qu'il n'alla pas plus loin.

Élinor continua sa lecture.

Il lui lança un regard furtif par-dessus son livre. Son pâle visage avait une expression calme et lointaine. Il ressentit de nouveau cette inquiétude pleine de soucis qu'il avait éprouvée si souvent depuis quelques semaines.

— Pourquoi ne parles-tu jamais, à présent? lui dit-il ce soir-là, après le dîner, prenant son courage à deux mains.

Élinor le regarda en levant les yeux de dessus son livre:

— Je ne parle jamais? dit-elle, souriant ironiquement. C'est sans doute qu'il n'y a rien à dire qui présente un intérêt spécial.

Philip reconnut l'une des réponses qu'il avait l'habitude de faire aux reproches d'Élinor et fut décontenancé au point de se taire. Et pourtant, c'était injuste de sa part de retourner ainsi la situation. Car, dans son cas, à lui, c'était vrai: il n'y avait effectivement rien d'intéressant à dire. A force de les tenir secrètes, il avait fini par abolir presque complètement ses sensations intimes. Il semblait se passer bien peu de chose dans la partie non intellectuelle de son esprit, — fort peu de chose, en tout cas, qui ne fût soit trivial, soit plutôt honteux. Tandis qu'Élinor, elle, avait toujours des tas de choses à dire. Des choses qui se disaient d'elles-mêmes, qui sortaient toutes seules des profondeurs de son être? Philip aurait voulu lui expliquer cela; mais c'était difficile, en somme; il ne le put pas.

— Malgré tout, se força-t-il à dire, au bout d'un moment, autrefois, tu parlais davantage. Ce n'est que depuis quelques jours...

— C'est que je suis un peu fatiguée de parler, voilà tout...

— Mais pourquoi serais-tu fatiguée ?

— On n'a pas le droit d'être fatigué, quelquefois ? — Elle eut un petit rire chargé d'un peu de dépit. — Toi, tu me parais atteint de fatigue chronique.

Philip la regarda avec une sorte d'inquiétude. Ses yeux semblèrent implorer. Mais elle ne voulut pas se laisser émouvoir. Elle s'était laissé émouvoir trop longtemps. Il avait exploité son amour, il l'avait systématiquement grugée en retour, et, chaque fois qu'elle avait menacé de se révolter, il était devenu tout à coup mélancolique et dans sa faiblesse, il avait fait appel à ses bons sentiments. Cette fois, elle saurait se montrer dure. Il pouvait bien se montrer aussi implorant et désemparé qu'il voulait, — elle n'y ferait pas attention. C'était bien fait pour lui, — là !... Mais, malgré tout, elle se sentait un peu coupable. Et pourtant, c'était bien sa faute, à lui. Pourquoi donc ne pouvait-il l'aimer activement, d'une façon articulée, nette ? Quand elle lui offrait son amour, il le prenait comme allant de soi, il l'acceptait passivement comme son droit. Et quand elle cessait de l'offrir, il prenait l'air silencieusement inquiet et implorant... Mais quant à dire, à faire, quoi que ce fût.

Les secondes se succédèrent. Élinor attendit, faisant semblant de lire. Si seulement il parlait, si seulement il remuait ! Elle attendait avidement une excuse pour l'aimer à nouveau. Quant à Everard, — ah ! Everard n'existait même pas ! Au tréfonds instinctif de son être, il n'avait vraiment aucune importance, et si seulement Philip se donnait la peine de l'aimer tant soit peu, il n'aurait pas davantage d'importance dans la partie consciente d'elle-même qui essayait de l'aimer, — de l'aimer par principe, en quelque sorte, de l'aimer en pleine volonté, de propos délibéré !... Mais les secondes se passèrent en silence. Et enfin, avec un petit soupir (car il aurait voulu, lui aussi, dire quelque chose, faire quelque chose ; mais c'était impossible, car il faudrait que ce quelque chose fût personnel), Philip reprit son livre, et, dans l'intérêt du romancier zoologiste de son roman, continua sa lecture sur l'instinct de possession chez les oiseaux... Il se remettait à lire ? Il n'allait donc rien dire, en fin de compte ? Très bien ; s'il voulait absolument qu'elle devînt la maîtresse d'Everard, il n'aurait à s'en prendre qu'à lui-même. Elle tenta de hausser les épaules et de se forcer à la férocité. Mais elle sentait bien, en son fort intérieur, que la menace était dirigée contre elle-même plutôt que contre Philip. C'était elle, et non pas lui, qui était condamnée. Condamnée à être la maîtresse d'Everard.

Prendre un amant, cela avait paru à Elinor, théoriquement, et par avance, être une chose qui ne soulevait guère de difficultés sérieuses. Elle ne la considérait pas comme coupable, moralement. Ah ! toutes ces manières que font à ce propos les chrétiens et les héroïnes de romans !... C'était incompréhensible. « Si des gens désirent coucher ensemble, disait-elle, que ne le font-ils tout simplement, et tout franchement, sans se tourmenter eux-mêmes ni tous les autres qui se trouvent à portée ? » Elle ne craignait pas davantage les conséquences mondaines du fait de prendre un amant. Les gens qui, le sachant, y verraient des objections, étaient précisément les gens qu'elle avait elle-même en horreur. En refusant de la voir, ils lui accorderaient une faveur. Quant à Phil, il l'aurait mérité, lui. Il avait eu en son pouvoir la possibilité d'empêcher toute chose de ce genre. Pourquoi n'avait-il pas pu se rapprocher d'elle, lui donner un peu plus de lui-même ? Elle avait mendié son amour, mais ce qu'il lui avait donné, c'était une bienveillance lointaine et impersonnelle. Un peu de chaleur, c'est tout ce qu'elle désirait, un peu de simple humanité. Ce n'était pas beaucoup demander, cela. Et elle l'avait averti si souvent de ce qui arriverait s'il ne le donnait pas !

Ne comprenait-il donc pas ? Ou bien cela lui était-il égal, tout simplement ? Peut-être n'en ressentait-il pas la moindre peine, — la punition ne le punirait peut-être pas ? Ce serait humiliant... Mais, après tout,— continuait-elle à se le rappeler à elle-même, chaque fois qu'elle en était arrivée (une fois de plus) à ce point de sa discussion intérieure — après tout, ce n'était pas uniquement, ni même principalement, pour punir Philip, ce n'était pas avant tout pour lui apprendre, par la douleur et la jalousie, à être humain, qu'elle allait prendre un amant. C'était dans l'intérêt de son bonheur à elle. (Elle s'efforçait d'oublier combien la poursuite de son bonheur la rendait malheureuse.) De son bonheur propre, indépendant. Elle s'était accoutumée à penser et à agir trop exclusivement par rapport à Philip. Même lorsqu'elle projetait de prendre un amant, c'est encore à lui qu'elle pensait. Ce qui était absurde, — absurde.

Mais ces rappels de son droit, son intention de se procurer un bonheur indépendant, elle était obligée de se les répéter constamment. Sa façon de penser naturelle et habituelle, fût-ce à un amant potentiel, était encore tout empreinte de son mari, — toute relative à sa conversion, ou à sa punition. Ce n'est qu'au prix d'un effort, délibérément, qu'elle parvenait à se souvenir de l'oublier.

Mais, quoi qu'il en fût, et quelles que pussent être ses motifs de le faire, prendre un amant lui avait paru, par anticipation une chose psychologiquement fort aisée. Surtout si l'amant devait être Everard Webley. Car Everard lui plaisait, — beaucoup, même ; elle l'admirait ; elle se sentait étrangement émue et palpitante par l'effet de la puissance qui semblait émaner de lui. Et pourtant, quand il s'agissait d'en venir à un contact physique avec lui, quelles difficultés extraordinaires ne se présentait-il pas immédiatement ! Elle aimait à se trouver avec lui ; elle pouvait s'imaginer, tant qu'il ne la touchait pas, qu'elle en était amoureuse. Mais quand, lors de leur deuxième rencontre après son retour, Everard l'avait prise dans ses bras et lui avait donné un baiser, elle fut saisie d'une espèce d'horreur, elle se sentit devenir d'une froideur de pierre dans ses bras. C'était la même horreur, la même froideur qu'elle avait éprouvée, près d'un an auparavant, lorsqu'il avait essayé pour la première fois de l'embrasser. La même, — bien que, dans l'intervalle, elle se fût préparée à penser autrement, bien qu'elle eût accoutumé son esprit conscient à l'idée de le prendre pour amant. Cette horreur, ce frisson, c'étaient les réactions spontanées de la partie instinctive et chargée d'habitude de son être. Son esprit seul avait décidé de l'accepter. Ses sentiments, son corps, toutes les habitudes de son moi instinctif étaient en révolte. Ce que son intellect trouvait inoffensif, son corps raidi et pénétré de refus le désapprouvait passionnément. L'esprit, chez elle, était libertin, mais la chair et les affections étaient chastes.

— Je vous en prie, Everard, supplia-t-elle, je vous en prie !

Il la lâcha :

— Pourquoi me détestez-vous ?

— Mais je ne vous déteste pas, Everard.

— Non, — je vous donne la chair de poule, — rien que ça ! dit-il en raillerie féroce. — Blessé, il prenait plaisir à se retourner le fer dans la plaie. — Je vous dégoûte, tout bonnement.

— Comment pouvez-vous dire une chose pareille ? — Elle se sentait malheureuse, honteuse, du refus de son corps ; mais la sensation de répulsion persistait encore.

— Parce qu'il se trouve que c'est la vérité.

— Mais non. — A ces mots, Everard tendit de nouveau les mains. Elle hocha la tête. — Mais il ne faut pas me toucher, supplia-t-elle. Pas maintenant ! ça gâterait tout. Je ne peux pas vous expliquer pourquoi. Je n'en sais rien. Mais pas maintenant... Pas encore, ajouta-t-elle, promettant implicitement, mais évitant pour le moment.

Cette promesse implicite raviva l'importunité d'Everard. Élinor regretta à moitié d'avoir prononcé de telles paroles, mais elle était également contente de s'être engagée jusque-là. Elle fut soulagée de s'être soustraite à la menace de son contact matériel, et elle s'en voulut en même temps de ce refus qu'elle lui avait opposé. Son corps et ses instincts s'étaient révoltés contre sa volonté. Sa promesse implicite constituait les représailles de sa volonté contre les traîtres qu'elle hébergeait en elle. Elle donnait à Everard la compensation qu'elle sentait lui devoir. « Pas encore. » Mais quand ? Quand ? N'importe quand, répondait sa volonté, n'importe — quand vous voudrez. Il était facile de promettre, mais, ah ! qu'il était difficile de tenir ! Élinor soupira... Si seulement Philip consentait à se laisser aimer d'elle !... Mais il ne disait rien, il ne faisait rien, il continuait simplement à lire. Par son silence, il la condamnait à l'infidélité.

CHAPITRE XXIX

C'ÉTAIT à Hyde Park, un samedi de juin.

Habillé de vert et portant un sabre, Everard Webley haranguait un millier d'Anglais Libres, du haut de son cheval blanc Bucéphale. Avec une précision militaire qui eût honoré la Garde, les Anglais Libres s'étaient rassemblés sur le quai, à Blackfriars, avaient marché en musique, et avec des étendards symboliques déployés, jusqu'à Charing Cross, montant Northumberland Avenue, traversant Trafalgar Square et Cambridge Circus, débouchant dans Tottenham Court Road, et prenant de là, tout le long d'Oxford Street, pour arriver à Marble Arch. À l'entrée de Hyde Park, ils s'étaient rencontrés avec une procession antivivisectionniste, et il en était résulté quelque confusion, — quelques rangs enchevêtrés, quelques dissonances musicales, quand les deux musiques s'étaient heurtées, — les *British Grenadiers* avec *Ma foi lève les yeux sur Toi, ô Agneau du Calvaire,* — un enchevêtrement de bannières : « Protégez nos toutous ! » avec « les Anglais ne seront jamais esclaves », — « le Socialisme, c'est la Tyrannie », avec « Docteurs, ou Démons ? »... Mais l'admirable discipline des Anglais Libres avait empêché que la confusion ne devînt sérieuse, et, avec un bref retard, leur millier de partisans étaient entrés dans le Park, avaient défilé devant leur chef et s'étaient finalement déployés sur trois côtés d'un espace vide quadrangulaire, dont Everard occupait, avec son état-major, le milieu du quatrième côté. Les trompettes avaient sonné une fanfare, et le millier d'Anglais Libres avaient chanté les quatre strophes de l'hymne un peu kiplingesque d'Everard, *le*

Chant des Anglais Libres. Quand le chant fut terminé, Everard commença son discours.

« Anglais Libres ! dit-il, camarades ! » Et, au son de cette voix forte et sans effort, il se fit un silence, même parmi les spectateurs oisifs qui s'étaient rassemblés pour voir ce qui se passait. Chargées d'une puissance qui n'était pas intrinsèquement à elles, d'une puissance qui appartenait à l'orateur, et non à ce qu'il disait, ses paroles tombèrent une à une, palpitantes et nettement perceptibles, au milieu du silence attentif qu'elles avaient créé. Il commença par un éloge de la discipline des Anglais Libres. « La discipline, dit-il, la discipline volontairement acceptée est la première condition de la liberté, la vertu primordiale des Anglais Libres. Les Spartiates libres et disciplinés ont contenu les hordes persiques. Les Macédoniens libres et disciplinés ont conquis la moitié du monde. C'est à nous, Anglais Libres et disciplinés, qu'il appartient de délivrer notre pays des esclaves qui l'ont réduit en esclavage. Trois cents hommes ont combattu, aux Thermopyles, contre nir, les proportions ne sont pas si désespérées. Votre bataillon n'en est qu'un, parmi plus de soixante, — un seul millier parmi les soixante mille Anglais Libres d'Angleterre. Leur nombre s'accroît de jour en jour. Vingt recrues nouvelles, cinquante, — quelquefois cent, viennent à nous chaque jour. Notre armée grossit, la verte armée des Anglais Libres.

« Les Anglais Libres portent un uniforme vert. A eux, le costume de Robin Hood et de Little John. Le costume des hors-la-loi ! Car ce sont des hors-la-loi dans ce stupide monde démocratique, — des hors-la-loi, fiers d'être hors la loi ! La loi du monde démocratique, c'est la quantité. Nous autres hors-la-loi, nous croyons à la qualité. Pour les politiciens démocrates, la voix du plus grand nombre, c'est la voix de Dieu ; leur loi, c'est la loi qui plaît à la populace. Bannis hors de la loi faite par la populace, nous désirons, nous, la règle des meilleurs ; et non celle des plus nombreux. Plus stupides que leurs grands-pères libéraux, les démocrates d'aujourd'hui voudraient décourager l'initiative individuelle, et, en nationalisant l'industrie et le sol, investir l'État de pouvoirs tyranniques tels qu'il n'en a jamais possédé, sauf peut-être dans l'Inde au temps des Mogols. Nous autres hors-la-loi, nous sommes libres. Nous croyons à la valeur de la liberté individuelle. Nous voulons encourager l'initiative individuelle, car nous croyons que, coordonnée et gouvernée dans l'intérêt de la société en général, l'initiative individuelle produit les meilleurs résultats économiques et moraux. La loi du monde démocratique, c'est la standardisation humaine, c'est la réduction de toute l'humanité à la plus petite commune mesure. Sa religion, c'est l'adoration de l'homme moyen. Nous autres hors-la-loi, nous croyons à la diversité, à l'aristocratie, à la hiérarchie naturelle. Nous désirons supprimer tous les obstacles supprimables, et donner à tout homme sa pleine possibilité, afin que les meilleurs puissent s'élever à la situation à laquelle la nature les a destinés. En un mot, nous croyons à la justice. Et nous vénérons, nous, non pas l'homme ordinaire, mais l'homme extraordinaire! Je pourrais poursuivre presque à l'infini cette liste des points sur lesquels nous autres, Anglais Libres, sommes en désaccord radical avec les gouvernants démocrates de ce qui fut jadis la Libre et Joyeuse Angleterre. Mais je vous en ai dit assez pour vous montrer qu'il ne peut y avoir nulle paix entre eux et nous. Leur blanc, c'est notre noir; leur idéal politique, c'est notre abomination; leur paradis terrestre, c'est notre enfer. Hors-la-loi volontaires, nous répudions leur règle, nous revêtons le costume vert de la forêt. Et nous attendons notre heure, nous attendons notre heure. Car notre heure viendra, et nous n'avons pas l'intention de rester toujours hors la loi. Le temps viendra, où les lois seront celles que nous aurons faites, où la forêt sera le refuge de ceux qui détiennent actuellement le pouvoir. Il y a deux ans, notre troupe était insignifiante. Aujourd'hui, elle est une armée, — une armée de hors-la-loi. Encore un peu de temps, ô mes camarades, et elle sera l'armée de ceux qui font les lois, et non plus de ceux qui les enfreignent. Oui, de ceux qui les enfreignent. Car, avant que nous puissions faire de bonnes lois, il nous faut enfreindre les mauvaises. Il faut que nous ayons le courage de notre état de hors-la-loi. Anglais Libres, compagnons hors la loi, quand le moment sera venu, aurez-vous ce courage?»

Des rangs à tuniques vertes s'éleva un cri formidable.

— Quand je donnerai le signal, me suivrez-vous?

— Oui, oui! répétèrent d'une voix les mille hommes vêtus de vert.

— Même s'il faut enfreindre certaines lois?

Il y eut un nouvel éclat d'enthousiasme affirmatif. Quand il fut apaisé, et comme Everard Webley ouvrait la bouche pour continuer son discours, une voix cria:

— A bas Webley! A bas la milice du riche! A bas les sacrés c...

Mais avant que la voix eût pu énoncer en totalité la parodie détestée de leur nom, une demi-douzaine des Anglais Libres les plus rapprochés s'étaient jetés sur son possesseur.

Everard Webley se souleva sur ses étriers.

— À vos rangs! cria-t-il d'un ton péremptoire. Comment osez-vous quitter vos rangs!

Il y eut des officiers se précipitant sur le lieu du tumulte, des ordres criés avec colère. Les Anglais Libres trop zélés rentrèrent, tout penauds, dans les rangs. Tenant à son nez un mouchoir taché de sang, et escorté de deux agents de police, leur ennemi s'éloigna. Il avait perdu son chapeau. Ses cheveux ébouriffés brillaient comme un feu rouge au soleil. C'était Illidge.

Everard Webley se tourna vers l'officier commandant la compagnie dont les hommes avaient rompu les rangs.

— L'insubordination... commença-t-il ; — et sa voix se fit froide et dure ; non pas forte ; mais dangereusement perçante... — L'insubordination est la pire...

Illidge retira son mouchoir de son nez et cria d'une voix stridente de fausset :

— Oh ! les méchants garçons !

Il y eut un gros rire chez les spectateurs. Everard dédaigna l'interruption, et ayant terminé sa réprimande, reprit son discours. Sa voix, impérieuse et pourtant persuasive, passionnée, mais mesurée et musicale, sa voix fit palpiter l'auditoire ; en un moment, le silence ébranlé se refit autour de ses paroles, l'attention dissipée se concentra et se figea de nouveau. Il y avait eu une révolte ; il avait fait une nouvelle conquête.

Spandrell attendait sans impatience. Le retard d'Illidge lui donnait l'occasion de boire un ou deux cocktails supplémentaires. Il en était à son troisième et se sentait déjà beaucoup mieux et plus gai, lorsque la porte du restaurant s'ouvrit, livrant passage à Illidge, l'air bien militant et plein de défi, comme s'il portait férocement en triomphe son œil au beurre noir.

— Ivresse et tapage nocturne ? interrogea Spandrell en apercevant les dégâts. — Ou est-ce que vous avez rencontré un mari furieux ? Ou bien, vous avez eu une explication avec une dame ?

Illidge s'assit et conta en détail son aventure, avec force vantardises et enjolivements. Selon son récit, il s'était conduit comme un mélange d'Horatius Coclès défendant le pont et de saint Étienne sous l'avalanche de pierres.

— Les salauds ! dit Spandrell en sympathie. — Mais ses yeux brillaient d'un rire plein de malignité. Les malheurs de ses amis lui étaient une source d'amusement jamais tarie, et celui qu'Illidge venait de raconter était un désastre particulièrement divertissant.

— Du moins, je lui ai gâté le meilleur effet de son sacré discours, à Webley, continua Illidge, du même ton satisfait et congratulatoire.

— C'eût été un peu plus satisfaisant de lui abîmer la figure.

Illidge se sentit piqué par le ton de raillerie que recelaient les paroles de Spandrell :

— Lui abîmer la figure, ce ne serait pas suffisant, dit-il avec férocité, prenant un air sombre tout en parlant. Cet homme-là, il faudrait l'exterminer. C'est un danger public, — lui et sa bande de *bravi*. — Et il se laissa aller à quelques jurons bien sentis.

Spandrell se contenta de rire.

— C'est facile de pleurnicher, dit-il. Pourquoi ne pas agir un peu, pour varier ?... Un peu d'action directe du genre même de Webley ?

L'autre haussa les épaules comme pour s'excuser :

— Nous ne sommes pas assez bien organisés, dit-il.

— Il ne me semble pas, à moi, qu'il faille tant d'organisation que ça pour assommer un homme. Non, ce qu'il y a, en réalité, c'est que vous n'êtes pas assez courageux.

Illidge rougit :

— Ce n'est pas vrai ! fit-il.

— Pas assez bien organisés ! reprit Spandrell avec mépris. Au moins vous êtes moderne dans vos excuses. Le grand dieu Organisation ! Bientôt, l'art et l'amour eux-mêmes se mettront à plat ventre, comme tout le reste... Pourquoi vos vers sont-ils si mauvais ? Parce que l'industrie de la poésie n'est pas assez bien organisée... Et l'amant impuissant s'excusera de la même façon et assurera à la dame indignée que, la prochaine fois, elle se trouvera en face d'une organisation absolument parfaite... Non, non, mon cher Illidge, ça ne colle pas, je vous assure, — ça ne colle pas.

— Oh ! vous êtes très spirituel, sans aucun doute, dit Illidge, encore rose de colère. Mais vous dites des bêtises. On ne peut pas comparer la poésie et la politique. Un parti politique, c'est un tas de gens qu'il faut discipliner et maintenir en contact. Un poète, c'est un seul homme.

— Mais un assassin aussi, n'est-ce pas ? — Le ton de voix de Spandrell, son sourire étaient toujours sarcastiques. Illidge sentit le sang lui refluer à la figure, comme la chaleur d'un brasier intérieur dont les flammes se seraient tout à coup mises à jaillir. Il détestait Spandrell pour cette faculté qu'il avait de l'humilier, de lui faire sentir toute sa petitesse, de lui donner la conscience de sa bêtise et de sa honte. Il était arrivé avec une sensation d'importance et d'héroïsme, tout rouge de satisfaction. Et voilà que, de quelques mots prononcés lentement avec une dérision méchante, Spandrell venait de transformer sa satisfaction de soi-même en fureur honteuse. Il y eut un silence ; ils mangèrent leur soupe sans dire un mot. — Un seul homme, dit Spandrell, méditativement, se renversant en arrière sur sa chaise. Avec toute la responsabilité d'un homme... Mille hommes n'ont pas de responsabilité. Voilà pourquoi l'organisation est une chose si réconfortante. Un adhérent à un parti politique se sent autant en sûreté que le sectateur d'une église. Son parti peut décréter la guerre civile, le viol, le massacre ; il fait ce qu'on lui dit, d'un cœur léger, parce que sa responsabilité n'est pas engagée. C'est celle du chef qui l'est. Et le chef, c'est l'homme rare, tel que Webley. L'homme qui a du courage.

— Ou de la lâcheté, en l'espèce, dit Illidge. Webley, c'est le bon petit lapin bourgeois, que la terreur pousse à la férocité.

— Vous croyez ? demanda Spandrell, arquant les sourcils ironiquement. Enfin, peut-être avez-vous raison. Mais, quoi qu'il en soit, il diffère un peu du lapin ordinaire. Le lapin ordinaire ne se laisse pas pousser à la férocité, même par la peur. Il se laisse terroriser jusqu'à la plus plate inactivité, — ou à l'abjecte activité qui consiste à obéir aux ordres d'autrui. Mais jamais à l'activité pour son compte, à l'activité dont il a à prendre la responsabilité. Quand il s'agit d'assassinat, par exemple, vous ne trouvez pas que les lapins ordinaires soient particulièrement désireux de l'accomplir, hein ? Ils attendent d'être organisés. La responsabilité est trop lourde pour le petit individu. Il a la frousse, quoi.

— Mon Dieu, il est évident que personne ne désire monter à l'échafaud.

— Il aurait la frousse, même s'il n'y avait pas d'échafaud au bout.

— Quoi, vous n'allez pas me servir encore une fois l'impératif catégorique, je suppose ? — Ce fut au tour d'Illidge de se montrer sarcastique.

— Il se sert tout seul. Même dans votre cas personnel. Quand il s'agit d'en venir au fait, vous n'oseriez jamais rien faire au sujet de Webley, à moins que vous ne disposiez d'une organisation qui vous délivre de toute responsabilité. Non, vous n'oseriez pas, répéta-t-il, en une sorte de défi railleur.

Il dévisagea Illidge avec un regard perçant sous ses paupières mi-closes, et tout au long de la réponse un peu surchargée de rhétorique où Illidge parla de trancher des serpents, d'abattre des tigres, d'écraser des punaises, il étudia le visage congestionné et furieux de sa victime. Comme il était comique, quand il s'efforçait de jouer au héros ! Illidge continuait son discours incendiaire, ayant désagréablement conscience de l'excès d'ampleur et du son creux de ses belles phrases. Mais la vigueur, et toujours la vigueur, à mesure que ce sourire devenait plus méprisant, lui paraissait être la seule réplique possible à la raillerie tranquille et affolante de Spandrell, — encore, toujours, — quelque fausse que pût paraître sa rhétorique. Comme un homme qui s'arrête de crier parce qu'il craint que sa voix ne dégénère en sanglots, il se tut tout à coup. Spandrell hocha lentement la tête.

— Bien, dit-il, mystérieusement. Bien.

« C'est absurde, se répétait à elle-même Elinor. C'est puéril. Puéril et absurde ! » C'était une inconséquence. Everard n'était pas changé parce qu'il avait été monté sur un cheval blanc, parce qu'il avait commandé, et parce qu'il avait été acclamé par une foule enthousiaste. Il ne valait pas davantage parce qu'elle l'avait vu à la tête d'un de ses bataillons. C'était absurde, c'était puéril, d'avoir été émue de cette façon. Mais elle avait été émue effectivement ; le fait était là. Quel frémissement lorsqu'il était apparu, à cheval, à la tête de ses hommes ! Le cœur lui avait battu plus fort, avait semblé se gonfler dans sa poitrine. Et quelle inquiétude, pendant ces quelques secondes de silence, avant qu'il commençât à parler ! Ç'avait été une véritable terreur : il allait peut-être bégayer, hésiter ; il allait peut-être dire quelque chose de bête, ou de vulgaire ; il se révélerait peut-être comme un charlatan... Et puis, quand sa voix se fit entendre, sans effort, mais vibrante, pénétrante, quand son discours commença à se dérouler en mots passionnés et palpitants, mais jamais théâtraux, en phrases riches, mais brèves et incisives, — alors, quel triomphe, quel sentiment d'orgueil !... Mais lorsque cet homme avait fait son interruption, elle avait ressenti, en même temps qu'un flot d'indignation contre l'interrupteur, un renouveau de son inquiétude, de sa terreur pour le cas où il échouerait, où il serait humilié et bafoué publiquement. Mais il était resté sur son cheval, impassible, il avait fait sa sévère réprimande, il avait recréé un silence ardent et sans un souffle, et puis, enfin, il avait repris son discours, comme s'il ne s'était rien passé. L'inquiétude d'Elinor avait fait place à un bonheur extraordinaire... Le discours se termina ; il y eut un éclat de cris enthousiastes, et Elinor s'était sentie formidablement fière et exaltée, et en même temps embarrassée, comme si les vivats avaient été en partie à son intention ; et elle avait ri tout haut, sans savoir pourquoi, et le sang lui était monté aux joues, et elle s'était détournée, pleine de confusion, sans oser lever les yeux sur lui ; puis, sans raison, elle s'était mise à pleurer.

« Absurde, puéril », — elle se le répétait pour s'en pénétrer elle-même. Mais voilà : la chose absurde, puérile, s'était produite ; et elle ne pouvait plus être défaite.

Extraits du carnet de Philip Quarles

Dans le *Sunday Pictorial,* un instantané représentant Everard Webley, la bouche ouverte, — un trou noir au milieu d'un visage contracté par l'effort, — ouverte pour gueuler. « Mr. E. W., le fondateur et le chef de la C. A. L., a fait samedi dernier une proclamation à un bataillon d'Anglais Libres dans Hyde Park. » Et voilà tout ce qui est resté de l'événement, ce symbole de la démagogie semblable à une gargouille. Une bouche ouverte pour braire. Quelle horreur ! Et pourtant, l'événement a été véritablement impressionnant. Et les coups de gueule d'E... ont résonné fort noblement, au moment où il les poussait. Et il avait l'air monumental, sur son cheval blanc. En choisissant un instant isolé parmi ce qui avait été un ensemble, le Kodak l'a transformé en épouvantail avertisseur. C'est injuste ? Ou bien, la vision du Kodak est-elle la vraie, et est-ce la mienne qui est fausse ? Car, après tout, l'ensemble impressionnant devait se composer d'instants aussi affreux que celui que la photographie a enregistré. Le tout peut-il être quelque chose de complètement différent de ses parties ? Dans le monde physique, oui. Considérés comme un tout, le corps et le cerveau sont radicalement différents des électrons qui les constituent. Mais dans le monde moral ? Une collection de choses sans valeur peut-elle constituer une chose de haute valeur ? La photographie d'Everard pose un véritable problème. Voilà des millions d'instants monstrueux qui forment une demi-heure magnifique.

« Non pas que j'en eusse eu quelque doute sur cette magnificence, au moment même ; E... a beaucoup parlé des Thermopyles et des Spartiates. Mais ma résistance, à moi, fut plus héroïque encore. Léonidas avait trois cents compagnons. Moi, je défendais mes Thermopyles spirituelles tout seul contre E... et ses Anglais Libres. Ils m'impressionnaient ; mais je résistais. La parade, tout d'abord, fut superbe. Je la regardais, enchanté. Comme toujours. Comment explique-t-on l'attrait qu'exerce le spectacle militaire ? On le nie, plutôt qu'on ne l'explique... Je me le suis demandé tout le temps que je le regardais.

« Une escouade ne se compose que de dix hommes et est neutre au point de vue émotif. Le cœur ne commence à battre qu'à la vue d'une compagnie. Les évolutions d'un bataillon sont enivrantes. Et une brigade, c'est déjà une armée avec des bannières, ce qui équivaut, — comme nous le savons par le *Cantique des Cantiques,* à se sentir amoureux. L'émotion est proportionnelle au nombre. Étant admis le fait que nous n'avons qu'un mètre soixante-quinze de haut, deux pieds de large, et que nous sommes solitaires, une cathédrale est nécessairement plus impressionnante qu'une chaumière, et un kilomètre d'hommes en marche est plus imposant qu'une douzaine de flâneurs au coin d'une rue. Mais ce n'est pas tout. Un régiment est plus impressionnant qu'une foule. L'armée avec ses bannières n'équivaut à l'amour qu'autant qu'elle manœuvre impeccablement. Des pierres constituant un édifice sont plus belles que des pierres en tas. L'exercice et l'uniforme imposent une architecture à la foule. Une armée, c'est beau. Mais ce n'est pas encore tout : elle satisfait des instincts plus bas que l'instinct esthétique. Le spectacle d'êtres humains réduits à l'automatisme satisfait le désir de puissance. En regardant des esclaves mécanisés, on s'imagine être un maître. C'est ce que j'ai éprouvé, tandis que j'admirais les évolutions des Anglais Libres d'Everard. Et, en démontant ainsi mon admiration, morceau par morceau, je me suis gardé d'en être submergé. Diviser pour régner. J'ai fait de même pour la musique, et ensuite pour le discours d'Everard.

« Quel magnifique metteur en scène le théâtre a perdu avec Everard ! Rien ne pouvait être plus impressionnant (rompant le silence prolongé volontairement) que cette fanfare de trompettes, et là-dessus, solennelles, les harmonies massives d'un millier de voix chantant le *Chant des Anglais Libres*. Les trompettes étaient prodigieuses, — comme l'ouverture du Jugement Dernier. (Pourquoi donc les harmoniques supérieurs mettent-ils ainsi l'âme en émoi ?) Puis, quand l'ouverture, par les trompettes, fut terminée, les mille voix ont retenti de ce son presque surnaturel qu'ont toujours les chœurs. Formidable, comme la voix de Jéhovah. Reinhardt lui-même n'aurait pas réussi ça plus brillamment. J'éprouvais la sensation d'avoir un trou là où aurait dû se trouver mon diaphragme ; une espèce de démangeaison inquiète m'a parcouru la peau ; les larmes me venaient presque jusqu'aux yeux. Je me suis alors remis à faire mon Léonidas, et à me dire que la musique était au-dessous de tout, et les paroles, de la simple déclamation ridicule.

« La Dernière Trompette, la voix de Dieu, — puis ce fut le tour d'Everard de parler. Et l'on n'était pas déçu. Comme il s'en est tiré, l'animal ! Sa voix vous prenait en plein dans le plexus solaire, comme ces harmoniques supérieurs des trompettes. C'était émouvant et convaincant, quand bien même on sût que ce qu'il disait était vague et plus ou moins vide de sens. J'ai analysé les tours de passe-passe : c'étaient les ficelles habituelles. Le plus efficace, ç'a été l'emploi de mots émouvants ayant deux ou trois sens différents. « Liberté », par exemple. Celle du titre et du programme des Anglais Libres, c'est la liberté d'acheter, de vendre et de posséder la propriété avec un minimum d'ingérence de l'État. (Un minimum assez élevé, soit dit entre parenthèses ; mais passons.) Everard vous assène ce mot-là, d'un coup de gueule, en plein dans le plexus solaire : « Nous combattons pour la *liberté* » ; « nous allons *libérer* le pays, etc. » L'auditeur se voit tout de suite assis en manches de chemise, auprès d'une bouteille et d'une fille complaisante, sans qu'il y ait ni lois, ni code de bienséance, ni épouse, ni agents de police, ni prêtres, pour défendre quoi que ce soit. La liberté ! Bien sûr, qu'elle soulève leur enthousiasme ! Ce n'est qu'après que les Anglais Libres seront au pouvoir, que ce même auditeur se rendra compte du sens tout différent qui était donné à ce mot... Diviser pour régner. J'ai régné... — *P. S.* Ou plutôt une partie de moi-même a régné. J'ai pris l'habitude de m'associer avec cette partie, et d'applaudir quand elle triomphe. Mais, au fond, est-ce la meilleure partie ? Dans ce cas particulier, oui, peut-être. Il vaut probablement mieux s'abandonner à l'analyse sans passion que d'être submergé par la mise en scène et l'éloquence d'Everard au point d'être converti aux doctrines des Anglais Libres. Mais en d'autres circonstances ? C'est probablement Rampion qui a raison. Mais quand on a pris l'habitude de diviser pour régner, au nom de l'intelligence, il est difficile de s'arrêter. Et peut-être n'est-ce pas entièrement une question de seconde nature ; la nature pure a peut-être voix au chapitre, elle aussi. Il est facile de croire qu'il faudrait modifier son mode de vie. La difficulté, c'est d'agir d'après cette croyance. Le fait de m'installer à la campagne, par exemple ; cette vie rustique et paternelle, cette existence de bon voisin ; cette vie végétative et intuitive, — sera-t-elle vraiment possible ? Je me l'imagine ; mais, en réalité, — en réalité ?... En attendant, il pourrait être intéressant de fabriquer un personnage comme ceci : — Un homme qui a toujours pris soin d'encourager ses tendances intellectualistes aux dépens de toutes les autres. Il évite le plus possible les relations personnelles, il observe sans participer, il n'aime pas s'abandonner, il est toujours spectateur bien plutôt qu'acteur. D'autre part, il a toujours pris soin de ne jamais distinguer un jour, un endroit, d'un autre ; de ne pas faire défiler le passé ni faire de projets d'avenir au Nouvel An, de ne célébrer ni Noël ni les anniversaires de naissance, de ne pas revoir les paysages de son enfance, de ne pas faire de pèlerinages aux villes natales des grands hommes, aux champs de bataille, aux ruines, et ainsi de suite. Par cette suppression de rapports émotifs et de piété naturelle, il lui semble qu'il atteint à la liberté, — la liberté par rapport à la sentimentalité, à l'irrationnel, la passion, l'impulsion, l'émotivité. Mais, en réalité, comme il le découvre peu à peu, il n'a fait que rétrécir et dessécher son existence; et, qui plus est, il a engourdi son intelligence par le procédé même qui devait, croyait-il, l'émanciper. Sa raison est demeurée libre — mais pour s'occuper seulement d'une petite fraction des faits d'expérience. Il se rend compte de ses défauts psychologiques et désire, théoriquement, se modifier. Mais il est difficile de vaincre des habitudes de toute l'existence; et peut-être les habitudes ne sont-elles que l'expression d'une indifférence et d'une froideur innées, qu'il pourrait être presque impossible de surmonter. Et pour *lui,* en tout cas, la vie simplement intellectuelle est plus facile; c'est la ligne de moindre résistance, parce que c'est la ligne qui évite les autres êtres humains. Parmi eux, sa femme. Car il aurait une femme, et il y aurait les éléments d'un drame dans les relations entre la femme, vivant principalement avec ses émotions et ses intuitions, et l'homme, dont l'existence est surtout sur le plan intellectuel abstrait. Il l'aime, à sa manière; et elle l'aime, à la sienne. Ce qui signifie qu'il est satisfait, mais qu'elle ne l'est pas; car l'amour, tel qu'il le conçoit, comporte le minimum de ces rapports humains chauds et confiants qui constituent l'essence même de l'amour, tel qu'elle le conçoit, elle. Elle s'en plaint; il voudrait donner davantage, mais éprouve de la difficulté à se modifier. Elle menace même de le quitter pour un amant plus humain; mais elle l'aime trop pour mettre sa menace à exécution.

Ce dimanche après-midi-là, Elinor et Everard Webley firent une promenade à la campagne, dans la voiture de Webley.

— Soixante-dix kilomètres en une heure et sept minutes, dit Everard regardant sa montre en descendant de voiture... Ce n'est pas mal, si l'on tient compte que ça comprend la sortie de Londres, et que nous avons été retardés par ce sale autocar à Guildford. Par mal du tout.

— Et ce qu'il y a de mieux, dit Elinor, c'est que nous sommes encore vivants. Si vous saviez le nombre de fois que j'ai tout bonnement fermé les yeux en m'attendant à ne les rouvrir qu'au jour du Jugement...

Il se mit à rire, heureux, en somme, qu'elle eût été tellement effrayée par la violence de sa façon de conduire. Les terreurs qu'elle avait ressenties lui donnaient une sensation agréable de puissance et de supériorité. Il lui prit le bras d'un geste de protection, et ils partirent à pied le long du sentier verdoyant, vers le bois. Everard respira profondément.

— Ah ! Ça vaut mieux que de faire des discours politiques ! dit-il, lui pressant le bras.

— Pourtant, dit Elinor, ça doit être épatant, d'être là, à cheval, et de faire faire absolument ce qu'on veut à un millier de gens.

Everard se mit à rire :

— Malheureusement, il y a autre chose que ça, dans la politique. — Il jeta un regard sur elle. — Ça vous a plu cette réunion ?

— Ça m'a passionnée. — Elle le revit sur son cheval blanc, elle entendit sa belle voix vibrante, elle se souvint de son sentiment de triomphe, et de ses larmes soudaines. C'était magnifique, songeait-elle, magnifique ! Mais il n'y avait pas moyen de retrouver ce sentiment de triomphe. Il avait la main sur son bras, son énorme présence planait sur elle, presque menaçante. « Va-t-il m'embrasser ? » se demandait-elle avec effroi. Elle essaya de chasser cette terreur indiscrète et de remplir sa place avec son exaltation de la veille... C'était magnifique !... Mais la terreur ne se laissait pas exorciser. — J'ai trouvé votre discours superbe, dit-elle à haute voix, — et elle se demanda, entre parenthèses, tandis qu'elle prononçait ces paroles, de quoi il y avait été question. Elle se souvenait du son et du timbre des mots qu'il avait dits, mais non pas de leur signification... Il n'y avait rien à faire... — Oh ! le joli chèvrefeuille !

Everard se dressa, énorme, et lui en cueillit une fleur ou deux :

— Quelle beauté, quel charme ! — Il cita Keats, il tâtonna dans sa mémoire pour retrouver un vers du *Songe d'une nuit d'été*. Il se demanda, lyriquement, pourquoi l'on vivait dans des villes, pourquoi l'on gaspillait son temps à la poursuite de l'argent et du pouvoir, alors qu'il y avait toute cette beauté n'attendant que d'être connue et aimée.

Elinor l'écouta, un peu mal à son aise. Il semblait le faire jaillir, cet amour de la beauté, comme une lumière électrique, — il semblait éteindre l'amour de la puissance, l'efficacité, les préoccupations politiques, et allumer l'amour de la beauté. Mais pourquoi pas, après tout ? Il n'y avait rien de mal à aimer les belles choses. Rien, — sinon que pour quelque motif obscur, impossible à décrire, l'amour d'Everard pour la beauté n'était pas absolument ce qu'il devait être. Trop délibéré, peut-être ? Trop intermittent ? Trop « article de vacances » ? Trop conventionnel, trop lourd, trop révérencieux, sans une pointe d'humour ?... Elle le préférait dans son rôle d'épris de puissance. En tant qu'épris de puissance, il était, en quelque sorte, de meilleure qualité que comme épris de beauté. Inférieur, sans doute, comme amateur de beauté, parce qu'il était si remarquable comme amateur de puissance. C'était une compensation. Toute chose doit se payer.

Ils continuèrent leur promenade. Dans une clairière, entre les arbres, les digitales s'épanouissaient en fleurs.

— On dirait de petites torches brûlant vers le haut, à partir du bas, dit poétiquement Everard.

Elinor s'arrêta devant une haute tige dont les premières clochettes étaient au niveau de ses yeux. La chair rouge des pétales était fraîche et élastique entre ses doigts. Elle hasarda un regard dans l'embouchure ouverte de la clochette.

— Songez donc comme ce serait désagréable d'avoir des taches de rousseur dans la gorge, dit-elle. Sans parler des petits insectes.

Ils s'éloignèrent en silence entre les arbres. Ce fut Everard qui parla le premier.

— M'aimerez-vous jamais? demanda-t-il tout à coup.

— Vous savez combien vous me plaisez, Everard. — Elle fut désolée; le moment était venu, — il allait vouloir l'embrasser. Mais il ne fit pas un geste; il se contenta de rire, — un peu tristement.

— Je vous plais beaucoup, répéta-t-il. Ah! Si seulement vous pouviez être un peu moins raisonnable, un peu plus folle! Si seulement vous saviez ce que c'est qu'aimer!

— N'est-ce pas une bonne chose que quelqu'un, du moins, soit dégrisé? dit Elinor. Dégrisé *avant,* je veux dire. Car n'importe qui peut être dégrisé *après*. Beaucoup trop dégrisé, même, quand l'accès est passé, et que les amants se mettent à se demander si vraiment, en fin de compte, ça valait la peine de renoncer au monde. Réfléchissez, Everard, réfléchissez d'abord! Voulez-vous renoncer au monde?

— Je n'y reconcerais pas! répondit Everard; — et sa voix avait cette vibration étrange et palpitante qu'elle semblait entendre, non pas avec ses oreilles, mais avec tout son corps, en plein diaphragme. — Ils ne peuvent pas me le prendre. Les temps ont changé, depuis l'époque de Parnell. D'ailleurs, je ne suis pas Parnell, moi. Qu'ils essaient donc, de me le prendre! — Il se mit à rire. — L'amour, avec le monde! — oui, j'aurai les deux, Elinor, — les deux! — Il abaissa son regard souriant sur elle, — l'amateur de puissance triomphant.

— Vous en demandez trop, répondit-elle en riant, — vous êtes gourmand. — La sensation de triomphe lui vrilla de nouveau tout le corps, comme la chaleur quasi suffocante d'un vin chaud.

Il se pencha pour l'embrasser. Elinor ne se refusa pas.

... Une autre voiture s'était arrêtée sur le bord de la route, un autre couple se promena le long du sentier verdoyant, vers le bois. Sous le rose et le blanc criards de ses fards, le visage de la femme était vieux; la chair fatiguée s'affaissait et en déparait le contour jadis charmant.

— Oh! comme c'est joli! — répétait-elle sans cesse en marchant, soulevant avec difficulté son corps alourdi sur des souliers à hauts talons qui reposaient mal sur le sol raboteux. — Comme c'est joli!

Spandrell — car c'était lui — ne répondit pas.

— Cueille-moi un peu de chèvrefeuille, là-bas! suppliat-elle.

Il tira vers lui une tige fleurie avec le manche recourbé de sa canne. A travers les effluves des parfums chimiques et des dessous pas trop soignés, le parfum des fleurs arriva, frais et délicieux, aux narines de Spandrell.

— Oh! Quel parfum divin, s'écria-t-elle, les respirant avec délices. C'est trop divin!

Les commissures des lèvres de Spandrell eurent un frémissement, et se contractèrent en un sourire. Cela l'amusait d'entendre les locutions périmées des duchesses dans la bouche de cette prostituée vieillie. Il la regarda. Pauvre Connie! Elle était vraiment le spectre venu à la fête, — plus épouvantablement répugnante encore, d'avoir les os recouverts de tant de chair molle et affaissée. Véritablement répugnante... Il n'y avait pas d'autre mot. Là, au soleil, elle ressemblait à une pièce d'un décor de théâtre vue au jour, et de près. C'est pourquoi il avait fait la dépense de prendre la Daimler en location, et de la sortir, — simplement parce que la pauvre prostituée vieillie était si répugnante. Il hocha la tête en approbation:

— Oui, ça sent bon, dit-il. Mais je préfère ton parfum.

Ils continuèrent à marcher. Déjà incertain de la différence entre une seconde et une tierce mineure, un coucou lançait ses appels. Dans les couloirs obliques que creusait le soleil parmi le vert et le pourpre des ombres de la forêt, les petits moucherons dansaient et zigzaguaient avec des sauts brusques. Il n'y avait pas de vent; les feuilles pendaient, lourdes de verdure. Les arbres semblaient gorgés de sève et de soleil.

— Comme c'est joli, comme c'est joli! — C'était le refrain de Connie. Cet endroit, cette journée lui rappelaient, disait-elle, son enfance à la campagne. Elle soupira.

— Et tu voudrais bien avoir été toujours sage, hein? dit Spandrell, sarcastiquement. «Les roses dans la lumière me font adorer ma mère...» Oui, je sais, je sais. — Il se tut un moment. — Moi, ce que je déteste dans les arbres en été, reprit-il c'est leur fatuité, leur sale contentement d'eux-mêmes. Ils sont bouffis — voilà ce qu'ils sont ; on dirait des profiteurs de guerre, gras et boursouflés... Bouffis d'insolence, d'insolence passive !

— Oh ! les digitales ! s'écria Connie, — qui n'avait même pas écouté. Elle courut vers les fleurs, grotesque et mal assurée sur ses hauts talons. Spandrell la suivit.

— Agréablement phalliques, dit-il, — touchant du doigt l'une des étamines d'un bouton encore fermé. Et il se mit à développer le sujet, avec force détails.

— Oh ! tais-toi, tais-toi ! s'écria Connie. Comment peux-tu dire des choses comme ça ? — Elle était outrée, froissée. — Comment peux-tu, — ici ?

— Dans la campagne du bon Dieu, railla-t-il. Comment je le peux ?

Et, levant sa canne, il se mit soudain à en cingler l'air à droite et à gauche, — vlan, vlan, — brisant une des hautes tiges pleines d'orgueil à chaque coup. Le sol fut bientôt jonché de fleurs assassinées.

— Assez, assez ! — Elle lui agrippa le bras. Riant silencieusement, Spandrell s'arracha à ses doigts et continua à cingler les fleurs. — Assez ! Je t'en prie !... Oh ! non, non. — Elle se précipita de nouveau sur lui. Toujours riant, cinglant toujours l'air de sa canne, Spandrell se détourna vivement d'elle.

— Qu'on les abatte ! cria-t-il. Qu'on les abatte ! — Les fleurs tombaient l'une après l'autre sous ses coups. — Là, dit-il enfin, — hors d'haleine d'avoir tant ri, tant couru, tant frappé. — Là !... — Connie était en larmes.

— Oh ! Comment as-tu fait ça ? dit-elle. Comment as-tu pu faire ça ?

Il rit de nouveau, de son rire silencieux, rejetant la tête en arrière.

— C'est bien fait pour elles ! dit-il. Non, mais tu ne crois pas que je vais rester là à me laisser insulter par elles ? Ah ! Quelle insolence, — les garces ! Ah ? En voilà une autre ? Tiens ! — Il traversa la clairière, vers l'endroit où se dressait encore une dernière haute digitale, comme si elle se cachait parmi les jeunes noisetiers. Un coup fut suffisant. La plante brisée tomba presque sans bruit. Et voilà pour leur insolence ! Ça leur apprendra !... Allons retrouver la voiture.

CHAPITRE XXX

RACHEL Quarles n'avait guère de sympathie pour ces philanthropes sentimentaux qui voudraient effacer la distinction entre le bien et le mal, entre les fauteurs du mal et les vertueux. À ses yeux, c'étaient les criminels, et non la société dans laquelle ils vivaient, qui étaient responsables de leurs crimes. Les pécheurs commettaient effectivement leurs péchés; ce n'était point leur ambiance qui le faisait pour eux. Il y avait des excuses, bien entendu, des circonstances atténuantes. Mais le bien était toujours le bien, et le mal demeurait le mal. Il y avait des circonstances où il était très difficile de choisir le bien; mais c'était toujours l'individu qui faisait son choix et qui, l'ayant fait, en était responsable. Mrs. Quarles, en un mot, était chrétienne et non humanitaire. En tant que chrétienne, elle trouvait que Marjorie avait eu tort de quitter son mari, — fût-ce un mari comme Carling — pour un autre homme. Elle désapprouvait l'acte, mais elle ne prenait pas sur elle de juger la personne, — d'autant plus que, malgré ce qu'elle avait fait, le cœur et la tête, chez Marjorie, étaient toujours restés, du point de vue chrétien de Mrs. Quarles, «dans la bonne voie». Rachel trouvait plus facile d'aimer une personne qui avait agi d'une manière fautive, tout en continuant à avoir des pensées conformes à la vertu, qu'une autre qui, comme sa bru Elinor, pensait de façon erronée, bien qu'elle eût toujours agi, à sa connaissance, d'une façon absolument irréprochable. Il y avait des circonstances, aussi, où l'acte fautif lui paraissait presque moins répréhensible que la pensée fautive. Non pas qu'elle eût du goût pour l'hypocrisie. Celui qui pensait et parlait bien, tout en faisant, en toute conscience et conséquence, le mal, lui était odieux. Ceux-là sont rares, toutefois. La plupart de ceux qui font le mal, en dépit de leurs saines croyances, le font dans un moment de faiblesse et regrettent ensuite leur faute. Mais celui dont les pensées sont mauvaises n'admet pas le caractère fautif des mauvaises actions. Il ne voit pas pourquoi il ne les commettrait pas, et, les ayant commises, pourquoi il se repentirait et s'amenderait. Et même si, en fait, il se conduit vertueusement, il peut, par l'action de ses mauvaises pensées, pousser d'autres hommes à de mauvaises actions.

«C'est une femme admirable, avait dit John Bidlake, prononçant son jugement, mais elle aime un peu trop les feuilles de vigne, — surtout sur la bouche.»

Quant à elle, Rachel Quarles n'avait conscience que d'être chrétienne. Elle ne pouvait concevoir comment des gens parvenaient à vivre sans être chrétiens. Et pourtant, un grand nombre, — elle était obligée de l'admettre, avec tristesse, — y parvenaient parfaitement. Presque toute la jeunesse de sa connaissance. « On dirait que nos propres enfants parlent une langue différente », se plaignit-elle un jour à une vieille amie.

Elle trouva en Marjorie Carling quelqu'un qui parlait et entendait son propre langage spirituel.

— Tu la trouveras un peu ennuyeuse, je le crains bien, l'avait avertie Philip, lorsqu'il lui annonça son intention de prêter sa petite maison de Chamford à Walter et à Marjorie. Mais sois gentille avec elle, tout de même ; elle le mérite, la pauvre femme. Elle a eu une bien triste existence.

Et il conta à sa mère tous les détails d'une histoire qu'elle écouta avec des soupirs.

— Je n'aurais pas cru que Walter Bidlake fût comme cela, dit-elle.

— Dans ces choses-là, il ne faut *s'attendre* à rien, chez personne. Les choses vous arrivent, tout simplement. On ne *fait* rien.

Mrs. Quarles ne répondit rien. Elle songeait à l'époque où elle avait, pour la première fois, découvert l'une des infidélités de Sidney. Son étonnement, sa douleur, son humiliation...!

— Pourtant, dit-elle à haute voix, on n'aurait pas cru qu'il aurait sciemment rendu quelqu'un malheureux.

— Encore moins, qu'il se serait sciemment rendu malheureux lui-même. Et cependant, je crois bien qu'il s'est rendu lui-même aussi misérable que Marjorie. C'est peut-être là sa principale excuse.

Sa mère soupira :

— Tout cela me paraît tellement peu nécessaire !

Mrs. Quarles alla faire une visite à Marjorie dès qu'elle fut installée.

— Venez donc me voir souvent, lui dit-elle en prenant congé. Parce que vous me plaisez, ajouta-t-elle, — se mettant soudain à sourire, ce dont la pauvre Majorie lui fut reconnaissante, au point que sa gratitude avait quelque chose de pathétique. Il ne lui arrivait pas souvent de plaire à quelqu'un. Qu'elle fût si éperdument amoureuse de Walter, cela était dû avant tout à ce qu'il avait été l'une des rares personnes qui lui eussent jamais témoigné de l'intérêt. — Et j'espère que je vous plais, moi aussi, ajouta Mrs. Quarles.

Marjorie ne put que rougir et bredouiller. Mais elle était déjà dans l'adoration.

Rachel Quarles avait parlé en toute sincérité. Elle aimait effectivement Marjorie ; Marjorie lui plaisait, précisément à cause des défauts mêmes qui faisaient que les autres la trouvaient si ennuyeuse ; à cause de sa stupidité ; elle était si bonne, si pleine de bonnes intentions ; à cause de son manque du sens de l'humour, — cela dénotait un tel sérieux, une telle ardeur ! Il n'était pas jusqu'à ces prétentions intellectuelles, ces remarques profondes ou didactiques qu'elle laissait tomber comme un augure au fond d'un silence méditatif, qui ne déplussent pas à Mrs. Quarles. Elle y découvrait les symptômes un tantinet absurdes d'un amour authentique du bien, du vrai et du beau, d'un désir sincère de progrès et de culture.

Lors de leur troisième rencontre, Marjorie lui confia toute son histoire. Les commentaires de Mrs. Quarles furent sensés et empreints du sentiment chrétien.

— Il n'y a pas de cure miraculeuse pour les choses de ce genre, dit-elle ; il n'y a pas de spécialité pharmaceutique contre le malheur. Il n'y a que les vieilles vertus un peu ternes : la patience, la résignation, et les autres ; et la vieille consolation, la vieille source de toute force, — vieille, oui, mais non pas terne : il n'y a rien de moins terne que Dieu. Mais la plupart des jeunes gens ne veulent pas me croire quand je le leur dis, bien qu'ils s'ennuient à mourir avec leurs jazz et leurs danses.

Le premier mouvement d'adoration de Marjorie se confirma et s'accrut, — à tel point, même, que Mrs. Quarles en fut toute honteuse, comme si elle avait extorqué quelque chose par excroquerie, comme si elle avait frauduleusement joué la comédie.

— Vous m'êtes un tel secours, un tel réconfort ! lui déclara Marjorie.

— Mais non, répondit-elle, presque avec colère. La vérité, c'est que vous étiez toute seule et malheureuse, et que je me suis trouvée là juste au bon moment.

Marjorie protesta ; mais son aînée ne voulut point se laisser complimenter ni remercier.

Elles parlèrent beaucoup de la religion. Carling avait donné à Marjorie l'horreur de tout ce qui était pittoresque ou formel dans le christianisme. Piran de Peranzabulœ, les vêtements religieux, les cérémonies, — tout ce qui touchait, même de loin, à un saint, à un rite, à une tradition, lui était odieux. Mais elle avait conservé une foi vague et rudimentaire en ce qu'elle considérait comme les choses essentielles ; elle avait gardé de son enfance une certaine habitude des pensées et des sentiments chrétiens. Sous l'influence de Rachel Quarles, cette foi devint plus précise, les émotions d'habitude furent renforcées.

— Je me sens tellement plus heureuse, depuis que je suis ici, auprès de vous ! annonça-t-elle, à peine huit jours après son arrivée.

— C'est parce que vous ne vous efforcez pas d'être heureuse, et que vous ne vous demandez pas comment il se fait que vous avez été rendue malheureuse, parce que vous avez cessé de rapporter tout au bonheur et au malheur. C'est là la bêtise formidable des jeunes de cette génération, continua Mrs. Quarles ; ils ne pensent jamais à la vie, qu'en rapportant tout au bonheur... Comment ferai-je pour me donner du bon temps ? Voilà la question qu'ils se posent. Ou bien ils se plaignent. Pourquoi ma vie n'est-elle pas plus agréable ? Mais nous sommes dans un monde où le bon temps, dans leur acception de ce mot, et peut-être dans toutes ses acceptions, ne peut pas durer continuellement, ni s'appliquer à tout le monde. Et même quand ils l'ont eu, leur bon temps, ils sont inévitablement déçus, — car l'imagination est toujours plus brillante que la réalité. Et après qu'on en a joui un peu, il devient ennuyeux. Chacun s'efforce vers le bonheur, et le résultat, c'est que personne n'est heureux. C'est parce qu'ils sont sur la mauvaise voie. La question qu'ils devraient se poser, ce n'est pas : Pourquoi ne sommes-nous pas heureux ; et comment aurons-nous du bon temps ? Mais bien : Comment pouvons-nous plaire à Dieu, et pourquoi ne sommes-nous pas meilleurs ?... Si les gens se posaient ces questions-là et y répondaient en pratique du mieux de leurs capacités, ils atteindraient au bonheur sans jamais y penser. Car ce n'est pas en recherchant le bonheur qu'on le trouve ; c'est en recherchant son salut. Et lorsque les gens étaient sages, au lieu d'être simplement intelligents, ils songeaient à la vie en la rapportant au salut et à la perdition, — non pas au bon temps et aux mauvais moments. Si vous vous sentez heureuse à présent, Marjorie, c'est parce que vous avez cessé de souhaiter d'être heureuse, et que vous vous êtes mise à essayer de devenir meilleure. Le bonheur, c'est comme le coke, — c'est une chose qu'on obtient comme sous-produit de la fabrication d'autre chose.

Cependant, à Gattenden, les jours succédaient, sombres, les uns aux autres.

— Pourquoi ne fais-tu pas un peu de peinture ? proposa Mrs. Bidlake à son mari, le matin qui suivit le jour de son arrivée.

Le vieux John, hocha la tête.

— Tu y prendrais goût, un fois que tu aurais commencé, câlina Elinor.

Mais son père ne voulut pas se laisser convaincre. Il n'avait pas envie de peindre, précisément parce que cela lui eût été si agréable. Sa terreur même de la douleur, de la maladie et de la mort lui faisait perversement refuser de se laisser distraire l'esprit de leur contemplation abhorrée. On eût dit qu'une partie de lui-même désirait obscurément accepter la défaite et l'abattement, était avide de rendre sa capitulation encore plus totale. Son courage, sa puissance gargantuesque, sa belle humeur insouciante, étaient les fruits d'un mépris voulu de toute sa vie. Mais maintenant qu'il n'était plus possible de traiter la chose par le mépris, maintenant que l'ennemi était installé dans son corps même, toute vertu l'avait abandonné. Il avait peur et ne pouvait dissimuler sa terreur. Il ne désirait même plus la dissimuler. Il désirait, par une bizarrerie étrange, être abattu. Et il le fut, en vérité. Mrs. Bidlake et Elinor firent de leur mieux pour le secouer du malaise apathique dans lequel il passait la majeure partie de ses journées à Gattenden. Mais il ne voulait pas se laisser secouer, sinon pour se plaindre, et parfois éclater en une colère plaintive.

« Déplorable, inscrivit Philip dans son carnet, de voir un olympien réduit, par une petite tumeur dans l'estomac, à un état d'hypo-humanité. Mais peut-être, ajouta-t-il après coup, quelques jours plus tard, a-t-il toujours été hypo-humain, même lorsqu'il semblait le plus olympien ; peut-être le fait d'être olympien n'était-il qu'un symptôme d'hypo-humanité. »

Ce n'est qu'avec le petit Phil que John Bidlake secouait parfois son abattement. Jouant avec l'enfant, il oubliait quelquefois, pour un moment, d'être désemparé.

— Dessine-moi quelque chose, disait-il.

Et le petit Phil, la langue entre les dents, dessinait un train ou un bateau, ou les cerfs se battant dans le parc de Gattenden, ou le vieux marquis dans son fauteuil tiré par l'âne.

— Maintenant, tu vas me dessiner quelque chose, grand-père. disait-il, lorsqu'il en avait assez.

Et le vieillard prenait le crayon et faisait cinq ou six petits croquis étourdissants de T'ang, le chien pékinois, ou de Tompy, le chat de la cuisine. Ou bien, quelquefois, dans un accès de malice, il griffonnait une caricature de la pauvre miss Fulkes se tortillant. Et parfois, oubliant complètement l'enfant qui était là, il dessinait pour son propre plaisir, — un groupe de baigneuses, deux lutteurs, une danseuse.

— Mais pourquoi qu'ils n'ont pas d'habits ? demandait l'enfant.

— Parce qu'ils sont plus beaux comme ça.

— Ah ! ben, j'trouve pas, moi. — Et, perdant tout intérêt à des dessins qui lui disaient si peu de chose, en tant qu'anecdote, il redemandait le crayon.

Mais ce n'était pas toujours que John Bidlake accordait avec un tel bonheur son humeur à celle de son petit-fils. Parfois, quand il se sentait tout particulièrement abattu, il ressentait la simple présence de l'enfant comme une offense, comme une raillerie. Il se mettait en colère, il vitupérait contre le gamin parce qu'il faisait du bruit et qu'il le dérangeait.

— On ne pourra donc jamais me fiche la paix ? criait-il.

Et il se mettait alors à se plaindre, avec force jurons, de l'incapacité générale de tout le monde. La maison était pleine de femmes, qui, toutes, étaient censées s'occuper de se sacré mioche. Et on le trouvait là, partout, courant à droite et à gauche, faisant un raffut du diable, se mettant dans votre chemin ! C'était intolérable. Surtout quand on n'était pas bien. Absolument intolérable ! Personne n'avait le moindre égard pour lui. Rougissante et se tortillant, la pauvre miss Fulkes ramenait son élève, hurlant, à la chambre d'enfants.

Les scènes les plus pénibles se produisaient aux repas. Car c'était aux repas (réduits désormais, quant à lui, au bouillon, au lait et à la farine lactée) que John Bidlake était rappelé le plus désagréablement au souvenir de son état de santé. « Quelles drogues dégoûtantes ! » grommelait-il. Mais s'il mangeait quelque chose de solide, les résultats étaient déplorables. Les repas étaient les moments les plus houleux et les plus féroces de la journée de John Bidlake. Il passait sa colère sur l'enfant. Le petit Phil, qui ne mangeait jamais bien volontiers, fut, pendant toute la durée de ce printemps et du commencement de l'été, particulièrement difficile au sujet de sa nourriture. Il y avait des pleurs presque à chaque repas.

— C'est parce que, au fond, il ne va pas très bien, expliquait miss Fulkes pour l'excuser. — Et c'était vrai. Le petit garçon était un peu jaune et amaigri, il dormait mal, il avait ses nerfs, se fatiguait vite ; il souffrait de maux de tête, il n'augmentait plus de poids. Le docteur Crowther avait prescrit du malt et de l'huile de foie de morue, et un tonique   Il ne va pas bien, insistait miss Fulkes.

Mais John Bidlake ne voulait rien entendre.

— Il est simplement méchant, voilà tout. Il ne veut pas manger, tout bonnement. — Et, se tournant vers l'enfant : — Avale ça, gamin, — veux-tu avaler ! criait-il. Tu ne sais donc plus avaler ?... — Le spectacle du petit Phil, mâchant et remâchant interminablement une bouchée de quelque chose qu'il n'aimait pas, l'exaspérait. — Allons, avale, gamin ! Ne continue donc pas à ruminer comme ça ! Tu n'es pas une vache. Avale ça ! — Et le petit Phil, tout rouge, les larmes lui sourdant aux yeux, faisait un effort désespéré pour avaler le bol abhorré de cinq minutes de mastication inquiète. Les muscles de sa gorge se soulevaient, se ridaient, sa petite figure se tordait en une expression de dégoût invincible, il y avait un bruit de hoquet de mauvais augure. — Mais c'est tout simplement révoltant! tempêtait le vieillard. Avale donc! — Et ses cris étaient une recette à peu près infaillible pour que l'enfant eût mal au cœur.

Le faix s'allégea, les ténèbres firent place à la lumière, Marjorie eut la révélation du sens caché des symboles de la littérature religieuse. Car elle-même s'était débattue dans le Bourbier du Désespoir, et elle en était sortie; elle avait, elle aussi, gravi laborieusement la montée sans espoir, et elle s'était soudain trouvée consolée par la vue de la terre promise.

— Toutes ces expressions me paraissaient si conventionnelles et si insipidement pieuses, dit-elle à Mrs. Quarles. Mais maintenant je m'aperçois qu'elles ne sont ni plus ni moins que la description de faits réels.

Mrs. Quarles approuva de la tête:

— De mauvaises descriptions, parce que ce sont des faits qu'on ne peut pas décrire. Mais quand on les a éprouvés personnellement, on peut voir où les symboles veulent en venir.

— Connaissez-vous le Pays Noir? dit Marjorie. J'éprouve la sensation d'être sortie d'un de ces centres miniers, pour arriver dans la lande, — dans les larges espaces ouverts, ajouta-t-elle, de sa voix ardemment sérieuse et un peu puérilement traînarde. (Cette voix-là, ne put s'empêcher de songer Mrs. Quarles, et elle se repentit immédiatement de cette pensée — car, après tout, la pauvre fille n'était pas responsable de sa voix, — fait paraître bien etouffants et renfermés les larges espaces ouverts). — Et quand je regarde en arrière, la ville noire apparaît si petite, si insignifiante, en comparaison de l'espace et du vaste ciel! C'est comme si on la regardait par le mauvais bout de la lorgnette.

Mrs. Quarles plissa légèrement le front:

— Elle n'est pas si insignifiante que cela, dit-elle. Car, après tout, il y a des gens qui y vivent, dans la ville, quelque noire qu'elle puisse être. Et le mauvais bout de la lorgnette, c'est toujours le mauvais bout. Nous n'avons pas à regarder les choses de telle façon qu'elles apparaissent petites et insignifiantes. C'est là l'un des dangers qu'il y a à sortir sous le plein ciel; on a trop tendance à penser aux villes, et aux gens qu'elles contiennent, comme étant petits, lointains et sans importance. Mais ils ne le sont pas, Marjorie. Et c'est la tâche des heureux qui ont pu s'évader sous le plein ciel, d'aider les autres à y parvenir aussi. — Elle plissa de nouveau le front, mécontente d'elle-même, cette fois; elle détestait tout ce qui ressemblait à un sermon. Mais Marjorie ne devait pas s'imaginer qu'elle était devenue supérieure, et promue hors du monde. — Comment va Walter? demanda-t-elle, avec une inconséquence apparente. Comment cela va-t-il maintenant, vous et lui?

— C'est toujours pareil, dit Marjorie. — Un tel aveu, il y a quelques semaines, lui eût coûté horriblement. Mais, à présent, Walter lui-même avait commencé à lui paraître rapetissé et un peu lointain. Elle l'aimait toujours, bien entendu; mais inexplicablement, par le mauvais bout de la lorgnette. Par le bon bout, elle ne voyait plus que Dieu et Jésus: eux, ils débordaient de toutes parts sur le champ de sa vision.

Mrs. Quarles la regarda, et une expression de tristesse passa rapidement sur visage mobile:

— Pauvre Walter! dit-elle.

— Oui, je le plains aussi, dit Marjorie.

Il se fit un silence.

Le vieux docteur Fisher lui avait dit de venir le voir et le tenir au courant toutes les deux ou trois semaines, et Marjorie profita des tarifs réduits de ce mercredi-là pour aller jusqu'à Londres, faire quelques achats indispensables et dire au docteur comme elle se sentait bien.

— Vous en avez la mine, par-dessus le marché, dit le docteur Fisher — la dévisageant d'abord à travers ses lunettes, puis par-dessus leur bord supérieur. — Oui, incomparablement meilleure que la dernière fois. Ça se produit souvent au cours du quatrième mois, se mit-il à expliquer. — Le docteur Fisher aimait à ce que ses clients prissent un intérêt intelligent à leur propre physiologie. — La santé s'améliore. Le moral aussi. C'est le corps qui s'est fait à ce nouvel état de choses. Les modifications dans la circulation ont sans doute quelque chose à y voir. Le cœur fœtal commence à battre vers ce moment. J'ai vu des cas de femmes neurasthéniques qui désiraient avoir bébé sur bébé, en succession aussi rapide que possible. La grossesse était la seule chose qui pût les guérir de leur mélancolie et de leurs obsessions. Comme nous comprenons encore peu de chose aux rapports du corps et de l'esprit!

Marjorie sourit et ne dit rien. Le docteur Fisher était un ange, un des hommes les meilleurs et les plus exquis que la terre eût produits. Mais il y a des choses auxquelles il comprenait encore moins qu'aux rapports du corps et de l'esprit. Que comprenait-il à Dieu, par exemple? Que comprenait-il à l'âme et à sa communion mystique avec les puissances spirituelles? Pauvre docteur Fisher! Tout ce dont il savait parler, c'était le quatrième mois de grossesse et le cœur fœtal. Elle sourit intérieurement, ressentant un peu de pitié pour le vieillard.

Burlap, ce matin-là, se montra plein d'affection :

— Mon vieux, dit-il, posant une main sur l'épaule de Walter, est-ce que nous ne ferions pas bien d'aller manger une côtelette ensemble, quelque part ? — Il pinça légèrement l'épaule de Walter, et abaissa sur lui un sourire riche de la tendresse triste et énigmatique d'un saint du Sodoma.

— Hélas ! dit Walter, tâchant de simuler une affection correspondante, je dois déjeuner avec un ami à l'autre bout de Londres. — C'était un mensonge ; mais il lui était impossible de subir un tête-à-tête d'une heure avec Burlap dans un restaurant de Fleet Street. D'ailleurs, il voulait voir s'il y avait une lettre de Lucy l'attendant à son club. Il regarda sa montre. — Bigre ! ajouta-t-il, ne désirant pas prolonger la conversation avec Burlap, il faut que je file.

Dehors, il pleuvait. Les parapluies ressemblaient à des champignons noirs qui seraient sortis tout à coup de la boue. Qu'il faisait sombre ! A Madrid, il devait faire un soleil féroce. « Mais j'adore la chaleur, avait-elle dit. Je m'épanouis au four. » Il s'était imaginé d'avance les nuits d'Espagne, sombres et chaudes, et son corps pâle à la lueur des étoiles — un fantôme, mais tangible et chaud ; et l'amour aussi patient, aussi implacable que la haine ; et les possessions semblables à un lent assassinat. Ces voluptés imaginées avaient justifié tous les mensonges, toutes les bassesses concevables. Peu importe ce qui pouvait se faire ou ne devait pas être fait, pourvu que ses visions fussent réalisées. Il avait préparé le terrain, il avait inventé une série de mensonges compliqués, un lot pour Burlap, un autre pour Marjorie ; il avait pris des renseignements sur le prix des billets, il s'était arrangé avec la banque pour tirer à découvert sur son compte. Et là-dessus était arrivée la lettre de Lucy apportant la nouvelle qu'elle avait changé d'idée. Elle allait rester à Paris. Pourquoi ? Il n'y avait qu'une raison possible. La jalousie de Walter, sa déception, son humiliation avaient débordé en six pages de reproches et de fureur.

— Pas de lettres ? demanda-t-il au portier d'un ton détaché en pénétrant dans le club.

Le ton de sa voix était destiné à donner à entendre qu'il n'attendait rien de plus intéressant qu'une circulaire d'éditeur ou qu'une offre philanthropique de lui avancer cinq cent mille fancs sans aucune garantie. Le portier lui tendit l'enveloppe jaune familière. Il la déchira avidement et déplia trois pages de griffonnage au crayon. « Quai Voltaire, Lundi... » Il se fatigua les yeux à le déchiffrer : il était presque aussi difficile à lire qu'un manuscrit ancien... « Pourquoi m'écrivez-vous toujours au crayon ? » Il se remémora la question de Cuthbert Arkwright et la réponse qu'elle avait faite. « Je suis prêt à vous les nettoyer sous mes baisers », avait-il répliqué. Le butor! Walter pénétra dans la salle à manger et commanda son déjeuner. Entre les bouchées, il déchiffra la lettre de Lucy.

« Quai Voltaire.

« Absolument inadmissible, ta lettre. Une fois pour toutes, je refuse de recevoir des injures ou des pleurnicheries; je ne veux absolument pas entendre de reproches ni de condamnation. Je fais ce qui me plaît et je ne reconnais à personne le droit de discuter mes actes. La semaine dernière, j'ai pensé qu'il serait amusant d'aller à Madrid avec toi; cette semaine, j'ai changé d'avis. Si ce changement d'avis t'a dérangé matériellement, je le regrette. Mais je ne fais pas la moindre excuse, du fait que j'aie changé d'avis, et si tu t'imagines que tes jérémiades et tes jalousies me remplissent de pitié pour toi, tu te trompes joliment. Désires-tu réellement savoir pourquoi je ne quitte plus Paris? Fort bien... « Sans doute as-tu trouvé un autre homme, que tu me préfères? » — C'est merveilleux, mon cher Sherlock Holmes, c'est merveilleux!... Et devine où je l'ai trouvé? Dans la rue. En me promenant le long du boulevard Saint-Germain, regardant aux devantures des libraires. Je m'aperçus que j'étais suivie de devanture en devanture par un jeune homme. Son air me plaisait. Très noir, la peau olivâtre, l'allure plutôt romaine, pas plus grand que moi. À la quatrième devanture, il se mit à me parler en un français extraordinaire, avec des accents sur tous les *e* muets... *« Ma Lei è italiano. »* Il l'était ! ravissement de ma part. *« Parla italiano? »* Et il se mit à déverser son admiration en pur toscan. Je le dévisageai. Après tout, pourquoi pas? Quelqu'un qu'on n'a encore jamais vu et dont on ne sait rien, — c'est une idée excitante. Être de parfaits étrangers à un moment, et, le moment d'après, se trouver aussi intimes que peuvent l'être deux humain... D'ailleurs, il était superbe! *« Vorrei, e non verrei »*, lui dis-je. Mais il n'avait jamais entendu parler de Mozart, — il ne connaissait que Puccini, de sorte que j'ai coupé court à la parlote. « Bien. » Nous avons hélé un taxi, qui nous a menés à un petit hôtel près du Jardin des Plantes. Des chambres à l'heure. Un lit, une chaise, une armoire, une toilette avec une cuvette et un pot à eau en fer-blanc, un porte-serviettes, un bidet. Sordide, — mais ça faisait partie de la rigolade. *« Dunque »*, lui dis-je. Je ne lui avais pas permis de me toucher dans la voiture. Il bondit sur moi comme s'il allait me tuer, les dents serrées. Je fermai les yeux, comme une martyre chrétienne en face d'un lion. Le martyre est une chose excitante. Se laisser faire du mal, humilier, traiter en paillasson, — bizarre. J'aime ça. D'ailleurs, le paillasson fait usage aussi de celui qui s'en sert. C'est bien compliqué. Il venait de rentrer de vacances passées au bord de la mer, sur la Méditerranée, et son corps était tout bruni et poli par le soleil. Il avait l'air magnifiquement féroce — comme un Peau-Rouge. Et il était aussi féroce qu'il en avait l'air. Je porte encore les traces de ses dents sur le cou. Il faudra que je mette une écharpe pendant plusieurs jours. Où donc ai-je vu cette statue de Marsyas qu'on écorche? Son visage était comme ça. Je lui ai enfoncé les ongles dans le bras jusqu'au sang. Après, je lui ai demandé son nom. Il s'appelle Francesco Allegri, et il est ingénieur dans l'aéronautique; il vient de Sienne, où son père est professeur de médecine à l'université. Quelle bizarre inconséquence dans le fait qu'un sauvage bruni au soleil fasse des projets de moteurs d'avion et ait un père professeur de faculté! Je dois le revoir demain... Là, maintenant tu le sais, Walter, pourquoi j'ai changé d'avis au sujet de ce voyage à Madrid. Ne m'envoie plus jamais une lettre comme la dernière.

« L... »

Marjorie prit le train de trois heures douze pour rentrer à Chamford. La pluie avait cessé lorsqu'elle arriva. Les collines de l'autre côté de la vallée, effleurées par le soleil, semblaient briller de leur éclat propre contre la fumée et l'indigo des nuages. Des gouttes restaient suspendues aux branches, et toutes les coupes creuses des pétales et des feuilles étaient pleines. La terre mouillée exhalait une senteur fraîche et délicieuse; on entendait le chant des oiseaux. Comme elle passait sous les branches pendantes du gros chêne, à mi-côté, un coup de vent lui fouetta au visage une averse froide et soudaine. Marjorie en rit de plaisir.

Elle trouva la maisonnette vide. La bonne était sortie et ne rentrerait que peu avant l'heure de se coucher. Le silence des pièces inoccupées avait une qualité de transparence cristalline et musicale, la solitude lui sembla amicale et douce. Se déplaçant par la maison, elle marcha sur la pointe des pieds, comme si elle craignait de réveiller un enfant endormi.

Marjorie se fit une tasse de thé, qu'elle but; elle grignota un biscuit, alluma une cigarette. Le goût de ce qu'elle mangeait et buvait, l'arome du tabac lui parurent particulièrement délicieux et neufs, elle ne savait trop comment. Ell eût dit qu'elle venait de les découvrir pour la première fois.

Elle tourna le fauteuil face à la fenêtre et y resta assise, regardant au-dehors, par-dessus la vallée, vers les montagnes brillantes avec leur fo[illegible] le tempête. Elle se souvint d'un jour analogue, du temps où ils avaient habité leur petite maison du Berkshire. Le soleil, plus lumineux d'être si précaire au milieu du fond sombre ; une terre brillante et transfigurée. Walter était resté assis auprès d'elle à la fenêtre ouverte. Il l'avait aimée, alors. Et pourtant, elle était plus heureuse à présent, beaucoup plus heureuse. Elle ne regrettait rien de ce qui s'était passé dans l'intervalle. La souffrance avait été nécessaire. C'était le nuage qui accentuait la lumière de sa félicité présente. Nuage sombre, — mais combien lointain, à présent, et curieusement détaché d'elle ! Et cette autre lueur de bonheur, avant la venue du nuage, — elle était toute petite, elle aussi, et lointaine, comme une image dans un miroir courbe... Pauvre Walter ! songea-t-elle ; et, d'une façon lointaine, elle le plaignit. Poursuivant le bonheur, il s'était rendu malheureux. Le bonheur est un sous-produit, Mrs. Quarles l'avait dit. C'était vrai... « Le bonheur, le bonheur... » Marjorie se répéta le mot, à elle-même. Sur les vapeurs noires, les collines ressortaient comme les émeraudes et de l'or verdi... Le bonheur, la beauté, le bien... « La paix de Dieu, mumura-t-elle, la paix de Dieu qui passe tout entendement. La paix, la paix, la paix... » Elle se sentait fondre parmi ce calme vert et or, elle s'y sentait enfoncer, absorber par lui, dissoudre, comme si son être cessait d'être à part et s'agrégeait à la paix générale. Le calme coulait vers le calme, le silence du dehors s'identifia avec son silence intérieur. La liqueur de l'existence, agitée et trouble, se calma peu à peu, et tout ce qui l'avait rendue opaque, — tout le bruit et le grondement du monde, toutes les inquiétudes, tous les désirs, tous les sentiments personnels, — se mit à se déposer, comme un sédiment, à tomber lentement, lentement et sans bruit, dans l'invisible. La liqueur trouble devint de plus en plus claire, de plus en plus translucide. Derrière cette brume qui se dissipait peu à peu, il y avait la réalité, il y avait Dieu. Ce fut une révélation lente, progressive. « La paix, la paix », murmura-t-elle à elle-même ; et les dernières rides se calmèrent sur la surface de la vie, les opacités soulevées par l'agitation de la vie achevèrent de tomber, anéanties dans le calme absolu. « La paix, la paix... » Elle n'avait plus de désirs, plus de préoccupations. La liqueur qui avait été trouble était parfaitement limpide, à présent, plus limpide que le cristal, plus diaphane que l'air ; la brume s'était levée, et la réalité sans voiles était un vide merveilleux, — c'était le néant. Le néant, — la seule perfection, le seul absolu. L'infini, l'éternel néant. La révélation progressive était complète à présent.

Marjorie fut réveillée de sa rêverie par le bruit du loquet de la porte d'entrée et le bruit de pas dans l'antichambre. À regret, et avec une espèce de douleur, elle se souleva des profondeurs de l'anéantissement divin ; son âme remonta à la surface de la conscience des choses. Le soleil sur les montagnes avait pris une teinte plus profonde, les nuages s'étaient levés, et le ciel était d'un bleu pâle et verdâtre, comme de l'eau. C'était déjà presque le soir. Elle avait les membres engourdis. Il devait y avoir des heures qu'elle était assise là.

— Walter? cria-t-elle dans la direction d'où venaient les bruits de l'antichambre.

Il répondit d'une voix qui lui parut morte, atone. « Pourquoi est-il si malheureux ? » se demanda-t-elle en l'entendant ; mais elle se le demanda de très loin, et avec une sorte de dépit très lointain. Elle lui en voulait de sa présence, qui la dérangeait et interrompait son extase, — elle lui en voulait de son existence même. Il entra dans la pièce, et elle remarqua qu'il avait le visage très pâle, les yeux cernés de noir.

— Qu'est-ce qu'il y a? demanda-t-elle, presque malgré elle. — Plus elle se rapprochait de Walter, plus elle s'éloignait du néant merveilleux de Dieu. — Tu n'as pas bonne mine du tout.

— Ce n'est rien, répondit-il. Un peu de fatigue, c'est tout.

Dans le train, pendant le trajet, il avait lu et relu la lettre de Lucy, au point de la savoir presque par cœur. Son imagination avait suppléé à ce qu'il y manquait. Il connaissait cette petite chambre sordide de l'hôtel meublé ; il avait vu le corps bruni de l'Italien, et la blancheur de Lucy, et les dents serrées de cet homme, et son visage ressemblant au visage torturé de Marsyas, et puis le visage de Lucy, avec cette expression qu'il connaissait bien, cet air de souffrance grave et attentive, comme si le plaisir lancinant était une vérité profonde et ardue, qu'on ne peut saisir que par la concentration intense sur soi-même.

« Allons, songeait Marjorie ; il a dit que ce n'était rien » ; cela valait mieux ainsi ; elle n'avait pas à s'en tracasser davantage.

— Pauvre Walter ! dit-elle à haute voix, — et elle lui fit un sourire de pitié tendre. Il n'allait donc pas faire appel à son attention ni à ses sentiments : dès lors, elle ne lui en voulait plus. « Pauvre Walter ! »

Walter la regarda un moment, puis s'éloigna. Il n'avait pas besoin de pitié. Du moins, pas de cette espèce de pitié d'ange supérieur, et pas de la part de Marjorie. Une fois, il avait accepté sa pitié. Le souvenir de cet incident lui donna la chair de poule, tant il en éprouva de honte... Plus jamais !... Il s'en alla.

Marjorie entendit ses pas dans l'escalier, et le claquement d'une porte.

« Tout de même, songea-t-elle, éprouvant à regret quelque sollicitude, il y a quelque chose qui ne marche pas. Il y a quelque chose qui l'a rendu particulièrement malheureux. Je ferais peut-être bien de monter voir ce qu'il fait. »

Mais elle n'y alla pas. Elle resta assise à la même place, immobile, l'oubliant délibérément. Le peu de dépôt que l'arrivée de Walter avait remué en elle retomba bien vite au fond. A travers le vide sans vie de l'extase, son esprit s'enfonça de nouveau en Dieu, dans l'absolu parfait, dans le néant éternel et sans limite. Le temps passa ; la fin de l'après-midi se changea en crépuscule d'été ; le crépuscule s'épaissit lentement en ténèbres.

Daisy, la bonne, rentra à dix heures.

— Madame est restée assise dans le noir ? demanda-t-elle, jetant un regard dans la pièce. — Elle alluma. Marjorie tressaillit. La lumière brutale ramena à ses yeux éblouis tous les détails immédiats et proches du monde matériel. Dieu s'était évanoui, comme une bulle crevée. Daisy aperçut la table sans couverts. — Quoi, Madame n'a pas dîné ? s'écria-t-elle avec horreur.

— Mon Dieu, non, dit Marjorie. Je n'ai pas même songé à dîner.

— Ni Monsieur non plus ? continua Daisy avec reproche. Oh ! I' doit être mort de faim, c'pauv' Monsieur !

Elle se précipita vers la cuisine, à la recherche de viande froide et de cornichons.

Là-haut, dans sa chambre, Walter était étendu sur le lit, le visage enfoui dans l'oreiller.

CHAPITRE XXXI

UN mot croisé avait amené Mr. Quarles au dix-septième volume de l'*Encyclopaedia Britannica*. La curiosité oisive l'y avait retenu. Le Lord Chambellan, y apprit-il, porte un bâton blanc et une clé d'or ou enrichie de pierres précieuses. Le mot loterie n'a pas de signification bien précise ; mais Néron donnait des lots tels qu'une maison ou un esclave, alors qu'Héliogabale introduisit un élément d'absurdité, — un billet pour un vase en or, un autre pour six mouches. Pinckney B. S. Pinchback fut gouverneur p. i. de la Lousiane en 1873. Pour définir la lyre, il est nécessaire de la distinguer nettement de la harpe et de la guitare, instruments voisins. Dans l'un des ravins du nord de Madère il existe, visibles à l'œil nu, des masses d'une essexite à gros cristaux. Mais il y a également un côté négatif à la magie. Et le magnétisme terrestre a une longue histoire. Il venait de commencer à lire l'article sur Sir John Blundell Maple, Baronet (1845-1903), dont le père, John Maple (mort en 1900), tenait un petit commerce de meubles dans Tottenham Court Road, lorsque la femme de chambre parut à la porte et annonça qu'il y avait une jeune dame qui désirait le voir.

— Une... euh... une jeune dame ? répéta-t-il, non sans surprise, enlevant son pince-nez.

— Oui, c'est moi, dit une voix familière, et Gladys bouscula la servante et s'avança au milieu de la pièce.

En l'apercevant, Mr. Quarles ressentit un brusque élan d'appréhension. Il se leva :

— Vous pouvez-vous retirer, dit-il avec dignité à la femme de chambre. — Elle se retira. — Ma chère enfant ! — Il prit la main de Gladys ; elle se dégagea. — Mais quelle surprise !

— Oui, une surprise bien agréable, pas ? répondit-elle sarcastiquement.

L'émotion, chez elle, ressuscitait toujours la gamine de Londres. Elle s'assit, se plantant avec force et détermination sur une chaise. « Me voilà », semblait vouloir dire cette façon volontaire de prendre un siège, — « j'y suis, j'y reste », — peut-être même : « Tu parles, que j'y reste ! »

— Bien agréable, en effet, dit Mr. Quarles d'une voix mielleuse, pour dire quelque chose. — C'était terrible, songeait-il. Que pouvait-elle bien lui vouloir ? Et comment pourrait-il l'éloigner de la maison ?... Enfin, en cas de besoin, il pourrait toujours dire qu'il l'avait fait venir pour lui « taper » un travail particulièrement urgent. — Mais fort inattendu, ajouta-t-il. — En effet. — Elle ferma la bouche avec décision et le regarda — avec des yeux dont l'expression déplut fort à Mr. Quarles — comme si elle attendait quelque chose. Mais quoi ?

— Je suis ravi de vous revoir, bien entendu, reprit-il.

— Ah ! c'est vrai ? — Elle eut un rire dangereux.

Mr. Quarles la dévisagea, et il eut peur. Il la détestait cette fille. Il commença à se demander pourquoi il l'avait jamais désirée.

— Tout à fait ravi, répéta-t-il, avec une emphase pleine de dignité. — L'important était de maintenir sa dignité, de montrer avec fermeté sa supériorité. — Mais...

— Mais... fit-elle en écho.

— Euh... mon Dieu, j'estime que c'est un peu imprudent de votre part d'être venue ici.

— Il estime que c'est imprudent! dit Gladys, — comme si elle repassait ce renseignement à un tiers invisible.

— Pour ne pas dire... euh... superflu.

— Ben, c'est moi qui en suis juge, pas?

— Après tout, vous savez fort bien que si vous aviez besoin de me voir, il vous suffisait de m'écrire, et que je serais accouru tout de suite. Aussi, pourquoi courir le risque de venir ici? — Il attendit. Mais Gladys ne répondit pas, elle se contenta de le regarder de ses yeux verts et durs, gardant ses lèvres serrées en un sourire qui semblait enfermer énigmatiquement Dieu sait quelles pensées et quels sentiments dangereux. — Vraiment, vous me gênez un peu... euh... — La manière dont Mr. Quarles exprima cette réprimande était digne et impressionnante, mais pleine de bonté, — toujours pleine de bonté. — Oui... euh... vous me gênez, véritablement.

Gladys rejeta la tête en arrière et émit un rire d'hyène, aigu et bref. Mr. Quarles fut déconcerté. Mais il conserva sa dignité.

— Vous avez beau rire, dit-il. Mais... euh... je parle sérieusement. Vous n'aviez nul droit de venir ici. Vous saviez pertinemment combien il est important qu'on ne soupçonne rien... Surtout ici... euh... ici, chez moi. Vous le saviez.

— Pour sûr, q'je l'savais, répéta Gladys, — secouant la tête avec férocité. — Et v'là précisément pourquoi j'suis v'nue. — Elle se tut un moment. Mais la pression de ses sentiments lui rendit impossible de garder le silence. — Pasque j'savais qu'vous aviez la frousse, reprit-elle, la frousse qu'on sache c'que vous êtes pour de vrai. Vieux salaud! Espèce de vieux cochon! — Et, perdant tout à coup toute maîtrise de sa fureur, elle bondit sur ses pieds et s'avança sur Mr. Quarles d'un air si menaçant qu'il recula d'un pas. Mais son attaque ne fut que verbale. — Non, mais, ça se donne des airs! Comme si q'ça s'rait l'Prince de Galles, quoi! Et p'is ça vous paie à dîner au «bouillon» Lyons! Et ça s'met à engueuler tout l'monde, pis qu'un curé. — et c'est rien de mieux qu'un saligaud d'vieux cochon! Oui, un saligaud d'vieux cochon, — 'v'là c'que vous êtes!... Et ça vous parle d'amour!... L'amour comme ça, je l'connais!... Non, mais! On n'est pas seulement tranquille dans un taxi, avec vous! Mince, alors!... Va donc, eh! vieux satyre dégoûtant!... Et p'is...

— Vraiment... euh... vraiment!... — Mr. Quarles s'était suffisamment remis, le premier choc de surprise horrifiée une fois passé, pour pouvoir protester. C'était terrible, cela, inouï. Il se sentit littéralement dévasté, saccagé, ravagé.

— Vraiment... euh... vraiment ! fit-elle l'imitant en écho railleur. Et p'is, ça vous paie même pas une place convenable au théâtre ! Mais quand il s'agit de s'payer un peu d'rigolade pour lui-même, — ah ! mince ! Espèce de gros cochon dégoûtant !... Et p'is ça s'donne un air à la Rudolph Valentino, et ça n'cause que d'toutes les femmes qu'ont été folles de lui... De lui ! Non, mais, r'garde-toi donc dans la glace ! Tu r'ssembles à un œuf rouge, tiens, — v'là c'que t'es !

— Quelle inconvenance !

— Non mais, — parler d'amour avec une gueule comme ça ! reprit-elle, d'une voix encore plus aiguë. Un vieux cochon comme ça ! Et p'is ça vous donne qu'une sale vieille montre et une paire ed'bouc' d'oreilles, avec des pierres qui sont même pas bonnes à rien, pasque j'ai demandé chez un bijoutier, et i' me 'll'a dit. Et p'is, par là-dessus, v'là que j'vais avoir un gosse.

— Euh... un bébé ? répéta Mr. Quarles, incrédule, mais avec une sensation de vide et d'appréhension plus profonde et plus affreuse. — Mais non, voyons, il n'y a pas... euh... de bébé...

— Si, ya un bébé ! cria Gladys, tapant du pied. T'entends donc pas c'que j'te dis, vieil abruti ? Un bébé ! C'est pour ça que j'suis v'nue ici. Et j'partirai pas sans que...

C'est à ce moment que Mrs. Quarles entra, par la porte-fenêtre, venant du jardin. Elle venait de causer avec Marjorie dans sa petite maison, et elle entrait dire à Sidney qu'elle avait prié les deux jeunes gens de venir dîner ce soir-là.

— Oh ! je te demande bien pardon, dit-elle, s'arrêtant sur le seuil.

Il y eut un instant de silence. Puis s'adressant cette fois à Mrs. Quarles, Gladys recommença, avec une fureur irrésistible. Cinq minutes plus tard, elle sanglotait non moins irrésistiblement, et Mrs. Quarles s'efforçait de la consoler. Sidney profita de l'occasion pour disparaître en douce. Quand le gong annonça le déjeuner, il fit dire qu'il se sentait fort malade et pria qu'on lui montât deux œufs à la coque, pas trop cuits, des rôties, du beurre, et un peu de compote.

Cependant, dans son cabinet de travail, Mrs. Quarles s'était penchée avec sollicitude sur la chaise de Gladys.

— Ce n'est rien, répétait-elle, lui tapotant l'épaule, ce n'est rien. Il ne faut pas pleurer. — « Pauvre fille, songeait-elle. Et quel parfum abominable ! Ah ! comment donc Sidney avait-il pu ?... » — Puis, de nouveau : — Pauvre fille, pauvre fille !... Ne pleurez pas. Il faut tâcher d'être brave... Tout ira bien...

Les sanglots de Gladys décrurent peu à peu. La voix calme de Mrs. Quarles continua à parler, consolante. La jeune fille écoutait. Tout à coup, elle se dressa. Le visage qui confronta celui de Mrs. Quarles était chargé de dérision féroce, malgré les traces des larmes.

— Oh ! la ferme ! dit-elle sarcastiquement, fermez ça, hein ! Non, mais pour qui qu'vous m'prenez ? Pour un gosse ? À me causer comme ça !... Non, mais vous pensez qu'ça m'fera rester tranquille, si vous m'causez comme ça ? Qu'ça m'fera oublier c'qui m'est dû ?... On va causer gentiment à la fifille, pas, et la fifille, ell' s'ra bien sage, 'na... Ben, vous vous fourrez bougrement l'doigt dans l'œil ! Et vous s'rez pas longue à vous en apercevoir, c'est moi qui vous l'dis !

Et là-dessus elle bondit hors de la pièce, dans le jardin, et disparut.

CHAPITRE XXXII

DANS la petite maison du fond de la remise, Elinor était toute seule. Les grondements affaiblis de la circulation lointaine caressaient le tiède silence. Un vase de fleurs mêlées d'épices que lui avait donné sa mère peuplait l'air pour elle d'innombrables souvenirs virtuels de son enfance. Elle disposait des roses dans un vase ; d'énormes roses blanches aux pétales de porcelaine malléable, des roses orangées ressemblant à des tourbillons de flamme congelée et parfumée. La pendule à carillon sur la cheminée sonna une phrase de huit notes, commentaire soudain et inattendu, qui mit en branle des vibrations harmoniques destinées à s'évanouir mélancoliquement dans le néant, comme de la musique sur un bateau qui s'éloigne. Trois heures et demie. Et à six heures elle attendait Everard. Elle l'attendait pour qu'il vînt prendre un cocktail, se donna-t-elle la peine de s'expliquer à elle-même, avant de la mener au restaurant, puis au théâtre. Rien qu'une simple soirée au-dehors, semblable à n'importe quelle autre soirée au-dehors. Elle continuait à se le répéter, parce qu'elle savait, sous cette excuse superficielle, elle était prophétiquement certaine, que cette soirée ne serait nullement comme les autres, mais capitale, décisive. Elle serait obligée de se décider, de choisir. Mais elle ne voulait pas choisir ; et c'est pourquoi elle essayait de se convaincre que la soirée serait simplement banale et amusante. C'était comme si l'on couvrait un cadavre de fleurs, — d'une montagne de fleurs. Mais le cadavre y était toujours, malgré les lis qui le dissimulaient. Et son choix, il allait falloir qu'elle le fît, malgré le dîner chez Kettner et malgré le théâtre. Avec un soupir, elle saisit des deux mains le vase pesant, et elle le soulevait pour le remettre sur la cheminée, lorsqu'un coup bruyant fut frappé à la porte. Elinor sursauta si violemment qu'elle faillit laisser tomber son fardeau. Et la terreur persista, même lorsqu'elle se fut remise du premier émoi de sa surprise. Un coup frappé à la porte, alors qu'elle était seule dans la maison solitaire, lui faisait toujours battre le cœur désagréablement. L'idée qu'il y avait là quelqu'un, qui attendait, qui écoutait, — un étranger, un ennemi, peut-être (car l'imagination d'Elinor était toute peuplée d'affreuses faces hirsutes guettant à un tournant, avec des mains menaçantes, avec des couteaux, des massues, des pistolets) ou bien un fou, écoutant attentivement pour percevoir la moindre indication de vie dans la maison, — attendant, attendant, comme une araignée, qu'elle lui ouvrît la porte, — cette idée lui était un cauchemar, une terreur. On frappa de nouveau. Posant le vase, elle marcha sur la pointe des pieds avec d'infinies précautions, jusqu'à la fenêtre, et hasarda un coup d'œil entre les rideaux. Les jours où elle se sentait particulièrement nerveuse, elle manquait même du courage d'en faire si peu, mais demeurait assise, sans un mouvement, espérant que les battements de son cœur ne seraient pas perçus de la rue, jusqu'à ce que celui qui avait frappé eût enfin épuisé sa patience et s'en allât. Le lendemain, le livreur de chez Selfridge lui causait des remords cuisants en s'excusant d'une livraison tardive. « Je suis passé hier soir, madame, mais 'y avait personne. » Et Elinor se sentait honteuse, et ridicule. Mais, pour peu qu'elle fût à nouveau toute seule, et nerveuse, elle recommençait exactement de même.

Cet après-midi, elle eut du courage ; elle osa regarder l'ennemi, — en regarder, du moins, ce qu'elle pouvait en voir, en lorgnant de côté à travers la vitre vers la porte. Une jambe de pantalon gris et un coude — c'est tout ce que contenait son champ visuel. On frappa encore une fois. Puis la jambe de pantalon se recula, le veston entier fut visible, et le chapeau noir, et tournant la tête, la figure de Spandrell. Elle courut à la porte et l'ouvrit.

— Spandrell ! cria-t-elle, car il s'était déjà retourné pour s'en aller. — Il revint, levant son chapeau. Ils se serrèrent la main. — Excusez-moi, expliqua-t-elle. J'étais toute seule. Je croyais que c'était au moins un assassin. Puis j'ai jeté un coup d'œil par la fenêtre et j'ai vu que c'était vous.

Spandrell partit d'un rire bref et silencieux :

— Mais il se pourrait que ce fût encore un assassin, bien que ce fût moi ! — Et il brandit sa canne à lourde pomme devant elle, par manière de plaisanterie ; mais le jeu ressemblait de façon si dramatique à ses représentations imaginaires de l'article authentiquement homocide, qu'Élinor en ressentit un véritable malaise.

Elle couvrit son émotion d'un rire, mais décida de ne pas le prier d'entrer. Debout sur le seuil, elle se sentait mieux en sécurité.

— Malgré tout, dit-elle, il vaudrait mieux être assassiné par quelqu'un qu'on connaît, que par un étranger.

— Vous croyez ? — Il la regarda ; les commissures de sa large bouche en cicatrice tressaillirent en un sourire bizarre. — Il faut une femme pour songer à de pareils raffinements. — Mais si vous vous sentiez jamais l'envie de vous faire trancher la gorge en toute amitié...

— Mon cher Spandrell ! protesta-t-elle, et elle se sentit encore plus contente d'être toujours sur le seuil, et non à l'intérieur de la maison.

— ... N'hésitez pas à me faire appeler. Quel que puisse être pour moi le dérangement, — il posa la main sur son cœur, — je volerais à votre côté ! Ou plutôt, à votre cou... — Il joignit les talons et s'inclina. — Mais dites-moi, reprit-il d'un tout autre ton, Philip n'est pas par là quelque part, Je voulais lui demander de venir dîner avec moi ce soir. Chez Sbisa. Je vous inviterais volontiers aussi. Mais c'est un dîner d'hommes.

Elle le remercia.

— Mais je ne pourrais y aller en aucun cas. Et Philip est parti à la campagne, voir sa mère. Il ne sera de retour que juste à temps pour le concert Tolley, au Queen's Hall. Mais je me souviens qu'il a dit qu'il passerait chez Sbisa après le concert, dans le vague espoir d'y rencontrer quelqu'un. Vous le verrez à ce moment. Tard.

— Enfin, — mieux vaut tard que jamais. Ou du moins, — il émit de nouveau un de ses rires silencieux, — on le souhaite pieusement, en ce qui concerne ses amis. Ah ! ces souhaits pieux !... Mais, à dire vrai, le proverbe aurait besoin d'être modifié : Mieux vaut jamais que tôt.

— Alors, pourquoi vous donnez-vous la peine d'inviter des gens à dîner ?

Spandrell haussa les épaules.

— La force de l'habitude, dit-il. D'ailleurs, je les oblige généralement à payer, quand je les invite.

Ils riaient encore tous deux, lorsqu'une sonnerie violente leur fit tourner la tête. Un télégraphiste sur une bicyclette rouge se précipitait vers eux dans la cour de la remise.

— Quarles ? demanda-t-il en sautant de sa machine.

Elinor prit le télégramme et le déchira. Le rire s'évanouit de son visage tandis qu'elle lisait.

— Pas de réponse.

Le gamin remonta à bicyclette et s'en alla. Elinor demeura les yeux fixés sur la dépêche, comme si elle était rédigée en une langue peu familière, et difficile à interpréter. Elle regarda la montre à son poignet, puis de nouveau la mince feuille de papier.

— Voulez-vous me rendre un service ? dit-elle enfin, se tournant vers Spandrell.

— Mais bien entendu.

— Mon petit est malade, expliqua-t-elle. Ils me disent de rentrer. Si je me dépêche (elle consulta de nouveau sa montre), je pourrai prendre de justesse le train de quatre heures dix-sept à Euston. Mais il ne me restera pas un moment pour autre chose. Voudriez-vous téléphoner de ma part à Everard Webley, et lui expliquer pourquoi je ne peux pas aller dîner avec lui ce soir ? — C'était un avertissement, songea-t-elle, une interdiction. — Avant six heures. À son bureau.

— Avant six heures, répéta-t-il lentement. À son bureau... Entendu.

— Il faut que je me dépêche, dit-elle, lui tendant la main.

— Mais je vais aller vous appeler un taxi, pendant que vous mettrez votre chapeau.

Elle le remercia. Spandrell s'éloigna d'un pas rapide le long de la cour de la remise. Oui, une interdiction, se répéta Elinor à elle-même, en mettant son chapeau devant le miroir vénitien de la pièce d'habitation. Le choix lui était imposé. C'était à la fois un soulagement et une déception. Mais imposé, continua-t-elle à songer, aux dépens de ce pauvre petit Phil. Elle se demanda ce qu'il avait. Le télégramme de sa mère — si caractéristique qu'elle ne put s'empêcher de sourire, maintenant qu'elle y réfléchit de nouveau — ne disait rien, en somme. « Philip un peu souffrant, et quoique pas inquiétant conseillerais rentrer promptement. Mère. » Elle se rappela comme l'enfant s'était montré nerveux et difficile depuis quelque temps, comme il avait été vite fatigué. Elle se reprocha de ne pas avoir compris qu'il couvait quelque maladie. Maintenant, ça y était. Une pointe de grippe, peut-être. « J'aurais dû être plus attentive », continua-t-elle à se répéter. Elle griffonna un mot pour son mari. « Le télégramme ci-joint explique mon brusque départ. Rejoins-moi à Gattenden demain matin... » Où le mettre, afin que Philip ne pût manquer de l'apercevoir en entrant ? Contre la pendule, sur la cheminée ?... Mais désirerait-il nécessairement savoir l'heure ? Ou bien, sur la table ?... Non, — l'épingler au paravent : voilà ! De cette façon, il ne pourrait pas manquer de le voir. Elle monta bien vite chercher une épingle. Sur la toilette de Philip elle vit un trousseau de clés. Elle les ramassa, les regarda en plissant le front. « L'animal ! Il a oublié ses clés ! Comment pourra-t-il rentrer, cette nuit ?... » Le bruit d'un taxi sous la fenêtre lui suggéra une solution. Elle redescendit en courant, épingla son petit mot et le télégramme bien en vue sur le paravent qui séparait la porte de la partie « salon » de la pièce d'habitation, et sortit dans la cour. Spandrell se tenait à la portière de la voiture.

— C'est vraiment fort aimable de votre part, dit-elle. Mais je n'ai pas encore fini de vous mettre à contribution. — Elle brandit le trousseau de clés. — Quand vous verrez Philip ce soir, donnez-lui donc ceci et dites-lui que je l'aime bien, et qu'il est un imbécile. Il n'aurait pas pu rentrer, sans ses clés ! — Spandrell prit le trousseau sans mot dire. — Et dites-lui pourquoi je suis partie, et que je l'attends demain. — Elle monta dans le taxi. — Et n'oubliez pas de téléphoner à Webley. Avant six heures. Parce qu'il devait venir me prendre ici à six heures.

— Ici ? demanda-t-il, avec une expression soudaine d'intérêt et de curiosité qu'Elinor trouva un peu blessante et embarrassante. — « S'imaginait-il quelque chose, osait-il supposer ?... »

— Oui, ici, fit-elle avec un bref signe de tête.

— Je n'oublierai pas, lui dit-il avec assurance, — et son visage avait toujours quelque chose dans son expression qui la fit soupçonner qu'il mettait une signification spéciale derrière ses paroles si naturelles.

— Merci, dit Elinor, sans cordialité. Et maintenant, il faut que je file.

Elle donna l'adresse au chauffeur. Le taxi remonta la cour en marche arrière, passa sous l'arche, vira et partit.

Spandrell s'en alla lentement jusqu'à Hyde Park Corner. De la cabine publique de la station, il téléphona à Illidge.

. . . .

Everard Webley arpentait la pièce, tout en dictant. Il lui était absolument impossible de se livrer à tout travail de composition en restant assis. Comment font donc les gens pour écrire quand ils sont vissés toute la journée sur leur chaise, d'un bout de l'année à l'autre ? Il trouvait cela incompréhensible. « Moi, quand je suis assis sur une chaise, ou couché sur un lit, je me transforme à l'image du meuble avec lequel je suis combiné, je ne suis plus que du bois et du capitonnage. Mon esprit ne se met pas en mouvement sans mes muscles». Les jours où il avait une volumineuse correspondance, où il y avait des articles à dicter, des discours à préparer, la journée de travail d'Everard était une excursion pédestre de huit heures. «Faire le lion», — c'est ainsi que ses secrétaires dénommaient ses méthodes de dictée. Il faisait le lion en ce moment même, le lion agité, un peu avant l'heure de son repas — arpentant d'un mur à l'autre son petit bureau nu.

— «N'oubliez pas, disait-il, — fronçant les sourcils vers le tapis gris tout en parlant; sous le crayon de la secrétaire, la sténographie courait sur la page blanche, — n'oubliez pas que l'autorité, en dernier ressort, m'appartient dans tous les cas, et que, aussi longtemps que je resterai à la tête de la C. A. L. toute tentative d'insubordination sera immédiatement et implacablement réprimée. Veuillez agréer *et cœtera.*» — Il se tut, et, revenant à sa table depuis l'endroit où l'avait laissé la conclusion donnée à sa marche léonine et féconde, il passa en revue les papiers éparpillés. — Ça m'a l'air d'être tout, dit-il, — et il consulta sa montre. Il était juste six heures moins le quart passé. — Que ces lettres-là soient prêtes demain matin, continua-t-il, pour que je puisse les signer. — Il prit son chapeau sur la patère. — Bonsoir. — Et, claquant la porte, il descendit les marches deux à deux. Dehors, il trouva son chauffeur qui l'attendait avec la voiture. C'était une machine puissante (car Everard aimait à conduire à toute allure) et, — puisqu'il goûtait aussi la sensation de se battre avec les éléments atmosphériques et avec le vent soulevé par sa propre vitesse, — une voiture découverte. Une bâche imperméable, fortement tendue, recouvrait tout l'arrière de la carrosserie de tourisme, comme un auvent, ne laissant que les deux sièges de devant disponibles pour les voyageurs. — Je n'aurai plus besoin de vous ce soir, dit-il au chauffeur, en s'asseyant au volant, vous pouvez disposer.

Il actionna le démarreur, fit jouer l'embrayage et, à la dernière vitesse, partit avec une impétuosité violente. Plusieurs douzaines de chevaux étaient emprisonnés dans les trois litres des cylindres d'Everard; il aimait à les faire travailler à plein. À toute vitesse, — puis, à un mètre de l'obstacle menaçant, un coup de frein, à bloc, — telle était sa méthode. Faire de l'auto en ville avec Everard était chose presque trop fertile en émotions. Elinor avait protesté la dernière fois qu'il l'avait emmenée: «Mais je vous assure qu'il me déplairait fort de passer le reste de ma vie avec deux jambes de bois et le nez cassé.» Il avait ri. «Avec moi, vous êtes absolument en sûreté. Moi, il ne m'arrive pas d'accidents. » — « Ah ! Vous êtes au-dessus de ça ? » avait-elle répondu, en raillant. — « Bon Dieu, s'il vous plaît de présenter la chose de cette manière... » Il serra les freins avec une telle violence qu'Elinor avait été forcée de s'agripper aux appuie-bras pour éviter d'être projetée contre le pare-brise. — « Imbécile ! » avait-il crié au vieux monsieur affolé dont les indécisions de gallinacé sur la chaussée avaient manqué — de si peu ! — l'amener sous les Dunlop d'Everard. « S'il vous plaît de présenter la chose de cette manière », — et la voiture avait bondi en avant, d'une secousse qui avait rejeté Elinor vers le dossier de son siège, — « vous le pouvez. Il ne m'arrive pas d'accidents. Je suis le propre artisan de ma chance. »

Se remémorant cet incident, Everard eut un sourire intérieur en roulant le long d'Oxford Street. Un camion du chemin de fer l'empêcha d'avancer... On ne devrait pas tolérer les chevaux dans les rues de Londres... « Ou bien je serai votre amant », — voilà ce qu'il lui dirait, — « et en fin de compte ça signifie qu'il faudra que la chose soit rendue publique, — vous quitterez Philip et vous viendrez chez moi » — (car il entendait agir avec elle d'une façon absolument franche ; il ne devait y avoir d'hypocrisie d'aucune sorte) ; « ce sera ça, sinon... » Une occasion se présenta de doubler le camion ; il appuya sur l'accélérateur et bondit en avant avec un coup de volant vers la droite, puis un autre vers la gauche, devant le nez du vieux cheval trottant patiemment. « Sinon, nous ne nous reverrons pas. » Ce serait un ultimatum. Un ultimatum brutal. Mais Everard détestait les situations qui n'étaient ni chair, ni poisson. Il aimait mieux savoir à quoi s'en tenir, quelque désagréable que pût être la connaissance, que de rester dans l'incertitude, fût-elle la plus riche d'espérances dorées. Et dans le cas présent l'incertitude n'avait rien de souriant. À l'entrée d'Oxford Circus, un agent de police leva la main. Il était six heures moins sept. « Elle est trop difficile, songeait-il, regardant autour de lui, trop délicate, au sujet de ces constructions nouvelles. » Everard ne trouvait rien de déplaisant au style épanoui et massivement baroque du commerce moderne. Il était vigoureux et dramatique ; il était ample, il était coûteux, il symbolisait le progrès. « Mais tout cela est si commun, — c'est révoltant ! » avait-elle protesté. « Mais il est difficile, avait-il répondu, de n'être pas commun, tant qu'on n'est pas mort. Vous protestez contre le fait que ces gens-là travaillent. Et je suis d'accord : travailler, c'est bien commun, en effet. » Elle avait le point de vue caractéristique du consommateur, non pas celui du producteur... L'agent de police abaissa la main. Lentement tout d'abord, mais avec une impulsion croissante, le flot de la circulation arrêtée repartit en avant en grondant... Un esprit de luxe, — voilà ce qu'elle avait ; pas un esprit utilitaire. Un esprit qui ne considérait le monde que sous l'aspect de la beauté et de l'agrément, mais non de l'utilité ; un esprit préoccupé de sensations et de nuances de sentiment, et qui en était préoccupé pour elles-mêmes et non parce que les yeux vifs et l'intuition sont nécessaires dans la lutte pour la vie. Il aurait dû la désapprouver ; et il l'eût fait (Everard sourit intérieurement en faisant cette réflexion) s'il n'avait été amoureux d'elle. Il aurait... Flac ! De l'impériale d'un autobus qui passait, une peau de banane tomba, telle une étoile de mer qui aurait beaucoup traîné, sur le capot, devant lui. Un éclat de rire fusa sur le grondement de la circulation. Levant les yeux, il aperçut deux jeunes filles qui le regardaient par-dessus la rampe de l'impériale, la bouche ouverte, comme une paire de jolies petites gargouilles, et riant, riant, comme si le monde n'avait encore jamais vu de plaisanterie avant ce moment. Everard leur montra le poing et rit aussi. « Comme Elinor se serait amusée de cet incident ! » songea-t-il,— elle qui aimait tellement les rues et leurs comédies. Comme elle savait voir le bizarre, l'amusant, la chose significative ! Là, où il ne percevait, lui, qu'une masse humaine non différenciée, elle distinguait, elle, des individus. Et ce talent qu'elle avait d'inventer toute une biographie pour ses bonshommes bizarres qu'elle n'avait fait qu'entr'apercevoir, ce talent n'était pas moins remarquable que son regard si perçant. Elle aurait su dire une foule de choses sur le compte de ces deux jeunes filles, — à quelle classe sociale elles appartenaient, quelle sorte d'intérieur était le leur, où elles s'habillaient, et à quel prix, si elles avaient encore leur vertu, les livres qu'elles lisaient, leurs vedettes favorites de cinéma. Tandis qu'il s'imaginait ce qu'eût dit Elinor, qu'il se rappelait son rire, le regard de ses yeux et ses façons de parler, il fut pris tout à coup d'une telle tendresse, d'un désir si violent, et cependant délicatement affectueux, d'être auprès d'elle, qu'il put à peine supporter d'être séparé d'elle, fût-ce par un seul moment encore. Il corna pour avertir le taxi devant lui, il tenta de le doubler sur la droite. Un refuge au milieu de la chaussée l'obligea à rester en arrière, mais non pas avant que le chauffeur du taxi eût eu le temps d'exprimer bruyamment des doutes sur sa légitimité, son hétéro-sexualité et ses chances de bonheur dans l'autre monde. Everard lui renvoya la balle, en fait de jurons, avec autant de brio et incomparablement plus d'originalité. Il se sentait débordant de vie, extraordinairement fort et vigoureux, inexplicablement et parfaitement heureux (sauf qu'il s'en fallait encore de cinq minutes, au moins, avant qu'il revît Elinor). Oui, parfaitement heureux; car il savait (avec quelle conviction calme!) qu'elle lui dirait oui, qu'elle l'aimait. Et son bonheur devint plus intense, plus poignant, et en même temps plus serein, tandis qu'il tourna le coin de Marble Arch pour entrer dans Hyde Park. Sa conviction prophétique devint plus profonde, devint une sorte de souvenir certain, comme si l'avenir était déjà de l'histoire. Le soleil était bas sur l'horizon, et partout où sa lumière d'un rose doré frôlait la terre, on aurait dit qu'un automne prématuré et plus lumineux avait enflammé les feuilles et l'herbe. De puissants rayons de clarté se penchaient, venus du couchant, entre les arbres, et, parmi les ombres, le crépuscule était une vapeur couleur de lavande, une nuée de bleu et d'indigo s'assombrissant, plan sur plan, jusqu'aux lointains brumeux de Londres. Et les couples déambulant sur l'herbe, les enfants jouant étaient alternativement éclipsés et transfigurés en passant de l'ombre au soleil, étaient alternativement insignifiants et brillamment miraculeux. On aurait dit qu'un dieu capricieux, passant de l'ennui à l'enchantement à la vue de ses créatures, dirigeait sur eux un regard chargé tantôt d'indifférence annihilatrice, tantôt d'amour, leur conférant un peu de sa propre divinité. La route s'étendait devant lui, libre et polie, mais Everard dépassa à peine la vitesse permise, — malgré son désir d'arriver; dans un certain sens, parce qu'il aimait tellement Elinor. Car tout était si radieusement beau, et là où il y avait de la beauté, là aussi, pour Everard, par le jeu d'une logique particulière, d'une nécessité personnelle, devait être Elinor. Elle était auprès de lui en ce moment, parce qu'elle aurait si bien goûté cette splendeur. Et parce qu'elle aurait voulu prolonger le plaisir, il n'avançait que lentement. Le moteur ne tournait qu'à quinze cents tours, à peine, par minute; la dynamo était à peine en charge. Une Baby Austin le dépassa, comme s'il avait été arrêté. Bah! qu'ils passent! Everard songeait aux expressions qu'il emploierait pour lui décrire ces merveilles. À travers la grille, les autobus, dans Park Lane, reluisaient d'écarlate, et brillaient comme des chars triomphaux dans un cortège historique. Faiblement, sous tout le bruit de la circulation, une horloge sonna six coups; et avant qu'elle eût fini, une autre s'en mêla, mélodieuse, douce, avec une pointe de mélancolie. — la voix même de cette lumineuse soirée et du bonheur d'Everard. Et voilà que, malgré son allure de tortue, les portes de marbre de Hyde Park Corner s'ouvraient devant lui. Offert, en dépit de la nudité et du développement plus que suédois de ses muscles abdominaux, par les Dames d'Angleterre au Vainqueur de Waterloo, l'Achille de bronze, dont la chair avait été jadis les canons de Napoléon, se dressait, le bouclier levé, l'épée brandie, menaçant et se défendant contre le ciel pâle et vide. Ce fut presque à regret, bien qu'il désirât ardemment arriver au but de sa course, qu'Everard quitta Hyde Park. De nouveau les autobus monumentaux grondèrent devant lui ainsi que derrière. En contournant l'archipel de leurs îlots, il fit le vœu, si Elinor répondait Oui, d'envoyer demain cinq cents francs à l'hôpital Saint-George. Il savait bien qu'elle accepterait. La somme était donnée d'avance. Il sortit de Grosvenor Place; le grondement s'évanouit derrière lui. Belgrave Square était une oasis d'arbres; les sansonnets y jacassaient dans un silence champêtre. Everard vira une fois, deux fois, — encore. Sur la gauche, entre les maisons, il y avait une arche. Il la dépassa d'un mètre ou deux, arrêta, et en marche arrière, la franchit et recula jusque tout au fond de l'impasse de la remise. Là, il arrêta le moteur et descendit de voiture. Comme les rideaux jaunes avaient l'air charmants! Le cœur lui battait très fort. Il ressentait la même sensation que lorsqu'il avait prononcé son premier discours, mi-partie peur, mi-partie triomphe. Montant les marches du perron, il frappa, et attendit, la durée de vingt battements de cœur; la maison ne rendit aucun son en réponse. Il frappa de nouveau, et, se souvenant de ce qu'Elinor lui avait dit de ses frayeurs, il accompagna le coup frappé d'un sifflement, et, comme en réponse au mot d'ordre inexprimé de sa frayeur, d'un cri supplémentaire d'« Ami »! Puis, il s'aperçut tout à coup que la porte n'était pas fermée au pêne, mais seulement entrebâillée. Il la poussa; elle s'ouvrit, toute grande. Everard franchit le seuil.

— Elinor! cria-t-il, — pensant qu'elle devait être là-haut. — Elinor! Il n'y eut toujours pas de réponse... Ou bien, était-ce une nicle qu'elle lui faisait? Allait-elle brusquement lui bondir dessus, de derrière l'un des paravents? Il sourit à cette pensée et s'avançait pour explorer la pièce silencieuse, lorsque son regard fut attiré par les feuilles de papier épinglées si bien en vue à l'un des panneaux du paravent de droite. Il s'approcha et venait de commencer à lire: « Le télégramme ci-joint explique... », lorsqu'un bruit derrière lui le fit se retourner. Un homme était debout à un mètre de lui, les mains levées; le gourdin qu'elles tenaient avait déjà commencé son oscillation oblique et en avant, à partir de l'épaule droite. Everard leva un bras en l'air, mais trop tard. Le coup lui fut assené sur la tempe gauche. Ce fut comme si une lumière s'était brusquement éteinte. Il n'eut même pas conscience de tomber.

Mrs. Quarles embrassa son fils.

— Mon petit Phil, dit-elle, c'est gentil de ta part d'être accouru si vite.

— Tu n'as pas bonne mine, maman.

— Un peu fatiguée, c'est tout... Et ennuyée, ajouta-t-elle, après un moment de silence, et avec un soupir.

— Ennuyée ?

— Au sujet de ton père. Il ne va pas bien, continua-t-elle, parlant à voix basse, et comme à regret. Il désirait tout particulièrement te voir. C'est pourquoi je t'ai télégraphié.

— Il n'est pas gravement malade ?

— Pas physiquement, répondit Mrs. Quarles. Mais ses nerfs... C'est une espèce d'effondrement. Il est fort surexcité. Fort déprimé.

— Mais quelle en est la cause ?

Mrs. Quarles resta silencieuse. Et lorsqu'enfin elle parla, ce fut avec un effort visible, comme si chacune de ses paroles avait à se frayer un passage au travers d'une barrière intérieure. Son visage si mobile était rigide, tendu.

— Il est arrivé quelque chose qui l'a bouleversé, dit-elle. Il a eu un choc violent. — Et, lentement, mot par mot, il apprit l'histoire.

Philip écoutait, penché en avant sur sa chaise, les coudes sur les genoux, le menton dans les mains. Après un regard rapide vers le visage de sa mère, il conserva les yeux fixés à terre. Il sentait que la regarder, croiser son regard, serait lui infliger un embarras inutile. Le fait de parler lui était déjà une peine et une humiliation ; qu'elle pût, du moins, parler sans qu'on la vît, comme s'il n'y avait pas de témoin de sa détresse. Les yeux détournés de Philip laissaient sa mère dans une sorte de pénombre spirituelle. Mot par mot, d'une voix douce et incolore, Mrs. Quarles parla. L'incident succédait à l'incident sordide. Lorsqu'elle se mit à conter la visite qu'avait faite Gladys l'avant-veille, Philip ne put plus supporter d'en entendre davantage. C'était trop humiliant pour elle ; il ne pouvait pas lui permettre de continuer.

— Oui, oui, je me représente ça, dit-il, lui coupant la parole. — Et se levant d'un bond, il boitilla à pas rapides et nerveux jusqu'à la fenêtre. — Ne continue pas. — Il resta là un moment, laissant errer son regard au-dehors, sur la pelouse, les épaisses murailles d'ifs, et les collines couleur de moisson au loin, de l'autre côté de la vallée. Le paysage était placide, au point d'en devenir presque exaspérant. Philip se retourna, revint en boitillant par la pièce et, s'arrêtant un moment derrière la chaise de sa mère, il lui posa la main sur l'épaule ; puis il s'éloigna de nouveau. — Il ne faut plus y penser, dit-il. Je vais m'occuper de ça et je ferai le nécessaire. — Il eut — avec quel dégoût violent ! — la vision de « scènes » bruyantes et manquant totalement de dignité, de disputes et de marchandages répugnants. — Je ferais peut-être bien d'aller voir Papa, proposa-t-il.

Mrs. Quarles approuva d'un signe de tête :

— Il désirait vivement te voir.

— Pourquoi ?

— Je ne sais pas au juste. Mais il a beaucoup insisté.

— Est-ce qu'il parle de... mon Dieu, de toute cette affaire ?

— Non. Il n'en souffle pas un mot. J'ai l'impression qu'il l'oublie de propos délibéré.

— Alors, je ferais mieux de ne pas aborder ce sujet-là.

— Oui, — à moins qu'il n'en parle, conseilla Mrs. Quarles. Le plus souvent, c'est de lui-même qu'il parle. Du passé, de sa santé, — et sur un ton pessimiste. Il faut que tu essaies de le ragaillardir. — Philip fit un signe de tête. — Et mets-toi à son diapason, reprit sa mère ; ne le contredis pas. Il s'emballe facilement. Ça ne lui vaut rien d'être surexcité.

Philip écoutait. « Comme s'il s'agissait d'un animal dangereux, songeait-il ; ou d'un enfant désobéissant. » Quelle misère, quelle angoisse, quelle humiliation pour sa mère !

— Et n'y reste pas trop longtemps, ajouta-t-elle.

Philip la quitta. Quel imbécile, se dit-il en traversant le vestibule, quel sacré imbécile ! Cet accès soudain de colère et de mépris qu'il ressentit en songeant à son père n'était tempéré d'aucune affection préalable. Il n'était d'ailleurs pas non plus exacerbé de la moindre haine préalable. Jusqu'à présent, Philip n'avait éprouvé pour son père ni amour ni manque d'affection. Tolérant sans aucune réflexion, ou au pis-aller avec une pointe de résignation amusée, il avait tout bonnement accepté son existence. Il n'y avait rien dans ses souvenirs d'enfance qui justifiât des émotions plus positives. En tant que père, Mr. Quarles s'était révélé non moins fantaisiste et non moins incapable qu'en tant que politicien et qu'homme d'affaires. De brèves périodes d'intérêt enthousiaste porté à ses enfants avaient alterné avec de longues périodes au cours desquelles il avait presque complètement ignoré leur existence. Philip et son frère l'avaient préféré aux époques où il les avait négligés ; car s'il les avait ignorés, ç'avait été d'une façon bienveillante. Ils l'aimaient moins lorsqu'il s'intéressait à leur sort. Car l'intérêt ainsi témoigné s'adressait généralement bien moins aux enfants qu'à une théorie d'éducation ou d'hygiène. Après avoir causé avec un médecin éminent, après avoir lu le dernier livre sur les méthodes pédagogiques, Mr.

Quarles s'éveillait à la découverte que, si l'on ne prenait d'urgence quelque mesure vigoureuse, ses fils auraient de fortes chances de devenir des idiots et des infirmes, des faibles d'esprit au corps empoisonné par une alimentation vicieuse et contrefait par des exercices contre-indiqués. Puis, pendant quelques semaines, on bourrait les deux gamins de carottes crues ou de bœuf trop cuit (cela dépendait du médecin avec qui Mr. Quarles se trouvait avoir causé) ; on leur faisait faire de la gymnastique, ou bien on leur apprenait les danses populaires et l'eurythmie ; on leur faisait apprendre par cœur des poésies (si la mémoire se trouvait être la chose importante du moment), ou bien (s'il se trouvait que ce fussent les facultés rationnelles), on les faisait sortir dans le jardin, on leur faisait planter des piquets dans le gazon, et en mesurant la longueur de l'ombre aux différentes heures du jour, on leur faisait découvrir par eux-mêmes les principes de la trigonométrie. Tant que durait un tel accès, la vie était rendue presque intolérable aux deux gamins. Et si Mrs. Quarles soulevait quelque protestation, Sidney se mettait en rage et lui disait qu'elle était une mère-poule égoïste, pour qui le bien véritable de ses enfants ne comptait pas. Mrs. Quarles n'insistait pas trop vigoureusement, car elle savait que Sidney, s'il était contrecarré, n'en deviendrait probablement que plus obstiné ; alors que toléré, il oublierait son enthousiasme. Et effectivement, au bout de quelques semaines, Sidney se fatiguait tout naturellement de labeurs qui ne produisaient pas de résultats rapides et manifestes. Son hygiène n'avait pas fait grandir, ni fortifié les gamins de façon perceptible ; ils n'étaient pas devenus appréciablement plus intelligents par sa pédagogie. Ce qu'ils étaient incontestablement, par exemple, c'est un ennui de chaque jour, — de chaque heure. Des « affaires autrement importantes » absorbaient alors son attention d'une façon de plus en plus complète, si bien que peu à peu, comme le Putois de Monsieur Bergeret, il finit par n'avoir plus d'existence réelle dans le monde de la salle d'étude et de la chambre à jouer, — s'évanouissant, lui, dans des sphères plus élevées et plus agréables. Et les deux enfants pouvaient se remettre à vivre dans la joie.

Philip, que les sons issus de la chambre de son père avaient fait s'arrêter devant la porte, écouta quelques instants. Son visage prit une expression de grande inquiétude, d'alarme, même. Cette voix ?... Et son père, on le lui avait bien dit, était seul. Il se parlait donc à lui-même ? Il en était arrivé là ?... Se ressaisissant, Philip ouvrit la porte, et fut immédiatement rassuré de savoir que ce qu'il avait pris pour de la faiblesse d'esprit n'était qu'une dictée dans le dictaphone. Calé contre des oreillers, Mr. Quarles se tenait sur son lit, à moitié assis, à moitié couché. Il avait le visage congestionné et brillant, jusqu'au crâne même, et son pyjama de soie rose paraissait être une suite intensifiée de la même fièvre. Le dictaphone était sur la table, à son chevet; Mr. Quarles parlait devant l'embouchure de son tuyau acoustique flexible. « La véritable grandeur », disait-il d'un ton sonore, « est inversement proportionnelle... euh... au simple succès personnel ». — Ah ! Te voilà donc ! s'écria-t-il, se retournant somme la porte s'ouvrit. — Il arrêta le mouvement d'horlogerie de l'appareil, raccrocha le tuyau acoustique et tendit la main en bienvenue. Gestes banals... Mais Philip eut l'impression que tous ses mouvements avaient quelque chose d'extravagant. On eût dit qu'il était sur les planches. Les yeux qu'il dirigea sur Philip luisaient d'un éclat inaccoutumé. — Comme je suis content que tu sois venu. Oui, je suis bien content, mon garçon ! — Il tapota la main de Philip; sa voix forte se mit soudain à trembler.

Philip, peu habitué à de semblables démonstrations, se sentit embarrassé.

— Mais comment te sens-tu ? demanda-t-il, avec une feinte jovialité.

Mr. Quarles hocha la tête et pressa la main de son fils sans mot dire. Philip fut plus embarrassé que jamais en voyant qu'il avait les larmes aux yeux. Comment lui eût-il été possible de continuer à le détester et à ressentir de la colère ?

— Mais ce ne sera rien, dit-il, s'efforçant de se montrer rassurant. — Il ne s'agit que de prendre un peu de repos.

Mr. Quarles accentua la pression de sa main :

— Ne le dis pas à ta mère, dit-il. Mais je sens que... euh... la fin est proche.

— Mais voyons, papa, ce sont des bêtises. Il ne faut pas parler comme ça.

— Proche, répéta Mr. Quarles, secouant la tête avec obstination, bien proche. C'est pourquoi je suis si content de te voir là. J'eusse été... euh... si malheureux de mourir alors que tu étais à l'autre bout du monde ! Mais avec toi là, près de moi... euh... je sens que je puis disparaître — sa voix trembla de nouveau — en toute sérénité. — Il pressa de nouveau la main de Philip. Il était convaincu qu'il s'était toujours montré père dévoué, ne vivant que pour ses enfants. — Oui, en toute... euh !... sérénité. — Il tira son mouchoir, se moucha et en profita pour s'essuyer les yeux subrepticement.

— Mais tu ne vas pas mourir, voyons !

— Si, si, insista Mr. Quarles, je le sens. — Il le sentait sincèrement; il croyait qu'il allait mourir, parce qu'il y avait une partie au moins de son esprit qui désirait mourir. Toutes ces complications de ces dernières semaines, — c'en avait été trop pour lui ; et l'avenir s'annonçait comme devant être pire si une telle chose était possible. Disparaître, sans douleur, — ce serait là la meilleur solution de tous ses problèmes. Il désirait, il croyait ; et, croyant à sa mort imminente, il s'apitoyait sur lui-même comme sur une victime, et en même temps il était plein d'admiration devant la noblesse résignée avec laquelle il supportait son sort.

— Mais non, tu ne vas pas mourir, insista Philip avec monotonie, — ne sachant pas quelle consolation offrir, à part ses dénégations toutes nues. Il n'avait aucun talent pour se comporter, de but en blanc, avec bienséance dans les situations émotives de la vie pratique. — Tu n'as... — Il allait dire : « Tu n'as absolument rien, voyons » ; mais il se retint, songeant, avant qu'il ne fût trop tard, que son père risquerait d'être froissé.

— N'en parlons plus. — Mr. Quarles dit cela aigrement : il y avait un air de dépit dans son regard. Philip se rappela ce que sa mère lui avait dit, en lui recommandant de ne pas le contrarier. Il se tut. — On ne peut pas chercher querelle à la Destinée, n'est-ce pas reprit Mr. Quarles sur un autre ton. La Destinée... répéta-t-il avec un soupir. Toi, tu as eu de la chance, mon garçon ; tu as découvert ta vocation dès l'abord. Le sort t'a bien traité. — Philip acquiesça d'un signe de tête. C'est une chose qu'il s'était dite souvent à lui-même, avec une certaine appréhension, même. Il avait une croyance obscure en la Némésis. — Tandis que moi... — Mr. Quarles ne termina pas la phrase, mais souleva sa main et la laissa retomber sur la couverture. — Moi, j'ai gaspillé... euh... des années de ma vie à suivre... euh... de fausses pistes. Des années et des années, avant que je ne découvrisse ma voie véritable. Un philosophe gaspille sa valeur à s'occuper d'affaires pratiques. Il en est absurde, même. Comme l'albatros de... de Machin... Tu sais bien...

Philip fut intrigué :

— Tu veux dire dans *le Vieux marin* de Coleridge ?

— Non, non, dit Mr. Quarles avec impatience, — non, ce Français, — tu sais bien.

— Ah ! oui. Philip avait compris de quoi il s'agissait. « Le poète est semblable au prince des nuées » ... C'est Baudelaire, n'est-ce pas ?

— Oui, Baudelaire, c'est cela.

Exilé sur le sol au milieu des buées,
Ses ailes de géant l'empêchent de marcher,

cita Philip, heureux de pouvoir détourner la conversation, ne fût-ce qu'un moment, des questions personnelles vers la littérature.

Son père fut ravi :

— Parfait ! s'écria-t-il triomphalement. Il en est de même des philosophes. Leurs ailes les empêchent de marcher. Pendant trente ans... euh... j'ai essayé de marcher, — dans la politique, dans les affaires. Je ne me suis pas rendu compte... euh... de ma vraie place, — dans l'air, et non sur le sol. Dans l'air ! répéta-t-il, levant le bras. — J'avais des ailes ! — Il agita la main dans un tremolo rapide. — Des ailes, et je n'en savais rien. — La voix s'était faite plus forte, ses yeux plus brillants, son visage plus rose et plus luisant. Toute sa personne exprimait une telle surexcitation, une telle agitation, une telle exaltation, que Philip en fut sérieusement inquiet.

— Est-ce que tu ne ferais pas bien de te reposer un peu ? proposa-t-il anxieusement.

Mr. Quarles dédaigna l'interruption.

— Des ailes, des ailes ! s'écria-t-il. J'avais des ailes, et si je m'en étais rendu compte dans ma jeunesse, à quelles altitudes n'aurais-je pas pu m'élever ! Mais j'ai essayé de marcher. Dans la boue. Pendant trente ans. Ce n'est qu'au bout de trente ans que j'ai découvert que j'étais né pour voler ! Et maintenant, il faut que j'abandonne, presque avant d'avoir commencé. — Il soupira et, s'adossant à ses oreillers, il lança ses paroles presque verticalement en l'air. — Mon œuvre inachevée. Mes rêves non réalisés. Le destin s'est montré dur.

— Mais tu auras tout le temps voulu pour achever ton œuvre.

— Non, non, insista Mr. Quarles, hochant la tête. — Il voulait être l'un des martyrs du sort, pouvoir se désigner lui-même en disant : « Voilà celui qui, sans la malignité de la Providence, eût pu être Aristote. » La cruauté du destin justifiait tout, — son échec dans les sucres, dans la politique, dans les travaux de la ferme, la froideur avec laquelle avait été accueilli son premier livre, le retard indéfini qu'avait mis à paraître le second ; elle justifiait même, de quelque façon malaisée à expliquer, le fait qu'il eût engrossé Gladys. Être un séducteur de servantes, de dactylos, de filles de la campagne, faisait partie de sa destinée cruelle. Et maintenant que, pour couronner tout l'édifice de son infortune, il était sur le point de mourir (prématurément, mais stoïquement, comme le plus noble des Romains), comme cette affaire de virginités perdues et de bébés menaçants apparaissait triviale et misérablement insignifiante ! Et tous ces hauts cris qu'on poussait, devant ce lit de mort philosophique, comme ils étaient déplacés ! Mais il ne pouvait traiter tout cela par le mépris qu'à la condition que ce fût véritablement son lit de mort, et que la cruauté du destin fût chose universellement admise. Un philosophe martyr à l'article de la mort était justifié à refuser de se laisser importuner par Gladys et son bébé. Voilà pourquoi (bien que cette raison fût seulement ressentie et non pas formulée explicitement), Mr. Quarles répudiait si vigoureusement, et même avec dépit, les assurances de longue vie que son fils lui donnait comme consolation. Voilà pourquoi il accusait la Providence malveillante et magnifiait, avec une complaisance encore plus forte que d'habitude, les talents que la Providence l'avait empêché de faire valoir. — Non, non, mon garçon, répéta-t-il. Je ne l'achèverai jamais. Et c'est là l'une des raisons pour lesquelles je désirais te parler.

Philip le dévisagea avec une certaine appréhension. Qu'est-ce qui allait venir maintenant ? Il se le demandait. Il y eut un moment de silence.

— On ne voudrait pas... euh... disparaître sans laisser aucune trace, dit Mr. Quarles, d'une voix rendue rauque par une recrudescence d'apitoiement sur lui-même. L'extinction totale, — c'est difficile à envisager froidement. — Devant les yeux de son esprit s'étendait, s'allongeait, le vide sans lumière, sans fond. La mort... Elle serait peut-être la fin de ses tourments ; mais elle n'en était pas moins épouvantable. — Tu comprends ce sentiment-là, n'est-ce pas ? demanda-t-il.

— Parfaitement bien, dit Philip, parfaitement bien Mais, en l'espèce, papa...

Mr. Quarles, qui s'était mouché de nouveau, leva la main en protestation.

— Non, non. — Il était convaincu qu'il allait mourir ; il était inutile que quiconque essayât de l'en dissuader. — Mais si tu comprends ce sentiment que j'éprouve, c'est tout ce qui importe. Je pourrai m'en aller en paix, avec la conscience que tu ne permettras pas que s'efface complètement tout souvenir de moi. Mon cher enfant, tu seras mon exécuteur littéraire. Il y a des fragments de mes écrits...

— Ton livre sur la démocratie ? demanda Philip, qui se voyait déjà chargé de terminer l'ouvrage le plus important qui eût jamais été conçu sur ce sujet. La réponse de son père le soulagea d'un poids énorme.

— Non, pas celui-là, répondit vivement Mr. Quarles. De ce livre-là il n'existe que les matériaux bruts. Et, dans une large mesure, même pas à l'état de noir sur blanc. Rien que dans ma tête. Et même, poursuivit-il, j'allais précisément te dire que je désire que toutes mes notes pour ce gros livre soient détruites.

Sans qu'on y jette un coup d'œil. Ce ne sont que de simples notes informes. Et sans aucune signification, sinon pour moi-même. — Mr. Quarles ne désirait en aucune manière que fussent découverts à titre posthume, et commentés, le vide de ses dossiers et la virginité presque absolue de son fichier. — Tout cela doit être détruit, tu comprends ? — Philip ne protesta pas. — Ce que je voulais te confier, mon cher enfant, reprit Mr. Quarles, c'est une collection de fragments plus intimes. Des réflexions sur la vie, des relations... euh... d'expériences personnelles... Des choses de ce genre-là.

Philip acquiesça d'un signe de tête :

— Oui, je comprends, fit-il.

— Il y a longtemps que je me suis mis à les inscrire, dit Mr. Quarles. *Souvenirs et Réflexions de Cinquante années,* — ça pourrait faire un bon titre, ça. Il y a beaucoup de choses dans mes carnets. Et, ces jours derniers, j'ai enregistré mes pensées là-dessus. — Il tapota le dictaphone. — Quand on est malade, n'est-ce pas, on réfléchit énormément. — Il soupira. — À des choses sérieuses.

— Bien entendu, approuva Philip.

— S'il te plaît d'écouter... — Il indiqua le dictaphone.

Philip fit oui de la tête. Mr. Quarles mit l'appareil en position de marche.

— Cela te donnera une idée... euh... de ce que c'est. Des pensées et des souvenirs... Voici. Il repoussa l'appareil de l'autre côté de la table, et, ce faisant, fit voler à terre une feuille de papier. Elle resta là sur le tapis, quadrillée, — un mot croisé. — C'est ici qu'on écoute.

Philip écouta. Au bout d'un moment de friture grondante, la parodie guignolesque de la voix de son père dit : « La clé du problème des sexes : — la passion est sacrée... euh... c'est une manifestation de la divinité. — Puis, sans arrêt ni transition, mais d'un ton légèrement différent : — Ce qu'il y a de pire dans la politique, c'est la frivolité des politiciens. Me trouvant un soir dans un dîner avec Asquith, je ne sais plus où, j'ai profité de l'occasion pour le convaincre de la nécessité de supprimer la peine capitale. C'est l'une des questions les plus sérieuses de la vie moderne. Mais il se contenta de proposer, tout simplement, une partie de bridge. Unité de mesure, sept lettres : verchok... Les gens délicats ne vivent pas dans des étables à cochons ; et, de même, ils ne peuvent rester longtemps dans la politique ou les affaires. Il y a des gens qui possèdent naturellement la beauté plastique des Grecs, et d'autres, l'hypocrisie des convenances. Je n'ai jamais partagé la haute opinion de la populace sur Lloyd

George. Tout homme naît avec un droit naturel au bonheur; mais quelle répression féroce, lorsque chacun a essayé de réclamer son droit! Cigogne du Brésil, six lettres : jabiru. La véritable grandeur est inversement proportionnelle... euh... au simple succès personnel... Ah! Te voilà donc! — La friture grondante se fit entendre de nouveau.

— Oui, ça me donne une idée de ce que c'est, dit Philip, levant les yeux. — Comment arrête-t-on cette machine-là? — Ah! voilà. — Il l'arrêta.

— Il me vient tant de pensées tandis que je suis là, étendu, dit Mr. Quarles, lançant ses paroles en l'air, comme s'il les dirigeait contre des avions. Une telle richesse! Je n'arriverais jamais à tout noter, sans le secours de l'appareil. C'est merveilleux. Merveilleux, vraiment!

CHAPITRE XXXIII

ELINOR avait eu le temps de télégraphier de la gare d'Euston. A son arrivée, elle trouva la voiture qui l'attendait à la gare.

— Comment va-t-il? demanda-t-elle au chauffeur. Mais Paxton ne répondit que des choses vagues; il ne savait pas au juste. Dans son for intérieur, il estimait que tout cela était beaucoup de bruit pour fort peu de chose, comme en font sans cesse les riches, surtout à propos de leurs enfants.

Ils montèrent à Gattenden, et la vue des Chilterns sous les tons chauds de la lumière du soir était d'une beauté si sereine, qu'Élinor commença à se sentir moins inquiète et en arriva presque à regretter de n'être pas restée jusqu'au dernier train de la soirée. Dans ce cas, elle aurait pu voir Webley. Mais n'était-elle pas arrivée à cette conclusion qu'en réalité, elle était plutôt contente de ne pas le voir?... On peut éprouver à la fois de la satisfaction et des regrets... En passant devant l'entrée nord du parc, elle aperçut, à travers les barreaux, le fauteuil roulant de Lord Gattenden de l'autre côté de la grille. L'âne s'était arrêté et broutait l'herbe sur l'accotement, les rênes pendaient mollement, et le marquis était trop profondément absorbé dans un gros in-quarto de maroquin, pour pouvoir songer à conduire. L'auto continua sa route: mais cette vision d'une seconde du vieillard assis derrière l'âne gris, comme elle l'avait si souvent vu assis et lisant; cette brève révélation de la vie vécue régulièrement, invariablement, de la même vieille manière familière; cela fut aussi rassurant que la calme splendeur des hêtres et des fougères, que les premiers plans vert et or et les lointains violets.

Et voilà qu'apparut enfin le manoir ! La vieille maison semblait sommeiller sous le soleil couchant, comme un animal qui se chauffe au soleil ; on s'imaginait presque entendre son ronron. Et la pelouse ressemblait au velours vert le plus précieux ; et dans l'air sans un souffle de brise, l'énorme wellingtonia avait toute la gravité fort digne d'un vieux monsieur qui s'assied pour méditer après un repas bien copieux. Il était impossible qu'il se passât là quelque chose de très grave. Elle sauta vite à terre et courut tout droit à la chambre d'enfants. Phil était couché, complètement immobile et les yeux fermés. Miss Fulkes, qui était assise à côté de lui, se retourna à son entrée, se leva et vint à elle. Un regard jeté sur son visage suffit à convaincre Élinor que le calme bleu et or du paysage, la maison sommeillante, le marquis et son âne avaient été autant de pieux mensonges. « Tout va bien, semblaient-ils dire, tout marche comme à l'habitude. » Mais miss Fulkes avait l'air pâle et fatiguée, comme si elle avait vu un revenant.

— Qu'est-ce que c'est ? chuchota Élinor, tandis que toute son inquiétude lui revenait, — puis, avant que miss Fulkes eût eu le temps de répondre : — Il est endormi ? ajouta-t-elle. S'il était endormi, songeait-elle, c'était bon signe ; il semblait dormir.

Mais miss Fulkes hocha la tête. Son geste fut superflu. Car à peine la question avait-elle été formulée par Élinor, que l'enfant fit un brusque mouvement spasmodique sous les draps. Sa figure se contracta dans la douleur. Il poussa un petit gémissement plaintif.

— Il a tellement mal à la tête ! dit miss Fulkes. — Ses yeux avaient un air de terreur et de souffrance.

— Allez vous reposer, dit Élinor.

Miss Fulkes hésita, secoua la tête :

— Je voudrais me rendre utile.

Élinor insista :

— Vous pourrez vous rendre bien plus utile quand vous serez reposée...

Elle remarqua que les lèvres de miss Fulkes tremblaient, que ses yeux devenaient soudain luisants de larmes.

— Allez, dit-elle, et elle lui pressa le bras d'une façon consolante. Miss Fulkes obéit avec un empressement soudain. Elle avait peur d'éclater en sanglots avant d'arriver à sa chambre.

Élinor s'assit à côté du lit. Elle prit la petite main qui reposait sur le drap rabattu, elle passa ses doigts dans les cheveux pâles de l'enfant, d'une façon caressante, calmante. « Fais dodo », murmura-t-elle, tandis que ses doigts le caressaient, «dodo, dodo...» Mais l'enfant remua de nouveau, inquiet; et à chaque instant son visage se tordait en proie à une douleur soudaine; il secouait la tête, comme pour essayer de se débarrasser de cette chose qui lui faisait mal; il poussait son petit gémissement plaintif. Et Élinor, se penchant sur lui, éprouva la sensation qu'on lui broyait le cœur dans la poitrine, qu'une main l'agrippait à la gorge et l'étouffait.

— Mon chéri, dit-elle d'une voix suppliante, l'implorant de ne pas souffrir, mon chéri...!

Et elle serra plus fort la petite main, elle laissa reposer plus lourdement la paume de la sienne sur le front brûlant de l'enfant, comme pour étouffer la douleur, ou du moins pour assurer le petit corps tremblant contre ses assauts. Et de toute sa volonté, elle commanda à la douleur de cesser sous ses doigts, de le quitter, — de le quitter, de passer dans ses doigts, et de là dans son corps, à elle. Mais il continua à s'agiter dans son lit, tournant la tête d'un côté et de l'autre, tantôt repliant les jambes, tantôt les allongeant d'un coup de pied spasmodique sous les draps. Et la douleur revenait toujours, lancinante; et le visage se crispait sous les affres de la torture, les lèvres entrouvertes livraient passage à son petit gémissement plaintif, qui se renouvelait sans cesse. Elle lui caressa le front, elle murmura des paroles d'affection. Et c'est là tout ce qu'elle pouvait faire. Le sentiment de son impuissance la suffoquait. Sur sa gorge et sur son cœur elle sentit les mains invisibles resserrer leur étreinte.

— Comment le trouves-tu? demanda Mrs. Bidlake, quand sa fille fut redescendue.

Élinor ne répondit rien, mais détourna son visage. Cette interrogation lui avait fait jaillir des larmes aux yeux. Mrs. Bidlake la prit dans ses bras et lui baisa la joue. Élinor se cacha la figure contre l'épaule de sa mère.

«Allons, sois forte, se répétait-elle à elle-même, il ne faut pas pleurer, il ne faut pas se laisser abattre. Sois forte. Pour lui, — pour lui être utile.» — Sa mère resserra son étreinte. Ce contact physique la réconforta, lui donna la force qu'elle avait demandée dans sa prière. Elle fit un effort de volonté et, retenant profondément son souffle, elle ravala les sanglots dans sa gorge. Elle leva les yeux vers sa mère et lui sourit avec reconnaissance. Ses lèvres tremblaient toujours un peu; mais sa volonté avait pris le dessus.

— C'est bête de ma part, dit-elle pour s'excuser. Je n'ai pas pu m'en empêcher. C'est si affreux de le voir souffrir. Et d'être là, impuissante. C'est horrible. Même si l'on sait que ce ne sera rien, en fin de compte.

Mrs. Bidlake soupira :

— Oui, c'est affreux, fit-elle en écho, affreux, — et elle ferma les yeux dans une méditation perplexe. Il y eut un silence : « A propos, dit-elle, les rouvrant pour les diriger sur sa fille, je crois que tu devrais surveiller un peu miss Fulkes. Je me demande si son influence est toujours entièrement bonne.

— L'influence de miss Fulkes ? dit Élinor ouvrant tout grands ses yeux étonnés. Mais elle est bien la plus gentille, la plus consciencieuse, des...

— Oh ! ce n'est pas cela, ce n'est pas cela ! se hâta d'interrompre Mrs. Bidlake. Je voulais dire : son influence artistique. Avant-hier quand je suis montée voir Phil, je l'ai trouvée en train de lui montrer des images fort communes d'un chien.

— Des dessins de Benjamin Rabier ? hasarda Élinor.

Sa mère fit oui d'un signe de tête :

— Rabier, c'est ça. — Elle prononça le nom avec une certaine répugnance. — S'il veut voir des images représentant des animaux, il y a des reproductions si parfaites de miniatures persanes au British Museum... Il est si facile de corrompre le goût d'un enfant... Mais voyons, Élinor ! ma chérie !

Tout à coup, irrésistiblement, Élinor s'était mise à rire. A rire et à pleurer tout ensemble, irrésistiblement. La douleur, seule, elle avait pu la maîtriser. Mais la douleur combinée avec les chiens de Rabier, c'en était trop. Quelque chose avait cédé au tréfonds de son être, et elle se trouva sanglotant d'un rire violent, douloureux et hystérique.

Mrs. Bidlake lui tapota l'épaule sans pouvoir la calmer :

— Voyons, ma chérie, répétait-elle sans cesse. Élinor !...

John Bidlake, réveillé d'un sommeil agité et plein de cauchemars, cria furieusement du fond de la bibliothèque.

— En voilà assez, de ce caquetage ! ordonna sa voix à la fois plaintive et coléreuse. — Pour l'amour de Dieu !

Mais Élinor ne pouvait pas s'arrêter.

— Ils sont là à gueuler comme des perroquets, reprit John Bidlake, marmottant à lui-même : — Quelque plaisanterie stupide... Quand on est malade...

— Allons, bon Dieu ! dit brutalement Spandrell, ressaisissez-vous !

Illidge serra son mouchoir contre se bouche ; il avait peur d'avoir mal au cœur.

— Je vais m'allonger un moment, murmura-t-il.

Mais lorsqu'il tenta de marcher, il sentit ses jambes comme mortes sous le poids de son corps. C'est comme un paralytique qu'il se traîna jusqu'au canapé.

— Ce qu'il vous faut, c'est une gorgée d'alcool, dit Spandrell. — Il traversa la pièce. Il y avait une bouteille de cognac sur le buffet, et il rapporta des verres de la cuisine. Il en versa la hauteur de deux doigts. — Tenez, avalez-moi ça. — Illidge prit le verre et but à petites gorgées. — « On dirait que nous traversons la Manche, reprit Spandrell en raillerie furieuse, se servant de cognac, lui aussi. — « Étude en blanc et vert », — voilà comme Whistler vous aurait décrit à l'instant. Vert pomme. Vert mousse.

Illidge le regarda un instant, puis détourna les yeux, incapable de soutenir le regard calme de ces yeux gris et méprisants. Il n'avait encore jamais ressentit une telle haine qu'à présent à l'égard de Spandrell.

— Pour ne pas dire vert grenouille, vert vase, vert écume, continua l'autre.

— Oh ! fermez ça, s'écria Illidge, — d'une voix qui avait recouvré un peu de sa sonorité et chevrotait à peine. La raillerie de Spandrell lui avait raffermi les nerfs. La haine, tout comme le cognac, est un stimulant. Il absorba encore une gorgée brûlante. Il y eut un silence.

— Quand vous vous sentirez en état, dit Spandrell, reposant son verre vide, vous pourrez venir m'aider à remettre les choses en ordre. — Il se leva et disparut de l'autre côté du paravent.

Le corps d'Everard Webley gisait à l'endroit même où il était tombé, sur le côté, les bras étendus par terre en croix. Le mouchoir imbibé de chloroforme lui couvrait toujours le visage. Spandrell se baissa et le tira d'un geste saccadé. La tempe qui avait reçu le coup était en contact avec le sol ; vu par en dessus, le visage paraissait n'avoir aucune blessure.

Les mains dans les poches, Spandrell resta à contempler le cadavre.

« Il y a cinq minutes, se dit-il en lui-même, formulant ses pensées en paroles, afin qu'il eût plus complètement conscience de leur signification, il y a cinq minutes, c'était vivant, ça, ça avait une âme. Vivant, répéta-t-il, et, se tenant en équilibre instable sur une jambe, de l'autre pied il toucha la joue morte, il poussa l'oreille en avant et la laissa revenir à sa position. « Une âme. » Et, pendant un instant, il fit reposer une partie de son poids sur ce qui avait été la figure d'Everard Webley. Il enleva son pied ; la trace en demeura, gris poussière, sur la peau blanche. « Fouler aux pieds la figure d'un mort », se dit-il. Pourquoi avait-il fait cela ? « Fouler »... Il souleva de nouveau son pied et appuya son talon contre l'orbite, doucement, à titre d'essai, comme s'il faisait des expériences en matière d'outrages. « On dirait des raisins, songeait-il. On les foule pour en extraire le vin. » Il était en son pouvoir de fouler cette chose et de la réduire en bouillie. Mais il en avait fait assez. Symboliquement, il avait ainsi extrait de son assassinat l'horreur essentielle ; elle coulait sous ses pieds qui avaient foulé la chose. L'horreur essentielle ? Mais il était plus stupide et écœurant qu'horrible, cet assassinat. Poussant la pointe de sa bottine sous le menton du cadavre, il fit rouler la tête par terre, jusqu'à ce que le visage fût tourné vers le plafond. La bouche ouverte et les yeux mi-clos. Au-dessous et derrière l'œil gauche il y avait une énorme contusion rouge. Il y avait des filets de sang sur la joue gauche, déjà secs, et, à l'endroit où le front avait porté sur le sol, une petite flaque — à peine une flaque, même, — une tache.

— Incroyablement peu de sang, dit Spandrell à haute voix.

Au son de sa voix si calme, Illidge eut un sursaut violent.

Spandrell retira son pied qui supportait la figure morte. Elle retomba sur le côté avec un bruit léger.

— Ça justifie complètement la masse d'armes de l'évêque Odon, continua-t-il froidement. — Qu'il se trouvât se souvenir — à ce moment parmi tant d'autres ! — des ébats comiques de cet homme d'Église consciencieux tels qu'ils sont représentés sur la tapisserie de Bayeux, — cela aussi faisait partie de l'horreur essentielle. O frivolité de l'esprit humain ! Inconséquence erratique !... Le mal pouvait bien avoir une certaine dignité. Mais la bêtise !...

Illidge l'entendit aller dans la cuisine. Il y eut le bruit, devenant peu à peu plus aigu, de l'eau coulant dans un seau. Le robinet fut fermé ; puis il y eut un bruit de pas ; et le seau fut posé à terre, avec un choc de métal.

Heureusement, dit Spandrell, en commentaire de sa dernière remarque, sinon, je ne sais pas ce que nous aurions fait, avec toute cette cochonnerie.

Illidge écouta, son attention tendue et horrifiée, les sons qui lui arrivaient de l'autre côté du paravent. Un bruit sourd, mou et flasque : était-ce là un bras, retombant après avoir été soulevé ?... Le glissement sibilant d'un objet mou et lourd sur le sol. Puis le floc-floc de l'eau, le bruit familier du récurage à la brosse dure. Et, en entendant ces bruits, bien plus profondément significatifs que toutes les paroles, si brutales, si froidement cyniques fussent-elles, qu'eût pu prononcer Spandrell, il ressentit une recrudescence de cette faiblesse qui lui avait fait battre le cœur, pendant les toutes premières minutes, avec la sensation d'une chute soudaine, quand le mort avait été étendu là, à ses pieds, et remuant encore en mouvements convulsifs; il se remémora, il revécut ces instants d'attente et d'imagination haletante et nauséeuse, qui avaient précédé l'horrible événement. Le bruit de l'auto descendant l'impasse en marche arrière; le crissement sableux des pieds sur le seuil, puis le coup frappé à la porte; et, là-dessus un long, long silence, fait de battements de cœur, de grouillements viscéraux et de pressentiments visionnaires, de pensées justificatrices sur la révolution et l'avenir, de haine justificatrice pour l'oppression et de la vilenie de la richesse. Et en même temps, des souvenirs ridicules, incongrus, tandis qu'il était là, accroupi derrière le paravent, de ces parties enfantines de cache-cache, les jours de sorties scolaires, parmi les buissons de genêts et de genévriers du pré communal. « Un, deux, trois... les chercheurs se couvraient le visage des mains et commençaient à compter leur centaine, à haute voix; ceux qui devaient se cacher se dispersaient. On se jetait dans un buisson épineux, on s'allongeait dans les fougères. Puis venait le cri de « quatre-vingt-dix-neuf, cent — ça y est ! », et les chercheurs filaient pour essayer de vous attraper. Et l'on était si intensément, si douloureusement surexcité, tandis qu'on restait là, accroupi ou recroquevillé dans sa cachette, risquant un coup d'œil, écoutant, pour saisir une occasion de rentrer au camp à toute vitesse, qu'on ressentait un besoin presque impossible de réprimer, de « faire quelque chose », bien qu'on eût déjà « fait quelque chose », derrière les genévriers, il y avait cinq minutes à peine. Quels souvenirs absurdes ! Et, parce qu'absurdes, affreux ! Pour la centième fois, il tâta sa poche pour s'assurer que le flacon de chloroforme était toujours là et bien bouché. — Le second coup frappé à la porte retentit en le faisant sursauter, et, en même temps, le sifflement et ce cri amusé (on *entendait,* au ton de sa voix, qu'il souriait) d'« Ami !... » Derrière son paravent, Illidge avait frémi. « Ami ! » ...Et, s'en souvenant à présent, il frémit de nouveau, plus violemment, de toute la honte, de l'horreur, de l'humiliation qu'il n'avait pas eu le temps de ressentir. Pas le temps; car, avant que son esprit eût pu prendre conscience de toutes les répercussions complexes qu'impliquait cet appel rieur, la porte avait gémi sur ses gonds, il y avait eu un bruit de pas sur le parquet, et Webley avait crié le nom d'Élinor. (Illidge se surprit soudain à se demander s'il avait été amoureux d'elle.) « Élinor ! » Puis était venu un silence. Webley avait vu le mot épinglé au paravent. Illidge avait entendu le bruit de sa respiration, à cinquante centimètres de lui, de l'autre côté de l'écran. Puis il y eut le bruissement d'un mouvement rapide, le commencement d'une exclamation et ce bruit sec et brusque d'un choc, semblable à celui d'une gifle, mais plus sourd, plus mort et en même temps plus violent. A cela avait succédé le silence d'une fraction de seconde, puis le bruit d'une chute, — non pas un son unique, mais une série de sons s'étendant sur un espace de temps appréciable; l'effondrement osseux des genoux, le frottement des chaussures glissant sur le parquet poli, le «floc» assourdi du corps et des bras, et le choc dur et sec de la tête sur le plancher. «Vite!» avait crié la voix de Spandrell, et il s'était précipité hors de sa cachette. «Chloroforme!» Passivement obéissant, il en avait imbibé le mouchoir, il l'avait étendu sur le visage qui se contractait encore... Il frémit de nouveau; il but encore une gorgée de cognac.

Le bruit de la brosse dure fut suivi du flic-flac d'une toile mouillée.

— Voilà, dit Spandrell, réapparaissant de derrière le paravent. Il s'essuyait les mains sur un torchon. — Et comment va le malade? ajouta-t-il, parodiant la manière d'un médecin au chevet d'un client et en souriant ironiquement.

Illidge détourna son visage. La haine jaillit chez lui, chassant sur le moment toute autre émotion.

— Ça va, dit-il sèchement.

— Oui, vous vous la coulez douce, pendant que je m'appuie la sale besogne. C'est ça, hein? — Spandrell jeta le torchon sur une chaise et se mit à rabattre ses manchettes.

En deux heures, les muscles du cœur se contractent et reviennent au repos, se contractent de nouveau et se remettent au repos, huit mille fois seulement. La terre parcourt moins de deux cent mille kilomètres sur son orbite. Et le cactus à piquants n'a eu le temps d'envahir qu'une quarantaine d'hectares du territoire australien. Deux heures, ce n'est rien. Le temps d'écouter la *Neuvième symphonie* et deux des *Quatuors posthumes,* de voler de Londres à Paris, de faire passer un déjeuner de l'estomac dans l'intestin grêle, de lire *Macbeth,* de mourir d'une morsure de serpent, ou de gagner six francs cinquante comme femme de ménage. Rien de plus. Mais elles parurent infinies à Illidge, tandis qu'il restait là assis, à attendre, le cadavre gisant là-bas derrière le paravent, à attendre la nuit.

— Vous n'êtes pas complètement idiot? demanda Spandrell, lorsqu'il eut proposé de partir tous deux sur-le-champ et de laisser le cadavre en place. — Ou bien désirez-vous particulièrement mourir pendu? — La raillerie amère, la froide ironie amusée étaient exaspérantes pour Illidge. — On le trouverait ce soir, quand Philip rentrerait.

— Mais Quarles n'a pas la clé, dit Illidge.

— Demain, alors, aussitôt qu'il aurait mis la main sur un serrurier. Et trois heures plus tard, quand Élinor aurait expliqué ce qu'elle a fait des clés, la police viendrait cogner à ma porte. Et je vous promets qu'après ça elle ne serait pas longue à cogner à la vôtre ! — Il sourit à Illidge, qui détourna les yeux. — Non, reprit Spandrell, il faut enlever Webley de là. Et, avec sa voiture à la porte, c'est un simple jeu d'enfants, si nous attendons qu'il fasse nuit.

— Mais il ne fera pas nuit avant deux heures d'ici. — La voix d'Illidge était une plainte irritée et suraiguë.

— Oui, et puis ?

— C'est que..., commença Illidge, et il s'arrêta. — Il se rendit compte de la nécessité où il serait, s'il répondait la vérité, de dire qu'il ne voulait pas rester là deux heures parce qu'il avait peur. — C'est bon, dit-il. Attendons.

Spandrell prit dans ses mains la boîte à cigarettes en argent, l'ouvrît et renifla :

— Elles sentent très bon, dit-il. Prenez-en une. — Il lui avança la boîte sur la table. — Et il y a des tas de livres. Et le *Times*. Et le *New Statesman*. Et le dernier numéro de *Vogue*. Ma parole, c'est le salon d'attente d'un dentiste. Et nous pourrions même nous faire une tasse de thé.

Le temps d'attente commença. Les battements de cœur se succédaient. A chaque seconde, la terre parcourait trente kilomètres, et les cactus recouvraient une soixantaine de centiares nouveaux de terre australienne. Derrière le paravent gisait le cadavre. C'est par milliers de millions que des individus menus et divers s'étaient assemblés, et le produit de leur dépendance mutuelle, de leur hostilité mutuelle, avait été une existence humaine. L'ensemble de leur colonie, leur ruche vivante avait été un homme. La ruche était morte. Mais dans le reste de chaleur qui persistait encore, beaucoup des individus composants vivaient encore faiblement ; bientôt, ils périraient, eux aussi. Et cependant, à partir de l'air, les hordes invisibles de saprophytes avaient déjà commencé leur invasion sans résistance. Ils allaient vivre parmi les cellules mortes, ils se développeraient et se multiplieraient prodigieusement, et, dans leur développement et leur procréation, toute la structure chimique du corps serait défaite, tous les enchevêtrements et toutes les complexités de sa matière se résoudraient en leurs éléments, si bien que, quand leur tâche serait terminée, quelques livres de carbone, quelques litres d'eau, de la chaux, un peu de phosphore et de soufre, une pincée de fer et de silice, une poignée de sels divers, — tout cela éparpillé et recombiné au monde d'alentour, — voilà tout ce qui resterait de l'ambition de commander qu'avait eue Everard Webley et de son amour pour Élinor, de ses idées politiques et de ses souvenirs d'enfance, de son escrime et de son équitation, de cette douce et forte voix et de ce sourire s'illuminant soudain, de son admiration pour Mantegna, de son horreur du whisky, de ses rages délibérément terrifiantes, de l'habitude qu'il avait de se caresser le menton, de sa foi en Dieu, de son incapacité à siffler correctement un air, de ses déterminations inébranlables et de sa connaissance du russe.

Illidge feuilleta les pages d'annonces de *Vogue.* Une très jeune femme, vêtue d'un manteau de fourrure coté vingt-cinq mille francs, montait dans une limousine ; sur la page d'en face, une autre jeune femme, vêtue uniquement d'une serviette-éponge, sortait d'un bain saturé des sels amaigrissants du docteur Verbruggen. Suivait une nature morte de flacons de parfum contenant le *Songe nègre* et la dernière création du fabricant, le *Relent d'amour.* Les noms de Worth, de Lanvin, de Patou s'étalaient sur trois autres pages. Puis il y avait le portrait d'une jeune personne portant une ceinture amaigrissante en caoutchouc, et qui se regardait dans une glace. Un groupe de jeunes personnes étaient en mutuelle admiration devant leur linge de nuit sortant du rayon de lingerie de chez Crabb et Lushington. En face, une autre jeune personne reposait mollement sur un divan dans le *Laboratoire de Beauté de Madame Adrena,* tandis que les mains d'une masseuse lui caressaient une menace de double menton. Suivait une nature morte de rouleaux et de strigiles en caoutchouc destinés à faire disparaître, par roulement et friction, l'excès de graisse des jeunes personnes, et une autre nature morte de flacons et de pots contenant des crèmes destinées à leur protéger le visage contre les ravages des ans et des intempéries.

« C'est révoltant ! » se dit Illidge à lui-même tandis qu'il tournait les pages. « C'est criminel ! » Et il accueillit avec joie son indignation, il la cultive. Être en colère était une distraction, et en même temps c'était une justification. Exhalant sa rage à l'encontre de l'insensibilité, de la frivolité ploutocratiques, il pouvait presque oublier et presque excuser à ses propres yeux l'horrible chose qui venait d'arriver. Le corps de Webley gisait là, de l'autre côté du paravent. Mais il y avait des femmes qui payaient vingt-cinq mille francs un manteau de fourrure. Vingt-cinq mille francs ! Son oncle Joseph se serait estimé heureux s'il avait pu en gagner autant en dix-huit mois de travail, avec son métier de savetier. Et elles achetaient des parfums à cent cinquante francs le flacon d'un huitième de litre ! Il se souvint de l'époque où son jeune frère Tom avait eu sa pneumonie, après une attaque de grippe. Ç'avait été affreux! Et quand il fut entré en convalescence, le médecin avait dit qu'il faudrait l'envoyer passer quelques semaines au bord de la mer. Ils n'en avaient pas eu les moyens. Après cela, Tom avait toujours eu une faiblesse du côté des poumons. A présent, il travaillait dans une usine d'automobiles (à fabriquer des autos où s'installeraient des grues en manteaux de vingt-cinq mille francs!); Illidge avait fourni l'argent pour qu'il pût fréquenter une école technique — l'argent, songea-t-il, faisant mousser sa colère, pour que ce gamin pût obtenir le privilège de rester debout huit heures par jour devant une fraiseuse! L'air de Manchester ne valait rien pour Tom. Il n'avait pas d'excès de graisse à faire disparaître, lui, le pauvre bougre! Ah! Leur empiffrage infect! Pourquoi donc ne pouvaient-ils pas, tous ces jouisseurs, faire un peu de travail utile, au lieu de se pelotailler les cuisses et le ventre? Ça ferait fondre leur graisse, ça! S'ils travaillaient comme avait fait sa mère!... Elle n'avait pas de graisse à éliminer par des massages avec des rouleaux, ou par sudation sous une ceinture de caoutchouc ou dans des bains chauds agrémentés de sels. Il songea avec indignation à ce travail ingrat et sans fin du ménage. Journée sur journée, année sur année. A faire des lits, pour qu'on vînt les défaire. A faire la cuisine, pour remplir des ventres éternellement vides. A laver la vaisselle que le repas suivant devait salir de nouveau. A frotter les carreaux pour que les chaussures crottées pussent les souiller. A repriser et mettre des pièces pour qu'on pût faire de nouveaux trous. C'était un labeur comme celui de Sisyphe et des Danaïdes, sans espoir, interminable, — ou du moins il n'eût pas comporté de terme (sinon la mort de sa mère) s'il n'avait pas pu lui envoyer ces deux cent cinquante francs par semaine qu'il prélevait sur ses appointements. A présent, elle pouvait du moins se payer une petite bonne pour l'aider à faire le plus dur. Mais elle en faisait encore plus qu'il n'en fallait pour que les ceintures de caoutchouc fussent superflues. Quelle existence! Et, dans le monde des manteaux de fourrure et du *Songe nègre,* elles se plaignaient d'ennui et de fatigue, elles étaient obligées de se retirer dans des maisons de santé pour y faire des cures de repos. Ah! Si elles pouvaient seulement mener quelque temps la vie de sa mère! Et peut-être bien qu'on les y obligerait, un de ces jours (il l'espérait bien), même en Angleterre. Illidge songea avec satisfaction à ces ex-officiers du tsar, conduisant des taxis et travaillant dans des usines, à ces ex-comtesses tenant des restaurants, des boîtes de nuit, ou des magasins de modes; à tous ces ex-richards de Russie, disséminés par le monde, de Kharbine et de Changhaï jusqu'à Rome, à Londres, à Berlin, ruinés, humiliés, réduits à l'état d'esclavage, à l'égal des gens du commun dont ils avaient jadis vécu en parasites. C'était bien, cela, c'était bien fait pour eux. Et cela pourrait peut-être se produire ici également. Mais ici ils étaient puissants, les gens à excès de graisse et à manteaux de fourrure; ils étaient nombreux, ils étaient une armée organisée. Mais leur armée avait perdu son chef. Il avait reçu son paquet, lui. L'abjection et la ploutocratie incarnées, il gisait là, derrière le paravent... Mais il avait eu la bouche ouverte, et les muscles de son visage, avant que le mouchoir fumant l'eût recouvert, s'étaient contractés d'une façon grotesque. Illidge frissonna. Il regarda de nouveau, pour y puiser de l'indignation et une distraction, le portrait de la jeune personne au manteau de vingt-cinq mille francs, de la jeune personne nue, mais chastement recouverte d'une serviette-éponge, sortant de son bain amaigrissant. Des courtisanes et des goinfres! Elles appartenaient à la classe que les efforts de Webley avaient tendu à perpétuer... Le champion de tout ce qui était vil et bas, en somme. Il avait reçu ce qu'il méritait, il avait...

— Bon Dieu! s'écria tout à coup Spandrell, levant les yeux de dessus son livre. — Le son de sa voix rompant le silence fit sursauter Illidge secoué d'une terreur incoercible. — J'avais totalement oublié! Ça se raidit, hein? — Il regarda Illidge. — Les cadavres, je veux dire.

Illidge fit oui d'un signe de tête. Il fit une inspiration profonde et se ressaisit, d'un effort de volonté.

— Eh bien, il faudrait voir à le mettre dans la voiture, hein? Il se leva d'un bond et disparut rapidement derrière le paravent. Illidge entendit le cliquetis du loquet de la porte d'entrée. Il fut pris d'une terreur soudaine et horrible: Spandrell allait se sauver et le laisser enfermé là avec le cadavre.

— Où allez-vous? cria-t-il, — et il se précipita sur ses pas en poursuite panique. — Où allez-vous? — La porte était ouverte, il ne vit pas Spandrell, et la chose était là par terre, le visage découvert, la bouche ouverte, les yeux braqués mystérieusement, intentionnellement, comme à travers des judas, sous leurs paupières mi-closes. — Où allez-vous? — La voix d'Illidge s'était haussée presque jusqu'à un hurlement.

— Eh bien, quoi, qu'est-ce que vous avez à vous agiter comme ça? demanda Spandrell, comme l'autre apparut, pâle, l'air désespéré, sur le seuil. — Debout à côté de la voiture de Webley, il était occupé à défaire le tablier imperméable fortement tendu qui recouvrait toute la partie de la carrosserie de tourisme située derrière les sièges de devant. — Ces machines-là sont diantrement dures à défaire.

Illidge mit les mains dans les poches et fit semblant d'être sorti avec une telle précipitation par simple curiosité désœuvrée.

— Qu'est-ce que vous faites ? demanda-t-il d'un ton détaché.

Spandrell tira d'une dernière saccade ; le tablier se détacha sur toute sa longueur, d'un côté de la voiture. Il le rabattit et regarda à l'intérieur :

— Elle est vide, Dieu merci ! dit-il — et, étendant la main, il se mit à jouer des octaves imaginaires, écart sur écart, le long de la carrosserie. — Mettons quatre pieds de large, dit-il en conclusion, sur autant de long. Dont la moitié est occupée par le siège. Avec deux pieds et demi d'espace libre sous le tablier. Il y a largement la place pour se pelotonner et être bien à l'aise. Mais si l'on était tout raidi ? — Il envoya un regard interrogateur à Illidge. — On pourrait y caser un homme, mais pas une statue.

Illidge fit oui d'un signe de tête. Ces dernières paroles de Spandrell lui avaient soudain remis en mémoire le commentaire railleur de Lady Edward sur Webley. « Il désire qu'on le traite comme sa propre statue colossale, — d'une façon posthume, si vous saisissez ce que je veux dire. »

— Il faut agir vite, reprit Spandrell. Avant que n'intervienne la rigidité cadavérique. — Il remit le tablier et, posant la main sur l'épaule d'Illidge, le poussa doucement jusque dans la maison. La porte claqua sur eux. Ils contemplèrent le cadavre. — Il faudra remonter les genoux et baisser les bras, dit Spandrell.

Il se baissa et ramena l'un des bras vers le corps. Le membre revint, lorsqu'il le lâcha, à mi-chemin de sa position primitive. « Comme un pantin, songea Spandrell, avec des articulations élastiques. » Grotesque, plutôt que terrible ; non point tragique, mais seulement un peu ennuyeux, absurde même. Voilà où gisait l'erreur essentielle, — tout (y compris *cela*) était une espèce de mauvaise plaisanterie ennuyeuse.

— Il faudra que nous trouvions de la ficelle, dit-il ; quelque chose pour maintenir les membres en place. — Cela ressemblait à des travaux de plomberie, ou de rafistolage du kiosque du jardin, qu'on fait soi-même : simplement désagréables, en somme, et un peu ridicules.

Ils fouillèrent toute la maison. Ils ne purent pas trouver de ficelle. Ils durent se contenter de trois bandes de pansement, que Spandrell dénicha parmi l'aspirine et la teinture d'iode, l'acide borique pulvérisé et les laxatifs végétaux de la petite armoire à pharmacie dans la salle de bains.

— Tenez les bras en position pendant que je les attacherai,

commanda Spandrell. Illidge obéit. Mais le froid de ces poignets morts contre ses doigts était horrible ; il sentit ses nausées lui revenir, il se mit à trembler. — Voilà ! dit Spandrell, se redressant. — Et maintenant, les jambes. Heureusement que nous ne l'avons pas laissé beaucoup plus longtemps.

« Qu'on le traite comme sa propre statue... » Ces paroles retentissaient dans la mémoire d'Illidge... « D'une façon posthume, si vous saisissez ce que je veux dire. » ...Posthume... Spandrell plia l'une des jambes, jusqu'à ce que le genou fût presque en contact avec le menton.

— Tenez-moi, ça.

Ellidge saisit la cheville ; les chaussettes étaient grises, avec des coins de soie blanche brodés aux chevilles. Spandrell lâcha la jambe qu'il tenait, et Illidge sentit une poussée soudaine et étonnamment forte contre sa main qui la retenait. Le mort tentait de donner un coup de pied... Des trous sombres commencèrent à s'élargir devant ses yeux, mangeant le monde solide environnant. Et le monde solide lui-même oscillait et flottait autour du bord de ces vides interstellaires. La tête lui tourna, il ressentit un vertige horrible.

— Dites donc, commença-t-il, se tournant vers Spandrell, qui était accroupi sur les talons et arrachait l'enveloppe d'une autre bande de pansement. Puis, fermant les yeux, il lâcha prise.

La jambe se raidit comme un ressort bandé, et le pied, lancé en avant, rencontra l'épaule de Spandrell et, dans l'équilibre instable où il se tenait, l'envoya rouler à terre en arrière.

Il se ramassa.

— Bougre d'imbécile ! — Mais la colère soulevée par ce premier mouvement de surprise se calma. Il émit un petit rire. — On se croirait au cirque, dit-il. — Non seulement ce n'était pas tragique : c'était une pitrerie.

Lorsque enfin le cadavre fut replié et ficelé, Illidge était parvenu à la conviction que la faiblesse de poitrine de Tom et les manteaux à vingt-cinq mille francs, que la vie d'esclave de sa mère et l'excès de graisse, que les riches et les pauvres, que l'oppression et la révolution, que la justice, le châtiment, l'indignation, n'ont absolument rien à voir avec ces membres raidis, cette bouche ouverte et figée, ces yeux mi-clos, vitreux et mystérieusement écarquillés. Absolument rien à voir, et tout à fait à côté de la question.

Philip dînait seul. Devant son assiette, une demi-bouteille de vin et la carafe soutenaient un volume ouvert. Il lisait entre les bouchées, tout en mâchant. Il lisait l'ouvrage de Bastian, *Du cer-*

veau. Pas tout à fait à la page, sans doute; mais c'est ce qu'il avait trouvé de mieux dans la bibliothèque de son père pour l'amuser dans le train. Il avait mangé la moitié de son poisson, lorsqu'il arriva au cas de cet Irlandais souffrant de paraphasie, et il en fut frappé à tel point qu'il repoussa son assiette et, tirant son carnet de sa poche, le nota immédiatement. Le médecin avait prié le malade de lui lire à haute voix un paragraphe des statuts du Trinity Collège, à Dublin. «Le Collège aura la faculté d'examiner ou de ne pas examiner à son choix tout licencié préalablement à son admission comme membre du collège.» Ce que lut effectivement le malade, ce fut le charabia suivant: «*An the bee-what in the tee-mother of the trothodoodoo, to majoram or that emidrate eni eni krastrei, mestriet to ketra totombreidei, to ra from treido as that kekritest*[1] » — «Épatant!» se dit Philip à lui-même en recopiant le dernier mot. Quel style! Quelle beauté majestueuse! Quelle richesse, quelle sonorité, dans cette phrase d'exorde: *«An the bee-what in the tee-mother of the trothodoodoo!»* Il se la répéta à lui-même. «Je la mettrai sur la page de garde de mon prochain roman, inscrivit-il dans son carnet. Ce sera l'épigraphe, le texte de tout le sermon.» Shakespeare s'est contenté de parler de choses racontées par un idiot. Mais ici, c'est l'idiot qui parlait effectivement, — et en langage shakespearien, qui plus est. «Le mot définitif sur la vie», ajouta-t-il au crayon.

Au *Queen's Hall,* Tolley commença par les *Borborygmes symphoniques* d'Erik Satie. Philip ne trouva la plaisanterie que modérément spirituelle. Une partie de l'auditoire l'améliora, cependant, en sifflant et en criant. Tolley, ironiquement poli, salua plus gracieusement encore qu'à son habitude. Quand le tumulte fut calmé, il attaqua le second numéro du programme. C'était l'ouverture de *Coriolan.* Tolley se targuait d'un goût fort électrique et d'une omnicompétence. Mais, bon Dieu! songea Philip en écoutant, comme il dirigeait mal la vraie musique! On eût dit qu'il avait un peu honte des émotions de Beethoven et qu'il essayait de s'en excuser. Heureusement, Coriolan était d'une qualité suffisante pour être à l'épreuve de Tolley. La musique était héroïquement belle, elle était tragique et immense, — en dépit de ses façons. Le dernier battement des sons expirants s'évanouit, — démonstration de la grandeur indomptable de l'homme et de la nécessité du sens de la souffrance.

Pendant l'entracte, Philip alla en boitillant jusqu'au bar, pour

1. *Note du traducteur.* — C'est une succession de syllabes totalement dénuée de sens.

y fumer une cigarette. Il sentit une main lui agripper la manche.

— Ah ! voilà le mélomane découvert ! dit une voix familière. — Il se retourna et vit Willie Weaver, tout pétillant de joyeuse humeur, de bonté et d'absurdité. — Qu'est-ce que vous pensez de notre Orphée moderne ?

— Si vous faites allusion à Tolley, j'estime qu'il ne sait pas diriger le Beethoven.

— Un tantinet trop léger, trop fantastique, pour la musique si drue du vieux Ludwig, n'est-ce pas ? proposa Willie.

— Il y a de ça, dit Philip, souriant. — Il n'arrive pas à sa hauteur.

— Ou il la dépasse. Être dru, ça appartient à l'époque prépositiviste. C'est bourgeois, comme dirait le camarade Lénine. Tolley, lui, est à la page. — il l'est même bigrement. Il ne vous a pas plu, dans le Satie ? Ou bien, continua-t-il, en réponse à un haussement d'épaules dédaigneux de Philip, auriez-vous préféré qu'il l'eût commis... à l'oubli ? — Il toussota pour marquer la finesse avec laquelle il avait formulé sa critique.

— Il est presque aussi moderne que l'Irlandais de génie dont j'ai découvert les œuvres ce soir. — Philip tira son calepin, et, après un mot d'explication, il lut à haute voix. «*An the bee-what in the tee-mother of the trothodoodoo...*» Au bas de la page il y avait ses propres commentaires datant d'une heure... Le texte de tout le sermon. Le mot définitif sur la vie. Il ne les lut pas. Il avait complètement changé d'avis, à présent. — La différence entre la richesse et le Satie-Tolleyisme, dit-il, est la même que la différence entre les statuts du Trinity College, à Dublin, et le *bee-what in the tee-mother of the trothodoodoo.*

Il était en contradiction flagrante avec lui-même. Mais, après tout, pourquoi pas ?

Illidge voulait rentrer se coucher ; mais Spandrell avait insisté pour qu'il allât passer au moins une heure ou deux à Tantamount House.

— Il faut qu'on vous voie, dit-il. Pour créer un alibi. Moi, je m'en vais chez Sbisa. Il y aura une douzaine de personnes qui témoigneront qu'elles m'y ont vu.

Illidge ne céda que sous la menace de la violence. Il craignait cette épreuve d'avoir à parler à quelqu'un, — fût-ce à quelqu'un de si peu curieux, de si préoccupé, de si abseent que Lord Edward.

— Je ne pourrai jamais, répétait-il sans cesse, presque en larmes. — Ils avaient dû porter le cadavre, recroquevillé dans l'attitude d'un enfant dans le sein de sa mère — le porter pressé amoureusement dans un embrassement, étroit et vacillant, — ils avaient dû franchir la porte, descendre les marches du perron, jusque dans l'impasse. Un unique réverbère au gaz verdâtre, suspendu sous l'arche, éclairait parcimonieusement la remise; assez, cependant, pour les trahir, s'il s'était trouvé quelqu'un qui passât devant l'entrée pendant qu'ils portaient leur fardeau au-dehors et le soulevaient pour le charger sur la voiture. Ils avaient commencé par laisser tomber l'objet sur son dos, sur le plancher de la voiture; mais les genoux relevés dépassaient le niveau de la carrosserie. Spandrell fut obligé de grimper dans la voiture et de pousser et de tirer sur le côté le cadavre si pesant, de façon que les genoux reposassent sur le bord du siège arrière. Ils fermèrent les portières, recouvrirent le tout de la capote, et la retendirent fortement en place.

— Parfait, dit Spandrell. — Il prit son compagnon par le coude : — Vous, il vous faut encore un peu de cognac, ajouta-t-il.

Mais, malgré le cognac, Illidge se sentait encore un peu faible et tremblant lorsqu'ils se mirent en route. Et la façon maladroite dont Spandrell mania le mécanisme de cette voiture qu'il ne connaissait pas ne fut pas de nature à lui calmer les nerfs. Ils avaient commencé par heurter violemment, par l'arrière, le mur du fond de la remise; et, avant d'avoir découvert les secrets du levier de changement de vitesse, Spandrell cala deux fois le moteur, par inadvertance. Il se soulagea de son irritation par quelques jurons et se mit à rire. Mais pour Illidge, ces petits mécomptes, entraînant comme ils le faisaient une minute de retard à s'évader de ce lieu horrible et maudit, prirent l'importance de catastrophes. Sa terreur, son impatience angoissée, devinrent quasi hystériques.

— Non, je ne peux pas, je ne peux pas! protesta-t-il, quand Spandrell lui eut dit qu'il devait absolument passer la soirée à Tantamount House.

— Il n'en est pas moins vrai, dit l'autre, que c'est bougrement bien ce que vous allez faire, — et il dirigea la voiture en plein vers Pall Mall. — Je vous déposerai à la porte.

— Non, je vous assure!

— Et, au besoin, je vous y ferai entrer d'un coup de pied.

— Mais je ne pourrai jamais supporter de me trouver là — je ne le pourrai pas!

— Cette voiture est vraiment épatante, dit Spandrell, changeant de sujet d'une manière significative. — Très agréable à conduire.

— Je ne pourrai pas le supporter, répéta Illidge d'une voix pleurnicharde.

— Je crois bien que les fabricants garantissent cent milles à l'heure sur piste.

Ils virèrent, après le palais de Saint-James, pour prendre Pall Mall. — Vous voici arrivé, dit Spandrell, s'arrêtant au bord du trottoir.

Illidge, obéissant, descendit, traversa le trottoir, monta les marches du perron et sonna. Spandrell attendit que la porte fût refermée sur lui, puis continua sa route jusqu'à Saint-James'Square. Il y avait vingt ou trente autos parquées autour du jardin central. Il recula parmi elles, arrêta le moteur, descendit et marcha à pied jusqu'à Piccadilly Circus. Là il prit l'autobus, pour un penny, jusqu'au haut de Charing Cross Road. Les arbres de Soho Square étalaient leur verdure luissante sous la lumière des lampes, à l'extrémité de l'allée étroite resserrée entre les bâtiments d'usines. Deux minutes plus tard, il était chez Sbisa, s'excusant auprès de Burlap et de Rampion d'être arrivé si tard.

— Ah ! vous voilà ! dit Lord Edward. Je suis bien content que vous soyez venu.

Illidge bredouilla de vagues excuses de n'être pas arrivé plus tôt... Un rendez-vous... D'affaires... Mais si, se demandait-il avec terreur au moment même où il parlait, si Lord Edward lui demandait avec qui, et au sujet de quoi ? Il ne saurait que répondre ; il s'effondrerait complètement. Mais le vieillard semblait n'avoir même pas entendu ses excuses.

— Je le regrette bien, mais il va falloir que je vous prie de me faire un peu de calcul, dit-il, de sa voix profonde et voilée. Lord Edward avait fait de lui-même un mathématicien fort convenable ; mais les « opérations » et les « problèmes » avaient toujours été au-delà de ses forces. Il n'avait jamais été capable de faire correctement une multiplication. Et quant à la division, — il y avait cinquante ans qu'il ne l'avait même plus tentée. — J'ai là les chiffres. — Il tapa du doigt sur le carnet qui était ouvert devant lui sur le bureau. — C'est pour le chapitre sur le phosphore. Il s'agit de la perturbation apportée par l'homme au cycle naturel. Combien avons-nous trouvé qu'il y avait de P^2O^5 dispersé dans la mer par le tout-à-l'égout ? — Il tourna une page. — Quatre cent mille tonnes. C'est ça. Pratiquement perdues. Jetées purement et simplement. Et puis, il y a la façon stupide dont nous traitons les cadavres. Dans chaque corps, trois quarts de kilo d'anhydride phosphorique. Rendu à la terre, vous me direz... Lord Edward était prêt à admettre toutes les excuses, afin qu'il pût, d'avance, les rétorquer, — tous les expédients de défense. — Mais combien insuffisamment! — Il balaya les excuses, il fit voler en éclats les avocats consultants. — Quoi! Nous entassons les corps les uns sur les autres dans des cimetières! Comment peut-on s'attendre à ce que le phosphore soit redistribué? Sans doute, avec le temps, il finit par rentrer dans le cycle de la vie. Mais, en ce qui nous concerne, nous, il est perdu. Il sort de la circulation. Or, en supposant trois quarts de kilo de P^2O^5 par cadavre, et une population mondiale de dix-huit cents millions, avec un taux moyen de mortalité de vingt pour mille, quelle est la quantité totale restituée chaque année au sol? Vous savez faire les problèmes, vous, mon cher Illidge. Je vous laisse le soin de calculer ça! — Illidge resta assis, silencieux, se voilant le visage avec la main. — Maintenant, il ne faut pas perdre de vue, continua le vieillard, qu'il y a des tas de gens qui se débarrassent de leurs morts d'une façon plus sensée que nous. En réalité, ce n'est que parmi les races blanches que le phosphore est retiré de la circulation. Les autres n'ont pas de nécropoles, ni de cercueils imperméables, ni de caveaux en maçonnerie. Les seuls qui soient plus gaspilleurs que nous, ce sont les Indous. Dire qu'ils brûlent les corps et qu'ils jettent les cendres dans les rivières! Mais les Indous sont stupides en toutes choses. Ainsi, ils brûlent toutes les bouses de vache, au lieu de les répandre sur le sol. Et puis ils s'étonnent que la moitié de la population n'ait pas de quoi manger. Il faudra faire un calcul à part pour les Indous. Mais je n'ai pas les chiffres. En attendant, voulez-vous me calculer le total général pour le monde entier. Et aussi le total pour les races blanches, si vous voulez bien? J'ai là quelque part une liste de ces populations. Et, bien entendu, le taux de la mortalité sera plus faible que la moyenne générale du monde, tout au moins pour l'Europe occidentale et l'Amérique. Voulez-vous vous asseoir ici? Il y a de la place à ce bout-ci de la table. — Il déblaya un certain espace. — Et voici du papier. Et vous avez là une plume convenable.

— Si ça ne vous fait rien, dit Illidge d'une voix faible, je vais m'allonger un instant. Je ne me sens pas bien...

CHAPITRE XXXIV

IL était près de onze heures lorsque Philip Quarles parut chez Sbisa. Spandrell l'aperçut comme il entrait et lui fit signe de venir à la table à laquelle il était assis avec Burlap et Rampion.

Philip traversa la salle en boitillant et s'assit à côté de lui.

— J'ai des commissions pour vous, dit Spandrell, et, ce qui est plus important, — il fouilla dans sa poche en disant cela, — la clé de chez vous. — Il la lui tendit et il expliqua comment elle était venue en sa possession. Si Philip savait ce qui était arrivé dans sa maison ce soir-là... ! — Et Élinor est partie pour Gattenden, continua-t-il. Elle a reçu un télégramme. L'enfant ne va pas bien, paraît-il. Et elle vous attend demain.

— Bigre ! dit Philip. Et moi qui ai au moins quinze rendez-vous !... Qu'est-ce qu'il a, le petit ?

— Ce n'était pas spécifié.

Philip haussa les épaules.

— Si ç'avait été sérieux, ma belle-mère n'aurait pas télégraphié, dit-il, — cédant à la tentation de dire quelque chose d'amusant. — Elle est comme ça. Elle supportera avec un calme parfait un cas de pneumonie double, et puis elle se montera formidablement le bourrichon au sujet d'une migraine ou d'un mal de ventre ! — Il s'interrompit pour commander une omelette et une demi-bouteille de vin de Moselle... « Pourtant, songea Philip, le petit n'avait pas été bien brillant au cours de ces dernières semaines. » Il regretta un peu d'avoir cédé à la tentation. Et ce qu'il avait dit n'était pas le moins du monde amusant. Vouloir être amusant, — c'était là son principal défaut littéraire. Ses livres seraient bien meilleurs s'il voulait bien qu'ils fussent beaucoup plus ennuyeux. Il tomba dans un silence un peu assombri.

— Ah ! Ces enfants... ! dit Spandrell. Voilà ce que c'est, aussi, de vouloir en avoir...

— Pourtant, ce doit être merveilleux d'avoir un enfant, dit Burlap avec une expression de regret convenable. — Moi, je regrette bien souvent...

Rampion lui coupa la parole.

— Ce doit être encore plus merveilleux d'en être un. Quand on est grand, s'entend. — Il ricana.

— Comment vous en occupez-vous, vous, de vos enfants ? lui demanda Spandrell.

— Le moins possible. Malheureusement, il faut qu'ils aillent à l'école. J'espère seulement qu'ils n'en apprendront pas trop. Ce serait vraiment affreux qu'ils sortissent de là comme des petits professeurs farcis de savoir, dégoisant leurs brillantes petites généralisations abstraites. C'est d'ailleurs probablement ce qu'ils feront. Rien que pour me faire enrager. Les enfants font généralement enrager leurs parents. Non pas à dessein, bien entendu, mais inconsciemment, parce qu'ils ne peuvent pas faire autrement, parce que les parents sont probablement allés trop loin dans une direction et que la nature réagit, pour essayer de revenir à l'état d'équilibre. Oui, oui, je le sens au fond de moi-même. Ce seront des professeurs, les petits bougres ! Ils seront affreux petits scientifiques. Comme votre ami Illidge, dit-il, — se tournant vers Spandrell, qui eut un tressaillement désagréable en entendant ce nom et s'en voulut d'avoir tressailli. — De sales petits cerveaux qui feront tout ce qu'ils pourront pour supprimer le cœur et les boyaux qui les accompagnent.

Spandrell sourit, de son sourire profond, un peu mélodramatico-ironique.

— Le jeune Illidge n'a pas réussi à supprimer chez lui le cœur et les boyaux, dit-il, — il s'en faut de beaucoup !

— Bien entendu ! Personne ne peut les supprimer. Tout ce qui arrive, au cours de ce processus-là, c'est qu'ils sont transformés d'organes vivants en choses de rebut. Et pourquoi sont-ils transformés ? Dans l'intérêt de quoi ? D'une masse de connaissances stupides et d'abstractions sans queue ni tête.

— Lesquelles, après tout, sont bien amusantes en soi, dit Philip, — rompant son silence pour venir au secours de l'intelligence. — Faire des généralisations et poursuivre le savoir, ce sont des amusements. Et au nombre des plus divertissants, à mon avis. — Philip se mit à développer sa défense hédoniste de la vie mentale. — Ainsi donc, pourquoi juger sévèrement nos petits plaisirs ? dit-il pour conclure. Vous ne condamnez pas le golf ; alors, pourquoi dénonceriez-vous les sports des intellectuels ?

— Ça, c'est bien rudimentaire, vous ne trouvez pas ? dit Rampion. C'est aux fruits que sera jugé l'arbre. Les fruits du golf sont soit inexistants, soit inoffensifs, soit effectivement bienfaisants. Un foie en bon état, par exemple, — voilà un fort beau fruit. Tandis que les fruits de l'intellectualisme, — bon Dieu ! — Il fit la grimace. — Contemplez-les. Toute notre civilisation industrielle, — les voilà, ses fruits. Le journal du matin, la radio, le cinéma, — des fruits, tout ça. Les tanks et le trinitrotoluol ; Rockefeller et Mond, — des fruits, encore. Tout ça, c'est le résultat de l'intellectualisme professionnel systématiquement organisé, de ces deux derniers siècles. Et vous voulez que j'approuve vos amusements, moi ? Voyons ! Je vous assure que je préfère les courses de taureaux ! Qu'est-ce que la torture de quelques animaux et la brutalisation de quelques centaines de spectateurs, en regard de la ruine, de l'avilissement, de la dégradation, de tout un monde ? Or c'est là ce que vous avez fait, vous autres intellectuels, depuis que vous avez professionnalisé et organisé vos plaisirs.

— Allons, allons, dit Philip. Votre tableau est un peu poussé au noir. Et de toute façon, même s'il était exact, on ne peut pas tenir les intellectuels responsables des applications qu'ont faites les autres de leurs résultats.

— Mais si, ils en sont responsables ! Parce que c'est eux qui ont élevé les autres dans leur satané tradition intellectualiste ! Au fond, les autres ne sont que des intellectuels sur un autre plan. Un homme d'affaires, c'est simplement un homme de science qui se trouve être un peu plus bête que le véritable homme de science. Il vit d'une façon tout aussi unilatérale, aussi intellectuelle, dans les limites de son intelligence, que l'autre. Et le fruit qui en résulte, c'est la dégénérescence psychologique intérieure. Car, bien entendu, ajouta-t-il par parenthèse, les fruits de vos plaisirs, ce n'est pas le simple appareil de la vie industrielle moderne. Ils résident aussi dans une décrépitude interne ; dans l'infantilisme et la dégénérescence dans toutes sortes de folies et de régressions à l'état primitif. Non, non, je ne les tolère pas, moi, vos chers plaisirs de l'esprit. Vous feriez bien moins de mal si vous jouiez au golf.

— Mais la vérité ? interrogea Burlap qui avait écouté la discussion sans parler. — Que devient alors la vérité ?

Spandrell approuva d'un signe de tête.

— Oui, est-ce qu'elle ne mérite pas qu'on la recherche ?

— Certainement, dit Rampion. Mais non pas là où la recherchent Philip et ses amis scientifiques ou érudits. Au fond, la seule vérité qui puisse présenter quelque intérêt pour nous, ou que nous puissions connaître, c'est une vérité humaine. Et pour la découvrir, celle-là, il faut la chercher avec tout son être, et non avec une de ses parties spécialisées. Ce que les scientifiques s'efforcent de percer au jour, c'est une vérité non humaine. Non pas qu'ils puissent jamais y réussir complètement ; car un scientifique même ne peut cesser complètement d'être humain. Mais ils peuvent faire un bout de chemin sur la voie qui les éloigne du monde humain de la réalité. En se torturant la cervelle, ils peuvent se donner une faible notion de l'univers tel qu'il paraîtrait s'il était vu à travers des yeux non humains. Avec leur théorie des quanta, leur mécanique ondulatoire, leur relativité, et tout le tremblement, on dirait vraiment qu'ils sont un peu sortis de l'humanité. Or, à quoi diable tout cela peut-il être bon ?

— En dehors du plaisir même de la chose, dit Philip, il pourra en résulter quelque bien, issu d'une découverte pratique prodigieuse telle que le secret de la désintégration de l'atome et de la libération de quantités illimitées d'énergie.

— Et la réduction consécutive des êtres humains à un état d'imbécillité absolue et de sujétion absolue à leurs machines, railla Rampion. Je les connais, vos paradis ! Mais il s'agit, en ce moment, de la vérité. Cette vérité non humaine que les scientifiques s'efforcent de trouver avec leur intelligence, — mais elle n'a pas le moindre rapport avec l'existence humaine ordinaire ! Notre vérité, la vérité humaine qui nous intéresse, c'est une chose qu'on découvre en vivant, en vivant complètement, avec la totalité de son être. Les résultats de vos plaisirs, Philip, toutes ces fameuses théories sur le cosmos et leurs applications pratiques, — elles n'ont absolument rien à voir avec la seule vérité qui nous importe. Et la vérité non humaine n'est pas seulement sans rapport avec nous ; elle est dangereuse. Elle distrait l'attention des gens des vérités importantes. Elle leur fait falsifier leur expérience ; afin que la réalité vécue s'accorde avec la théorie abstraite. Ainsi, par exemple, c'est une vérité non humaine bien établie — ou du moins, elle était bien établie alors que j'étais jeune — que les qualités secondes n'ont pas d'existence réelle. L'homme qui admet cela d'une façon sérieuse se nie lui-même, détruit tout l'échafaudage de sa vie en tant qu'être vivant. Car les êtres humains se trouvent être constitués de telle sorte que les qualités secondes soient, pour eux, les seules réelles. Si vous les niez, vous vous suicidez.

— Mais dans la pratique, dit Philip, personne ne les nie.

— Pas complètement, concéda Rampion. Parce que c'est impossible. Un homme ne peut pas abolir complètement ses sensations et ses sentiments, à moins de se tuer, au sens physique du mot. Mais il peut les déprécier, après coup. Et, de fait, c'est là ce que font un grand nombre de gens intelligents et cultivés, — ils déprécient l'humain, dans l'intérêt du non-humain. Leur motif est différent de celui des chrétiens ; mais le résultat est le même. C'est une sorte d'autodestruction. C'est toujours la même chose, reprit-il, avec un soudain éclat de colère dans la voix, — à chaque tentative qu'on fait, d'être quelque chose de mieux qu'un homme, le résultat est toujours le même. La mort, une forme ou une autre de la mort. On essaie d'être plus que ce qu'on est de nature, et l'on tue quelque chose en soi, et l'on s'amoindrit fortement. J'en ai plein le dos, de toutes ces âneries sur la vie supérieure, et le progrès moral et intellectuel, et l'existence pour l'idéal, et tout le tremblement ! Tout ça mène à la mort. Tout aussi infailliblement que de vivre pour l'argent. Les chrétiens et les moralistes, et les esthètes cultivés, et les jeunes et brillants hommes de science, et les gens d'affaires à la Taylor ou Fayol, — toutes les pauvres petites grenouilles humaines qui essaient de se boursoufler en bœufs de pure spiritualité, de pur idéalisme, de pure efficacité pratique, de pure intelligence consciente, et qui, tout simplement, font « paf » et cessent d'être quoi que ce soit, sinon les fragments d'une petite grenouille, — et encore, des fragments en décomposition ! Tout l'ensemble est une vaste stupidité, un mensonge immense et répugnant ! Votre petit saint François, cette puanteur, par exemple ! — Il se tourna vers Burlap, qui protestait. — Oui, rien qu'une puanteur, insista Rampion. Un petit bonhomme bête et vaniteux, qui essaie de se gonfler jusqu'à devenir un Jésus, et qui ne réussit qu'à tuer le peu de bon sens ou de vertu qu'il pouvait avoir en lui, qui ne réussit qu'à se transformer en fragments dégoûtants et puants d'un véritable être humain... Un homme qui s'en va recueillir des frissons et s'exciter en léchant des lépreux ! Pouah ! Quel dégoûtant petit perverti ! Il se croit trop bon pour donner un baiser à une femme ; il veut être au-dessus de toute chose aussi vulgaire que le plaisir naturel et sain, — et le seul résultat, c'est qu'il tue le moindre grain de vertu humaine qu'il a pu avoir en lui et devient un petit perverti puant qui ne peut plus s'exciter qu'en léchant les ulcères des lépreux. Non pas en guérissant des lépreux, notez-le bien. Mais simplement en les léchant. Pour son plaisir. Pas pour le leur. C'est révoltant !

Philip s'adossa en arrière sur sa chaise et se mit à rire. Mais Rampion s'en prit à lui avec fureur.

— Vous pouvez rire, dit-il. Mais ne vous imaginez pas que vous valez mieux, en réalité. Vous et vos amis intellectuels, scientifiques ! Vous avez tué tout autant de vous-mêmes que les fous furieux du christianisme. Voulez-vous que je vous lise votre programme ? — Il prit le livre qui était près de lui sur la table et commença à en tourner les pages. — Je viens justement de tomber là-dessus, dans l'autobus, en venant ici. Voici... — Il se mit à lire, prononçant les mots français du texte avec soin et fort clairement. « *Plus un obstacle matériel, toutes les rapidités gagnées par la science et la richesse. Pas une tare à l'indépendance. Voir un crime de lèse-moi dans toute fréquentation ; homme ou pays, qui ne serait pas expressément voulue. L'énergie, le recueillement, la tension de la solitude, les transporter dans ses rapports avec de vrai semblables. Pas d'amour peut-être, mais des amitiés rares, difficiles, exaltées, nerveuses ; vivre comme on revivrait en esprit de détachement, d'inquiétude et de revanche.* » — Rampion ferma le livre et leva les yeux. — Voilà votre programme, dit-il à Philip. Formulé par Marie Lenéru en 1901. C'est fort bref, fort net, fort complet. Et, bon Dieu, quelle horreur ! Pas de corps, pas de contact avec le monde matériel, pas de contact avec les êtres humains, sinon par l'intelligence, pas d'amour...

— Ce point-là, nous l'avons changé un peu, depuis 1901, dit Philip avec un sourire.

— Non pas véritablement. Vous avez admis la fornication commune, voilà tout. Mais non pas l'amour, non pas le contact et le courant naturels, non pas la renonciation à l'orgueil mental, non pas le fait de s'abandonner à l'instinct. Non, non. Vous ne lâchez pas votre volonté consciente. Tout doit être *expressément voulu,* tout le temps. Et il faut que les relations soient purement mentales. Et la vie doit être vécue, non pas comme si elle était la vie dans un monde de gens vivants, mais comme si elle consistait en souvenirs, en imaginations et en méditations solitaires. Une masturbation sans fin, comme le grand et horrible livre de Proust. Voilà la vie supérieure ! Ce qui est, par euphémisme, le nom de la mort naissante. Il est significatif, il est symbolique que cette Lenéru ait été sourde et quasiment aveugle. C'est le signe extérieur et visible d'une vérité intérieure et spirituelle. Pauvre femme ! Elle avait du moins quelque excuse à sa spiritualité. Mais les autres Prôneurs de la Vie Supérieure, ceux qui n'ont pas de tare physique, — ils sont plus difficilement pardonnables, eux. Ils se sont mutilés de propos délibéré, — pour rigoler. Dommage qu'il ne leur pousse pas de bosse ou d'yeux vairons. On saurait mieux à qui l'on a affaire !

— C'est très juste, dit Philip, — hochant la tête en assentiment, et il rit en affectant d'être amusé, pour couvrir l'embarras que lui causaient les allusions de Rampion aux infirmités physiques. — C'est très juste. — Personne ne devait croire que, sous prétexte qu'il avait une jambe endommagée, il n'appréciait pas entièrement la justesse des remarques de Rampion sur la difformité.

La violence déplacée de son rire fut cause que Rampion lui jeta un coup d'œil interrogateur. Qu'y avait-il donc ? Mais il ne voulut pas prendre la peine de le rechercher.

— Tout ça, ce sont des mensonges infects, reprit-il, et des mensonges idiots, par-dessus le marché, — toute cette comédie de faire semblant d'être plus qu'humain. C'est idiot, parce que ça ne marche jamais. On essaie d'être plus humain, — mais on ne réussit qu'à se rendre moins qu'humain. Toujours...

— Très bien, très bien ! dit Philip. « Nous marchons sur la terre », il ne nous faut point d'ailes. — Et tout à coup il entendit la forte voix de son père, disant : « J'avais des ailes. J'avais des ailes » ; il revit son visage congestionné et son pyjama rose fiévreux. C'était risible et déplorable. — Savez-vous de qui c'est, cela ? reprit-il. C'est le dernier vers du poème que j'ai fait pour le prix Newdigate à Oxford, quand j'avais vingt et un ans. Le sujet, c'était *le Roi Arthur,* si je me rappelle bien. Inutile d'ajouter que je n'ai pas eu le prix. Mais le vers est bon.

— Dommage que vous n'ayez pas vécu en conséquence, dit Rampion, au lieu de vous prostituer aux abstractions. Mais, bien entendu, il n'y a personne de tel que le passionné d'abstractions pour condamner les abstractions. Il sait par expérience personnelle quelle puissance destructive de vie est la leur. L'homme ordinaire peut se permettre de faire bon ménage avec elles. Il peut se permettre d'avoir aussi des ailes, du moment qu'il se souvient qu'il a des pieds. C'est lorsque les gens s'évertuent à vouloir voler tout le temps qu'ils déraillent. Ils ont l'ambition d'être des anges ; mais tout ce qu'ils parviennent à devenir, c'est des serins et des oies, d'une part, ou bien des vautours ou des charognards dégoûtants de l'autre.

— Mais tout ça, dit Spandrell, rompant un long silence, ce n'est ni plus ni moins que l'évangile de l'animalisme. Vous nous conseillez purement et simplement de nous conduire comme des bêtes.

— Je vous conseille de vous conduire comme des êtres humains, dit Rampion. Ce qui est légèrement différent. Et, au surplus, ajouta-t-il, il vaut bigrement mieux se conduire comme une bête — j'entends, un véritable et authentique animal non domestiqué — que d'inventer un diable et de régler ensuite sa conduite sur son invention.

Il y eut un bref silence.

« Si je leur disais, songeait Spandrell, si je leur disais que je viens de bondir sur un homme de derrière un paravent, et que je l'ai assommé d'un coup de gourdin sur le côté du crâne ?... » Il prit encore une gorgée de cognac.

— Non, dit-il à haute voix, je ne suis pas si sûr que ça de ce que vous dites. Se conduire comme un animal, c'est se conduire comme un être qui est au-dessous du bien et du mal. Il faut savoir ce que c'est que le bien, avant de pouvoir se mettre à se conduire en diable. — Et pourtant, tout cela n'avait été que stupide, sordide et répugnant. Oui, et profondément bête, — une énorme stupidité. Au cœur du fruit de l'arbre de la science du bien et du mal, il avait trouvé non pas du feu et du poison, mais seulement une putréfaction brune et dégoûtante, et quelques petites larves. — Les choses n'existent qu'autant qu'on peut les rapporter à leurs contraires, poursuivit-il, fronçant les sourcils à ses propres pensées, le diable implique Dieu.

— Sans doute, dit Rampion avec impatience. Un diable qui serait le mal absolu implique un Dieu qui serait le bien absolu. Et puis ? Quel rapport ça a-t-il avec vous et moi ?

— Beaucoup de rapport, à ce que j'aurais pensé.

— Ça a à peu près autant de rapport avec nous, que le fait que cette table soit composée d'électrons, ou qu'elle soit une série infinie d'ondes vibrant dans un milieu inconnu, ou un grand nombre de points-événements dans un continu à quatre dimensions, ou toute autre chose que les amis scientifiques de Philip nous assurent qu'elle est. Juste autant que ça. C'est-à-dire, pratiquement, aucun rapport. Votre Dieu absolu et votre diable absolu appartiennent à la catégorie des faits sans intérêt et sans rapport humains. Les seules choses qui nous concernent, ce sont les petits biens et maux relatifs de la casuistique individuelle. Tout le reste est non-humain, et étranger à la question ; et si vous vous laissez influencer par ces considérations non humaines, absolues, alors, vous faites inévitablement de vous-même un imbécile, ou un scélérat, ou peut-être les deux.

— Mais ça vaut mieux que de faire de soi-même un animal, insista Spandrell. J'aimerais mieux être un imbécile ou un scélérat qu'un taureau ou qu'un chien.

— Mais personne ne vous demande d'être un taureau ou un chien, dit Rampion avec impatience. Personne ne vous demande d'être quoi que ce soit, si ce n'est un homme. Un *homme,* retenez bien ça. Ni ange, ni diable. Un homme, c'est un être sur une corde raide, qui marche délicatement, en équilibre, ayant à l'un des bouts de son balancier l'esprit, la conscience, l'âme, et à l'autre bout le corps, l'instinct, et tout ce qui est inconscient, tout ce qui touche à la terre, tout ce qui est mystère. En équilibre, — oui. Ce qui est bigrement difficile. Et le seul absolu qu'il puisse vraiment connaître jamais, c'est l'absolu de l'équilibre parfait. L'absolu de la relativité parfaite. Ce qui, au point de vue intellectuel, est un non-sens. Mais il en est de même de toute vérité véritable, authentique, vivante, — simple non-sens d'après la logique. Et la logique est un simple non-sens à la lumière de la vérité vivante. Vous avez le choix, — la logique ou la vie. C'est affaire de goût. Il y a des gens qui préfèrent être morts.

«... Qui préfèrent être morts...» Ces paroles retentirent dans l'esprit de Spandrell. Everard Webley, gisant par terre, ficelé comme un poulet, — préférait-il être mort, lui ?

— Malgré tout, dit-il lentement, il y a certaines choses qui doivent de toute nécessité rester absolument et radicalement mauvaises. Le meurtre, par exemple. — Il avait besoin de croire que c'était quelque chose de plus que simplement vil, sordide et répugnant. Il voulait croire que c'était aussi terrible et tragique. — Voilà un mal absolu.

— Bah ! Pourquoi plus absolu qu'autre chose ? dit Rampion.

Il y a des circonstances où le meurtre est manifestement nécessaire, bon, recommandable. Le seul acte absolument mauvais, en tant que je puisse voir, qu'il soit possible à un homme d'accomplir, c'est un acte contre la vie, contre la propre intégralité. Il commet le mal s'il se pervertit, s'il falsifie ses instincts.

Spandrell se montra sarcastique.

— Voilà que nous revenons aux bêtes, dit-il. Il faut donc partir en chasse et satisfaire tous ses appétits à mesure qu'on les éprouve. C'est là le dernier mot de la sagesse humaine ?

— Mon Dieu, ce n'est pas réellement si bête que vous semblez vouloir le dire, dit Rampion. Si les hommes se mettaient à satisfaire leurs désirs instinctifs seulement quand ils les éprouvent authentiquement, — comme le font les animaux que vous écrasez de votre mépris, — ils se conduiraient bigrement mieux que ne se conduisent aujourd'hui la majorité des êtres humains civilisés. Ce n'est pas l'appétit naturel et le désir instinctif spontané qui rendent l'homme si bestial, — non, « bestial » n'est pas le mot qu'il faut ; il sous-entend une insulte aux animaux — mettons : qui le rendent si supra-humainement vicieux. C'est l'imagination, avec ses principes, sa tradition, son éducation. Abandonnez les instincts à eux-mêmes, et vous verrez qu'ils feront fort peu de mal. Si les hommes ne faisaient l'amour que lorsqu'ils sont emportés par la passion, s'ils se battaient uniquement lorsqu'ils sont en colère ou en terreur, s'ils tentaient d'agripper les choses uniquement quand ils en ont le besoin ou quand ils subissent le vertige d'un désir irrésistible de posséder, — alors, je vous assure, ce monde ressemblerait beaucoup plus au Royaume des Cieux qu'il ne le fait sous notre règle christiano-intellectuelle-et-scientifique actuelle. Ce n'est pas l'instinct qui fait les Casanova, les Byron, les Dubarry ; c'est une imagination en prurit, qui chatouille artificiellement l'appétit, qui chatouille des désirs dépourvus d'existence naturelle. Si les don Juans et les don Juanes obéissaient seulement à leurs désirs, ils auraient bien peu d'intrigues. Il faut qu'ils se chatouillent en imagination avant de pouvoir commencer à étreindre au petit bonheur. Et il en est de même des autres instincts. Ce n'est pas l'instinct de possession qui a rendu la civilisation moderne insensée sur les questions d'argent. Il faut que l'instinct de possession soit sans cesse chatouillé artificiellement par l'éducation, la tradition et les principes moraux. Il faut qu'on répète aux enfouisseurs d'argent qu'enfouir l'argent, c'est une chose naturelle et noble, que l'économie et l'industrie sont des vertus, que le fait de persuader aux gens d'acheter ce dont ils n'ont pas besoin, c'est un devoir chrétien. Leur instinct de possession ne serait jamais assez fort pour les pousser à enfouir sans cesse du matin au soir, pendant toute leur vie. Il faut qu'il soit constamment excité par l'imagination et l'intelligence... Et songez donc à la guerre « civilisée ». Elle n'a rien à voir avec la combativité spontanée. Il faut que les hommes y soient contraints par la loi et ensuite chatouillés par la propagande, avant qu'ils se battent. On agirait bien plus efficacement en faveur de la paix, si l'on disait aux hommes d'obéir aux réflexes spontanés de leurs instincts belliqueux, qu'en fondant n'importe quel nombre de Sociétés des Nations.

— On en ferait encore bien davantage, dit Burlap, en leur disant d'obéir à Jésus.

— Ah! mais non! Leur dire d'obéir à Jésus, c'est leur dire d'être plus qu'humain. Et, en pratique, quand on essaie d'être plus qu'humain, on réussit toujours à être moins qu'humain. Dire aux gens d'obéir à Jésus littéralement, c'est leur dire, indirectement, de se conduire comme des imbéciles, et en fin de compte comme des démons. Voyez donc les exemples. Le vieux Tolstoï, — voilà un grand homme, qui s'est délibérément changé en imbécile en essayant d'être plus qu'un grand homme. Et votre affreux petit saint François... — Il se tourna vers Burlap. — Encore un imbécile, celui-là. Mais à la limite du diabolisme. Avec les moines de la Thébaïde vous voyez le même procédé porté un pas plus loin. Ils ont franchi la limite, eux. Ils sont arrivés au stade démoniaque. La torture de soi-même, la destruction de tout ce qui est convenable, beau, et vivant. Voilà leur programme. Ils se sont efforcés d'obéir à Jésus et d'être plus que des hommes; et tout ce qu'ils ont réussi à faire, ç'a été de devenir l'incarnation du pur esprit diabolique de la destruction. Ils auraient pu être des humains parfaitement convenables s'ils avaient tout bonnement suivi leur chemin en se conduisant naturellement, d'accord avec leurs instincts. Mais non, ils ont voulu être plus qu'humains. De sorte qu'ils sont devenus ni plus ni moins que des démons. Des imbéciles d'abord, et ensuite des démons, des démons imbécile. Pouah! — Rampion fit la grimace et hocha la tête avec dégoût. — Et quand on pense, reprit-il avec indignation, que le monde est rempli de créatures de ce genre! Pas tout à fait aussi insensées que saint Antoine et ses démons, ou que saint François et ses faibles d'esprit. Mais du même ordre. N'en différant que par le degré. Et toutes perverties, de la même manière, — en essayant d'être non-humaines! Non-humainement religieuses, non-humainement morales, non-humainement intellectuelles et scientifiques, non-humainement spécialisées et à grand rendement, non-humainement gens d'affaires, non-humainement avares et avides de posséder, non-humainement lascives et don juanesques, non-humainement individus conscients, même en amour ! Tous ces gens-là sont des pervertis. Pervertis vers le bien ou le mal, vers l'esprit ou la chair ; mais toujours s'écartant de la norme centrale, s'écartant de l'humanité. Le monde est un asile de pervertis. Il y en a quatre à cette table en ce moment. — Il eut un regard circulaire, avec un sourire railleur. — Un pur petit perverti de Jésus. — Burlap eut un sourire de pardon. — Un perverti esthético-intellectuel.

— Merci du compliment, dit Philip.

— Un perverti éthico-philosophique. — Il se tourna vers Spandrell. — C'est tout à fait le petit Stavroguine. Excusez-moi de le dire, Spandrell ; mais vous êtes véritablement l'imbécile le plus colossal. — Il le dévisagea intensément. — Vous souriez comme tous les personnages tragiques des romans condensés en un seul ! Mais ça ne sert de rien. Tout ça ne cache pas le nigaud, le simple d'esprit qui est par-dessous.

Spandrell rejeta la tête en arrière et rit silencieusement. S'il savait, songeait-il, s'il savait !... Mais s'il savait, l'en estimerait-il donc moins un imbécile ?

— Vous pouvez rire, mon vieux Dostoïevsky ! Mais permettez-moi de vous le dire, c'est Stavroguine qui aurait dû être surnommé l'Idiot, et non pas Michkine. C'est incomparablement lui le plus idiot des deux, le perverti le plus complet.

— Et quelle espèce d'imbécile et de perverti est la quatrième personne assise à cette table ? demanda Philip.

— Quelle espèce, en vérité ! — Rampion secoua la tête. Ses cheveux fins se soulevèrent avec une ondulation soyeuse. Il sourit. — Un perverti pédagogue. Un perverti de Jérémie. Un perverti à se faire de la bile au sujet de tout ce sacré monde. Avant tout, un perverti laïusseur ! — Il se leva. — C'est pourquoi je vais rentrer, dit-il. En ai-je dit, en ai-je dit ! C'est non-humain, ça. C'est véritablement scandaleux. J'en ai honte. Mais voilà le chiendent : quand on mène le branle contre les choses et les gens non-humains, on devient inévitablement soi-même non-humain. Tout ça, c'est de votre faute. Il eut un dernier rire, fit au revoir de la main et s'en alla.

Burlap rentra chez lui pour y trouver Béatrice qui l'attendait, comme d'habitude. Assis, — car elle était l'habitude enfantinement engageante qu'il avait prise au cours des quelques dernières semaines, — par terre à ses pieds, la tête, avec sa petite tonsure rose au milieu des boucles sombres, contre son genou, il but son lait chaud à petites gorgées et parla de Rampion. C'était un homme extraordinaire, un grand homme, même. « Grand ? »

interrogea Béatrice, d'un ton désapprobateur. Elle n'aimait pas entendre attribuer le caractère de « grand » à un vivant (les morts, c'était différent : ils étaient morts), à moins que ce ne fût à Denis lui-même... Tout de même, pas *grand,* insista-t-elle avec jalousie... Mon Dieu, peut-être pas absolument. Mais presque... S'il n'avait pas cet étrange manque de sensibilité envers les valeurs spirituelles, ce préjugé, ce *punctum cæcum*... Son attitude était compréhensible, d'ailleurs. Rampion réagissait contre quelque chose qui était allé trop loin dans une direction ; mais au cours de sa réaction même, il était allé trop loin dans l'autre... Son incapacité à comprendre saint François, par exemple. Toutes ces choses grotesques et véritablement hideuses qu'il allait jusqu'à dire sur le saint. Cela, c'était extraordinaire et déplorable.

— Qu'est-ce qu'il en dit ? demanda Béatrice avec sévérité. — Depuis qu'elle connaissait Burlap, elle avait pris saint François sous sa protection.

Burlap lui fit un compte rendu, légèrement expurgé, de ce qu'avait dit Rampion. Béatrice fut indignée. Comment pouvait-il dire des chose comme celles-là ? Comment osait-il ? C'était un outrage... Oui, il avait ce défaut-là, reconnut Burlap, ce défaut réel. Mais il y a si peu de gens, ajouta-t-il charitablement, qui naissent avec le goût véritable de la beauté spirituelle ! Rampion était, par bien des côtés, un homme extraordinaire, mais on eût dit qu'il lui manquait cet organe des sens supplémentaire, qui permet aux hommes comme saint François de percevoir la beauté qui est au-delà de la beauté terrestre. D'une façon bien rudimentaire, il avait lui-même, pensait-il, ce pouvoir. Comme il était rare qu'il rencontrât quelqu'un qui parût lui ressembler ! Presque tout le monde, à ce point de vue, lui était étranger. C'est comme si l'on avait une vue normale dans un pays où la plupart des gens seraient atteints de daltonisme. Béatrice ne ressentait-elle pas cela, elle aussi ? Car, bien entendu, elle était l'une des rares personnes à vue claire. Il l'avait senti tout de suite, dès la première fois qu'il l'avait rencontrée. Béatrice fit gravement oui d'un signe de tête. Oui, elle ressentait cela, elle aussi. Elle en éprouvait de la fierté et de l'importance. Cette idée de Rampion sur l'amour, par exemple : Burlap hocha la tête. Qu'elle était grossière, animale, corporelle !

— C'est affreux ! dit Béatrice avec sentiment. — Denis, songeait-elle, était tellement différent ! Tendrement, elle abaissa son regard sur la tête qui reposait, avec une telle confiance, contre son genou. Elle adorait la façon dont ses cheveux étaient bouclés, et ses jolies oreilles, très petites, et même la tache rose de calvitie qu'il avait au sommet du crâne. Cette petite tonsure rose avait, elle ne savait trop pourquoi, quelque chose d'un peu pathétique et d'engageant. Il y eut un long silence.

Burlap finit par pousser un soupir profond.

— Comme j'ai sommeil ! dit-il.

— Vous devriez aller vous coucher.

— J'ai trop sommeil, même, pour bouger d'ici. — Il appuya sa joue plus fort contre son genou et ferma les yeux.

Béatrice leva sa main, hésita un instant, la laissa retomber, puis la souleva de nouveau et se mit à lui passer ses doigts de façon calmante parmi les boucles sombres. Il y eut encore un long silence.

— Ah ! ne vous arrêtez pas, dit-il, lorsqu'elle retira enfin sa main. Comme c'était bon ! Il semble émaner de vous un tel pouvoir ! Vous m'avez presque guéri de mon mal de tête.

— Vous avez mal à la tête ? demanda Béatrice, — dont la sollicitude, comme à son habitude, se répandit en une sorte de colère. — Alors, il faut absolument que vous alliez vous coucher, commanda-t-elle.

— Mais je me trouve si bien là !

— Non, j'insiste. — Ses sentiments maternels, protecteurs, étaient complètement réveillés de leur torpeur. Sa tendresse se fit tyrannique.

— Comme vous êtes cruelle ! gémit Burlap, se dressant à regret sur ses pieds. — Béatrice fut saisie de remords. — Je vous caresserai les cheveux quand vous serez couché, promit-elle. — Elle aussi, maintenant, regrettait ce doux et tiède silence, cette intimité sans paroles, que son éclat de sollicitude despotique avait rompue trop brusquement. Elle se justifia par une explication. Le mal de tête reviendrait si Burlap ne s'endormait pas au moment même où il était guéri. Et ainsi de suite.

Burlap était au lit depuis près de dix minutes, lorsqu'elle entra pour tenir sa promesse. Elle était vêtue d'un peignoir vert, et ses cheveux jaunes étaient tressés en une longue natte épaisse qui se balançait pesamment tandis qu'elle marchait, comme la lourde queue nattée d'un percheron dans une foire.

— On vous donnerait bien douze ans, avec cette natte qui vous pend dans le dos, dit Burlap, enchanté.

Béatrice se mit à rire, un peu nerveusement, et s'assit au bord du lit. Il leva la main et saisit la natte épaisse.

— Comme c'est charmant ! dit-il. Il faut absolument qu'on tire dessus, — on ne peut pas faire autrement. — Il tira un petit coup, par plaisanterie.

— Faites attention, fit-elle en guise d'avertissement. Je vais tirer les vôtres en retour, malgré votre mal de tête! — Elle saisit une de ces boucles sombres.

— Pouce, pouce! supplia-t-il, revenant au vocabulaire de l'école primaire. Je vais lâcher prise! La véritable raison, ajouta-t-il, pour laquelle les petits garçons n'aiment pas se battre avec les petites filles, c'est tout simplement que les petites filles sont tellement plus implacables et féroces.

Béatrice rit de nouveau. Il y eut un silence. Elle se sentait un peu haletante, émue, comme on l'est toujours lorsqu'on s'attend à ce qu'il arrive quelque chose.

— Comment va la tête? demanda-t-elle.

— Assez mal.

Elle étendit le bras et lui toucha le front.

— Votre main est magique, dit-il. — D'un mouvement rapide et imprévu, il se tortilla de côté sous les draps et posa sa tête sur les genoux de Béatrice. — Là, murmura-t-il, avec un soupir de satisfaction, et il ferma les yeux.

Au premier moment, Béatrice fut abasourdie, presque effrayée. Cette tête sombre, reposant, dure et lourde, sur ses cuisses — cela lui parut étrange, terrifiant. Elle fut obligée de réprimer un petit frisson, avant de pouvoir être contente de ce qu'il y avait d'enfantine confiance dans le geste de Burlap. Elle se mit à lui caresser le front, à lui caresser le cuir chevelu au travers des épaisses boucles sombres. Le temps passa. Le doux silence tiède les enveloppa de nouveau, l'intimité muette du contact fut rétablie. Elle cessa de se montrer tyrannique dans sa sollicitude protectrice, mais ne lui témoigna plus que de la tendresse. C'était comme si son armure de dureté se fût fondue autour d'elle, se fût évanouie dans cette tiède intimité, emportant les terreurs qui l'avaient rendue nécessaire.

Burlap soupira de nouveau. Il sommeillait vaguement dans une espèce de passivité sensuelle heureuse.

— Ça va mieux? demanda-t-elle dans un doux chuchotement.

— Ça me fait encore bien mal sur le côté, murmura-t-il en retour. Juste au-dessus de l'oreille. — Et il laissa rouler sa tête de manière qu'elle pût atteindre plus facilement l'endroit douloureux, il la laissa rouler de côté, si bien que son visage fut appuyé contre le ventre de Béatrice, ce ventre mou qui remuait d'une façon si vivante avec sa respiration, qui était si chaud et qui cédait à la pression de son visage.

A la pression de ce visage contre son corps, Béatrice éprouva tout à coup un renouveau de ces frémissements spasmodiques d'appréhension. Sa chair avait la terreur d'une intimité physique aussi proche. Mais comme Burlap ne remuait pas, comme il ne faisait nul geste dangereux, nul mouvement pour établir un contact plus rapproché, sa terreur se calma peu à peu, et les halètements qu'elle avait provoqués ne servirent qu'à enjoliver et à intensifier cette merveilleuse et tiède émotion de tendresse qui lui succéda. Elle lui passa de nouveau les doigts dans la chevelure, — encore. Elle sentait la chaleur de la respiration de Burlap contre son ventre. Elle frémit légèrement, son bonheur battait des ailes, avec des appréhensions et des joies anticipées. Sa chair tremblait, mais était néanmoins joyeuse ; elle avait peur, tout en étant curieuse ; elle se refusait, mais elle se laissait gagner à la tiédeur du contact, et même, parmi toutes ses terreurs, bien timidement, elle éprouvait du désir.

— Ça va mieux ? murmura-t-elle de nouveau.

Il fit un petit mouvement de la tête et appuya son visage plus près de sa chair plastique.

— Faut-il que je m'arrête ? continua-t-elle, faut-il que je m'en aille ?

Burlap leva la tête et la regarda.

— Non, non, implora-t-il. Ne partez pas. Pas encore. Ne rompez pas l'enchantement. Restez là encore un moment. Couchez-vous là un moment sous la courtepointe. Rien qu'un moment.

Sans dire un mot, elle s'étendit à côté de lui, et il la recouvrit de la courtepointe ; il éteignit la lumière.

Les doigts qui caressèrent le bras de Béatrice sous son ample manche, la touchèrent délicatement, la touchèrent avec spiritualité, et en quelque sorte immatériellement, comme les doigts de ces gants en caoutchouc que l'on gonfle et qui vous frôlent la figure d'une façon si impressionnante, dans l'obscurité des séances spirites, vous apportant le réconfort du Vaste Au-Delà et un message d'affection des êtres aimés qui sont trépassés. Caresser, tout en étant le gant de caoutchouc spiritualisé d'une « séance », — faire l'amour, mais comme si c'était de l'autre côté du Vaste Au-Delà, — cela, c'était le talent de Burlap. Doucement, patiemment, avec une infinie douceur en quelque sorte désincarnée, il continua à caresser. L'armure de Béatrice avait complètement fondu. C'était le tréfonds doux, virginal, et tremblant d'elle-même, que Buralp caressait, de ce frôlement délicat de doigts spirites du Vaste Au-Delà. Son armure avait disparu ; mais elle se sentait si merveilleusement en sûreté avec Denis ! Elle ne ressentait nulle peur, ou du moins elle ne ressentait que les faibles tressaillements haletants de sa chair encore presque enfantine, qui ne faisaient qu'aviver son bonheur. Elle se sentait si merveilleusement en sûreté, même lorsque, — après ce qui avait semblé une éternité délicieuse de caresses patiemment répétées allant et revenant du poignet jusqu'à l'épaule — la main spirite s'évada de l'Au-Delà et lui toucha la poitrine! La main frôla délicatement, d'une façon quasi désincarnée, comme une enveloppe de caoutchouc gonflé d'air; elle glissa avec spiritualité sur la chair arrondie, et ses doigts angéliques s'attardèrent sur la peau. Au premier contact, la poitrine ronde tressaillit; elle avait ses terreurs particulières, au fond du bonheur général de Béatrice, au fond de sa sensation de sécurité. Mais la main spirite répéta sa caresse, — encore, — patiemment, doucement, sans alarme, jusqu'à ce que la poitrine rassurée, et finalement plus que consentante, eût le désir de son retour, et que tout le corps frémît sous l'irradiation des désirs de la poitrine. Dans l'obscurité, l'éternité se prolongea.

CHAPITRE XXXV

LE lendemain, au lieu de gémir à chaque retour de la douleur, l'enfant commença à crier, — à pousser cri sur cri sur un mode toujours plus aigu, répétés avec une régularité presque digne d'un mouvement d'horlogerie, pendant un temps qui parut à Élinor une éternité. On aurait dit les cris d'un lapin pris dans un piège. Mais c'était mille fois pis; car c'était un enfant qui criait, et non un animal; *son* enfant, pris au piège et dans les affres de la souffrance. Elle eut la sensation d'être prise au piège, elle aussi. Prise dans son incapacité absolue d'alléger la douleur de son enfant. Prise dans cet obscur sentiment de culpabilité, cette croyance irrationnelle (mais tenace, en dépit de ce qu'elle avait d'irrationnel), cette conviction sans cesse plus lourdement pressante et suffocante, que tout cela était, de quelque insondable manière, *sa* faute à elle, — que c'était une punition, méchamment infligée par procuration, en expiation de *son* offense. Emprisonnée dans son propre piège, mais exclue de celui du petit, elle resta là assise, tenant la petite main comme si c'eût été à travers des barreaux, incapable de venir à son secours, attendant, tout au long du silence haletant et fiévreux de l'enfant, que se produisît ce cri affreux, que revînt la vue de ce visage soudain tordu, de ce petit corps frissonnant et tourmenté d'une douleur qu'elle avait, en quelque sorte, infligée elle-même.

Le docteur arriva enfin avec ses opiats.

Philip arriva par le train de midi vingt. Il ne s'était pas pressé, ni levé de bonne heure pour prendre le train plus matinal. Il était ennuyé d'être obligé de quitter Londres. Son arrivée tardive avait le caractère d'une protestation. Il fallait vraiment qu'Élinor apprît à ne pas faire tant d'histoire chaque fois que l'enfant avait la colique. C'était absurde.

Elle l'attendit sur le seuil, comme il descendait de l'auto, — si blême, si hagarde, les yeux si cernés et si pleins de désespoir, qu'il en eut une secousse en l'apercevant.

— Mais c'est toi qui es malade! dit-il avec inquiétude. Qu'est-ce que c'est?

Elle fut un moment sans répondre, mais resta debout l'étreignant, le visage enfoui contre son épaule, se pelotonnant contre lui.

— Le docteur Crowther dit que c'est une méningite, murmura-t-elle enfin.

A cinq heures et demie, arriva l'infirmière que Mrs. Bidlake avait, dès le matin, appelée par télégramme. Les journaux du soir arrivèrent par le même train; le chauffeur en rapporta tout un choix. En première page on annonçait la découverte du cadavre d'Everard Webley dans sa propre voiture. C'est au vieux John Bidlake, qui sommeillait, en repos agité dans la bibliothèque, qu'on apporta d'abord les journaux. Il lut et fut tellement surexcité à la nouvelle de la mort d'un autre, qu'il en oublia complètement toutes ses préoccupations au sujet de la sienne. Rajeuni, il fut debout d'un bond et courut dans le vestibule en brandissant le journal.

— Philip! cria-t-il, — de la voix forte et sonore qui n'avait plus été la sienne depuis plusieurs semaines. — Philip, venez donc voir tout de suite.

Philip, qui venait de quitter la chambre du malade et se tenait debout dans le couloir, causant avec Mrs. Bidlake, descendit vivement pour voir ce qu'il y avait. John Bidlake lui tendit le journal avec une expression presque de triomphe sur son visage.

— Lisez donc ça, ordonna-t-il d'un ton important.

Quand Élinor apprit la nouvelle, elle faillit s'évanouir.

. . . .

— Il me semble qu'il va mieux ce matin, docteur.

Le docteur Crowther tâta sa cravate pour s'assurer qu'elle n'était pas de travers. C'était un petit homme, actif, presque trop impeccablement vêtu.

— Plus tranquille, hein? Il dort? questionna-t-il en style télégraphique. — Sa conversation était réduite au strict indispensable. Elle était tout juste compréhensible, et rien de plus. Il ne gaspillait pas d'énergie à prononcer des paroles inutiles. Le docteur Crowther parlait comme sont fabriquées les voitures Ford. Il déplaisait souverainement à Élinor, mais elle avait confiance en lui, précisément à cause de ces qualités d'efficacité précise et de confiance en soi qu'elle détestait.

— Oui, c'est ça, dit-elle. Il dort.

— Tout naturel, dit le docteur Crowther, approuvant de la tête, comme s'il avait tout su d'avance, — ce qui était d'ailleurs le cas ; car la maladie suivait son cours invariable.

Élinor l'accompagna jusqu'en haut.

— Est-ce bon signe ? demanda-t-elle d'une voix qui implorait une réponse favorable.

Le docteur Crowther fit saillir ses lèvres, rejeta légèrement la tête de côté, puis haussa les épaules.

— Mon Dieu..., dit-il, sans se commettre ; il se tut. — Il avait économisé au moins un kilogrammètre d'énergie en n'expliquant pas que, dans la méningite, une phase de dépression succède à la phase initiale d'agitation.

L'enfant passa ainsi ses journées à sommeiller dans une sorte de torpeur stupide, sans souffrir (Élinor en rendit grâces au Ciel), mais en faisant preuve, de la façon la plus inquiétante, d'un manque total d'intérêt pour ce qui se passait autour de lui, comme s'il n'était pas pleinement vivant. Lorsqu'il ouvrait les yeux, elle voyait les pupilles si exagérément dilatées qu'il ne restait presque plus d'iris. Le regard bleu et malicieux du petit Philip était devenu d'un noir sans expression. La lumière, qui l'avait fait souffrir atrocement aux premiers jours de sa maladie, ne le dérangeait plus. Il ne tressaillait ni ne tremblait plus au moindre bruit. Et même, l'enfant ne semblait pas entendre lorsqu'on lui parlait. Deux jours se passèrent, puis tout à coup, avec une sensation affreuse de chute dans le vide et d'appréhension, Élinor comprit qu'il était presque complètement sourd.

— Sourd ? répéta le docteur Crowther, quand elle lui eut fait part de son épouvantable découverte. — Symptôme ordinaire, ça.

Mais ne peut-on rien faire à ce sujet ? demanda-t-elle. — Le piège se refermait de nouveau sur elle, le piège dont elle s'était crue libérée lorsque ces cris terribles s'étaient calmés jusqu'au silence.

Le docteur Crowther secoua la tête, énergiquement, mais une fois seulement dans chaque sens. Il ne parla pas. Un kilogrammètre économisé, c'est un kilogrammètre de gagné.

— Mais nous ne pouvons pas le laisser sourd comme ça ! dit-elle quand le médecin fut parti, faisant appel à son mari avec une sorte de désespoir incrédule. — Nous ne pouvons pas le laisser là, sourd ! — Elle savait qu'il n'y pouvait rien ; et pourtant, elle espérait... Elle se rendait compte de l'horreur ; mais elle refusait d'y croire.

— Mais puisque le médecin dit qu'il n'y a rien à faire...

— Mais... sourd ? continuait-elle à répéter, d'un ton interrogateur. — Phil, sourd ? sourd ?

— Peut-être, ça se passera-t-il tout seul, proposa-t-il pour la consoler ; et il se demanda, au moment même où il prononçait ces paroles, si elle s'imaginait encore que l'enfant guérirait.

Le lendemain, de bon matin, lorsque, en peignoir, elle monta sur la pointe des pieds pour entendre l'infirmière lui faire son compte rendu de la nuit, elle trouva l'enfant déjà réveillé. Il avait une paupière grande ouverte, et l'œil, tout en pupille, regardait verticalement vers le plafond ; l'autre était mi-close, dans un clignement figé qui donnait à la petite figure amaigrie et décharnée une horrible expression de gaieté fantomale.

— Il ne peut pas ouvrir l'œil, expliqua l'infirmière. Il est paralysé.

Entre ces longs cils recourbés, qu'elle lui avait si souvent enviés, Élinor put voir que le globe oculaire avait roulé dans le coin externe de l'orbite et s'écarquillait sur le côté, dans un strabisme figé et privé de vue.

— Pourquoi diable, dit Cuthbert Arkwright, du ton de quelqu'un qui a un grief personnel, pourquoi diable Quarles ne rentre-t-il pas à Londres ? Il espérait lui extorquer une préface à sa nouvelle édition illustrée des *Mimes d'Hérondas.*

— Sa villégiature, expliqua Willie Weaver sans ménager ses syllabes, n'était pas volontaire.

— Son enfant est malade, ajouta-t-il, émettant son petit toussotement d'applausissement à soi-même ; il semble bien peu enclin, comme on dirait au Danemark, à demeurer plus longtemps loin de la félicité.

— N'empêche que je voudrais bien, moi, qu'il se dépêche un peu, grommela Arkwright. — Il fronça les sourcils. — Peut-être ferais-je mieux d'essayer d'accrocher quelqu'un d'autre pour ma préface.

A Gattenden, les journées avaient ressemblé aux stades successifs d'un rêve horrible et impossible. Lorsqu'il eut été sourd deux jours, le petit Phil cessa également d'y voir. Les yeux, après avoir louché, devinrent totalement aveugles. Puis, après presque une semaine de répit, il y eut un brusque retour de la douleur des premiers jours ; il se mit à hurler. Plus tard, il fut saisi plusieurs fois de violentes convulsions ; on eût dit qu'un démon lui était entré dans le corps et le torturait par l'intérieur. Puis, un côté de son visage et la moitié de son corps furent frappés de paralysie, et la chair commença à fondre presque visiblement sur ses os, comme de la cire qui fond à la chaleur d'un feu interne et invisible Prise au piège de son impuissance et de cette affreuse sensation de culpabilité, que la nouvelle de l'assassinat d'Everard Webley avait intensifiée énormément, Élinor restait assise au chevet de son enfant et observait les phases de la maladie se succédant l'une l'autre, — chacune, lui semblait-il, pire que la précédente, chacune plus atrocement impossible. Oui, impossible. Car de telles choses ne pouvaient pas arriver, n'arrivaient pas. Pas à soi, du moins. Il n'arrive pas que votre propre enfant subisse des tortures et des mutilations gratuites devant vos yeux. Il n'arrive pas que l'homme qui vous aime et que vous vous êtes presque décidé à aimer de retour (oh ! certes, à tort, en toute culpabilité, et — cela s'était révélé — avec des conséquences fatales !) soit brusquement et mystérieusement assassiné ! Des événements de ce genre, — ça n'arrive pas, voyons ! Ils constituent une impossibilité. Et pourtant, en dépit de cette impossibilité, Everard était mort, et quant au petit Phil douloureux, chaque jour lui réservait un tourment nouveau et plus torturant. Comme dans un cauchemar, l'impossible se trouvait réalisé.

Extérieurement, Élinor était très calme, silencieuse et active. Quand l'infirmière se plaignit que les repas qu'on lui montait dans la chambre du malade lui arrivassent bien refroidis par ce parcours (et ne pourrait-elle avoir du thé de l'Inde, car le thé de Chine lui troublait la digestion ?), elle commanda du Lipton et prit ses dispositions, malgré les objections passionnées de Dobbs, pour que son déjeuner et son dîner lui fussent montés dorénavant dans les plats chauffés à l'eau chaude dont on se servait pour le premier déjeuner du matin. Tout ce que le docteur Crowther lui ordonnait en style télégraphique de faire, elle le faisait ponctuellement, — sauf de se reposer davantage. L'infirmière elle-même dut reconnaître, quoique à contrecœur, qu'elle faisait les choses à fond et qu'elle était méthodique. Mais elle soutenait le docteur, en partie parce qu'elle voulait régner seule dans la chambre du malade, sans qu'on lui disputât sa royauté, et en partie de façon désintéressée, pour le bien même d'Élinor. Ce calme, elle le voyait bien, était le résultat d'un effort ; c'était la rigidité d'une tension extrême. Philip et Mrs. Bidlake n'insistaient pas moins vigoureusement pour qu'elle se reposât; mais Élinor ne voulait rien entendre.

— Mais je vais tout à fait bien, protestait-elle, niant le témoignage de sa pâleur et de ces cernes noirs qu'elle avait autour des yeux.

Elle aurait voulu, si c'eût été humainement possible, ne jamais manger ni dormir. Everard mort, l'enfant à la torture devant ses yeux, il lui semblait presque cynique de manger et de dormir. Mais le simple fait de posséder un corps est un commentaire cynique de l'âme et de toutes ses façons. C'est un cynisme, toutefois, que l'âme est bien forcée d'accepter, qu'il lui plaise ou non. Élinor allait donc se coucher à onze heures, et descendait aux repas, ne fût-ce que pour avoir la force d'endurer encore du malheur. Souffrir était la seule chose qu'elle pût faire; elle voulait souffrir le plus possible, en quantité comme en intensité.

— Eh bien, comment va le gamin ? demandait son père, simplement pour la forme, en avalant son bouillon de poule, lorsqu'ils se voyaient à déjeuner. Et quand elle avait fait quelque réponse vague, il passait bien vite à un autre sujet.

John Bidlake avait inébranlablement refusé, depuis le début de la maladie de son petit-fils, de s'approcher de la chambre du malade. Il avait toujours détesté le spectacle de la souffrance et de la maladie, de tout ce qui pouvait lui rappeler la douleur et la mort qu'il redoutait si cruellement pour lui-même. Et, dans le cas présent, il avait un fondement spécial à sa terreur. Car, avec ce talent d'inventer des superstitions personnelles qui l'avait toujours distingué, il était arrivé secrètement à la conclusion que son propre sort était lié à celui de l'enfant. Si l'enfant guérissait, il en serait de même pour lui. Sinon... Une fois formulée, la superstition ne pouvait plus être ignorée. « C'est absurde, essayait-il de se rassurer, c'est absolument absurde, c'est idiot ! » Mais tout bulletin de santé défavorable venu de la chambre de l'enfant le faisait frissonner. Entrer dans la pièce pouvait l'obliger à recevoir, bien inutilement, la confirmation la plus horrible de ses pressentiments. Et peut-être (qui sait ?) les souffrances de l'enfant pouvaient-elles se communiquer à lui, par quelque processus mystérieux. Il ne désirait même pas en entendre parler, de ce gamin. A part cette brève question posée pendant le déjeuner, il ne faisait jamais allusion à lui et, dès que quelqu'un d'autre en parlait, ou bien il changeait le sujet de la conversation (tout en touchant du bois subrepticement), ou bien il se retirait hors de la portée des voix. Au bout de quelques jours, les autres apprirent à comprendre et à respecter sa faiblesse. Mus par ce sentiment qui décrète que les criminels condamnés seront traités avec une bonté particulière, ils prirent soin, en sa présence, d'éviter toute allusion à ce qui se passait là-haut.

Cependant, Philip, inquiet, errait par la maison. De temps en temps, il montait à la chambre d'enfant; mais, après avoir fait une tentative toujours vaine pour persuader à Elinor de quitter la pièce, il redescendait au bout de quelques minutes. Il n'aurait pas pu supporter d'y rester longtemps. Il était navré de constater combien les veillées obstinées d'Elinor étaient inutiles; il avait en tout temps horreur de rester inoccupé et dans des circonstances de ce genre une longue période d'inoccupation mentale lui eût été une torture. Dans les intervalles de ses visites à la chambre du malade, il lisait, il essayait d'écrire. Puis, il y avait cette affaire de Gladys Helmsley à régler. La maladie du petit avait rendu impossible tout voyage à Londres, de sorte qu'il était débarrassé de la nécessité d'avoir une entrevue personnelle avec Gladys. C'est à Willie Weaver, — Willie, qui était avoué, outre qu'il était le plus sûr des amis — qu'il délégua de soin de traiter cette question. Avec quel soulagement intense! Il avait véritablement redouté avec effroi une rencontre avec Gladys. Willie, au contraire, paraissait s'amuser de l'affaire. « Mon cher Philip, écrivit-il, je viens de faire de mon mieux pour l'Auteur de vos jours; mais il faut s'attendre à ce que je pourrai obtenir de mieux soit un peu onéreux, malgré tout. La dame a tous les charmes attirants de la jeunesse (l'étiquette professionnelle seule m'a empêché de tenter un peu de superfétation pour mon compte personnel); mais c'est également une femme d'affaires. En outre, ses sentiments à l'égard de l'Auteur de vos jours sont féroces. Et il y a quelque raison à cela, je suis bien obligé de l'avouer, après ce que j'ai appris par elle. Savez-vous où il mène dîner ses belles? Chez Lyons! Il faut que cet homme-là se prenne pour un noble centaure, comme je l'ai exposé à la jeune personne lorsqu'elle m'eut dit cela. (Inutile d'ajouter qu'elle n'a rien compris à ce mot d'esprit; aussi, je vous l'offre, sur la base d'une commission de cinq pour cent sur tous droits d'auteur que vous toucherez pour la vente de toute œuvre ou de toutes œuvres auxquelles vous jugerez bon de l'incorporer). Dites donc à l'Auteur de vos jours que, la prochaine fois, il faut véritablement qu'il dépense un peu plus d'argent pour ses plaisirs: ce sera probablement plus économique, tout compte fait. Conseillez-lui de satisfaire sa goinfrerie en même temps que sa lubricité; priez-le de refréner son économie et sa tempérance. Je retourne à l'attaque demain et j'espère formuler noir sur blanc les conditions du traité de paix. Suis bien désolé d'apprendre que votre progéniture ne va pas bien. — Bien à vous, — W. »

Philip sourit en lisant cette lettre et songea: « Dieu merci, voilà qui est réglé ! » Mais la dernière phrase lui fit honte de son amusement et de sa sensation de soulagement. « Quel abîme d'égoïsme ! » songea-t-il avec reproche. Et, comme pour y faire compensation, il monta en boitillant à la chambre d'enfant et s'assit un moment auprès d'Élinor. Le petit Phil gisait sans connaissance. Son visage était à peine reconnaissable, tellement il était amaigri et décharné, et le côté paralysé en était tordu en une espèce de grimacement asymétrique. Ses petites mains faisaient continuellement des gestes convulsifs en s'agrippant au drap de lit. Il respirait tantôt très vite, tantôt si lentement qu'on se demandait même s'il respirait encore.

L'infirmière était allée faire un somme ; car ses nuits étaient à moitié blanches. Ils restèrent assis en silence. Philip prit la main de sa femme et la retint dans la sienne. Mesuré par cette légère et irrégulière respiration qui venait du lit, le temps passa lentement.

Dans le jardin, John Bidlake peignait, — sa femme avait enfin réussi à lui en faire faire l'essai — pour la première fois depuis son arrivée à Gattenden. Et pour la première fois, s'oubliant lui-même et sa maladie, il était heureux. « Quel enchantement ! » songeait-il. Tout le paysage n'était que courbes, que bosses, et que creux arrondis, comme un corps humain. L'orbisme, bon Dieu, l'orbisme ! Les nuages étaient des derrières de chérubins ; et cette dune polie était un ventre glauque de néréide ; et la courbe de Gattenden était un énorme nombril ; et chacun de ces ormes des plans intermédiaires était un énorme Silène bedonnant sorti tout droit d'un Jordaens ; et ces absurdes buissons de verdure arrondis des premiers plans, c'étaient les mamelles multiples d'une Diane verte d'Éphèse. Il y avait de gros blocs d'anatomie dans les feuilles, dans les brumes et dans la terre gonflée. Comme c'était merveilleux ! Et, « nom de Dieu ! », qu'est-ce qu'on ne pourrait pas en tirer ! Ces croupes de séraphins, ce seraient des reflets célestes des mamelles de Diane ; un seul thème courbe, avec des variations ; les croupes penchées vers le dehors et traversant en biais le tableau vers le bord ; les mamelles, penchées vers le centre, en biais vers l'intérieur. Et le ventre poli, ce serait une réconciliation transversale et horizontale des deux mouvements diagonaux, avec les gros Silènes, zigzaguant un peu, disposés devant lui. Et au premier plan, à gauche, il y aurait le contour silhouetté du wellingtonia, transplanté par l'imagination en cet endroit pour caler les mouvements et les empêcher de sortir de la toile ; et le griffon de pierre serait bien commode sur la droite, — car c'était là une composition fermée, un petit univers, avec des limites au-delà desquelles l'imagination n'avait pas droit de s'aventurer. Et l'œil devait la regarder comme au travers d'un tunnel imaginaire, sans pouvoir s'écarter du point focal, centre du vaste nombril de la combe de Gattenden, autour duquel tous les autres fragments d'anatomie divine seraient groupés harmonieusement. «Nom de Dieu!» dit John Bidlake à lui-même, jurant à haute voix par pure satisfaction spirituelle. «Nom de Dieu!» Et il se mit à peindre avec une sorte de rage.

Errant par le jardin dans sa croisade sans fin contre les mauvaises herbes, Mrs. Bidlake s'arrêta un instant derrière lui et regarda par-dessus son épaule.

— Admirable, dit-elle, — et ce commentaire s'appliquait autant à l'activité même de son mari qu'à ses résultats picturaux.

Elle s'éloigna et, ayant déraciné un pissenlit, s'arrêta et se mit, les yeux fermés, à répéter son nom: «Janet Bidlake, Janet Bidlake, Janet Bidlake», — indéfiniment, jusqu'à ce que les syllabes eussent perdu toute signification pour elle et fussent devenues aussi mystérieuses, aussi vides de sens et aussi arbitraires que les mots du sortilège d'un nécromant... Abracadabra, — Janet Bidlake, — était-ce bien elle, en vérité? Existait-elle, même? Et les arbres? Et les gens? Ce moment-ci, et le dernier? Et tout?...

Cependant, dans la chambre d'enfant, il était arrivé une chose extraordinaire. Tout à coup, sans avertissement préalable, le petit Phil avait ouvert les yeux et regardé alentour. Son regard rencontra celui de sa mère. Autant que le lui permettait son visage tordu, il sourit.

— Mais il voit clair! s'écria Élinor. — Et s'agenouillant à côté du lit, elle entoura l'enfant de ses bras et se mit à l'embrasser avec un amour qui était avivé d'un accès de gratitude passionnée. Après toutes ces journées de strabisme aveugle, elle lui était reconnaissante, profondément reconnaissante, de ce regard d'intelligence qui avait répondu au sien, de cette pauvre petite tentative tordue de sourire. — Mon chéri! répéta-t-elle; — et, pour la première fois depuis bien des jours, elle se mit à pleurer. Elle détourna son visage, afin que l'enfant ne vît pas ses larmes, elle se releva et s'éloigna du lit. — C'est trop bête, dit-elle en s'excusant à son mari, en s'essuyant les yeux. Mais je ne peux pas m'en empêcher.

— J'ai faim, dit tout à coup le petit Phil.

En un clin d'œil, Élinor fut de nouveau à genoux à côté du lit. — Qu'est-ce que tu voudrais manger, mon coco?

Mais l'enfant n'entendit pas la question.

— J'ai faim, répéta-t-il.

— Il est encore sourd, dit Philip.

— Mais il voit clair, il parle! — Le visage d'Élinor était transfiguré. Elle l'avait bien su tout le temps, elle, en dépit de tout, qu'il était impossible qu'il ne guérît pas. Absolument impossible. Et maintenant, on allait voir qu'elle avait eu raison. — Reste là, reprit-elle. Je cours lui chercher du lait. — Elle se précipita hors de la chambre.

Philip demeura auprès du lit. Il caressa la main de l'enfant et sourit. Le petit Phil sourit en retour. Il commença à croire, lui aussi, qu'il pouvait véritablement s'être produit un miracle.

— Dessine-moi quelque chose, commanda l'enfant.

Philip tira son stylographe de sa poche et, au dos d'une vieille lettre, barbouilla un de ces paysages rempli d'éléphants et de dirigeables, de trains, de cochons volants, et de bateaux à vapeur, pour lesquels son fils avait un faible particulier. Un éléphant vint tamponner un train. Faiblement, mais avec une joie manifeste, le petit Phil se mit à rire. Il ne pouvait pas y avoir de doute; le miracle s'était effectivement accompli.

Élinor revint avec du lait et une assiette de gelée. Elle avait du rose sur les joues, ses yeux brillaient, et son visage qui, tous ces jours derniers, avait été si tiré, si rigidement figé, avait recouvré en un moment toute sa mobilité d'expression. On aurait dit qu'elle venait tout à coup de ressusciter.

— Viens regarder les nénéphants! dit le petit Phil. Ils sont drôles! — Et entre les gorgées de lait, entre les cuillerées de gelée, Philip dut lui montrer les plus récentes additions à son paysage déjà encombré, — des baleines dans la mer, et des plongeurs pincés par des homards, deux sous-marins en combat, et un hippopotame dans un ballon; un volcan en éruption, des canons, un phare, toute une armée de cochons.

— Pourquoi tu dis jamais rien? demanda tout à coup l'enfant.

Ils se regardèrent.

— Il ne nous entend pas, dit Philip.

L'expression de bonheur d'Élinor se voila un instant.

— Peut-être, demain, dit-elle. Si la cécité a disparu aujourd'hui, pourquoi n'entendrait-il pas demain?

— Pourquoi tu chuchotes? dit l'enfant.

La seule réponse qu'elle put faire, ce fut de l'embrasser et de lui caresser le front.

— Il ne faut pas le fatiguer, dit enfin Élinor. Je crois qu'il serait bon qu'il dorme.

Elle tapota son oreiller, elle lissa les draps, elle se pencha sur lui.

— Au revoir, mon petit chéri.

Du moins, il put répondre à son sourire.

Élinor tira les rideaux, et ils sortirent sur la pointe des pieds. Dans le couloir, elle se tourna et attendit que son mari fût arrivé à sa hauteur. Philip l'entoura de ses bras, et elle se pressa contre lui en poussant un gros soupir.

— Je commençais à avoir peur, dit-elle, que le cauchemar ne dure toujours — jusqu'au bout !

Ce jour-là, le déjeuner ressembla à un festin de résurrection, au sacrement de Pâques. Élinor était dégelée, — elle était redevenue une femme de chair, et non plus de pierre. Et la pauvre miss Fulkes, chez qui les symptômes d'abattement s'étaient trouvés identiques à ceux d'un très violent rhume de cerveau accompagné d'une éruption de boutons, reprit une apparence presque humaine, et fut poussée à des rires presque hystériques par les plaisanteries et les anecdotes de John Bidlake ressuscité. Le vieillard était rentré en se frottant les mains.

— Ah ! Quel paysage ! s'écria-t-il en s'asseyant à table. — C'est juteux, c'est succulent, — si vous saisissez ce que je veux dire, — c'est charnu, — il n'y a pas d'autre mot ! Ça vous fait venir l'eau à la bouche rien que de le regarder ! C'est peut-être pour ça que j'ai une faim de loup !

— Voici ton bouillon, dit Mrs. Bidlake.

— Mais tu ne veux tout de même pas que je peigne toute la matinée rien qu'avec un bol de brouet ! — Et, en dépit des protestations, il insista pour manger une tranche de viande.

La nouvelle que le petit Phil allait mieux accrut sa satisfaction. (Il toucha du bois trois fois, des deux mains à la fois.) D'ailleurs, il aimait beaucoup son petit-fils, au fond. Il se mit à parler, et ce fut l'ancien Bidlake gargantuesque qui parla. Miss Fulkes rit si violemment à propos d'une de ses anecdotes sur Whistler, qu'elle en étouffa et fut obligée de se cacher le visage dans sa serviette. Jusque dans la bienveillance vague du sourire de Mrs. Bidlake, il y eut l'indication de quelque chose qui ressemblait à de l'hilarité.

Vers trois heures, John Bidlake commença à ressentir un malaise aigu, dans la région du diaphragme. Il fut secoué de hoquets spasmodiques. Il essaya de continuer son tableau ; mais tout le plaisir qu'il avait pris à son travail s'était évaporé; les mamelles de Diane et les derrières d'anges avaient perdu tout leur charme pour lui. « Une légère obstruction au pylore... » Les phrases médicales de Sir Herbert lui revinrent à la mémoire... « Le contenu de l'estomac... une certaine difficulté à passer dans le duodénum... » Après un hoquet particulièrement violent, il posa ses pinceaux et rentra dans la maison pour s'étendre.

— Où est papa ? demanda Élinor lorsqu'elle descendit pour le thé.

Mrs. Bidlake hocha la tête.

— Il ne se sent pas très bien, de nouveau.

— Oh !

Il y eut un silence et ce fut comme si, tout à coup, la mort était là, dans la pièce, parmi eux. Mais, après tout, songea Élinor, il était vieux ; la chose était inévitable. Il allait plus mal, sans doute, — mais le petit Phil allait mieux ; et c'était là la seule chose qui importât vraiment. Elle se mit à parler à sa mère du jardin. Philip alluma une cigarette.

On frappa à la porte. C'était la femme de chambre qui venait de la part de l'infirmière :

— Monsieur et Madame voudraient-ils bien monter tout de suite ?

Les convulsions avaient été très violentes ; le corps usé était sans force.

Lorsqu'ils arrivèrent à la chambre d'enfant, le petit Phil était mort.

CHAPITRE XXXVI

L'*ASSASSINAT mystérieux de Webley,* comme les journaux le baptisèrent sans perdre un moment, était complètement mystérieux, en effet. Il n'y avait aucun indice. Aux bureaux des Anglais Libres, personne ne savait rien. Webley était parti à l'heure habituelle, et avait pris son moyen de locomotion habituel. Il n'avait pas l'habitude d'entretenir ses subordonnés de ses affaires personnelles ; il n'avait dit à personne où il allait. Et, au-dehors, personne n'avait observé la voiture à partir du moment où Webley avait dit à son chauffeur qu'il pouvait disposer de sa soirée, jusqu'à celui où l'agent de police de Saint-James Square avait commencé à se demander, vers minuit, combien de temps elle resterait encore là toute seule. Personne n'avait remarqué la voiture lorsqu'on était venu la parquer là, personne n'avait remarqué le conducteur lorsqu'il l'avait quittée. Les seules empreintes digitales sur l'émail de la carrosserie et sur le volant étaient celles du mort. La personne qui avait conduit la voiture après le crime avait évidemment porté des gants. Non, il n'y avait aucun indice. Les témoignages directs faisaient totalement défaut. La police faisait ce qu'elle pouvait au sujet des témoignages indirects. Le fait qu'on n'eût rien dérobé à la victime semblait indiquer manifestement le mobile politique du crime. Aux bureaux des Anglais Libres on conservait toute une collection de lettres de menaces. Webley en recevait deux ou trois par semaine. « C'est ma lecture préférée », aimait-il à dire. On en rechercha les auteurs. Deux juifs russes de Houndsditch, une dactylo de Nottingham et un jeune étudiant de Balliol aux idées avancées furent reconnus comme les auteurs des lettres les plus menaçantes, et arrêtés ; mais on dut les relâcher presque immédiatement. Les jours passèrent. Les assassins demeurèrent en liberté. On ne laissa pas se calmer l'intérêt qu'avait pris l'opinion publique à ce crime. Dans une partie de la presse conservatrice on affirmait ouvertement que le gouvernement libéral-travailliste avait donné des instructions à la police pour que l'affaire ne fût pas examinée de trop près. « On protège les assassins. » — « Les socialistes redoutent la lumière. » — « La politique passe avant le Décalogue »... Les en-têtes, en grosses lettres, étaient vigoureux. Ce crime était la providence de l'opposition. Le *Daily Mail* offrit une récompense de dix mille livres à toute personne qui donnerait des renseignements permettant de faire arrêter les assassins de Webley. Cependant, les Anglais Libres virent leur effectif presque doublé en huit jours. — « Êtes-vous partisan de l'assassinat ? Si vous n'en voulez pas, adhérez aux Anglais Libres. » — Les placards attiraient les regards sur toutes les palissades. Des troupes d'Anglais Libres, en uniforme et en civil, parcouraient les rues de Londres, recrutant des adhérents, faisant des démonstrations, jouant aux policiers amateurs. Ils profitaient également de l'occasion pour rosser un certain nombre de gens dont ils ne partageaient pas les opinions. A Tottenham et East Ham ils livrèrent des combats en règle aux foules hostiles et blessèrent de nombreux agents de police. Aux obsèques d'Everard, une procession verte de cinq kilomètres de long suivit le cercueil jusqu'à la tombe.

Spandrell lisait tous les journaux, tous les matins. Ils l'amusaient. Quelle farce ! Quelle pantalonnade ! Quelle idiotie incomparable ! Il envoya à Illidge, qui était allé passer quelque temps chez sa mère, dans le Lancashire, une carte postale illustrée représentant Everard en uniforme sur son cheval blanc ; les magasins en étaient remplis ; les camelots les offraient dans la rue. « Le lion mort semble vouloir faire plus de mal que le chien vivant, écrivit-il au dos. Dieu a toujours aimé les bonnes blagues. »

La meilleure blague de Dieu, à son avis personnel, c'est qu'il n'existait pas. N'existait pas, tout bonnement. Ni Dieu, ni diable. Car, si le diable avait existé, Dieu aurait existé également. Tout ce qui existait, c'était le souvenir d'une stupidité sordide et répugnante, et, maintenant, un formidable pugilat. D'abord un objet pour la poubelle, et ensuite une farce. Mais peut-être était-ce là ce qu'était, au fond, le diable : l'esprit des poubelles. Et Dieu ? Dieu, dans ce cas, ce serait simplement l'absence de poubelles.

« Dieu n'est pas à part, il n'est pas au-dessus, il n'est pas au-dehors. » Il se souvint de ce qu'avait dit un jour Rampion. « Du moins, nul aspect humainement important ou conséquent de Dieu n'est au-dessus, au-dehors de nous. Dieu n'est pas davantage en nous, au sens que les protestants attribuent à cette expression, — bien à l'écart dans l'imagination, dans les sentiments et l'intellect, dans l'âme. Il y est, là aussi, bien entendu, mais parmi d'autres endroits. Mais il est également en nous, au sens où un morceau de pain est en nous quand on l'a mangé. Il est dans notre corps même, dans notre sang et dans nos boyaux, dans notre cœur, dans notre peau, dans nos reins. Dieu est la résultante totale, spirituelle et physique de toute pensée et de toute action qui implique la vie, de toute relation vitale avec le monde. Dieu est une qualité de nos actions et de nos relations, une qualité ressentie, éprouvée. Du moins, il est cela pour tout ce qui nous concerne, nous, pour tout ce qui concerne notre existence. Car, bien entendu, pour ce qui concerne le savoir et la spéculation, il se peut qu'il soit également des tas d'autres choses. Il peut très bien être un Roc des Ages ; il peut être le Jehovah de l'Ancien Testament ; il peut être tout ce qu'on veut. Mais quel rapport cela a-t-il avec nous en tant qu'êtres vivants corporels ? Aucun, — aucun, du moins, qui ne soit pas nuisible. Dès l'instant qu'on permet à la vérité spéculative de prendre, comme guide de la vie, la place de la vérité qu'on sent instinctivement, on conduit toute chose à la ruine. »

Spandrell avait protesté. Il faut aux hommes des absolus, il leur faut, pour se diriger, des signes extérieurs fixes. « La musique existe, dit-il en conclusion, même s'il se trouve que vous soyez personnellement non-musicien. Vous êtes obligé d'en admettre l'existence, d'une façon absolue, distincte de votre capacité personnelle à l'écouter et à l'apprécier. »

« Spéculativement, théoriquement, oui. Admettez-là tant que vous voudrez. Mais ne permettez pas à votre connaissance théorique d'influencer votre vie pratique. D'une façon abstraite vous savez que la musique existe, et qu'elle est belle ; mais ne partez pas de là pour feindre, en écoutant du Mozart, d'être dans un ravissement que vous ne ressentez pas. Si vous agissez ainsi, vous devenez un de ces snobs musicaux idiots que l'on rencontre chez Lady Edward Tantamount. Incapables de distinguer du Bach d'avec du Wagner, mais se pâmant d'extase dès que les violons se font entendre. Il en est exactement de même avec Dieu. Le monde est plein de snobs de Dieu parfaitement ridicules. De gens qui ne sont pas vraiment vivants, qui n'ont jamais accompli un acte véritablement vital, qui n'ont de relation vivante avec rien ; de gens qui n'ont pas la moindre connaissance personnelle ou pratique de ce qu'est Dieu. Mais ils vont se pâmant dans les églises, ils roucoulent leurs prières, ils pervertissent et détruisent la totalité de leur terne existence en agissant conformément à la volonté d'une abstraction arbitrairement imaginée qu'il leur plaît de désigner par Dieu. Ils ne sont rien de plus qu'une bande de snobs de Dieu. Ils sont tout aussi grotesques et méprisables que les snobs de musique de chez Lady Edward. Mais personne n'a le bon sens de le dire. Les snobs de Dieu, on les admire, parce qu'ils sont si bons, si pieux, si chrétiens. Alors qu'ils sont tout bonnement morts, et qu'on devrait leur botter le cul et leur tirer les oreilles pour les remuer un peu et les ramener à la vie ! »

Spandrell se remémorait à présent cette conversation, tandis qu'il écrivait l'adresse sur la carte postale d'Illidge. Dieu n'existait pas, le diable n'existait pas ; rien que le souvenir d'une comédie dégoûtante parmi les poubelles, un épisode de la répugnante besoigne d'un bousier infect. Un snob de Dieu — voilà comment Rampion l'appellerait... Faisant une besogne de bousier à la recherche d'un Dieu non existant. Mais non, non, Dieu existait bien, extérieurement, absolu ! Sans cela, comment expliquer l'efficacité de la prière — car elle l'était, efficace !... Comment expliquer la providence et le destin ? Dieu était là, mais caché. Il se cachait délibérément. Il s'agissait de le forcer à sortir de sa cachette, de sa cachette abstraite et absolue, et de l'obliger à s'incarner en une qualité ressentie, éprouvée des actes personnels. Il s'agissait de le tirer violemment de ses espaces extérieurs et supérieurs et de l'amener en soi. Mais Dieu aimait la plaisanterie. Spandrell l'avait conjuré avec violence d'apparaître ; et du sang fumant du sacrifice qui devait magiquement le contraindre, il n'était sorti qu'une poubelle ! Mais la faillite même de l'incantation prouvait bien que Dieu était là, au-dehors. Rien n'arrive à un homme qui ne soit à sa ressemblance. La poubelle va à la poubelle, la bouse à la bouse. Il n'avait pas réussi à contraindre Dieu à passer du dehors au-dedans, — soit. Mais l'apparition de la poubelle confirmait la réalité de Dieu comme dispensant ou refusant la grâce, de Dieu comme sauveur ou destructeur prédestiné. Les poubelles, — tel avait été son sort prédestiné, à lui. En lui octroyant de nouveau ses poubelles, le plaisantin de la providence se montrait simplement conséquent.

Un jour, à la London Library, il rencontra Philip Quarles.

— Ça m'a fait bien de la peine, ces nouvelles de votre petit garçon, dit-il.

Philip marmotta quelques paroles et parut mal à son aise, comme un homme qui se trouve impliqué dans une situation embarrassante. Il lui était intolérable qu'un tiers se penchât sur sa douleur. Elle était personnelle, secrète, sacrée. Cela lui faisait mal de l'étaler, il en éprouvait de la honte.

— Ç'a été une horreur tout particulièrement gratuite, dit-il, pour amener la conversation de ce qu'elle avait de particulier et de personnel vers le général.

— Toutes les horreurs sont gratuites, dit Spandrell. Et comment Élinor supporte-t-elle ce coup?

La question était directe; il fallait y répondre.

— Mal, dit-il, hochant la tête. — Elle en est profondément abattue. — Pourquoi donc, se demanda-t-il, sa voix avait-elle un son si irréel, si vide en quelque sorte?

— Qu'est-ce que vous allez faire, à présent?

— Nous partons pour l'étranger dans quelques jours, si Élinor se croit capable de supporter le voyage. J'ai pensé à Sienne. Et puis nous irons peut-être au bord de la mer, quelque part dans la Maremme. — C'était un soulagement que de pouvoir ainsi entrer dans ces détails géographiques.

— Ainsi donc, plus de vie domestique et rurale en Angleterre? dit Spandrell au bout d'un petit silence.

— La raison d'être en a été enlevée.

Spandrell hocha lentement la tête en approbation.

— Vous rappelez-vous cette conversation que nous avons eue au club, avec Illidge et Walter Bidlake? Rien n'arrive jamais à un homme qui ne soit à sa ressemblance. S'établir à la campagne, en Angleterre, — ça n'était pas du tout votre genre. Ce n'est pas arrivé. Ç'a été empêché. Combien impitoyablement, grand Dieu!... Mais la Providence fait usage de tous les moyens, des injustes aussi bien que des bons... Voyager, ne pas être fixé de façon stable, être spectateur, ça, c'était votre genre. Et vous êtes contraint d'agir suivant votre genre. — Il y eut un silence. — Et vivre dans une espèce de tas d'ordure, ajouta Spandrell, ça, c'est mon genre, à moi. Quoi que je fasse, quelque effort que j'accomplisse pour m'en échapper, je reste collé à mon tas d'ordure. Et j'y resterai sans doute toujours. — Oui, toujours, se prit-il à songer. Il avait joué sa dernière carte et il avait perdu. Non, pourtant: pas la dernière; car il en restait une autre...

L'avant-dernière. Allait-il perdre aussi avec la dernière?»

CHAPITRE XXXVII

SPANDRELL insista vivement pour qu'ils y allassent sans délai. Le *heilige Dankgesang eines Genesenen an die Gottheit, in der lydischen Tonart,* — il fallait absolument qu'ils l'entendissent.

— On ne peut rien comprendre à rien, tant qu'on ne l'a pas entendu, déclara-t-il. Il prouve toutes sortes de choses, — Dieu, l'âme, la bonté, — de façon irréfutable. C'est la seule preuve véritable qui existe; la seule, parce que Beethoven est le seul homme qui ait jamais su donner l'expression à sa connaissance. Il faut absolument que vous veniez!

— Bien volontiers, dit Rampion. Mais...

Spandrell lui coupa la parole.

— J'ai appris hier, tout à fait accidentellement, que le *quator* en *la* mineur existait en disque pour gramophone. Je me suis précipité pour acheter un appareil et les disques, — exprès pour vous.

— Pour moi? Mais pourquoi cette générosité?

— Ce n'est pas de la générosité, répondit Spandrell en riant. C'est par égoïsme. Je veux que vous l'entendiez, et que vous me confirmiez dans mon opinion.

— Mais pourquoi?

— Parce que j'ai confiance en vous et que, si vous me confirmez, j'aurai confiance en moi-même.

— Quelle homme! railla Rampion. — Vous devriez entrer dans l'Église romaine et prendre un confesseur.

— Mais il faut absolument que vous veniez! — Il parlait avec une ardeur sérieuse.

— Mais pas maintenant, dit Mary.

— Pas aujourd'hui, répéta son mari, — se demandant, tout en parlant, pourquoi Spandrell montrait une insistance si étrange. Qu'avait-il donc? Cette façon de se déplacer et de parler, ce regard. Il était certainement surexcité. — J'ai des choses en quantité innombrable à faire cet après-midi.

— Demain, alors.

Comme un homme ivre, songeait Rampion.

Pourquoi pas après-demain? dit-il à haute voix. Ça m'arrangerait beaucoup mieux. Et l'appareil ne s'envolera pas d'ici là.

Spandrell émit son rire sans bruit.

— Non, — mais je pourrais m'envoler, moi, dit-il. Je serai probablement parti, après-demain.

— Vous ne nous aviez pas dit que vous partiez, dit Mary. Où allez-vous ?

— Qui le sait ? répondit Spandrell en riant de nouveau. — Tout ce que j'en sais, moi, c'est que je ne serai plus ici.

— C'est bien, dit Rampion, qui l'avait observé curieusement. Je m'arrangerai pour demain. — « Pourquoi fait-il ainsi du mélodrame ? » se demanda-t-il.

Spandrell prit congé d'eux.

— Qu'avait-il donc qui n'allait pas ? dit Rampion, quand il fut parti;

— Je n'ai rien remarqué chez lui qui semblât particulièrement ne pas aller, répondit Mary.

Rampion eut un geste d'impatience.

— Toi, tu ne remarquerais pas le Jugement Dernier ! dit-il. Tu n'as donc pas vu qu'il était surexcité et qu'il se retenait ? Comme le couvercle d'une casserole d'eau en ébullition, et qu'on maintient... Et cette façon mélodramatique de rire ! Comme le traître conscient dans les drames...

— Mais jouait-il la comédie ? dit Mary. Faisait-il l'idiot à notre intention ?

— Non, non. Il était parfaitement sincère. Mais, quand on se trouve, en toute sincérité, dans la situation du traître conscient d'un mélodrame, on se met inévitablement à se conduire en traître conscient. On joue un rôle, malgré soi.

— Mais à propos de quoi fait-il le traître ?

— Comment diable veux-tu que je le sache ? dit Rampion avec impatience. — Mary s'attendait toujours à ce qu'il sût tout par quelque intuition mystérieuse et magique. Cette foi qu'elle avait en lui l'amusait et lui plaisait parfois, mais parfois aussi il en était agacé. — Tu me prends donc pour le père confesseur de Spandrell ?

— Il n'y a pas de quoi te mettre en colère !

— Au contraire, dit Rampion, il n'y a à peu près rien dont il n'y ait pas lieu de se mettre en colère. Si l'on se retient, c'est parce que, la moitié du temps, on vit les yeux fermés, à moitié endormi. Si l'on était toujours éveillé, bon Dieu !... Il ne resterait pas beaucoup de vaisselle intacte ! — Et il s'en alla avec dignité à son atelier.

Spandrell, quittant Chelsea, marcha lentement vers l'est, le long de la Tamise, se sifflotant à lui-même, une fois après l'autre, les premières phrases de la mélodie lydienne du *sang*. Encore, encore... Le fleuve s'étendait, vers un lointain de brume chaude. La musique ressemblait à de l'eau dans un pays où tout meurt de soif. Après tant de jours de sécheresse, une source, une fontaine! Une voiture d'arrosage passa en grondant, traînant en queue son averse artificielle. La poussière mouillée exhalait une odeur. Cette musique était une preuve, comme il l'avait dit à Rampion. Dans le ruisseau, un petit torrent précipitait vers l'égout un empaquetage de cigarettes tout froissé et un morceau de pelure d'orange. Il s'arrêta de siffler. L'horreur essentielle... Comme si l'on transportait des ordures; voilà ce que ç'avait été. Sale et désagréable, rien de plus, — comme de nettoyer une latrine. Non pas si terrible que stupide, indescriptiblement stupide. La musique était une preuve: Dieu existait! Mais seulement autant que jouaient les violons. Une fois les archets soulevés des cordes, — alors, quoi? L'ordure et la stupidité, la sécheresse impitoyable!

Dans Vauxhall Bridge Road il acheta un paquet de papier à lettres et d'enveloppes d'un shilling; Pour le prix d'une tasse de café et d'une brioche, il loua une table dans une crémerie. Il écrivit avec un bout de crayon. «A Monsieur le Secrétaire Général de la Confraternité des Anglais Libres. — Monsieur, demain, mercredi, à cinq heures du soir, le meurtrier d'Everard Webley se trouvera 37, Catskill Street, S. W. 7. L'appartement est au second. Votre homme viendra probablement lui-même ouvrir la porte en réponse à votre coup de sonnette. Il est armé et prêt à tout.»

Il relut sa lettre, et elle lui rappela ces communications (écrites à l'encre rouge, pour simuler du sang, et sous l'influence des romans d'aventures que publiaient les hebdomadaires pour gamins, *Chums* et le *Boys, Own Paper)* avec lesquelles, en collaboration avec Pokinghorne cadet, il avait espéré, à l'âge de neuf ans, faire sursauter et terrifier miss Veal, l'économe de l'école préparatoire qu'ils fréquentaient alors. On les avait pincés et signalés au directeur. Le vieux Nasibus leur avait donné à chacun trois coups cinglants sur les fesses... «Il est armé et prêt à tout.» Ça, c'était du Pokinghorne tout pur. Mais s'il ne le disait pas, ils ne se muniraient pas de revolvers. Et alors, — alors, la chose n'arriverait pas. Rien n'arriverait... Qu'elle parte comme cela. Il plia la feuille et la glissa dans l'enveloppe. Il y avait une bêtise essentielle, aussi bien qu'une vilenie et qu'une stupidité essentielles. Il griffonna l'adresse.

— Eh bien, nous voilà, dit Rampion, lorsque Spandrell les fit entrer chez lui le lendemain après-midi. — Où est Beethoven? Où est votre fameuse preuve de l'existence de Dieu et de la supériorité de la morale de Jésus?

— Par ici. — Spandrell les précéda dans son petit salon. Le gramophone était sur la table. Quatre ou cinq disques étaient éparpillés auprès de lui. — Voici le début du mouvement lent, reprit Spandrell, prenant l'un d'eux. Je ne veux pas vous infliger tout le reste du *quator*. Il est magnifique. Mais le *heilige Dankgesang* est la partie cruciale. — Il remonta le mécanisme ; le disque tourna ; il abaissa l'aiguille du résonnateur sur la surface striée. Un violon seul rendit une note longue, puis une autre, à la sixte supérieure, tomba à la quinte (tandis que le second violon reprenait là où avait commencé le premier), puis bondit à l'octave, et y demeura suspendu tout au long de deux longues mesures.

Plus de cent ans auparavant, Beethoven, totalement sourd, avait entendu la musique imaginaire d'instruments à cordes exprimant ses pensées et ses sensations intimes. Il avait tracé des signes à l'encre sur du papier réglé. Un siècle plus tard, quatre Hongrois avaient reproduit, d'après une reproduction imprimée du griffonnage de Beethoven, cette musique que Beethoven n'avait jamais entendue, sinon dans son imagination. Des rainures en spirale sur une surface de gomme-laque s'étaient souvenues de ce qu'ils avaient joué. Cette mémoire artificielle tournait, une aiguille se déplaçait dans ses rainures, et, sur un léger fond de friture et de grondements qui imitait les bruits de la surdité même de Beethoven, les symboles perceptibles des convictions et des émotions de Beethoven vibrèrent dans l'air. Lentement, lentement, la mélodie se déroula. Les archaïques harmonies lydiennes se suspendirent dans l'air. C'était une musique sans passion, transparente, pure et cristalline, comme une mer tropicale, comme un lac alpin. De l'eau sur de l'eau, du calme glissant sur du calme, un accord d'horizons unis et d'espaces sans ondulations, un contrepoint de sérénités. Et tout y était clair et brillant ; pas de brumes, pas de crépuscules vagues. C'était le calme de la contemplation tranquille et ravie, non pas celui de la langueur et du sommeil. C'était la sérénité du convalescent qui se réveille de sa fièvre et se trouve renaître en un monde de beauté. Mais la fièvre, c'était « cette fièvre qu'on appelle la vie », et la renaissance n'était point en ce monde-ci ; cette beauté était extraterrestre ; la sérénité convalescente, c'était la paix de Dieu. La combinaison des trames de mélodies lydiennes, c'était le ciel.

— Trente mesures lentes avaient bâti le ciel, et alors le caractère de la musique se modifia tout à coup. Après avoir été lointainement archaïque, il devint moderne. Les harmonies lydiennes furent remplacées par celles du ton majeur correspondant. La mesure se fit plus rapide. Une nouvelle mélodie bondit, bondit,

— mais par-dessus des montagnes terrestres, non plus par-dessus des montagnes du paradis.

«*Neue Kraft fühlend*» murmura Spandrell, lisant d'après la partition. «Il se sent plus fort, — mais ce n'est plus si céleste.»

La mélodie nouvelle continua à bondir au cours d'une cinquantaine de mesures et expira dans une friture. Spandrell souleva l'aiguille et arrêta la rotation du disque.

— Le motif lydien reprend sur l'autre face, expliqua-t-il, en remontant l'appareil. Et puis, il y a un retour de la manière plus vive en *la* majeur. A partir de là, ça reste lydien jusqu'au bout et ça devient de plus en plus beau. Vous ne trouvez pas ça merveilleux? — Il s'adressa à Rampion. N'est-ce pas une preuve?

L'autre hocha la tête.

— Oui, c'est merveilleux. Mais la seule chose que ça prouve, — pour autant que j'y puisse entendre quelque chose, — c'est que les malades sont généralement bien faibles. C'est l'art d'un homme qui a perdu son corps.

— Mais qui a découvert son âme.

— Oh! je vous accorde, dit Rampion, que les gens malades sont fort spiritualistes. Mais ça, c'est parce qu'ils ne sont pas tout à fait des hommes. Les eunuques sont des amoureux fort spiritualisés, précisément pour la même raison.

— Mais Beethoven n'était pas un eunuque.

— Je le sais. Mais pourquoi a-t-il essayé d'en être un? Pourquoi a-t-il fait de la castration et de l'absence du corps son idéal? Qu'est-ce que c'est que cette musique? Tout bonnement un hymne à la louange de l'eunuchisme. Extrêmement beau, je le reconnais. Mais n'aurait-il pu choisir quelque chose de plus humain que la castration comme matière de son chant?

Spandrell soupira.

— Pour moi, c'est la vision de la béatitude, c'est le ciel!

— Ce n'est pas la terre. Voilà précisément ce dont je me plaignais.

— Mais un homme ne peut-il donc s'imaginer le ciel, si ça lui plaît? demanda Mary.

— Certainement, du moment qu'il ne prétend pas que le fruit de son imagination est le dernier mot de la vérité, de la beauté, de la sagesse, de la vertu, et de tout le reste. Spandrell veut nous faire accepter cet eunuchisme désincarné comme le dernier mot. Moi, je ne marche pas. Je refuse absolument de marcher.

— Écoutez donc l'ensemble du mouvement avant de juger.

Spandrell retourna le disque et abaissa l'aiguille. Le ciel clair de la musique lydienne vibra dans l'air.

— C'est beau, c'est vraiment beau! dit Rampion, quand le

disque fut terminé. Vous avez tout à fait raison. C'est le ciel, en effet ; c'est bien la vie de l'âme. C'est la plus parfaite abstraction spiritualiste hors de la réalité que j'aie jamais connue. Et pourquoi a-t-il voulu effectuer cette abstraction ? Pourquoi n'a-t-il pu se contenter d'être un homme, et non une âme abstraite ? Pourquoi, pourquoi ?... — Il se mit à marcher de long en large par la pièce. — Cette sacrée âme, reprit-il, cette sacrée âme abstraite, — on dirait une sorte de cancer, mangeant la réalité vraie, humaine, naturelle, s'étendant, s'étendant toujours, à ses dépens. Pourquoi ne peut-il pas se contenter de la réalité, votre vieil imbécile de Beethoven ? Pourquoi éprouve-t-il la nécessité de remplacer la chose véritable, chaude, naturelle, par ce cancer abstrait de l'âme ? Il se peut que le cancer ait une fort belle forme ; mais, en fin de compte, bon Dieu ! le corps est plus beau ! Je n'en veux pas, de votre cancer spiritualiste !

— Je ne veux pas discuter avec vous, dit Spandrell. — Il se sentit tout à coup extraordinairement las et déprimé. Sa tentative avait échoué. Rampion avait refusé de se laisser convaincre. La preuve n'était-elle donc pas une preuve, au bout du compte ? Cette musique ne se rapportait-elle donc à rien, hormis à elle-même et aux particularités de son inventeur ?... Il regarda sa montre ; il était près de cinq heures. — Écoutez du moins la fin du mouvement, dit-il. C'est la partie la meilleure. — Il remonta le gramophone.

Même si c'est dénué de signification, songea-t-il, c'est beau, pendant le temps que ça dure. Et peut-être n'est-ce point dénué de sens. Après tout Rampion n'est pas infaillible »... — Écoutez.

La musique reprit. Mais il s'était passé quelque chose de nouveau et de merveilleux dans son ciel lydien. La vitesse de la mélodie lente était doublée ; les contours en étaient devenus plus nets et plus délimités ; une partie interne revenait avec insistance sur une phrase frémissante. On eût dit que le ciel était devenu tout à coup et par impossible plus céleste, qu'il était passé de la perfection réalisée à une perfection encore plus profonde et plus absolue. La paix ineffable persistait ; mais ce n'était plus la paix de la convalescence et de la passivité. Elle vibrait, elle était vivante, elle semblait grandir et s'intensifier, elle devint un calme actif, une sérénité quasi passionnée. Le paradoxe miraculeux de la vie éternelle et du repos éternel était réalisé par la musique.

Ils écoutèrent, retenant presque leur souffle. Spandrell contempla son hôte d'un air de triomphe. Quand à lui, ses doutes s'étaient évanouis. Comment pouvait-on s'empêcher de croire à une chose qui était là, qui existait manifestement ? Mark Rampion acquiesça d'un signe de tête.

— Oui, vous arrivez presque à me convaincre, murmura-t-il. Mais c'est trop bien, ça.

— Comment une chose peut-elle être trop bonne ?

— Elle n'est pas humaine. Si elle durait, on cesserait d'être homme. On mourrait.

Ils se turent de nouveau. La musique continua, conduisant d'un ciel à un autre, de la félicité à la félicité plus profonde. Spandrell soupira et ferma les yeux. Il avait le visage grave et serein, comme s'il avait été lissé par le sommeil ou la mort. — « Oui, mort, songea Rampion, en le regardant. Il se refuse à être homme. Ce n'est pas un homme, — mais un démon, ou un ange mort. Maintenant il est mort. » Un soupçon de dissonance dans les harmonies lydiennes rendit la béatitude tellement poignante qu'elle en fut douloureuse. Spandrell soupira de nouveau. On frappa à la porte. Il leva les yeux. Les Rides de la raillerie lui revinrent au visage, les commissures de ses lèvres redevinrent ironiques.

— Voilà qu'il est redevenu démon, songea Rampion. Il est revenu à la vie, et c'est le démon.

— Les voilà, dit Spandrell ; et, sans répondre à la question de Mary : « Qui cela ? », il sortit de la pièce.

Rampion et Mary restèrent auprès du gramophone, écoutant la révélation du ciel... Une explosion assourdissante, un cri, une autre explosion, — une autre encore, firent brusquement voler en éclats leur paradis sonore.

Ils furent debout d'un bond et se précipitèrent vers la porte. Dans le couloir, trois hommes portant l'uniforme vert des Anglais Libres contemplaient à terre le corps de Spandrell. Ils avaient chacun un revolver à la main. Un autre revolver gisait par terre, à côté du moribond. Il avait un trou sur le côté du crâne et une tache de sang sur sa chemise. Ses mains s'ouvraient et se crispaient, se rouvraient et se crispaient de nouveau, grattant le parquet.

— Qu'est-ce qui ?... commença Rampion.

— C'est lui qui a tiré le premier, interrompit l'un des hommes.

Il y eut un silence. Par la porte ouverte, arrivait le son de la musique. La passion avait commencé à s'évanouir de la mélodie céleste. Le ciel, dans ces notes longues et pures, redevint le lieu du repos absolu, de la convalescence calme et heureuse. Des notes longues, un accord répété, s'attardant, clair et pur, suspendu, flottant, volant sans effort dans l'espace infini... Puis, tout à coup, il n'y eut plus de musique ; rien que le grattement de l'aiguille sur le disque qui continuait de tourner.

Il faisait beau, cet après-midi-là. Burlap rentrait chez lui à pied. Il se sentait satisfait de lui-même et du monde en général. «J'accepte l'Univers», — c'est ainsi que, une heure seulement auparavant, il avait terminé son article de tête pour la semaine suivante. «J'accepte l'Univers.» Il avait toutes les raisons du monde pour l'accepter. Mrs. Betterton venait de lui servir un excellent déjeuner et beaucoup de flatteries. La revue mensuelle *Christianisme et Largeur de Vues,* de Chicago, lui avait offert trois mille dollars pour le droit de publier dans ses colonnes son *Saint François et la Psyché Moderne.* Il avait répondu par câble, en demandant trois mille cinq cents. La réponse de *Christianisme et Largeur de Vues* était arrivée cet après-midi même; on acceptait ses conditions. Puis, il y avait les Sociétés d'Éthiques Affiliées du Nord de l'Angleterre. Elles l'avaient prié de faire quatre conférences dans chacune des villes de Manchester, Bradford, Leeds et Sheffield. Ses honoraires seraient de deux mille francs par conférence. Ce qui, pour l'Angleterre, n'était pas mal du tout. Et il n'y aurait pas grand travail à effectuer. Il s'agirait, en somme, de remâcher quelques-uns de ses articles de tête du *Monde.* Trente-deux mille francs plus trois mille cinq cents dollars. Une bonne centaine de milliers de francs... Il faudrait qu'il allât voir son agent de change au sujet de la situation et des perspectives d'avenir des caoutchoucs. Ou bien, s'il plaçait cela dans un de ces syndicats de placements? Ils vous donnent, de façon parfaitement sûre, du six ou sept pour cent. Burlap sifflota tout doucement en marchant. L'air qu'il sifflait *Sur les Ailes du Chant,* de Mendelssohn... *Christianisme et Largeur de Vues,* et les Éthiques Affiliées, l'avaient mis en humeur pour la musique spiritualiste. Il siffla avec non moins de satisfaction en songeant au second triomphe de cette journée. Il s'était définitivement débarrassé d'Éthel Cobbett. Il avait profité du moment propice. Miss Cobbett était partie pour prendre son congé annuel. Il est plus facile de traiter ce genre de choses par correspondance que face à face. Mr. Chivers, le directeur commercial, lui avait écrit une lettre d'affaires. Pour des raisons d'ordre financier, il devenait nécessaire, de toute urgence, de réduire le personnel du *Monde Littéraire.* Il le regrettait vivement, mais... Au point de vue légal, un préavis d'un mois eût été suffisant. Mais, en témoignage de la satisfaction qu'avaient donnée ses services au Conseil, il la priait de trouver ci-inclus un chèque correspondant à trois mois d'appointements. Tous certificats ou références dont elle pourrait avoir besoin seraient toujours fournis sans délai; et il la priait d'agréer... Burlap avait tempéré la sécheresse officielle de Mr. Chivers d'une lettre personnelle, pleine de regrets et d'amitié, et de jérémiades contre le public qui ne voulait pas acheter le *Monde Littéraire,* avec des lamentations sur la défaite de Dieu, incarné dans la littérature et en lui-même, par Mammon, en la personne de Mr. Chivers et de tous les gens d'affaires. Il avait dit un mot en sa faveur à son ami Judd de la *Revue du Mercredi,* ainsi qu'à diverses autres personnes du monde des journaux, et il était tout disposé, bien entendu, à faire tout ce qui serait en son pouvoir pour, *et caetera.*

Dieu Merci, songeait-il, tandis qu'il marchait tout en sifflotant avec beaucoup d'expression *Sur les Ailes du Chant,* c'en était donc fini avec Éthel Cobbett en ce qui le concernait ! C'en fut également fini avec elle en ce qui concernait tout le monde. Car, quelques jours plus tard, lui ayant écrit une lettre de douze pages, qu'il jeta au feu après en avoir lu la première phrase qui l'avait touché au vif, elle se coucha, la tête dans un four, et ouvrit le robinet du gaz. Mais, c'était là une chose que Burlap ne pouvait prévoir. Rentrant chez lui en sifflotant, il était d'une humeur de contentement sans mélange. Ce soir-là, Béatrice et lui feignirent d'être deux petits enfants et prirent leur bain ensemble. Deux petits enfants assis à chaque extrémité de la vieille baignoire à l'ancienne mode. Et comme ils s'amusèrent follement ! Toute la salle de bains fut trempée de leurs éclaboussures... Ainsi en sera-t-il du Royaume des Cieux.

LA COMPOSITION, L'IMPRESSION ET LE BROCHAGE DE CE LIVRE
ONT ÉTÉ EFFECTUÉS PAR FIRMIN-DIDOT S.A.
POUR LE COMPTE DES PRESSES POCKET
ACHEVÉ D'IMPRIMER LE 3 OCTOBRE 1980

Presses Pocket
8 rue Garancière
75006 Paris
tél. 329 12 80

Imprimé en France
Dépôt légal : 4e trimestre 1980
N° d'édition : 1675 — N° d'impression : 5312